Guntolf Herzberg Kurt Seifert

Rudolf Bahro – Glaube an das Veränderbare

AtV

Diese erste umfassende Biographie folgt den Spuren einer der markantesten und zugleich umstrittensten Personen der jüngeren deutschen Zeitgeschichte. 1977 erschien Rudolf Bahros systemkritisches Werk »Die Alternative« und trug ihm eine Gefängnisstrafe ein, die er in Bautzen verbüßen sollte. Für das SED-Regime war er fortan ein verräterischer Konterrevolutionär, für die Bundesrepublik wurde er nach seiner Übersiedlung 1979 zum Wegbereiter der Öko- und Friedensbewegung. Seine Wandlung »vom gläubigen Leninisten zum spirituellen Kritiker der Moderne« führt schließlich auch zum Bruch mit den Grünen und zur Gründung einer ökospirituellen Gemeinde im Eifeldorf Niederstadtfeld. Bis zu seinem Tod im Jahr 1997 hielt er eindringliche Vorlesungen gegen die Gefahren der Industriemaschinerie, doch das wiedervereinigte Deutschland wollte keine Rettung, sondern Normalität. Mit ihrer materialreichen Biographie setzen Kurt Seifert und Guntolf Herzberg dem langjährigen Freund und Weggefährten mit Sympathie, aber auch mit kritischer Distanz ein Denkmal.

GUNTOLF HERZBERG, geboren 1940, 1961–65 Studium der Philosophie an der Humboldt-Universität Berlin, anschließend Assistent an der Akademie der Wissenschaften der DDR, 1973 Berufsverbot. Er gehörte 1976/77 zu Bahros konspirativen Helfern beim Fertigstellen des Buchs »Die Alternative«. 1985 Ausreise nach Westberlin, Mitglied der Grünen, seit 1994 wissenschaftlicher Mitarbeiter am Institut für Philosophie der HU Berlin.

KURT SEIFERT, geboren 1949, 1969–75 Studium der Rechtswissenschaft, Psychologie und Soziologie in Basel und Tübingen, 1975–79 Jugendarbeiter in Berlin, 1983 erste Begegnung mit Bahro, 1987–99 Redakteur in Zürich, seit 1999 Mitarbeiter von Pro Senectute in Zürich.

Guntolf Herzberg
Kurt Seifert

Rudolf Bahro – Glaube an das Veränderbare

Biographie

Aufbau Taschenbuch Verlag

Dieses Buch entstand in Zusammenarbeit
mit der Heinrich-Böll-Stiftung.

Durchgesehene und um ein Nachwort ergänzte Ausgabe

Mit 31 Abbildungen

ISBN 3-7466-2085-6

1. Auflage 2005
Aufbau Taschenbuch Verlag Berlin

Umschlaggestaltung Preuße & Hülpüsch Grafik Design
unter Verwendung eines Fotos von Ullstein
Druck und Binden Druckerei C. H. Beck, Nördlingen
Printed in Germany

www.aufbau-taschenbuch.de

Inhalt

Anhang

Hannah zum vierzehnten Geburtstag

Vorbemerkung

Wer Rudolf Bahro ist, brauchen wir dem Leser nicht vorweg zu erklären. Aber wie wir ihn kennengelernt haben und warum wir dieses Buch schreiben wollten. Und wie wir es getan haben.

Das Buch haben wir geschrieben, weil es längst überfällig war. Rudolf Bahro ist ein bedeutender Denker, dessen Ideen in Ost und West, für die jüngste Vergangenheit wie für die Zukunft eine bislang nur unvollständig und unvollkommen geschätzte Rolle gespielt haben und spielen. Daß er umstritten war und ist, gehört gerade zu den Merkmalen tiefgründigen und authentischen Denkens. Wir wundern uns eher, daß noch nicht der Versuch gemacht wurde, sein Leben und sein Werk so umfassend, wie es heute schon möglich ist, darzustellen.

Die Idee zu dieser Biographie stammt von Kurt Seifert, der Rudolf Bahro in den frühen 80er Jahren kennenlernte, ihn auch später in Berlin mehrfach besuchte und nach dessen Tod die ersten Vorgespräche – unter anderem mit der Witwe Bahros, Marina Lehnert – führte, um unterstützende Hinweise zu bekommen. Auf diese Weise lernte er auch Guntolf Herzberg kennen, der 1976 unter konspirativen Bedingungen mit Rudolf Bahro bekannt wurde und mit ihm bis zu dessen Verhaftung im August 1977 intensiv zusammenarbeitete, dann als erster in den frühen 90er Jahren die Staatssicherheitsakten zu Bahro auswertete und darüber mehrfach publizierte. Nach einem ersten Treffen mit Seifert am 30. März 2000 entschloß sich Herzberg, in dieses Projekt einzusteigen. Es wurde verabredet, daß er den Teil I der Biographie – von der Geburt bis zur Ausreise in die Bundesrepublik 1979 – übernimmt, Seifert den Teil II – die Jahre in der Bundesrepublik 1979 bis 1989 – darstellt und beide Autoren, wieder mit einer festgelegten Arbeitsteilung, den Teil III schreiben.

Material für diese Biographie ist überreichlich vorhanden. Das bezieht sich auf Texte von Rudolf Bahro über einen Zeitraum von 40 Jahren (einschließlich einer Art Autobiographie in Form von Interviews, erschienen 1984 in London unter dem Titel *From Red to Green*), dazu eine fast unübersehbare Menge von Veröffentlichungen über ihn seit seiner Verhaftung bis zu den Nachrufen 1997; als weitere wesentliche Quelle seien die intensiven Gespräche mit ihm Nahestehenden und seiner Familie genannt, weiterhin uns zur Verfügung gestellte Briefe und Erinnerungen (in der im Anhang publizierten »Danksagung« werden diese Helfer im einzelnen genannt), schließlich konnten viele Kapitel nach seiner Verhaftung mit Hilfe der mehr als ausführlichen Akten des MfS geschrieben werden (für deren Quellenwert und kritische Nutzung Guntolf Herzberg einsteht). Wir gestehen, daß wir mühelos eine doppelt so umfangreiche Biographie hätten schreiben können, wenn unser Verleger sie für verkaufbar gehalten hätte.

Eine besondere Freude ist es für uns, daß die Hardcover-Ausgabe dieses Buches gerade im Verlag von Christoph Links erschien (der bereits zwei Bücher von Guntolf Herzberg herausbrachte), nicht nur weil er sofort sich dieses Projektes als Verleger annahm, sondern vor allem deshalb, weil er biographisch durch seine Nähe zum Freundeskreis von Rudolf Bahro geprägt worden ist.

Beide Autoren nehmen für sich in Anspruch, Bahro genügend nahe gewesen zu sein, um die Entwicklung seines geistigen Konzepts und seiner praktischen Tätigkeit in den großen Zügen wie in einigen Details wahrnehmen zu können – und genügend Abstand zu haben, um diese Entwicklung auch kritisch zu beurteilen.

Doch bleibt diese Biographie bei aller investierten Mühe ein Versuch, und wir bitten alle Leserinnen und Leser, die mehr oder Genaueres über Rudolf Bahro wissen oder Fehler bzw. Irrtümer korrigieren können, sich direkt an uns zu wenden. Jeder Hinweis wird von uns dankbar angenommen, und kommt es zu einer zweiten Auflage, so werden wir alle Verbesserungen in diese einarbeiten.

Berlin/Winterthur 30. März 2002

Zur Erinnerung

»Das trifft den Parteiapparat ins Herz« – mit dieser Überschrift erschienen am 22. August 1977 im *Spiegel* ein *Bericht über Rudolf Bahro, SED-Mitglied und Wirtschaftsfunktionär in Ost-Berlin*, und ein Vorabdruck aus der *Alternative* unter dem Titel *Gegen sich selbst und gegen das Volk*. In dem Porträt heißt es u. a.: »Der sowjetischen, auch von Ost-Berlin praktizierten Spielart des Kommunismus hält Bahro vor:

statt der von Marx angestrebten Aufhebung von Herrschaft und Ausbeutung einen ›Industrialisierungsdespotismus‹ errichtet zu haben,

an der Spitze des Staatsapparats die Rolle eines ›außerordentlichen Stellvertreters der kapitalistischen Ausbeuterklasse‹ zu spielen,

nicht für die Überwindung, sondern für die Verewigung einer ›späten Klassengesellschaft‹ zu arbeiten,

fortschrittlichen Marxisten keine andere Wahl zu lassen, als sich illegal in einem neuen ›Bund der Kommunisten‹ zu organisieren.

Wären diese Thesen von einem westlichen Marxisten aufgestellt worden, die SED könnte sie, wie in solchen Fällen üblich, leichthin als inkompetentes Gerede politischer Dilettanten abtun. Doch die Tatsache, daß hier ein Mann das Wort nimmt, der aus dem System heraus über das System urteilt und dem kein Partei-Ideologe bestreiten kann, daß er weiß, wovon er redet, macht den Bahro-Text zum Sprengsatz.

Spätestens jetzt muß die DDR-Führung erkennen, daß ihre gefährlichsten Kritiker im Parteiapparat selbst heranwachsen.«

*

Ernest Mandel, einer der großen marxistischen Theoretiker unserer Zeit, erklärte nach Erscheinen der *Alternative* in Interviews und Artikeln, daß Bahros Buch das wichtigste theoretische Werk aus den osteurpäischen Ländern seit dem Zweiten Weltkrieg über den Charakter der sozialistischen Gesellschaft sei.

*

Die SED-Führung verweigerte ihrem bedeutendsten Kritiker jegliche politische Ehre, sogar die Autorschaft der *Alternative* – in allen Veröffentlichungen der DDR wurde mit keiner Zeile dieses Buch je erwähnt – und verwandelte ihn in einen gewöhnlichen bezahlten Agenten. Am 1. Juli 1978 konnte man in vielen DDR-Zeitungen unter der Überschrift *Wegen nachrichtendienstlicher Tätigkeit verurteilt* folgendes über ihn lesen: »In der Hauptverhandlung wurde im Ergebnis der Aussagen des Angeklagten und zahlreicher Zeugen sowie durch Beweisdokumente und Gutachten die nachrichtendienstliche Tätigkeit Bahros bewiesen. [...] Es wurde zweifelsfrei festgestellt, daß der Angeklagte im Rahmen seiner landesverräterischen Tätigkeit vorsätzlich fabrizierte Falschmeldungen, grobe Entstellungen und wahrheitswidrige Behauptungen unter Anwendung hinlänglich bekannter geheimdienstlicher konspirativer Mittel, Methoden und Kanäle den gegen die DDR tätigen feindlichen Personenkreisen zugänglich machte. [...] Im Prozeß wurde ferner nachgewiesen, daß Bahro sich für diese antisozialistische und subversive Tätigkeit von seinen Auftraggebern zur Befriedigung seiner Geldgier mit einem Betrag in Höhe von 200 000 DM bezahlen ließ. Bahro wurde am 30. Juni 1978 wegen Verbrechen gemäß Paragraphen 98 und 245 StGB zu 8 Jahren Freiheitsentzug verurteilt.«

(Dieser Text wurde lange vor dem Prozeß von der Staatssicherheit erfunden.)

*

In einem in der DDR-Presse groß aufgemachten Interview Erich Honeckers für die *Saarbrücker Zeitung* antwortete auf die (vorher schriftlich eingereichte) Frage »Können Sie mir etwas zur Verurteilung von Herrn Bahro sagen?« der Staats- und Parteichef der DDR in ausgesuchter Dürftigkeit: »Zu dieser Frage gibt es eine ADN-Mitteilung. Ich habe dem nichts hinzuzufügen. Ich bin weder Richter noch Staatsanwalt. Vor dem Gesetz sind alle gleich.« (*Berliner Zeitung* vom 7.7.1978)

*

Robert Havemann benannte die gewaltige Fehlleistung der SED-Führung in diesem Zusammenhang sehr genau: »So war es gewiß auch unklug, Rudolf Bahro einzusperren, was sich als die wirksamste Maßnahme erwiesen hat, seine Ideen in aller Welt zu propagieren und dazu die eigene Unfähigkeit, sich gegen seine Kritik zu verteidigen, zu demonstrieren.« (*Spiegel* Nr. 15, vom 7. 5. 1979)

*

Mit einem Schlag stand Rudolf Bahro seit diesem 22. August 1977 in der Öffentlichkeit und sollte es bis zu seinem Tode auch bleiben. Wie es dazu kam, wie er lebte, was er dachte, wofür er lebte: um dies darzustellen, haben wir dieses Buch geschrieben.

Teil I
(1935–1979)

Kindheit

Dieses Leben ist von einem traumatischen Kindheitserlebnis, von sichtbaren und unsichtbaren Brüchen gezeichnet. Es gibt für uns Widersprüche durch die verschiedenen Perspektiven der Erinnernden, die nicht aufgelöst werden können, und Widersprüche, die in ihm selbst liegen, die nicht geglättet werden sollen. Die ersten Brüche liegen in der Kinderzeit, die in den Krieg hineingeht: Mit zehn Jahren ist er heimatlos und hat seine Mutter und zwei Geschwister verloren. Was das für ihn bedeutete, wurde ihm erst Jahrzehnte später bewußt, bis dahin immer getrieben von der Suche nach Liebe und Bindung.

Geboren wurde Rudolf Bahro am 18. November 1935 in Bad Flinsberg (Niederschlesien), einem wegen seiner Radonheilquellen bis zum Zweiten Weltkrieg blühenden Kurort, gelegen am Flüßchen Queis am Nordhang des Isergebirges. Einst ein armes Dorf von Glasmachern, wurde schon im 16. Jahrhundert die Heilwirkung des dortigen Brunnens erkannt, doch es dauerte noch Jahrhunderte, bis ein Bäderbetrieb mit zahlreichen Hotels aufgenommen wurde. 1900 entstand als Prachtbau ein ausgedehntes Kurhaus. Nachdem 1933 zwei entsprechende Quellen erschlossen worden waren, avancierte Bad Flinsberg zum drittstärksten Radiumbad des Reiches, entwikkelte sich daneben auch zu einem bekannten Wintersportort mit Bobbahn und zwei Skisprungschanzen. Ende der dreißiger Jahre kamen bis zu 25 000 Gäste im Jahr.

Die Familie Bahro hatte an diesem Wohlstand wenig Anteil. Das Geburtshaus Rudolfs lag außerhalb des Kurbezirks am Berghang, an einer Eisenbahnlinie, eher in einer schlichten ländlichen Umgebung. Aber auch hier – im »Haus Sonnenhöhe« – wurden Gäste untergebracht. Max Bahro, der Vater, geboren 1901, hatte eine Ausbildung als Landwirtschaftseleve durchlaufen und wurde anschließend Gutsinspektor zuerst in der Nähe von Schneidemühl, dann in Schlesien, wo er mit dem Titel eines Viehwirtschaftsberaters als Prüfer der Milchqualität tätig war. So von Hof zu Hof fahrend, lernte er seine Frau Irmgard (geb. Conrad) kennen, von der wir nur wenig wissen. Rudolf erzählte später, daß sie nicht besonders hübsch gewesen sei und ihm nicht besonders gefallen habe, zumal sein etwa eineinhalb Jahre später geborener jüngerer Bruder Dieter und die kleine Schwester Gerda ihm vorgezogen wurden. Und er erzählte weiter, wie er seine Mutter gern geärgert hatte und entsprechend bestraft worden sei. Das Verhältnis zu seinem Vater war besser, der sei ein lieber und guter Mann gewesen, wie aus einem Roman von Fallada entstiegen. 1939 oder kurz darauf wurde er landwirtschaftlicher Inspektor eines ganzen Kreises, und um diese Stelle zu halten, trat er 1942 in die NSDAP ein.

Zu dieser Zeit – so erinnert sich Bahro 1978 – »zogen wir nach Verkauf jenes Hauses um in den Nachbarkreis Lauban, in das Dorf Gerlachsheim. Dort wurde ich im April 1942 in die Volksschule aufgenommen, die ich in diesem Ort bis Ende 1944 besuchte.« Wie Hannes Scholder, ein ehemaliger Flinsberger, erzählte, sei Rudolf in eine (damals noch übliche dörfliche) Ein-Klassen-Schule gegangen, in der alle Jahrgänge gleichzeitig unterrichtet wurden. Der erinnert sich, daß er sich immer vor den größeren Jungen fürchtete, und wenn zum Fußballspielen die Anführer ihre Mannschaften aussuchten, wurde er meist erst zuletzt genommen.

Als zum Ende des Krieges die Ostfront immer weiter in Richtung Deutschland vorrückte, wurde Rudolf – während sein Vater zum »Volkssturm« einberufen wurde – zusammen mit seiner Mutter, den Geschwistern und einer Tante evakuiert. Ab Februar 1945 folgte eine Odyssee durch verschiedene Orte der Tschechoslowakei, schließlich über Wien und Kärnten bis tief ins westliche Deutschland, nach Hessen. In Bahros eigener Darstellung: »Wir fuhren über Zittau nach Mähren und wurden in dem Städtchen Trebic bei einer tschechischen Familie einquartiert. Anfang April 1945 transportierte man uns von dort wieder ab. Wir wurden nach Südböhmen gefahren und dort in einer mir nicht mehr näher bestimmbaren einsamen Gegend in einem Blockhaus untergebracht, wo uns die Nachricht vom Ende Hitlers erreichte. Um den 5. Mai wurden wir erneut verladen und sollten offenbar so schnell wie möglich aus dem Gebiet der Tschechoslowakei abgeschoben werden, was jedoch Schwierigkeiten bereitete. Unser Transport ging zunächst nordwärts nach Prag, von dort aber wieder nach Süden, wo wir bei Gmünd nach Österreich übergeleitet werden sollten. Schließlich brachte man uns aber etwa entlang der tschechoslowakischen Südgrenze nach Bratislava. In dieser Stadt verlor ich für immer meine Mutter und meine beiden Geschwister. Ich befand mich mit meiner Tante Else bereits in einem nach Wiener Neustadt bestimmten Zug, den wir alle benutzen wollten, als sich dieser Zug plötzlich ohne die anderen in Bewegung setzte. Meine Mutter kehrte mit den beiden kleineren Kindern von Bratislava nach Gerlachsheim zurück, wo sie alle – Mutter und Bruder noch in Gegenwart meines aus polnischer Gefangenschaft entlassenen Vaters – an Hungertyphus verstarben.« (Als Todesdaten gibt Bahros Cousine Lina Conrad für die Mutter den 13. Januar 1946, für die Schwester den 28. Januar und für den Bruder den Monat März an.) Über die weiteren Stationen der Nachkriegs-Odyssee berichtet Bahro: »Ich gelangte mit meiner Tante nach Wien, wo wir etwa drei Monate in einem zerstörten Obdachlosenasyl zubrachten und wo ich durch Bettelstreifzüge die Stadt kennenlernte. Freundliche Aufnahme bzw. Hilfe fand ich in der Familie eines Textilfabrikanten, an dessen Tür ich geklingelt hatte. Dieser Familie war der Sohn gefallen. [...] Von Wien wurden wir in ein Barackenlager Treffling gebracht, das die englische Besatzungsmacht in einem Hochtal bei Spittal an der Drau [...] eingerichtet hatte. Dort verbrachten wir ab August 1945 etwas mehr als ein halbes Jahr. Im Frühjahr 1946 erfolgte unser Abtransport nach Westdeutschland, [...] und man beförderte uns nach Hessen, wo wir in Eckelshausen, Kreis Biedenkopf an der Lahn, bei einem Bauern Unterkunft fanden. Dort erfuhr meine Tante im Sommer 1946, daß ihr Mann, aus der Gefangenschaft entlassen, sich in Erfurt befand, während sie für mich Verbindung mit den Brüdern meines Vaters in dessen Geburtsort Treppeln aufnahm. Daß mein Vater sich zur gleichen Zeit bei Osnabrück aufhielt, wußten wir nicht. Wir fuhren im August 1946 über Bebra in die damalige Sowjetische Besatzungszone nach Erfurt, von wo ich allein nach Treppeln weiterreiste.« (*Lebenslauf* 1978) Sein Stiefbruder – über ihn wird gleich zu sprechen sein – berichtet, daß Rudolf aus dem Zug ausstieg mit einem Pappschild um den Hals (damals überhaupt nichts Besonderes), auf dem stand »Ich heiße Rudi Bahro und will nach Treppeln zu meinen Verwandten«.

Bis zu seinem Studienbeginn 1954 lebt Rudolf im Oderland, dies wird seine zweite Heimat, hier geht er zur Schule und macht das Abitur, hierher kehrt er in den Semesterferien zurück, und nach dem Studium wird er hier, in Sachsendorf, für ein reichliches Jahr Redakteur einer Dorfzeitung.

Fontane hatte das Oderland für die Literatur und die Nachwelt erwandert. Zwischen Berlin und der Oder erstreckt es sich als eine weite dünnbesiedelte Landschaft. Einst von germanischen Stämmen, dann nach deren Abzug von Slawen besiedelt, im Hochmittelalter im Zuge der Ostkolonisation zurückerobert, war es lange ein zivilisatorisches Randgebiet. Erst unter Friedrich dem Großen begann eine zielgerichtete Besiedlungspolitik (»Peuplierung«), die Errichtung von Dörfern, das Graben eines neuen Flußbettes für die Oder und ein bescheidener wirtschaftlicher Aufstieg. Zum Ende des Zweiten Weltkrieges war das ganze Gebiet zwischen Oder und Berlin ein tiefgestaffeltes Verteidigungssystem der zurückweichenden deutschen Wehrmacht, die erst an der Oder und dann an den Seelower Höhen den letzten großen Widerstand vor Berlin gegen die sowjetischen Armeen unter Marschall Shukow leistete. Die Spuren des Krieges und der Zerstörung prägten lange diese Landschaft.

Rudi fand in Treppeln seinen Vater wieder. Der hatte das letzte Kriegsjahr beim »Volkssturm« ebenso überstanden wie die kurze Kriegsgefangenschaft und in dem Dörfchen Rießen (zwischen Fürstenberg und Frankfurt/Oder) den Hof einer Witwe übernommen, um ihn zu bewirtschaften und vielleicht eines Tages die Witwe zu heiraten. Doch es kam anders. Ihm fehlten Arbeitskräfte – auch Rudi mußte beim Pflügen, Eggen und Melken mithelfen –, die warb er aus den Nachbardörfern. Und nun muß Rudis Stiefbruder Gerhard Reiter eingeführt werden.

Dieser wurde 1928 in dem nicht weit entfernten Sachsendorf geboren, als Sohn eines Friseurs und dessen Ehefrau Frieda (geb. Rothe, *12.9.1903), ging ab 1939 in der Kreisstadt Seelow zur Mittelschule und wurde 16jährig als Marinehelfer zur Flak nach Bremerhaven eingezogen. Gleichzeitig Soldat und Schüler, schloß er im März 1945 die Schule mit der Mittleren Reife ab, und nach abenteuerlichen letzten Kriegswochen traf er im Mai in Fürstenberg seine dorthin aus Sachsendorf geflüchtete Mutter Frieda wieder. Sein Vater war, wie Bahros Vater Max, ebenfalls zum Volkssturm eingezogen worden, wurde bei Lietzen schwer verwundet und starb an den Folgen. Mutter und Sohn blieben in Fürstenberg, Gerhard begann eine Lehre als Maschinenbauer, hatte 1948 ausgelernt und arbeitete in einem den Sowjets unterstellten SAG-Betrieb, der für Reparaturen an Motoren und landwirtschaftlichen Maschinen zuständig war. Bei dieser Tätigkeit kam er eines Tages nach Rießen auf den Hof, wo Max Bahro ackerte und Arbeitskräfte suchte. Gerhard vermittelte seine Mutter dorthin, sie arbeitete bei Max auf dem Feld, bis der eines Tages Gefallen an ihr fand und sie lieber im Haus haben wollte. Deshalb muß es wohl Ärger mit der Hofbesitzerin gegeben haben, schließlich zog Max Bahro zu Frieda Reiter nach Fürstenberg und brachte sein einziges ihm noch verbliebenes Kind Rudolf mit. 1951 heirateten der Witwer und die Witwe, und Rudi bekam eine neue Mutter und einen großen Bruder.

Wie Gerhard Reiter berichtet, war seine Mutter eine ruhige, gelassene Frau, ihr Mann Max ein lieber, freundlicher und hilfsbereiter Mann – beide lebten in einer harmonischen Ehe. Rudolf erzählte seiner späteren Frau Marina, daß er sich über seine Stiefmutter anfangs sehr gefreut habe, sie sei eine schöne Frau gewesen, doch zusehends habe sie sich darüber geärgert, daß er so viel las und zu wenig im Haus mithalf – damit wurde ihre Beziehung komplizierter. Auch wohnte die Familie in einer zu kleinen Wohnung.

Nachdem durch die ständigen Ortsveränderungen seit Februar 1945 kein richtiger Schulunterricht für ihn mehr möglich war, wurde er im Herbst 1946 in Treppeln wieder eingeschult, mußte aber bereits Anfang 1947 erneut wechseln – nach Rießen –, bis er schließlich ab Herbst 1948 für zwei restliche Jahre in Fürstenberg die Grundschule und anschließend bis 1954 die »Clara-Zetkin-Oberschule« besuchte. Inzwischen nahm sein Bruder Gerhard in Berlin das Ingenieur-Studium auf und kam nur noch an manchen Wochenenden und in den Semesterferien nach Hause. Von seinem jüngeren Bruder berichtet er, daß dieser ein »helles Köpfchen« gewesen sei, durch und durch ein Bücherwurm, oft tief versunken und also auch ein Einzelgänger. Die Brüder hätten sich gut verstanden, es habe kaum Auseinandersetzungen gegeben. Als begabter Schüler sei er auch durch seine Lehrer gefördert worden.

So berichtet Manfred Sader, der mit Rudi von der Grundschule bis zum Abitur dieselben Klassen besuchte (und später Oberbürgermeister von Eisenhüttenstadt wurde), daß Rudi ein »überdurchschnittlich begabter und intelligenter Junge« war, allen anderen weit voraus. Nur im Sport konnte oder wollte er nicht mithalten. Übereinstimmend erinnerten sich seine früheren Schulkameraden, daß Rudi eine große Liebe zur Literatur besaß. Auch Gedichte habe er schon zu dieser Zeit geschrieben. Daneben habe er aber auch große Freude an Mathematik gehabt, was ihn mit seinem Klassenkameraden Olaf Bunke (dem Sohn seines Sportlehrers) verband, der später in Berlin eine Professur für Mathematik erhielt. Auch Schach hätte er bereits damals gerne gespielt, wie sich ein weiterer Mitschüler erinnerte. Daß er Rudi hieß, wußten die allerwenigsten; in seiner ganzen Schulzeit wurde er von den Mitschülern einzig »Kater« genannt. Als die Oberschule im Ort umzog und ein Internat für die Schüler von außerhalb eingerichtet wurde, zog auch Rudi in dieses, obwohl die elterliche Wohnung nur wenige hundert Meter entfernt lag, und kam nur noch an den Wochenenden nach Hause.

In die Jungen Pioniere ist er nicht eingetreten, dagegen widerstrebend in die FDJ. Es sei das einzige Mal gewesen, kommentierte er dies später, daß er unter Druck etwas gegen seinen Willen tat. In einem *Lebenslauf* von 1954 kommentiert er diesen Schritt: »Am 1.9.1950 wurde ich gegen meinen Willen Mitglied der Freien Deutschen Jugend, weil von dem damaligen Direktor unserer Schule davon die Aufnahme in die Oberschule abhängig gemacht wurde. Meine Ideologie entsprach den Ansprüchen, die man an ein Mitglied der FDJ stellen muß, keineswegs.« Doch schon 1952 wurde er Kandidat, 1954 Mitglied der SED. Im großen *Spiegel*-Interview vom Juni 1995 ergänzt er zum Parteieintritt: »Gewonnen hatte mich ein Lehrer meiner Oberschule, der später da Direktor wurde, und zwar durch seine Aufrichtigkeit. Der war zuvor gerade noch ein HJ-Führer gewesen, aber er war nun echt.« Dieser Lehrer, Dieter Behrendt, habe auf seine provozierende Frage, warum denn »bei uns zwar angeblich die Arbeiter herrschen, aber in Wahrheit doch nicht«, so ehrlich geantwortet, daß er den Schüler für sich gewann. Außerdem habe er noch in der nächsten Stunde Lenins *Staat und Revolution* mitgebracht und genau die macht-politischen Komponenten der Diktatur des Proletariats hervorgehoben: »Das war eigentlich mein Einstieg in den Leninismus.«

Während der Weltfestspiele 1952 fuhr der 17jährige öfter nach Berlin, verbrachte aber die meiste Zeit dabei in Westberlin, wo er erstmals auch mit antikommunistischer Propaganda konfrontiert wurde und sich die Autobiographie von El Campesino (d.i. Valentín González, ein kommunistischer Kommandeur im spanischen Bürgerkrieg, der später mit der kommunistischen Bewegung brach) kaufte. Zu Hause versteckte er dieses Buch auf dem Dachboden und bekam Gewissensbisse wegen der in Westberlin verbrachten Tage. Zur gleichen Zeit arbeitete er freiwillig mit an dem im Entstehen begriffenen Eisenhüttenkombinat Ost – einem der damaligen sozialistischen Großprojekte.

Etwa gleichzeitig mit dem Parteieintritt wurde Rudi Mitglied in der »Gesellschaft für deutsch-sowjetische Freundschaft« (DSF), der paramilitärischen »Gesellschaft für Sport und Technik« (GST) und im »Kulturbund« (KB) – also ein erstaunliches und eher ungewöhnlich frühzeitiges sich Binden an politische und kulturpolitische Institutionen der DDR. Daneben muß es auch eine revolutions-romantische Begeisterung für Kuba und Fidel Castro – der 1953 seinen Kampf gegen die Batista-Diktatur aufnahm – gegeben haben. Bruder Gerhard berichtete, daß Rudi ihm immer wieder erzählt habe, er müßte zu Che Guevara hin. Und Rudi hat in späteren Jahren berichtet, Tamara Bunke, die spätere Mitkämpferin von Che, gekannt zu haben – sie ist also den Weg gegangen, von dem Rudi zu seinem Bruder schwärmerisch sprach.

In seine Schulzeit fallen zwei für das politische Leben des Landes wesentliche Ereignisse: der Tod Stalins im März 1953 und der Arbeiteraufstand vom 17. Juni. Später schreibt er über seine Trauer anläßlich dieses Toten: »Ich rezitierte in der Schule Johannes R. Bechers erhabenes Poem: *Als es geschah an jenem 5. März und leise, immer ferner schlug sein Herz.* Wir standen dort mit Tränen in den Augen, die Fahne war auf Halbmast, wir bildeten eine Ehrengarde mit Luftdruckgewehren vor Stalins Porträt und fragten uns, wie das Leben weitergehen kann.« Dagegen hinterließ der 17. Juni bei ihm keinen tieferen Eindruck: Er glaubte, was im *Neuen Deutschland* dazu geschrieben wurde, und hielt den Aufstand auch für eine Konterrevolution.

Über die Schule spricht er mit Hochachtung. Von einem ehemaligen Major der Wehrmacht wurde er in die klassische deutsche Literatur, aber auch in die Werke von Thomas und Heinrich Mann sowie Romain Rolland eingeführt, einem anderen Lehrer dankte er die Liebe zu Beethoven, ein dritter vermittelte ihm die ersten Kenntnisse von Einsteins physikalischem Weltbild. Von seinem Lehrer Behrendt erzählt er eine weitere Geschichte, die ihn sehr beeindruckte: Dieser wurde einmal »sehr zornig auf mich, als ich eine Zeile von Schiller zitierte, daß die Mehrheit ein bedeutungsloses Wesen sei. Über einen Monat später kam er in die Klasse und schrieb an die Tafel: ›Warum seid ihr alle so heuchlerisch? Warum seid ihr so unehrlich? Warum sagt ihr nicht, was ihr denkt?‹ Mit anderen Worten: ›Warum sagt ihr mir nicht, wo ihr nicht mit mir übereinstimmt, damit ich die Chance habe, mit euch zu argumentieren?‹«

Auf dem Zeugnis der 11. Klasse wird Rudi als außerordentlich intelligent und überheblich bezeichnet, mit seinen Leistungen überrage er »den Klassendurchschnitt bei weitem«. Zu seinem Bildungsgang insgesamt hat sich eine reichhaltige Quelle erhalten: Von

1950 bis 1958 hat er Listen über die von ihm gelesenen Bücher geführt – ein Glücksfall für die Biographie. Allein für die Schuljahre umfassen diese Listen in Schönschrift rund 90 Titel, und es ist erstaunlich, welche Werke er damals gelesen hat. Hier trifft sich das Bedürfnis des Schülers aus einfachsten Verhältnissen nach hoher Literatur und Bildung mit dem Anliegen der SED-Kulturpolitik der 40er und 50er Jahre, eine demokratische und humanistische Kultur bereitzustellen.

Die Listen I bis VI umfassen eine lange Reihe der Dramen Goethes und Schillers sowie Werke von Grimmelshausen, Lessing, Kleist, Büchner, Eichendorff, Heine, Herwegh, Weerth, Hebbel, Freiligrath, Hoffmann von Fallersleben, Storm, C. F. Meyer, Keller, Fontane und Hauptmann – daneben auch das bürgerliche Bildungsgut Gustav Freytag, Felix Dahn und Hermann Löns. An zeitgenössischer deutscher Literatur las er (vermutlich auch durch Schulstoff bedingt) Bredel, Marchwitza, Weiskopf, Friedrich Wolf, J. R. Becher, sogar schon Brecht, auch Feuchtwanger und Hesse sowie Heinrich und Thomas Mann, Anna Seghers, Erich Weinert, Eduard Claudius. Von der Weltliteratur Shakespeares große Dramen, Walter Scott und Charles Dickens, Harriet Beecher-Stowes *Onkel Toms Hütte*, Mark Twain und Jack London; ebenso Balzac, Stendhal, Hugo, Flaubert, Zola, Rolland und Anatole France; von der östlichen Literatur Puschkins Erzählungen, Tolstois *Krieg und Frieden* und *Chadschi Murat*, Kraszewski, Sienkiewicz und Hašek, Gorki und Majakowski, von den Zeitgenossen die eher obligatorischen »sozialistischen Realisten« Ostrowski, Fadejew, Ashajew und Scholochow, aber auch die in der DDR verlegten Aragon und Howard Fast. Schließlich noch Stalins damals geradezu als kanonisch geltende Arbeit *Über dialektischen und historischen Materialismus*, Lenins bereits genanntes Werk *Staat und Revolution*, Engels' *Die Entwicklung des Sozialismus von der Utopie zur Wissenschaft* sowie weitere kleine Schriften zur Popularisierung der »Klassiker«. Ganz aus dem Rahmen fällt Nietzsches *Der Antichrist*.

Seinen längsten Schulaufsatz schrieb er über Heinrich Manns *Henri Quatre*, sein Abituraufsatz beschäftigte sich mit dem in der DDR hochbewerteten Georg Herwegh. Zum 30. Todestag von Lenin verfaßte Rudi im Januar 1954 in Schönschrift einen 16seitigen Text, den er in der Schule vortrug. Mit dem typischen eingerückten Zeilenfall bestimmter Hölderlin-Gedichte gibt er seiner jugendlichen Revolutionsbegeisterung und Helden-Verehrung Ausdruck:

> Mögen sich alle die Ewiggestrigen diesseits und jenseits der Elbe in der Angst Ertrinkender dem Mythos des amerikanischen Jahrhunderts ergeben. Sie tragen den Stempel des Untergangs auf der Stirne, seit Lenin ihnen seine unbesiegbare Wahrheit entgegengeschleudert hat:
> Wir leben im Jahrhundert der proletarischen Revolution, die wir noch in den letzten Winkel der Erde tragen werden!

Dann trägt er die damals in unzähligen Texten verbreitete Vita in ihren kanonischen Stationen vor, bis er bei der Oktoberrevolution ankommt:

> Nach dem von Lenin in seinem Buch *Staat und Revolution* entworfenen genialen Plan nahm die Arbeiterklasse unter Lenins persönlicher Führung die Staatsmacht in ihre Hände, konstituierte sich zur herrschenden Klasse, indem sie die Diktatur des Proletariats errichtete, um die Ausbeuterklassen zum Wohle der arbeitenden Menschheit rücksichtslos zu vernichten.
> Für diesen Tag haben Millionen Unterdrückte 2 Jahrtausende lang gekämpft und gelitten. [...]
> Die Erfüllung ihrer Mission ist Lenins Werk, der Beginn einer glücklichen Fortsetzung und Vollendung der Menschheitsgeschichte.

Weiter schildert er den Bürger- und den Interventionskrieg: »Und überall waren unerkannte Gegner der Sowjetmacht vom Schlage Trotzkis damit beschäftigt, die Verteidigung und das Hinterland zu desorganisieren, um die Macht der Sowjets zu stürzen.« Einmal wich der Schüler von der offiziellen Lenin-Biographie ab und betrachtete das schlimme Leben der armen, ungebildeten Menschen im zaristischen Rußland. Diese Menschen glaubten »an einen gütigen Gott, der über ihnen wacht, sie zu beschützen« – doch trotzdem »waren Zank und Streit an der Tagesordnung und keiner kümmerte sich sehr um den Nächsten«. Dann heißt es weiter:

Aber die Qual ihres Lebens wurde größer von Tag zu Tag und so begann der Glaube in ihnen zu sterben.
Viele Menschen verloren ihren Gott und seit sie ihn verloren hatten,
klaffte eine noch größere Lücke in ihrem Leben, an der Stelle wo er gewesen. –
Und da kam Lenin und füllte die Lücke mit den Menschen.
Er lehrte das russische Volk, den Menschen, den anderen Menschen, alle einfachen Menschen zu lieben! […]
Das ist Lenins Verdienst, daß er eine Partei erzogen hat, deren höchstes Ideal diese Liebe zu den Menschen ist.

Und schließlich die Vergöttlichung des großen Vorbilds:

Während seines ganzen Lebens war Lenins Kraft unerschöpflich, seine Energie unversiegbar, sein Glaube an den Sieg grenzenlos.
Er ermahnte seine Genossen zur Standhaftigkeit, und je größer die Gefahr war, die der Partei und der Revolution drohte, um so gewaltiger wurden seine Kräfte, wuchsen ins Unermeßliche.

Zu erwarten war auch das Folgende:

Besonders Stalin, Lenins treuster Schüler, Lenins bester Freund, teilte mit ihm diesen Glauben, und Lenins Kraft übertrug sich ungeteilt auf seinen Geist, so daß er später *genauso siegessicher das Sowjetland leiten, beschützen und lieben konnte, wie es Lenin geleitet, beschützt und geliebt hatte.*

Welche Quellen der angehende Abiturient benutzte, geht schließlich aus folgenden schrecklichen Versatzstücken hervor: Die Feinde der Sowjetunion planten »im Verein mit den damals noch nicht entlarvten Verrätern Trotzki und Bucharin die Ermordung Lenins, Stalins und Swerdlows«. Oder auf Lenin wurde ein Attentat von »den Sozialrevolutionären, diesem Abschaum der Menschheit«, verübt. (Die Quelle war natürlich die stalinistische *Geschichte der kommunistischen Partei der Sowjetunion (B) – Kurzer Lehrgang.*)

Dieser Vortrag endete mit einer seitenlangen Apotheose, beginnend mit

> Solange Menschen arbeiten und andere Menschen sich
> die Früchte
> ihrer Arbeit aneignen und sie verzehren, werden Lippen
> den Namen Lenins formen, einmal als geflüstertes Losungswort, einmal als hallender Ruf!
> Und wenn alle Ausbeuter in absehbarer Zeit längst dahin
> sein werden, werden die Völker immer noch seinen Namen
> nennen, der zum Symbol für ein glückliches Leben
> in einer leuchtend schönen Zukunft geworden sein wird!

Und endend mit:

> Um das zu erreichen aber müssen wir unermüdlich an uns
> selber arbeiten und nach seiner Forderung lernen, wie nie
> zuvor, damit sein Haß und seine Liebe in uns
> mächtig werden, bis all unser Wollen und Wirken
> seinen Ausdruck findet in unserer tiefen, ehrlichen
> Verehrung, in unserer Liebe zu unserem Vorbild
> Lenin!

Ich habe diesen Text sehr ausführlich wiedergegeben, nicht um ein mitleidiges Lächeln hervorzurufen, sondern um das Lebensgefühl des damals 19jährigen und ganz bestimmt auch vieler Gleichaltriger dieser Kriegsgeneration anzudeuten, das sich bei Bahro in den Tiefen seines Charakters zumindest über die ganze DDR-Zeit erhalten hat. Wenn es hier auch um eine von der Schule inszenierte Pflichtfeier ging, wenn sich auch Klischees an Klischees reihen – aus solchen Bausteinen setzte sich Bahros Glaube an Lenin, an das Glück der Menschheit zusammen.

Und es gab noch andere Bausteine. Über den das rein Literarische transzendierenden Ertrag seines intensiven Lesens schreibt er in einem Lebenslauf von 1978 (aus der U-Haft): »Ich gewann eine Reihe idealer Leitbilder, die lange Zeit große Bedeutung für mein Persönlichkeitsprofil haben sollten. Solche Leitbilder waren etwa Schillers Karl Moor und vor allem Marquis Posa, dann Heinrich Manns Henri Quatre und Romain Rollands Johann Christof. Eine besondere identifikatorische Liebe faßte ich zu der Gestalt und Musik

Ludwig van Beethovens, kurz nach dem Abitur desgleichen zu Friedrich Hölderlin, ausgelöst durch dessen Hyperion. Auch schon aus der Schulzeit stammt meine Bewunderung für Thomas Müntzer, für Giordano Bruno und für Spinoza. Alle diese Gestalten flossen mir zusammen zum spezifischen Typus von großer Individualität, der mir als Vorbild vorschwebte. Mir war frühzeitig bewußt geworden, daß mich die allgemeine Begabung, die mir meine ohne große Anstrengung erreichten schulischen Leistungen bestätigten, zu hohen Zielen verpflichtete.«

1954 bestand er das Abitur mit »Auszeichnung« (wobei nur die Sportzensur ein wenig geschönt wurde) und verließ seinen Heimatort in Richtung Berlin.

Eine Besonderheit späterer Traditionspflege sei leider hier schon erwähnt: Als 25 Jahre darauf ein Klassentreffen der Abiturienten stattfand, wurden die Parteimitglieder zuvor zusammengerufen und ihnen die obrigkeitliche Weisung überbracht, daß auf dieser Feier der Name des kurz zuvor verurteilten Bahro offiziell nicht erwähnt werden darf.

Studienzeit (1954–1959)

Kurz vor dem Abitur begründete Bahro seine Berufswahl, daß er sich schon vor eineinhalb Jahren entschlossen habe, »eine politische Laufbahn einzuschlagen, falls dies möglich sein sollte«. Er bewarb sich deshalb an der Karl-Marx-Universität Leipzig mit dem Ziel, Lehrer für Marxismus-Leninismus zu werden. Doch die Zulassungskommission erkannte, daß seine Interessen »nicht so sehr auf dem Gebiet der Propaganda«, sondern »speziell auf dem Gebiet der marxistischen Ästhetik« lägen, und leiteten den Bewerber an die Humboldt-Universität in Berlin weiter.

Philosophie konnte man in der DDR erst seit 1951 als Hauptfach studieren, und auch das nur an drei Universitäten: in Berlin, in Leipzig und in Jena. Der zentrale und damit für alle drei Institute verbindliche Studienplan wurde von einer Fachkommission unter Vorsitz von Georg Klaus entworfen und vom Staatssekretariat für Hochschulwesen bestätigt. Er umfaßte insgesamt 22 Fächer (mit genau vorgegebener Stundenzahl), davon gehörten nur sechs zur Philosophie, der ›Rest‹ reichte von der Politischen Ökonomie über Geschichte, Pädagogik und einzelne Naturwissenschaften bis zum Sport, der für alle fünf Jahre obligatorisch war. Die kleinere Gesamtstundenzahl für Philosophie (weniger als 40 %) verteilte sich auf die Grundlagen des Marxismus-Leninismus, Logik, Dialektischer und Historischer Materialismus, Geschichte der Philosophie und Philosophische Spezialseminare. Im Laufe der Jahre kamen einige Fächer dazu, auf Kosten der Philosophiegeschichte, und der enzyklopädisch anmutende Plan einer oberflächlichen Kenntnis möglichst vieler Natur- und Geisteswissenschaften wurde reduziert.

All das kam fachlich auf den knapp 19jährigen zu, der sich in der Heinrich-Mann-Straße in Niederschönhausen zur Untermiete ein Zimmer suchte und sich dann immatrikulieren ließ.

Das Philosophische Institut an der Humboldt-Universität

Das Berliner Institut befand sich im 1. Stock eines heruntergekommenen Hauses in der Universitätsstraße 3 b (heutige Besucher würden jetzt ein sehr schön saniertes und umgebautes Haus vorfinden), wenige Schritte vom Hauptgebäude entfernt. Es besaß einen recht kleinen Hörsaal, zwei Seminarräume, wenige Zimmer für die Wissenschaftler, ein abgetrenntes Stückchen Flur als Leseecke und eine Bibliothek, die für Studenten aus einer abgesperrten Tür mit Klappe bestand, an die man klopfen durfte, wenn man sich ein Buch ausleihen wollte (was es an Beständen hinter dieser Tür gab, sollten die Studenten nicht genau wissen).

Während es in Jena noch bürgerliche Philosophen gab (übrigens auch in Halle und Greifswald, doch dort gab es keine Philosophiestudenten) und in Leipzig der parteilose Ernst Bloch die marxistische Lehre so eigenständig wie möglich vortrug, herrschte in Berlin von Anfang an eine stramme marxistische Ausrichtung, mit der Ausnahme von Wolfgang Harich, der jedoch im Frühjahr 1954 seine Vorlesungstätigkeit einstellte und seine Professur freiwillig aufgab.

1978 notierte Bahro rückblickend über seine Lehrer: »Zu den wichtigsten Bildungserfahrungen meiner Studienzeit gehören die Persönlichkeiten der alten Kommunisten und Sozialisten, solcher Genossen wie Georg Klaus, Klaus Zweiling, Hermann Scheler, Walter Besenbruch, die inzwischen als Professoren bei uns lehrten und die wir in unseren oft sehr stürmischen und trotz mancher Überspitzung sehr eindrucksvollen Parteiversammlungen erlebten.«

1990 ergänzt er das Bild: »Übrigens war mir einer der Orthodoxen in seiner Philosophiegeschichte ein wichtiger Lehrer, der mir als Gestalt trotz fragwürdiger Züge imponierte. Das war Georg Klaus, dessen Engagement für Logik und Kybernetik ich in einer philosophisch-politischen Haßliebe verfolgte. [...] Während der ganzen Studienzeit war mir der alte Walter Besenbruch eine moralische Instanz. Und Wolfgang Heise war der Geist, den ich liebte.« (*Überwindungen*, 14)

Die Studienzeit, politisch gesehen

Es gab vor der Herbstrevolution 1989 wohl keine Studentengeneration in der DDR, die mit solchen brachialen Ereignissen während der Studienzeit konfrontiert wurde, wie diejenige, die in den 50er Jahren studierte. Für die einen war der Tod des großen Stalin eine nie dagewesene Trauer, für die anderen die ersten Enthüllungen über den »Personenkult« (wie seine zahllosen Verbrechen damals noch beschönigend genannt wurden) eine fürchterliche Tragik. Für die einen war der XX. Parteitag der KPdSU (Februar 1956 in Moskau) mit der halbenthüllenden *Geheimrede* Nikita Chruschtschows der Beginn einer liberalen Entwicklung in ganz Osteuropa – das berühmte »Tauwetter« (nach einem Romantitel von Ilja Ehrenburg) –, für die anderen war der Volksaufstand in Budapest ein »faschistischer Terror«, den zerschlagen zu haben der Sowjetarmee aus tiefstem Herzen gedankt wurde. Oder dies alles traf in einer Person zusammen, dann war die Erschütterung besonders groß.

In der DDR herrschte seit dem ersten Bekanntwerden der »Enthüllungen« in Moskau für viele Monate eine aufgeregte Stimmung, denn viele Intellektuelle fanden es angebracht, daß auch im eigenen Land mit dem Stalinismus abgerechnet werden müßte. Gegen die Haltung Walter Ulbrichts und der SED-Führung erschienen seit März kritische Artikel von Jürgen Kuczynski, Wolfgang Harich, Walter Besenbruch und Robert Havemann mit der Forderung, mit dem »Dogmatismus« Schluß zu machen. An den Universitäten und Hochschulen entstand eine brisante Stimmung, bis die SED-Führung die Flucht nach vorn antrat und für kurze Zeit halbherzig der politischen Stimmung nachgab. Doch schon im Sommer trat die restaurative Wende ein: Die antistalinistischen Kräfte in Polen erzwangen Veränderungen, die von der SED mit tiefstem Mißtrauen betrachtet wurden. Sofort wurde der »Kampf gegen den Dogmatismus« abgebrochen, und die SED begann den Kampf gegen den »Revisionismus« – also gegen jeden Veränderungswillen auf politischem oder ideologischem Gebiet. Erschreckt und verunsichert durch den Volksaufstand in Ungarn, wurde dieser Kampf in der DDR mit außerordentlicher Schärfe vorangetrieben und forderte in kürzester Zeit viele Opfer – beginnend mit der Verhaftung Wolfgang Harichs am 29. November 1956, Walter Jankas am 6. Dezember, den Angriffen auf Ernst Bloch, aber auch mit »Säuberungen« im Politbüro der SED und vielen Verhaftungen und Prozessen gegen kritische

Intellektuelle – auch an der Humboldt-Universität –: eine Repressionswelle, die bis in die Mitte des Jahres 1958 reichte und als Ergebnis eine politische und geistige Friedhofsruhe hinterließ. Das war die Studienzeit Rudolf Bahros.

Der Student Rudolf Bahro

Immatrikuliert wurde er im Herbst 1954 zusammen mit etwa 65 weiteren Studenten, von denen einige später namhafte Philosophen oder Parteiideologen wurden (andere oder dieselben schon während des Studiums auch »Geheime Informatoren« des MfS).

An Quellen für diese Zeit gibt es Erinnerungen seiner Kommilitonen, ein paar Bemerkungen von ihm selbst, einige seiner Manuskripte und Veröffentlichungen, auch die Diplomarbeit, die bereits für die Schulzeit erwähnten »Literaturlisten«, schließlich Berichte seiner Kommilitonen für die Staatssicherheit und einige Akten dieses Ministeriums.

Über die philosophische Ausbildung der Jahre 1954 bis 1959 sprachen die befragten ehemaligen Kommilitonen überraschend positiv. So wurden die Vorlesungen von Kurt Hager zum dialektischen Materialismus und von Hermann Scheler zum historischen Materialismus sehr gelobt (beide Professoren waren Autodidakten!), ebenso Georg Klaus' Einführung in die Logik, Wolfgang Heises Analysen zur Geschichte der marxistischen und der modernen bürgerlichen Philosophie, die Antike-Vorlesungen von Marie Simon (die sie am Institut bis Anfang der 90er Jahre hielt!), die Seminare des bedeutenden französischen Marx/Engels-Forschers Auguste Cornu und diejenigen von Walter Besenbruch zu den »Ökonomisch-philosophischen Manuskripten« von Marx. Weniger ertragreich seien die Lehrveranstaltungen zur Ästhetik und Ethik gewesen, auch gab es ausgesprochene theoretische Peinlichkeiten hier nicht zu nennender Lehrkräfte.

Doch zum Studium gehörten neben den Vorlesungen und Seminaren und vielen Versammlungen politischen Inhalts zahlreiche DDR-typische Anforderungen, denen sich so gut wie niemand entziehen konnte: Von den Studenten wurde verlangt, daß sie als »angehende Intelligenz« engen Kontakt zu den Arbeitern und Bauern halten müssen. Dazu hatten sie alljährlich in Ernteeinsätze zu fahren und in Betrieben Praktika zu absolvieren. Einmal fuhr Bahros Studienjahr zur Arbeit in das Senftenberger Braunkohlerevier, ein anderes Mal leistete er sein Praktikum im industriell ziemlich rückständigen VEB Werkzeugmaschinenfabrik »Hermann Schlimme« in Berlin-Treptow, um dort mitzuarbeiten und gleichzeitig politisch auf die Arbeiter einzuwirken.

Aber von den Studenten wurde noch mehr verlangt.

Man hatte nach entsprechender Vorbereitung und in Absprache mit der Leitung nach Westberlin zu fahren und dort mit Studenten der Freien Universität zu diskutieren, sie für die DDR und deren Friedenspolitik zu interessieren. Bahro erinnert sich in seiner U-Haft 1977 an etwa zehn bis 15 solcher Einsätze, die jedoch wenig politischen Gewinn brachten. Einmal wurde er dabei von der »Stumm-Polizei« festgenommen und mehrere Stunden in einer Arrestzelle festgehalten.

(Anderes aus dieser Zeit bleibt ungeklärt: Ende der 70er Jahre erzählte er – so berichtet einer der Spitzel –, daß ihn eine jahrelange herzliche Freundschaft mit Rudi Dutschke verbinde und dieser ihn bereits mehrfach besucht habe, daß er Ulrike Meinhof gut kannte und noch immer verehre, daneben auch Croissant und Baader und auch sonst noch eine ganze Reihe von Führern und Mitgliedern der Baader-Meinhof-Gruppe kenne. Das hätte in der Tat eine intensive »Westarbeit« des Studenten Bahro bedeutet. Doch mit diesen Behauptungen 1978 in der U-Haft konfrontiert, weist er alles zurück, nur »Ulrike Meinhof habe ich in meiner *Forum*-Zeit einmal von weitem gesehen, mehr aber nicht«.)

Eine größere Sache war ein zweiwöchiger Einsatz in Westdeutschland anläßlich der Bundestagswahlen 1957. In kleinsten Gruppen fuhren die Studenten in verschiedene Städte, sollten dort Kontakte aufnehmen, in Versammlungen gehen und »fortschrittlich diskutieren«, auch mögliche Sympathisanten nach Berlin melden. Bahros Einsatz führte ihn zusammen mit (dem späteren Logikprofessor) Horst Wessel, mit Lothar Läsker und zwei anderen Kommilitonen nach Düsseldorf und Mönchengladbach. Wie überall im Studium gab er sich auch hier viel Mühe, meldete sich in den Versammlungen zu Wort, versuchte auch die politisch Interessierten anschließend zu überzeugen, führte darüber hinaus mit dem ihn beherbergenden Ehepaar einige Zeit noch einen politischen Briefwechsel. Auf einer dieser Veranstaltungen ergab sich ein heftiger Wortwechsel der Studenten mit einer Person, von der Bahro später glaubte, daß sie im Ost-Büro der SPD arbeitete. Das erregte Aufmerksamkeit, ein Foto wurde geschossen, eine Zeitung brachte einen kurzen Bericht, tags darauf erschien – so erzählt Läsker – die Polizei und nahm ihn für zwei Tage in Gewahrsam. Bahro war nicht auf dem Foto zu sehen, ihm passierte nichts – doch alle Kommilitonen hatten nun eine feste Vorstellung vom »reaktionären Charakter der herrschenden Kreise«, also vom leibhaftigen »Klassenfeind«. (Abseits davon eine von Horst Wessel überlieferte Anekdote: Als Bahro nach einer Veranstaltung vorübergehend von seinen Kommilitonen getrennt war und sie später fragte, was sie inzwischen getan hätten, antworteten diese mit eingeübten ernsthaften Gesichtern, sie seien in einem Puff gewesen. Daraufhin protestierte er energisch und verlangte, daß die Gelder der Partei nicht für private Dinge ausgegeben werden dürfen.)

Für die männlichen Studenten gab es weiterhin im Sommer 1956 eine paramilitärische Ausbildung in einem GST-Lager in Rechlin (an der Müritz) und im Sommer 1958 eine sechswöchige militärische Ausbildung in Prenzlau, bei der Bahro (u.a. mit dem später als Schriftsteller bekanntgewordenen Jurek Becker) zur Artillerie eingeteilt wurde.

Dann gab es am Philosophischen Institut noch eine Besonderheit: ein Agitprop-Trupp namens »Roter Zunder«. Diese von den Studenten Fritz Boeck und Günter Mayer gegründete und betextete Gruppe verstand sich als politisches Sprachrohr, und in zahlreichen Auftritten – in der Universität, auf öffentlichen Veranstaltungen, aber auch auf Plätzen und vor Bahnhöfen – wurden markige Losungen geschrien (*»Wir wollen Frieden auf lange Dauer: Nieder mit Strauß! Nieder mit Adenauer!«*) und Kampflieder angestimmt.

Wie kann man sich den Studenten R.B. vorstellen?

Rulo Melchert, damals Germanistikstudent, schildert ihn mir so: »Bahro erinnere ich mit rundem Gesicht, wie kaustisch lächelnd, ein jugendlicher Typ, der sich immer gleich bleiben sollte, schon Brille tragend, weshalb es schien, er schaue mehr in sich hinein als den Gesprächspartner an, er hätte kurze Hosen tragen können.« Für Günter Mayer hat sich eingeprägt: Rudi konnte gut und leidenschaftlich – von innen heraus – reden, doch ihm fehlte oft das Maß. War er zum Beispiel zum Essen eingeladen, so hat er dort nur geredet und nie gewußt, was er gegessen hat. Sein Sinn für andere Menschen war wenig entwickelt. Fritz Boeck sah damals in ihm einen begabten Spinner, stets sprühend; eine Kommilitonin nannte ihn traumtänzerisch und: er habe stets, wenn er angegriffen oder beleidigt wurde, »auch die andere Backe hingehalten«.

Gundula Bahro, die ihn damals bereits kannte, schrieb über ihrer beider damaliges Lebensgefühl in einem Brief (vom 5.10.2000): »Nach dem Trauma von Kriegsverbrechen und Judenverfolgung, das uns [...] damals angelastet wurde, konnten wir nicht abprüfen und reflektieren, hatten keine andere Chance, als mit einer angenommenen Schuld uns voll in den Sog des neuen Lebens zu stellen, mit der Masse auf der richtigen Seite zu schwimmen, um ein ›friedliches Deutschland‹ aufzubauen. Die Propaganda der FDJ führte nahtlos in den missionarischen Eifer des Neubekehrten und den Drang, den Marschallstab im Tornister zu haben [...] ein Leben der Aufopferung bis hin zum Märtyrertum. Nicht zuletzt war damals seine Lieblingsoper ›Fidelio‹. So war der Übergang aus der Kollektivschuld zur Gleichmacherei aller hin zum ›neuen Menschen‹ fatal.«

Und Bahro selbst? Zu einem späteren Zeitpunkt wird er feststellen: »Bis heute kann ich meine Grundeinstellung nicht besser kennzeichnen als mit dem ›kategorischen Imperativ‹ des jungen Marx, den ich 1954 an der Universität das erste Mal aufnahm: ›alle Verhältnisse umzuwerfen, in denen der Mensch ein erniedrigtes, ein geknechtetes, ein verlassenes, ein verächtliches Wesen ist‹. Dafür bin ich Kommunist geworden.«

Sein studentisches Interesse galt ziemlich früh der Ästhetik und der Literaturwissenschaft, dazu aber auch (so erinnert sich Günter Mayer) der Französischen Revolution. Was ihn daneben am stärksten ausfüllte, war die Musik und natürlich das Lesen der »schönen Literatur«.

Sehr gern spielte er Schach, und er soll sich an Fernschachturnieren beteiligt haben (doch davon finden sich keine Spuren), zumindest eine Erinnerung nennt auch einmal wöchentlich stattfindende studentische Skat-, Sauf- und Diskutierabende. Ob er mit einem Kommilitonen wirklich befreundet war, konnten sich die Befragten nicht erinnern, nur einer nannte als solchen Freund Dietrich Noske: Beide wären versessen aufs Streiten und Diskutieren gewesen, seien stets wie Kampfhähne aufeinander losgegangen.

Schließlich noch eine obskure Quelle: In einem Ermittlungsbericht der Staatssicherheit im Wohngebiet vom Dezember 1956 heißt es u.a.: »In moralischer Hinsicht ist über B. und N. [den Zimmermitbewohner, ein Germanistikstudent] nichts nachteiliges bekannt. Wenn Besuch kommt, dann handelt es sich immer um Studenten. Auch wurde öfters bemerkt, daß auf der Straße vor dem Haus eine kleine Gruppe von Mädchen auf die beiden Studenten warten oder auch hochrufen. Von B. ist bekannt, daß er sehr gern und oft in die Oper und ins Konzert geht. Sein Lieblingskomponist ist Beethoven. Denn des öfteren versucht er auf dem Klavier die Musik von Beethoven wiederzugeben. Daß B. dem Alkohol zuneigt, kann nicht gesagt werden. [...] Aus privatem Interesse sucht B. oder sein Studienkamerad N. die Westsektoren nicht auf. Irgendwelche westliche Literatur wurde in ihrem Zimmer auch nicht gefunden.«

Natürlich war er in Westberlin, doch wie er später berichtete, hätte er keine einzige Ostmark in Westgeld umgetauscht, sei in keinem einzigen Film gewesen, und als er mit einem Freund aus seinem früheren Wohnort im Schillertheater sich *Dantons Tod* angesehen habe, bekam er danach ein schlechtes Gewissen.

Lektüre

Daß er seinen belletristischen Interessen freier nachgehen konnte als den philosophischen, lag daran, daß der Studienplan für jedes einzelne Fach eine Pflichtliteratur umfaßte, die auch von ihm gelesen wurde, während das Angebot an weiterer philosophischer Literatur im Buchhandel äußerst beschränkt, doch wenigstens in der Universitäts- und erst recht in der Institutsbibliothek ausreichend war.

In den ersten beiden Studienjahren liest er nur wenig Philosophisches: einige kanonische Texte von Lenin, Engels und dem damals noch zum Pflichtpensum gehörenden Mao Tse-tung, daneben literaturgeschichtliche Aufsätze von Lukács und – wieder als Ausnahme – mehrere Texte von Nietzsche, darunter den *Zarathustra* und *Ecce homo*. Dafür hat er in diesen beiden Jahren in der Belletristik geradezu geschwelgt. Hatte er schon in seiner Schulzeit viele bedeutende Romane und Erzählungen gelesen, so überbietet er das (und man dürfte ihn sich eigentlich nur lesend vorstellen). Von Johann Christian Günther über Lessing, Goethe und jetzt auch Hölderlin liest er sich durchs 19. Jahrhundert hindurch, doch das Schwergewicht liegt jetzt im 20. Jahrhundert: Gorkis *Klim Samgin*, Rollands *Johann Christof*, Thomas Manns *Zauberberg*, *Josef und seine Brüder*, *Doktor Faustus*, Feuchtwangers Romane und Hesses *Glasperlenspiel* seien pars pro toto genannt. Natürlich liest er auch die DDR-Autoren, vor allem Johannes R. Becher, den er ja auch zum Thema seiner Diplomarbeit wählt. Überhaupt gewinnt bald die Lyrik ein Übergewicht, hier entdeckt er die französische Moderne für sich, und von Rilke nimmt er vermutlich alles auf.

Im dritten Studienjahr 1956/57 gehörten zu seinem philosophischen Programm über 20 Lenin-Texte, Arbeiten von Marx und Engels sowie von Feuerbach, Tschernyschewski, Plechanow und Mehring. Von den klassischen Texten beschäftigten ihn in dieser Zeit Platons *Apologie* und *Kriton*, Montaignes *Essais*, Kants *Prolegomena*, Hegels *Vorrede zur Phänomenologie* und die *Ästhetik*. An marxistischer Literatur las er einige Schriften von Lukács zur Ästhetik, Blochs *Subjekt – Objekt* und *Das Prinzip Hoffnung, Band I*, Koflers *Marxismus und Sprache*, weiterhin Broschüren und Aufsätze der Lehrkräfte des Instituts. Was aus heutiger Sicht auffällt, ist die Unkenntnis der modernen bürgerlichen Philosophie und Soziologie.

Wesentlich weiter war sein Horizont, was die Belletristik betraf. Im dritten Studienjahr sind es wieder überwiegend Autoren des 20. Jahrhunderts, die ihn interessierten, darunter Stefan Zweig und Döblin, Feuchtwanger (ihn muß er auch vollständig gekannt haben) und Koeppen, schließlich entdeckte er noch Kafka für sich. Die zweite große Entdeckung war dann Majakowski, neben Rilke (und J.R. Becher) wohl der am meisten von ihm gelesene und geliebte Dichter. Und immer mehr zog es ihn zu Brecht (der 1956 starb). Natürlich las er auch den einer ganzen politischen Hoffnung namensgebenden Roman *Tauwetter* von Ehrenburg.

In den beiden letzten Studienjahren folgen dann noch Nekrassow, Sartre, Steinbeck und Hemingway sowie der einzige in der DDR erschienene Roman von Arthur Miller *Brennpunkt*. An Philosophen notiert er Kants *Prolegomena* und die *Kritik der reinen Vernunft*, von Fichte die *Erste und Zweite Einleitung in die Wissenschaftslehre*, Heines *Zur Geschichte der Religion und Philosophie in Deutschland* sowie die philosophiegeschichtlichen Darstellungen Kuno Fischers zu *Descartes*, *Spinoza* und *Leibniz*.

Mit diesen langen Listen wird ersetzt, was wir gerne über seine innere Entwicklung wissen möchten, aber nicht direkt erfahren. Diese obsessive Liebe zur Literatur bleibt bis an sein Lebensende erhalten. Später im Westen und in den Jahren nach 1990 kommt eine umfangreiche Beschäftigung mit philosophischer, historischer und sozial-wissenschaftlicher Literatur hinzu – so rundete er eine mehr als beeindruckende Bildung und Kenntnis ab, die im Westen immer wieder bestaunt und bewundert wurde.

Rudolf Bahro und das Krisenjahr 1956

Der XX. Parteitag in Moskau und Chruschtschows *Geheimrede* erschütterten alle Intellektuellen in Ost und West. Auch an der Humboldt-Universität gärte es. Als der Leiter der Abteilung Wissenschaft beim ZK der SED, Hannes Hörnig, zu den Philosophen kam, um dort die sowjetische Politik zu erläutern, wurde gegen allen Brauch vom Lehrkörper und von den Studenten Kritik an der SED, am Dogmatismus und vielen politischen Einzelerscheinungen geübt, und zwar so drängend, daß die Versammlung abgebrochen werden mußte. Daraufhin wurde eine außerordentliche Aktivtagung der Parteiorganisation des Instituts einberufen, auf der der 1. Sekretär der Bezirksleitung Berlin, Alfred Neumann, die Philosophen zur Disziplin zwang, unter anderem mit der (an einen Marx-Titel angelehnten) drohenden Frage: »Ist das das Elend der Philosophie oder die Philosophie des Elends?«

Wie Bahro auf diese ersten Enthüllungen Chruschtschows reagierte, ist in einem 1997 anläßlich seines Todes erschienenen teils hämischen, teils denunziatorischen Erinnerungsartikel des früheren ND-Journalisten Harald Wessel so geschildert worden: Er habe im Juni 1956 Rudi angetroffen auf den Stufen zum Philosophischen Institut, weinend und voller Weltschmerz und habe – nicht zuletzt auf Wunsch des Institutsdirektors – Rudi trösten wollen. Nach der Erläuterung, daß der Text der Geheimrede seit dem 8. Juni durch die Veröffentlichung in der *New York Herald Tribune* für Ostberliner Intellektuelle zugänglich war, heißt es dann zu Bahros »akademischen Weinkrampf«: »Mit Chruschtschows Enthüllungen über Stalins Verbrechen waren für Rudolf Bahro Welten zusammengebrochen. Rudis Psycho-Crash, sein polit-mentaler Kollaps, seine tiefe intellektuelle Orientierungskrise waren nur dann zu verstehen, wenn man in religiösen Kategorien dachte. Weil Bahro in Stalin ein überirdisches Wesen gesehen, verehrt und geliebt hatte, stürzte ihm nun der Himmel ein. Oder psychoanalytisch: Weil Stalin dem Rudi der Übervater war, konnte er dessen Demontage durch Chruschtschow nicht verkraften, ohne in eigene existentielle Not zu geraten.«

Bahro selbst schildert in seinem Lebenslauf von 1978 jenen Zustand lapidar so: »In diese Jahre fällt die erste Erschütterung, die ich in meiner politischen Überzeugung erfuhr. Die Krise wurde durch den XX. Parteitag der KPdSU ausgelöst und entzündete sich dann besonders an der nach meiner Meinung bewußt lückenhaften Information über die Ereignisse vom Herbst 1956 in Polen und Ungarn durch unsere Parteiführung. Ich schlug damals einen Artikel des Inhalts an die Wandzeitung, daß die Führung den Mitgliedern Vertrauen schenken soll, wenn sie in der komplizierten Situation Vertrauen erwartet.«

Dieser Artikel, den ich für den mutigsten aus dem ganzen Krisenzeitraum halte, soll hier vollständig wiedergegeben werden:

Protest!

Soweit ich weiß, haben ungarische Studenten in den letzten Tagen Grußbotschaften nach Warschau geschickt, weil die Polen sich nicht scheuen, rücksichtslos und bis zur letzten Konsequenz mit dem Ungeist abzurechnen, der die jüngste Vergangenheit des Sozialismus so sehr verdunkelte. Ich habe in Gedanken mitunterschrieben.

Und ich bedaure sehr die schlechte Komödie, die unser Zentralkomitee allem Anschein nach in dieser Frage inszenieren will. Es ist doch sonderbar: Je höher hinauf im hieratischen Aufbau unserer Partei, desto geringere Sympathien für die revolutionäre Entschlossenheit der polnischen Genossen, während man andererseits schon seit 3 Tagen vormittags um 10 Uhr kein ND mehr an den Zeitungsständen bekommt, weil die ganze Partei, weil darüber hinaus ganz Berlin auf eine offene, ehrliche, vollständige Berichterstattung wartet.

Statt dessen ließ das ZK auch noch die einzige Zeitung, die sich ohnehin in weiser Zurückhaltung nur einen kurzen Auszug aus der Rede Gomulkas erlaubte, einziehen, als schon die halbe Auflage verkauft war. Das nenne ich selbst vom Standpunkt der Veranstalter den Gipfelpunkt der Dummheit, und das Ergebnis dieser ängstlichen Kirchturmstrategie steht dann auch im absoluten Mißverhältnis zur beabsichtigten Wirkung.

Seit Monaten reden wir von der Herstellung des Vertrauensverhältnisses zwischen der Parteiführung und den Mitgliedern. Die Parteiführung aber begegnet der gesamten Mitgliedschaft fortwährend mit einem geradezu beschämend kleinlichen Mißtrauen - und ich frage: beschämend für wen? Es ist Sache jedes einzelnen Genossen, wie er diese Haltung aufnimmt. Ich jedenfalls antworte darauf mit der gleichen Münze, d.h. ich verfolge manche Maßnahmen der Parteiführung ebenfalls mit Mißtrauen.

Es geht mir absolut nicht darum, in unserer Republik und in unserer Partei mit ungarischen und polnischen Dekreten Ordnung zu machen. Aber ich verlange von unserer Führung denselben revolutionären Geist, dieselbe unerbittliche Konsequenz in der Auswertung des XX. Parteitages. Indessen erlebe ich immer wieder mehr oder weniger geschickte Rückzugsmanöver. Ich nenne das in ganz bewußter Analogie Absatzbewegungen.

Gerade die Tatsache, daß man sich bei uns derart krampfhaft, noch dazu mit undemokratischen Methoden, gegen die polnischen und ungarischen Winde sperrt, beweist mir die Notwendigkeit, auch in Berlin eine ZK-Sitzung dazu zu benutzen, daß man einmal recht unsanft mit einigen Bremsklötzen der Demokratisierung Schlitten fährt. Ich möchte zum Beispiel gern wissen, wer für die seltsame Affaire um die »BZ am Abend« verantwortlich ist.

Furchtbares ist geschehen. Die Polen mußten einen der hervorragendsten Führer ihrer Revolution erst aus dem Gefängnis befreien; die Ungarn gar konnten der Welt nur noch einen Leichenzug-Epilog zu der Tragödie ihrer toten Genossen zeigen. Und damit sollten wir bei uns schon fertig sein?

Ich gebe nichts auf das feige Gerede von ungezielten Pfeilen. Das Geschrei beweist, daß sie getroffen haben - und zwar am rechten Ort. Es gibt auch in Deutschland, weit von den Schüssen, die Laszlo Rajk und seinen Genossen galten, Menschen, die schuldiger an ihrem Tode sind als das ungarische Exekutionskommando, das den Mordbefehl vollstreckte, möge die Verbindung noch so indirekt sein.

Und ich protestiere gegen jeden Versuch, verhüllende Nächstenliebe walten zu lassen, wo es um die Wiederherstellung der historischen Gerechtigkeit geht. Ich glaube übrigens, es geht auch um die historische Gerechtigkeit von heute und morgen, und um einiges mehr.

Rudolf Bahro
24.10.1956

Also hatten Bahros Tränen politische Konsequenzen (das schreibt aus nachvollziehbaren Gründen Journalist Wessel nicht). Diese offene Herausforderung der Parteiführung zog sofort Gegenmaßnahmen nach sich. Am 31. Oktober vermerkt das Staatssekretariat für Staatssicherheit (Verwaltung Groß-Berlin Abt. V/1): »Am 24.10. 1956 soll an einer Hochschule oder Universität eine Stellungnahme angeklebt worden sein, in welcher sich Studenten mit der Konterrevolution in Ungarn solidarisch erklärt haben. Ein gewisser Bahrow (!) soll da eine Rolle gespielt haben.« Und es folgte ein Suchauftrag.

Knapp fünf Wochen nach der ersten Stasi-Feststellung ist bereits ein Überprüfungsvorgang eingeleitet und ein Operativplan ausgearbeitet (am 6. Dezember) – also das Übliche: Ermittlungen, Einsatz »Geheimer Informatoren« (GI), Postüberwachung. Nur Tage später wird ein erster, bereits von mir zitierter (und eher läppischer) Auskunftsbericht zusammengestellt. In einem ersten GI-Bericht heißt es: »Rudolf Bahro. Er ist sehr von sich eingenommen und glaubt in allen Fragen seine Meinung sagen zu müssen. Fordert Freiheit der Kritik, Pressefreiheit usw. ohne in jedem Fall zu bedenken, welche Folgen daraus entstehen können. [...] Bahro sieht heute noch nicht ein, daß die Haltung unserer Partei zu [...] Dogmatismusdiskussionen nach dem XX. Parteitag richtig war.«

Weil die ersten Ergebnisse der Ermittlung der Staatssicherheit nicht ausreichen, ihn staatsfeindlicher Handlungen zu überführen, wird die Überwachung intensiviert, neue Operativpläne werden ausgearbeitet, eine noch längere Postüberwachung wird festgelegt, dazu der Einsatz von konspirativer Technik (die damals sicher Mangelware war). Kurz darauf heißt es dann: »Bei B. wird vermutet, daß er Parteifeind ist und mit Westberliner Organisationen zusammenarbeitet.«

Das muß während der Studienzeit ein fürchterlicher Vorwurf gewesen sein. Immerhin wurde er nicht exmatrikuliert – stand aber kurz davor. Denn in einem Treffbericht des GI »A. Regisseur« (vom 30.4.1958) wird mitgeteilt, daß Bahro an konspirativen Zusammenkünften einer studentischen Gruppe teilgenommen hat, auf denen politische und ideologische Fragen im partei- und staatsfeindlichen Sinn diskutiert wurden.

Das politische Klima am Institut war in dieser Zeit hocherhitzt. Der Student Peter Langer forderte in einem Brief an die Parteileitung mehr Demokratie und Meinungsfreiheit und diskutierte mit einigen Kommilitonen die Chruschtschow-Rede, der Student Michael Franz verfaßte ein politisches Thesenpapier, das als »revisionistisch« verurteilt wurde. Selbst innerhalb des Lehrkörpers gab es Streit um die Haltung der Parteiführung, um die Person Walter Ulbrichts, um die Informationspolitik der SED. Und dann kam die Nachricht von der Verhaftung Wolfgang Harichs, der an diesem Institut nur allzu bekannt war. Diesmal ließ Kurt Hager, Professor am Institut, vor allem aber ZK-Sekretär für Wissenschaft, Volksbildung und Kultur, die Philosophen zusammenrufen und sorgte für ein geducktes Schweigen.

Die Stimmung jener Zeit wird eindrucksvoll von dem Studenten Willi Krebs (in seinen unveröffentlichten *Erinnerungen eines Unangepaßten*) wiedergegeben. Er erlebte die SED- und die FDJ-Leitungen des Instituts als unsicher und kopflos, die Studenten stritten erbittert in verschiedenen politischen Gruppierungen, die Vorlesungen verkamen zu »reinen Agitationsveranstaltungen ohne jedes theoretische Niveau« – an ein geregeltes Studium sei nicht zu denken gewesen.

Eine schreckliche Situation war die Verhaftung dreier Studenten am 7. März 1958 (die übrigens bis auf zwei Ausnahmen von den befragten Kommilitonen mit Amnesie belegt wurde). Hier der Bericht von Willi Krebs, wie er gerade mit seinem Freund Peter Langer von einer Lehrveranstaltung bei den Psychologen zurück ins Institut kommt:

»Wir kamen in den schon voll besetzten Raum und setzten uns nebeneinander auf zwei leere Stühle. Ich spürte, daß es wie in einem Dampfkessel, jedoch ein Dampfkessel ideologischer Art, kochte und brodelte. Was ich nicht wußte: das ganze Gebäude war von Leuten der Staatssicherheit umstellt. Selbst auf der Toilette stand ein solcher Beschützer des Arbeiter- und Bauernstaates. Auch erfuhr ich erst viel später, nach dreißig Jahren, daß alle SED-Mitglieder darauf eingeschworen worden waren, jeden Vorschlag der Leitung, ganz gleich, wie dieser lautete, bedingungslos zu unterstützen. Der Leiter der Versammlung und wahrscheinlich damals der Parteisekretär des Instituts Horst Spaar [nicht der Sekretär, aber gehörte der Parteileitung des Instituts an], später Professor der Philosophie an einer Gesundheitseinrichtung, hielt eine donnernde Rede gegen die Verräter am Sozialismus. Bestellte Büttel forderten Langer auf, zu seinem bisherigen Verhalten Stellung zu nehmen. Eine der schlimmsten Anklägerinnen war Toni Hahn, später natürlich ebenfalls Professor. Schließlich nach einer langen qualvollen Debatte forderte Spaar die

Versammlung auf, unsere Zustimmung zu einer Verhaftung des Agenten Langer zu geben. Zu meinem Entsetzen flogen alle Hände zur Zustimmung hoch. Ich war wie vom Blitz erschlagen. Eine solche Gemeinheit hätte ich niemals für möglich gehalten. Auch diejenigen, die früher mit Peter übereinstimmten, erhoben jetzt die Hände entweder aus Angst oder aus Parteidisziplin. Nur die Hand einer Studentin aus dem über uns liegenden Studienjahr und meine blieben unten. Nun erschienen zwei Genossen Studenten, packten Peter an beiden Armen, als sei er ein Schwerverbrecher, und führten ihn in ein Nebenzimmer ab, wo die Staatssicherheit ihn in Empfang nahm. Unter frenetischem Jubel der SED-Clique beendete der Leitende die Versammlung.« Der Genauigkeit halber sei dem Bericht hinzugefügt, daß nicht zwei Hände *unten* blieben, sondern ausdrücklich gefragt wurde, wer gegen die Entscheidung stimme – und es gab *eine* Gegenstimme, das war die Studentin Anneliese Simonides, die dafür wenige Tage später »zur Verantwortung gezogen« und exmatrikuliert wurde (und Monate später nach Verhaftung eines Freundes ihres Mannes in den Westen floh). Und es gab *eine* Stimmenthaltung – von Willi Krebs, der daraufhin monatelang bearbeitet wurde, um sich von Peter Langer zu distanzieren. Ihn schützte allein Professor Zweiling, der das »proletarische Element« am Institut behalten wollte.

Im Oktober fand in Cottbus (!) der Prozeß gegen die drei Studenten – Langer, Messelken und Schweickert – statt, der mit ihrer Verurteilung zu langen Zuchthausstrafen endete (6–5–3 Jahre).

Andere Studenten sind in jenen Monaten relegiert oder »zur Bewährung« in die Produktion geschickt worden. Mindestens 30 mußten aus politischen Gründen das Institut verlassen. Über sein Studienjahr – es war dasjenige unter Bahros, das weitgehend verschont blieb – schreibt Krebs: »Nach Ende der Säuberungsaktion waren alle überdurchschnittlich begabten Studenten exmatrikuliert. Übrig blieben die Duckmäuser und Karrieristen, die Mädchen, die sich so gut wie nicht an den Diskussionen beteiligt hatten. Und ich.«

Wie es scheint (so sagen auch die Befragten), hat sich Bahro in diesen Auseinandersetzungen weitgehend zurückgehalten. Trotzdem ermittelte die Staatssicherheit weiter gegen ihn wegen des Wandzeitungs-Aufrufes. Auf eingefärbte Weise erfahren wir aus mehreren Berichten ihrer Informanten, welche Eigenarten Bahros von seinen Kommilitonen der Staatssicherheit wachsam und in herabsetzender Weise zugetragen wurden.

So heißt es in einem weiteren GI-Bericht, diesmal von Spitzel »Ostmann«: »B. ist der Meinung, daß die Philosophie abgewirtschaftet hat, er vertritt die Theorien von Havemann.« Nun war Havemann damals noch nicht so verfemt wie später, aber solche – durchaus von diesem inspirierte – Gedanken wie: »leugnet den Gegenstand der Philosophie« konnten für einen Philosophiestudenten sehr nachteilig sein.

Nach den GI-Berichten zu urteilen, wäre der Student B. ein exzentrischer Mensch: »Begabt, belesen, aber oberflächlich. Stets extrem in seinen Anschauungen. Zuweilen recht infertil (!) und voreilig, unbedacht. Stark entwickeltes Selbstbewußtsein, sehr überheblich. [...] Nach Aussagen anderer: ich und Lenin, wir sind die größten Menschen. [...] Sehr plötzlichen und auffallenden Gesinnungswandels fähig. [...] Auch ausgeprägt karrieristische Züge an ihm erkennbar. Versteht es ausgezeichnet, eigene, private Wünsche mit den Erfordernissen der gesellschaftlichen Entwicklung der DDR zu koordinieren, schießt aber auch in der Beziehung oft weit übers Ziel hinaus.« Und in einer sehr ausführlichen Charakteristik kommt an weiterem hinzu: »Seine Klugheit wird aber allgemein überschätzt. Er versteht es, gewandt zu formulieren. Und er liebt es, zu allem seine ›bedeutsame‹ Meinung zu offenbaren. Dadurch entsteht der Eindruck einer sehr großen Beschlagenheit und Denkgewandtheit. Es ist jedoch oft so, daß er von dem Gegenstand, über den er sich wortreich und formgewandt ausläßt, wenig oder gar keine Ahnung hat. [...] B. hält sich selbst für sehr bedeutsam. Einmal äußerte er, er hielte sich für fähig, Ministerpräsident der DDR zu werden. Sein Selbstbewußtsein ist so ausgeprägt, daß ihn der allgemeine Spott, der sich gelegentlich gegen seine Überheblichkeit richtet, überhaupt nicht erreicht. [...] Er benimmt sich oft unreif und unausgeglichen.« Andererseits heißt es: »Er zeigt sich hilfsbereit und kameradschaftlich. Bei Arbeitseinsätzen entwickelt er eine ungeheure Arbeitswut.«

Ein weiblicher Spitzel (GI »Vera«): »Die hervorstechendste Eigenschaft Rudis ist ein ungeheures Geltungsbedürfnis«, er »neigt dazu, von einem Extrem ins andere zu fallen«, er »handelt impulsiv und aus Augenblickseingebungen heraus«. Ein unvergeßliches Bild wird von ihr festgehalten: »Im Arbeitseinsatz in Senftenberg war Rudi der Eifrigste. Nicht nur, daß er wie ein Verrückter arbeitete, die anderen antrieb, Pausen abkürzte, er übertrieb seinen Arbeitselan so weit, daß er nicht warten wollte, bis die Lokomotive die Lore fortzog, sondern sie eigenhändig bewegen wollte. Die anderen lachten ihn aus, als er sie aufforderte mitzuhelfen, halfen jedoch, als sie sahen, wie er sich abquälte.« Abschließend heißt es: »Ob Rudolf Bahro, der momentan einer der besten Parteiarbeiter unseres Instituts ist, eine Maske trägt, ist mir nicht möglich zu beurteilen.«

Soweit also die Stasi-Informanten aus seinem Studienjahr. Auf keinen Fall eine Maske ist ein Gedicht, das der so Überwachte geradezu hymnisch dem V. Parteitag der SED im Juli 1958 widmete. Darin heißt es u. a.:

Doch die Geschichte weiß auch von Festen;
die stetige Glut wird zur Feuerfontäne,
wenn die Partei der Kommunisten
ihre gestähltesten Töchter und Söhne
zusammenruft, um Parteitag zu halten!
[...]
Wenn ihr nicht zu ängstlich die Augen schont,
wird überm Parteitagshorizont,
Kontur schon, das Land Kommunismus sichtbar. –
Ein Blick auf den Weg noch, der hinter uns liegt,
um nicht zu vergessen, warum die Gesichter
der Alten so runzelig sind, so zerpflügt –
dann: nur noch Zukunft vor uns. Wir erfüllen,
was Marx entwarf. Wir schmieden unsern Willen
zur Wirklichkeit: der Sozialismus siegt!

Nach allen geheimpolizeilichen Überprüfungen kommt auch die Staatssicherheit im August 1958 zu dem Schluß, den Vorgang einzustellen. Begründung: »In der Bearbeitung des Vorganges konnte keinerlei Feindtätigkeit des B. festgestellt werden. B. tritt überheblich aber positiv in Erscheinung.« Und im Abschlußbericht (8.8.1958) heißt es: »Die Berichte der GIs sagen übereinstimmend aus, daß B. ein Kleinbürger ist, ein großes Wissen hat und sich auf seine Person etwas einbildet.« Schließlich wird dann in echter Stasi-Manier vorgeschlagen – da »der B. äußerst intelligent ist [...] und umfangreiche Verbindungen hat« –, ihn »als GI anzuwerben«. Damals noch erfolglos.

Bahro selbst wird von diesen Berichten und Ermittlungen wenig oder gar nichts erfahren haben. 1978 schreibt er in dem schon zitierten Lebenslauf im Anschluß an seinen Wandzeitungsartikel vom Oktober 1956 mit der Kritik an der SED-Führung: »Infolge der Auseinandersetzung, die man daraufhin mit mir führte und aufgrund meiner eigenen Bemühungen, die Entwicklung vom Parteistandpunkt zu begreifen, kam ich in den Jahren nach 1956 noch einmal voll zu der Überzeugung, daß die Haltung der Parteiführung und speziell Walter Ulbrichts zum XX. Parteitag unter den Bedingungen der Konfrontation in Deutschland völlig richtig war. Ich wollte mich erneut bewähren und freute mich über jeden Beweis politischen Vertrauens, den man mir insbesondere im Zusammenhang mit den Westeinsätzen gab.«

Erste Veröffentlichungen und politische Folgen

»Gegen Ende des Studiums« – so schreibt er ebenfalls 1978 – »erschien ein kleiner Band Gedichte von mir. Die Gedichte waren von mittelmäßiger Qualität, brachten mir jedoch als Auszeichnung vom Zentralrat der FDJ Ende 1958 eine Reise nach Moskau und Leningrad, die mich sehr bewegte.« (Ob es sich bereits um die Texte des 1960 erschienenen Gedichtbandes *In dieser Richtung* handelt, ist mir nicht klar. Daß die Reise stattgefunden hat, belegt eine Ansichtskarte an die Eltern vom 30. Dezember 1958 aus Moskau, wo er auch das Neujahrsfest im Sportpalast Lushniki verlebte.)

Andere Texte aus dem Jahr 1958 zeigen ihn – trotz seiner weiten literarischen Bildung – als engstirnigen und eifernden Theoretiker. Bei Schillers *Don Carlos* will er den Klassenkampf auf der Bühne abgehandelt wissen, und die Theaterkritik muß seiner Ansicht nach politisch prinzipieller werden, die jungen Stückeschreiber kritisiert er, daß sie es nicht verstünden, »so kolossal den ›Zeitgeist‹ auszusprechen, wie das der Marquis Posa einst getan«.

Wie der Zeitgeist auszusehen habe, glaubte Bahro genau zu wissen. Deshalb fühlte er sich auch genötigt, an die wöchentlich erscheinende Studentenzeitung *Forum* zu schreiben und das Gedichtbändchen *Die Windflüchter* der Schauspielerin Angelika Hurwicz sowie dessen Rezension durch Monika Hundt (unter dem Pseudonym Monika Schulze) zu attackieren. *Über ein Beispiel revisionistischer Prinzipienlosigkeit in der Literaturkritik* hieß der drohende Titel seines Beitrags, in dem er gleichsam als Warnung noch das Vorbild vieler junger Autoren, Hemingways *Der alte Mann und das Meer*, angriff. Das liest sich dann so: »Der unrealistische Kern dieser Erzählung liegt in der für die gesellschaftliche Wirklichkeit unserer Tage völlig untypischen Konfrontierung des hilflosen Einzelnen mit der Natur. Dabei steht die Natur, steht das Meer, mit dem der alte Mann zu kämpfen hat, als Symbol für die unbegriffene gesellschaftliche Wirklichkeit im imperialistischen Amerika, deren Wolfsgesetzen die Menschen hilflos ausgeliefert sind, solange sie ihr als unorganisierte Einzelne gegenübertreten, weil sie den revolutionären Ausweg noch nicht wissen.« Und das abschließende Urteil von Bahro über das Gedicht *Windflüchter* wie über Hemingways Erzählung lautet dann: »Beide Arbeiten sind letzten Endes typische Produkte der Dekadenz. Ihre Wirkung ist auf jeden Fall schädlich.« Und den Gedichten wirft er noch »direkte Verleumdung der sozialistischen Gesellschaftsordnung« vor.

Diese staatsanwaltliche Art von Umgang mit Literatur war damals allerdings nicht ungewöhnlich, und der Student Bahro wollte damit demonstrieren, wie genau er den »Klassenauftrag sozialistischer Realismus« verstanden hat. Interessant ist, was dann geschah.

Die Redaktion weigerte sich, diese Entgegnung »wegen ihrer rabiaten Grobheit und Linkssektiererei« abzudrucken – was Bahro dazu veranlaßte, sich an den offiziellen Herausgeber der Wochenzeitung, den Zentralrat der FDJ, zu wenden, um den Abdruck durchzusetzen. Doch das Ergebnis war nachteilig für ihn: Seine Parteigruppe wurde informiert, die sich dann mit seinem Geltungsdrang und seiner »linken Abweichung« auseinandersetzen mußte. Er kam gerade noch an einer »Parteistrafe« vorbei.

In seinem Vorwort zu meinem ersten kleinen Buch (*Überwindungen*, Berlin 1990) schreibt Bahro über diese Zeit: »Die Inquisition, die wir uns in der Seminargruppe und in der Parteigruppe gegenseitig veranstalteten, war schlimm genug, aber wir lebten doch inspiriert, und es gab freien Raum zur Selbstentfaltung. Freilich bin ich sehr froh, daß ich meinen weiteren Weg nicht im Klima eines Philosophischen Instituts oder gar des Grundstudiums gemacht habe. Das lag nicht bei mir und doch bei mir: Ich hatte einfach zu oft quer diskutiert, um als hinlänglich zuverlässig für die Vermittlung der reinen Lehre zu gelten.« Seine eigene Auch-Angepaßtheit zu begreifen, fehlte ihm wohl der nötige Abstand.

Diplomarbeit

Seine Diplomarbeit schrieb er bei Walter Besenbruch, dem für ihn bedeutsamen Lehrer. Sich selbst manchmal zum Dichter berufen fühlend, wählte er den »Dichter dieses Staates und seiner neuen gesellschaftlichen Ordnung« Johannes R. Becher zum Objekt seiner Untersuchung. Da es eine philosophische Arbeit werden soll, bekommt sie den Titel *Johannes R. Becher und das Verhältnis der deutschen Arbeiterklasse und ihrer Partei zur nationalen Frage unseres Volkes*. Die Kopula *und* soll bedeuten, Bechers poetische Bemühungen »nach ihrer Übereinstimmung mit den nationalen Lebensinteressen unseres Volkes« zu werten – das sei nur eine andere Formel dafür, daß sie »am Verhältnis der deutschen Arbeiterklasse und ihrer Partei zur nationalen Frage gemessen werden«. So ist die Arbeit auch konzipiert.

Bahro erweist sich als ein sehr gründlicher Arbeiter. Im Verzeichnis der benutzten Literatur sind 52 Bücher von J.R. Becher angegeben, und es besteht kein Zweifel, daß er sie tatsächlich herangezogen hat – was bei den 31 Titeln aus der Zeit vor 1945 sicher mit Mühen verbunden war.

»Deutschland, der Frieden und die Weltenwende zum Sozialismus hin – das ist das Dreigestirn, aus dessen Mitte sein dichterisches Werk erwachsen ist« – so führt Bahro auch sein Thema durch. Nach den für eine marxistische Arbeit obligatorischen politisch-ideologischen Koordinaten für den Beginn des untersuchten Zeitraumes – also der Übergang Deutschlands zu dem *besonders aggressiven, besonders räuberischen junkerlich-bourgeoisen Imperialismus* – wird der Bildungsweg Bechers knapp nachgezeichnet und als »grenzenlos verworrene weltanschauliche Position« charakterisiert. Doch dann läßt Bahro sich genauer auf das poetische Werk ein, bemerkt, daß in dem jungen Dichter »Hölderlin und Nietzsche ... um die Macht« kämpfen, er im Sinne des Humanismus um die Lösung ringe und ihn »seine leidenschaftliche Unbedingtheit im Willen zur Wahrheit« auszeichne. Zu einem frühen Gedicht mit solchen Zeilen wie »Empor aus Zuhälterkneipen, Ställen mit Absinthgerüchen, / Empor aus Asylen, Krankenhäusern, Zuchthäusern. / Empor aus Irrenanstalten, Pestbaracken, all den Gehegen tobender Alkoholiker« bemerkt Bahro bissig: »Wieder einmal möchte einer sein Elysium mit einer Räuberbande gründen.« Zu dessen expressionistischen Gedichten nach dem Ersten Weltkrieg bemerkt Bahro nun anerkennend, daß

»Becher seine Dichtung ganz bewußt als politisches Kampfmittel eingesetzt sehen wollte«, daß immer öfter das Proletariat in seinen Versen auftauche – und allmählich sich »Rimbauds trunkenes Schiff in den Panzerkreuzer Potemkin« verwandle. So wurde Becher »der erste westeuropäische Dichter, der die Große Sozialistische Oktoberrevolution begrüßte, der radikalste Sänger der deutschen Novemberrevolution«. Trotzdem wird er im Parteistil von Bahro kritisiert, da ihm die »bewußte Einsicht in die historische Gesetzmäßigkeit der proletarischen Revolution« fehle wie auch eine »fest auf den dialektischen und historischen Materialismus gegründete Weltanschauung«.

Das Einverständnis mit dem Dichter beginnt für Bahro erst, als Becher sich auch organisatorisch in die Arbeiterklasse einreiht (er wird 1919 Mitglied der gerade gegründeten KPD) und im Bund Proletarisch-Revolutionärer Schriftsteller an die Spitze dieser Literaturbewegung – die in die Geschichte als »Proletkult« eingegangen ist – setzt.

Als sich Becher von dieser Position – den klassenbewußten Arbeiter ins Zentrum der Literatur zu stellen und die Losungen der KPD literarisch umzusetzen – in den 30er Jahren, schon in der Emigration, entfernt, wird er genau dafür von Bahro getadelt, daß er in jener Zeit »nur selten *unmittelbar* als Sprecher des *sozialistischen* Humanismus« auftrete. Doch dann analysiert er einfühlend das Gedicht *Tränen des Vaterlandes anno 1937* und vergleicht es inhaltlich, stilistisch und metrisch mit dem Sonett fast gleichen Titels von Andreas Gryphius aus dem Kriegsjahr 1636. Da zeigt er sich als verständnisvoller und versierter Interpret. Weil Bahro, wie seine 1960 erschienenen Gedichte zeigen werden, selbst voller Pathos und Klassenkampfglückseligkeit ist, kann er das eher klassizistische Spätwerk Bechers zwar sprachlich, aber nicht politisch akzeptieren. So wirft er ihm vor, das Nationale vor die Klasseninteressen zu stellen und damit »auf die Lehre von der Hegemonie des Proletariats« zu verzichten. Auch eine tiefe Selbstkritik Bechers stößt bei Bahro auf wenig Verständnis, da die Partei keine ernsthaften Fehler (so möchte er wenigstens glauben) gemacht habe; eher ist er bereit, dem Dichter »in den ersten Jahren nach 1945 eine etwas fehlerhafte poetische Konzeption« zu unterstellen.

Um so stärker identifiziert er sich mit dem eigentlichen Staatsdichter: »Der letzte Abschnitt im Leben und in der Dichtung Johannes R. Bechers fällt mit der Geschichte der Deutschen Demokratischen Republik zusammen, mit ihrer Vorbereitung, mit ihrer Gründung, mit ihrem Wachsen und Gedeihen.« Und finalistisch wie in der ganzen Literaturwissenschaft der DDR heißt es dazu: »Die Republik war die folgerichtige Erfüllung auch seines Lebenswerkes, auf die er seit seiner Jugend unermüdlich hingearbeitet hatte.« Auf den letzten Seiten seiner Arbeit geht er noch auf den Text der Nationalhymne ein und zitiert Walter Ulbricht, »daß die Hauptstraße der neueren deutschen Dichtung von Goethe und Hölderlin zu Becher und durch ihn weiterführt«. So kommt er zu einem teils hymnischen, teils didaktischen Ende, wobei er jenen »ziemlich großen Teil unserer Schriftsteller« kritisiert, die »ideologisch von der Hand in den Mund leben« und die in »ernsthafte künstlerische Schwierigkeiten geraten, weil sich immer wieder ideologische Unklarheiten, bürgerliche Ideologien einschleichen werden, wo es Lücken in der sozialistischen Bewußtheit des Schriftstellers gibt«. Das war die übliche Sprache der Partei.

Trotzdem ist diese Diplomarbeit mit ihrer politisch-poetischen Thematik solide im Text und heute noch lesbar. Sicher gab es einige Fehlurteile, etwa die Behauptung, daß die KPD »vom ersten Tage ihres Bestehens an eine prinzipiell richtige Politik in der nationalen Frage des deutschen Volkes betrieben« habe – das war ein Glaubensartikel marxistischer Absolventen – oder das peinliche Urteil: »Das politische und künstlerische Lebenswerk solcher antifaschistischer Humanisten und antiimperialistischer Demokraten wie Thomas und Heinrich Mann besäße ohne das Bündnis mit der sozialistischen Welt überhaupt kein historisches Gewicht.« Und es gab Tabus über das Leben kommunistischer Emigranten in der Sowjetunion, wobei das Bild von den günstigen äußeren Lebensverhältnissen Bechers in der Sowjetunion nur Unwissenheit verrät. Unverkennbar ist das Interesse Bahros an einer Synthese von Sozialistischem und Vaterländischem, und er hält die Zeit für gekommen, »unser neues sozialistisches Leben in seiner *Totalität* in die literarische Gestaltung einzubeziehen«.

Genau das tut er dann, indem er einen eigenen Band sehr sozialistischer Gedichte herausgibt und indem er nach dem Staatsexamen mit weitreichenden literarischen Plänen als Dorfzeitungsredakteur ins Oderbruch geht.

Seine Verehrung für Becher führt ihn vor diesen Schritten dazu, aus der Diplomarbeit heraus einen Aufsatz über dessen Exil-Gedicht *Tränen des Vaterlandes anno 1937* zu verfassen, der Ende 1959 in der Zeitschrift *Junge Kunst* erscheint (übrigens, ganz nebenbei, im selben Heft wie meine allererste schülerhafte Veröffentlichung). So nahe er in der Diplomarbeit an den Texten Bechers geblieben war – hier gerinnt der Text zu einer inhaltsdürren Häufung politischer Kernsätze über die »echte nationale Politik« der KPD in der Zeit der Weimarer Republik und auch im Nationalsozialismus. Erst nach langem Anlauf kommt er auf das Gedicht zu sprechen, dessen große Meisterschaft er rühmen möchte. Wie gewaltsam er mit diesem Text interpretatorisch umgeht, mag eines seiner Satzungeheuer zeigen.

Der Beginn des zweiten Sonetts lautet bei Becher:

Du mächtig deutscher Klang: Bachs Fugen und Kantaten!
Du zartes Himmelsblau, von Grünewald gemalt!
Du Hymne Hölderlins, die feierlich uns strahlt!
O Farbe, Klang und Wort: geschändet und verraten!

Dazu heißt es einleitend bei Bahro: »Aufstieg und Blüte der bürgerlichen Kultur werden dem im Faschismus auf die Spitze getriebenen Verrat der imperialistischen Bourgeoisie an den progressiven Leistungen ihrer Ahnen gegenübergestellt.« Und dann viel zu ernsthaft jener DDR-Syllogismus: »Zugleich werden Grünewald, Bach und Hölderlin, die sich ja an und für sich nicht gegen den Mißbrauch durch die Faschisten wehren können, stellvertretend für das nationale Erbe überhaupt, durch den hymnischen Aufschwung, mit dem Becher ihre Größe feiert, symbolisch dem entwürdigenden Zugriff der Nazis entrissen und im Namen der Arbeiterklasse über alle Sümpfe der untergehenden Klassengesellschaft hinweg in die Zukunft hinübergerettet, ohne Zweifel schon im Hinblick auf unsere Deutsche Demokratische Republik. Sie werden geradezu in die Reihen der antifaschistischen Widerstandskämpfer einbezogen.«

Atheistische Propaganda

Aus seinem letzten Studienjahr hat sich ein längerer Text vom 5. Februar 1959 erhalten, in dem er sich in Briefform an eine Theologiestudentin des 5. Studienjahres wendet und ihr seine materialistische Religionskritik entwickelt. Mit logischen und empirischen Argumenten versucht er ihr klarzumachen, daß es keinen Gott geben kann, daß die Religion bald aussterben wird und daß die Studentin nicht in den Pfarrberuf gehen soll. Letzteres vor allem deswegen nicht, weil ein von ihr angegebener »göttlicher Auftrag« empirisch niemals nachzuweisen sei und die seelsorgerische Tätigkeit geradezu verhindere, daß sich religiöse Menschen an gesellschaftlich nützlichen Tätigkeiten beteiligen.

Es ist ein viel zu langer Text in edler atheistischer Absicht, doch ohne Einfühlungsvermögen und ohne die Spur einer selbstkritischen Prüfung, ob denn die Tätigkeit der marxistischen Philosophen sich auf diese oder ähnliche Weise rechtfertigen ließe. Statt dessen der Versuch, mit allen agitatorischen Mitteln Theologie und Pfarrberuf für unzeitgemäß und hinderlich zu erklären. Dazu sind ihm auch Drohungen recht: »Wenn das Menschengeschlecht, sagen wir, in hundert Jahren auch nur einen Tag hinter der möglichen Höhe seiner Vervollkommnung zurückgeblieben ist kraft Eures Wirkens oder Nicht-in-eine-andere-Richtung-Wirkens, seid Ihr verurteilt.«

Doch es gibt in diesem eher drögen Text einige Sätze, die im Hinblick auf Bahros späteres Leben von Interesse sind. Da appelliert er an diese Frau, daß ihre Verantwortung nicht vor Gott, sondern vor der Menschheit bestehe. »Dazu aber muß man wissen, was die Menschheit hier auf Erden nötig hat, um glücklich zu werden. Und danach muß man leben. Es gibt eine durch die Praxis bestätigte Anweisung, wie man der Menschlichkeit weiterhelfen kann im Leben.« Darin zeigen sich Bahros (auch spätere, eigentlich lebenslangen) Überzeugungen: Er glaubt zu wissen, was die Menschheit braucht und wie man ihr weiterhelfen muß, und er ist bereit, danach oder dafür auch zu leben.

Nachdem er der angehenden Theologin seinen atheistischen Standpunkt immer wieder klargemacht hat, nennt er ihr die »wahren Herren der Erde«: Goethe, Hölderlin, Beethoven und Bach. (Es sind auch seine Herren.) »Diese Großen brauchen Euch nicht ... zu ihrem Leben. Kannst Du Dir vorstellen, daß Du im ganzen Leben soviel Christentum vermitteln könntest wie Bach mit einer einzigen Kantate?

Wahrlich, wenn es irgendetwas oder irgendwen gäbe, der Menschen meiner Art zum Christentum ziehen könnte – es wäre dieser Bach. Wäre – Bach widerlegt für mein Empfinden selbst Gott mit seinem Werk, mit dieser allgewaltigen Menschenschöpfung.«

Und als sei das schon zuviel Gefühl gegenüber einer Theologin, kommt die kämpferische Behauptung: »Wir wollen: jeder ein Bach! Und wir werden dies erreichen.«

Wie weit der junge Philosophiestudent noch vom Bahro der 80er und 90er Jahre geistig entfernt ist, zeigt sich in seiner geradezu militanten Kritik: »Eure Religion ist individualistisch, kümmert sich um das Seelenheil des *Einzelnen*, ohne zu berücksichtigen, daß es unmöglich [ist], dem Einzelnen zu helfen, daß es für den Einzelnen, der auf sich gestellt in sein Inneres auf die Stimme Gottes horcht, keinen Weg auf die Straße gibt, (in praxi!) um die Menschenfeinde niederzuschießen, wenn es notwendig ist.«

Abschluß des Studiums

Im Sommer 1959 legt Bahro das Staatsexamen mit »gut« ab. Zwei Jahre später wird er in einem (undatierten) Lebenslauf über seine Studentenzeit – im parteilich-zerknirschten Stil der von Georg Lukács bekannten Selbstkritik – schreiben:

»Die 5 Jahre Studium standen für mich vor allem im Zeichen der Parteierziehung. Die Genossen setzten sich, besonders im Zusammenhang mit meinen Schwankungen im Herbst 1956, konsequent mit meiner kleinbürgerlichen Überheblichkeit und intellektualistischen Herangehen an politische Fragen auseinander. Diese Erscheinungen waren bei mir ziemlich ausgeprägt, weil ich, nur auf dem Weg über die Theorie zur Partei gekommen, kaum Verbindung mit den Werktätigen, mit dem Alltag des Klassenkampfs hatte. Im Laufe der Jahre bin ich durch die ständige Kritik der Genossen weitgehend mit diesen Schwächen fertiggeworden.«

Zutreffender wäre wohl folgendes Fazit: daß sich aus dem stillen, doch von sich überzeugten Oberschüler mit dem ausgezeichneten Abitur hier die Keimform eines Intellektuellen herausbildete, der sich nach dem Studium erst mal in einen Parteiarbeiter mit eher linksradikalen Auffassungen entfalten wird.

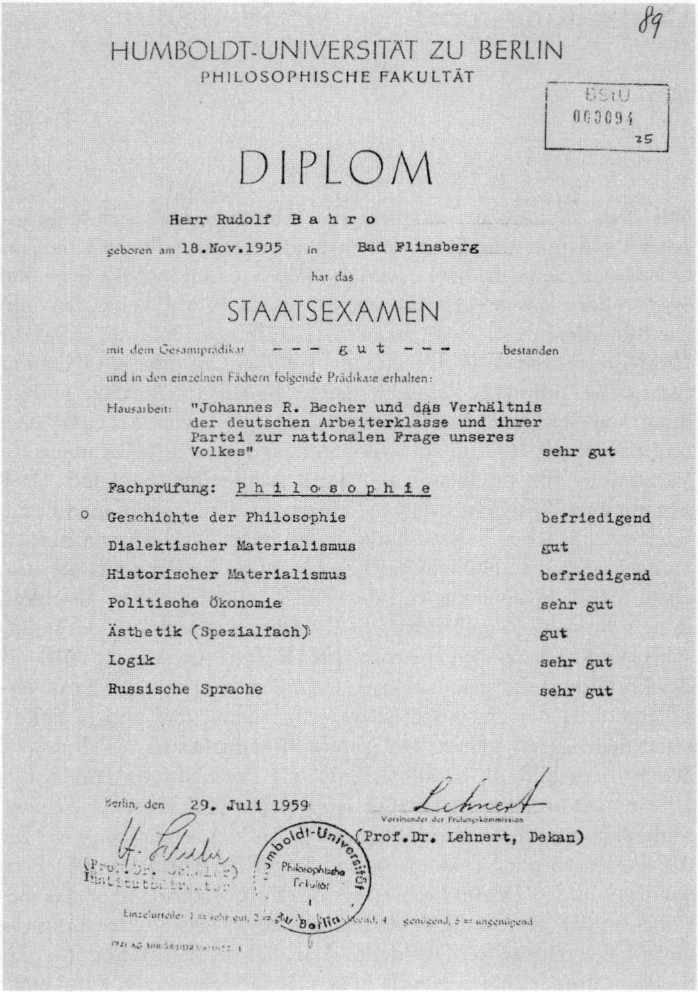

89

HUMBOLDT-UNIVERSITÄT ZU BERLIN
PHILOSOPHISCHE FAKULTÄT

BStU
000094
25

DIPLOM

Herr Rudolf Bahro

geboren am 18.Nov.1935 in Bad Flinsberg

hat das

STAATSEXAMEN

mit dem Gesamtprädikat --- gut --- bestanden

und in den einzelnen Fächern folgende Prädikate erhalten:

Hausarbeit: "Johannes R. Becher und das Verhältnis der deutschen Arbeiterklasse und ihrer Partei zur nationalen Frage unseres Volkes" sehr gut

Fachprüfung: Philosophie

Geschichte der Philosophie	befriedigend
Dialektischer Materialismus	gut
Historischer Materialismus	befriedigend
Politische Ökonomie	sehr gut
Ästhetik (Spezialfach)	gut
Logik	sehr gut
Russische Sprache	sehr gut

Berlin, den 29. Juli 1959

Lehnert
Vorsitzender der Prüfungskommission
(Prof.Dr. Lehnert, Dekan)

(Prof. Dr. Schuler)
Institutsdirektor

Humboldt-Universität zu Berlin
Philosophische Fakultät

Einzelurteile: 1 = sehr gut, 2 = gut, 3 = befriedigend, 4 = genügend, 5 = ungenügend

Dorfzeitungsredakteur (1959–1960)

Mit dem Diplom als staatlich anerkannter marxistisch-leninistischer Philosoph ging Bahro als Parteiarbeiter aufs flache Land, ins Oderbruch, seine frühere Heimat, nach Sachsendorf (in dem sein Stiefbruder Gerhard geboren wurde). Doch es war keine persönliche Reminiszenz, sondern ein »Klassenauftrag«. Dahinter stand die Landwirtschaftspolitik der SED, die bei allem agrarischen Dilettantismus zwei politische Eckpfeiler hatte: die angestrebte enge Verbindung von Stadt und Land, entsprechend auch von Arbeiterklasse und Bauernschaft. Nun sollte noch etwas Neues dazukommen: die Verbindung von Intelligenz und Bauernschaft. Im September 1958 begann eine Kampagne, daß die Humboldt-Universität enge Beziehungen zum Kreis Seelow herzustellen habe. Den Anfang machte sachgemäß die Landwirtschaftlich-Gärtnerische Fakultät, die u.a. einen förmlichen Vertrag mit dem MTS-Bereich Golzow abschloß, in dem sie sich beispielsweise zu »allseitiger Entwicklung des politischen und kulturellen Lebens in den Dörfern sowie [zur] Hilfe bei der Entfaltung der sozialistischen Demokratie in den Dörfern« verpflichtete. Der nächste Schritt war ein Aufruf, daß andere Fakultäten dem folgen sollten: Die Veterinärmediziner hatten dort fünf Wochen Ausbildung zu absolvieren, die Parteizeitung *Humboldt-Universität* brachte regelmäßig ganzseitige Berichte über Seelow, schließlich wurde von Ende August bis Anfang September 1959 für die Studenten aller Fakultäten ein »Lager der sozialistischen Universität« in den Dörfern dieses Kreises durchgeführt, über das dieselbe Zeitung aufwendig berichtete und sogar drei Sondernummern einer Lagerzeitung herausbrachte. Daß Bahro, der im Sommer das Studium beendet hatte, gerade in den Kreis Seelow geht, kann nicht von diesen Kampagnen unabhängig sein.

Für Rudi ist das Oderland nicht fremd, schließlich hat er seine letzte Kinderzeit in Treppeln und Rießen verbracht. Der »Einsatz« auf dem Land gilt auch als politische Bewährungsprobe, sowohl in den Augen der Partei als auch aus der eigenen Perspektive. Und er hat noch einen sehr privaten Grund: Im nicht weit entfernten Letschin arbeitete die junge Russischlehrerin Gundula Lembke, die er schon seit Beginn des Studiums kannte, mit der er viele intellektuelle Gemeinsamkeiten besaß und die ihm auch schon seine Jahresarbeiten sowie die Diplomarbeit auf der Schreibmaschine geschrieben hatte. Doch diese Frau liebte einen anderen Mann, bekam im Januar 1957 ein Kind – die Tochter Sylvia –, zog sich von Rudi zurück und fuhr zu einem Studienaufenthalt ins ferne Leningrad. Nach ihrer vorzeitigen Rückkehr im Mai 1959 hatte sie einige Probleme und durfte nicht wie geplant an der Humboldt-Universität arbeiten, sondern mußte – zur Bewährung – aufs flache Land, und zwar ins Oderbruch. So fanden sich die beiden Absolventen in demselben Landstrich wieder, ihre Beziehung intensivierte sich, Rudi warb heftig und erfolgreich um Gundula – im Oktober 1959 heirateten sie.

Wenige Tage später blickt er in einem Brief an sie (7.11.1959) auf sein bisheriges Leben zurück: »Daß ich Dich gefunden habe ist mir irgendwie ein sehr folgerichtiger Abschluß der ersten Jugend, gehört mir noch mehr zur Universität als zum neuen Anfang hier. Denn ich habe ja hier schon unter der Voraussetzung angefangen, daß ich mit Dir leben werde. [...] Daß ich mit einer Frau jemals so glücklich sein würde, hätte ich früher nie gedacht. [...] Ich hatte irgendwie das mystische, rationell gar nicht begründbare Vorurteil, daß Lieben und Geliebtwerden bei mir immer auseinanderfallen wird. Zuerst dachte ich deshalb, ich mache mir was vor mit der Liebe zu Dir, ich rede sie mir ein. So habe ich Dich hin und wieder gewarnt, meine Worte und Gesten nicht zu ernst zu nehmen – in der ersten Zeit. Da hatte ich mit meinen Warnungen schon gar nicht mehr recht. Jetzt sind bei mir alle Voraussetzungen zusammen, alles, was sein kann, um ein gutes Leben zu führen.«

Welche Aufgabe er als Parteiarbeiter und Zeitungsredakteur dort hatte, war ziemlich genau festgelegt: für den Eintritt der Bauern in die LPG zu »agitieren« (wie der Standardausdruck für eine parteigestützte Überzeugungsarbeit oder – in praxi – für ein abverlangtes Zustimmen zu durchgeführten staatlichen Maßnahmen hieß). Daß er diese Aufgabe sehr ernst nahm, unterliegt keinem Zweifel. Doch für die dort lebenden Bauern war Bahro ein aus dem fernen Berlin angereister Parteifunktionär, mit einem seltsamen Diplom in der Tasche, und was er bei ihnen sollte, das ahnten sie ziemlich genau.

Erhalten hat sich dazu eine überschwengliche Beurteilung seiner Arbeit durch die Kreisdienststelle Seelow des MfS vom Mai 1960, in der es heißt, er habe »eine gute politische und gesellschaftliche Arbeit geleistet«, unermüdlich an der »sozialistischen Umgestaltung in der Landwirtschaft« mitgewirkt, mußte jedoch in seiner Arbeit gebremst werden; die Dorfzeitung habe nach 1959 »einen noch nie gekannten Höhepunkt erreicht«, er habe auf dem Dorf das »Parteilehrjahr mit vollem Erfolg durchgeführt« und in der Kampfgruppe mitgearbeitet. Dann heißt es sogar: Seine »zur damaligen Zeit geübten Kritiken haben sich heute zum Teil bewahrheitet. [...] Natürlich hatte er auch eine Anzahl Feinde. Durch seine Tätigkeit als Redakteur führte er oft Mißstände an und nannte bzw. kritisierte die Verantwortlichen.«

So bliebe es eigentlich erstaunlich, daß solch ein engagierter Heißsporn aus Berlin in der Erinnerung der Bauern (die ja meist für ungewöhnliche Eindrücke phänomenal ist) verblaßt ist. Aber er mußte ihnen durch seinen Parteiauftrag fremd bleiben, und auch Gundula erinnert sich, daß Rudi kaum Kontakt zu den Bauern gefunden hat. Sicher wird er vom ersten Tag an engen Kontakt zur Kreisleitung der SED in Seelow, zum Vorsitzenden der MTS in Sachsendorf geknüpft haben, und von Seelow bekam er die politischen Aufträge, die er in der von ihm redigierten (und zumeist auch von ihm allein geschriebenen) Zeitung mit dem schönen Titel *Die Linie* den Bauern nahezubringen hatte.

Die erste von ihm fertiggestellte Nummer erscheint schon bald nach seiner Ankunft. Insgesamt hat er bis zu seinem Weggang im Sommer des nächsten Jahres zwölf Zeitungen herausgebracht – eine Mischung von produktionssteigernden Aufrufen, Berichten aus der dörflichen Arbeit und der vorsichtigen Vermittlung von Kultur. Die Bauern werden nicht schlecht gestaunt haben, auf der ersten Seite der Nr. 2 zu lesen: »Goethe sagt: ›Man sollte jeden Tag wenigstens ein gelungenes Gedicht lesen, ein schönes Bild ansehen und ein paar Takte guter Musik hören.‹« Das hatte bisher noch niemand von ihnen erwartet. Und auf der vorletzten Seite war das Brecht-Gedicht *Fragen eines lesenden Arbeiters* abgedruckt (das damals noch nicht so abgegriffen war wie in späteren Zeiten).

Ein paar Überschriften der jeweils ersten Seite:

Kultur muß endlich großgeschrieben werden! (2/1959)

Ein gutes Beispiel: Mehr Milch von der LPG Manschow (3/1959)

In dieser Richtung (4/1959 – das ist sicher nicht zufällig der Titel seines 1960 erscheinenden Gedichtbandes), die Unterzeile lautet: *Wie hängt die Siebenjahrplan-Perspektive unserer MTS mit dem Sieg des Sozialismus auf dem Lande zusammen?*

Noch näher heran an die Menschen. Die Parteiwahlen sollten nicht nur die Genossen interessieren (1/1960)

Doch das ist nicht die ganze Agitationsarbeit. Anfang 1960 verlangte die Kreisleitung der SED zusätzlich, daß die Dorfzeitungsredakteure neben ihrer Zeitung täglich Flugblätter zur politischen Arbeit herauszugeben haben. »Die Flugblätter sollen Einzelbauern die Argumente gegen den Eintritt in die LPG zerschlagen helfen, sollen Diskussionsgrundlage für weitere Auseinandersetzungen in den Dörfern sein. Aufzugreifen sind säumige Ablieferer, die weiche Pläne nicht erhöhen wollen usw.« Weiterhin wird von Bahro erwartet, daß er Brigade-Einsätze mitmacht und zusätzlich Arbeit in der Bildungsstätte sowie als Referent im Parteilehrjahr leistet.

Aus dieser Zeit hat sich eine Rede (vom 21. März 1960) mit der Überschrift *Was haben die »kleinen Leute« mit der »großen Politik« zu tun?* erhalten. Sie zeigt sehr deutlich, welche agitatorischen Mittel er einsetzte, wie primitiv der politische Stil jener Jahre war. Die Aufgabe hieß, weiterhin Einzelbauern in die Genossenschaften hineinzubekommen. Was Bahro dabei auch auf Umwegen den Bauern demonstrieren wollte, war ein Zusammenhang zwischen der Weltpolitik – am Beispiel der Chruschtschow-Reise in die USA – und der täglichen Arbeit auf dem Acker und im Stall. Das liest sich dann so: »Chruschtschow fliegt mit der TU 104 nach Amerika, um mit Eisenhower über die friedliche Koexistenz zu verhandeln. Werner Berndt [Traktorenbrigadier und Mitglied der Bezirksleitung der SED Frankfurt/Oder] fährt mit dem Motorrad auf die Felder der Genossenschaft in Rathstock, um vielleicht mit einem Traktoristen zu ›verhandeln‹, weil dessen Arbeit bei der Frühjahrsbestellung manches zu wünschen übrigläßt. Beide, der Genosse Chruschtschow und der Genosse Berndt, machen Politik, natürlich nicht ganz auf derselben Ebene. Aber hat es vielleicht keine politische Bedeutung, wenn Werner Berndt auf diese Weise dafür sorgt, daß in der LPG Rathstock endlich die Arbeitseinheit auf über 7 Mark ansteigt?« Das ist der populäre, kumpelige Ton: Gute Arbeit nützt der DDR, dem Frieden und dem Sozialismus, Pfuscharbeit schadet der DDR und macht Adenauer Freude. Die DDR will 1961 Westdeutschland überholen, und da müssen sich alle anstrengen. In den LPG wird um das »Weltniveau« gekämpft, deshalb ist »der Eintritt in die Genossenschaft eine hochpolitische Angelegenheit«. Der schwierigere Teil der Rede ist die Drohung: »Es gibt halt Menschen, die noch sehr deutlich mit den Muttermalen der alten Gesellschaft gezeichnet sind. Die meisten von ihnen werden wir im Geiste der sozialistischen Gemeinschaftsarbeit umerziehen und von ihrer Kurzsichtigkeit und Rückständigkeit heilen können. Wir sind sogar verpflichtet, sie von ihren Vorurteilen zu befreien.« Was aber auch zu jeder Rede gehört, ist einfach antiwestliche Hetze – auch Bahro macht da ungehemmt mit: So spricht er gleich am Anfang von »Verbrechern vom Schlage Hitlers oder Adenauers«, bezeichnet letzteren als »Bestie« und »Lump« und behauptet, daß jener »sich zum Ziel gesetzt hat, der westdeutschen Bevölkerung einzureden, daß sie um ihres ewigen Seelenheils willen für die deutschen Militaristen in den Atomtod marschieren soll«; Adenauer soll auch bereit sein, »bis zum Massenmord der eigenen Nation und anderer Völker jedes beliebige Verbrechen zu begehen«, wie überhaupt die »Bonner Militaristen mit einem immer bedrohlicheren Tempo Kurs auf einen blitzartigen Atomüberfall auf die DDR und andere Staaten des sozialistischen Lagers nehmen«. Solche Horrorbeispiele gehörten damals zum politischen Vokabular der SED-Funktionäre – und Bahro macht da keine Ausnahme, auch wenn er es schafft, diese Droh- und Werberede mit einem (übrigens entsetzlich schwachen agitatorischen) Sonett von Johannes R. Becher zu beenden.

Aber trotz solcher Pflichtübungen vergißt er sich und seine Ziele nicht dabei. Nach wie vor liest er viel, schreibt er Gedichte. In Berlin erscheint ein (nachher zu betrachtendes) Bändchen mit klassenkämpferischen Versen, die noch zum größten Teil aus seiner Studienzeit stammen.

Das Hin- und Herfahren der Liebenden zwischen Sachsendorf und Letschin, wenn man kein Auto hat und die Infrastruktur im Oderbruch mehr als dürftig ist, belastete die beiden sehr. Rudi hatte auf der MTS-Station lediglich ein bescheidenes Zimmer mit MTS-eigenen Möbeln, das Klo auf dem Flur. Gundula wird mehrfach krank und muß operiert werden, beide erkranken zudem an der nicht ungefährlichen Hepatitis B. Schließlich zieht Gundula, die es im Oderbruch nicht mehr aushält, nach Bernau, wo auch ihre Eltern und die Tochter Sylvia – die Rudi inzwischen adoptiert hat – wohnen.

Allmählich entstehen bei ihm Pläne, wieder in die Zivilisation zurückzukehren. Im Januar 1960 stellte Rudi bereits fest, daß zu ihm doch mehr die Wissenschaft und die wissenschaftliche Publizistik passe. Die kurzen Artikel in der Dorfzeitung reichen nicht, um einen Gedanken wirklich überzeugend zu entwickeln. Auch die Bedeutung dieser journalistischen Parteiarbeit für die Kunst – also zu seiner literarischen und poetischen Vervollkommnung – habe er überschätzt. Beide bewerben sich also an der Humboldt-Universität – Gundula bei den Slawisten, Rudi hat theoretisch die Möglichkeit, am Institut für Philosophie Assistent oder Aspirant zu werden, doch wahrscheinlicher ist eine Arbeit im marxistischen Grundstudium (also die Pflichtveranstaltungen für die Studenten jeglicher Fachrichtungen – respektlos »Rotlichtbestrahlung« genannt).

Im April blickt er verunsichert auf seine Arbeit zurück: »Ich brauche aber ziemlich viel Kraft, um meine Unzufriedenheit zu paralysieren. [...] Es ist eben so, daß mich die Bedingungen meiner Arbeit hier hindern, aus dem vollen zu leben. Deshalb bin ich oft nicht ganz da, nicht völlig bei einer Sache engagiert. Wie sollte ich auch, wenn ich sechs oder sieben Mal (macht insgesamt 3 Tage) wegen eines Artikels durch die Botanik trampe und dann wird doch nichts draus oder wenn ich 7 Stunden hintereinander einen stupiden Text durch den Lautsprecher brüllen muß, während gar keiner im Dorfe ist, der ihn hören könnte.«

Deshalb also der Wunsch, nach Berlin zurückzugehen, denn dort werde man ihm nicht entgegenhalten können, wie es hier die Bauern sagen oder ahnen lassen, daß er »keine große Ahnung von den konkreten Problemen habe«. Und mit dem Blick auf die Universität nimmt er sich vor: »Absolut nicht aus ›taktischen‹ Gründen werde ich mich dort von Anfang an so bewußt wie möglich darauf einstellen, der ›Prinzipiellste‹ zu sein mit möglichst wenig Radikalismus und möglichst wenig Opportunismus.«

Doch kurz darauf bremst eine Wendung in der Kulturpolitik seine Überlegungen. Alfred Kurella, Leiter der Kulturkommission beim Politbüro der SED, hielt auf einer Kulturkonferenz der Partei am 27. April eine Rede, die zwei Tage später (gekürzt) im *Neuen Deutschland* abgedruckt wurde und in der er eine Erläuterung des »Bitterfelder Weges« gab. Neben der für die ganze spätere Kulturpolitik bedeutsamen Erweiterung dessen, was in der sozialistischen Gesellschaft als Kunst gelten darf (»Weiterbildung alles Schönen und Großen, das die Menschheit bisher in allen Künsten geschaffen hat«), ging es besonders um das, was früher »Volkskunstschaffen« hieß. Jetzt forderte die Partei, daß Arbeiter und Bauern sich zu künstlerisch aktiven Menschen entwickeln sollen. Rudi hatte diese Rede »mit wachsender Unruhe« gelesen (Brief 10.5.1960). An Gundula schrieb er: »Sie hat mir von Satz zu Satz dringlicher vor Augen geführt, daß ich im Begriff bin, einen großen Fehler zu machen, indem ich zur Universität gehen will.« Er fühlte sich vermutlich direkt angesprochen von der Aussicht, daß »künstlerisch sehr begabte Menschen, die gar nicht die Absicht haben, Berufskünstler zu werden, [...] sehr gut ihren Platz in einem vielseitigen, mit Kunst durchsetzten geselligen Leben im Dorf« finden können. Er werde – so schrieb er – deshalb seine Bewerbung zurückziehen und – wenn Gundula mit ihrer Bewerbung in Berlin Erfolg haben sollte – für sich selbst ein Dorf in der Nähe der Stadt suchen und dort in einer Genossenschaft leben. Seine beruflichen Überlegungen waren zwiespältig: Er würde in einer LPG arbeiten und vielleicht 350 Mark verdienen (in seiner Redakteurstellung hat er jetzt mehr als das Doppelte), die Tochter im Dorf in einer Kinderkrippe und später im Kindergarten unterbringen. Was er dabei an Möglichkeiten für sich sieht, ist die Wahl zwischen Wissenschaft und Literatur. Wenn er zur Literatur hinneige, dann wären die Jahre einer Aspirantur letztlich verlorene Zeit, und der Doktortitel hätte für ihn auch keine praktische Bedeutung. Er habe – so glaubt er – auch so bereits zu jeder Frage einen Zugang vom Philosophischen her, und zwar solider als die meisten Schriftsteller.

Und so sieht er – im Oderbruch als Dorfzeitungsredakteur sitzend – zurück und nach vorn: »Mich hat aber schon an der Uni der Dualismus zwischen Philosophie und Versen gestört und gehemmt und mir manchmal die Bücher als Strafarbeit erscheinen lassen. Vor allem hat mich ständig die Entfernung vom Leben gestört, heute weiß ich genauer: die zur künstlerischen Gestaltung des Lebens ungünstige Position. Das würde in kurzer Zeit wiederkehren. [...] Ich bin aufs Land gegangen um der Verbindung zu den Massen willen. Es hat sich herausgestellt: meine Arbeiten sind gescheitert [...] In Wirklichkeit handelt es sich nicht darum, daß ich einen falschen Weg gegangen oder auch nur den richtigen Weg falsch gegangen wäre, nein, ich bin den richtigen Weg nicht weit genug, nicht bis zu Ende gegangen. Gehe ich zurück zur Uni, so setzt das voraus, daß ich die Dorfzeitung, das ganze Jahr als verfehlt für meine eigentlichen Absichten streiche, anstatt es als durchaus günstige Ausgangsposition für die noch größere Annäherung an die Praxis auszuwerten.«

Seine Zukunft sieht er deshalb als – schreibender Genossenschaftsbauer (ein merkwürdiger Gedanke, wenn man sein späteres Leben kennt). Seine Argumentation: Der jetzige Entwicklungsstand der Dörfer – also die komplizierte Kollektivierung der Landwirtschaft (die mit viel Zwang verbunden war, worüber er in seinen Texten schweigt) – dränge zur literarischen Gestaltung. Und anstatt drei Jahre an der Uni im marxistischen Grundstudium zu arbeiten, wäre eine mindestens gleich lange Arbeit als Genossenschaftsbauer selbst dann keine verlorene Zeit, wenn er künstlerisch absolut enttäuschen sollte. Als das drängende Thema sieht er »die Bauernbefreiung als nationale Angelegenheit« – also die Bodenreform von 1948, die (politischen, wirtschaftlichen und kulturellen) Veränderungen auf den Dörfern. Und deren Gestaltung könne nie gelingen, wenn er nicht mit den Genossenschaftsbauern gemeinsam arbeitet. »Davon kann man dann lebenslang zehren. Und ich halte mich für fähig, wenn kein ›ewiges‹, so doch ein brauchbares Werk zu diesem Thema zustandezubringen und außerdem draußen vielleicht einige Kulturarbeit (z.B. eine Dorftheatergruppe) zu machen, was wiederum nur meiner künstlerischen Sicherheit zugute kommen kann.«

Doch alle diese Überlegungen und Pläne wurden nicht weiter verfolgt. Seine Position verschlechterte sich, als er mit einigen SED-Funktionären in Konflikt geriet, weil er »ergebnislos dagegen protestierte, daß ein LPG-Vorsitzender, der in seiner Genossenschaft ein ungerechtes, autoritäres Regime führte, für das Sekretariat der Frankfurter Bezirksleitung [der SED] kandidierte« (*Lebenslauf* 1978). So als »unbequemer Idealist« eingeschätzt, war die Kreisleitung der SED in Seelow interessiert, ihn loszuwerden oder – in der offiziellen Sprache – ihn »für eine neue, zugleich größere Aufgabe freizugeben«.

In dieser Situation schaltete sich sein ehemaliger Kommilitone und Freund Dietrich Mühlberg ein, der an der Universität in Greifswald arbeitete und im Begriff war, von dort wegzugehen.

Bahro nahm also Kontakt zu Greifswald auf, fuhr zur dortigen Kaderkommission der SED und dachte zuerst an eine ähnliche Tätigkeit wie bislang im Oderland, nun in mecklenburgischen Genossenschaften, etwa als Instrukteur (ein typischer SED-Ausdruck wie auch weitere in dem folgenden Satz). Was es damit auf sich hätte, erläutert er in einem Brief: Er wäre Mitarbeiter in einer Operativgruppe, »deren Funktion darin besteht, Brigadeeinsätze an den jeweiligen ›Schwerpunkten‹ zu machen. Dabei wäre viel zu lernen.« Doch alternativ sei ihm der Vorschlag gemacht worden, Parteiarbeit an der Universität zu leisten. Für seine Frau wäre auch – da hat er sich genau erkundigt – eine Stelle bei den Slawisten möglich.

Beide entschließen sich zu diesem Wechsel, und damit endete im

Spätsommer 1960 die Tätigkeit als Dorfzeitungsredakteur im Oderbruch.

Bahro selbst ist auf diese Zeit kaum wieder eingegangen, doch auf dem Sonderparteitag der SED im Dezember 1989 spricht er schuldbewußt davon, wie er in der Dorfzeitung »einen schwungvollen Hetzartikel gegen einen Bauern, SED-Mitglied, losgelassen [habe], der nicht in die LPG wollte«.

Als sozialistischer Dichter

Daß er schon frühzeitig Gedichte schrieb, bezeugen seine früheren Mitschüler. Eine drollige Szene findet sich im *Heimatkalender 2000 Eisenhüttenstadt*: Zur Abschlußfeier der achten Klasse seiner Grundschule hatte der erst in die siebente gehende Rudi ein selbstverfaßtes Gedicht vorgetragen. Dazu sein Mitschüler Manfred: »Also, wir haben alle den Mund nicht mehr zugekriegt. Wir haben so innerlich gedacht: Goethe ist groß, aber Bahro ist der Größte!« Das muß also 1949 gewesen sein.

Sieben Jahre später – inzwischen Student mit ausgeprägtem Interesse an Literatur und Ästhetik – liest er bereits Baudelaire, Rimbaud, Verlaine, Mallarmé, Stefan George und Hofmannsthal, ein Jahr darauf Hesse, Hermlin und Georg Maurer, Pablo Neruda, Blok und Brecht – und immer wieder Rilke und Majakowski.

1957 beschäftigt er sich mit poetologischen Texten und liest Hugo Friedrichs *Die Struktur der modernen Lyrik*, – worin die europäische Moderne seit Baudelaire analysiert wird, und in praktischer Absicht auch die *Kleine deutsche Versschule* von Wolfgang Kayser.

1958 veröffentlicht er in der Parteizeitung *Humboldt-Universität* und in der *Jungen Kunst* eigene Gedichte. Bald darauf hatte er die Idee, seine bisherige Produktion dem Verlag Volk und Welt einzureichen. Dort entstand eine Reihe *Antwortet uns!*, die gerade jungen und unbekannten Dichtern eine Veröffentlichungsmöglichkeit bot. Als sehr schmales Bändchen von 35 Seiten erschien als Nummer 21 sein Titel *In dieser Richtung* mit einem *Vorspruch* und fünfzehn weiteren Gedichten.

Doch bevor es erschien, rechnet er ganz privat im Juli 1959 mit seinem einst bürgerlich geformten Literaturverständnis ab. In einem Brief an Gundula über Rilke heißt es: »Einige der Elegien habe ich mal beinahe auswendig gekonnt. Jetzt habe ich mir – denn sie liegen seit langem weit hinter mir – sie wieder einmal durchgesehen, Deinetwegen. Ich finde fast nichts mehr von mir darin wieder. Rilke gehört zu meinen traurigen Erinnerungen, ich habe keinen so geliebt wie ihn, werde ihm auch immer ein gutes Andenken bewahren, aber ich verstehe heute mich selbst nicht mehr, wie ich damals war. Vieles habe ich bei ihm gelernt. Bleibend zwar nichts von seiner Haltung, doch von seinem dichterischen Stil. Im Ganzen hat er mich, obgleich ich die Erfahrung nicht missen möchte, damals weit zurückgeworfen. Er war meine Reaktion auf die Übersättigung mit jenem abstrakten, überzogenen Optimismus, der gewöhnlich den Mangel in der ersten unerprobten (?) Überzeugung ersetzt. [...] Von Rilke aus gerät man heute wohl unausweichlich in Opposition zum Leben. [...] Es wird wohl an allen Gedichten etwas wahr sein, sonst könnten sie nicht so stark wirken. Auch dieses *Östliche Taglied*, über das ich mal eine ganze Nacht lang geheult habe, hat etwas Wahres: ›Kann es aus dir, kann es aus mir sich zücken.‹ Zuletzt ist trotzdem alles furchtbar falsch.«

Bleiben als Vorbilder Majakowski und Johannes R. Becher (während Hölderlin wohl erst viel später dazukommt).

Der Gedichtband *In dieser Richtung*

Über seine schwer erschließbare damalige Innenwelt legen vielleicht die Gedichte Zeugnis ab, von denen er einige 1960 in einem Bändchen veröffentlichte. Naheliegend für ihn, daß er in den Gedichten – einer sehr intimen Kunst – seine politischen und weltanschaulichen Gedanken ausdrücken und mit ihnen so unmittelbar wie möglich Einfluß auf seine Leser nehmen will.

Da heißt es in falschen Bildern und sehr agitatorisch: »Marx ist mit uns. In uns auferstanden, / hebt der Atem Lenins die Gelasse / stiller Träumer einfach aus den Angeln: / Junge Denker – an die Front der Klasse!« *(An die Studenten meiner Universität)*. Oder das unbeholfene Pathos im Majakowski-Verschnitt: »Erzittert, ihr Städte, vom Gleichschritt der Massen – / die Erde muß fühlen, wer hier regiert! / Und auf des Planeten anderer Hälfte / muß spürbar sein, wer regieren wird: / die siegreiche Arbeiterklasse!« *(Mai 58)*. Stupide auch der Refrain im *Kampfgruppenlied:* »Genossen, ihr seid nicht umsonst marschiert! / Wo wir unsre Fäuste ballen, / da wird euer Kampf zu Ende geführt – / ihr seid nicht umsonst gefallen! / Wir sind euer Traum aus der Kerkernacht, / wir sind der Triumph der Arbeitermacht: / die Klasse unter Waffen.«

Viel Lärm und Agitation schlägt uns aus diesen Versen entgegen. Doch sein Können ist beschränkt und zu stark den anerkannten

DDR-Dichtern verpflichtet, da »bechert« und »weinert« es deutlich, seine großen Vorbilder scheinen vergessen. Warum dies so war, versucht er in dem bereits zitierten Brief an Gundula zu erklären: »Ich sah eine Zeitlang fast nur die Phrase an unseren Losungen, an der Lebenshaltung. Das war auch gerade in der Zeit um 1956. [...] Ich wollte nie die Partei aufgeben. Doch in Wirklichkeit habe ich sie damals doch manchmal mit den verhaßten ›Phrasen‹ verwechselt, die ich heute überzeugender denn je wieder selbst gebrauche, nur bewußter, durchdachter als vor dem Rilkeabenteuer.«

Also Buße für seine damalige kritische Haltung. Klassenkampf statt Rilke. Aber auch Zartes und Schönes ist in diesem Bändchen an einer Stelle zu finden:

Selbst dann

[...]
Oh sei nicht bange, daß ich darum nur,
weil du so schön bist, mich nach dir verzehre –
ich käme wieder, selbst wenn keine Spur
von deiner Schönheit mehr geblieben wäre.

Wenn du in spröder Fremdheit irgendwann
an mir vorbeigingst als an einem Blinden,
der nichts von deiner Nähe ahnen kann –
ganz unerkannt ließ ich dich dennoch nicht
vorübergehn. Ich würde dich empfinden.

So nah ist mir dein innres Angesicht.

Gedichte der sechziger Jahre

Bahro hat sein Leben lang Gedichte geschrieben, einige wurden zusammen mit dem Beethoven-Essay in dem Band »... *die nicht mit den Wölfen heulen*« an sichtbarer Stelle 1979 in Köln veröffentlicht (er saß in der Haft!), andere an eher unscheinbaren Orten: in der von ihm herausgegebenen Greifswalder Universitätszeitung das kurze Gedicht *Vor Moskau* (Nr. 2/1960), im *Forum* (Nr. 20/1963) der kleine Zyklus *Pathétique. Dem zweiten Kosmonauten der Sowjetunion gewidmet: Absage, Anspruch, Zwischenbilanz, Bruder Ger-*

man, Ich und Wir und die beiden Einzelstücke *Immer wieder, Bukkow-Vision.*

Vom Beginn der 60er Jahre – aus seiner Redakteurs- und Funktionärszeit – stammen Gedichte, die nicht mehr den Agitprop-Stil des Berliner Studenten fortführen, sondern eher nachdenklich das eigene krisenhafte Lebensgefühl reflektieren:

Zwischenbilanz

Ich bin grad siebenundzwanzig. Diesmal zeigt sich
mein neues Jahr im Krankenhaushabit,
und für die ersten Augenblicke neigt sich
der Tod mir zu, er droht mit – Leukämie.
Bestürzt erkenn ich: Soviel Jahre Leben
und immer mehr genommen als gegeben.

Wer gab sein Blut hin für den achten Mai?
Wer hat sich nächtelang mit mir gestritten,
bis ich ihn fand, den Eingang zur Partei -
und niemand fragte: Wo hast DU gelitten?
Studiert hab ich! Für Hölderlin, für Bach
War Zeit. Und für die Liebe. Und sogar für Schach.

Ja, es war Zeit, ein wenig Mensch zu werden,
im Kleinen beinah und im Großen ganz
das Lügen zu verlernen. Die Bilanz
weist erste Früchte aus, die sich bewährten.
»Ansätze …« Würden sie mich jetzt begraben –
ob es genügte, groß g e w o l l t zu haben?

Vier Jahre älter nur ging Schubert fort –
und hatte schon gelebt für alle Zeiten;
dem zwanzigjährigen Galois konnte Mord
den Platz im Pantheon nicht mehr bestreiten.
»Ja damals … Doch die Zeiten ändern sich.«
Nein, Titow ist genau so jung wie ich.

(Nur die knappe Anmerkung: Évariste Galois, 1811–1832, Mathematiker, Begründer der nach ihm benannten Theorie algebraischer Gleichungen; German Titow: der zweite sowjetische Kosmonaut nach Juri Gagarin)

Absage

Was man so treue Pflichterfüllung nennt –
In meinem Fall Artikel schreiben, Reden
(dreimal am Tag dasselbe Argument),
Gespräche, Sitzungen; schließlich für jeden
verfloßnen Monat so und so viel Geld –
ich frag mich: Sind wir dazu auf der Welt?

Leb ich für SIE, die ich so selten sehe?
Leb ich für meinen lieben kleinen Sohn?
Er schläft noch, wenn ich aus dem Hause gehe,
und wenn ich wiederkomme, schläft er schon.
Ein Lächeln ihm, die Hände ihr gegeben
Für einen Augenblick – ist das das Leben?

All das kann Stillstand sein, geschickt getarnt:
»So seht doch, wie ich mich zugrunde richte …«
Hat uns denn Majakowski nicht gewarnt –
auch Spesen gehen ein in die Geschichte,
harmloses Kleingeld unter ihrem Preis?

Niemals füg ich mich ein in solchen Kreis!

Parteizeitungsredakteur an der Universität Greifswald (1960–1962)

Wie Bahro in dieser Universitätsstadt gelebt und gearbeitet hat, läßt sich kaum in Erfahrung bringen. Freunde hatte er dort nicht, seine damalige Frau Gundula kann nur wenig beisteuern, er selbst kommt in allen Erinnerungen nur ganz knapp auf diese Phase seines Lebens zu sprechen. Vermutlich nicht grundlos. Sie war nicht sehr interessant, nicht gerade erfolgreich und besaß einen Hintergrund, der ihm später unangenehm sein mußte. Erstaunlicherweise faßt er aber diese Zeit so zusammen: »Ich kann sicher sagen, daß es zwei der glücklichsten Jahre meines Lebens waren.« (*From Red to Green*) Wie das?

In dem bereits zitierten Lebenslauf von 1978 heißt es über diese Zeit: »Wir zogen um nach Greifswald, wo ich, ab September 1960 bei der SED-Kreisleitung angestellt, als Mitarbeiter der Universitätsparteileitung die Zeitung *Unsere Universität* begründete und herausgab. In Greifswald arbeitete ich in dieser Funktion zwei Jahre, bis zum Sommer 1962, in dem Gefühl völliger innerer Übereinstimmung mit der politischen Entwicklung in der DDR. Ich lernte den Universitätsbetrieb ziemlich schnell und gründlich kennen. Es gelang mir, angenehme Kontakte zu vielen Professoren und anderen Wissenschaftlern herzustellen und eine gewisse Beliebtheit für die Zeitung zu erreichen.«

Er war verantwortlicher Redakteur dieser Parteizeitung, angefangen von der Nr. 1/1960 vom 7. Oktober (DDR-Feiertag) bis zur Nr. 12/1962 vom 6. Juli, und hat in dieser Zeit nicht nur selbständig die Zeitung gemacht, sondern auch einige (aus heutiger Sicht nichtssagende) Artikel geschrieben.

Nach wie vor spielte Johannes R. Becher für ihn eine bedeutende Rolle (psychologisch so zu erklären, daß er schöne Verse schreiben konnte, deutscher Patriot war und sich innig zum Sozialismus bekannte). Zusammen mit seiner Frau Gundula bespricht Bahro die Greifswalder Aufführung der *Winterschlacht* unter dem Titel *100 km Moskau*. Anspruchsvoller wird in einer späteren Ausgabe (Nr. 1/1962) eine ganze Seite diesem Dichter gewidmet. Umrahmt von einem Foto und sieben Gedichten, steht Bahros Artikel *Sucht nach dem Sinn des Lebens*. Seine Liebe zur Poesie verbindet er hier mit erzieherischen Rezepten einer doktrinären Weltsicht, und Bechers sehr persönliche Sinnsuche übersetzt Bahro für die Studenten als FDJ-Tugendkatalog so: »Mein Leistungsdurchschnitt steigt in diesem Studienjahr auf 2,0. Mit meiner Hilfe erreicht mein Freund im Hauptfach endlich die 3. Ich leiste 10 Stunden im Nationalen Aufbauwerk. Ich gehe jeden Monat einmal ins Theater oder ins Konzert. Ich lese jeden Monat wenigstens ein gutes Buch.« (Solche Kultur-Seite liebte die SED!) Hingerissen von dem Wunsch, den Studenten den Sinn des Lebens nahezubringen, heißt es: »Politik – unsere Politik! – schließt heute alles ein, was das Leben lebenswert macht.« Seine kommunistische Vision kann er dabei am besten in einer prophetischen Sprache formulieren: daß die Menschheit »mitten im Sprung noch aus dem Reich der Notwendigkeit in das Reich der Freiheit« schon zu einem zweiten Sprung ansetzt zur Eroberung des Kosmos – für ihn geradezu die »Himmelfahrt des Menschen«, womit sich der alte »Traum von des Menschen Allmacht« jetzt erfülle. Und aus diesem Geist folgt nun für Bahro – sehr unmarxistisch, dafür um so mehr stalinistisch – der Appell: »Da kann unsere Aufgabe nur darin bestehen, dem historischen Gesetz, das den Charakter der Epoche bestimmt, zu gehorchen, je bedingungsloser, um so besser für uns selber.«

Ein letztes Beispiel seines Parteijournalismus: In dem ganzseitigen *Artikel Ex oriente lux. Über Nutzen und Notwendigkeit einer engen, brüderlichen Zusammenarbeit mit den Wissenschaftlern der Sowjetunion und des ganzen sozialistischen Lagers* (Nr. 5/1962) polemisiert er gegen die unter Wissenschaftlern (damals noch) unstrittige Vorstellung von der »Einheit der deutschen Wissenschaft« und versucht sie mit dem eher lächerlichen Argument zu widerlegen, daß dies die »Orientierung auf eine Wissenschaft im Dienste Bonns, im Dienste monopolkapitalistischer Menschenverachtung und -vernichtung« bedeuten soll. Da Bahro in keiner Phase seines Lebens ein Zyniker war, müssen wir davon ausgehen, daß er von solchen Formulierungen und Appellen auch völlig überzeugt ist und keine Ausnahmen duldet – auch nicht für sich selber. Für ihn zerfiel die Welt definitiv in zwei Teile: das gute und aufstrebende sozialistische Lager und das böse und niedergehende imperialistische. Er stand fest, gläubig und siegesgewiß auf der Seite des Guten. Das gab ihm Kraft, da war er auf dem besten Wege, ein linientreuer Apparatschik zu werden. Diese Siegesgewißheit des Sozialismus galt ihm auch in der Wissenschaft (und wird ihn noch in seiner *Forum*-Zeit beflügeln). So kann er reinen Herzens den Wissenschaftlern der Greifswalder Universität zurufen: »Die Aufgabe besteht also darin, um der Erhaltung des Friedens willen auch auf dem Felde der Wissenschaft die Überlegenheit der DDR in Deutschland und des Sozialismus in der ganzen Welt zu beweisen.«

Aus den wenigen sporadisch mitgeteilten Bemerkungen über den Parteijournalisten Bahro geht hervor, welche »linkssektiererischen Ansichten« er in der Kunst vertrat und daß er dafür auch – etwa auf einer Besprechung des SED-Zentralkomitees mit Redakteuren von Universitätszeitungen Anfang März 1961 in Leipzig – kritisiert wurde.

Wenn er sich später an diese Zeit erinnerte, dann standen zwei Ereignisse vor seinen Augen: der Tod des Präsidenten Wilhelm Pieck (am 7. September 1960) und natürlich der Bau der Mauer am berühmten 13. August 1961.

Das Private ist in wenigen Worten von Gundula gesagt: Sie und er lebten in der Fischstraße in zwei Zimmern, mit ein paar eigenen Möbeln und vielen Büchern (ihr Schlafzimmer war zugleich der Durchgang für zwei ältliche Damen, um die allen gemeinsamen sanitären Anlagen aufzusuchen). Sie berichtet auch, daß Rudi seine freie Zeit nutzte, um in Fernschach-Turnieren mitzuspielen, und in ihrer Erinnerung hat er auch ein solches gewonnen. (Das ist leider falsch, wie eine genaue Durchsicht der Jahrgänge 1961–64 der offiziellen Fernschach-Zeitschrift ergab.) Die wirkliche Tragik dieser Zeit hat Bahro wohl verdrängt: Am selben Tag seiner Geburt (27. August 1960) starb ihr erstes gemeinsames Kind Maria. Darüber Gundula: »Ich hatte persönlich deshalb eine wochenlange Krise, in der mir auch R. nicht beistehen konnte.« Für ihn war das eine Fehlgeburt, also mehr ein medizinischer Unfall.

Und nun zu dem von Bahro wohl mit Recht als unangenehm lange Verschwiegenem: Nachdem er von diesem Oderbruch-Dorf als Parteiarbeiter in die Universitätsstadt wechselte, suchte ihn die Staaatssicherheit zu werben. Seine »Hetze« von 1956 ward ihm verziehen, im April 1961 wurde ein IM-Vorlauf (Reg.-Nr. MfS 6761/61) angelegt.

Er wurde angesprochen, reagierte positiv, brachte zum nächsten Treff »entsprechend seines Auftrages einen Lebenslauf, eine Verwandtenaufstellung und ein Paßbild« mit und berichtete im allgemeinen und besonderen über die Universität. Als bereits todkranker Mann kommt er in seinem letzten *Spiegel*-Interview (Juni 1995) kurz auf diese Episode zu sprechen: »Anfang der sechziger Jahre, nach dem Mauerbau, hatte ich ein Maximum an Zustimmung zu den Verhältnissen hier. [...] Da war alles gut. Das war so gut, daß die Stasi kam und mich fragte, könnten wir nicht, und ich sagte ja. Das war irgendwann Anfang 1962.« (*Im Prinzip ja* – doch kam die Staatssicherheit vor dem Mauerbau zu ihm.)

Was er im einzelnen als IM-Vorlauf geleistet hat, schlägt sich nicht in den Akten nieder. Der zusammenfassende spätere »Auskunftbericht über den Inhalt der Archiv-Akte« umfaßt nur knapp zweieinhalb Seiten, und im Schlußbericht der HA V/6 vom 28. Januar 1963 heißt es, daß die Verbindung zu Bahro durch die Ereignisse vom 13. August abgerissen sei. In einer überraschenden Wendung heißt es dann, auf Grund einer Information aus Berlin, »daß Bahro einer negativen Gruppierung angehört und bearbeitet wird. B. soll dabei eine führende Position einnehmen. Er vertritt und verbreitet parteischädigende Auffassungen besonders zu Fragen der Kulturpolitik.«

So ist er wieder in Berlin. Das IM-Zwischenspiel war in statu nascendi bereits abgebrochen. Rückblickend sieht er die beiden Greifswalder Jahre beinahe verklärt: »Es war eine Zeit, in der ich noch in Harmonie war mit der Parteilinie, mit mir selbst und mit den Genossen der Abteilung Wissenschaft des Zentralkomitees.« Den Wechsel vom Oderbruchdorf zur Hansestadt, vom Acker zur Universität, von der Ernte und Kollektivierung zur Wissenschaft und Kultur, dazu das Zusammenleben mit Gundula in der ersten gemeinsamen Wohnung sowie die Geburt ihres Sohnes Andrej im April 1962 – das alles mußte er als Glück empfinden. Und die späteren Enttäuschungen, als sein Kopf klarer, sein Verstand kritischer wurde, haben sich noch nicht angekündigt.

Mitarbeiter beim Zentralvorstand der Gewerkschaft Wissenschaft (1962–1965)

Von Greifswald kommt Bahro im September 1962 wieder zurück nach Berlin, das er drei Jahre zuvor mit seinem Diplom Richtung Oderbruch verlassen hatte. Inzwischen ist er verheiratet und hat zwei Kinder. Zu viert wohnt die Familie in einem Untermieterzimmer im Prenzlauer Berg, in der Raumerstraße. Und noch etwas hat sich verändert: Quer durch Berlin geht eine Mauer, Berlin ist in zwei Hälften zerrissen.

Seine Frau Gundula bekam als Slawistin eine Stelle an der Humboldt-Universität, er wurde von der Abteilung Wissenschaft des ZK der SED zum Zentralvorstand der Gewerkschaft Wissenschaft gelenkt. Vom 16. September 1962 bis zum 15. Juni 1965 ist er dort tätig, davon knapp zwei Jahre (bis Juni 1964) als Persönlicher Referent des stellvertretenden Vorsitzenden.

Seine damalige Tätigkeit zu recherchieren ist nicht ganz leicht. Zwar habe ich mehrere seiner Kollegen und seinen Vorgesetzten, Prof. Günter Ehmke, befragen können, doch die Antworten sind recht allgemein – übrigens nicht ganz zufällig. Mit einem Lächeln antwortete etwa Günter Ehmke: Es wird ihm wie mir gegangen sein: Man hat den ganzen Tag zu tun gehabt, doch abends hat man sich gefragt: Was hast du eigentlich gemacht?

Bahro spricht in einem Interview ebenfalls recht summarisch über die Zeit: »Wir organisierten Diskussionen über Bildungsprogramme, Universitätsverwaltung, die Einführung von Partei-Direktiven usw.« (*From Red to Green*)

Die Gewerkschaft Wissenschaft innerhalb des FDGB wurde 1953 gegründet und umfaßte ca. 100000 Mitglieder an den Universitäten, Hoch- und Fachschulen, den Akademien, und zwar alle Angestellten von der Reinemachefrau bis zum Institutsdirektor – nach der Devise »Ein Betrieb – eine Gewerkschaft«. Sie sollte, obwohl es in der Theorie keine Interessengegensätze zwischen dem Staat und den Werktätigen geben konnte, die Interessen der Mitglieder gegenüber oder besser: im Rahmen der staatlichen Leitung vertreten. Eine gute Betriebsgewerkschaftsleitung (BGL) konnte in praktischen Dingen wie Urlaubsregelungen, Ferienplatzvergabe, Krankenbesuchen und ähnlichem durchaus eine nützliche und anerkannte Rolle spielen. Doch mit diesen Dingen hatte der Zentralvorstand der Gewerkschaft Wissenschaft nur wenig zu tun. Nach außen hin bestand die Funktion der Gewerkschaft Wissenschaft in der Umsetzung der Parteibeschlüsse auf der Ebene der wissenschaftlichen Einrichtungen. Die Aufgaben hießen etwa: Propaganda zu machen für den »sozialistischen Wettbewerb«, für den »höchsten gesellschaftlichen Nutzeffekt«, für die »rasche Überführung wissenschaftlicher Erkenntnisse in die Praxis«.

Bahros Chef war Günter Ehmke (seit 1959 Stellvertretender, ab 1963 Vorsitzender). Um seine Funktion ein wenig zu charakterisieren, seien typische Titel zweier von ihm gehaltener Grundsatzreferate genannt: Im September 1963 sprach er auf einer Konferenz über »Die nächsten Aufgaben der Gewerkschaft Wissenschaft bei der Entfaltung der Masseninitiative als wichtigstem Hebel zur Lösung der Aufgaben in Forschung, Lehre und Erziehung«, im Mai 1964 auf einer Tagung des Zentralvorstandes über »Der Beitrag der Gewerkschaft Wissenschaft im Kampf um das Weltniveau und um einen wissenschaftlichen Leitungsstil in Forschung, Lehre und Erziehung«.

Als persönlicher Referent des Stellvertretenden Vorsitzenden hatte Bahro die Sitzungen des Präsidiums des Vorstandes oder Sekretariatssitzungen vorzubereiten, Materialien zusammenzustellen – wozu er mitunter in die Bezirksstädte fuhr zu den dortigen Vorständen – und die Protokolle zu schreiben. (Und ich nehme an, daß er zu den genannten Grundsatzreferaten reichliche Zuarbeit geleistet hat.)

Bahro machte dann einen schwer einzuschätzenden Wechsel innerhalb des Zentralvorstandes. Ab Juli 1964 übernahm er die Leitung der Arbeitsgruppe Naturwissenschaften innerhalb der Bereichskommission Universitäten, ab März 1965 wurde er als kommissarischer stellvertretender Vorsitzender dieser Bereichskommission eingesetzt.

Ihm zur Seite standen seine ehemaligen Kommilitonen Reinhold Fratzke und Günter Miehlke – mit denen er auch einige Jahre befreundet war, und ihr Kontakt war außerhalb dieser Tätigkeit so eng, daß Miehlke Jahre danach Bahros Dissertation und auch die DDR-Fassung der *Alternative* zu lesen bekam, diese auch auf Tonbänder sprach (es aber mit der Angst zu tun bekam und sie vernichtete).

An anspruchsvollerer theoretischer Arbeit ergab sich für ihn auch eine Gelegenheit: Im September 1962 fand in Moskau ein Symposium der Weltföderation der Wissenschaftler über Hochschulbildung statt – diesem folgte bald darauf ein DDR-eigenes Symposium *Hochschulbildung in der DDR*. Daraus hatte eine Veröffentlichung im Gewerkschaftsverlag Tribüne zu entstehen, und es war für Bahro selbstverständlich, hieran mitzuschreiben.

Das nächste größere Projekt endete für ihn unbefriedigend. 1963 bekam Prof. Ehmke vom Vorsitzenden des FDGB Herbert Warnke den Auftrag, für den auf dem 6. Bundeskongreß zu gebenden Rechenschaftsbericht größere Teile auszuarbeiten. Hieran war auch Bahro beteiligt. Zusammen versuchten sich beide an einer theoretischen Standortbestimmung der Gewerkschaften im Sozialismus – zweifellos eine interessante und brisante Aufgabe –, doch als Politbüromitglied Warnke von einem Gewerkschaftskongreß in Moskau zurückkam, hatte er andere Vorstellungen, und damit war das für die Gewerkschaften der DDR ausgearbeitete Positionspapier Makulatur.

An eigenen Veröffentlichungen brachte es der gelernte Journalist in dieser Zeit lediglich zu einem theoretischen Aufsatz *Über die Möglichkeit, die Produktivität der wissenschaftlichen Arbeit zu bestimmen und zu beeinflussen* (*Spektrum* 9-10/1964) und einem *Forum*-Artikel.

Doch zunehmend gab es auch Konflikte, die schließlich zu seiner Abberufung am 14. Juni 1965 führten. Was war an ihm auszusetzen?

Als er die Gewerkschaft verließ, war er knapp 30 Jahre alt, hatte drei Arbeitsstellen hinter sich, zweimal als Parteijournalist in der Provinz, dann als politischer Mitarbeiter im Wasserkopf der Gewerkschaft, dazu unpromoviert. Vom Äußeren unscheinbar – ein Bild, das ihn am Rand einer Gruppe von Gewerkschaftsfunktionären zeigt, aufgenommen auf dem 6. FDGB-Kongreß im November 1963, zeigt einen etwas verträumt und recht subaltern wirkenden jungen Mann. Und aus der nur ungefähr zu ermittelnden praktischen Tätigkeit sollte sich endgültig das Bild eines fleißigen und angepaßten Funktionärs ergeben, der dort, wo die Partei ihn hinschickt, gute Arbeit leistet.

Wenn es nicht seine Abschlußbeurteilung gäbe! Zu jedem Arbeitswechsel war eine Beurteilung nötig, in der nach festen Regeln gelogen wurde. Sie mußte positiv sein, und für einen politischen Mitarbeiter, der zu einer vom Zentralrat der FDJ herausgegebenen

Zeitung geht, mußten natürlich sämtliche Topoi des guten Funktionärs aufgeboten werden. So heißt es selbstverständlich auch hier: »Das hervorstechende Merkmal seines Wirkens beim Zentralvorstand war das immer vorhandene Bemühen, auf schöpferische Weise an die Verwirklichung der Parteibeschlüsse heranzugehen« und »von den Grundthesen des Marxismus-Leninismus auszugehen«. Er habe »bei der Verwirklichung unserer Wissenschaftspolitik an den Universitäten« eine umfangreiche theoretische Arbeit geleistet. Doch es wird in dieser Beurteilung auch Kritik an ihm geübt – in einer raffinierten Weise.

Zuerst der Text: »In seinem Drang, unerbittlich und mit größter Konsequenz gegen Altes und Überholtes, für die Durchsetzung der Linie der Partei, insbesondere von der Wissenschaft als Produktivkraft, zu kämpfen, [...] kam Kollege Bahro nicht selten zu überspitzten und letzten Endes falschen Auffassungen.« Und nun werden zwei Beispiele gegeben, in denen er im Recht war, doch nicht sein durfte, weil die Verantwortung in den Höhen des Politbüros lag. Bahro habe sich in seinem seit Jahren erfolgten Kampf gegen den Dogmatismus (und jetzt sehr vorsichtig formuliert, um nicht den Verfasser der Beurteilung zu gefährden) »in der von ihm betriebenen Überspitzung manchmal gegen das angeblich zu langsame Tempo der Verwirklichung unserer Wissenschaftspolitik« gewandt. Das war sehr gequält formuliert, das Tempo war natürlich nur »angeblich zu langsam« und überhaupt von Bahro alles überspitzt gesehen. Doch leider hatte Bahro noch anderes kritisiert: »Falsche Auffassungen zeigten sich bei ihm besonders auch im Verhältnis von Wissenschaft und Gesellschaft, indem er gerade bei der Perspektivplandiskussion wiederholt der Befürchtung Ausdruck gab, die Wissenschaft in der DDR würde ungenügend materiell ausgestattet, so daß sie die ihr in der technischen Revolution zukommenden Aufgaben nicht in vollem Umfang lösen könne.«

Was hier im Konjunktiv formuliert ist, war leider Tatsache: Was damals hinter vorgehaltener Hand und erst ab 1989 laut gesagt wurde: daß die DDR in den 60er Jahren die wissenschaftlich-technische Revolution verschlafen hatte und die Ausstattung der Forschung mit modernen Geräten (verglichen mit den tonangebenden westlichen Ländern) nicht mehr ausreichte. Weil Bahro das erkannt hatte und man ihn dafür nicht gut kritisieren konnte, folgt dem ein seltsam klingender Vorwurf: »Seine Mängel in der theoretischen Arbeit lassen sich wahrscheinlich darauf zurückführen, daß er bisweilen ohne Berücksichtigung der gegebenen politischen und ökonomischen Möglichkeiten mit einer gewissen Starrheit zwar objektiv und absolut richtige Forderungen aufstellt, ohne jedoch zu berücksichtigen, daß ihre augenblickliche Realisierung, weil sie die gegebenen Möglichkeiten außer acht läßt, zu falschen Ergebnissen führen würde.«

Diese Beurteilung wurde vom stellvertretenden Vorsitzenden des Zentralvorstandes der Gewerkschaft Wissenschaft, Bernd Musiolek, unterschrieben, doch es ist sicher, daß sie in der Parteigruppe beraten und »abgestimmt« (wie der terminus technicus hieß) wurde. Ich vermute, daß man den »Kollegen Bahro« kritisierte, um möglichst unauffällig die eigene Kritik vorzubringen (»objektiv und absolut richtige Forderungen«) und sofort zurückzunehmen (»daß ihre augenblickliche Realisierung ... zu falschen Ergebnissen führen würde«).

Gründlich gelesen, ergibt diese widersprüchlich sein sollende Beurteilung ein zutreffendes Bild des unduldsamen und Veränderungen fordernden Parteiarbeiters. Und sie fügt auch einen sehr persönlich wirkenden Satz in den Schluß ein: »Seine Leidenschaft ist die Lyrik (einige seiner Gedichte sind veröffentlicht worden), und seine ganze Liebe gehört der Musik.«

Bahro gibt später dieser Zeit bei der Gewerkschaft Wissenschaft noch eine überraschende Pointe: In jenen Jahren habe er seine politische Naivität verloren, als er entdecken mußte, daß die Partei in Wirklichkeit aus zwei Parteien bestand: die eine, die am Status quo festhielt, während die andere für Reformen war. Er sei bereits überzeugt gewesen, daß die zweite sich durchsetzen könnte, doch seine noch vorhandene Parteisolidarität und sein Glaube an eine offene Auseinandersetzung hätten ihn noch zurückgehalten, den notwendigen Kampf auch in antagonistischen Begriffen zu führen. Und er nennt dazu auch ein Schlüsselerlebnis – die Feierlichkeiten zum 15. Jahrestag der DDR (7. Oktober 1964): »Der Ton des Jahrestages war der einer Selbstbeweihräucherung für das bisher Erreichte, es gab aber keine Konzeption für die Zukunft. Das bewies, daß die Revolution für die DDR beendet war und daß wir uns einzurichten haben, mit dem zufrieden zu sein, was erreicht wurde. Das widersprach allem, was ich bislang glaubte.« (*From Red to Green*).

Was er aber verinnerlicht hatte, das war die vom Gewerkschaftschef Warnke vorgegebene Bestimmung des Hauptinhalts ihrer gewerkschaftlichen Arbeit, »das Ringen um den höchsten gesellschaftlichen Nutzeffekt der wissenschaftlichen Arbeit«. Das wollte Bahro auch.

Im Juni 1965 zog es ihn in den Journalismus zurück. Die Kaderkommission des ZK der SED schickte ihn zur Studentenzeitung *Forum*. Dahin nahm er ein großes Kapital mit: eine ziemlich genaue Kenntnis der Schwierigkeiten, wie die Wissenschaft von den Universitäten und Akademieinstituten nur mit größten Mühen in die Technologieentwicklung der DDR einmündete, und zweitens viele persönliche Kontakte zu erfolgreichen Wissenschaftlern und Technikern in der Industrie, wie sie normalerweise kein Philosoph je knüpfen könnte. Beides verwertete er im *Forum* auf seine charakteristische Weise.

Stellvertretender Chefredakteur des *Forum* (1965–1966)

So folgt also der erste beruflich interessante Schritt – immer noch Parteiarbeit, diesmal in Abhängigkeit vom Zentralrat der FDJ (der »Kaderschmiede« für spätere höhere Parteilaufbahnen), aber jetzt in der Kultur und gleich als stellvertretender Chefredakteur der lebendigsten und interessantesten Wochenzeitschrift der DDR: des *Forum*.

Über diese Zeitung gibt es eine Charakteristik seitens des ehemaligen Chefredakteurs Heinz Nahke (aus seinem Nachlaß), der über die Jahre 1962 bis 1965 schreibt: »Im *Forum* verbanden sich die jugendlichen Reformabsichten und Wissenschaftspositionen des alten *Forum*, einer bekannten Studentenzeitung, mit Erfahrungen der soeben geschlossenen Zeitschrift *Junge Kunst*. Die ›Kopulation‹ – vielleicht das entscheidende Wagnis am Anfang – ist das Verdienst des Chefredakteurs Kurt Turba. Und *Forum* wurde die Reformzeitung für die Jugend und Gesellschaft. Wir ›Literaten‹ (ich war stellvertretender Chefredakteur geworden) hatten von Anfang an etwas Glück. Mit den Romanen *Der geteilte Himmel* und *Spur der Steine*, die als Erstdrucke kurz hintereinander im *Forum* erschienen, rückte die Literatur mit einem Schlag als gleichberechtigter Partner in den Mittelpunkt der Diskussionen und bestimmte sie sogar mit in tausend Fragen des Lebens, der Politik, der Jugendpolitik und natürlich der Kultur in der Gesellschaft. Aus der Arbeit des *Forum* heraus entstand dann – die Federführung lag bei Kurt Turba – das bekannte Jugendkommuniqué (es kam nicht aus den Chefetagen des Politbüros), das – von der Veröffentlichung 1963 bis in die Zeit unmittelbar nach den Jugendfestspielen 1964 – für eine kurze Zeit eine neue Jugendpolitik ermöglichte. Das *Forum* und die neue Jugendpolitik wurden so lange gelobt oder geduldet, wie die Reformpolitik Chruschtschows, die damit korrespondierende Politik Walter Ulbrichts und nicht zuletzt die Wirtschaftsreform in der DDR (NÖSPL), die wir nach Kräften unterstützten, anhielten. Mit dem Sturz Chruschtschows war das Ende vorprogrammiert.«

Bahro schreibt über die erste Phase dieser Tätigkeit in seinem

Lebenslauf von 1978: »Im Sommer 1965 übernahm ich die Funktion eines Stellvertretenden Chefredakteurs bei der vom Zentralrat der FDJ herausgegebenen Halbmonatszeitschrift *Forum*. Angefordert hatte mich der damalige Chefredakteur Heinz Nahke, der mich schon seit mehreren Jahren kannte. Mich selber reizte die Aufgabe sehr, da mir das *Forum* als ›Organ des Jugendkommuniqués‹ von 1963 erschien und da der mit diesem Parteidokument angezeigte Kurs sehr mit meiner persönlichen politischen Orientierung übereinstimmte.«

Bahro wurde von diesem Geist angesteckt und strahlte ihn aus. Hier hatte er endlich ein Wirkungsfeld, das in nichts mit der parteijournalistischen Arbeit im Oderbruch und in Greifswald zu vergleichen war. Und durch seine Tätigkeit in der Gewerkschaft Wissenschaft hatte er einen personellen Hintergrund und zahlreiche Kontakte, die er nun in der Zeitung ausschöpfte. In der nicht allzulangen Zeit als stellvertretender Chefredakteur holte er durchsetzungsfähige und erfolgreiche Wissenschaftler, Techniker und Leitungskräfte zu Gesprächen heran, um sie dann in Form von Interviews oder Artikeln zu publizieren – ganz eindeutig mit der Absicht, anderen Mut zu machen oder durch »gestandene« Praktiker auf Mängel und Hemmnisse hinzuweisen, die es mit vereinten Anstrengungen zu überwinden gelte. Schon als Mitarbeiter beim Zentralvorstand Wissenschaft publizierte er zu diesem Thema den Artikel *Geistige Reserven oder Was hemmt die Produktivität der jungen Naturwissenschaftler an unseren Hochschulen und Universitäten?* (*Forum* 18/1963 und 20/1963), ihm folgten in den Redakteurszeiten ein gutes Dutzend Artikel, die sich mit technologischen und wissenschaftsbezogenen Themen befaßten.

So langweilig sich heute diese Artikel lesen: Meist in den Anfangssätzen steckt die Überzeugung und das Programm Bahros, alles zur Verbesserung der Gesellschaft tun zu müssen, um »vor den Anforderungen der technischen Revolution zu bestehen«, den »Kampf ums Weltniveau« zu führen. Dazu zwei für ihn völlig charakteristische Beispiele. In einem Artikel über die Technische Hochschule Karl-Marx-Stadt (*Forum* 18/1965) heißt es im Vorspann: »Wir werden daran mitarbeiten, vor allem immer wieder den Gedanken der Wissenschaftler und Studenten, der Hochschul- und FDJ-Leitungen selbst Raum geben. Wir werden versuchen, besonders dort überall zur Stelle zu sein, wo es schon mehr als neue Ideen, wo es schon neue praktische Erfahrungen gibt, die sozusagen den Horizont aufreißen für den nötigen Weitblick in die Zukunft.« Und in einem Artikel über das Chemiefaserkombinat Guben (*Forum* 1/1966) steht im Vorspann: »Die wichtigste Sorge, das größte Problem: die geistigen Schöpferkräfte zu nutzen, oft erst zu erwecken und – am allerschwersten – wachzuhalten, also immer neu und auf stets höherem Niveau zu fordern.« Hier finden wir in beiden Passagen den »Glauben an das Veränderbare« pur – und erst als er die Hemmnisse, die er überwinden möchte, als systemimmanent erkennt, beginnt der Weg, der zur späteren *Alternative* führt.

Doch genau in diese Zeit seines enthusiastischen Aufbruchs fiel eine kulturpolitische Veränderung, die als »Kahlschlag-Plenum« in die Geschichte einging: die Kritik Walter Ulbrichts (auf der 11. Tagung des ZK der SED vom 15.–18.12.1965) an Schriftstellern und Filmemachern, die zu Diskriminierungen, Bestrafungen und Verboten führte und für die gesamte Kulturentwicklung des Landes einen schweren Rückschlag bedeutete. Damit wurde auch Bahro in eine Krise hineingezogen. In seinem Lebenslauf heißt es dazu: »Bald nach der Übernahme der neuen Funktion wurde jedoch das Jugendkommuniqué – so jedenfalls bewertete ich die entsprechende Kurskorrektur – ›zurückgenommen‹. Ich kam zu dem Schluß, daß gewisse Schwierigkeiten bei seiner Verwirklichung gerade auf die Inkonsequenz der Durchführung zurückzuführen seien und daß man den Stil des Jugendkommuniqués vielmehr ausweiten und im gesamtgesellschaftlichen Maßstab anwenden sollte. Einige Monate nach der ›Zurücknahme‹ des Jugendkommuniqués brachte das 11. Plenum eine analoge Rückwendung in der Kulturpolitik. Beide Ereignisse ordneten sich für mich ein in eine seit der Ablösung Chruschtschows zu bemerkende allgemeine Tendenz, die Errungenschaften des XX. und XXII. Parteitags der KPdSU abzubauen, statt weiter auszubauen und theoretisch besser zu begründen. Ich war nicht mehr bereit, diese Wendungen bedingungslos mitzuvollziehen, und begann, in der Redaktion des *Forum* bewußt dagegen anzukämpfen, was seinen Ausdruck auch in einigen Artikeln von mir fand, die indirekt einen besonderen Kurs verfochten.«

Ein Beleg dafür soll sein Artikel *Nonkonformismus, Konformismus – das Proletariat und die Bourgeoisie* (*Forum* 3/1966) sein, für den er hart von der SED kritisiert wurde. Dabei ist dieser Artikel so orthodox wie nur möglich: Er verurteilt jeglichen Nonkonformismus in der DDR, entzieht auch den westlichen Intellektuellen jene Selbstbezeichnung, da sie »nur« gegen Symptome ankämpften, aber nicht gegen das imperialistische System als Ganzes; sein Verdikt kann stärker nicht formuliert werden: »Nonkonformismus und Antikommunismus gehören gesetzmäßig zusammen«, und: In der DDR kann Nonkonformismus »grundsätzlich nur reaktionär sein«. Wo steckt da »indirekt« sein besonderer Kurs, den er doch verfochten haben will? Das ist überhaupt nicht klar. Steckt er in der vielleicht naiv gestellten Frage: Wie kommt es, daß wir Heiner Kipphardt ablehnten, als er noch in der DDR lebte, um ihn jetzt als Verbündeten zu bezeichnen und im Berliner Ensemble aufzuführen, ohne daß er sich politisch geändert hat? Oder weil Bahro zustimmend Karl Kautsky zitiert hat (den man, wenn man überhaupt seinen Namen nennen wollte, nur in Form eines Lenin-Zitates zu widerlegen hatte)? Vermutlich war der »Stein des Anstoßes« einfach der, daß nach der Kritik an den Schriftstellern, Filmemachern usw. auf dem 11. Plenum die beiden nicht im offiziellen Wortschatz der SED vorhandenen Vokabeln auf der Titelseite des *Forum* prangten. Der »besondere Kurs« wird nicht richtig sichtbar – und doch wird Bahro dafür bestraft.

Gewichtiger war wohl für seine Entwicklung, daß er genau in dieser Zeit Isaac Deutschers Stalin-Biographie las und – wie er schrieb – »drei volle Tage« mit dem Verteidiger des Stalinismus Alfred Kurella (zu dieser Zeit Mitglied des ZK und der »Ideologischen Kommission beim Politbüro«) über die Russische Revolution diskutierte. Kurella als wichtiger Kulturfunktionär äußerte sich sehr zurückhaltend, sprach von sich aus über Lenin, die ersten Jahre Sowjetrußlands, die er aus eigener Erfahrung kannte, über die Kollektivierung der Landwirtschaft, aber Bahro ließ nicht locker – er wollte, daß die russische Geschichte zwischen Lenins Tod und Stalins Tod durch die Historiker genauer dargelegt wird, um die Stereotype *entweder* »Periode des siegreichen Aufbaus des Sozialismus« *oder* »Stalinismus« zu überwinden. Außerhalb des zur Veröffentlichung gedachten Gesprächs (es existiert als umfangreiches durchkorrigiertes Typoskript) erfuhr Bahro, daß Kurellas Bruder in den schlimmsten Jahren des Terrors in der Sowjetunion umgebracht worden ist, und dieses Wissen aus erster Hand über Verbrechen an Kommunisten hat ihn, wie Gundula berichtet, tief erschüttert.

Eine für ihn nicht absehbare folgenreiche Wende begann, als er sich wieder einmal in die Literatur einbringen wollte, diesmal auf einem Gebiet, auf dem er sich sicher glaubte: dem der zeitgenössischen

Lyrik. Das *Forum* druckte ziemlich regelmäßig Gedichte ab, er selbst hatte den bereits erwähnten kleinen Zyklus *Pathétique. Dem zweiten Kosmonauten der Sowjetunion gewidmet* darin veröffentlicht. Mit dem 2. Aprilheft 1966 begann die Zeitung eine großangelegte Lyrik-Diskussion unter dem Titel *In diesem besseren Land.* Diese Gedichtzeile Heinz Czechowskis bildete gleichzeitig den Titel einer von Karl Mickel und Adolf Endler herausgegebenen Anthologie, die beanspruchte, das Beste der DDR-Lyrik seit 1945 zusammengestellt zu haben. Das *Forum* wandte sich aus diesem Anlaß an die neue Lyriker-Generation mit drei zeittypischen Fragen, von denen die erste lautete: »Führt die neue Stellung des Menschen in der sozialistischen Gesellschaft, wie sie insbesondere durch die technische Revolution herbeigeführt wird, zu inhaltlichen und strukturellen Veränderungen der Lyrik?« Dazu gaben dann die angesprochenen Dichter mehr oder weniger brave Antworten und steuerten möglichst ganz neue Gedichte bei. In dieser Aprilnummer veröffentlichten die drei bereits Genannten, also Czechowski, Mickel, Endler, dazu Hanns Cibulka und Uwe Berger, ihre Texte, im 2. Maiheft folgten Sarah Kirsch, Rainer Kirsch und Günter Kunert.

Dessen beide Gedichte (*Notizen in Kreide* und *Gewesene Größe der Eisenbahn*) nahm nun Bahro zum Anlaß, aus seiner politischen Überzeugung heraus einen Verriß Kunerts zu unternehmen: *Abdankung des Grashüpfers?* (*Forum* 10/1966, 22). Dazu zitierte er zuerst die überaus positive Meinung von Johannes R. Becher über den jungen Dichter aus dem Jahre 1950, um dann den Abstieg Kunerts zu belegen, mit seinem 1966 in München veröffentlichten Gedichtband *Verkündigung des Wetters* und einem weiteren Gedicht, aus dem er folgende Zeilen wiedergibt: *Glücklich, wer am Ende mit leeren Händen dasteht / denn aufrecht und unverstümmelt dasein ist alles. / Mehr ist nicht zu gewinnen.* Für Bahro kann das – ihn an Gottfried Benn oder Rilke Erinnernde – nur »grundsätzliche Resignation« und »Disengagement« bedeuten, und deshalb holt er zu einem unglücklichen Schlag aus: »Das eigentlich Bestürzende ist die intellektuell hilflose spätbürgerliche Gesamthaltung des – einst für Becher aus unserer neuen Wirklichkeit entstandenen – Dichters«, dem er vorwirft, daß »solche Gedichte wie *Notizen in Kreide* bei aller Bescheidenheit ihres Einflusses mit an der Entmachtung, Zerstörung der Vernunft« arbeiteten.

Das rief Protest hervor. *Forum* Nr. 12 wurde fast zu einer Sondernummer über Lyrik, und mit zwei Briefen von Karl Mickel und Rainer Kirsch zu Bahro (»nichts rechtfertigt seinen ungeheuerlichen Vorwurf«) begann die eigentliche Debatte, die nun etwas anders verlief, als die drei platten Fragen vom April erwarten ließen. In den Nummern 13, 14, 15/16 erschienen große Aufsätze der Germanisten Dieter Schlenstedt und Dieter Schiller, etliche Leserbriefe und ein überdimensionierter offiziöser Beitrag des parteiamtlichen Chefästhetikers Hans Koch (*Haltungen – Richtungen – Formen*), womit die Debatte ihren Abschluß fand (finden mußte).

Direkt auf die Kritiken von Mickel und Kirsch antwortete Bahro mit: *Wozu wir diesen Dichter brauchen* (*Forum* 12/1966). Darin rechtfertigt er seine Attacke gegen Kunert, nennt diese auf der philosophisch-weltanschaulichen Ebene, nicht aber auf der ästhetischen oder politischen formuliert, dann steigert er noch sein Verdikt: Der Dichter sei innerlich abgewandert ins geistige Niemandsland, sein zitiertes Gedicht *Geschichte* – dem er sich dabei ausführlicher zuwendet – sei nichts anderes als Defätismus, aus dem die »Paralysierung der praktischen und geistigen Aktivität« folge. So ist für Bahro die Entwicklung Kunerts »eine echte Tragödie«. Und wie ein Zensor fragt er: »Wovor dankt Günter Kunert ab?«, um natürlich sofort die Antwort zu haben: Das inkriminierte Gedicht *Geschichte* »ist die offene subjektive Zurücknahme grundlegender Errungenschaften des marxistischen Denkens«, und als Ursache diagnostiziert er: »Der Dichter Günter Kunert ist sozialismusmüde geworden, müde am sozialistischen Alltag« (womit Bahro durchaus recht hatte).

Diese scharfe Kritik ist erstaunlich: Spricht hier der Parteijournalist aus dem Oderbruch und aus Greifswald? Der Freund Volker Brauns, dessen riskantes Stück vom Kipper Paul Bauch er in Nummer 18 abdrucken läßt, womit sein eigener Fall beginnt? Muß er seine Zweifel nach der Ablösung Chruschtschows und nach dem 11. Plenum niederhalten, indem er sie auf Kunert projiziert? Oder traf dieser ihn noch tiefer? Denn Bahro hatte bereits Zweifel an der Fähigkeit der SED, doch es blieb – wie bei vielen zweifelnden Genossen – der Glaube an die kommunistische Zukunft. Könnte Kunerts Zeile von den »leeren Händen« und daß »mehr nicht zu gewinnen sei« das ausgesprochen haben, was Bahro noch nicht zu denken wagte und doch schon wußte?

Dazu Bahro in seinem Lebenslauf: »Die Ergebnisse einer von mir ausgelösten Lyrik-Debatte brachten mich zu der Einsicht, daß ich die Position im *Forum* nicht mehr lange guten Gewissens würde ausführen können, da der Spielraum für eigene Ansichten natürlich sehr begrenzt war. Im Frühherbst 1966 verantwortete ich in dieser Stimmung in Abwesenheit des Chefredakteurs den Abdruck von Volker Brauns Schauspiel *Kipper Paul Bauch*, gegen den es Widerstand aus einflußreichen Kreisen geben sollte. Diese Affaire endete, zumal ich nicht Selbstkritik übte und meine Ansicht zum Jugendkommuniqué vertrat, mit meiner Ablösung.«

Er blieb für eine Übergangszeit noch im Verlag, der auch das *Forum* herausgab, in einer etwas unbestimmten Position als »Mitarbeiter des Verlagsdirektors Junge Welt«. Was er dort zu tun hatte, liest sich in einer Abschlußbeurteilung so: »Seit dem 1. November 1966 arbeitet Genosse Bahro im Auftrag des Verlagsdirektors an einer ganzen Reihe wissenschaftlicher Analysen zum Profil, den inhaltlichen Konzeptionen und der ideologischen Wirksamkeit unserer Zeitungen und Zeitschriften.« Und er nutzte diese Zeit gut zu einer ihn weiterbringenden Lektüre: Hatte er bereits Deutschers Stalin-Biographie gelesen, so folgten nun die Autobiographie Trotzkis, Karl August Wittfogels *Die Orientalische Despotie* und die erste Beschäftigung mit Antonio Gramsci – alles Einflüsse, die sein Denken allmählich in die Richtung seiner späteren (und zu diesem Zeitpunkt noch nicht angedachten) *Alternative* führten.

In dieser für ihn schwierigen Phase traf er Rulo Melchert wieder, damals redaktioneller Mitarbeiter der Tageszeitung *Junge Welt* und verantwortlich für Literatur. Beim Essen in der Kantine entwickelt ihm Bahro seine Gründe, weshalb er sich so vehement für den *Kipper Paul Bauch* eingesetzt hatte, um nämlich gegen Sattheit und Selbstzufriedenheit anzugehen, die Probleme beim Aufbau des Sozialismus provozierend sichtbar zu machen. »Von Taktik ist in den Reden B.s keine Spur, er ist ganz zuversichtlich«, notierte Melchert in sein Tagebuch. Und zu den Auseinandersetzungen nach der eigensinnigen Veröffentlichung: »Rügen, Aussprachen, Verdammung des ›Bauch‹; Mißbilligung des Abdrucks. [...] B., der unzugänglich in der Diskussion über seine ›Fehler‹ bleibt, wird beurlaubt, ein Wechsel der Funktion soll auch hier ein Heilmittel sein.«

Befreundet war Bahro in dieser Zeit mit Günter Baumgart, *Forum*-Redakteur seit Juli 1965, später stellvertretender Chefredakteur, 1972/73 als Hilbigs Nachfolger kurze Zeit Chef. Beide trafen sich privat in dessen Wohnung, spielten auch miteinander Schach, doch das Hauptinteresse Bahros waren theoretische Gespräche. Bei den politischen Themen war Baumgart anfangs zurückhaltend. Wie er erzählte, hat Bahro mit seinen scharf formulierten Auffassungen den

Eindruck gemacht, als wolle er ihn provozieren, und der Verdacht lag für Baumgart nahe, daß der neue Kollege möglicherweise für die Stasi arbeite. Auch sei Bahro überheblich gewesen, habe sich gern als Philosoph bezeichnet. Doch er schätzte ihn als guten Schreiber, und sein Artikel *Nonkonformismus, Konformismus – das Proletariat und die Bourgeoisie* hatte ihn ja auch in Konflikt mit dem Zentralrat der FDJ gebracht. Nach dem Willen des 1. Sekretärs Horst Schumann sollte deshalb sogar der Chefredakteur Klaus Hilbig abgelöst werden (was nur deswegen nicht realisiert werden konnte, weil Hilbig als Nomenklaturkader dem ZK unterstand). Wie Baumgart es einschätzt, sei Bahro gegenüber Hilbig der treibende Keil gewesen, die Zeitung interessanter zu machen – der habe ihm nachgegeben und ihn, wenn nötig, auch gegenüber dem Zentralrat gedeckt.

Das Vertrauen zwischen beiden muß eng gewesen sein, denn Bahro zeigte Hilbig das Konzept für einen ersten Entwurf der späteren *Alternative*, der von seinem Chef so massiv abgelehnt wurde, daß Bahro ihn in dessen Beisein in den Ofen steckte. (Auch Baumgart wurde später in die Entstehung des Buches eingeweiht. Er bekam von Bahro ein Exemplar der frühesten Fassung, verborgte es allerdings in der Redaktion weiter und setzte damit eine Kette in Bewegung, an deren Ende schließlich genau dieses Exemplar auf dem Dienstweg bei der Staatssicherheit landete: Dazu näheres im Kapitel über die Entstehung der *Alternative*.)

Die Auseinandersetzungen im *Forum* wurden auch von der Staatssicherheit registriert. In einer Information der HA XX/5 (vom 28.9. 1966) wird vermerkt, daß im *Forum* eine Lyrik-Diskussion veranstaltet wurde, in der das Lyriker-Ehepaar Sarah und Rainer Kirsch »negative Anschauungen« verbreiten konnte. Diese würden privat von Bahro gutgeheißen – meldet die »Kontaktperson Dietz«. Und sie überliefert dann einen sehr charakteristischen Satz: »Bahro ist der Meinung, es herrscht bei uns in der DDR eine Diktatur der Partei. Er habe zwar nichts dagegen, aber für ein demokratisches Aushängeschild sei dies nicht gut.« Weiter wird gemeldet, daß Bahro mit seiner Haltung diejenigen Lyriker unterstütze, die »mehr Freiheit der Information fordern. Andeutungen seiner Positionen sind teilweise im *Forum* bei seinen Artikeln versteckt festzustellen (besonders bei der Lyriker-Diskussion).«

Das kann sich eigentlich nur auf die Schlußpassage des zweiten Artikels gegen Kunert beziehen, wo es ganz überzeugt heißt, es gebe nicht »die Spur eines Grundes, ausgerechnet heute das Vertrauen in die Grundsätze von Marx und Lenin zu verlieren«, um dann – bereits häretisch – fortzufahren: »Der Sozialismus bestätigt, so wie er existiert, also nicht nur mit seinen Erfolgen, sondern auch mit allen seinen ungelösten Problemen, die Weltanschauung der Klassiker. Wir müssen ihre Methoden mehr denn je dazu verwenden, auch unsere eigene Wirklichkeit zu analysieren und nach den Ergebnissen zu verändern.« (Diese leicht überlesbare Abweichung verstehen heute nur noch gelernte DDR-Bürger, damals hatten alle Funktionäre feine Ohren für solche nichtamtlichen Töne.)

Ein zweites Dokument über »Veränderungen in der Redaktion *Forum*« informiert über die Ablösung Bahros als stellvertretender Chefredakteur am 18. Oktober 1966. Der Zentralrat der FDJ befand, daß die Redaktion seit Anfang des Jahres »unwidersprochen falsche und schädliche Ansichten von Lyrikern der DDR« abdrucke und daß Bahro derjenige sei, »der das Erscheinen derartiger Artikel ständig anregte und durchsetzte«. Die Abweichungen Bahros von der Parteilinie werden gleich aufgelistet, so heißt es z.B.: »Er vertritt die Ansicht, daß es falsch sei, in einer Zeitschrift wie dem *Forum* ›gesicherte Wahrheiten‹ des Marxismus-Leninismus darzulegen. In diese Zeitschrift würden nur neue Probleme gehören, wobei er unter neuen Problemen ungeklärte meint und solche, die zwar von der Auffassung der Partei abweichen, aber die es sich seiner Meinung nach nochmals zu diskutieren lohnt.«

In der Abschlußbeurteilung durch den Chefredakteur Klaus Hilbig heißt es gleich am Anfang: »Bahros Problem sind die Widersprüche beim Aufbau der sozialistischen Gesellschaft. Das Studium der in der Wirklichkeit sich vollziehenden Prozesse und die aktive Mitwirkung bei der Aufdeckung und Lösung von Widersprüchen sind ihm Hauptmotiv und Triebkraft seiner Tätigkeit im Kollektiv wie auch seines persönlichen Interesses.« Hervorgehoben wird seine »leidenschaftliche Parteinahme«, sein »persönlicher Einsatz bei der Verwirklichung von Parteibeschlüssen«, doch nach vielem Lob wird dann festgestellt: »Für sein persönliches Verhalten im Streit über Fragen, die entweder objektiv zur Lösung nicht reif sind oder die er anders beurteilt als seine Parteiorganisation [...] mußte er kritisiert werden.« Und ein wenig wird er vom Beurteiler in die Michael-Kohlhaas-Position geschoben: »Wenn er ein Problem gründlich erfaßt zu haben glaubt, kämpft er beharrlich und konsequent für die Umsetzung in die Praxis, d.h. in unserem Falle für die Veröffentlichung der entsprechenden Artikel. [...] Für ihn gilt als richtig, was er selbst als richtig erkennt; die Meinung eines Kollektivs ist ihm kein Argument, solange sie ihm nicht logisch aufgeht. [...] Er ist aufrichtig in jeder Weise, sagt seine Meinung offen und ohne Rücksichten auf Prestige oder Vorteil.«

Zweifellos eine gelungene Charakteristik, doch nach dem »Kahlschlag-Plenum« geradezu von karrierezerstörender Prägnanz.

Abgeschoben zur Arbeiterklasse: Zehn Jahre in der Industrie (1967–1977)

Bahro hatte nach seinem unfreiwilligen Abgang vom *Forum* verschiedene Pläne, er bemühte sich zum Beispiel um eine Aspirantur auf dem Gebiet der Ästhetik, anderes wurde ihm auch angeboten – letztlich zerschlug sich alles. In dieser Situation gab es vor der Humboldt-Universität eine zufällige Begegnung zwischen ihm und Rulo Melchert, der sich daran wie folgt erinnert: »Nach Informellem – wie gehts, wie stehts – erzählte er mir begeistert von seiner Entdeckung der späten Streichquartette Beethovens, er könne nicht genug da hineinhören, in diese Hermetik des Todes, ein Kunstgenuß. Bahro kam mir gereifter vor, ernster, zerzauster auch von den Jahren, das unverkennbare Lächeln aber noch immer, unschuldiges Kindergesicht, wie ein Goldzahn blitzte die Rede aus seinem Mund. Bahro, der mir zuzeiten auch immer ein bißchen verpuppt vorkam, ein Sonderling, ein Spinner großer Gedanken, hier bekam er für mich auch eine Dimension von Tragik: einer, der wirken wollte, jetzt kann er das nicht mehr.«

Bahro faßt den Übergang in die Industrie im *Lebenslauf* so zusammen: »Nach einer gescheiterten Bemühung, mich beim Nationalrat der Nationalen Front im Bereich des damaligen Vizepräsidenten Dr. Gerhard Dengler für Westarbeit einzusetzen, fand ich schließlich im Mai 1967 eine Stelle als wissenschaftlicher Mitarbeiter für soziologische Fragen in dem kurz zuvor gegründeten Ingenieurbüro der damaligen VVB Gummi und Asbest, später VVB Plast- und Elastverarbeitung in Berlin-Weißensee.« In diese Berliner Außenstelle des Hallenser Büros kam er auf Veranlassung des ZK der SED, obwohl nach Einschätzung der dortigen Verantwortlichen für ihn »als Philosoph im Betrieb im Prinzip keine Verwendung bestand«. Das muß Bahro selbst so gesehen haben. So heißt es in seinem *Lebenslauf* weiter: »Nachdem ich bald erkannt hatte, daß die Anwendung soziologischer Erkenntnisse und Methoden zumindest für sich genommen, aber selbst im Verband anderer Disziplinen wenig Veränderungserfolg in der Praxis verspricht, eignete ich mir rasch Kenntnisse in Organisationswissenschaften und Betriebsökonomie an und verschaffte mir einen Einblick in die Ingenieursarbeit, besonders auf dem Gebiet der Technologie.« So nahm er u. a. Anfang 1968 an der Hochschule für Ökonomie Berlin-Karlshorst an einem Intensivlehrgang für leitende Wirtschaftskader über Ökonomische Datenverarbeitung und noch im selben Jahr an einem Lehrgang über Operationsforschung an der Technischen Hochschule Merseburg teil.

Auch trat Bahro bereits im November 1967 mit einem umfangreichen kritischen Beitrag auf einem Zentralen Lehrgang für Führungskader in Buckow (Märkische Schweiz) auf – einer soziologischen Analyse, die er im Auftrag seines Betriebes erarbeitete und vor einem größeren Kreis von Werkdirektoren zur Diskussion stellte. Er muß sich also außerordentlich schnell in die Problematik der industriellen Produktion eingearbeitet haben (auch spricht dies für sein ungebrochen großes Selbstvertrauen). Der Direktor des Ingenieurbüros bescheinigt ihm im März 1969: »Gen. Bahro wurde hauptsächlich zu Arbeiten eingesetzt, bei denen er seine umfangreichen soziologischen und psychologischen Kenntnisse verwerten konnte. [...] Obwohl Gen. Bahro zunächst keine Erfahrungen über die Arbeit in einem Industriebetrieb besaß, arbeitete er sich sehr rasch ein und leistete eine gute Arbeit.« Trotz dieser schnellen Umstellung sagte ein Techniker (den Bahro für den Anhang seiner Dissertation interviewte und der später als Zeuge über ihn aussagen mußte), daß Bahro »erkennbar fremd in der Industriebranche« aussah und auch seine Sprache ihn als Außenstehenden zeigte. Umgekehrt urteilte später der Leiter des VEB Gummiwaren Colditz über ihn, »daß Bahro als WAO-Sachbearbeiter über fundiertes Fachwissen verfügt« und sich »als ausgezeichneter Fachmann erwiesen« habe. Und noch einen letzten Bericht (ein IM aus Halle, mit Bahro seit 1971 bekannt und mit ihm in mehreren Projekten zusammenarbeitend): »Hatte einen Blick für das Wesentliche und verstand zu überzeugen. Seine Themen hat er stets erfolgreich abgeschlossen und wesentlich dazu beigetragen, daß auch unsinnige und verschleppte/falsch bearbeitete Themen erfolgreich verteidigt und abgerechnet werden konnten. Er war Wortführer in der Abteilung [für technologische Projektierung], und das Plangeschehen der Abteilung wurde wesentlich von seinen Ideen und seiner Meinung und Haltung beeinflußt.«

Von Ende 1967 bis Anfang 1975 wirkte Bahro an einer ganzen Reihe verschiedenartiger Rationalisierungsaufträge in den Betrieben des Industriezweiges mit, um die Produktion effektiver zu gestalten.

Dazu ist er viel unterwegs, muß er in verschiedenen Betrieben Untersuchungen zur Leitungs- und Betriebsorganisation anstellen – das geht von Schwerin bis nach Zeulenroda, manchmal sind es ein paar Tage, manchmal mehrere Wochen. Themen, die er dabei bearbeitet, sind etwa die Rekonstruktionskonzeption für einen Tauchartikel-Betrieb oder die Erstellung einer »Datenbank für Plastspritzgußteile«. Infolge organisatorischer Umstellungen wurde seine Arbeitsstelle dem VEB Gummikombinat Berlin zugeordnet, wo er nach einigen Monaten Mitwirkung in der Hauptabteilung Investitionen im November 1975 die Leitung des Fachgebiets Wissenschaftliche Arbeitsorganisation übernahm. Von November 1975 bis August 1977 baute er diese Abteilung, die zur Zeit seiner Funktionsübernahme kaum arbeitsfähig war, zu voller Funktionsfähigkeit auf und wurde zum 1. Mai 1977 hierfür als Aktivist ausgezeichnet.

Über diese Kontakte und Einblicke in die praktische Ökonomie schreibt er Jahrzehnte später: »Vor allem hatte ich nach wenigen Wochen einen Sachverhalt intus, der mir in den bisherigen ideologischen Funktionen – trotz Volker Braun [gemeint ist hier der *Kipper Paul Bauch*] – auch weiterhin in seiner wirklichen Bedeutung entgangen wäre, einen Sachverhalt, der dann zu einem der Angelpunkte der Analyse in meiner *Alternative* werden sollte: Daß nämlich die angeblich herrschenden Arbeiter nicht nur in ›ihrem‹ Staat, sondern auch in ›ihren‹ Betrieben soviel zu sagen haben wie der sprichwörtliche ›Schütze Arsch‹ in ›seiner‹ Armee.« (*Das Buch von der Befreiung aus dem Untergang der DDR*)

In diesem abgelegenen Weißenseer Betriebsteil blieb Bahro die ganzen Jahre bis zu seiner Haft »kleben«, als Ökonom, Soziologe, natürlich auch – wenigstens eine Zeitlang – als Parteisekretär bzw. -gruppenorganisator. Für ihn ist diese nie genau definierte Tätigkeit eine Nische: hier steht er außerhalb der Beobachtung, hat er Kontakt mit Arbeitern, Technikern, Leitern, kann er in Ruhe seine Dissertation schreiben – und unter der Legende dieser Qualifizierungstätigkeit schreibt er jahrelang im verborgenen seine *Kritik des real existierenden Sozialismus*.

Der Brief an Walter Ulbricht

Einer der wichtigsten Texte von Bahro in der DDR (und vielleicht einer der kritischsten, der je die Staats- und Parteiführung erreicht hat) ist ein neun Seiten langer Brief vom 3. Dezember 1967 an Ulbricht, der als Erster Sekretär des ZK der SED und als Vorsitzender des Staatsrates der DDR die gesamte politische Macht auf sich konzentrierte. Der Brief enthält eine wenn auch knappe Ursachenanalyse der Lethargie in der Industrie, und es gehörte Mut dazu, dies dem doktrinären und rechthaberischen Vorsitzenden ungeschminkt zu schreiben. Bahro tat dies mit großer Souveränität: ein paar einleitende Sätze, in denen er sich als Mann mit praktischen gesellschaftlichen Erfahrungen vorstellte, dann als Kern die Analyse der fehlenden Motivation in der Wirtschaft, des weiteren ein sehr besorgter Blick auf fehlende Entwicklungsmöglichkeiten für die Jugend, um noch auf ein politisches Heiligtum überzugehen: wie das ideologisch versteinerte Thema »Oktoberrevolution« neu durchdacht werden müßte. Er schließt mit ein wenig vorgetäuschter Bescheidenheit (»Ich weiß gut, daß meine Überlegungen lückenhaft sind und ganz sicher mehr Probleme aufwerfen als zum gegenwärtigen Zeitpunkt lösen«) und der etwas ungewöhnlichen Schlußformel für einen offiziellen Brief: »Mit hoher Achtung Ihr Rudolf Bahro«.

Auf die Spur dieses Briefes stieß ich in den MfS-Unterlagen zu Bahros Verhalten bei der Nachricht von der Niederschlagung des Prager Frühlings durch die Truppen des Warschauer Paktes. In einem Auskunftsbericht der Hauptabteilung XVIII vom 25.9.1968 heißt es u.a.: »Im Februar 68 schrieb Bahro an den Genossen Walter Ulbricht einen Brief, in dem er offen eine Revision des Marxismus-Leninismus forderte.« Dieser Brief fand sich nicht in den Akten, und alle Nachfragen blieben lange ergebnislos. Erst im November 2000 erfuhr ich von seinem ehemaligen Freund Günter Baumgart, daß es tatsächlich diesen Brief gegeben hat, daß Bahro auch nach vielen Wochen – jedenfalls war die vorgeschriebene Bearbeitungszeit für Eingaben an den Staatsrat weit überschritten – ein Antwortschreiben einer ZK-Abteilung bekam (das Baumgart auch las) und zu einer Aussprache ins ZK-Gebäude eingeladen (oder hinbestellt) wurde. Was dann geschah, wußte Baumgart nicht. Drei Tage nach diesem Interview hatte ich den Brief. Durch Zufall. In dem darauffolgenden Interview mit Volker Braun zu Bahro erkundigte ich mich genauer nach dem Charakter ihrer Freundschaft, und als einen Beweis ihrer Vertrautheit nannte er, daß Bahro ihm damals einen Durchschlag seines Briefes an Ulbricht gegeben habe. Er fand diesen Brief und kopierte ihn sofort für mich. (Ohne diese freundliche Geste hätte das Kapitel nicht geschrieben werden können.)

Selbst in der trockenen Parteisprache ist dieser Brief argumentativ sehr überzeugend. Sein Anliegen sei »im wesentlichen ein bestimmter Vorschlag, der der qualitativen Höherentwicklung der sozialistischen Demokratie, der schöpferischen Initiative von unten dienen könnte« (jedes Wort ist Offizialsprache!). Er bezieht sich auf einen Artikel, den das Politbüro-Mitglied Hermann Matern in der *Einheit* veröffentlicht hatte und in dem das politisch-moralische Versagen von Wirtschaftskadern kritisiert wurde. Bahro bemerkt dazu, daß dabei nur die sichtbare Spitze eines »Eisberges« angeprangert wurde, während unterhalb des Sichtbaren ganz unsensationelle, aber wegen ihres massenhaften Auftretens um so gefährlichere Erscheinungen existieren. Das also die erste kritische Bemerkung: Das Problem ist größer, als im Artikel des Politbüros genannt. Die zweite Kritik schließt sich sofort an: die Unbrauchbarkeit einer rein ideologischen Zurechtweisung und des bloßen politisch-moralischen Appells an das sozialistische Gewissen. Und er trifft sowohl Matern als auch Ulbricht mit der Feststellung: »Als historische Materialisten fragen wir doch letztlich immer nach den sozialen Ursachen und objektiven Wurzeln subjektiver Verhaltensweisen.« Genau dies steuert Bahro nun an, indem er eine ganze Serie von Fragen stellt: »Woraus nähren sich diese gemessen an den allgemeinen Voraussetzungen unserer Gesellschaft abnormen Tendenzen der Selbstzufriedenheit, des Nichtengagierens, der Lernabneigung, des Konservatismus, des feigen Zurückweichens selbst vor harmlosen Auseinandersetzungen, der mangelnden internationalen Solidarität? Wie kommt es, daß wir trotz aller unserer Bemühungen auf eine um sich greifende Tendenz zur Entpolitisierung und Gleichgültigkeit, zur ›illusionslosen‹, in Wirklichkeit ideallosen Anpassung unter der jungen Generation stoßen, auf ein viel zu früh einsetzendes Karriere- und Wohlstandsdenken, insbesondere auch unter den angehenden Hoch- und Fachschulkadern – und andererseits auf jugendliche Opposition?« Daraus zieht er den Schluß, daß sich darin das Wirken bestimmter »Bremstriebwerke« zeige, die »die Dynamik der sozialistischen Gesellschaft in der jetzigen Entwicklungsphase« (wieder alles in Offizialsprache) beeinträchtigen, während andere Triebwerke in undefinierter Richtung wirkten.

Inzwischen habe sich die Problematik eher verstärkt, nun fühlt er sich verpflichtet zu einer persönlichen Stellungnahme »zur Ausarbeitung unserer Politik«. Noch hat Bahro nicht den später so berühmten Begriff der »Subalternität« zur Verfügung, doch er beschreibt die abwartende, bremsende Haltung in den Leitungsebenen bis hinauf zu den Ministerien mit dem Terminus »defätistische Kleine-Leute-Ideologie«. Um in der Praxis etwas zu bewegen – diese Meinung habe sich dort durchgesetzt –, bedürfte es inzwischen eines Ausnahmecharakters vom »Typ des sogenannten hoffnungslosen Idealisten«.

Als Ursache für diese Mentalität sieht er die geringe Rückkoppelung von unten nach oben in der Leitungspyramide: Während auf dem Befehlsweg von oben nach unten die Informationen gefiltert und auch entstellt werden, treffen die Rückmeldungen von unten – soweit sie nicht rein produktionsbedingt sind – auf einen Trägheitswiderstand, der nur schwer überwunden werden kann. Bahro führt an, daß es zwar prinzipiell in der Partei, in den gesellschaftlichen Organisationen, in den ständigen Produktionsberatungen und Produktionskomitees »sehr wirksame Kanäle der schöpferischen Mitbestimmung und der Kritik von unten gebe« (wieder die Offizialsprache), doch im täglichen Produktionsprozeß setzten sich die wirksameren Unterordnungs- und Abhängigkeitsverhältnisse durch. So entstünden in den Betrieben massenhaft Skepsis und Gleichgültigkeit. »Man könnte einmal der Frage nachgehen, wieviel psychischer Aufwand notwendig ist, wenn ein einfacher Arbeiter oder Angestellter heute einen über sein unmittelbares Arbeitsfeld hinausreichenden Neuerervorschlag durchbringen will.«

Hier setzt nun Bahros grundlegender und revolutionierender Gedanke ein, nämlich durch die Institutionen der Ständigen Produktionsberatung und der Produktionskomitees den Arbeitern die legislative Macht im Betrieb real in die Hände zu geben. Diese Räte (keine Betriebsräte westlicher Herkunft, sondern vergleichbar etwa den Fabrikräten, die nach dem Ersten Weltkrieg in Italien kurzzeitig entstanden und von Gramsci als die eigentlichen Arbeiterregierungen angesehen wurden) sollten aus der Mitte der Belegschaften gewählt werden und als Legislative den Direktoren Anweisungen geben können.

Der Vorschlag an Ulbricht lief darauf hinaus, die ganze Leitungsstruktur der Betriebe basisdemokratisch umzustellen. Und als ob dies noch nicht ausreichen würde, denkt Bahro weiter, »daß ein solcher Eingriff mit allen seinen Folgen auf lange Sicht von so tiefgreifender mobilisierender Wirkung wäre, daß er über die Sphäre der Produktion hinaus grundlegende Bedeutung für die Gestaltung des gesamten entwickelten gesellschaftlichen Systems des Sozialismus und für seine kommunistische Perspektive hätte«. Dies Ulbricht vorzuschlagen war geradezu abenteuerlich: Eine wirklich basisdemokratisch regierte (sich regierende) Gesellschaft – das war das letzte, was die SED wollte. Wir finden hier bereits Gedanken, die Bahro später im zweiten und dritten Teil seiner *Alternative* systematisch ausführt. Weil es hier um die Machtfrage ging, war der Vorschlag von vornherein chancenlos (selbst wenn man annehmen dürfte, daß in diesen gewählten Räten ganz sicher wenig »einfache Arbeiter« sitzen würden). Das weiß auch Bahro. Gerade deswegen kritisiert er im weiteren die Tendenz, unter »politisch richtigen Losungen« letztlich immer nur einseitig die Apparate und deren Autorität zu stärken, wodurch das Interesse, die Informiertheit und die Mitarbeit der Massen – an die Lenin noch so intensiv glaubte – zurückgehen muß. Und er wirft Ulbricht vor (auch wenn es als Frage verkleidet wird), »daß wir gegenwärtig noch sehr viel dramaturgische Maschinerie brauchen«, um unter den Arbeitern Helden (natürlich Produktionshelden) »in Aktion zu setzen«.

Bis zu diesem Punkt scheint es Bahro um den ursozialistischen und trotzdem für die SED-Führung unannehmbaren Gedanken zu gehen, daß die in der Produktion Stehenden auch die Verantwortung in den Betrieben haben sollen. Verbal ließe sich dagegen schwer argumentieren, doch die realsozialistischen Strukturen waren dem genau entgegengesetzt. Aber Bahro blieb dabei nicht stehen. Ihm sei klar, schreibt er weiter, »daß eine solche den ökonomischen Vormarsch ergänzende und stimulierende gesellschaftspolitische Offensive mancherlei komplizierte, schrittweise zu planende Umstellungen auch im Parteileben, besonders hinsichtlich unserer ideologischen und Propagandaarbeit mit sich bringen würde«. (Man kann sich gut vorstellen, wie Ulbricht hier ein dickes Fragezeichen an den Rand gesetzt oder bemerkt hätte: Da will einer unsere Macht in Frage stellen.)

Noch ein weiteres Problem stellt Bahro dem Staatsratsvorsitzenden vor: die zwiespältige Lage der jungen Generation. Er muß das nicht genauer beschreiben, denn Ulbricht war informiert. Der hatte zwei Jahre zuvor – auf der 11. Tagung des Zentralkomitees im Dezember 1965 – ein »düsteres Bild der inneren Sicherheit und der Kriminalität gezeichnet, namentlich mit Blick auf die Jugend unseres Landes«. (Plath, 1991) Während aus der Sicht der SED-Führung dafür die »bürgerliche Kultur« und die Medien der DDR verantwortlich gemacht wurden, gibt Bahro nüchtern zu bedenken, »daß die Jugend mit einer zu einseitig ökonomisch orientierten Aufgabenstellung allein nicht zu begeistern ist«. Sie wisse oder fühle, daß der technisch-ökonomische Fortschritt nicht ausreiche, das versprochene Gesellschaftsideal zu realisieren. Sie also nur mit ökonomischen Aufgaben zu locken, müsse bei der Jugend den Verdacht erwecken, »daß wir sie vom politischen Angriff gegen die retardierenden Erscheinungen und Elemente ablenken wollen«. Das war sehr vorsichtig formuliert, beruhte jedoch auf untrüglichen Erfahrungen. (Der Klartext wäre: *Die Jugendlichen ertragen den Paternalismus des vergreisten Politbüros nicht und verweigern deshalb auch die erwarteten wirtschaftlichen Leistungen.*)

Von diesem Problem ausgehend, versucht Bahro geradezu ein Heiligenbild der SED zu korrigieren: »Um diese Generation zu politisieren und, wie es normal wäre, für den Marxismus zu gewinnen, dem sie jetzt weithin skeptisch, als einem Katechismus gegenübersteht, müßten wir alle Anstrengungen unternehmen, um uns [...] von jenen Hemmnissen zu befreien, die vor allem in unserem gebrochenen Verhältnis zur 50jährigen Geschichte der proletarischen Revolution wurzeln.« Mit unserer Kenntnis der späteren *Alternative* wissen wir, wie Bahro um die historische Einordnung der russischen Revolution rang; damals hatte er noch nicht die konkreten Kenntnisse (oder war gerade dabei, sie sich zu verschaffen), trotzdem verlangt er für ein Parteimitglied absolut Unerlaubtes: Er möchte, daß »das in dieser Zeit Geschehene ... fern aller Sensationen in seiner Ganzheit und Unteilbarkeit aus den inneren und internationalen Bedingungen und Widersprüchen« erklärt werden soll – »wie es eben war, wie es tatsächlich gekommen ist«.

Diese Vorstellung war für Ulbricht geradezu absurd (sie war auch für die sowjetische Führung absurd – bis zu Gorbatschows Glasnost-Wendung), und so blieb es die Aufgabe, die Bahro sich in seiner *Alternative* selbst stellte. Das was er sich im Brief an Ulbricht davon versprach, war die Wiederherstellung der »Kontinuität des revolutionären Denkens, die uns jetzt abzureißen droht«. (Sie war natürlich längst abgerissen.) Und er versucht Ulbricht diesen Gedanken mit vielen Floskeln schmackhaft zu machen, um gegen Ende des Briefes beinahe eine Warnung zu formulieren: »Außerdem würden wir uns für die weitere Diskussion in der kommunistischen Weltbewegung rüsten, die wir auf die Dauer nicht ohne Schaden für den internationalistischen Gedanken am Rande unseres Parteilebens halten können.« (Das war vorausgedacht bis zu dem sich gerade formierenden »Eurokommunismus«.)

Bahro hat sich mit seinem Idealismus, um zu einer demokratischen und effektiven technisch-wissenschaftlichen und wirtschaftlichen Entwicklung zu gelangen – das war letztlich auch die Intention vieler seiner Beiträge als *Forum*-Redakteur –, an *seine* Staats- und Parteiführung gewandt, weil er darin auch seine Pflicht als Parteimitglied (oder wie er stolz sagt: als Kommunist) sah. Was dann geschah, schilderte er (durchaus abweichend von der Erinnerung seines Freundes Baumgart) im Essay für Sahra Wagenknecht (1995) so: »Indessen kam aus dem Staatsratsgebäude keine Antwort, weder im Januar, noch im Februar, noch im März, noch im April. Nachfragen half nichts. Im Mai plötzlich – als der Prager Frühling schon vollentfaltet war – erschien in der VVB bei meinem Genossen Dienstvorgesetzten [...] ein ziemlich mausgrauer Mann, der sich auch vorstellte als ›der Genosse Meusel‹ aus der Wirtschaftsabteilung – doch des Zentralkomitees. Der wollte in Anwesenheit meines ziemlich verdutzten Chefs mit mir reden.« Bahro bat also um Antwort auf seinen Brief, statt dessen ging es dem Abgesandten »erst einmal darum, meine Illusionen über die Prager Entwicklung zu zerreißen: Ich hätte offensichtlich keine Ahnung, was dort vorging, stünde bereits unter dem Einfluß dortiger konterrevolutionärer Elemente.« Nach einer halben Stunde Diskussion dann die Essenz: »Ich sollte mir überlegen, ob ich in dieser schweren Zeit mit der Partei oder gegen die Partei kämpfen wolle. Lange könne es *so* nicht mehr gutgehen. Mehr als eine ernsthafte Verwarnung also, schon eine Drohung.«

Nur weil ihn das Ergebnis seiner Vorschläge an die Partei nicht befriedigte, ging Bahro einen Schritt weiter: Er begann seine Gedanken systematisch auszubauen, um sie als Buch bei einem Verlag in der DDR zu veröffentlichen und vielleicht auf diesem Wege bei Wissenschaftlern und Funktionären mehr Gehör zu finden. Gleichzeitig könnte an einem spezielleren Thema mit einem soziologischen

Unterbau die Problematik in die Tiefe verfolgt werden – das war die Absicht seiner späteren Dissertation. Ein konspirativ geschriebenes Buch im Westen zu veröffentlichen wäre zu dieser Zeit für Bahro undenkbar gewesen – es hätte sich für einen Kommunisten wie ihn von selbst verboten.

Schicksalsjahr 1968

Es kommt das Schicksalsjahr des osteuropäischen Sozialismus: die Herausforderung des »Prager Frühlings«. Die Tatsachen sind weitgehend bekannt: Nach einer harten stalinistischen und poststalinistischen Zeit begannen auf dem IV. Kongreß des Tschechoslowakischen Schriftstellerverbandes (Juni 1967) einige Intellektuelle die rigide Kultur- und Zensurpolitik der Partei zu kritisieren. Der Gegenschlag des Zentralkomitees war eine Verschärfung des Kurses, der Parteiausschluß kritischer Schriftsteller – doch zur Überraschung aller entwickelte und artikulierte sich in kürzester Zeit in Prag eine Parteiopposition, die zwischen Dezember 1967 und Januar 1968 auf das Präsidium des Zentralkomitees übergriff, es spaltete und in der Nacht zum 5. Januar zur Ablösung Novotnýs als Ersten Sekretär und zur Wahl des wenig bekannten Alexander Dubček führte.

Was dann geschah, war der großartige Versuch, die Partei politisch und ideologisch zu erneuern, einen Rechtsstaat herzustellen, die Zensur abzuschaffen. Etwa ab März begann eine Zeit bisher nicht gekannter Demokratie und Freiheit, ein »demokratischer Sozialismus«, der für Osteuropa verlockend sein konnte – und gerade deshalb mit äußerstem Mißtrauen von der sowjetischen Führung und auch von Walter Ulbricht verfolgt wurde.

Wie für viele Intellektuelle der DDR war dieser Erneuerungsversuch des Sozialismus auch für Bahro der Dreh- und Angelpunkt im Verhältnis zur politischen und ideologischen Realität. Gegenüber seinem Freund Günter Baumgart bezeichnete er den »Prager Frühling« als »glorious revolution« (also eine direkte Bezugnahme auf die erste große europäische Revolution des Bürgertums), in einem späteren Interview nennt er 1968 das für ihn wichtigste aller Jahre. Er habe sich über die deutschsprachige *Prager Volkszeitung* informieren können, die auch das Aktionsprogramm der KPČ abgedruckt hatte, und er bekam einen Aufsatz des Reformers Zdenek Mlynář in die Hand, der einen entscheidenden Einfluß auf sein weiteres Denken nahm. Er habe sich komplett mit der Entwicklung in der Tschechoslowakei identifiziert. (*From Red to Green*)

Als er in der Untersuchungshaft über die motivationale Vorgeschichte der *Alternative* einen längeren Text schreibt, geht er auch auf das Erlebnis des »Prager Frühlings« ein: »In der Nach-Januar-Politik der KPČ von 1968 hatte ich mit leidenschaftlicher Anteilnahme den endlich begonnenen Versuch gesehen, die Partei aus ihrer apparativen Abschließung herauszuführen, die hinderlichen strukturellen Relikte aus der Stalin-Periode, insbesondere das notorische Mißtrauen gegenüber den Massen, abzuwerfen und so die aktive freiwillige Unterstützung der Bevölkerungsmehrheit zu gewinnen.«

Die Akten aus dieser Zeit belegen sein engagiertes Auftreten. Von einer Parteileitungssitzung vom 12. August 1968 wird berichtet: »Die weitere Aussprache ließ erkennen, daß Gen. Bahro bezüglich der Entwicklung in der ČSSR keine konsequente Haltung im Sinne unserer Partei einnimmt. Er äußerte u.a., daß man Vertrauen zur Führung eines Landes haben müßte – gemeint war in diesem Fall die KPČ. Er erwähnte, daß ja 15 der größten kommunistischen Parteien Europas hinter der Haltung der KPČ stehen und daß sich unser Staat nicht etwa einbilden müßte, das allein Richtige zu sehen.« Von einer anderen Sitzung wird berichtet, daß Bahro für die sozialistische Entwicklung in der ČSSR keine Gefahr sehe und sich »im wesentlichen durch den Prager Sender informiere«.

Vergleicht man diese offenen Worte mit den die Entwicklung im Nachbarland mißtrauisch bis ablehnend verfolgenden täglichen Artikeln im *Neuen Deutschland*, die natürlich auch die SED-Mitglieder zur größten Vorsicht in öffentlichen Äußerungen anhielten, so sieht man sein politisches Konzept: Er geht das hohe Risiko eines Parteiverfahrens ein, um sich und seiner Übereinstimmung mit den Reformern treu zu bleiben, doch er kontrolliert sich und bleibt für andere auch als Parteimitglied glaubwürdig.

Am 21. August war er gerade dienstlich seit einigen Wochen in einem Zweigbetrieb, dem VEB Rotpunkt Zeulenroda, um dort die Leitungstätigkeit zu untersuchen. Als er von dem Einmarsch der Warschauer Paktstaaten erfuhr, habe er während einer Werkleitungssitzung (so erinnerte sich im Frühjahr 1978 ein Belastungszeuge) die »Maßnahmen der DDR und der anderen sozialistischen Staaten« öffentlich abgelehnt und in diesem Zusammenhang »von verschiedenen Wegen zum Sozialismus« gesprochen – was bei den Leitern gelindes Entsetzen hervorrief.

Doch das reichte ihm nicht aus. Kaum nach Berlin zurückgekehrt, riskierte er etwas, das sofort von der Spionageabwehr (!) registriert und weitergemeldet wurde: »Der B. nahm am 24.8. Kontakt zur Botschaft der ČSSR auf. Er gab eine mündliche Erklärung ab, in der er betonte, daß es für ihn als Kommunisten (seit 1952 Mitglied der SED) beschämend sei, daß die Truppen der DDR an der militärischen Aktion gegen die ›sozialistische Erneuerung‹ in der ČSSR teilnehmen.« Was da genau geschah, erfahren wir durch das häufig herangezogene Interview: Bahro hatte in der Botschaft angerufen und die auf Band festgehaltene Erklärung gerade abgegeben. »Der Mann in der Botschaft unterbrach mich und sagte, daß wahrscheinlich das Telefon angezapft sei, und als ich ihm antwortete, daß mich das nicht stört, sagte er, daß meine Aktion überflüssig sei, denn die Invasion sei ein fait accompli und deshalb würden sie mein Statement nicht veröffentlichen.« (*From Red to Green*)

Nach der militärischen Intervention äußerte er in einer Diskussion, »daß er zwar die Entwicklung der rechten Kräfte unterschätzt hätte, aber im übrigen die Entwicklung in der ČSSR nach wie vor vertritt«. Dazu die Parteileitung: »Besonders zur Zeit der Vorgänge in der ČSSR diskutierte Gen. Bahro recht aggressiv und das bezog sich auch auf die Maßnahmen der sozialistischen Staaten.« Also wurde er von seiner Funktion als Parteigruppenorganisator abgelöst. »Kurze Zeit danach änderte er seine Taktik, erklärte sogar, daß er die Maßnahmen als unumgänglich ansähe, blieb aber bei seiner Haltung bezüglich einer sogenannten neuen sozialistischen Politik in der ČSSR.« Dazu gibt es eine Notiz der Staatssicherheit: »B. hat gegenüber dem ČSSR-Problem keine andere Haltung eingenommen, sieht aber jetzt die Maßnahmen der fünf Bruderländer als richtig an.« (Hier schon die Vergröberung: aus »unumgänglich« wird »richtig«, aber nun kommt's im Anfänger-Deutsch:) »Es wird eingeschätzt das, daß aber Bahros ware Meinung nicht ist.« Als er zu einer offenen Stellungnahme aufgefordert wurde, habe dieser »eine zündende Rede« gehalten, in der er seine Gedanken zum ČSSR-Problem offen darlegte.

Das war ein außerordentlich mutiger Schritt. Für andere – leider waren es in absoluten Zahlen zu wenige – war ihr Protest halsbrecherisch, führte zu Haft, Entlassung oder Parteistrafen. Bahros Protest verdient hohe Anerkennung, und dieses Mal hatte er noch Glück.

Er wurde von seiner Funktion abgelöst, die Staatssicherheit wird wieder aktiv. In einem Auskunftsbericht vom 25.9.1968 werden ihm 14 Punkte vorgeworfen – wie in einer Anklageschrift. Nur einige seiner darin angeführten Äußerungen seien hier genannt:

die Kritik des 11. Plenums an einigen Kulturschaffenden sei destruktiv und habe die Entwicklung zurückgeworfen;

in der DDR wäre jetzt etwa ein Zustand herangereift wie 1956 in Ungarn;

in der Partei würde sich eine Funktionärsklasse herausbilden, die sich selbst isolieren würde und zu einem spießerhaften Leben tendiere;

es gäbe keine Informationsfreiheit;

das Kräfteverhältnis in der Welt habe sich zugunsten des Imperialismus entwickelt.

Weiter heißt es: »Inoffiziell wurde ferner bekannt, daß die Entwicklung in der ČSSR von ihm intensiv verfolgt wird und das Geschehene voll mit seiner Konzeption übereinstimmt. Er ist der Meinung, daß dieser ›Erneuerungsprozeß‹, der sich in der ČSSR vollziehe, auch unvermeidlich in der DDR kommen würde, wovon er persönlich überzeugt sei.«

Aber als einzige Konsequenz folgt: »Bahro wird operativ unter Kontrolle gehalten.« Praktisch heißt dies: »Einleitung des Auftrages A« (19.2.1969) – also Telefonabhören.

Es gibt ferner einen recht interessanten IM-Bericht (ich lese den Namen »Anger«). Er schildert Diskussionen und Gespräche mit Bahro, in denen dieser die üblichen Erklärungen für Mängel und Schlampereien – das »Subjektivismus- oder Voluntarismus-Argument« (das typisch für die ganze Ulbricht-Ära war) – nicht mehr gelten lasse, sondern die Ursachen »mehr und im entscheidenden Maße [...] in einer ungenügenden Bereitschaft und Möglichkeit zur offenen, kompromißlosen Kritik in der Partei« sieht. Das verbinde Bahro mit der Feststellung, daß es auch in der DDR Personenkult gegeben habe und nicht »von innen heraus eine Ablösung der bis dahin führenden Genossen vollzogen« worden sei, woraus sich die »Stagnation in der Entwicklung des sozialistischen Bewußtseins in der Masse und somit auch der sozialistischen Produktionsverhältnisse« ergebe. Und schließlich werde dieser ganze Prozeß – hier zeigt sich der Leitgedanke seiner späteren *Alternative* – »entsprechend seiner Methodik bis auf die Oktoberrevolution« zurückgeführt und die »Frage nach dem historisch richtigen Zeitpunkt [der Revolution] insbesondere unter dem Aspekt des geringen Anteils der Arbeiterklasse an der Gesamtbevölkerung [und] der damit nicht gegebenen entsprechenden Massenbasis« gestellt.

Nur in diesem einen IM-Bericht gibt es so viele häretische Gedanken und Tabu-Verletzungen, daß dies für Bahro die unangenehmsten beruflichen und persönlichen Folgen haben könnte. In der Tat. Kurz darauf wird in der HA XVIII/1 ein »Maßnahmeplan« aufgestellt, der genau das befürchten läßt: Angeordnet wird die Observierung ab Verlassen der Wohnung, die Beschaffung der Wohnungsschlüssel, der Einsatz von konspirativer Technik in seinen Räumen, die konspirative Wohnungsdurchsuchung, wieder einmal Postkontrolle.

Alles das deutet auf die Vorbereitung eines Ermittlungsverfahrens, und Bahro hatte wenig Schutzmöglichkeiten, z. B. nicht den öffentlichen Bekanntheitsgrad, der einen gewissen Schutz versprechen konnte. Was ihn letztlich schützte, war das öffentliche Aufsehen, das die Verhaftung einiger Kritiker der Intervention erregte, wodurch sich die SED-Führung veranlaßt sah, die Verhafteten freizulassen und weitere Maßnahmen abzubrechen. Für fünf lange Jahre – vom August 1969 bis zu einem erneuten »Auskunftsbericht über den Inhalt der Archiv-Akte« (die Akte aus Bahros kurzer Greifswalder IM-Tätigkeit) vom 24.9.1974 – scheint das MfS seine Tätigkeit gegen ihn eingestellt zu haben. Er dagegen bilanziert die Zerschlagung des »Prager Frühlings« für sich selbst so: Als der völlig im Rahmen der Legalität vollzogene Reformkurs Dubčeks »schon bald von seiten der Bündnispartner behindert und im August 1968 mit Gewalt blockiert und zerschlagen wurde, ging zugleich auch der letzte Rest meines Vertrauens in die Veränderungswilligkeit der bei uns und in der Sowjetunion dominierenden politischen Gruppierung verloren. Die Intervention machte meiner Loyalität zu dieser spezifischen, in meinen Augen nun völlig diskreditierten Form der Apparatherrschaft über die Gesellschaft ein Ende.«

Und im *Selbstinterview* vom Sommer 1977 stehen die mittlerweile berühmten Sätze: »Der Einmarsch war ein Schlag, der mich so persönlich betroffen hat wie irgendeinen der engagiertesten tschechoslowakischen Akteure. [...] In den ersten Stunden und Tagen nach der Intervention hat sich für immer etwas in mir verändert. Jedenfalls wollte ich ihnen nun eine Antwort liefern, gegen die sie ideell so ohnmächtig sein sollten, wie wir es waren gegen ihre Panzer.«

Tatsächlich ist die erste Fassung seiner *Alternative* ein direkter Reflex auf den tschechoslowakischen Reformkommunismus.

Zwischenspiel: Gedichte

In jeder Lebenslage – auch später im Gefängnis – wird Bahro Gedichte schreiben. Seit dem »Prager Frühling« änderte sich nicht nur sein politisches Wahrnehmen und Denken, auch sein lyrischer Ausdruck wird anders.

Der einstige Agitprop-Poet der 50er Jahre hatte in seiner *Forum*-Zeit richtige Dichter kennengelernt, von ihnen einiges abgesehen und sich von seiner »Becherei« weitgehend freigemacht. Die Gedichte werden komplizierter, subjektiver, kühner (später entsteht der Mythos – vielleicht durch ihn erfunden –, daß einzelne Gedichte Biermanns oder Volker Brauns in Wirklichkeit von Bahro herrührten, doch das ist übertrieben).

Zwar gibt es noch die appellative Form – doch jetzt als Aufruf zur Vorbereitung auf den Widerstand: »Lernt, vorbereitet, übt Euch! / Lernt: Man muß nicht überleben. / Vorbereitet: Den Abschied ohne Zeugen. / Übt: Die Angst Euch ein und aus. // Ihr kennt die Lehrer. / Ihre alten Briefe / Aus einem Totenhaus. // Und ihre neuen Briefe: Auch / Iwan Denissowitsch / Nackt unter Wölfen.« (*Die Alte Garde spricht*)

Dann versucht er sich im Wettstreit mit Volker Braun an Lenins *Gleichnis vom Besteigen hoher Berge*, und beide schreiben dazu etwa gleichlange Gedichte. Bei Lenin kommt in einem politisch geglückten Bild ein Mensch dem »Gipfel« näher als alle Vorgänger, aber es wird auch für ihn unmöglich, »in der gewählten Richtung und auf dem eingeschlagenen Weg« weiterzukommen – also muß er zurück, und Lenin beschreibt sehr eindrucksvoll den schwierigen und von unten schadenfroh kommentierten Rückzug. Doch dieser Mensch – natürlich ein Revolutionär Leninschen Formats – wird »andere Wege suchen, die zwar länger sein mögen, dafür aber die Möglichkeit in Aussicht stellen, den Gipfel zu erreichen« (Werke Bd. 33, 188). Bei Volker Braun wird aus diesem optimistischen Neubeginn eine böse Abrechnung: »Jetzt sind wir höher als die Baumgrenze geklommen / Aber der Wald hat zugenommen. / [...] Jetzt hat uns die Höhenkrankheit befallen / Und jeder sieht sich verfolgt von allen / Bis in die Betten und Bilanzen. / Jetzt kämpfen wir gegen Wanzen. / [...] Jetzt steigen wir über Mitarbeiter / Erobernd einen Platz auf der Leiter. / Wo wollen wir eigentlich hin. / Ist das überhaupt der Berg, den wir beehren / Oder eine ägyptische Pyramide.«

Und bei Bahro heißt der Anfang: »Kilometer unter dem Gipfel [...] / haben wir längst das Lager errichtet. / Vor uns die Wand aus ältesten Schichten. / Mit unseren Bulldozern schieben wir sie / vor uns her, täglich höher. Hinter ihr / kann man den Berg nicht mehr sehen.«

Und er endet mit dem ihm eigenen Optimismus: »Ich werde absteigen, und ich werde nicht allein sein. [...] Abwärts ist vorwärts. Verfluchte Pyramide, die wir / besteigen statt unseres Berges. Eines Morgens, / wenn wir zurückgehn, werden wir seinen Grat wieder sehn, / an der alten Stelle, in wieder erreichbarer Ferne, / und klüger beginnen. / Denn von dem einen Weg wissen wir nun, / er führt nicht ans Ziel.«

An dieser Stelle wäre noch mehr zu der Beziehung zwischen Bahro und Volker Braun zu sagen. Sie begegneten zuerst sich literarisch in der bereits genannten Lyrik-Debatte im *Forum*. Der entscheidende Schritt bestand dann in Bahros riskantem Abdruck des *Kipper Paul Bauch* (*Forum* Nr. 18/1966), wodurch er nach harten Auseinandersetzungen seine Stelle als stellvertretender Chefredakteur verlor. Braun hatte weniger auszustehen. (Im Interview sagte er lakonisch: »Schaden verbindet.«) In jenem Jahr begann ihre Freundschaft, die immer enger wurde, bis zur Verhaftung 1977 fortdauerte, im September 1989 sich mit einem heimlichen Besuch Brauns in Niederstadtfeld (Eifel) fortsetzte und in den 90er Jahren sich – glückvoll für beide – erneuerte.

Wie Braun erzählte, gab es für ihn einen engen Kreis von Freunden, mit denen er seine Texte diskutierte – dazu gehörten die Germanisten Sylvia und Dieter Schlenstedt, die Philosophen Wolfgang Heise und Jürgen Teller, und eben auch Bahro. Zwischen beiden bestand große Sympathie und Offenheit, Braun schätzte an Bahro dessen Selbstlosigkeit und die Fähigkeit, kritisch mit sich selbst umzugehen, aber auch dessen eminentes Wissen, mit dem er bei Bedarf auch aushalf. Braun bekam nicht nur den Brief an Walter Ulbricht, sondern auch Bahros Dissertation und den aus 48 Gesprächen bestehenden soziologischen Anhang zu lesen (und zur Verwahrung); frühe Teile dieses für den Alltag der DDR-Wirtschaft höchst aufschlußreichen Materials verwendete Braun bald darauf in seiner Erzählung *Das ungezwungne Leben Kasts* (1972). An bestimmten

Projekten hatte Bahro noch größeren Anteil, so an der Profilierung von Brauns bedeutendem Theaterstück *Großer Frieden* (1976). Braun spricht von einer Arbeitsteilung in ihren überwiegend philosophischen Gesprächen: die »radikale Analyse« durch Bahro, die »Visionen« von ihm. Er bekam auch die fertiggestellten Kapitel der *Alternative* zu lesen und besprach sie eingehend mit Bahro. Das bei ihm deponierte Exemplar wurde 1978, als die Staatssicherheit bei Brauns in der Wohnung Karl-Liebknecht-Straße erschien, während der Zeugenvernehmung Volker Brauns von dessen Frau in höchster Eile in die Toilette gestopft.

Zurück zu Bahros Gedichten. Erkennbar ist sein Selbstgefühl gewachsen, traut er sich jetzt aus seiner Verpuppung heraus: »Furchtlos bekenn ich mich: Ich habe immer / den Ruhm gewollt, immer das große Leben. / Aber um wen, ich unzeitiger Schwärmer, / um wen? Um Euch, um Diotima, Leonore.« (ohne Titel, September 1974) Diese Selbstsicht verbindet sich mit einer an Hölderlin geschulten Besinnung:

An Hyperion

Seit früher Jugend fand ich mich wieder schon
 in wieviel Dichtern! Aber noch keinem war
  ich so verwandt wie dir, und keinen
   lieb ich wie dich unstillbarer Sucher.

    [...] Immer in uns der Traum
   all dem voraus, was wir vermögen.
    [...]
   Es trieb uns jene ungeheure Sehnsucht,
    daß Edles nur, Schönes nur sei.

Und menschheitsfromm – wir kannten die Menschen schlecht
 in unsrer Jugend – sahn wir zum Greifen nah
  Elysions Küste aus den Fluten steigen,
   unendlichen Glückes Heimstatt.

Ach, lange narrte uns der geliebte Traum,
 bis wir die Wahrheit ahnten ...
[...].

Nein, wir sind nicht gesinnt, im Vorläufigen
uns einzurichten. Kriegerisch kehren wir
und voller Zorn zurück, das Pack der
Wechsler den Tempel hinauszupeitschen

und unser Schicksal [...]
wie es auch sei zu bestehen.

(1967)

Einige dieser Gedichte sind in dem 1979 in Köln veröffentlichten Essay-Band *»... die nicht mit den Wölfen heulen«* enthalten *(An Hyperion, Diotima aus Erfahrung, Erinnerung an Lenins Gleichnis vom Besteigen hoher Berge, Die Alte Garde spricht).*

Welche Gedanken – die wir gemeinhin dem Bahro der *Logik der Rettung* und der 90er Jahre zuschreiben – ihn bereits Anfang der 70er bewegten und wie sein politischer Horizont bereit war, mittelalterliche Eschatologie mit der südamerikanischen Befreiungsbewegung zu verbinden, zeigt ein Gedicht mit dem Titel *An Denselben* (ebenfalls aus diesem Band), in dem es heißt:

»[...] Und allmählich wächst – / wie lange schon, / durch wieviel Räume, Zeiten doch / die Unsichtbare Kirche an. / Der Agrigenter war. / Du wußtest nicht, ganz nah, / Calabria, Joachim in Fiore? / Vanini hast Du gekannt, / Kepler gekannt. / Arrigo Beyle, Milanese, / lebte nach Dir, starb vor Dir. / Und diese beiden Gräber, / ein Jahr voneinander / und ein paar Schritte / auf dem Währinger. / Die vielen kaum Genannten, / Ungenannten. / Die Gemeinde. // So viele Formeln / und der eine Glaube. / Immer noch der Rauch / über dem Ätna. / Immer Lumumba Bruder, / Camillo Torres Bruder, / immer El Commandante Che. // Die Unsichtbare Kirche.« (1972)

(Statt vieler Erläuterungen zu den Namen – hier nehme der Leser ein Lexikon – nur der Hinweis auf die stille Erwähnung Beethovens und Schuberts: »*diese beiden Gräber ... auf dem Währinger* [Friedhof])«

Und ein wirkliches Liebesgedicht soll den Abschluß bilden:

Diotima aus Erfahrung

Ein Solcher will geliebt sein
In seinem Wesentlichsten.

Anders läßt der Gott, dem er gehört,
ihn nie ganz los in Euch,
zieht ihn zurück aus Euch
in eines andern Eros
kaltflammige Sphäre.

Besitzt Ihr ihn,
so habt Ihr ihn schon verloren;
Ihr haltet nichts,
wie er auch bei Euch ist.

Ich aber halte ihn
Mit bloßer Seele.

(1970)

So also spiegelt er sein eigenes (virtuelles?) Getriebensein und seine Bindung an Gundula.

Das Beispiel Beethoven

Es ist nur ein scheinbarer Vorgriff: Während seiner Haftzeit erschien 1979 in Köln ein schmaler Band mit dem reißerischen Titel *»... die nicht mit den Wölfen heulen«* (ein Titel, der bestimmt nicht von Bahro stammt und auch nicht von ihm gebilligt worden wäre), er enthält einen großen Essay *Das Beispiel Beethoven* und sieben Gedichte (deren wichtigste der Leser bereits kennt). Dieser Essay stammt aus den Jahren 1967 bis 69 – also aus der Nachbarschaft des Briefes an Walter Ulbricht und aus der Zeit des »Prager Frühlings« –, er konnte in der DDR nicht veröffentlicht werden, paradoxerweise aber in der Sowjetunion, und zwar (durch Vermittlung des Ästhetikers Michail Lifschitz) als *Tschemu utschit primer Beethovena* [etwa: Was lehrt das Beispiel Beethoven] in der philosophischen Zeitschrift *Woprosy filosofii* (H. 12/1970, 39–52).

Tatsächlich ist es ein philosophischer Aufsatz. Er zeugt von Bahros tiefer Liebe und großem Verständnis der Musik Beethovens, von einer eigenständigen Sicht auf die klassische deutsche Philosophie und von einer geschichtsphilosophischen Zusammenschau von französischer Revolution, der Kriegstaten Napoleons, Hölderlins Hymnen, der Begeisterung und der Krise Beethovens, der Wissenschaftslehre Johann Gottlieb Fichtes, der Metternichschen Restauration bis hin zu den nicht unberühmten *Thesen über Feuerbach* von Karl Marx (1845). Auf die Entstehungszeit des Essays bezogen kann man unterstellen, daß Bahro Parallelen sieht zwischen dem »herrlichen Sonnenaufgang« (Hegel über die französische Revolution) und dem »Prager Frühling« einerseits, den Napoleonischen Eroberungskriegen und dem Einmarsch der Warschauer-Pakt-Staaten andererseits und schließlich der Krise Beethovens nach 1814 und derjenigen Bahros nach dem 21. August 1968. Aus diesem Grunde scheint mir die intensive Beschäftigung Bahros mit dem Spätwerk des großen Komponisten neben der originellen Ausdeutung seines musikalischen Gehaltes auch eine strategische Dimension (und Absicht) zu besitzen, zusammengefaßt in der Frage: Wie kann revolutionärer Geist unter restaurativen Bedingungen überleben?

Er weiß, daß dies nur »in einer Kette alltäglicher Kompromisse« möglich ist – auch das *zeigt* das Beispiel Beethoven, aber das Beispiel Beethoven *lehrt* etwas anderes: Dieser Mann »hat in all den überlebensnotwendigen Kompromissen und immer wiederkehrenden Anfechtungen seine Integrität bewahrt, hat sich die Maßstäbe des eigenen Gewissens nicht verrücken lassen. ›Absolut die stete Gesinnung beobachten‹, herrscht er sich notfalls selber an auf irgendeinem Notizblatt. Er hat kein moralisches Minimalprogramm. Es gibt keine Hinnahme oder gar Verklärung der eigenen und der historischen Erbärmlichkeit. Es fehlt in seinem Leben der große Kompromiß, dem in Wahrheit der Name des Verrats gebührt, und mit dem man nur fortexistieren kann, indem man seine Korruption gedanklich und künstlerisch rechtfertigt, so daß er dem Werk von innen her die Spitze abbricht, die durchschlagende moralische Legitimation entzieht.« (Ob Bahro bei diesen Sätzen nicht auch an sich und sein Ich-Ideal gedacht hat?)

Bahro beginnt seinen Essay nicht mit Haydn oder Mozart, sondern konsequenterweise mit Saint-Just und Robespierre, also mit der Jakobinerherrschaft, genauer: mit deren Ende. Beethoven (drei bzw. zwölf Jahre jünger als die beiden Revolutionäre und im Wien der josephinischen Aufklärung lebend) konnte »aus der Entfernung, und auch weil sein politisch-philosophisches Weltbild aus verschiedenen Gründen langsamer reifte als zum Beispiel bei Hegel und Hölderlin, die das Geburtsjahr 1770 mit ihm teilen, viel länger an wesentlichen Illusionen festhalten, die seinem Werk *zugute kommen*. Die politische Enttäuschung beginnt erst 1804 mit der Kaiserkrönung Bonapartes. Sie bricht erst 1815 nach dem Wiener Kongreß mit endgültiger Gewalt über ihn herein. Dann jedoch überschattet die Reaktion sein letztes Jahrzehnt viel tiefer, als es die Taubheit mit ihren gesellschaftlichen Folgen [...] je vermocht hätte.«

Das ist der Ausgangspunkt seiner Untersuchung. Ihm folgt das Programm: »Und hier erhebt sich nun die entscheidende Frage, was einer aus seinen Enttäuschungen macht. Ob er über den verlorenen Illusionen auch sein Ideal verliert und den revolutionären Subjektivismus, der doch immer mit den großen Gesetzen im Bunde blieb, nun an den romantischen verrät ... Ob er dieses Ideal, unter dem hegelianischen Vorwand, auf allmähliche Besserung des Gegebenen zu setzen, ›nur‹ seines absoluten, das heißt utopischen Moments (ohne das es nicht Ideal ist) entkleidet und damit praktisch gerade erst zur Utopie erklärt [...] Oder ob er unbeirrbar nach den neuen Kampfbedingungen fragt und sich auf die nächste geschichtliche Stunde vorbereitet.«

Ich lasse die Antwort vorerst beiseite. Denn mindestens genauso wichtig ist die Frage – von der Bahro meint, daß sie bislang noch nicht eindeutig genug herausgearbeitet worden sei –, *was* für ein Klassiker Beethoven gewesen sei. Und in dieser Antwort sehe ich auch die eigentliche Originalität dieses Essays.

Als erstes rückt er Beethoven von den anderen »olympischen Größen« der deutschen Klassik Goethe, Schiller, Kant und Hegel weg. Diese haben sich – das kann man vielerorts nachlesen – nach anfänglicher Begeisterung für die französische Revolution mit dem Etablieren der Jakobinerherrschaft von der Revolution abgewendet, und nach 1815 (Wiener Kongreß, Metternichsche Restauration) haben Goethe und Hegel auf evolutionäre Veränderungen gesetzt und politischen Frieden mit den antirevolutionären Zuständen geschlossen. Beethoven geriet nach 1815 in eine tiefe Schaffenskrise, nicht nur erkenntlich an der geringen Zahl von Kompositionen: Auch das Publikum wollte ihn nicht mehr hören (und wandte sich begeistert Rossini zu). Doch er kam aus dieser Krise etwa 1820 heraus, und Bahro sucht nun nach den inneren Kräften für diese Überwindung. Dazu analysiert er nicht dessen Briefe oder die *Konversationshefte*, sondern fragt, ob es eine »*musikalisch-produktive Lösung* [gibt] für das *geschichtliche* Problem, das ihm die Restauration stellte«.

Daraus ergibt sich der zweite Schritt. Sein Ansatz: »*Die* zeitgenössische Fraktion, mit der Beethovens geistige Entwicklung konvergiert, kommt in den bisherigen Biographien und Untersuchungen kaum vor.« Also stellt Bahro ihn in den Konnex mit Hölderlin, dem jungen Schiller, Bürger, Voss, Seume, Jean Paul – also die republikanisch-demokratische Linie deutscher Literatur –, vor allem aber setzt er ihn direkt neben Johann Gottlieb Fichte: Beethoven sei »die ideale Verlängerung ihrer Biographien, die wahrhaft triumphale Rechtfertigung ihrer Position«. Und umgekehrt: Fichte und Hölderlin (die anderen kommen im Essay nicht wieder vor) seien das »beste Modell, um seine (Beethovens) kolossale Bahn zu verfolgen«.

Bahro hat dabei eine vertrackte Aufgabe zu lösen, denn Fichte stirbt bereits 1814 (also vor dem Einschnitt 1815), und Hölderlins produktives Dichterleben endete bekanntlich noch früher. Doch er kann bei Beethoven eine Phasenverschiebung zur realen Ereignisgeschichte feststellen, ein späteres und demzufolge längeres Festhalten an der großen Revolution, und sein Metier als Musiker habe ihn,

»anders als Philosophie und philosophische Dichtung im Falle Fichtes und Hölderlins, nicht gezwungen, sein Zeitalter, die deutschen und österreichischen Verhältnisse und vor allem den Gang der französischen Ereignisse von vornherein bis in die letzte Konsequenz zu durch*denken*. So kann die Eroica reifen, als Hölderlin zu Homburg bereits am Ende ist und Fichte zu Berlin für einige Jahre von Romantik und Resignation versucht wird.« Mit dieser Sicht (von der ich meine, daß sie Beethoven durchaus gerecht wird) kann er nun die revolutionäre Begeisterung des Philosophen und des Dichters mit dem Beethovenschen Revolutionspathos bis 1815 verbinden. Bei der Ausdeutung Hölderlins ist Bahro in seiner wohl liebsten Beschäftigung, aber auch Fichtes aktives Philosophieren – von den Marxisten beinahe ausnahmslos als »subjektiver Idealismus« abqualifiziert – durchdringt er und kann dabei die Gemeinsamkeiten dieser drei herausstellen: das Freiheitspathos, die philosophische und emotionale Übersteigerung der menschlichen Wesenskräfte, das Insistieren auf der Souveränität des Individuums, aber auch das »eigentümliche Ineinander von Menschenliebe und Menschenverachtung«. Oder die herausfordernde Aktivität, der missionarische Rigorismus, der Wille zur Veränderung, die agitatorische Tendenz bei Fichte *und* Beethoven. Beinahe ist Bahro dran, das Fichtesche Ich (den transzendentalen Ausgangspunkt seiner Philosophie) mit dem musikalischen Gehalt der Beethovenschen Kompositionen zu identifizieren. Und ähnlich wie Fichte in den sukzessiven Entwürfen der *Wissenschaftslehre* immer stärker das Gegenüber des Ich hervorhebt, das Göttliche eine größere Bedeutung bekommt (und der einstige Atheist schließlich 1806 seine *Anweisungen zum seligen Leben* vorträgt und publiziert), so sieht Bahro auch die Überwindung der Krise bei Beethoven in der Hinwendung zur Religion – jedoch zu der »der allumfassenden Brüderlichkeit« des Revolutionärs Robespierre (dessen Schlüsselbegriffe in seinem Konventsdekret über die Religion von 1794 Beethoven zutiefst entsprochen haben müssen). Bahro spricht bewußt vom »Gott der Sinfonien« – hörbar geworden nun in der *Missa solemnis*. Doch fragt er zugleich, ob man sich nicht wundern müsse, daß dieser emanzipierte Komponist gegen Ende seines Lebens sein sakrales Hauptwerk »unter ungewöhnlichen schöpferischen Mühen weithin in einem seiner sonstigen Subjektivität ganz fremden, unorganischen, teilweise kirchentonal gebundenen Material« herbeizwinge? Bahro sieht darin ein Haltfinden, eine überindividuell verbürgte Zuversicht, die Beethoven brauchte, um seine innere Welt umzubauen, bis er dann seine schöpferische Wiedergeburt nach der großen Krise »nicht mehr in der Sinfonie, sondern in der Kammermusik vollzieht, und zwar in ihren intimsten, introvertiertesten, unkonzertantesten, aber die ganze Aktivität des Hörers erfordernden Formen: in der Klaviersonate und vor allem im Streichquartett«.

Die zweite Hälfte des Essays wendet sich deshalb dem Spätwerk Beethovens zu: den letzten Klaviersonaten (allen voran natürlich der berühmten op. 111) und den sechs letzten Streichquartetten. So reizvoll es wäre, diesen mich stets überraschenden Analysen und Deutungen hier nachzugehen: es würde das Konzept dieser Biographie sprengen. Trotzdem müssen noch ein paar Gedanken nachgetragen werden.

Das Auffälligste dieses Essays ist der (wie ich denke: geglückte) Versuch, die nicht stattgefundene deutsche Revolution nach 1789 doch auf drei Ebenen aufzuspüren: in der Dichtkunst (Hölderlin), in der Philosophie (Fichte) und eben in der Musik durch Beethoven. Dazu gehört, daß Beethoven über Jahre mit seinen Sinfonien die revolutionäre Zeit verkündete, auch als er sich von Napoleon (genauer: vom Kaiser) abwandte; daß er nach 1820 seine revolutionäre Haltung wiedergewann in transponierter Weise, als erneuerte Sehnsucht nach dem »Reich der Brüderlichkeit, der Freiheit, der Herrschaftslosigkeit«, die »unwiderlegbare Utopie des Glücks«. Was Bahro dann allerdings noch versucht, ist eine revolutionsgeschichtliche Überhöhung Beethovens, wenn er dessen Musik »eine universelle Inkarnation des umwälzenden Prinzips« nennt: »die einzige dieser Größenordnung zwischen Müntzer und Marx«. Oder wenn er die *Große Fuge* (op. 133) letztlich mit den *Thesen über Feuerbach* von Marx parallelisieren möchte.

Es ist Bahros eigene (eigentlich jakobinische) Revolutionsbegeisterung, die Hölderlin, Fichte, Beethoven mit Marx verbinden möchte – jedoch nicht mehr so finalistisch, wie er zehn Jahre zuvor noch Bach, Grünewald und Hölderlin in die DDR einmünden ließ. Jetzt interessiert ihn das revolutionäre oder emanzipatorische Potential dieser Dichtung, Philosophie und Musik, deswegen wendet er sich auch gegen die Hölderlin-Interpretation von Georg Lukács und die Deutungen von Thomas Mann und Adorno in bezug auf die Sonate op. 111. Sein Beethoven-Bild untermalt er dagegen mit Romain Rolland, Henri Stendhal und Alexander Blok, ja er muß sogar Verse von Johannes R. Becher noch unterbringen. Und neben die intime Kenntnis Hölderlins (mein Eindruck nach der Lektüre des Essays: wenn Hölderlin Komponist und Beethoven Dichter geworden wäre, dann hätte man nach Bahro ihre tatsächlichen Werke ineinander austauschen können) tritt auch eine intime Kenntnis von Shelleys *Entfesseltem Prometheus* – als dem literarischen Pendant zur *Großen Fuge* –, auch zieht er noch revolutionsgeschichtliche Parallelen zurück bis zu John Milton.

Um auf die drei programmatisch formulierten Fragen zurückzukommen, zu welcher Lösung sich Beethoven in unrevolutionärer Zeit entschlossen habe (der Leser erinnert sich), so ist anzunehmen, daß Bahro zu der dritten Antwort neigt: die Ideale zu bewahren und sich auf die nächste geschichtliche Stunde vorzubereiten.

Daß er auch das religiöse Moment beim späten Beethoven als konstitutiv und vorwärtsweisend ansieht, mochte überraschen. Dazu aus einer Besprechung des erst 1979 erschienenen Textes durch den (aus der DDR kommenden und in den Westen übergesiedelten) Komponisten Tilo Medek: »Von einem Marxisten die religiöse Spätphase Beethovens ohne gequälte Zeitentschuldigung akzeptiert zu bekommen, das ist zweifellos eine Neuerung aus diesem Lager.« Insgesamt findet er bei Bahro »entscheidende Anregungen zum Verständnis des Spätwerks, besonders der Quartette« sowie eine Korrektur von Adornos Deutung, und er schließt die Rezension, daß »Bahros Essay mich als heutigen Komponisten mehr angesprochen hat als alle Beethoven-Lektüre bisher, soweit sie nicht die Quellen selbst betreffen«. (*Deutschland-Archiv*)

Daß dieser Essay nicht in der DDR erscheinen konnte, gehört mit zu den kulturellen Defiziten jener Zeit – er hätte hier viele und verständige Leser gefunden –, statt dessen mußte Bahro die ihn umtreibenden Fragen, um überhaupt ein einziges Mal wieder publizieren zu können, in die technizistische Form kleiden *Über die Rolle der individuellen Interessenstruktur als organisierende Triebkraft des schöpferischen Prozesses* (*WZ der TH Merseburg 1972*). Doch war inzwischen in ihm schon ein anderes Thema herangereift – das er auf zwei unterschiedlichen Wegen in zwei verschiedenen Formen zu realisieren unternahm.

Intelligent und verkannt: Zur Person

Zehn Jahre, vom Mai 1967 bis zu seiner Verhaftung im August 1977, lebt Bahro ein äußerlich unscheinbares, innerlich höchst anspruchsvolles, ehrgeiziges, ja ruhmsüchtiges Leben. Es kränkt ihn tief, daß er bei seinem Wissen, seiner großen Sensibilität so unbeachtet und von seiner Umwelt so unterschätzt leben muß.

Symptomatisch für diesen Zustand ist, daß er – wie seine Ex-Frau Gundula erwähnt – beinahe täglich die Arie des Florestan aus *Fidelio* hörte und nicht selten mitsang. Und es ist nicht nur die hinreißende Musik, sondern auch ein Text, in dem er sich wiedererkennen konnte:

O grauenvolle Stille
Öd' ist es um mich her.
Nichts lebet außer mir.
O schwere Prüfung.

Vielleicht fühlte er auch schon als Vorgeschmack:

Wahrheit wagt ich kühn zu sagen,
Und die Ketten sind mein Lohn.

Und dann der mitreißende Aufschwung am Ende der Szene:

Zur Freiheit, zur Freiheit ins himmlische Reich.

Wie man ihn sich in jenen Jahren vorzustellen hat, schildert eine ihn interessierende Frau in einem IM-Bericht: »Bahro, der zunächst unbeholfen, linkisch und fast ein wenig scheu auftritt, gewinnt im Laufe des Gesprächs, das er geschickt auf seine eigentlichen Interessen hinzulenken versteht, zunehmend an Sicherheit und Überzeugungskraft. Er verblüfft mit einem immensen Faktenwissen über die verschiedensten Gebiete und ist in der Lage, jede These, die er vertritt, sofort mit beliebig vielen Beispielen aus der Weltgeschichte zu untermauern, wobei dies in gleichem Maße für Gebiete der Politik wie der Ästhetik gilt. Er läßt ein überdurchschnittlich hohes Maß an philosophischer und gesellschaftswissenschaftlicher Bildung erkennen.« (IM »Büchner«)

Als er den Plan zu seiner späteren *Alternative* gefaßt hat, entschließt er sich zu einem – ihn auch innerlich aufwertenden – Doppelleben. Die tiefe Krise nach der Niederschlagung des »Prager Frühlings« sollte zuerst mit einem Austritt aus der SED beantwortet werden, doch dann überlegt er dessen Folgen und zieht ein äußerlich angepaßtes Leben dem Weg in die Dissidenz vor. Er bleibt seiner politischen Überzeugung für Dubček und den Reformkommunismus treu, doch er kontrolliert seine kritischen Äußerungen, er ist innen sowieso Kommunist, aber bleibt es auch nach außen – tritt unverändert stets als »Genosse und Diplomphilosoph« auf. In seiner Kleidung, seiner Frisur – so habe ich ihn im Oktober 1976 noch kennengelernt – wirkte er wie ein verspäteter FDJ-Funktionär. Doch für sich orientiert er sich nicht mehr an den politischen Funktionsträgern seiner Umwelt, sondern an einem revolutionären Typ, wie ihn etwa Tschernyschewski in seinem Roman *Was tun?* beschrieben hat: anspruchslos in Essen, Kleidung, Äußerlichkeiten, kontrolliert (keine Zigaretten, kein Alkohol), unabgelenkt vom Alltag, nur auf die Erfüllung der selbstgewählten Aufgabe konzentriert. Dazu gehörte eine gewisse Selbstisolation, das Gespräch nur mit wenigen als gleich oder annähernd gleich Anerkannten und auch nur zu wesentlichen Fragen, die Vermeidung von Querverbindungen zwischen seinen Gesprächspartnern, das Verschweigen von Namen – überhaupt ein gewisses »konspiratives Verhalten«, das schließlich so weit ging, daß er mit einigen Freunden ein recht anspruchsvolles Kodierungsverfahren für Nachrichten ausmachte – wenn es zur Verhaftung kommen sollte.

Andererseits brauchte er Anerkennung. Manchmal verliert er die Selbstkontrolle und übertreibt seine Bedeutung: So spricht er gegenüber dem von ihm auch bewunderten Musikredakteur beim Staatlichen Rundfunk Joachim Lucius wiederholt von einer »Bewegung«, für die er schreibt, (was dieser als IM »Rolf Anderson« sehr schnell weitermeldet). Oder er erzählt ihm von einer jahrelangen Freundschaft mit Rudi Dutschke. Gegenüber der Lektorin Sonja Schnitzler behauptet er, daß etwa dreiviertel aller Intellektuellen in der DDR mit seinen Theorien und Auffassungen vertraut seien und sie zu ihren eigenen machen (Februar 1976).

Wenigstens ein kleiner öffentlicher Auftritt war ihm vergönnt: Durch Vermittlung Prof. Wolfgang Heises konnte er im März 1977 am Beethoven-Kongreß im Berliner Palast der Republik teilnehmen, meldete sich auch zur Diskussion und sprach über Beethovens Haltung zur französischen Revolution.

Sein privates Leben kann nicht befriedigend gewesen sein. Für die Kinder hatte er sehr wenig Zeit, und ob er seine Ehe rein aus Zweckmäßigkeitsgründen aufgab, um seine Frau nicht durch sein Buch und die damit verbundenen Risiken zu gefährden – so stellte er es gerne dar –, muß nicht unbedingt zutreffend sein. Jedenfalls reichte Gundula die Scheidung ein, die Ehe wurde 1973 geschieden, doch er blieb noch bis zum Frühjahr 1977 in der gemeinsamen Wohnung. Er annoncierte und antwortete auf Annoncen und lernte dabei verschiedene Frauen kennen.

Meines Wissens hatte er auch nicht allzuviel Freunde. An erster Stelle nennt er den Altkommunisten und Journalisten Rudolf Wetzel (der bei der Entstehung und Veröffentlichung der *Alternative* eine wichtige Rolle spielt), dazu zählt unbedingt Volker Braun, eine Zeitlang sein *Forum*-Kollege Günter Baumgart, auch zwischen uns begann im Oktober 1976 eine Freundschaft. Schließlich gab es noch eine merkwürdige Beziehung zu Joachim Lucius, dem er bis ins Detail seine Auffassungen, Probleme und Pläne erzählte – so daß ich annehmen mußte, daß dieser das volle Vertrauen Bahros besaß, und um so mehr verwunderte mich seine spätere Einschätzung: »1975, bevor meine Dissertation abgeschlossen war, schickten sie einen Mann zu mir, der zweifellos ein Informant war. [...] Ich hätte an ihm Interesse finden können, wenn seine Persönlichkeit nicht total von meiner verschieden gewesen wäre. [...] So sehr ich auch die Zeit bedauerte, ich dachte, es ist besser, mit ihm Kontakt zu halten, denn wenn er merken würde, daß ich ihn durchschaut habe, dann würden sie mir wahrscheinlich einen weniger offensichtlichen Informanten schicken.« (*From Red to Green*).

Von seinen Arbeitskollegen wählte er Ende 1976 und 1977 – als beide schon ihre Stellen gewechselt hatten – Werner Naujok und Werner Busold aus, die ihm bei der Vervielfältigung und beim Verschicken seiner DDR-Exemplare der *Alternative* behilflich waren; ein weiterer Arbeitskollege, mit dem er bis zu seiner Festnahme ein gutes Verhältnis hatte und der auch ungefähr in die *Alternative* eingeweiht wurde, war der Ingenieur Michael Werner. Damit ist der Kreis der abgestuften Freundschaften wohl abgeschritten.

Noch ein Blick auf ihn aus der Sicht seines Sohnes Andrej: Er habe kaum Erinnerungen an den Vater. Entweder saß der an der Schreibmaschine oder hat Musik gehört. Es gab in der Wohnung zwei Klaviere, Bettina mußte Klavier lernen. Er, Andrej, sei antiautoritär erzogen, er habe gerne gezeichnet und später Theater gespielt. Faktisch sei er ohne Vater großgeworden, doch habe er ihn in den Ferien in dessen Arbeitsstelle – der »Gummibude« in Weißensee – öfter besucht. Nach seiner Erinnerung wurde dort sehr wenig gearbeitet. Der Vater habe sich ein Brett besorgt (als Unterlage für die Normzettel), darauf eine Stoppuhr aufmontiert – und so lief er gewichtig im Betriebsteil hin und her und maß die Zeiten der Arbeitenden. Dafür konnte er sich die eigene Arbeitszeit gut einteilen und saß öfter den ganzen Tag an der Schreibmaschine, um seine Manuskripte abzuschreiben. Einen Tag vor seiner Verhaftung – so glaubt Andrej sich zu erinnern – sagte er der Familie, daß es morgen »losgehen« und er verhaftet werden würde. Hier entstand der erste wirkliche Kontakt zwischen dem Vater und dem inzwischen 15jährigen Sohn.

Die Stasi-verhinderte Promotion

In Biographien erfolgreicher Wissenschaftler nehmen zumeist die Dissertation und die anschließende Promotion nur wenige Zeilen, bestenfalls Absätze ein. Daß es bei Rudolf Bahro nicht ohne ein ganzes Kapitel abgeht, liegt daran, daß hier – wie die Überschrift verrät – ein wissenschaftspolitisches Lehrstück staatlicher Repression vorgestellt werden soll. Darüber hinaus verwickeln sich die Entstehungszeiten dieser Arbeit und der *Alternative* (letztere profitierte von der staatlicherseits zugestandenen Zeit für die Aspirantur), schließlich gibt es auch inhaltliche Zusammenhänge, und einmal nennt er die Dissertation die »legale Fassung« seiner *Alternative* (was natürlich so nicht stimmt).

In einer späteren Stellungnahme zu seiner Dissertation geht er auch auf deren Vorgeschichte ein: »Die Idee zu einer Arbeit dieser Thematik (die Bedingungen für die Förderung von Kreativität und Initiative wissenschaftlich ausgebildeter Kader zu untersuchen) hat in vielen Jahren, schon seit meiner Zeit bei der Gewerkschaft Wissenschaft, allmählich Gestalt angenommen.« (Und wie bereits bemerkt, war diese Problemsicht auch bestimmend für seine vielen Artikel im *Forum* gewesen.) Dann konnte er – als er ab 1967 in die Industrie ging – feststellen, daß die »betriebliche Situation der Kader mit ihren Widersprüchen und Problemen [...] anders ist, als sie in Referaten, Zeitungsartikeln, öffentlichen Äußerungen selbst der Beteiligten« dargestellt wird. »Die hemmenden Faktoren verschiedener Art und Ordnung, die ich zunächst auf der Erscheinungsebene wahrnahm, schien[en] mir schon sehr bald dahin zusammenzuwirken, daß der Einzelne ›zu wenig machen kann‹, daß er ›nicht durchkommt‹, daß also derartige Äußerungen, die immer wieder fallen, nicht primär eine subjektive Fehlhaltung widerspiegeln, sondern ein Effekt der objektiven Situation sind, in der sich zu viele Kader befinden.« Also mußte die »objektive Situation« untersucht werden.

Entstanden ist die Dissertation letztlich aus einer Lehrgangs-Abschlußarbeit zur Qualifizierung auf dem Gebiet der Arbeitsorganisation aus dem Jahre 1970, die von der TH Merseburg betreut wurde. Von dort kam dann – von Bahro etwas angeschoben – die Empfehlung zu einer außerplanmäßigen Aspirantur mit dem Ziel der Promotion. Damit war seinem Ehrgeiz plötzlich ein greifbares Ziel gegeben. Diese Chance nutzte er mit ungeheurer Energie.

Die Vorstufen der Dissertation haben sich nicht erhalten. Das Thema wurde von Gundula Bahro 1974 noch so wiedergegeben: »Bedingungen der Kreativität technisch-wissenschaftlicher Kader in Industriebetrieben der Plast-Elast-Produktion.«

Sein Doktorvater wurde der ihm persönlich nicht bekannte Soziologe Professor Günter Bohring, der die Arbeit für ausbaufähig ansah und dem er zuerst einmal einen Arbeitsplan vorlegte, den dieser am 3. April 1972 unterschrieb – damit konnte die Arbeit offiziell beginnen. Im selben Jahr veröffentlichte Bahro in der *Wissenschaftlichen Zeitschrift der TH Merseburg* einen Artikel zu dieser Themenstellung und hielt 1974 an der Hochschule einen Vortrag über *Kriterien der kreativitätsfördernden Situation.* Schon vorher hatte er die sozialpsychologische Anlage der Abschlußarbeit in einen soziologischen Rahmen eingebettet – einmal, um seinem Doktorvater entgegenzukommen, doch hauptsächlich wegen einer Idee, die dann zur tragenden seiner *beiden* theoretischen Arbeiten wurde: die trotz veränderter Produktionsverhältnisse auch im Sozialismus fortgesetzte alte Arbeitsteilung und deren notwendige Überwindung.

Was er zu erreichen hoffte, geht aus einer Niederschrift (vom 31. März 1978 in der U-Haft) hervor: »Meine Dissertation will dazu beitragen, daß die Entfaltungsbedingungen für die schöpferische Initiative der Hoch- und Fachschulkader in der Industrie verbessert werden. ›Was müssen wir tun, wenn ihre subjektiven Antriebe möglichst umfassend freigesetzt werden sollen?‹ – so lautet ihre zentrale Frage. Allein auf diesen Zweck hin – also an keiner Stelle der Arbeit etwa bloß, um über Mißstände zu lamentieren – behandle ich eingehend die Hemmnisse, denen sich Kader in ihrer Arbeitssituation gegenübersehen. Ich zeige diese Hemmnisse nicht nur empirisch auf, sondern ich erkläre sie, ordne sie in einen Entwicklungsprozeß ein. Ich analysiere sie auf ihre vorwiegend objektiven Ursachen hin, die ich in den Entwicklungswidersprüchen unserer Produktionsverhältnisse und speziell in bestimmten inzwischen veralteten Zügen unseres Leitungssystems in der Wirtschaft erkenne. Im Ergebnis gelange ich zu einer ganzen Reihe konstruktiver Vorschläge, die auf die Überwindung der aufgedeckten Hemmnisse und ihrer Ursachen abzielen.«

Um dahin zu gelangen, mußte er auch ein umfangreiches Studium psychologischer Literatur (Arbeits-, Ingenieur-, Sozial-, Entwicklungs-, Persönlichkeits- und pädagogische Psychologie) betreiben, sich mit Soziologie und den sogenannten Leitungswissenschaften beschäftigen. Die fertige Dissertation enthält mehr als 200 verarbeitete Titel, neben der marxistisch-leninistischen Pflichtliteratur auch Psychologen und Analytiker wie Erikson, Eysenck oder Wilhelm Reich.

Und so entstand allmählich seine Dissertation mit dem Titel im typischen DDR-Sound: *Voraussetzung und Maßstäbe der Arbeitsgestaltung für wissenschaftlich ausgebildete Kader im industriellen Reproduktionsprozeß der entwickelten sozialistischen Gesellschaft. Eine theoretische Studie über die Freisetzung der subjektiven Antriebe zu schöpferischer wissenschaftlicher Arbeit im sozialistischen Industriebetrieb.*

Übersetzt heißt das, wie die Motivation von Wissenschaftlern und Hochschulabsolventen in der betrieblichen Praxis durch Unterforderung, Bürokratie, gehemmte Informationsweitergabe, Routine und formale Wettbewerbe kaputtgemacht wird und aus der Arbeitsorganisation zwangsläufig Enttäuschung, Entmutigung, Ermüdung entsteht und wie dieser Zustand überwunden werden kann. Bahro macht das – sehr überzeugend – mit dem Gestus des Praktikers: Sauber werden die Probleme genannt (im Gegensatz zur beschönigenden Parteisprache) und viele Vorschläge gemacht, wie die persönliche Motivation als kostbare Ressource erhalten und betrieblich genutzt werden könnte, um die Produktion zu stabilisieren (ein Dauerproblem in der DDR) und darüber hinaus zu verbessern. Es gibt in dieser Untersuchung keine Äußerungen zur Politik, keine Differenzen zur SED, trotzdem fordert er – wie im Brief an Walter Ulbricht – mehr Demokratie in den Betrieben (unter Führung der Partei!). Es ist eine Arbeit, die ganz aufs Verändern angelegt ist – doch alles im Rahmen der Normalität des real existierenden Sozialismus. Mit einer Ausnahme: Durchgehendes – untergründiges wie explizites – Thema ist die »Aufhebung der alten Arbeitsteilung« – von Marx und Engels als Bedingung der vollen Entwicklung der Individuen angesehen, von den marxistischen Philosophen als »vormarxistisch« abgetan, von den sozialistischen Ökonomen als »utopisch« beiseite geschoben, von Bahro geradezu als Schlüssel für den Übergang zum Kommunismus angesehen (und in der *Alternative* entsprechend analysiert).

Bahro hoffte dabei, neben dem wissenschaftlichen Ertrag auch ein »Material zu liefern, das die gesellschaftlichen Führungskräfte tatsächlich gebrauchen, das sie zur Entscheidung über neu herangereifte Fragen« positiv heranziehen könnten. (So ist es auch zu erklären, daß er die Dissertation *nach* ihrer Ablehnung noch an den Dietz-Verlag und an »die für Wirtschaftspolitik verantwortlichen Genossen« des ZK der SED schickte.)

Doch der Verdacht liegt nahe, daß der Leser an diesen theoretischen Ausführungen weniger interessiert sein könnte als an den Umständen, wie die Arbeit, die alle Anforderungen an eine wissenschaftliche Untersuchung erfüllt, aus politischen Gründen zu Fall gebracht wurde.

Mit dieser Dissertation hätte er unter normal-günstigen Umständen promoviert werden müssen. Sie reichte ihm jedoch nicht aus. Um über seine persönlichen Erfahrungen in der Industrie und seine theoretischen Überlegungen hinaus den Inhalt der Dissertation weiter zu objektivieren, befragte er – meist während seiner zahlreichen Dienstreisen – die im Titel angegebenen »wissenschaftlich ausgebildeten Kader«, also zumeist Techniker und Leiter auf verschiedenen Ebenen. Als er damit anfing, ging es ihm zunächst nur um deren Meinungen, die er mit seinen Erfahrungen abgleichen wollte. Später professionalisierte er diese Befragungen, entwarf einen Fragespiegel, schickte ihn ausgesuchten Personen zu, besuchte sie dann, zeigte ihnen auch ein Konzept, nach dem er arbeitet, befragte sie sodann und schrieb meistens mit. Auf diese Weise entstanden 1973/74 viele Gesprächsmitschriften und -notizen. Schließlich erinnerte er sich daran, daß er bis zum Jahre 1968 zurückgehend bereits ähnliche Gespräche geführt hatte, die er daraufhin nach Möglichkeit rekonstruierte und ebenfalls als Material verwendete. Was er mit diesen Befragungen genau machen wollte, war ihm eine Zeitlang nicht ganz klar. Da es vertrauliche Gespräche waren und seine Partner ihm Dinge erzählten, die ihnen bei Bekanntwerden Schwierigkeiten bis hin zu Partei- und Disziplinarstrafen eingebracht hätten, wollte er sie gänzlich in systematische Darstellungen umschreiben, doch dann tat ihm der authentische Charakter dieser Gespräche leid – schließlich hatte er als *Forum*-Redakteur auch solche Interviews geführt und gut veröffentlichen können (wenn sie auch weit weniger kritisch waren). So entschloß er sich dann, sie wieder in ausdrückliche Interviews zurückzuverwandeln und sie namenlos, aber mit identifizierenden persönlichen Angaben (Geburtsjahr, Studium, Tätigkeiten, jetzige Funktion) zu einem soziologischen Anhang zusammenzustellen. Daß diese halbe Anonymisierung ihm später einmal riesige Probleme bereiten würde, konnte er damals nicht ahnen. Und er machte auch einen verzeihlichen, aber im Prozeß ihm schwer angekreideten Fehler, daß er für die weiter zurückliegenden Gespräche nicht nachträglich die persönlichen Angaben erfragte und sie statt dessen nach bestem Wissen und »über den Daumen« (etwa das Geburtsjahr, die genaue Tätigkeit) ergänzte. Auf diese Weise verfaßte er insgesamt 48 Interviews (davon etwa zehn nicht in der vorliegenden Form durchgeführt, sondern aus einfachen Gesprächen mit fiktiven Personendaten zu einem »Interview« aufgetakelt).

Mit diesen Befragungen glaubte er auch seinem Betreuer entgegenzukommen, indem er neben der theoretisch angelegten Dissertation zugleich authentische Informationen als separaten Anhang beisteuerte. Prof. Bohring wußte natürlich, daß soziologische Befragungen in der DDR genehmigungspflichtig waren und strengen Auflagen (meist Geheimhaltung als VS=Verschlußsache oder gar als VVS=Vertrauliche Verschlußsache) unterlagen, so warnte er nicht ganz deutlich seinen Doktoranden, ließ sich auch die Fragekonzeption zeigen und erklärte sich – bestimmt mit inneren Vorbehalten – damit einverstanden. (Wie Bahro später einem IM gegenüber vermutete, war der Betreuer natürlich als Soziologe auch ganz persönlich an ungefilterten Informationen interessiert, die er in einer staatlich genehmigten Umfrage bestimmt nicht hätte gewinnen können.)

Die fertigen Ausarbeitungen wurden dann Ende 1974/Anfang 1975 teilweise im Ingenieurbüro Halle von einer Sekretärin abgeschrieben, teilweise schrieb sie Bahro in Berlin selbst in die Maschine – auf dem berüchtigt-schrecklichen Ormig-Papier zur Vervielfältigung. Mit Genehmigung des zuständigen Leiters wurde der Text in seinem Weißenseer Betriebsteil insgesamt 25mal kopiert, davon gab er in der TH Merseburg sechs Exemplare als »Anhang« zur Dissertation ab, zehn lagerte er in seiner Arbeitsstelle, neun wurden als Informationsmaterial unter seinen Vertrauten verteilt.

Das erste Zwischenergebnis hätte ihn warnen müssen, denn sein Betreuer Prof. Bohring war schockiert und riet ihm, die Befragungen in einem Safe zu lassen, denn sie seien überhaupt nicht nötig für die Dissertation. Doch Bahro meinte, diese Gesprächsaufzeichnungen seien das beste Stück vom ganzen Projekt. Damit nahm das Verhängnis seinen Lauf.

Die erste Unvorsichtigkeit beging Bahro, als er seinem Vertrauten

Joachim Lucius am 9. August 1975 verriet, daß er den unterschwellig subversiven Text an der Aufmerksamkeit der Gutachter vorbeimogeln möchte, um ihn schnell durchzubekommen – aber er kalkuliere auch die Möglichkeit der Ablehnung ein (etwa wenn die Arbeit an der Parteihochschule von Hanna Wolf begutachtet werde). Das war schon eine verfängliche Bemerkung, die er noch steigerte, indem er übertreibend hinzusetzte, daß er keine Kompromisse mehr eingehen werde, um sich gegenüber »unserer Bewegung« nicht zu desavouieren. Das war für das MfS eine heiße Information (so unbegründet sie war).

Ein Freudentag muß es für Bahro gewesen sein, als er am 14. Oktober die Dissertation – das Produkt dreijähriger angestrengtester Arbeit – in Merseburg einreichen konnte. Noch rechnete er mit einer schnellen Verteidigung.

Dann kam die erste unvorhergesehene Hürde: Etwa zwei Wochen später bekam er einen Anruf und wurde auf die folgende Woche zum Sicherheitsbeauftragten der TH nach Merseburg bestellt. In einem ihn verletzenden Ton – so Bahro – wurde ihm dort mitgeteilt, daß der »Anhang« als VVS eingestuft wurde, er also sämtliche Exemplare (einschließlich seines eigenen) und alle vorhandenen Ausarbeitungen, Zwischenstufen usw. der VS-Hauptstelle abzugeben habe. »Das Gespräch war so angelegt, daß ich mich nahezu in den Zustand eines Beschuldigten versetzt fühlen mußte [...] Es stand sogleich die Frage, wieso diese Interviews überhaupt existierten, da keine formelle Genehmigung dafür vorlag. Über den Inhalt der Arbeit, so hieß es, würden natürlich andere entscheiden. Dies wurde in einem Tonfall gesagt, aus dem für mich die Überzeugung des Sicherheitsbeauftragten vom negativen Ausgang des ganzen Verfahrens hervorging.« Als noch hinzugefügt wurde, daß dasselbe auch mit der eigentlichen Arbeit geschehen könnte – sie ihm also notfalls auch ohne Promotion restlos entzogen werden kann –, wuchs Bahros Empörung. Er wurde aufgefordert mitzuteilen, wer alles von dem Material Kenntnis habe, und er wäre damit gezwungen worden, die Namen seiner Vertrauten zu nennen, wozu er nicht bereit war. Also überschlug er kurz, welche Anzahl von Exemplaren man bei ihm vermuten könnte, gab deshalb 16 Exemplare (statt 25) an und hatte damit die neun ausgeliehenen dem Sicherheitsbeauftragten unterschlagen. Von diesem wurde er dann formal über den Umgang mit VVS-Material belehrt und mußte ein entsprechendes Papier unterschreiben. Damit hatte er sich festgelegt. Später rechtfertigte er sein formal folgsames Verhalten so, daß er gerade bei der Überarbeitung der *Alternative* war, die für ihn die Priorität hatte, und »daß die Angelegenheit mit dem Dissertationsanhang nun nicht zum Anlaß werden durfte, die Aufmerksamkeit der Sicherheitsorgane auf mich zu lenken«.

Bahro mußte mit den nicht im Besitz der TH Merseburg befindlichen »restlichen« Exemplaren am 6. November wieder beim Sicherheitsbeauftragten erscheinen, es wurde ein genaues Protokoll angefertigt (und elf Monate später wurde alles dort vernichtet).

Das Promotionsverfahren wurde zügig am 17. November von der Fakultät eröffnet. Damit hatte er jetzt Zeit gewonnen, sich – neben seiner beruflichen Tätigkeit – ausschließlich auf die Überarbeitung und Fertigstellung seiner späteren *Alternative* zu konzentrieren.

Doch es ging nicht ohne neue ihm ungünstige Zwischenfälle: Am 18. Dezember traf sich, auf ihren Wunsch hin, Gundula Bahro mit MfS-Major Lohr (über diesen ganzen überraschenden Vorgang ausführlicher im folgenden Kapitel) und berichtete unter anderem, daß Bahro seine Dissertation fertiggestellt und an die TH Merseburg geschickt habe. Weiter erzählte sie von den Gesprächen mit Wissenschaftlern und Technikern, die er als Anlage seiner Arbeit beigegeben habe. Das war alles noch ohne Belang, doch dann gab sie ihrem Gegenüber einen Hinweis: »Nach Mitteilung der Quelle würde Bahro diese Anlage zur Dissertation viel Kopfzerbrechen bereiten, da sie durch die Hochschule zur VVS erklärt wurde und Bahro schriftlich mitteilen mußte, wieviel Exemplare er anfertigen ließ. Danach hätte er 16 Exemplare angegeben, in Wirklichkeit jedoch 25 anfertigen lassen, die er innerhalb seines Freundeskreises verbreitete.« Noch wußte Major Lohr nicht, was er da für einen wichtigen Ansatzpunkt in der Hand hatte, denn in dem Plan der nach dem Treffen einzuleitenden *Maßnahmen* wird dieser Umstand noch nicht erwähnt. Doch um vorauszugreifen: Das wird im Prozeß 1978 der zweite Anklagepunkt – als »Geheimnisverrat«.

Noch läuft aber alles im normalen akademischen Rahmen, die Staatssicherheit hat kein Interesse an dem Promotionsverfahren.

Die drei Gutachten trafen im Laufe des Frühjahrs 1976 ein: Erstgutachter Prof. Bohring (Sektion Marxismus-Leninismus der TH Merseburg) bewertete die Arbeit *cum laude*, das zweite kam von dem Jenenser Sozialpsychologen Prof. Hiebsch (*Magna cum laude*), das dritte von dem Hallenser Soziologen Prof. Stollberg *(cum laude)*.

Dann macht Bahro einen Riesenfehler. Er trifft sich Ende Mai mit

Sonja Schnitzler (zu ihr ausführlich der Brief im Anhang des Buches) zum Plaudern (und als IM »Büchner« berichtet sie am 3. Juni dem MfS über das Gespräch): »Er äußerte Genugtuung darüber, daß es ihm gelungen sei, mit der Dissertation alle übers Ohr zu hauen. Einmal habe er viel Zeit für seine Arbeit an der Konzeption [der späteren *Alternative*] gehabt, zum anderen habe er ja in der Dissertation ein Teilproblem seines Manuskripts behandelt, es aber so geschickt angestellt, daß man dies nur im direkten Vergleich feststellen könne. Er hält seine Dissertation für eine Ergänzung der Konzeption im legalen Bereich.«

Damit mußte die Staatssicherheit – die die *Alternative* bereits gut kannte – aktiv werden. Das geschah wie meist hinter den Kulissen, die sichtbaren Akteure sind verschiedene Professoren.

Am 21. September verfaßt Oberstleutnant Müller einen »Vermerk zur vorgesehenen Promotion des Rudolf Bahro«. Darin heißt es: »Nach Absprache mit Gen[osse] Oberstleutnant Gerlach am 20.9. 1976 wurde veranlaßt, daß über das Ministerium für Hoch- und Fachschulwesen, Prof. Schwiegershausen, der Prorektor der Technischen Hochschule Merseburg, Prof. Graichen, informiert wird, das Promotionsverfahren von Bahro weiter zu stornieren und durch geeignete Gegengutachten zu verhindern. Prof. Schwiegershausen wird persönlich die Professoren Söder [folgen drei weitere Namen] ansprechen, um aus diesem Kreis 2 Gutachter zu finden, die die vorliegende Arbeit [...] einschätzen.« (Drei von ihnen haben abgelehnt, man fand einen vierten, der nicht ablehnte, Zusage auch von Prof. Söder – IM »Degen«, Reg.-Nr. MfS 12369/60, also schon 16 Jahre dabei –, dieser war später ebenso Gutachter im Prozeß gegen Bahro.)

Einen Monat später war die Vereinbarung zwischen Schwiegershausen und Graichen abgeschlossen: »Die wissenschaftliche Arbeit des Bahro wird über Gegengutachten negativ eingeschätzt, so daß das Promotionsverfahren nicht fortgesetzt werden kann [...] Die ausgewählten Wissenschaftler werden mündlich durch den Mitarbeiter des MHF [Ministerium für Hoch- und Fachschulwesen] auf die Zielstellung vorbereitet, den Auftrag zum Anfertigen des Gutachtens muß der Prorektor Gen[osse] Graichen erteilen.«

Vorerst existierten allein die für eine Verteidigung nötigen drei positiven Gutachten. Nach deren Eintreffen wird normalerweise über einen Termin zur Verteidigung der Arbeit nachgedacht. Bahro war aber aus einem Grund, den er nirgends nennen durfte, unter

Zeitdruck: Es näherte sich die Fertigstellung seiner ihm wichtigeren Schrift – und deren Erscheinen (wann und wo war noch unklar) würde zwangsläufig das Ende des Promotionsverfahrens bedeuten. Also rief er im August beim Prorektor Graichen an und erfuhr, daß die vorliegenden Gutachten als nicht ausreichend angesehen und weitere Gutachten angefordert werden. Daraufhin beschwerte er sich am 9. Oktober 1976 (also ein Jahr nach dem Einreichen der Arbeit) beim Rektor der TH Merseburg Prof. Naue über den schleppenden Gang des Verfahrens, und dieser antwortete wenige Tage später mit einem längeren Brief über die Notwendigkeit und Schwierigkeiten, weitere Gutachter zu finden, um im letzten Satz zu versichern, »daß das Promotionsverfahren nach den geltenden Rechtsvorschriften und den darauf fußenden Verfahrensregeln [...] ordnungsgemäß weitergeführt wird«. (Inzwischen hatte jedoch der Prorektor beim Dekan der Fakultät für Gesellschaftswissenschaften Einspruch gegen die Weiterführung des Promotionsverfahrens eingelegt.)

In seinem dunklen Gefühl, daß diese äußerst glatte Antwort ihn nur hinhalten soll, wandte sich Bahro eine Woche später an den Minister für Hoch- und Fachschulwesen, Prof. Hans-Joachim Böhme, teilte ihm mit, daß er die Begründung des Rektors für das Einholen weiterer Gutachten nicht nachvollziehen könne, kritisierte die »Vorsicht, mit der der Wissenschaftliche Rat [der TH] sein eigenes Urteil hinausschiebt«, und bat den Minister, »die Umstände meines Verfahrens überprüfen zu lassen«. Was dieser daraufhin tat, entzieht sich unser aller Kenntnis, jedenfalls teilt er dem Wartenden am 8. Dezember das Ergebnis seiner Überprüfung mit, »daß das Verfahren entsprechend den Grundsätzen der Rechtsvorschriften über die akademischen Grade durchgeführt wird«. Damit waren für Bahro die möglichen Einspruchswege erschöpft.

In der Zwischenzeit war bereits das erste der angeforderten Negativ-Gutachten in Merseburg eingetroffen. Prof. Günter Söder von der Hochschule für Ökonomie Berlin trägt darin auftragsgemäß »schwerwiegende theoretische und politische Bedenken« gegen die Arbeit vor, von denen er mit Mühe einige konstruiert: daß der Autor eine unhistorische, die tatsächlichen Verhältnisse der entwickelten sozialistischen Gesellschaft nicht widerspiegelnde Konzeption der Kreativität vertrete, daß eine marxistische Analyse des Zusammenhangs von Parteilichkeit und Schöpfertum fehle, daß eine »sachlich falsche und politisch unseren Staat diffamierende Position zum demokratischen Zentralismus« eingenommen werde. Sein Urteil lautet: »Das alles klingt sehr wirr, klingt nach Anarchismus und abstrahiert vom Klassencharakter unseres Staates«, Bahros Ausführungen verfälschten die Wirklichkeit, seien im höchsten Maße desorientierend, wären nicht marxistisch-leninistisch [das ist das Todesurteil für jede gesellschaftswissenschaftliche Dissertation], deshalb bewerte er die Arbeit mit »non sufficit«.

Das zweite negative Gutachten kommt einen Monat später und stammt von Prof. Herbert Kusicka. Beeindruckend schon die Funktion dieses Mannes im Kopf des Gutachtens: Leiter der Forschungsstelle beim Ministerium für Wissenschaft und Technik – Vorsitzender des Wissenschaftlichen Rates für ökonomische Fragen des wissenschaftlich-technischen Fortschritts. (Ein solcher Gutachter kann sich einfach nicht irren.) Auf immerhin elf Seiten bestätigt er eingangs den »hohen Rang« des Themas, hebt hervor, daß die Arbeit »über weite Strecken brillant geschrieben ist« und kein Zweifel »über die intellektuelle Befähigung des Verfassers« bestehe. Dann stellt er durchaus scharfblickend fest: »Viele Passagen, Einschätzungen und Argumente sind zwiespältig, unterschwellig tendenziös und schädlich. Sie lassen die Funktion, die Zielrichtung dieser Aussagen unklar bzw. ermöglichen (und ermuntern) mehrdeutige Auslegungen.« Doch macht sich der Gutachter immerhin die Mühe, dieses Urteil durch Bahros Text hindurch zu belegen (und ist damit dem Söder-Gutachten analytisch weit überlegen). Statt aber aus den angeführten kritischen Textpassagen den Schluß zu ziehen, daß ein Doktorand endlich einmal offen auf die tief in der sozialistischen Betriebsstruktur liegenden Probleme eingegangen ist, entrüstet er sich mit der Frage: »Wie und aus welcher, im Grunde diffamierenden Sicht, wird hier die Rolle des sozialistischen Staatsapparates, der Leitung staatlicher und wirtschaftlicher Prozesse eingeschätzt?«

Dies ist kaum als präziser Einwand gegen die Gesamtarbeit anzuerkennen, und das schlechte Gewissen des Gutachters gegenüber der Qualität der Arbeit produziert noch eine verräterische (doch unbemerkt gebliebene) Fehlleistung, wenn er Bahro abschließend vorwirft, daß dessen Ausführungen »nicht auf Lösung von Widersprüchen, sondern auf den *Aufbau des demokratischen Zentralismus*« gerichtet seien. (Das ist die sozialistische Formel, überhaupt positiv von Demokratie sprechen zu können.) Sein Gutachten, das von der Anlage her eigentlich in eine Anerkennung als Promotionsleistung münden müßte – aber das war nicht der Auftrag der Staatssicherheit –, empfiehlt, die vorliegende Arbeit nicht als Dissertation anzunehmen.

Mit dieser Absicherung kann sich die Fakultätssitzung am 17. Januar 1977 zur Ablehnung der Dissertation durchringen, auch unter Verweis »auf die Unvereinbarkeit der Positionen des Doktoranden mit den Beschlüssen des IX. Parteitages« – übrigens mit den Stimmenthaltungen der beiden Betreuer Bohring und Ladensack, die sich bald darauf wegen »fehlender Wachsamkeit« und »Identifizierung mit den von Bahro in seiner Dissertation bezogenen Positionen« vor der Partei verantworten müssen.

Damit ist das Promotionsverfahren beendet. (Was Bahro sich nicht träumen ließ: daß er drei Jahre später mit dieser Arbeit an der TH Hannover bei Oskar Negt promovieren kann.)

Der Prorektor Prof. Graichen teilte der Staatssicherheit den erfolgreichen Abschluß seines Auftrages mit, übrigens mit der Bitte, daß sein Kontakt zum MfS und seine gegebene Unterstützung im Rahmen der Bearbeitung Bahros durch das MfS auf keinen Fall an der Hochschule bekannt werden darf. Doch schnell folgt der nächste Schritt. Am 21. Januar kam es in Merseburg vor dem 1. Prorektor, dem Sekretär der Hochschulparteileitung und acht Professoren des Wissenschaftlichen Rates zu einer »prinzipiellen Auseinandersetzung« mit den genannten Betreuern Bohring und Ladensack, bei der beide Selbstkritik äußern mußten und sich von Bahro und seiner Dissertation distanzierten. (Doch das reichte noch nicht aus.) Am nächsten Tag gab es in Berlin eine Absprache zwischen Major Reuter (HA XX/OG) und Major Eschberger (HA IX), in der festgelegt wurde, »daß der Prorektor, Genosse Prof. Dr. Graichen, gegebenenfalls unter Hinzuziehung der Gegengutachter, eine parteiliche wissenschaftlich-fundamentierte Auseinandersetzung zum Inhalt der Dissertationsschrift führt, um damit Bahro zu veranlassen, sich politisch eindeutig zu äußern und festzulegen sowie zu erreichen, daß Bahro im Anschluß an diese Auseinandersetzung Aktivitäten in seinem Umgangskreis entwickelt, die die weitere operative Bearbeitung des Vorganges wesentlich forcieren könnten«. Gedacht war also an eine kleine Falle unter Ausnutzung von Bahros Wut oder Enttäuschung.

Als hätte der dies geahnt: Bahro bereitete sich auf das Gespräch auf seine Weise vor. Ihm sei bekannt – so erzählt er wieder Joachim Lucius –, daß der Dekan Prof. Grundmann »seine Dissertation insgeheim für gut hält und diese privat befürworte«. Deshalb will er bei dieser Vorladung zum Ausdruck bringen, daß er wisse, die Ablehnung komme von draußen und die Anwesenden seien »wohl in der Lage, Gehalt und Bedeutung seiner Dissertation zu erkennen«. Dann möchte er ihnen sagen, daß bei der Ablehnung wohl die Wachsamkeit über die Wissenschaft gesiegt habe. Mit dieser Erklärung hoffe er einige Anwesende zu beschämen.

Bahro wird also am 14. Februar nach Merseburg zitiert, er erscheint dort völlig in Schwarz gekleidet und muß sich eine halbe Stunde lang anhören, wie der Dekan und der Vorsitzende des Promotionsausschusses Prof. Heiland (Direktor der Sektion ML) den Fakultätsbeschluß erläutern. In einer Aktennotiz heißt es: »Herrn Bahro wurde ausführlich die unwissenschaftliche und politisch-ideologisch verantwortungslose Untersuchung und Darstellung der behandelten Thematik vor Augen geführt. Er wurde insbesondere auf den reaktionären, revisionistischen Gehalt zahlreicher seiner schriftlichen Äußerungen und Schlußfolgerungen hingewiesen.« Bahro hörte sich das äußerlich völlig ruhig an und machte sich zahlreiche Notizen. Dann nahm er das Wort (und die beiden anderen schrieben fleißig mit). Er betrachte es als unglückliche Entscheidung, daß ein Teil der Gutachter und die Mitglieder der Fakultät sich seine Dissertation »nicht positiv angeeignet« hätten, denn er habe bewußt eine Arbeit angefertigt, deren erklärtes Ziel es sei, die Welt nicht nur verschieden zu interpretieren, sondern sie zu verändern – womit er Marx' 11. These über Feuerbach für sich reklamierte. Er gebe die Position, die er in der Arbeit bezogen hat, in keiner Frage auf, und die Zeit werde kommen, in der sich die Nützlichkeit der vorliegenden Arbeit erweise. Kein einziges Wort des Bedauerns (notieren seine Gegenüber).

Wieder eine Woche später findet auf einer außerordentlichen Parteiversammlung der Grundorganisation Marxismus-Leninismus an der TH Merseburg die große Abrechnung mit dem Promotionsverfahren Bahro statt (ein ausführliches Protokoll wird Monate später an Minister Mielke geschickt). In einem Grundsatzreferat voller Versatzstücke – vom IX. Parteitag der SED bis zur prinzipienfesten Auseinandersetzung mit dem Imperialismus – wird auf Bahro und seine »pseudowissenschaftlich verbrämte Schmähschrift« und dessen »konterrevolutionäre Position« (!) nur kurz eingegangen, denn im Mittelpunkt sollte eine generelle Disziplinierung der Hochschullehrer stehen, und als abschreckendes Beispiel mangelnder Wachsamkeit und politisch sorgloser Arbeitsweise wurde sein Betreuer Prof. Bohring vorgeführt. Dieser hatte sich durch viele vorangegangene Aussprachen sorgfältig auf die Prozedur vorbereitet und auf mehr als zehn Seiten ein Musterbeispiel parteilicher Selbstkritik (»schädliches Verhalten«, »parteischädigende Einstellung«, »Verletzung der politischen Wachsamkeit«, »liberalistische Duldsamkeit« usw.) gegeben, sich erneut von Bahro distanziert und mit einem tiefen Kniefall vor der »Kraft unseres Kollektivs« den Makel jener unglücklichen Doktorandenbetreuung von sich abzuwenden versucht.

Schließlich sollte noch der Parteisekretär von Bahros Arbeitsstelle, dem Gummikombinat, nach Merseburg zitiert werden, und Bahro hatte vorher zu rapportieren. Er verfaßte dazu Ende März ein Papier (*Meine Einstellung zu der ganzen Angelegenheit*), in dem er zu Recht hervorhob, daß die Ablehnung nicht »wegen fehlender wissenschaftlicher Voraussetzungen, sondern wegen angeblicher falscher Positionen in politisch-ideologischen Fragen« erfolgt sei. Richtig vermutet er, daß der Wissenschaftliche Rat in Merseburg »nicht ohne drängenden Einfluß negativ entschieden hat«. Weiter heißt es selbstbewußt: »Die Probleme, die ich bewußt scharf herausgearbeitet habe, existieren tatsächlich, ob man das nun bestreitet oder nicht. [...] Im Prinzip wirft man mir vor, daß ich bestimmte Dinge verändern möchte bei uns. Das trifft zu.« Und der Schlußsatz bekräftigt noch einmal seine Meinung zu dem ganzen Verfahren: »Ich halte es für bedenklich, Fragen des wissenschaftlichen Ermessens und des wissenschaftlichen Meinungsstreits auf eine dem Wesen nach administrative Weise, d.h. durch Gebrauch akademischer Machtmittel und -positionen zu entscheiden.« Noch konkreter konnte er es seinem Parteisekretär nicht sagen.

Schon im November zuvor versuchte Bahro – er hatte formal das Recht dazu – seine Dissertation zu veröffentlichen und wandte sich dazu an den für politische Literatur zuständigen Parteiverlag, den Dietz-Verlag. Dort wurde das Manuskript im Lektorat Philosophie von zwei seiner ehemaligen Kommilitoninnen gelesen, die dann nach der Verhaftung mit Kopfbogen des Verlages die Erklärung abgaben, »daß die Arbeit theoretisch und politisch falsche Schlußfolgerungen enthält. Aus diesen Gründen und weil der Autor von seiner Studienzeit her als Wirrkopf bekannt war, kam eine Veröffentlichung im Dietz-Verlag von vornherein nicht in Frage.« Da man dies Bahro so nicht mitteilen konnte, wurde das Manuskript an den

»Genossen Prof. Rudolf Weidig, Akademie für Gesellschaftswissenschaften [beim ZK der SED], Vorsitzender des Rates für soziologische Forschungen in der DDR« zur Prüfung übergeben, der den Text ablehnte. Daraufhin teilte der Verlag am 4. Januar 1977 dem Autor mit, daß das Publikationsprogramm der Reihe Soziologie bis 1980 festläge und daß keine Möglichkeit für eine Publikation seines Manuskripts bestünde. Mit diesem eher dezenten Hinweis auf »objektive« Gründe war die Dissertation für die DDR endgültig erledigt.

Nicht für Bahro. Durch seinen Freund Rudi Wetzel, der als Rentner und akkreditierter Journalist bei der schwedischen Gewerkschaftszeitung *Grafis* in den Westen reisen konnte, war er bereits seit dem Sommer 1976 auf den »Verlag für das Studium der Arbeiterbewegung« (VSA) aufmerksam gemacht worden, weil dort ihn interessierende Autoren wie Althusser, Berlinguer, Carillo, Gramsci und Marchais herausgegeben wurden. Einige Zeit später erwogen die beiden Freunde bereits, dem Verlag das Manuskript der Dissertation anzubieten, falls es in der DDR nicht verteidigt und nicht veröffentlicht werden kann. Als der Verlag seine Zustimmung signalisierte und die Arbeit tatsächlich in der DDR rundum abgelehnt wurde, ging Bahro noch einen Umweg und wandte sich am 18. März 1977 an das Büro für Urheberrechte, um eine offizielle Genehmigung für die Veröffentlichung im Westen zu erhalten. Einen Monat später durfte er dann beim Leiter dieser Institution, Jenö Klein, erscheinen. Der erklärte Bahro, daß eine Genehmigung für eine solche Veröffentlichung nur auf der Grundlage einer Entscheidung der TH Merseburg erfolgen könnte und daß er erstaunt sei, wie ein guter Genosse auf den Gedanken kommen könne, in einem Verlag des »Eurokommunismus« publizieren zu wollen. Er meldete diesen Vorgang als IM »Ernö« sofort weiter und ließ Bahro fast zwei Monate warten, dann erklärte er ihm kraft seines Amtes, daß Bahro sich als Genosse nicht in dieses eurokommunistisch-revisionistische Verlagsprogramm einreihen dürfe. Als Bahro erwiderte, daß die Werke dieses Verlages mit seiner politischen Auffassung völlig übereinstimmten und er auch »völlig eins sei mit dem Eurokommunismus«, brach Genosse Klein das Gespräch ab und versicherte ihm, daß er niemals eine Genehmigung des Büros für Urheberrechte bekommen würde.

Inzwischen war dies Bahro auch egal. Kurz zuvor hatte Rudi Wetzel auf Drängen Bahros das Manuskript schon zum VSA mitgenommen, und im Juli wandte er sich – diesmal war der Überbringer

Ulrich Schwarz vom *Spiegel* – selbst an den Verlag, um Druck für den Druck zu machen. Er hatte dazu einen längeren Text verfaßt, als Vor- oder Nachwort, der die Gründe der Ablehnung als Dissertation schilderte und dies mit seinem Schriftverkehr mit der TH Merseburg und dem Minister sowie mit einem Gedächtnisprotokoll der Aussprache mit den beiden Professoren über die Gründe der Ablehnung dokumentarisch belegte.

Doch der Verlag zögerte noch und hatte, nachdem die *Alternative* bei der Konkurrenz erschienen war, kein Interesse mehr an der Veröffentlichung der Dissertation. So erschien sie erst 1980 beim Bund-Verlag in Köln unter dem neuen Titel *Plädoyer für schöpferische Initiative*.

In der Untersuchungshaft nannte Bahro noch einmal die Gründe, diese Arbeit im Westen veröffentlichen zu wollen: Einmal um die interessierten Leute in der DDR, wenn auch auf »Umwegen«, mit seiner Untersuchung zu konfrontieren, zweitens weil sie eine Ergänzung zur *Alternative* darstelle, indem sie verschiedene Fragestellungen spezifischer als dort abhandele, und drittens war er der Meinung, daß bestimmte Schlußfolgerungen auch auf westliche Industriestaaten zuträfen, da sie »großenteils nicht an die Besitzverhältnisse gebunden« seien.

Die Ablehnung seiner Arbeit macht ihn nicht zum Pechvogel – für Bahro war das ein (allerdings aufwendiger) Test seiner legalen Möglichkeiten für eingreifendes Denken –, doch noch deutlicher kann das Primat der Politik über die Wissenschaft kaum gezeigt werden als durch dieses Zusammenspiel von MfS und Hochschule sowie den dienstbaren Gutachtern, die genau wußten, was sie taten, indem sie seine Dissertation als »unwissenschaftlich« bezeichneten.

Unter den Augen der Staatssicherheit: Die Entstehung der *Alternative*

Aus der Perspektive von Rudolf Bahro

Ich will versuchen, den Ausgangspunkt des langen Weges bis zum Erscheinen der *Alternative* zu finden. Der Protest an der Instituts-Wandzeitung vom November 1956 war es noch nicht: Der junge Student empörte sich über die Desinformationen der SED-Führung über den Ungarn-Aufstand, weil er es als sein Recht ansah, von der Partei richtig informiert zu werden, und als seine Pflicht, andernfalls Einspruch zu erheben. Er lernte bei dieser Gelegenheit die Methoden kennen, wie man abweichende Haltungen zur Verantwortung zieht, er übte unter Druck und aus Überzeugung Selbstkritik und ahnte höchstwahrscheinlich kaum, wie sehr bereits die Staatssicherheit sich mit ihm beschäftigte. Danach wollte er sich nicht nur verbal »bessern«, sondern auch praktisch »bewähren«, was ihm durch seine Arbeit im Oderbruch auch gelang. Er ward »rehabilitiert«, und damit war sein Weg in verantwortungsvollere Positionen wieder offen. Es folgte eine Zeit »völliger innerer Übereinstimmung mit der politischen Entwicklung in der DDR« (*Lebenslauf* 1978). Immerhin bleibt für mich fraglich, wie er – nach dem offensichtlichen Schock über die *Geheimrede* Chruschtschows auf dem XX. Parteitag der KPdSU (Februar 1956) – auf die viel genaueren Enthüllungen der Stalinschen Verbrechen durch Chruschtschow auf dem XXII. Parteitag (Oktober 1961) reagierte. Schwer verständlich auch, mit welcher Begeisterung er das *Jugendkommuniqué des Politbüros des ZK der SED* (so der genaue Titel) vom September 1963 aufnahm und versuchte, persönlich auch in seiner praktischen Arbeit umzusetzen. (Gerne hätte ich gewußt, wie er auf den maßlosen Kult um die Person Walter Ulbrichts anläßlich seines 70. Geburtstages im Juni 1963 reagiert hat.)

Die erste Bruchstelle läßt sich genau angeben, da sie dreifache Ursachen hatte: die überraschende Ablösung Chruschtschows von seinen Ämtern im Oktober 1964, das »Kahlschlag-Plenum« vom Dezember 1965 und die nie offiziell erklärte, aber faktisch vollzogene Zurücknahme des von Bahro so stark überschätzten *Jugendkommuniqués* ab 1966.

In seiner *Persönlichen Niederschrift zu Anliegen und Charakter meines Buches »Die Alternative«* vom 15. April 1978 (aus der U-Haft) schildert er den allmählichen Übergang: »Solange ich die Überzeugung behielt, daß unsere Verhältnisse in Richtung auf die kommunistische Perspektive in Fluß sind, habe ich mich nicht nur durch gute fachliche Leistungen, sondern auch durch politisch diszipliniertes (wenn auch niemals ganz unkritisches) Verhalten nach bestem Vermögen eingeordnet und dabei keinen anderen Ehrgeiz gezeigt als den, eine förderliche, intelligente Arbeit zu liefern. Konkret waren es dann – wie auf Grund der umfangreichen marxistischen Bildung, die ich erwerben konnte, auch zu erwarten – nicht einzelne ›anstößige‹ Alltagsfakten (Unzulänglichkeiten, Mängel etc.) als solche, die mich stutzig gemacht hätten. Der Anstoß kam viel mehr von wiederholten Erfahrungen mit der Weigerung unseres eigenen Apparates (bzw. bestimmter Funktionäre dieses Apparates, deren Verhalten ich aber mit der Zeit als typisch zu begreifen lernte), die dahinter stehenden Widersprüche anzupacken, ja auch nur als objektiv vorhanden anzuerkennen. Ich konnte nicht hinnehmen, daß bestimmte, mir – ob nun zutreffenderweise oder nicht – sehr wesentlich erscheinende Fragestellungen, die auch viele andere Genossen bewegten, ›tabu‹ sein sollten.« Er sei dabei allmählich zu der Einsicht gekommen, daß es der Apparat selbst sei, der progressive Entwicklungen bremste.

Die entscheidende Einsicht, die ihn auf den Weg zur *Alternative* führte, war aber diese: »Ich hatte seit Mitte der 60er Jahre das zunächst unklare Empfinden, daß bei uns *andere* gesellschaftliche Verhältnisse entstanden sind, als nach der klassischen Theorie erwartet worden war. Immer deutlicher schälte sich mir der Gedanke heraus, daß es sich bei vielen Erscheinungen, die mir zum Stein des Anstoßes wurden, weder einfach um zufällige und subjektiv bedingte Mängel und Fehler noch um bloße ›Muttermale der Vergangenheit‹ handelte.« Mit dieser Erkenntnis überwand Bahro glücklich die beiden naheliegenden Interpretationsmuster: die in vielen Varianten existierende »Deformationstheorie« (also eine zeitweilige Verschlechterung des originären und guten Sozialismus) und Lenins theoretisch hilflose Sicht, daß alle Fehler des Sozialismus wesentlich »kapitalistische Reste« oder eben »sozialistische Kinderkrankheiten« seien.

Ein zweiter »Stein des Anstoßes« ergab sich aus den in jenen Jahren international geführten Diskussionen um den »Stalinismus« bzw. um den »Personenkult« (der von Chruschtschow absichtsvoll als eine Singularität in einer gesunden Partei und einer gesunden Gesellschaft dargestellt wurde). Dazu Bahro: »Die Erklärungen über die vornehmlich subjektiven Ursachen des sogenannten Personenkults befriedigten mich immer weniger. Mit der in dieser Fragestellung vorgeprägten Ablehnung der Auffassung, es handele sich bei den Extremen der Stalinära um systemfremde, auf Versagen von Indidviduen zurückführbare Deformationen, fiel eine der wichtigsten Vorentscheidungen für die theoretische Konzeption meines späteren Buches. Ich wollte die tiefsten Ursachen der negativen Erscheinungen erkennen, denn nur auf diesem Wege konnte man zu wirklichen Garantien gegen Wiederholungen gelangen. Die Aufgabe stellte sich mir schon vor 1968 so: Ich muß begreifen, was für eine Gesellschaftsordnung unser Sozialismus wirklich ist.«

Der entscheidende Bruch mit der SED war der Einmarsch der Warschauer-Pakt-Staaten in die ČSSR am 21. August. Politisch befand er sich schon vorher »weit vom offiziellen Parteistandpunkt entfernt und ideologisch wie auch emotional fast gänzlich auf dem Kurs des ›Prager Frühlings‹«. Dieser Einmarsch war – wie er später in Bautzen einmal äußerte – »der schwärzeste Tag meines Lebens«. Er machte ihn fast physisch krank, und »fortan konnte es keine Gemeinsamkeiten zwischen mir und dieser Partei geben«. Er erwog, sofort aus der SED auszutreten, doch dann überlegte er, daß dieser Schritt »keineswegs die Tiefe des politischen und moralischen Bruches zwischen mir und der Partei zum Ausdruck gebracht« hätte, daß dagegen eine theoretische Abrechnung mit dem real existierenden Sozialismus überzeugender sein wird, wenn sie mitten aus den Reihen der Partei geschieht. Und es war natürlich auch eine praktische Überlegung, daß er für die geplante Arbeit Zeit und Ruhe und vor allem nicht die Aufmerksamkeit der Staatssicherheit braucht.

Wie unaufschiebbar diese Abrechnung für ihn war, stellte er eingangs seiner U-Haft-Niederschrift in programmatischen Sätzen dar: »Ich habe die ganze Arbeit für dieses Buch seit 1968 unternommen in einem mit ihrem Fortschreiten sich noch verstärkenden Bewußtsein ihrer dringenden Notwendigkeit. Dieses Bewußtsein beruhte ebenso sehr auf weltpolitischem Mitleben und theoretischer Einsicht wie auf der Logik meiner charakterlichen Ansprüche an ein sinnerfülltes Dasein. Ich fühle mich zu dieser Sache berufen und verpflichtet. Es gab seit meinem Entschluß kein Schwanken, keine Möglichkeit der Wahl mehr. Ich hätte meinen Plan nicht ohne Verlust der Selbstachtung aufgeben können.«

Ähnlich bekenntnishaft heißt es weiter: »Psychologisch sehe ich meinen Weg in die Opposition in Analogie etwa zu den Ketzern, die seit dem Hochmittelalter bis hin zu Luther die Reformation vorbereiteten. Sie waren stets die gläubigsten, den ursprünglichen Zielen ihrer Bewegung treuesten Christen. In diesem Sinne war ich stets und bin auch jetzt ein ›gläubiger Kommunist‹. [...] Ich bin geleitet von einem in meiner ganzen Persönlichkeit verankerten reflektierten Glauben an die ursprünglichen kommunistischen Zielvorstellungen.«

Mit wenigen Worten kann er seinen analytischen Ansatzpunkt beschreiben: »Ich sagte mir, man muß das ganze System erst einmal umfassend in seinem So-Sein bzw. So-Gewordensein begreifen, und dies nicht in erster Linie, um die schwachen, angreifbaren Stellen in seinem Mechanismus als einzelne zu finden, sondern um aus seinen inneren Widersprüchen seine objektive Perspektive, seinen Platz in der Geschichte zu erkennen.«

Der Schwerpunkt seiner Bemühungen liege dabei eindeutig auf theoretischem Gebiet als »Neuformulierung der Probleme, vor denen die kommunistische Bewegung im real existierenden Sozialismus steht«. Trotzdem sei ihm bei der Abfassung des Buches von vornherein klar gewesen, »*daß* die politischen Konsequenzen der Theorie gezogen werden sollten«, jedoch wie er einschränkend sagt »nur durch die Theorie gedeckte politische Konsequenzen«. Das habe er im Schlußteil unter dem Titel *Zur Strategie einer kommunistischen Alternative* getan. Er bekämpfe darin den Parteiapparat – aber »bei prinzipieller Anerkennung der führenden Rolle einer Kommunistischen Partei«. Wegen dieser Conditio sine qua non in Bahros Denken konnte für ihn das wichtigste unmittelbar politische Ziel erst einmal »die Legalität ideologischer Opposition« sein.

Die Initialzündung der fast neunjährigen Arbeit an der *Alternative* hat er mehrfach benannt: »Es begann mit den Ereignissen in Prag im August 1968 und war nicht mehr als eine immanente Kritik beabsichtigt, sondern als ein Frontalangriff, geschrieben in grober Sprache ohne alle Rücksichten. Diese Entscheidung fiel am 21. August, am Tag der Invasion. Haß ist kein Bestandteil meiner Natur, doch das war ein Tag, an dem ich wirklich haßte.« (*From Red to Green*)

Der erste Schritt bestand darin, noch einmal, und zwar genauer und kritischer als früher im Studium, die Schriften der »Klassiker« – also Marx, Engels und Lenin – zu lesen. Dann folgten wichtige

Werke, zu denen er als Student keinen Zugang hatte und als DDR-Bürger auch nicht haben durfte. Mit ungeheurem Fleiß studierte er in den nächsten Jahren eine Menge Literatur, die er für sich in fünf Studienkomplexe gliederte:

Rußland, die russische Revolution und die Sowjetunion (die wichtigsten Werke waren für ihn Deutscher und Medwedjew), z. T. schon die asiatische Problematik in Hinblick auf die »orientalische Despotie« (hierzu arbeitete er sich durch Wittfogels Untersuchungen durch);

Weltgeschichte über alle Zivilisationen, dazu auch zur Entstehung des Christentums;

Psychologie mit dem Schwerpunkt Psychoanalyse (wozu er Reich, Freud, Erikson, Spitz las);

Politische Ökonomie, Wirtschaftsführung, Management (Marx, Mandel, Richta);

Politische Literatur, speziell zu China, Frankreich, ČSSR, Polen, Portugal, Chile, Vietnam, später auch Jugoslawien; Autoren wie Carillo, Fetscher, Gramsci, Hegedüs, Marcuse und Solschenizyn.

(Im späteren Buch gibt es kein Literatur- und auch kein Personenverzeichnis, statt dessen machte das MfS eigene Listen, welche Bücher in der *Alternative* zitiert oder erwähnt werden: Es kam auf 43 Titel und konnte die unerwähnten wesentlichen Quellen natürlich nicht identifizieren.)

Diese Literatur borgte er sich bei Freunden und Bekannten aus, etwa von Günter Baumgart, Volker Braun, Wolfgang Heise, Harry Goldschmidt, Werner Tzschoppe, Rudi Wetzel, manches konnte er auch aus der Staatsbibliothek ausleihen.

1972 hatte Bahro sein Literaturstudium im wesentlichen beendet. Von den geliehenen Büchern hatte er sich umfangreiche Exzerpte gemacht, die dienten ihm neben den eigenen Büchern unmittelbar als Arbeitsgrundlage.

Dann begann er mit der Ausarbeitung seiner Schrift. Das generelle Problem, das sich ihm stellte, war bei allen marxistisch geprägten Gesellschaftswissenschaftlern die festgelegte Sprache. Das zeigte sich in seinen früheren Texten (das kenne ich leidvoll aus meinen frühen Veröffentlichungen), und solange jemand die Absicht hatte zu publizieren, mußte er dieses Sprachkorsett akzeptieren, und Bahro verfaßte genau in dieser Offizialsprache auch seine Dissertation. Was er jetzt aber vorhatte, mußte sich darüber hinwegsetzen:

»Ich war, wenngleich zu diesem Zeitpunkt noch sehr allgemein, entschlossen zu schreiben, was ich denke und dabei auch stilistisch nichts zu kaschieren.«

Er arbeitete ungeheuer konzentriert, schrieb an den Abenden und den Wochenenden, auch manchmal während der Arbeitszeit; vor allem nutzte er aber die ihm für die Ausarbeitung seiner Dissertation als Aspirant zustehende Freistellung von dreimal drei Monaten, von denen er fünf für diese Untersuchung abzweigte – also intensivste Doppelarbeit an Dissertation und dem anderen Text. Dafür wurde die erste Fassung seiner Arbeit bereits im Sommer 1973 abgeschlossen. Diese brachte er zu einer Sekretärin seines Betriebsteils, die gegen Bezahlung etwa die Hälfte abschrieb, doch dann war Bahro mit der Qualität unzufrieden und tippte die andere Hälfte selbst in die Maschine. Auf diese Weise entstanden sieben Exemplare. Solange er daran schrieb, blieb alles streng geheim, er arbeitete ohne befreundete Unterstützung, trotzdem hatte er bereits Angst, daß die Staatssicherheit auf ihn aufmerksam geworden sei – und das trieb ihn auch zur Eile an.

Er wollte unbedingt im Sommer die Exemplare fertig haben, denn in Berlin fanden die »Weltfestspiele« statt, und er hoffte auf eine Gelegenheit, über einen Besucher den Text außer Landes zu bringen. Das erreichte er nicht, doch ergab sich zwei Jahre später eine überraschend einfache Möglichkeit, die er nutzte.

Die fertigen Exemplare verteilte er unter seinen Freunden und Bekannten, mit der Bitte um Kritik, und unter einigen Freundinnen, um sich Anerkennung zu verschaffen.

Dazu gehörten der in der DDR lebende Schweizer Musikwissenschaftler Prof. Harry Goldschmidt, den er 1967 kennenlernte – als er seinen Beethoven-Essay schrieb und sich darüber mit dem Beethoven-Spezialisten austauschte –, der die Arbeit las und an Heiner Müller weitergab (der sie behielt); weiter Wolfgang Heise, der sie gründlich kritisierte und von einer Veröffentlichung abriet; Volker Braun, Werner Tzschoppe (zur Zeit der berühmten Havemann-Vorlesungen 1963/64 Parteisekretär der Humboldt-Universität und daraufhin gemaßregelt), sein ehemaliger Arbeitskollege Werner Naujok (der später auch an der Vervielfältigung der kleinen DDR-Auflage mitwirkte), schließlich Günter Baumgart, der sie in der *Forum*-Redaktion an die junge Mitarbeiterin Regina Scheer weitergab.

Von den Frauen, auf deren Anerkennung er Wert legte, bekamen den Text die Lektorin Eleonore W. (die ihre Aufzeichnungen dazu sehr gewitzt aufbewahrte – unter dem Deckblatt: Jürgen Kuczinsky [sic]: *Antagonistische Widersprüche im Sozialismus* und dann Bahros Manuskript an Christa Wolf weitergab, wo es bis heute liegt), ferner die Lektorin im Eulenspiegel-Verlag, Sonja Schnitzler, deren Namen ich hier nicht ausschreiben würde, wenn sie nicht als IM »Büchner« der Staatssicherheit über alle ihre Begegnungen mit Bahro berichtet hätte, und seine Freundin Ursula Beneke.

Außer von Goldschmidt, Baumgart und Naujok hat er auch alle Exemplare zurückbekommen, das von Eleonore W. scheint er nicht vermißt zu haben. Eines (vielleicht das von Heiner Müller) ging unabhängig von Bahro und ohne dessen Wissen unter Schriftstellern von Hand zu Hand: nachweislich haben es Stefan Heym, Klaus Schlesinger, Ulrich Plenzdorf gelesen, Heiner Kipphardt hat sich während eines Besuches bei Heym im Mai 1976 eine halbe Nacht lang damit befaßt. Auch Günter de Bruyn kann zu dieser Zeit bereits Kenntnis der Schrift gehabt haben. Ein weiteres Exemplar bekam ein Schweizer, der mit seiner Frau zu Besuch bei Gundula weilte und den Bahro bat, diesen Text mitzunehmen und für den Fall der Fälle in der sicheren Schweiz zu verwahren (was auch geschah und zu einem der ersten Texte *über* die *Alternative* führte).

Das Baumgart-Exemplar wurde zuerst in der Redaktion heimlich gelesen. Wie mir Wolfgang Sabath, damals dort Redakteur, erzählte, las man es aus Angst vor verräterischen Fingerabdrücken mit Handschuhen. Es wurde weitergereicht an Regina Scheer, und anstatt es an Baumgart zurückzugeben, bekam es als nächster ihr Freund und ehemalige Kommilitone Joachim Hürtgen. Der war IM und wollte wissen, von wem das Manuskript stamme und wer es ihr gegeben habe. Sie gab keine Auskunft und bekam deshalb das Exemplar auch nicht zurück. Weil sie es Baumgart nicht zurückgeben konnte, mußte sie ihm erzählen, daß sie es aus Angst verbrannt hätte. Das beruhigte zwar Baumgart, doch das Problem blieb. Wie sie mir erzählte, ging dieser Kampf um die Rückgabe fast zwei Jahre. Schließlich gab dieser Freund das Exemplar (mit der wenig originellen Bemerkung, es in der S-Bahn gefunden zu haben) dem Philosophen Walter Hofmann von der Humboldt-Universität, um mit ihm diesen Text zu diskutieren. Der vermutete jedoch eine Provokation, gab das Exemplar nicht zurück, sondern übergab es dem Parteisekretär des Instituts, Prof. Arno Hochmuth, der es auf dem Parteiweg an den Rektor weiterleitete – und von hier kam es im

November 1976 über die Bezirksverwaltung Berlin schließlich auf einen Tisch in der HA XX/OG. Soviel vorweg über den Weg eines Exemplares an die Staatssicherheit.

Von Heise und Tzschoppe bekam Bahro eine harte Kritik, und er beschloß daraufhin, das Manuskript völlig zu überarbeiten. Das geschah in mehreren Etappen: Von Ende 1973 bis zum Herbst 1975 wurden zunächst die notwendigsten Korrekturen durchgeführt: »Ich änderte Formulierungen, strich einiges weg, fügte anderes ein und war vor allem bemüht, die aus reinen Emotionen und persönlichen Verärgerungen resultierenden Passagen zu vermeiden.« Gleichzeitig schrieb er an seiner Dissertation, und als diese Ende 1975 fertig war und abgegeben werden konnte, begann er mit einer tieferen Umarbeitung der späteren *Alternative*.

Was durch ihn nicht deutlich wird, ist seine Krise, als Rudi Dutschkes Dissertation *Zur Differenz des asiatischen und europäischen Weges zum Sozialismus* 1974 unter dem Titel *Versuch, Lenin auf die Füße zu stellen* erschien und von Bahro als Konkurrenz und mögliche Vorwegnahme seiner Ausarbeitungen gelesen wurde. Es gibt dazu nur eine knappe Bemerkung in seinem *Selbstinterview* vom Sommer 1977: »Er hat seine Arbeit zu genau der gleichen Zeit geschrieben wie ich diese vier Kapitel. Besonders mein 3. und 4. Kapitel beziehen sich auf die gleichen Quellen, bei Lenin sogar auf die gleichen Zitate, teilweise. Aber Rudi Dutschke gelangt zu einer recht verschiedenen Einschätzung.« Das ist nicht so erstaunlich, denn beide gingen von verschiedenen Erkenntnisinteressen aus: Dutschke suchte einen für das Westeuropa der 70er Jahre eigenständigen Weg zum Sozialismus und mußte deshalb deutlich machen, wie unbrauchbar dazu Lenin und der Leninismus ist. Bahro suchte den sowjetischen und sekundär auch den DDR-Sozialismus in seinem Gewordensein zu erklären und reproduzierte dabei eher zustimmend – in manchem vielleicht auch unabsichtlich – Lenin und den Leninismus. (Der Vergleich beider Bücher ist sehr aufschlußreich, kann aber nicht im Rahmen dieser Biographie erfolgen.)

Zuerst wurde die Einleitung umgeschrieben, der I. Teil blieb im wesentlichen unverändert, dafür erfolgten umfangreiche Änderungen in den Kapiteln 5 bis 9 des II. Teils. Damit wurde er im Laufe des Jahres 1976 fertig. Dann ging er an die Überarbeitung des III. Teils – dieser wurde fast neu geschrieben (nur Teile des ursprünglichen 11. Kapitels wurden übernommen). Alle verbesserten Passagen schrieb er sofort in die Maschine, und wenn ein Kapitel fertig war, tippte er es selbst mit vier oder fünf Durchschlägen ab. Das Original und den ersten Durchschlag brachte er zu seinem Freund Rudi Wetzel, mit ihm sprach er es bis in die einzelnen Formulierungen durch (Wetzels Erfahrungen als Journalist kamen ihm da sehr zur Hilfe), auch ließ er die fertigen Texte in dessen Wohnung, weil sie ihm dort sicherer schienen als in der eigenen.

Diese Arbeit zog sich länger hin als geplant. Ziel der Fertigstellung war Weihnachten 1976 – doch das konnte er nicht schaffen.

Im Oktober 1976 lernte ich Bahro kennen und wurde bereits am Tage unseres ersten Treffens in die *Alternative* eingeweiht – auf ganz einfache Weise, indem ich ihn fragte, womit er sich außer seiner beruflichen Tätigkeit (ich holte ihn vor seiner abbruchreifen Weißenseer »Gummibude« ab) noch so beschäftige, und er sagte, daß er Systeme analysiere. Worauf ich meinte, es gäbe aber doch nur eines, das zu analysieren sich für uns lohne, und damit waren wir am Kern. Zuerst bekam ich – gewissermaßen noch als Test – seine Dissertation zu lesen, dann trafen wir uns zu ausführlichen Gesprächen über seinen geheimen Text, mit dem er noch nicht zufrieden war und den im III. Teil zu überarbeiten er begonnen hatte.

Er hatte gerade eine wesentliche theoretische Bereicherung seiner Konzeption gefunden, und als einem der ersten teilte er dies Anfang Oktober Joachim Lucius mit (der es uns in den Akten überliefert hat): Nachdem Bahro seine bisherige Fassung in aller Ruhe noch einmal durchgelesen hatte, mußte er feststellen, daß es so nicht ging. Diese Art von Sozialismus-Kritik sei einfach zu aggressiv, ein Geschimpfe und schlage sich nur mit Erscheinungen herum. Darin zeige sich auch sein persönlicher Ärger über berufliche und familiäre Verhältnisse. Und es sei der Zeitdruck gewesen, daß er unbedingt fertig werden wollte. Jetzt stehe nicht mehr der Termin im Mittelpunkt, sondern die Qualität seiner neuen Fassung. Bei der Lektüre von Lucien Sèves *Marxismus und Theorie der Persönlichkeit* seien ihm Phänomene der Bewußtseinsbildung deutlich geworden, die er zu einer Neufassung seiner Arbeit nutzen möchte. So wie es in der materiellen Produktion ein »Mehrprodukt« gebe, so in der geistigen ein »Mehrbewußtsein«, das er »überschüssiges Bewußtsein« nenne und das sich in ein unproduktives »kompensatorisches« und in ein der Selbstverwirklichung dienendes »emanzipatorisches« Bedürfnis oder Interesse differenzieren lasse. Unterhalb des »überschüssigen« Bewußtseins liege das »absorbierte«, das in den täglichen Reproduktionsprozessen draufgehe. Aus der Analyse dieser

Bewußtseinsformen kann Bahro nun Antriebe zu konservierendem und zu veränderndem Handeln sowohl in der Ökonomie als auch in der Politik ableiten – und hat damit einen theoretischen Rahmen gefunden, der seine Analyse des real existierenden Sozialismus auf der Ebene der Subjekte (ihrer psychischen Energien und Mentalitäten sowie ihrer politischen Dispositionen) zweifellos vertieft.

Der Adressat seiner Ausarbeitung war lange Zeit nur die kritische Intelligenz in der DDR. Wenn es ihm möglich gewesen wäre, auf irgendeine Weise in der DDR 1000 Exemplare zu drucken oder in anderer Weise herzustellen und in der DDR zu verbreiten, hätte er auf die Veröffentlichung im Westen verzichtet. Nach vielen gedanklichen Varianten kam er letztlich jedoch zu der Einsicht, daß die Herstellung in dieser Auflagenhöhe für ihn praktisch nicht möglich sein konnte. Im Sommer 1976 hatte er dieses Problem mit seinem ehemaligen Arbeitskollegen Werner Naujok, Diplomphysiker und in Halle als Lehrer tätig, besprochen, der ihm vorschlug, das Manuskript zu fotokopieren, so schwierig das auch bei der kontrollierbaren Technik in der DDR sein mochte. Die von Bahro nunmehr vorgesehenen 300 Exemplare wurden dann auch als zu schwer herstellbar verworfen, sie einigten sich auf eine kleine Auflage von 100 (diese Zahl bestätigte mir ausdrücklich in einem Telefongespräch Ursula Beneke).

Der Plan, diesen Text im Westen zu veröffentlichen, kam ihm im Zusammenhang mit den Hindernissen für eine DDR-Ausgabe etwa 1975. Ihm ging es um die öffentliche Diskussion der von ihm aufgeworfenen Fragen – nicht um der DDR zu schaden, sondern um ihr zu nützen. Weil die kleine DDR-Auflage nur eine symbolische Wirkung haben konnte, mußte der schwierige (und wie er ahnte: strafbare) Weg oder Umweg über den Westen gegangen werden. In der U-Haft bewertet er diesen Standpunkt so: »[…] daß die Anstalten, die ich traf, um die Publizität über die BRD zu erreichen, nicht mich, sondern die Umstände charakterisieren, unter denen ich handeln mußte.« Er dachte dabei an die renommierten Verlage wie Rowohlt, Fischer, Suhrkamp oder Luchterhand, ohne jedoch etwas zu unternehmen.

Der entscheidende Hinweis kam eher durch Zufall: weil es für ihn wichtig war, eine fundierte Einschätzung seines Textes durch den bekannten Wirtschaftswissenschaftler Prof. Fritz Behrens zu bekommen. Dieser war in den Krisenjahren 1956/57 als »Revisionist« angegriffen und verfolgt worden, konnte aber weiter wissenschaftlich arbeiten, hatte viele – auch westliche – Kontakte und stellte für Bahro so etwas wie eine Autorität in ökonomischen Fragen dar. Durch Vermittlung Rudi Wetzels kam es im August 1976 in dessen Wohnung zu einem Treffen – es blieb ihr einziger persönlicher Kontakt. Behrens hatte das Manuskript bereits von Wetzel erhalten, äußerte nach der Lektüre ihm gegenüber, daß die von Bahro vertretenen Positionen nicht mit den seinen übereinstimmten und er verschiedene Fragen an den Autor hätte. Die deshalb verabredete Diskussion verlief dann nur kontrovers, trotzdem akzeptierte Behrens die Absicht Bahros, diesen Text im Westen zu veröffentlichen, und als er Mitte September für einen Monat nach Frankfurt am Main fuhr, beriet er sich dort mit dem Exil-Tschechen Jiři Kosta, ebenfalls Ökonom, über eine Veröffentlichungsmöglichkeit jenes Manuskripts. Kosta verwies auf seinen Bruder Tomas, der zu jener Zeit Leiter der Europäischen Verlagsanstalt (EVA) war. Bald nach der Rückkehr von Behrens erfuhr Bahro über Wetzel von der Existenz dieses gewerkschaftsnahen Verlages, in dessen Programm Autoren wie Rosa Luxemburg, Karl Korsch oder die antifaschistischen Bücher von Ernst Fraenkel, George W. Hallgarten, Eugen Kogon, Franz Neumann und Arthur Rosenberg oder die Erstveröffentlichung von Hannah Arendts *Elemente und Ursprünge totaler Herrschaft* standen. Die entsprechende Kontaktaufnahme geschah ebenfalls über Wetzel, der sich später mehrmals mit dem Cheflektor Gunther Heyder in Westberlin traf und auch den Vertrag aushandelte (den Bahro nie zu sehen bekam).

Etwa im Dezember 1976 wagte sich Regina Scheer zu dem ihr persönlich nicht bekannten Bahro und beichtete ihm die Geschichte von dem weiterverborgten Exemplar. Bahro wußte nun, was er schon immer ahnte: Die Staatssicherheit war auf seiner Spur – und er war mit der Endfassung noch nicht fertig. Er versuchte möglichst ruhig zu reagieren und bat die Frau, noch ein paar Wochen auszuhalten und auch bei Nachfragen ihn nicht zu verraten, bis das Manuskript in Sicherheit sei (umgekehrt würde er bei möglichen Nachfragen sie nicht belasten).

Die endgültige Überarbeitung von Teil III geschah unter diesem Druck im Januar 1977. Bahro nahm dazu seinen ganzen Urlaub, und weil er Angst hatte, vor der Fertigstellung des Manuskripts verhaftet zu werden, ging er sehr vorsichtig und konspirativ an diese letzte und entscheidende Arbeit heran. Das erste war: das Urlaubsziel zu vernebeln. Im Betrieb gab er einen Wintersportort in der ČSSR an, besorgte sich sogar eine entsprechende Ansichtskarte und steckte sie in Berlin ein. Dann verabredete er sich mit Ursula Beneke für einen Zug am 1. Januar nach Aschersleben, ließ sie auf dem Ostbahnhof in den Zug steigen, er selbst stieg – konspirativ – in Schönefeld zu. Gemeinsam ging es dann weiter nach Harzgerode, wo er durch Vermittlung seines früheren Arbeitskollegen und baldigen Helfers Werner Busold ein Zimmer gemietet hatte. Seine Reiseschreibmaschine hatte er mitgenommen und arbeitete jeden Tag mehrere Stunden an den noch ausstehenden Kapiteln, diese wurden dann von Ursula in vier oder fünf Ausfertigungen abgeschrieben. Wenige Tage vor Urlaubsende wurde er mit dieser Arbeit fertig. Dann sein nächster Schritt: Immer noch in Angst, zusammen mit dem Manuskript der Staatssicherheit in die Hände zu fallen, war seine größte Sorge, diesen Text sicher in den Westen gelangen zu lassen. Deshalb hatte er mit Rudi Wetzel, der auch Urlaub machte, abgesprochen, daß dieser sich auf seiner Rückreise in Magdeburg in der Mitropa-Gaststätte mit Ursula treffen sollte, um das Manuskript entgegenzunehmen, und da die beiden sich persönlich nicht kannten, sollte die Freundin – so dachte es sich Bahro aus – als Erkennungszeichen ein Buch über die Stauferzeit neben sich liegen haben. Die Übergabe ging glatt, Bahro war seine größte Sorge los. Jetzt konnte ihn die Festnahme nicht mehr schrecken. Konspirativ ging es Ende Januar auf getrennten Wegen wieder zurück nach Berlin.

Der neue III. Teil gelangte auf Bahros Wunsch erneut über Wetzel an Fritz Behrens, wieder mit der Bitte um Kritik, doch der ließ nur bestellen, Bahro solle den Text so lassen, wie er ist. Was das bedeutete, konnte für den Autor nicht klar sein. (Später, bei seiner Vernehmung durch das MfS im Januar 1978, äußerte Behrens sich insgesamt recht positiv über das Manuskript – mit Ausnahme des ökonomischen Teils, den er als »diffus«, als »ausgemachten Unsinn« einschätzte. Trotzdem stellt er klar, daß er das Manuskript zwar als »kritisch gegenüber der bestehenden Staats- und Gesellschaftsordnung in der DDR« ansah, es »aber nicht als feindlich« empfand.)

Dann mußte das fertige Manuskript in den Westen transportiert werden. Vorgesehen war wieder Fritz Behrens als Vertrauensperson, doch der fiel durch Krankheit aus. In der Eile kam Bahro auf eine Zufalls- und Notlösung (wie er zutreffend im Verhör zu Protokoll gab), nämlich auf den bereits erwähnten Harry Goldschmidt, den er ursprünglich nicht in diese Sache hineinziehen wollte. Er besuchte den Musikwissenschaftler – wieder in Sachen Beethoven –, schilderte ihm en passant sein Problem und wartete auf ein Entgegenkommen, bis sich Goldschmidt tatsächlich bereit erklärte, das Manuskript auf einer seiner häufigen Westreisen mitzunehmen. Von Wetzel bekam er dann in zwei Klemmheftern den Text und nahm ihn einzeln im Februar oder März bei zwei Fahrten mit nach Westberlin, von wo er an den Verlag weitergeschickt wurde. Damit war der schwierigste Teil für die spätere Veröffentlichung abgeschlossen. Alles andere lief dann mit westlicher Unterstützung gefahrlos und glatt.

Im April 1977 wurde das Manuskript im Verlag gelesen. Verlagsleiter Tomas Kosta ließ ihm über Heyder und Wetzel ausrichten, daß seine Arbeit von sehr guter Qualität sei und ohne lektorale Bearbeitung in Druck gehen werde. (Ein Jahr später, Ende April 1978, beschrieb Kosta für den Band *Solidarität mit Rudolf Bahro* seinen ersten Eindruck: »Ich erinnere mich genau an den Tag, an dem Ihr Manuskript bei uns eintraf. Ich nahm es mit nach Hause und habe es in einer Nacht gelesen. In den vielen Jahren, die ich diesen Beruf ausübe, ist es mir selten passiert, daß ich ein nicht nur formal, sondern vor allem gedanklich so sorgfältig gearbeitetes Manuskript in die Hand bekommen habe. Eine kritische wissenschaftliche Analyse, brillant, doch zugleich lesbar geschrieben und damit auch für den Laien verständlich. Ein praktisch druckreifes Werk, für das es nur einen neuen Haupttitel zu finden galt.«) So konnte der Vertrag ausgehandelt werden: eine Erstauflage von 5000 Exemplaren, ein Honorar von 10 % des Verkaufserlöses (technisch gesprochen: des Ladennettopreises) bei einem Verkaufspreis von 35 DM. Bahro akzeptierte alles, bat lediglich um einen kleinen Vorschuß, weil er durch die Herstellung der für die DDR gedachten hektografierten Exemplare ziemliche Ausgaben gehabt hatte. Er bekam an eine Bekannte von Wetzel in Westberlin (die in seinem späteren Leben eine wichtigere Rolle spielte, aber in dieser Biographie nicht vorkommen möchte: es handelt sich um Agnete Kutar) 2000 DM überwiesen, die er teils direkt, teils durch natürlich illegale Umtauschgeschäfte in entsprechender Menge DDR-Geld an Gundula als Unterhalt für die Kinder weiterleitete.

Der Verlag versprach ihm, alles zu tun, um der Arbeit die notwendige Startpublizität zu geben – gemeint war, daß man an die verschiedenen Massenmedien herantreten wird, und das war natürlich immer auch der *Spiegel*.

Der Titel *Zur Kritik des real existierenden Sozialismus* erschien für Westleser zu sperrig (zumal die meisten keine Assoziation zu Marx' Titel *Zur Kritik der politischen Ökonomie* herstellen würden), so erfand der Cheflektor den Haupttitel *Die Alternative* und verbannte den ursprünglichen Titel in die Unterzeile. Bahro akzeptierte dies unter der Bedingung, daß eine gute grafische Lösung gefunden würde und nicht etwa zu lesen sei: Die *Alternative* zur Kritik des real existierenden Sozialismus. (Als er in der Haft das erste Mal den Schutzumschlag sah, war er mit dem Layout sehr zufrieden.)

Die Vorankündigung mußte anonym geschehen. Der Verlag verfaßte dazu einen Text, den Bahro ablehnte, aus Angst vor seiner zu frühen Aufdeckung: »Ich hatte schon Ende 1976 erfahren, daß ein Exemplar meines Manuskripts der Parteileitung des Philosophischen Instituts der Berliner Humboldt-Universität, also sicherlich auch den Sicherheitsorganen übergeben wurde.« (Ganz im stillen hoffte er jedoch, daß dieses Exemplar von der Humboldt-Universität nicht an die Sicherheit, sondern »an höhere Parteiinstanzen, beispielsweise Kurt Hager« weitergeleitet sein würde.)

Im Juni traf er sich wieder mit Sonja Schnitzler (»Sie war vielleicht die Person, welche am stärksten mein Vertrauen besaß«, *From Red to Green*) und übergab ihr die erste Durchschrift seiner Arbeit *zur sicheren Aufbewahrung*, dann erzählte er ihr, daß er alles belastende Material ausgelagert habe und das Original in die Schweiz (!) gegangen sei. Auch über den Verlagsvertrag und seine ihm zugesicherten Tantiemen machte er ihr nähere Angaben, schließlich verriet er ihr noch seine Befürchtung, »daß er nicht inhaftiert, sondern ausgewiesen werde, wenn den DDR-Behörden vorher bekannt würde, daß sein Buch erscheinen wird«. Bahro meinte dazu, »daß sein Buch nur Erfolg hat, wenn er als DDR-Autor dabei vorgestellt wird, gleich, ob er dann noch in Freiheit oder inhaftiert wäre«.

Weil nun die Hauptarbeit getan war, rückte wieder die von ihm geplante DDR-Ausgabe in den Vordergrund. Bahro war sich darüber klargeworden, daß er nur eine sehr kleine Auflage herstellen könnte, und auch diese würde er nicht im Alleingang schaffen. Sein früherer Kollege Werner Naujok bekam deshalb im Dezember 1976 die fertigen Teile, um sie zu Hause abzufotografieren. Der fuhr dann (Ende Januar 1977) nach Harzgerode, um den gerade von Bahro fertiggestellten III. Teil auch auf Film festzuhalten. Im April oder Mai wurden diese Filme von Ursula Beneke abgeholt, und sie machte sich daran, in ihrem Institut immer wieder von den Filmnegativen Abzüge herzustellen. Im Juli war diese Arbeit getan, Naujok fuhr deswegen nach Berlin und weiter nach Teltow zu einem weiteren ehemaligen Arbeitskollegen von Bahro, Werner Busold, Diplomingenieur und in einem Akademieinstitut tätig, der inzwischen auch einbezogen worden war, und holte von beiden sämtliche Kopien ab, um sie in Halle vorübergehend zu lagern (es war Bahros Idee, unbeobachtete Personen die Exemplare hüten zu lassen). Zwei bis drei Wochen später fuhr Naujok mit dieser Ladung auf Weisung Bahros wieder nach Berlin.

Inzwischen hatte dieser von seiner ehemaligen Sekretärin die Erlaubnis erhalten, wegen einer angeblichen Renovierung seiner Wohnung die Exemplare seiner angeblichen Dissertation bei ihr vorübergehend lagern zu dürfen. Die beiden Männer fuhren mit drei Säcken voll Exemplaren zu ihr hin und verstauten alles auf dem Hängeboden dieser Frau.

Die nächste Arbeit war, die Exemplare versandfertig zu machen. Das war wieder eine Aufgabe für Ursula, die Mengen von Briefmarken, möglichst verschiedene Umschläge und anderes Verpackungsmaterial besorgen mußte. Damit ausgestattet, fuhren Bahro und sie wieder in die Wohnung der Sekretärin, öffneten die drei Säcke und verpackten jedes einzelne Exemplar. Die Adressaten hatte sich Bahro lange überlegt: Es sollten bekannte Gesellschaftswissenschaftler sein, die er entweder als potentielle Reformer einschätzte oder sie durch die Lektüre seines Textes zu solchen zu machen hoffte. (Ich war meistens entsetzt, als ich die Namen las, und konnte mir nicht vorstellen, daß diese Leute innerlich bereit wären, den Text zu lesen oder gar zu durchdenken.) Dann waren es Freunde, ehemalige Arbeitskollegen oder Kommilitonen, denen er sich auf diese Weise – oft nach langer Pause – als Theoretiker empfehlen wollte. Auch bat er mich, eine weitere Liste zusammenzustellen, was ich auch tat (mehr darüber in dem Kapitel über die Untersuchungshaft). Bahro hatte den letzten Teil des Versands genau geplant. Er schrieb mit verstellter Handschrift und auf jedem Umschlag mit anderen Stiften und anderer Anordnung die Adressen, dazu fiktive Absender, und machte sich einen Plan, auf welchen dazu passenden Postämtern diese Umschläge aufgegeben werden sollten.

Danach kam er meinem Vorschlag nach, für die DDR-Bevölkerung eine Kurzfassung der *Alternative* in Form von zusammenfassenden Vorträgen herzustellen und die Motive seiner Arbeit in einer Art Selbstinterview darzulegen. Das geschah in erstaunlich kurzer Zeit, und ich lektorierte für ihn auch diese Texte. Mit einem von Rudi Wetzel geborgten Aufnahmegerät hatte er in der Wohnung von Ursula dieses *Selbstinterview* auch auf Band gesprochen.

Sein Verlag in Köln sorgte inzwischen für eine angemessene Vermarktung. Im Börsenblatt war die *Alternative* angekündigt – noch anonym, aber mit der Bemerkung, daß sich der Autor rechtzeitig mit seinem Namen nennen werde. Dann wurde der *Spiegel* informiert. Und mit dessen DDR-Korrespondent Ulrich Schwarz erschien ein wichtiger Helfer für die letzte Phase der Veröffentlichung.

Er kam unangemeldet am 11. Juli zu ihm, zeigte seinen Presseausweis und überbrachte vom Verlag die Korrekturfahnen, sogleich mit dem Angebot, ein Interview mit ihm vorbereiten zu wollen. Beides überraschte Bahro: das schnelle Fertigstellen seines Buches durch den Verlag und die Aussicht, als Person und mit einem Auszug seines Buches im *Spiegel* vorgestellt zu werden. Wie er dann in einer Vernehmung vom 9. 12. 1977 äußerte, habe Schwarz ihm auch gleich die möglichen Schwierigkeiten angedeutet: Bahro müsse berücksichtigen, daß die Redaktion die Probleme ein wenig anders formulieren und gruppieren würde, als es ihm vielleicht lieb wäre. Beispielsweise erwarte der Leser im Westen auf jeden Fall DDR-Kritik, und die in mehreren Buch-Kapiteln angeschnittene Partei-Problematik müsse in den Vordergrund gerückt werden. Bahro war damit nicht einverstanden und bedeutete Schwarz, daß es ihm vielmehr darum gehe, *seine* »Position und Konzeption darzustellen, und zwar unfrisiert und ohne tendenziöse Färbung eines Mediums«. Schwarz war immerhin so entgegenkommend, ihm zu versprechen, sich bei der Redaktion für die Verwirklichung dieser Vorstellungen einzusetzen.

Gleich am nächsten Morgen rief Bahro mich an, daß »die Sache« nun da sei, ich wiederum rief meine damalige Frau an, die auf ihrem Rückweg von der Arbeit bei ihm vorbeifuhr und das Paket – er hatte es in der Backröhre seines Küchenherdes »versteckt« – abholte. Innerhalb weniger Tage las ich gründlich Korrektur und konnte den Text noch im Rahmen des Satzes vorsichtig lektorieren. Mir ging es vor allem darum, stehengebliebene maoistische Reste und bestimmte euphorische Behauptungen über den »Prager Frühling« – über dessen Bedeutung wir uns beide völlig einig waren – zu tilgen und einige Erläuterungen einzufügen. Nach wenigen Tagen war die Arbeit für mich abgeschlossen, Bahro holte den Text ab und gab ihn seiner Freundin Ursula zum zweiten Korrekturlesen.

Am 19. Juli besuchte er erneut Sonja Schnitzler und brachte ihr die inzwischen fertiggestellten sechs Vorträge (die sie wieder schnell weiterreichte).

Am 21. Juli kommt Schwarz das zweite Mal zu Bahro, diesmal mit dem *Spiegel*-Redakteur Romain Leick, und sie führen mit ihm das abgesprochene Interview – anschließend steckt Schwarz die korrigierten Druckfahnen in seine Tasche und nimmt sie nach Westberlin mit.

Am 8. August erscheinen Schwarz und Leick erneut in seiner Wohnung – diesmal geht es um die Korrektheit des redaktionellen Textes und um die Kapitelauswahl für den *Spiegel*-Vorabdruck, der für den 22. geplant ist. Für Bahro wird das ein anstrengender Abend – hier treffen Ost-Wünsche und westliches Journalistenhandwerk ziemlich hart aufeinander. Bahro liest den von Leick geschriebenen Text, mit dem er den *Spiegel*-Lesern vorgestellt werden soll. Schon der erste Satz gefiel ihm nicht, weil darin ein sachlicher Fehler enthalten war. Der wird korrigiert. Dann wird am Text gearbeitet, gestrichen oder hinzugefügt. Manchmal geht es um DDR-Begriffe, die ein West-Leser nicht verstehen würde, dann wieder um die Auslegung bestimmter Formulierungen. An einer Stelle wird es prinzipiell: Bahro besteht auf seiner Formulierung, die Redakteure erwidern: Wenn sie es so schreiben wollten, wie es der Autor möchte, dann würde es der *Spiegel* nicht drucken können. An einer anderen Textstelle ist Bahro erneut nicht einverstanden. Die Redakteure höflich: Er könne auch andere Einzelheiten vorschlagen, nur müßten diese dann relativ spektakulär sein. Bahro möchte, daß sein Buch als ein theoretisches Werk, nicht nur als politisches vorgestellt werde. Damit sind die Redakteure nicht einverstanden: Es müsse ganz einfach politisch sein und auch Sensation verheißen. Doch insgesamt kann Bahro – nachdem er etliche biografische Ungenauigkeiten korrigiert hat – mit dem Ergebnis zufrieden sein. (Und das erste große *Spiegel*-Gespräch auf bundesdeutschem Boden – im Oktober 1979 – führt er wieder mit den beiden.) Die eher nebenbei gestellte Frage des *Spiegel*-Redakteurs, ob es in der DDR auch einen Dubček geben könnte, bejahte Bahro und fügte – sicher mit einem vieldeutigen Lächeln – hinzu: »Es kann doch durchaus sein, daß ich an die Spitze der Partei kommen kann.«

Auf Bahros Bitte nahm Schwarz einen kurzen Brief an Erich Fromm mit nach Westberlin, auch die sechs Vorträge als Typoskript und als Tonbandkassette. Und er übermittelte ebenfalls Bahros Wunsch an den Verlag, daß Exemplare seines Buches an die Vertreter des Eurokommunismus wie Berlinguer, Carillo, Lombardo Radice und an den emigrierten tschechoslowakischen Reformkommunisten Mlynář geschickt werden mögen.

Am 9. August besuchte Bahro seinen von ihm bewunderten Bekannten Joachim Lucius, der das dabei geführte etwa fünfstündige Gespräch auf insgesamt 23 Seiten sehr detailliert weitergab. Dem IM, der äußerst unwissend tat, memorierte Bahro etwa eineinhalb Stunden den Inhalt des Buches, und dann – einmal in rednerischer Fahrt – trug er ihm sein Statement vor, das er bei der Festnahme abgeben wird, und auch gleich noch seine Verteidigungsrede, die er im Falle eines Gerichtsverfahrens halten werde. Ihm erläuterte er auch, welche drei Möglichkeiten an Sanktionen gegen ihn möglich wären, dabei nannte er als erstes auch eine Reihe von Zitaten aus dem Schlußkapitel, die als »staatsverleumderische Hetze« nach § 96 – jedoch nicht nach § 106 – mit zwei bis zehn Jahren bedroht seien. Jedoch rechne er nicht damit, daß das volle Strafmaß zur Anwendung komme, so daß er auf etwa fünf bis sechs Jahre Haft gefaßt sei. Die beiden anderen Fälle wären Parteiausschluß, Absetzung von seiner jetzigen Leitertätigkeit, dafür Produktionsarbeit und ein Status etwa wie Havemann; dritte Möglichkeit: Die ganze Angelegenheit werde mit Stillschweigen übergangen, ihm passiere gar nichts, möglicherweise werden aber einige Leute eingesperrt, die für ihn eintreten – das wäre für ihn die schlimmste Folge. Diesem Vertrauten erklärte er auch noch, aus welchen Motiven heraus das Buch entstanden sei: zunächst einmal »habe er – genau wie Christa Wolf ihre ›Kindheitsmuster‹ – für sich selbst und um seiner selbst willen geschrieben. Auf der anderen Seite habe er eine solide philosophische Ausbildung erhalten, die ihn verpflichte, von dem Gelernten auch Gebrauch zu machen. Außerdem sei er Kommunist, und wenn einem Kommunisten etwas auffällt, was andere möglicherweise nicht bemerken oder nicht bemerken wollen, ist er verpflichtet, das auch schonungslos auszusprechen und dafür die Konsequenzen zu tragen.«

Glaubte man den Berichten der Westspione der HVA, so wäre am 10. August eine echte Sensation geschehen: Dann hätte nämlich – natürlich mit falschem Paß – der berühmteste trotzkistische Theoretiker und Führer der IV. Internationale, der Belgier Ernest Mandel, den im Westen völlig unbekannten Bahro in seiner Wohnung besucht! Wie es zu solchem Treffen hätte kommen können, bleibt offen. Sicher ist nur die Existenz mehrerer Berichte der Auslandsspione der HVA, und diese behaupten mit Tag und angenäherter Uhrzeit, *daß* Mandel bei ihm war. Diese Informationen stammen mit größerer Verspätung vom September, und die Quelle der HVA (vermutlich inmitten der Organisation) berichtet über den Eindruck des (virtuellen) Besuches bei Bahro: »Mandel hob die differenzierte Kritik von Bahro an der SED deutlich hervor und meinte dazu, daß es eine derart fundierte parteiinterne Kritik innerhalb der sogenannten Ostblockstaaten in der Form noch nicht gegeben habe. Es wird als sicher angesehen, daß eine Übereinstimmung zwischen Mandel und Bahro in ökonomischer Linie besteht.« Und dieselbe Quelle berichtete eine Woche später ergänzend: »Zu seinem Besuch bei Bahro äußerte Ernest Mandel, daß er sehr lange und ausführlich Bahros politische Ansichten diskutiert habe. Er betonte besonders die exzellente politische Einstellung von Bahro in Sachen Übergangsgesellschaften, marxistische Wirtschaftstheorie und oppositionelle Bewegung.« Später hätten übrigens zwei Mitglieder des ZK der IV. Internationale mit Nachschlüssel in Bahros Wohnung eindringen und von dort Materialien abholen müssen, die Mandel dort unvorsichtigerweise hätte liegenlassen. Soweit die Akten. Wenn der Besuch stattgefunden haben sollte, so wäre dies sicher einer der konspirativen Höhepunkte von Bahros DDR-Biographie. Mich verwunderte jedoch, daß er später nie auf diesen Besuch und sein Kennenlernen Mandels eingegangen ist, z.B. in den Interviews für *From Red to Green*. Immerhin müßte dieser mit seinem gefälschten französischen Paß die Kontrolleinheiten des MfS auf dem Flughafen Schönefeld und dann noch einmal am Checkpoint Charly ausgetrickst haben. Der von mir befragte Jakob Moneta, damals Mitglied des Zentralkomitees der IV. Internationale, kann sich an solchen Bericht Mandels über Bahro (den Moneta 1979 auch persönlich kennenlernte) nicht erinnern. Schließlich befragte ich Gundula Bahro über Mandel, und sie ist sich »hundertprozentig sicher, daß Rudi ihn erst im Westen kennengelernt« habe. Was die Untersuchungsabteilung des MfS (HA IX/2) von den Berichten ihrer Kollegen Kundschafter hielt, zeigt sich darin, daß Bahro in den Vernehmungen zu jedem Detail seiner Kontakte befragt wurde – nur nicht zu einem Besuch des führenden europäischen Trotzkisten.

Am 12. August 1977 war der erste Todestag seines Vaters. Rudi fuhr mit seinem Bruder und dessen Frau Eva zu seiner Mutter Frieda nach Eisenhüttenstadt. Nach dem Kaffeetrinken lud Rudi seinen Bruder zu einem kleinen Spaziergang ein, und an einer zerstörten Eisenbahnbrücke erklärte er ihm, daß er ein Buch geschrieben habe und nicht mehr lange frei sein werde. So nahm er still Abschied von seiner Familie.

Was er jetzt noch tat, diente zum Teil der Verbreitung seiner DDR-Ausgabe durch die Helfer Busold und Naujok, hauptsächlich aber der Vorbereitung seiner eigenen Publizität, um sich und damit auch dem Buch den nötigen Bekanntheitsgrad zu sichern. Am 17. August kam es mit dem ZDF-Korrespondenten Dirk Sager zu einem vorbereitenden Gespräch für ein Interview, wobei Bahro gleich äußerte, wie sehr er interessiert sei, daß das Interview auch im Deutschlandfunk und über BBC London ausgestrahlt werden würde.

Am 19. August kam Sager mit seinem Kamerateam zu ihm in die Wohnung (von 16.37 bis 19.37 Uhr – zeigten die genaugehenden Stasi-Uhren an), um das Interview zu führen, welches vier Tage später dann im ZDF ausgestrahlt wurde. Darin konnte Bahro auf seine Motive, die Notwendigkeit und auch kurz auf den Inhalt des Buches eingehen. Ob das Interview für westliche Hörer tatsächlich genießbar war, ist zu bezweifeln. Sagt da doch dieser unbekannte Funktionärstyp: »[...] daß ich wirklich aus tiefster Überzeugung Marxist und Kommunist geworden bin«, [...] »daß eigentlich alle humanistischen Ideale, die die Menschheit jemals hervorgebracht hat, in dieser kommunistischen Perspektive aufgehoben sein werden« [...] »Ohne eine kommunistische Partei kann man in einer Gesellschaft, die in Wirklichkeit doch noch antagonistisch funktioniert, den Durchbruch zum Sozialismus und Sozialismus-Kommunismus [...] nicht erreichen.« Immerhin gibt es auch eine treffende Selbstaussage: »Die Christen würden sagen, ich hatte den Glauben. Und wenn man die Sache nun genau betrachtet, dann ist es eigentlich immer bei diesem Glauben geblieben bei mir, nur daß ich ihn natürlich rationalisiert, qualifiziert, reflektiert habe.«

Kaum war das Interview beendet, da stand schon Lutz Lehmann in der Tür und verabredete mit Bahro das nächste Interview, diesmal für die ARD. Es kam am nächsten Tag zustande und wurde ebenfalls am 23. August gesendet. In ihm kann er eine für das Verständnis wichtige Korrektur einbringen, die allerdings kaum berücksichtigt wurde: »Ich habe ja im Grunde genommen kein politisches Buch

[...] geschrieben, das nur die politische Oberfläche unserer Verhältnisse betrifft. Der *Spiegel* hat mein Buch da recht einseitig dargestellt, indem er also meine Kritik am Parteiapparat in den Mittelpunkt gestellt hat. [...] Aber mein Buch ist eigentlich ein ökonomisch-philosophisches Werk.« Und ein wenig später fällt dann das Wort, das die Zeitungen gerne aufgriffen: »Es denkt in der DDR.«

An diesem 20. August kommt auch Ulrich Schwarz ein letztes Mal zu Bahro mit den Korrekturfahnen des *Spiegel*. (Bei einem seiner vier Besuche machte er in der Streustraße auch Fotos von Bahro, die dann bald darauf immer wieder in den Zeitungen und Zeitschriften auftauchten.)

Die letzten Tage gehörten auch der Versendung der DDR-Exemplare: Am 18.8. fuhr Naujok im Auftrag von Bahro nach Teltow, holte Werner Busold ab, und beide fuhren in den Prenzlauer Berg, in die Wohnung der Sekretärin, holten die fertiggestellten und frankierten Umschläge ab, brachten die Konterbande vorsichtigerweise über Nacht noch zurück nach Teltow und gaben sie am nächsten Tag auf 17 (!) verschiedenen Postämtern in Berlin auf – bis hinaus nach Mahlsdorf und Grünau. Bahros Überlegung war, daß die Post etwa drei Tage brauchen werde, so daß die Adressaten ihr Exemplar zeitgleich mit dem Erscheinen des *Spiegel* bekommen würden. (Es kam schon anders: die Deutsche Post und die Staatssicherheit arbeiteten sehr eng zusammen.)

Zwei Exemplare wollte Bahro persönlich abgeben. Von Observierungskräften unbemerkt begleitet, fuhr er zuerst zu Joachim Lucius, der jedoch (auftragsgemäß) die Annahme verweigerte, dann zu der Dokumentarfilmregisseurin Renate Drescher (der er schon mal einen Heiratsantrag gemacht hatte), die aber nicht zu Hause war. Er steckte den starken Umschlag in den Hausbriefkasten. (Kaum hatte er sich entfernt, da kamen die Observierer und holten das Exemplar wieder heraus.)

Am Montag, dem 22. August, erschien pünktlich wie immer der *Spiegel*, und Rudolf Bahro ging zur Arbeit, als sei nichts geschehen. Am Nachmittag fand – auch das war eine fest auf den Montag gelegte Einrichtung – eine Parteiversammlung seiner Abteilung statt, zu dem Routinethema *Diskussion um die Erfüllung des Plans und um den Stand der Kandidatenwerbung*. Doch inzwischen bekam Dr. Siegfried Floßmann, Mitglied der Zentralen Parteileitung des Kombinats, die Information, daß laut RIAS oder SFB ein Abteilungsleiter des Gummikombinates ein Buch zur Kritik am realen Sozialismus in der Bundesrepublik zur Veröffentlichung bringe. Der Verdacht fiel schnell auf Bahro, er wurde befragt und äußerte dazu nur, am Nachmittag in der Parteiversammlung eine Stellungnahme abgeben zu wollen.

Es folgt jetzt ein Auszug aus dem noch am selben Tage verfaßten Bericht der MfS-Kreisdienststelle Weißensee (der von der Bezirksverwaltung am nächsten Tag an den stellvertretenden Minister Rudi Mittig weitergereicht wurde, der wiederum Mielke darüber informierte): »In der APO-Versammlung eröffnete Gen[osse] [...] die Versammlung zum Thema; zuvor wurde eine Protestresolution gegen den Bau der Neutronenbombe abgegeben. Gen. [...] gab im weiteren einen Überblick über den Stand der Kandidatenwerbung, und ca. 16.45 Uhr meldete sich Bahro mit der Begründung, in eigener Sache der APO-Versammlung eine Mitteilung zu machen, zu Wort. In ca. 3 Minuten gab Bahro folgende Stellungnahme ab (sinngemäß):

Nach ca. neun Jahren bringe er ein persönliches Werk zum Abschluß. Er sei Dubček -Anhänger und vertrete die Ansichten des Generalsekretärs der KP Spaniens Carillo. In seinem Buch ›Kritik zum realen Sozialismus‹ [sic!] habe er seine Ansichten niedergelegt, daß es in der DDR keinen realen Sozialismus gibt, es unter anderem auch an einer Opposition in der DDR fehlt und [er] mit dem Sozialismus, wie er in der DDR praktiziert wird, nicht einverstanden ist. [...] Er verglich seine Arbeit mit der Arbeit von Marx, der Kritik am Kapitalismus. Der Tragweite seines Handelns sei er sich bewußt und trage alle Konsequenzen. Er beabsichtigt aber keinen Antrag zur Ausreise aus der DDR zu stellen.« (Über die Reaktionen in seinem Betrieb und die Maßnahmen des MfS komme ich im Kapitel *Freiheit für Rudolf Bahro!* zu sprechen.)

Nach dieser Versammlung fuhr Bahro ungeschoren zu Ursula Beneke und dann mit ihr zu sich nach Hause in die Weißenseer Wohnung. Hier wartete noch nicht die Stasi, sondern Lutz Lehmann von der ARD und brachte ihm den besagten *Spiegel* ins Haus. Die Situation wird paradox: Die Staatssicherheit hat ihn fest im Griff, der *Spiegel* ist mit seinem Porträt und einem Auszug aus der *Alternative* erschienen, im Betrieb hat er sich geoutet, nun plaudert er mit Lutz Lehmann, blättert im *Spiegel*, es erscheint als nächstes Peter Pragal von der *Süddeutschen Zeitung* und will noch schnell ein Interview mit ihm machen – er bekommt es auch, dann besprechen alle drei die möglichen Reaktionen in den kommenden Tagen –, und wartend auf seine Festnahme, kann Bahro um 22 Uhr in Ruhe sein *Selbstin-*

terview im RIAS II anhören. Hier hört er sich noch einmal auf die Frage: »Mit welchen Folgen rechnen Sie denn für sich persönlich?« antworten: »Ich bin auf jede denkbare Reaktion gefaßt. Ich hatte Zeit, mich auf die Stunde der Wahrheit vorzubereiten. Ich werde ja nicht das Opfer sein; ich bin es, der angreift. [...] Ob man mich verhaften wird oder nicht, das kommt auf den Schutz der internationalen, insbesondere der kommunistischen Öffentlichkeit an. Daß es Paragraphen gibt, gegen die ich verstoßen mußte, um überhaupt aufzutreten, gehört zum Wesen unseres politischen Systems. Es hat Gesetze nötig, die vorsorglich so beschaffen sind, daß ein Mensch, der abweichende Gedanken verbreiten will – wenn er sie nicht verbreiten will, ist er gar nicht politisch –, gegen sie verstoßen muß. Mir sind im neuen Strafgesetzbuch – je nach Auslegung – von vornherein zwischen 2 und 10 Jahren angedroht.«

Dann hört er mit seiner Freundin eines der geliebten Streichquartette Beethovens, und sie gehen ins Bett. Auf den Wohnzimmertisch hatte er absichtsvoll und gut sichtbar Ernst Blochs *Das Prinzip Hoffnung* gelegt. Es klingelt immer noch nicht, er schläft die letzte Nacht in der eigenen Wohnung, und auch in der Frühe – etwa um fünf Uhr – will es nicht klingeln oder klopfen.

Und am Morgen ging er eher verwundert und vielleicht ein wenig frustriert wieder zur Arbeit. Ein letztes Mal. Um 17.10 Uhr wird er in seiner Wohnung festgenommen.

Was er gerne gesagt hätte, wenn es klingelt, hat er dem IM »Rolf Anderson« am 9. August vorgemacht: »Liebe Genossen der Staatssicherheit, spät kommt ihr, doch ihr kommt. Ich hätte euch mehr zugetraut, ihr habt euer Amt schlecht verwaltet, denn ihr kommt zu spät. Ihr werdet in meiner Wohnung nicht das geringste finden, aber es wäre auch für euch interessant zu lesen, was ich geschrieben habe, denn ihr dient nicht dem Sozialismus ...«

Zwischenspiel

Im Jahre 1958 veröffentlichte Bahro in der renommierten Zeitschrift *Theater der Zeit* einen kleinen Aufsatz, wie unter sozialistischen Bedingungen Schillers *Don Carlos* zu verstehen und zu spielen sei *(Marquis Posa heute noch?)*. Darin gibt es eine ahnungsvolle Szene. Bahro – der bereits als Schüler den Marquis Posa zu seinen Helden und Vorbildern zählt – schreibt: »Und Posa ahnte in seinem abstrakten Idealismus nichts davon, daß sein Unternehmen also schon von vornherein zum Scheitern verurteilt war. Sogar der König ist verwundert, als er erfährt, wie unerbittlich seine heilige Inquisition ihre Opfer verfolgt, selbst solange sie noch in Freiheit sind.« Und er zitiert Schiller:

König (mit Befremdung): Ihr habt
Von diesem Menschen schon gewußt?
Großinquisitor: Sein Leben
Liegt angefangen und beschlossen in
der Santa Casa heiligen Registern.
König : Und er ging frei herum?
Großinquisitor : Das Seil, an dem
Er flatterte, war lang, doch unzerreißbar.

Aus der Perspektive der Staatssicherheit

Dieselbe jahrelange Arbeit (im Aktendeutsch: operativer Vorgang) nun aus den Observierungsberichten und Einschätzungen des MfS:

Nachdem die Akten lange im Panzerschrank geruht hatten und dem »Maßnahmeplan« vom Juni 1969 nichts folgte, beginnt das Drama reichlich fünf Jahre später mit einem Paukenschlag.

Hauptabteilung XX: »Bericht: Am 25.9.1974 informierte der Stellvertreter des Genossen Minister, Genosse Generalleutnant Wolf, den Leiter der Hauptabteilung XX, Genossen Oberst Kienberg, über folgenden Sachverhalt: Die Genossin Dr. Gundula Bahro […] erhielt Kenntnis darüber, daß ihr geschiedener Ehemann Rudolf Bahro oppositionelle Auffassungen gegen den real existierenden Sozialismus in der DDR vertritt. […] Im August 1974 machte er sie mit einem Manuskript bekannt, in dem er seine Kritik am Sozialismus konzipiert. Der Inhalt ist in der Richtung einer sogenannten Erneuerung des Sozialismus, ähnlich wie das die konterrevolutionären Kräfte aus der ČSSR 1968 propagierten, angelegt. Den Schluß dieser Konzeption will Rudolf Bahro noch verändern, da er ihm utopisch erscheint. Das Manuskript soll nach seiner Fertigstellung mit einem Aktionsprogramm abschließen. Die Gesamtkonzeption umfaßt ca. 200 Seiten, ist in etwa 5 Exemplaren gefertigt und enthält konkrete Vorstellungen, was seiner Meinung nach alles am real existierenden Sozialismus zu verändern sei. Rudolf Bahro wird ein Exemplar dieses Manuskriptes der Genossin Dr. Gundula Bahro in den nächsten Tagen zum Lesen geben. Sie ist bereit, es dem MfS zeitweilig zur Verfügung zu stellen.«

Zu seinem Motiv führte sie aus: »Rudolf Bahro vertritt die Auffassungen, daß es in der UdSSR einmal Veränderungen des politischen Systems geben würde. Das würde sich auch auf die DDR auswirken. Dann würden Leute wie er gebraucht. Deshalb müsse er vorbereitet sein, eine politische Konzeption besitzen und über geeignete Verbindungen verfügen.«

Die Denunziation geht noch weiter, doch entstehen jetzt schon viele Fragen.

Zum Beispiel über das Motiv des Verrats. Eine Zeitlang lag mir der Verdacht nahe, sie habe aus Eifersucht so gehandelt, und dafür gab es Indizien. Denn sie berichtet bei demselben Treffen, daß ihr geschiedener Mann sich »bei anderen Frauen aufhalte, die er durch Heiratsannoncen in der BZ am Abend kennenlernt. Gegenwärtig ist Rudolf Bahro enger liiert mit der Ursula Beneke [...] Bei einer weiteren Freundin [...] bewahrt Rudolf Bahro evtl. Exemplare seines Manuskriptes auf.« Spätere IM-Berichte geben mißverständliche Szenen aus dem Post-Eheleben in der gemeinsamen Wohnung wieder. Dann zeigt sich der Wunsch, ihn zu erniedrigen: »Er ist ein Mensch mit außerordentlich übersteigertem Selbstbewußtsein, besessen von seinen oppositionellen Ideen, evtl. zum Größenwahn neigend. Ein Phantast, der bereit ist als Märtyrer zu gelten.«

Schließlich verrät sie auch die Namen derjenigen, die nach ihrem Wissen das Manuskript kennen: Prof. Heise, Prof. Besenbruch, Christa Wolf, Volker Braun, Günter de Bruyn. Damit verschärft sich die Denunziation, weil die Bedeutung der Genannten die Staatssicherheit sofort in höchste Alarmstimmung versetzen muß.

Gundulas Sohn Andrej schloß dagegen im Interview vom Juli 2000 Eifersucht als Motiv aus. Eher erschien es ihm als eine »Flucht nach vorne«, damit sich seine Mutter nicht mitschuldig mache. Deshalb bat ich Gundula Bahro um eine Selbstdarstellung ihres Motivs (und bot ihr an, diese in das Kapitel direkt aufzunehmen). Sie wollte auf den Vorschlag nicht eingehen, hat sich aber doch ausführlich dazu geäußert. Einerseits sei es »eine ganz persönliche Auseinandersetzung zwischen R[udolf] und mir. In dieser Situation, als R. 1968/69 beschlossen hatte, das Buch zu schreiben, hat er die Scheidung verlangt, *um die Familie zu schützen* [...] Leider ging das Familienleben unter enormem Druck weiter.« Den anderen Punkt hatte Andrej bereits vermutet, denn Gundula schreibt weiter: »Aus der russischen Geschichte her hatte ich Angst, daß bei Bekanntwerden und den üblichen Repressionen des Staates dennoch Sippenhaft wirken könnte und den Kindern jegliche normalen Perspektiven verstellt würden (bis zu Kinderheim oder Zwangsadoption). R. war solchen Vorstellungen trotz vieler Diskussionen nicht zugänglich. Der einzige Grund war – so wie er es auch wohl in einem Interview formuliert hat – daß ich um die Kinder Angst hatte und wegen seiner Selbstigkeit, der Hybris, die er sich immer stärker zulegte und nur noch seinem Ideal Lenin folgen wollte (d.h. seiner Bedeutung). Daß ich letztlich irgendwann den Schritt tat, mich an M. Wolf zu wenden, entstand aus einer für mich kumulierten aussichtslosen Streßsituation [...].«

Aber das nächste Rätsel ist nicht psychologischer Natur. Wer den Mythos um Markus Wolf kennt, fragt sich natürlich an erster Stelle: Wie kann eine Oberassistentin der Sektion Slawistik sich mit dem geheimnisvollsten aller Geheimdienstoffiziere in Verbindung setzen? Konnte sie sich einfach mit ihm treffen? Gundula erklärte mir jetzt folgendes: Sie hatte eine Zeitlang in ihrer Arbeitsstelle, der Sektion Slawistik der Humboldt-Universität, mit Emmi Wolf, der Frau des Geheimdienstchefs, ein gemeinsames Zimmer geteilt und Markus Wolf bereits zweimal auf Geburtstagsfeiern privat erlebt. In der genannten Situation stellte auf ihren Wunsch eine andere Arbeitskollegin den Kontakt zu Wolf her, der sogar zu ihr ins Institut kam und ihr zuhörte. Warum nun das Gespräch mit dem General? Auch darüber schrieb mir Gundula Bahro: »R. hatte eine gute Meinung von M.W. und glaubte an seine Intelligenz. Ich habe damals in vollem Wissen um die Probleme, die mir das mein ganzes Leben bedeuten würde, und auch zwischen uns – mich an Mischa Wolf gewandt, um ihn als Gegenpart zu informieren. Ich hoffte, daß er eher nicht zum Äußersten greifen würde und daß R. *geschützt* bliebe, solange er das Manuskript in der DDR diskutiert. Ich habe auf ›kluge Diskutanten‹ auch aus dem Apparat gehofft. Als einen IM im üblichen Sinne habe ich mich nicht gesehen.«

Nachdem das MfS unterrichtet war, zeigte es keine Eile. Erst im November 1976 wurde ein »Operativplan zur Einleitung eines Ermittlungsverfahrens mit Haft und Abschluß des OV ›Konzeption‹« aufgestellt, doch folgte dem nichts. Die Staatssicherheit sah zu, wie das Manuskript bearbeitet wurde (sie wußte allerdings nicht, wer es wann in den Westen geschleust hatte), wie Rudolf Bahro in aller

Ruhe seine Medienauftritte organisierte und seinem Werk einen öffentlichkeitswirksamen Start verschaffte.

Warum die Staatssicherheit das Buch nicht verhindern wollte – das ist das eigentliche Rätsel des ganzen Vorgangs. Ich habe es zu lösen versucht, indem ich mit mehreren wichtigen Offizieren darüber sprach: mit dem in der HA IX/2 (Bekämpfung der politischen Untergrundtätigkeit) mit dem OV »Konzeption« befaßten Major Eschberger, mit Gerd Bäcker, einem Obersten der ZAIG, und (in Briefform) mit Markus Wolf.

Das Telefongespräch (am 9. Oktober 2001) mit dem einstigen Major und heutigem Dr. jur. (Doktor der Tschekistik, um Jens Gieseke zu zitieren) Eschberger lief etwa so ab:

»*Ich*: Meine Frage: Warum hat das MfS das Erscheinen der ›*Alternative*‹ nicht verhindert? Gab es dazu einen Beschluß?

Er: Warum sollte es verhindert werden? War doch kein schlechtes Buch. Oder?

Ich: Es hat der SED viel Ärger eingebracht, über Monate beschäftigte sich die westliche Presse und die politische Öffentlichkeit mit Bahro (und das Buch wurde weltweit gelesen). Ohne dieses Buch wäre die Verhaftung schnell vergessen worden. Warum also ließ das MfS – das über jeden Schritt Bahros und über das Manuskript informiert war – die Veröffentlichung zu?

Er: Das hing von politischen Entscheidungen ab, diese wiederum von der politischen Großwetterlage. Auch ist Bahro ja nicht für das Buch verurteilt worden. Sie kennen doch die Gründe.

Ich: Wegen Nachrichtenübermittlung und Geheimnisverrat, aber nur, weil man keinen politischen Prozeß wollte – ursprünglich waren andere Paragraphen (staatsfeindliche Hetze usw.) vorgesehen.

Er: Da können Sie mal sehen, was in so einem Buch alles drinsteckt.

Ich: Also noch mal: Gab es in Ihrer Hauptabteilung einen Beschluß, die Veröffentlichung nicht zu verhindern?

Er: Solchen Beschluß hätten wir auf unserer Ebene gar nicht fassen dürfen. Das wurde woanders entschieden.

Ich: Zwischen Mielke und Honecker?

Er: Ja, dort sollten Sie mal suchen.«

Natürlich war der Ton mehr als flapsig – der Fachmann wollte mit seinem Wissen nicht herausrücken, denn er mußte 1977 genau gewußt haben, was seine Untersuchungsabteilung und die bis zur Verhaftung für Bahro zuständige HA XX/OG in Sachen des Buches durfte oder verhindern sollte. Der Hinweis auf die Politbüroebene war naheliegend, ich wollte es lediglich bestätigt bekommen. Doch die Suche auf dieser Ebene verlief erfolglos. (In einem späteren Gespräch meinte er, daß er 1977 nicht »genau gewußt habe«, was man »durfte oder verhindern sollte«: Wegen der Biermann-Ausbürgerung und wegen Havemann wollte die SED-Führung keinen neuen »Fall« haben. So konnte es auch keine Entscheidung innerhalb des MfS geben, und »die Bearbeitung Bahros plätscherte so vor sich hin«.)

Der ehemalige Oberst Bäcker verwies noch auf einen anderen Aspekt: die Rechtslage. Bücher und Artikel schreiben, Interviews geben sei per se nicht strafbar gewesen. Das MfS habe intensiv Material zu Bahro gesammelt, viel zu viel Material, das bald niemand mehr überblickte, es hat letztlich nicht weitergeholfen, denn die Gesetzeslage habe dem MfS die Hände gebunden. Jeder Mitarbeiter hätte gewußt, was man gegen das Buch und seine Veröffentlichung hätte machen können, doch man war einesteils politisch verunsichert gewesen (Biermann-Ausbürgerung und die Folgen), andernteils waren da die fehlenden Straftatbestände. Nur ganz am Rande ließ er durchblicken, daß man zwar mit den Gesetzen gut umgehen könnte, aber nicht wußte, wie die SED-Führung reagieren würde.

Markus Wolf hat in einem Brief die Sache kurz so dargestellt: Wenige Tage nach der Information durch Gundula Bahro »spielte dieses Thema und das Problem der Behandlung Bahros durch das Ministerium für Staatssicherheit in Gesprächen mit meinem dafür zuständigen Kollegen, dem stellvertretenden Minister für Staatssicherheit, eine Rolle. [...] Es gab jedenfalls erhebliche Zweifel, ob ein strafrechtliches Vorgehen möglich oder überhaupt angebracht ist.« (Dann schildert er noch, wie er später den krebskranken Bahro auf dessen Wunsch im Krankenhaus besucht habe: Dessen Hauptinteresse war, »von mir zu erfahren, wie und wer das Herausschmuggeln und Erscheinen seines Manuskripts ermöglicht habe. Er zählte viele Indizien auf, die darauf hinweisen, daß das MfS über alle Vorkehrungen und die Vervielfältigung informiert sein mußte. Es wäre ein leichtes gewesen, diese simplen Aktivitäten zu unterbinden. Ich konnte in diesem sehr freundschaftlichen Gespräch auch nur Vermutungen äußern. Unmittelbar war ich mit seinem Fall nie befaßt.«)

Daß Bahro innerhalb des MfS geschützt werden sollte, ist eher unwahrscheinlich, denn die Informationen liefen über die ZAIG (Zentrale Auswertungs- und Informationsgruppe: das »Gehirn« des MfS) hoch zu Minister Mielke – doch interessanterweise finden sich von ihm in den Akten keinerlei Anweisungen, wie vorzugehen sei.

Bahro sah das Ganze als eine politische Entscheidung außerhalb des MfS: Die Staatssicherheit habe den Kontakt zum *Spiegel* zugelassen »zweifellos in Übereinstimmung mit Hager und dem Staatsapparat. Dabei hätten sie doch erkennen müssen, daß es Aufsehen erregen würde, und dennoch entschieden sie, die Sache laufen zu lassen. Während meiner Vernehmung erzählten sie mir direkt, daß sie einen ›Testfall‹ gebraucht haben, um Moskau zu zeigen, mit welchen Fällen sie sich zu befassen haben.« (*From Red to Green*)

Nachdem Bahro über fast fünf Jahre für die Sicherheit uninteressant blieb (so wenigstens die Aktenlage), wird nach dem Treffen von Gundula Bahro und Markus Wolf erst mal seine archivierte Akte herausgeholt, in der HA XX/5 gelesen und ein Auskunftsbericht angefertigt – genau einen Tag bevor der Leiter der HA XX von Markus Wolf informiert wird.

Wieder einen Tag nach dieser Information wird Gundula Bahro in der Uni von Major Brosche (HA XX/7) aufgesucht. Ihm teilt sie weitere Namen aus dem Umkreis ihres Ex-Mannes mit und gibt zusätzliche Details über Rudi preis: seit etwa 1973 habe sich seine oppositionelle Haltung gegenüber der Politik der SED verhärtet, und als Grund nennt sie, »daß er sich in unserer sozialistischen Gesellschaft über Jahre nicht genügend bestätigt fühlte und er der Auffassung ist, sein politisches und geistiges Talent als Philosoph würde in der DDR nicht beachtet«. Für den Stasi-Offizier ist dagegen von Interesse, daß Frau Bahro ihn sofort verständigen wird, »wenn sie im Besitz der oppositionellen Schrift des Genannten ist«, und sie bekommt Telefonanschlüsse mitgeteilt, »um eine ständige Verbindung zur Übergabe der Materialien zu haben«.

Erst sechs Wochen später findet das nächste Treffen statt. An neuen Informationen erfährt die Staatssicherheit von den intensiven Kontakten Bahros mit Volker Braun, der inzwischen das Manuskript bekommen hat, »wobei die Informantin [...] einschätzt, daß Volker Braun in letzter Zeit sehr stark unter den politischen Einfluß von Rudolf« gekommen sei. Und sie berichtet weiter, daß Heise und auch Tzschoppe sich von Bahros Konzeption »entschieden distanzieren würden«, sein früherer Freund Günter Baumgart habe »das ihm übergebene Exemplar nach Einsichtnahme sofort vernichtet« und Bahro die Freundschaft gekündigt. (Natürlich hat er es nicht vernichtet, sondern weitergereicht, und gerade dieses Exemplar ist nach einer mehr als zweijährigen Weitergabe im MfS gelandet.)

Weiter erfährt die Staatssicherheit: Seit dem 30. Oktober befindet sich das Original nicht mehr in der Wohnung. (Bahro hat es – wie er seiner späteren Frau Marina erzählte: aus Angst vor Gundula – seither im Dachgebälk seiner Weißenseer Arbeitsstelle versteckt.) Dann berichtet sie von Bahros Dissertation, an der er gerade noch schreibt und die bis zum Januar in der TH Merseburg abgegeben werden muß. Und ebenfalls ist von Bahros Brief an Walter Ulbricht (aus dem Jahre 1967) die Rede, worin er Reformvorschläge unterbreitet hatte. Sie kann sich nicht verkneifen hinzuzufügen, daß der Inhalt dieses Briefes »weitgehend identisch mit den konterrevolutionären Forderungen der *2000 Worte* 1968 in der ČSSR« gewesen sei. Schließlich der Schlußsatz aus diesem Stasi-Bericht: »Die Informantin ist bereit, das MfS mit ihr zugänglichen Informationen und evtl. anderweitig notwendig werdenden Maßnahmen auch weiterhin zu unterstützen. Sie legt aus Sicherheitsgründen großen Wert auf Wahrung der Konspiration.« (Dazu sei gesagt, daß nach den internen Kriterien der Gauck-Behörde Gundula Bahro kein IM war, da sie nicht verpflichtet wurde, während das Gesetz – StUG § 6 – diese Kategorie sehr weit anlegte.)

Mit diesem Wissen durch Frau Bahro ausgestattet – die sehr schnell auch das Manuskript dem MfS übergab –, beginnt die Hohe Schule der Ermittlung, eingefädelt mit einem elfseitigen Maßnahmeplan (vom 11.11.1974).

Bahro werden zwei Hauptvorwürfe gemacht: »eine staatsfeindliche Konzeption ausgearbeitet zu haben, die er mit anderen Personen berät und dabei feindliche und schwankend eingestellte Personen zu oppositionellem Verhalten ermutigt, wobei nicht auszuschließen ist, daß er damit versucht, Personen zu planmäßig strafrechtlich relevanten Handlungen zu verleiten«. Und: Seine Schrift »richtet sich im wesentlichen gegen die politischen Grundlagen der sozialistischen Gesellschaftsordnung aller sozialistischen Staaten, wobei der Hauptangriffspunkt die Sowjetunion als revolutionäres Zentrum des Sozialismus ist«. Auch die übrigen Vorwürfe sind schwerwiegend, etwa seine Forderung nach einer »kommunistischen Opposition«.

Also wird beschlossen, Bahro geheimdienstlich zu bearbeiten, mit der Zielstellung, »die Verdächtigten« (Plural!) strafrechtlich zur Verantwortung zu ziehen. An Strafrechtsparagraphen werden herangezogen:

der *begründete Verdacht* auf

§ 106 – staatsfeindliche Hetze

§ 107 – staatsfeindliche Gruppenbildung

und der *Verdacht* auf

§ 96 – Hochverrat

§ 108 – Staatsverbrechen, die gegen ein anderes sozialistisches Land gerichtet sind.

Um den Verdächtigten voll aufzuklären und um »Anhaltspunkte für die Verletzung von Straftatbeständen entsprechend der aufgestellten Versionen zu erhalten«, werden alle Register geheimpolizeilichen Könnens gezogen. Im einzelnen braucht die Staatssicherheit weitere Informationen über seine Tätigkeit im Betrieb und als Parteisekretär, über seinen Umgangskreis und seine Dienstreisen. Die Dissertation sei konspirativ zu beschaffen und durch Experten einzuschätzen. Ein zweiter Schwerpunkt ist die Überwachung und Aufklärung aller Personen, die Gundula Bahro angegeben hatte, dazu die Durchführung von konspirativen Hausdurchsuchungen bei diesen Personen, »um den Verbreitungsgrad« von Bahros Konzeption herauszufinden. Das Tatwerkzeug Schreibmaschine ist operativ zu ermitteln, aus der Vorgeschichte des Verdächtigten ist die Nr. 18/66 des *Forum* mit dem Beitrag Volker Brauns *Kipper Paul Bauch* ebenfalls operativ zu beschaffen, um die Zusammmenhänge zwischen Braun und Bahro aufzuklären und ihre »politischen und feindlichen Grundeinstellungen sichtbar zu machen«. Mit Frau Bahro ist »intensiver Kontakt zu halten mit dem Ziel, ein Vertrauensverhältnis zu schaffen«, vier Inoffizielle Mitarbeiter werden zum Einsatz vorbereitet (»Hartmut«, »Karl«, »Erwin«, »Deubl«), Telefon, Post sind zu überwachen, der Einsatz von »Wanzen« (B-Maßnahmen) ist zu prüfen.

Bereits zwei Tage später, am 13. November, liegt die erste Einschätzung seines Manuskripts vor: viereinhalb Seiten, anonym, d. h.: entweder von einem Mitarbeiter der Juristischen Hochschule des MfS in Potsdam-Eiche oder von einem ausgesuchten Wissenschaftler der Universität bzw. einer verwandten Einrichtung. (Solche Gutachten, nicht selten von sogenannten namhaften Wissenschaftlern, finden sich häufiger in Operativen Vorgängen.) Nach Mutmaßungen über den Standort des Autors, dem der Gutachter umfassende

Kenntnisse und dialektisches Denken attestiert, und ohne auf Aufbau oder Argumentation des Werkes tiefer einzugehen, werden einige (übrigens unoriginelle) Aussagen zur Partei – »Diktatur des Politbüros« o.ä. – wiedergegeben, um schließlich festzustellen, daß sich der Hauptstoß des Angriffes gegen die UdSSR richte.

Zur Zielstellung Bahros wird gesagt: »Der Autor sieht sich als Vertreter einer ›marxistischen, kommunistischen Minderheit‹. Es müsse Ziel der Kommunisten sein, ›dem antibürokratischen Affekt ein positives Programm‹ zu geben und eine ›umfassende Kulturrevolution‹ einzuleiten. Man strebe eine ›herrschaftsfreie Gesellschaft‹ an, und das ›strategische Problem der kommunistischen Minderheit‹ sei die Vorbereitung dieser ›Kulturrevolution‹.« Natürlich wird in der Zusammenfassung das Manuskript als »ein unmittelbarer Angriff gegen den Marxismus-Leninismus und die sozialistische Staatsmacht« gewertet – damit wird den Verdachtgründen der genannten Paragraphen entsprochen.

Der Gutachter hat sich aus dem Text auch ein Psychogramm des Autors erschlossen. »Inhalt und Art der Darstellung lassen – obwohl formell logisch – auf ein maßlos übersteigertes (ans Krankhafte grenzende) Selbstbewußtsein des Verfassers schließen, der außer seiner eigenen Meinung keine weitere Autorität anerkennt, der seine Ziele beharrlich verfolgt.« Und der Schlußsatz ist – obwohl abwertend gemeint – nicht übel formuliert: »Ausdruck seines ›Sendungsbewußtseins‹ ist, daß er mit seiner ›politökonomischen‹ Untersuchung in indirekter Form den Anspruch erhebt, das Werk von Marx und Lenin unter den heutigen Bedingungen weiterzuführen und ›Irrtümer‹ von Marx und Lenin zu korrigieren.«

Es ist schon sehr verwunderlich, daß das ganze Szenario noch knapp drei Jahre andauert. Warum eigentlich? Die Staatssicherheit kennt ein staats- und parteifeindliches Manuskript, besitzt ein Exemplar davon, kennt den Autor – aber schlägt nicht zu. Ohne die Interna zu wissen, müssen ein paar typische Stasi-Überlegungen genannt werden. Die Regel hieß, daß inoffiziell beschafftes Material nicht für Prozesse verwendet werden kann. Dahinter stand die Beachtung der Strafprozeßordnung und der Quellenschutz – also das Verbot jeglicher Dekonspiration. Flankiert wurde diese Zurückhaltung und Vorsicht durch die Gewißheit: Wenn die Ermittlungen einmal angelaufen sind, dann ist es nur eine Frage der Zeit, wann das belastende Material ausreichend ist und auch auf offiziellem Wege die Beweisstücke beigebracht werden können. Genau das ist ja auch bei Bahro schrittweise realisiert worden, aber dann stockte die Ermittlung, bis das Buch ungehindert erscheinen konnte.

Doch jetzt geht erst einmal die Ermittlungsarbeit weiter. Nächster Schritt: neue IMs müssen an Bahro herangeführt werden. Hauptmann Lohr und ein weiterer Mitarbeiter fahren dazu Mitte Januar 1975 nach Schwerin, wo ein ehemaliger Vorgesetzter von Bahro, der Technische Direktor S., in einer Zweigstelle des Ingenieurbetriebes Halle arbeitet. Dieser Kollege ist GMS (Geheimer Mitarbeiter Sicherheit), also ist er zur Auskunft verpflichtet – und er erzählt sehr viel über Bahro, von seinem Arbeitsfleiß, über die schnelle Auffassungsgabe, seine Dissertation, die Befragungsprotokolle, seine politischen Auffassungen bis hin zu seiner spartanischen Lebensweise (»Bahro ist Nichtraucher und Nichttrinker. Er nimmt nur wenig Kaffee zu sich, [...] ißt mittags nicht regelmäßig [...]«).

Die Begegnung der Berliner Stasi-Leute mit diesem Mann wurde genutzt, um auf dem Umweg über Schwerin einen Berliner IM auf Bahro anzusetzen. Dieser muß ein Paradepferd der Abt. XX gewesen sein: intelligent, scharf beobachtend und vielseitig gebildet, so daß er schnell von Bahro als Gesprächspartner akzeptiert wird – ihm erzählt er bis kurz vor seiner Verhaftung die interessantesten Dinge, so daß die Staatssicherheit stets auf dem laufenden war. Dieser IM »Rolf Anderson« – für das MfS seit März 1951 tätig! – ist ein exzellenter Berichteschreiber, manchmal bringt er es auf 25–30 Seiten, doch zu vermuten ist auch, daß er mitunter seine Besuche bei Bahro mit »operativer Technik« verband (also mit einem kleinen Aufnahmegerät die Gespräche mitschnitt). Jedenfalls entsteht durch diesen Joachim Lucius ein sehr facettenreiches Bild des Observierten für das MfS. (Mitte der 80er Jahre heißt es in einer Beurteilung des IM: »Durch direkte Beziehung zum Beschuldigten erfuhr er rechtzeitig von dessen Plänen und Absichten und hat großen Anteil an der Liquidierung des Vorganges«, und weiter: »Lieferte über 30 Jahre wertvolle Informationen zu Vorgangs- und OPK-Personen.«)

Später in der Vernehmung sucht Bahro aber ihn abzuwerten: Lucius habe – nachdem es »auf recht seltsame Weise« zu einem Kennenlernen gekommen sei – versucht »in mich zu dringen und insbesondere mit meinem Manuskript im Zusammenhang stehende Dinge von mir zu erfragen«, habe sich aber psychologisch sehr ungeschickt verhalten, so daß auch er dazu übergegangen sei, »ihn in bezug auf mit meiner theoretischen Arbeit im Zusammenhang stehende Probleme im unklaren zu lassen oder gar fehlzuinformieren«.

Im ersten IM-Bericht vom Februar 1975 schildert »Rolf Anderson« auch seinen persönlichen Eindruck von Bahro, darin heißt es: »Seine Überheblichkeit ist riesengroß, er ist nur der Philosoph, der das alles ausdenkt, sollen doch die anderen sehen, wie sie es am Ende machen, er wird schon alle Fehler aufspüren. Insofern macht er den Eindruck der personifizierten Elitetheorie. Er spricht nicht über Dinge, er verkündet sie oder besser noch, er verkündigt sie. Vieles kennt er nur vom Hörensagen. In seiner Arbeit ist er offensichtlich völlig unterfordert und fühlt sich zu weit Höherem berufen.«

Gegenüber diesem IM wird Bahro unvorsichtig oder möchte sich aufspielen, spricht von sich im Plural und von einer »Bewegung« – er arbeite mit Schriftstellern wie Braun, Becker, Kunze, Kunert und Plenzdorf zusammen, man setze politisch auf den Reformer im Politbüro Werner Lamberz – da werden IM und Führungsoffizier sehr hellhörig.

Und da Bahro auch noch Volker Brauns Gedicht *Eigene Kontinuität* als »Symbol der Bewegung« deklariert, muß nun der Gedichtband vom MfS beschafft und auf seine politisch-ideologische Aussage eingeschätzt werden.

Als Bahro am 30. März 1976 wieder einmal Sonja Schnitzler besuchte und ihr ein Exemplar seiner Arbeit brachte, übergab sie es drei Tage später ihrem Führungsoffizier. Der ließ es sofort kopieren – ein paar Stunden später war es wieder beim IM –, und die Staatssicherheit besaß ein weiteres (eventuell bereits überarbeitetes) Exemplar.

Im Juni gab der IM »Büchner« eine wichtige Information über Bahro weiter: »Er äußerte Genugtuung darüber, daß es ihm gelungen sei, mit der Dissertation alle übers Ohr zu hauen. Einmal habe er viel Zeit für seine Arbeit an der Konzeption [der *Alternative*] gehabt, zum anderen habe er ja in der Dissertation ein Teilproblem seines Manuskripts behandelt, es aber so geschickt angestellt, daß man dies nur im direkten Vergleich feststellen könne. Er hält seine Dissertation für eine Ergänzung der Konzeption im legalen Bereich.«

Erst im Oktober 1976 kommt es zum Anlegen eines Operativen Vorgangs »Konzeption« gegen Bahro wegen des Verdachts auf staatsfeindliche Tätigkeit gemäß § 106 StGB, doch es werden gleich die §§ 107 und 108 StGB mit angefügt. Statt Hauptmann Lohr (wir werden ihm wiederbegegnen, wenn Bahro in Bautzen einsitzt und sein Anwalt Gysi ihn betreut) übernimmt jetzt Hauptmann Martins die operative Arbeit. Man hat sich also zwei Jahre mit dem Anlegen dieses Operativen Vorgangs Zeit gelassen.

Noch im selben Monat wird das Manuskript durch die Untersuchungsabteilung (HA IX/2) strafrechtlich eingeschätzt. Man erinnerte an Bahros Protestartikel von 1956, seinen Anruf bei der Tschechoslowakischen Botschaft nach dem 21. August 1968, dann heißt es zu seinem Manuskript, daß es »in wissenschaftlich verbrämter Form die Abschaffung der als ›Bürokratie‹ bezeichneten sozialistischen Staats- und Gesellschaftsordnung in der DDR und anderen sozialistischen Staaten sowie die Auflösung der kommunistischen Parteien« fordere. Anschließend werden Reizwörter aufgelistet: »Der Verfasser bezeichnet führende Funktionäre als ›anmaßende Politbürokraten‹, den Generalsekretär der SED als das ›abgeschliffene Produkt der bürokratischen Hierarchie‹, fordert eine Durchsetzung der Demokratie gegen die ›Politbürokratie‹ und stellt die Behauptung auf, daß die Parteimitglieder in den sozialistischen Staaten keine Kommunisten mehr seien. Die Sowjetunion wird als ›Obrigkeitsgesellschaft‹ diffamiert« – und so geht es weiter. Das Ganze wird als staatsfeindliche Hetze im Sinne des § 106 Abs. 1 Ziffer 1 bewertet, und zwar wegen der systematischen und zielgerichteten Ausarbeitung des Textes als »schwerer Fall«. Und da die »staatsfeindliche Hetze« gleichfalls gegen die Sowjetunion und andere sozialistische Staaten gerichtet sei, »sind die Voraussetzungen für § 108 StGB gegeben«. Doch stellt die Untersuchungsabteilung auch einschränkend fest, daß die »Tatbestandsmäßigkeit nach § 107 StGB« (also die Gruppenbildung) nicht zutreffe. Jetzt komme es als nächstes darauf an, den von Bahro verfaßten Text offiziell zu beschaffen.

Als der Rektor der Humboldt-Universität am 5. November das Exemplar, das von Baumgart ungewollt über mehrere Zwischenstationen zu ihm gelangt war, ans MfS übergab – hatte man bereits ein drittes, nun vor allem aber das offiziell als Beweismaterial verwendbare Exemplar.

Im gleichen Monat vermerkte die HA XX/OG, daß mehrere Schriftsteller Bahros Text kennen würden. Welchen bremsenden Effekt das für die Verfolgung hatte, belegt folgende Notiz: »Der OV ›Konzeption‹ konnte bisher auf Grund der politischen Situation nicht zum Abschluß gebracht werden, da von der staatsfeindlichen Schrift ›Zur Kritik des real existierenden Sozialismus‹ solche profilierten Personen wie Stefan Heym, Volker Braun, Christa Wolf u.a. Kenntnis hatten und zu ihnen eventuelle strafprozessuale Maßnahmen nicht ausgeschlossen werden konnten.« Das Risiko einer erneuten großen öffentlichen Auseinandersetzung so kurz nach der Biermann-Ausbürgerung und während des Vorgehens gegen Havemann war also für die Staatssicherheit schlicht zu groß.

Man tat Dinge, die einfacher waren: Um das »Umfeld« Bahros weiter aufzuklären, wurde er sporadisch observiert, Anfang Oktober gelingt es dabei auf konspirativem Wege, die von ihm in seinem Betrieb benutzte Schreibmaschine zu untersuchen und als »Tatwerkzeug« zu identifizieren, doch man braucht noch vier Monate, um nun auch »auf offizieller Basis« die Tat-Schreibmaschine dingfest zu machen.

Am 9. November wird von der HA XX/OG der bereits erwähnte »Operativplan zur Einleitung eines Ermittlungsverfahrens mit Haft und Abschluß des OV ›Konzeption‹« ausgearbeitet. Wäre er rasch durchgeführt worden, so hätte man einen unbekannten »Dissidenten« einsperren können, das Buch wäre nicht fertig geworden, demzufolge gäbe es keine Exemplare, keine sechs Vorträge, kein *Spiegel*-Interview – diese Seite des Schadens wäre für die DDR minimal. Doch der Plan sah auch konspirative Hausdurchsuchungen bei Volker Braun und Martin Stade, eine Aufforderung an Stefan Heym zur Herausgabe der ersten Fassung von Bahros Schrift und – im Weigerungsfalle – eine juristisch angeordnete Hausdurchsuchung vor: Das hätte schnell zu neuem Ärger und Aufsehen geführt, und das konnte sich die SED-Führung nicht mehr leisten.

Ohne Angabe eines Verfassers (und deshalb vermutlich ein externer) wird am 30. November eine umfangreiche Einschätzung seines Manuskripts fertiggestellt, auf immerhin 16 Seiten. Sie beginnt sehr grob: »Bei der vorliegenden Studie [...] handelt es sich um eine äußerst raffinierte und gefährliche antikommunistische – und vor allem betont antisowjetische – konterrevolutionäre Plattform.« Doch im Vergleich zu späteren für die Hauptverhandlung angefertigten Gutachten ist jener Mitarbeiter derjenige, der den Text noch gründlich gelesen hat und in seinem Gehalt nachvollziehen kann: »Auf Grund des anspruchsvollen theoretischen Charakters [...] ist seine Plattform bei entsprechender Propagierung und Umsetzung geeignet, einen sehr breiten Personenkreis anzusprechen.« Wesentliche Teile von Bahros Argumentation werden wiedergegeben, und der Verfasser stellt auch fest, wie unfertig noch der III. Teil wirkt (und trifft sich darin mit Bahro). Nach Abzug der gewünschten politischen Verdammungsurteile (»konterrevolutionär«, »antisozialistisch«, »geschworener Feind der Arbeiterklasse und der Partei« usw.) wäre diese umfangreiche Wiedergabe des Bahro-Manuskripts durchaus als mittelmäßige Rezension in einer westlichen linken Zeitschrift denkbar. (Vielleicht gibt sich der Verfasser auch einmal zu erkennen.)

Ab Januar 1977 drängen die Hauptabteilungen XX und IX/2 auf den baldigen Abschluß des Operativen Vorgangs. Nach einer Besprechung aller leitenden Mitarbeiter, die mit dem Vorgang befaßt sind, werden die als nötig erachteten Schritte festgelegt – gedacht war an zwei Varianten: Entweder werden zwei mit Bahro befreundete Frauen zeugenschaftlich vernommen und sollen dem MfS den gesuchten offiziellen Anlaß zur Verhaftung Bahros geben, oder einem ehemaligen Leipziger Marxismus-Dozenten soll eine Falle gestellt werden, in deren Ergebnis bei einer Hausdurchsuchung das Manuskript gefunden und in weiterer Folge Bahro verhaftet wird. Also war dessen Angst (er befand sich gerade im Urlaub in Harzgerode und arbeitete hektisch am letzten Teil der *Alternative*) sehr berechtigt.

Aber zwei Monate später war man mit der Konstruktion einer legalen Festnahme immer noch nicht weiter und erwog nun, das vom Rektor der Humboldt-Universität übergebene Exemplar zur Grundlage einer Anzeige zu machen, um daraufhin »auf legaler Basis Fahndung nach dem Schrifturheber einzuleiten«.

Am 7. März erfährt die Staatssicherheit durch einen IM, daß Bahro zwar täglich mit seiner Verhaftung rechne, doch wichtiger sei für ihn, »daß sein Buch innerhalb und außerhalb der DDR erscheinen wird, in der DDR illegal vervielfältigt, außerhalb gedruckt in Buchform, beides unter seinem Namen. Im letzten Teil, der jetzt fertiggestellt ist, sind programmatische Punkte enthalten, die für die Zukunft wesentlich sein werden. Zum Glück konnte auch dieser Teil noch in Sicherheit gebracht werden, außerhalb der DDR, für die Sicherheitskräfte unerreichbar und unvernichtbar.« Für das MfS müßte das durchaus als eine Niederlage im Kampf gegen Bahro angesehen werden (falls man nicht bewußt aus was immer für Gründen das Buch im Westen erscheinen lassen *wollte*, wofür ich – im Unterschied zu Bahro – wenig Anhaltspunkte sehe).

Was in den folgenden Wochen getan wurde, erscheint auch wenig zielstrebig: Mitte April konzentriert sich die operative Arbeit auf Aufklärung der neuen Wohnung im Stadtbezirk Weißensee, Streustraße, aber auch hier ist das Ergebnis nicht überwältigend. Obwohl Türschlösser für die Staatssicherheit kein Problem darstellen und Bahro tagsüber (ich sage vorsichtig: häufig) auf Arbeit war, sei es wesentlich nur gelungen »die vorbereitenden Maßnahmen für den Einsatz der operativen Technik abzuschließen«. Mit der Festnahme schien es niemand mehr eilig zu haben.

Durch den IM »Rolf Anderson« erfährt die Staatssicherheit am 10. Mai ein weiteres wichtiges Detail, das später im Prozeß gegen Bahro eine Rolle spielen wird. Der IM hatte vier Tage zuvor Gundula Bahro besucht, und im Laufe des Gesprächs erzählte diese von den 48 auf Tonband aufgenommenen Gesprächen mit Hochschulkadern (der Anhang der Dissertation war dem MfS bekannt) und fügte hinzu, ihr geschiedener Mann hätte »in Wirklichkeit nur wenige sogenannte Interviews geführt. Den größten Teil hätte Bahro zu Hause auf Tonband besprochen, die Namen und den Inhalt entsprechend seinen Vorstellungen frei erfunden«. (Diese Behauptung ist nachweislich falsch, doch für die Untersuchungsbehörde war das später ein Grund, jedes einzelne Interview daraufhin zu überprüfen, die Gesprächspartner Bahros als Zeugen zu manipulieren und im Prozeß ihm Fälschungen vorzuwerfen.)

Am 26. Mai wird erneut von der HA IX das Manuskript strafrechtlich eingeschätzt, wobei der Verdacht auf staatsfeindliche Hetze (§ 106) und auf Verbrechen gegen einen anderen sozialistischen Staat (§ 108) bestehen bleibt. Und zwölf Tage später schlägt die HA XX/OG die »Einleitung eines Ermittlungsverfahrens mit Haft« vor – doch es passiert nichts. So vergehen noch einmal zehn Wochen bis zur Festnahme.

Nachdem die Staatssicherheit das Telefonat zwischen Bahro und mir abgehört hatte und erfuhr, daß die Druckfahnen abgeholt werden können, wäre es überaus einfach gewesen, daß statt meiner damaligen Frau ein Mitarbeiter des MfS gekommen wäre und die Druckfahnen kassiert hätte. Doch ließ man das Buch weiter seine endgültige Gestalt annehmen.

Aus Bahros Mitteilungsbedürfnis erfährt die Staatssicherheit ohne große Mühe über zwei Inoffizielle Mitarbeiter so ziemlich alles, was mit der Veröffentlichung der *Alternative* zusammenhängt.

Bereits am 29. Juli informiert die Bezirksverwaltung Berlin die Zentrale, daß am 22. August der RIAS mit der Sendung von sechs Vorträgen Bahros beginnen wird – der Hinweis kam vom IM »Büchner«. Am 10. August erstattet IM »Rolf Anderson« seinem Führungsoffizier Bericht über einen Besuch Bahros am Vortag. Es kommen Details zur Buchveröffentlichung zur Sprache, interessanter dürfte für die Staatssicherheit dagegen sein, welche Vorstellungen Bahro von den erwarteten Sanktionen und vom Strafmaß geäußert hat. Und daß er ankündigte, bei einer möglichen Verhaftung keinen seiner Freunde zu belasten, ja sie nicht einmal zu kennen.

Am 17. August – also zwei Tage bevor Busold und Naujok die DDR-Exemplare auf die Post bringen – erteilt die HA XX der Abteilung PZF [Postzollfahndung] den Auftrag, Sofortmaßnahmen zur Fahndung nach jenen Exemplaren durchzuführen. Das Ergebnis ist, daß sechs bis acht Exemplare rechtzeitig von der »Post« abgefangen werden und gar nicht erst ihre Empfänger erreichen.

Bestens informiert war man auch über das mit dem ZDF verabredete Fernsehinterview Dirk Sagers. Bahros Wohnung wurde entsprechend präpariert, und ohne dem Fernsehteam die geringsten Schwierigkeiten zu machen, konnte am 19. August durch B-Maßnahme (Abhören mittels »Wanze«) das Interview vom ZDF in der Wohnung komplett mitgeschnitten werden. Dasselbe wiederholte sich noch einmal mit dem ARD-Interview von Lutz Lehmann.

Und noch etwas fällt aus der Norm: Es gab *bis zum Schluß* trotz aller genauen Kenntnisse und strafrechtlichen Einschätzungen für die Staatssicherheit keine eindeutige Position, ob Bahro verhaftet werden soll oder nicht. Natürlich hatte die SED-Führung das letzte Wort, das MfS konnte nur mehrere Möglichkeiten erwägen. Noch am 21. August (einen Tag vor Erscheinen des *Spiegel*) wurden in Abschätzung dessen, was in den nächsten Tagen in den Westmedien zu erwarten war, drei Varianten vorgeschlagen: *entweder* ein Ermittlungsverfahren mit Haft (gemäß § 106 StGB, in Verbindung mit § 108 StGB) *oder* – falls Bahro einen entsprechenden Antrag stellen würde – eine schnelle Entlassung in die Bundesrepublik (auf der Grundlage einer bedingten Strafaussetzung gemäß § 349 StGB) *oder* lediglich eine Verwarnung durch einen Beauftragten der Generalstaatsanwaltschaft (also keine Haft).

Die tatsächliche Entscheidung muß in letzter Minute gefallen sein, vor oder nach der Routinetagung des Politbüros am Dienstag im üblichen Vier-Augen-Gespräch zwischen den beiden Erichs; in den Protokollen des Politbüros taucht der Name Bahro nicht auf. (Und vielleicht haben die protokollarischen Vorbereitungen zu Honeckers 65. Geburtstag am 25. August die Allerhöchste Aufmerksamkeit ein wenig abgelenkt.)

Der 23. August war der Tag der Festnahme. Schon um 13 Uhr postierte sich ein Beobachtungstrupp der HA VIII vor seiner Arbeitsstelle, doch Bahro machte pünktlich erst um 16.30 Feierabend, lief das Stück in Richtung seiner Wohnung, ging noch kurz in die Apotheke, dann ein letzter Einkauf im Lebensmittelladen in der Langhansstraße, um 16.45 verschwand er für seine Beobachter in der Wohnung. Nun wuchs die Spannung. Denn zehn Minuten später erschien das *Beobachtungsobjekt* schon wieder vor der Haustür, diesmal mit einem Mülleimer in der Hand. Diesen entleerte er in etwa 100 m Entfernung auf der gegenüberliegenden Straßenseite – offensichtlich ohne Fluchtabsichten. Nun der Schluß des »Beobachtungsberichtes«: »Nach etwa 4 Minuten betrat er sein Wohnhaus wieder. 17.14 wurde die geplante Maßnahme realisiert.«

So sachlich kann die Festnahme eines Staatsfeindes formuliert werden.

Eine andere Richtung einschlagen: Vom »real existierenden Sozialismus« zum »Reich der Freiheit«

Anfang September 1977 erschien also in Köln die *Alternative* mit einem auffallenden blau-weiß-roten Schutzumschlag, einem kurzen Klappentext zum Inhalt und einem von ihm selbst verfaßten noch kürzeren Lebenslauf mit Foto. Nachdem der Leser die Entstehungsgeschichte erfahren hat, soll er nun die Hauptgedanken dieses Werkes kennenlernen. Doch was sind die Hauptgedanken? Drei Antworten bieten sich an: dasjenige, was Bahro für das wichtigste in seinem Buch hält, *oder* dasjenige, was die (zumeist westliche) Rezeption als bedeutend herausgearbeitet hat, *oder* das, was für die heutigen Leser daran interessant erscheint. Diese drei Weisen der Lektüre lassen sich nicht zur Deckung bringen, doch für eine Biographie scheint mir ausschlaggebend zu sein, was der Autor Bahro sagen wollte. Aus dem ARD-Interview ging hervor, daß er »im Grunde genommen kein politisches Buch« geschrieben habe, sondern »eigentlich ein ökonomisch-philosophisches Werk«. (Daß es anders gewirkt hat, wird der Leser in einem speziellen Kapitel über die Wirkung erfahren.) Genauso gut hätte Bahro es auch als ein soziologisches Werk bezeichnen können, und der I. Teil geht tief in die Geschichte hinein.

Das Buch beginnt mit einem wirkungsvollen Auftakt: »Die kommunistische Bewegung trat an mit dem Versprechen, die Grundprobleme der modernen Menschheit zu lösen, die Antagonismen der menschlichen Existenz zu überwinden. Die Länder, die sich selbst sozialistisch nennen, bekennen sich offiziell unverwandt zu diesem Programm. Aber welche Perspektiven tun sich den Menschen auf, wenn sie in der gegenwärtigen Situation ihre Blicke auf die Praxis richten? Ist in irgendeiner Weise abzusehen, wie die neue Ordnung ihre Überlegenheit durch eine effektivere Organisation und Ökonomie der Arbeit zur Geltung bringen will? Hat sie den versprochenen Durchbruch zur Humanisierung des menschlichen Zusammenlebens erreicht und schreitet sie – soweit er nicht vollendet ist – täglich darin fort? Was war das für ein besseres Leben, das wir schaffen wollten? [...] Wir wollten eine andere, höhere Zivilisation schaffen! […] Einstweilen hat sich herausgestellt, wir bauen die alte Zivilisation nach, wir setzen in einem tiefsten, nicht politischen, sondern kulturellen Sinne einigermaßen zwanghaft, d. h. unter sehr realen Zwängen, ›den kapitalistischen Weg‹ fort. Aus unserer Revolution ging ein Überbau hervor, der nur dazu gut zu sein scheint, dies so unentrinnbar systematisch und bürokratisch geordnet wie möglich zu tun. Wie eigentlich alle Beteiligten wissen, hat die Herrschaft des Menschen über den Menschen nur eine Oberflächenschicht verloren. Die Entfremdung, die Subalternität der arbeitenden Massen dauert auf neuer Stufe an.« (7f.)

Also die bekannte Enttäuschung: Es gab ein kommunistisches Versprechen einer freiheitlichen Überflußgesellschaft, und die zur Macht gelangten kommunistischen Parteien behaupten, diesem Ziel entgegenzuarbeiten – doch die Praxis zeigt äußerst bescheidene Ergebnisse, wenn man sie mit den ursprünglichen Ansprüchen vergleicht. Viele Theoretiker haben sich mit dieser enttäuschenden Bilanz herumgeschlagen, die bekannteste Interpretation ist die von der *Deformierung* der guten Theorie in eine schlechte Praxis (sie existiert auch nach dem Untergang des Sozialismus in Europa weiter). Bahro sieht die Dürftigkeit solcher Deformationstheorien. Er nennt sein Werk deshalb *Zur Kritik des real existierenden Sozialismus*, um damit methodisch an Marx' berühmte Arbeit *Zur Kritik der politischen Ökonomie* (1859) anzuknüpfen, in deren Vorwort dieser in knappster Weise sein Erklärungsmodell der Gesellschaft und ihrer Veränderungen skizziert hat. Genau dieses Ziel, sagt Bahro, habe er sich auch gestellt: »Die Analyse einer Gesellschaftsformation vom revolutionären Standpunkt.« Und in einem nicht unwichtigen Punkt will er auch seinem Vorbild folgen: »Je tiefer [Marx] in das Wesen der untersuchten Verhältnisse eindrang, um so mehr konnte er auf Denunziation und Invektiven verzichten«, und so habe auch er sich bemüht, »den Ausdruck der Empörung über den bestehenden Zustand auf seinen rationellen Kern zurückzuführen und allemal zuerst in seiner immanenten Logik zu begreifen. […] Alles bloße Ressentiment gegenüber den bestehenden Verhältnissen muß möglichst vermieden werden. Die Stunde der Theorie und der Geschichte muß beginnen. Die Stunde der Politik wird früher oder später folgen.« (14)

I.

Er untersucht also – das umfaßt den gesamten I. Teil (1972 bis 1973 geschrieben, 140 Seiten) – die Genese des Sozialismus, nicht wie er sich als theoretisches Gedankengebäude in den Auffassungen von Marx und Engels entwickelt hat (ein Standardthema auch von DDR-Philosophen und -Historikern), sondern wie er in der Sowjetunion sich historisch herausgebildet hat. Dabei kommt er zu überraschenden Ergebnissen, die von Marx' formationstheoretischen Leistungen ausgehen, aber in den Schlußfolgerungen weit über diese hinausreichen: Marx hatte zwar die weltgeschichtlich im Orient, in Altamerika und Afrika weit verbreitete Wirtschaftsweise analysiert und als »asiatische Produktionsweise« auf den Begriff gebracht, auch die damit verbundene Staats- und Ausbeutungsform als »Orientalische Despotie« benannt, doch die Herausbildung des Sozialismus hatte er ausschließlich für die am weitesten entwickelten kapitalistischen Länder – im 19. Jahrhundert England, Frankreich, Deutschland – erwartet, nicht aber für die ökonomisch rückständigsten Regionen der Welt. Und als treuer Marx-Schüler hatte Lenin zu Beginn des 20. Jahrhunderts die Entstehung einer sozialistischen Revolution in Rußland von den Widersprüchen in dessen kapitalistischer Entwicklung abhängig gemacht. Wie allgemein bekannt, hat es aber in den hochentwickelten kapitalistischen Ländern keine sozialistischen Revolutionen gegeben, statt dessen – gegen die Vorstellungen von Marx und Engels – in den rückständigen Ländern Rußland und China. Lenin hat in seinen letzten Lebensjahren eine Ahnung gehabt, daß der sowjetrussische Sozialismus in einem »halbbarbarischen Land« mit seinem »Mangel an Zivilisation« auf ungeheure Schwierigkeiten stößt und erst einmal die westliche Industrialisierung nachholen muß, bis es zu einer Annäherung an die klassisch-marxistischen Vorstellungen vom Sozialismus oder Kommunismus kommen kann.

Diese ganze Problematik wird von Bahro sehr überzeugend dargestellt – er arbeitet mit vielen Zitaten von Marx, Engels und Lenin und bringt das Kunststück fertig, diese drei von den kommunistischen Ideologen zu Tode strapazierten Theoretiker wieder gewinnbringend lesbar zu machen –, und er geht einen entscheidenden Schritt (den allerdings vor ihm schon Rudi Dutschke getan hatte) über die marxistische Gesellschaftstheorie hinaus, indem er die Genese des russischen Sozialismus und damit auch später den Sozialismusexport in die von der Sowjetunion abhängigen Staaten aus der asiatischen Produktionsweise und der damit verbundenen »orientalischen Despotie« erklärt. Das Ergebnis dieser hier nicht nachzuvollziehenden Untersuchung ist schlagend: Die als sozialistisch bezeichneten Länder haben keinen Sozialismus, sondern befinden sich auf einem nichtkapitalistischen Wege, sie sind protosozialistisch. Und es gibt für sie kein einfaches evolutionäres Hineinwachsen in den Sozialismus und von dort in den Kommunismus, sondern dazu sind wesentliche Umwälzungen notwendig. Für Marx war die kürzeste Bestimmung des Kommunismus die Aufhebung des kapitalistischen Privateigentums (also dasjenige an Produktionsmitteln) – und das war in den sozialistischen Revolutionen sukzessive erfolgt. Nur – darauf weist Bahro mit allem Nachdruck hin – mit dessen Aufhebung bleiben ältere (älter als der Kapitalismus) Ausbeutungsformen bestehen: die Ausbeutung und Unterdrückung der Frau, die Herrschaft der Stadt über das Land, die Ausbeutung und Unterdrückung der Handarbeiter durch die Kopfarbeiter. (54) Deshalb gelangt er zu dem Schluß: »Die Ablösung des Privateigentums an Produktionsmitteln und die allgemeine Emanzipation des Menschen fallen um eine ganze Epoche auseinander.« Und daraus entsteht für ihn die eigentliche Aufgabenstellung seines Buches: »Die Geschichte hat uns die Aufgabe gestellt zu begreifen, was für eine Gesellschaft der real existierende Sozialismus ist.« (24)

Dieses Begreifen ergibt sich für ihn am Ursprung: an der Entwicklung in Rußland bis zur Oktoberrevolution und dann in der Geschichte des Stalinismus. Mit verhältnismäßig wenigen westlichen Büchern über diese Zeit gelingt es ihm, die Sozialgeschichte der Sowjetunion in ihrer ganzen Problematik zu rekonstruieren und dabei die Zwangsläufigkeit jenes Weges in die »industrielle Despotie« zu begründen. Seine wichtigste Quelle bleibt aber Lenin, in dessen Politik er sich so hineindenkt, daß er sie nur verteidigen kann. Selbst als Bahro dessen Scheitern als unvermeidliche Konsequenz der unreifen sozialökonomischen und zivilisatorischen Voraussetzungen darlegt, kann er darin keine Widerlegung des revolutionären Experiments sehen: »Grundsätzlich hat der Fortgang der russischen Revolution den Optimismus Lenins nicht widerlegt, schon gar nicht, wenn man daran denkt, wieweit die Länder des spätkapitalistischen Westens von einer harmonischen Lebensform entfernt sind.« (99) Bahro zeigt sich in allen diesen Analysen und Wertungen als später Leninist. Man konnte in der DDR wie Bahro durch ein eigenständiges Studium der Lenin-Bände eine politisch beinahe unangreifbare Position beziehen, mit autoritativen Lenin-Zitaten aus der Zeit vor 1917 demokratische Forderungen aufstellen und mit ebensolchen Zitaten aus seiner letzten Lebenszeit Nachdenklichkeit und Flexibilität beim sozialistischen Aufbau einfordern. Bahro hatte neben Antonio Gramsci und Rosa Luxemburg durchaus Lenin als persönliches Vorbild, und das gründliche Studium seiner Werke machte ihm dessen Politik so einleuchtend, das er sie kaum kritisieren konnte. Während Rudi Dutschke grundsätzliche Fehler Lenins von Anbeginn seiner praktischen und theoretischen Tätigkeit festmachte, konnte Bahro dieselbe Politik und Theorie als jeweils geschichtlich notwendig in der Regel nur rechtfertigen.

Dieser Ansatz, die Entwicklung in Sowjetrußland nach 1917 im wesentlichen aus der Leninschen Perspektive zu sehen, mußte auch dahin führen, den despotischen Industrialisierungsprozeß unter Stalin als notwendig anzuerkennen und angesichts der – wenn man der sowjetischen Propaganda folgt – gigantischen Leistungen beim Aufbau des Sozialismus und Kommunismus auch die terroristischen Methoden des Stalinismus für notwendig zu halten. Es ist kaum zu glauben, aber Bahro übergeht diesen Terror (dabei hat er Medwedjew und Deutscher gelesen) und versucht Stalin als Erneuerer zu verstehen, der die eine positive Aufgabe zu lösen hatte, »die Massen in die Industrialisierung hineinzutreiben, die sie nicht unmittelbar wollen konnten« – und deshalb »mußte die Sowjetunion eine eiserne ›petrinische‹ Führung haben«. (137) Ist man wie Bahro von dieser Aufgabe überzeugt, daß man ein Volk gegen seine Interessen in einen Prozeß hineintreiben darf, dann kann man auch zu folgender gewagter Aussage kommen: »Die bolschewistische Machtergreifung in Rußland konnte zu keiner anderen als der jetzt gegebenen *Gesellschaftsstruktur* führen, und je mehr man, was hier zu weit führen würde, die Stationen der sowjetischen Geschichte durchdenkt, desto schwerer wird es einem, selbst vor den furchtbarsten Extremen eine Grenze zu ziehen und zu sagen, jenseits begänne das absolut Vermeidbare.« (106) Also im Klartext: Die Millionen Hungeropfer der Kollektivierung, die Millionen GULAG-Sklaven in ihrer Zwangsarbeit, die Millionen toter oder in Kriegsgefangenschaft verhungerter Soldaten lassen sich vor dem Gang der Geschichte als unvermeidbar rechtfertigen.

Auch Stalins terroristisches Wüten gegen jegliche Opposition wird von ihm gebilligt: »Ist ein anderes als das Stalinsche Verfahren denkbar, den absolut notwendigen Parteikonsensus für eine einzige, aber günstigere Praxis der protosozialistischen Industrialisierung durchzusetzen?« (138)

Er scheitert damit auch an der für ihn schwer lösbaren Aufgabe, die für das sowjetische Volk dramatische und opferreiche Geschichte zu kritisieren und gleichzeitig als historische Notwendigkeit zu verteidigen. Die DDR kommt dagegen in dem ganzen I. Teil so gut wie nicht vor.

Bahros Gedanken gehen schon in dieser Analyse über den Sozialismus hinaus. Gleich am Anfang seines Buches heißt es: »In großen Teilen der vom Kolonialismus befreiten Südhalbkugel der Erde reift eine Hungerkatastrophe heran, deren Folgen allen bisherigen Klassenkampf und Krieg in den Schatten stellen können.« Darum müsse es neue Überlegungen geben, um das Maß und den Horizont weiterer menschlicher Selbstentfaltung auf diesem Planeten bestimmen zu können, denn mit dem angestrebten Erreichen oder der bloßen Fortsetzung der spätbürgerlichen Lebensweise werde »die Existenz der Menschheit unhaltbar«. Es geht um die »notwendigen Umgestaltungen der überlieferten Zivilisation«. (9)

Ganz am Rande unternimmt Bahro, was sich zu jener Zeit wenige Marxisten trauten: eine neue Ethik anzudenken und dabei an die Lehre des Pta-Hotep (etwa aus der 5. bis 10. Dynastie des Alten Reiches) und den chinesischen Weisen Lau-dse und dessen Buch *Dau-De-dsching* (manchem Leser vielleicht bekannter in der alten Transkription: Lao-tse und sein *Tao-te-king*) zu erinnern. Vom (historisch nicht nachweisbaren) Pta-Hotep ist eine Verhaltens- und Weisheitslehre überliefert, die Bahro so großzügig zusammenfaßt, daß sie nach seiner Meinung ganz gut die »10 Gebote der sozialistischen Moral« ersetzen könnte. (93)

II.

Der Teil II – *Die Anatomie des real existierenden Sozialismus* (1973 bis 1975 geschrieben, 154 Seiten) – hat die wohl größte Resonanz in Ost und West erfahren. Hier zeigt sich Bahro als Kritiker, vor allem aber auch als glänzender Analytiker einer Gesellschaft, die als »Sozialismus« bezeichnet wird, jedoch von ihrer marxistischen Ausgangsbestimmung so weit entfernt ist, daß er sie nur als »nachkapitalistische Ordnung« ansehen kann.

Seine ganze Analyse des »real existierenden Sozialismus« läßt sich in einem Satz zusammenfassen: Es geht um die Aufhebung der Entfremdung, speziell um die Aufhebung der Subalternität und um die Aufhebung der »alten Arbeitsteilung« als der ökonomischen und sozialen Grundlage von Entfremdung und Subalternität. Bahro bezieht sich dabei ausschließlich auf Marx und Engels, deren wichtigste Aussage für ihn lautet, daß »mit der Teilung der Arbeit die Möglichkeit, ja die Wirklichkeit gegeben ist, daß die geistige und materielle Tätigkeit – daß der Genuß und die Arbeit, Produktion und Konsumtion, verschiedenen Individuen zufallen, und die Möglichkeit, daß sie nicht in Widerspruch geraten, nur darin liegt, daß die Teilung der Arbeit wieder aufgehoben wird«. (*MEW* Bd. 3, 32)

Aus diesem Satz, den jeder Philosophiestudent in der DDR gelesen hat und dessen zweiten Teil die Lehrer als »noch nicht reif marxistisch« wegerklärten, zieht Bahro die weitreichendsten Folgerungen. Er schließt sofort eine Kaskade von Fragen an, die für den ganzen II. Teil konstitutiv sind: »Ist nun in der Sowjetunion, in anderen Ländern des real existierenden Sozialismus die knechtende Unterordnung der Individuen unter die Teilung der Arbeit aufgehoben? Hat dieser Prozeß wenigstens begonnen? Oder gibt es einen riesigen *besonderen* Apparat, der die Funktionen der ökonomischen und politischen Leitung wahrnimmt? Gibt es die institutionalisierte *besondere* Existenz von Staat und Recht, von Wissenschaft und Kunst? Haben – und erst recht hatten – die wirklich arbeitenden Massen Zeit für Philosophie und Staatsgeschäfte? Haben diese werktätigen Massen ihren sozialen Status (statt bloß in bescheidenem Umfang ihren Lebensstandard) verbessert, oder ist es zu einer erneuten Konzentration von Privilegien verschiedenster Art am entgegengesetzten Pol der Gesellschaft gekommen? Es genügt, diese Fragen zu stellen, um zu konstatieren, daß unsere Völker den Horizont der Klassengesellschaft noch nicht überschritten haben.« (165)

Um zwei Dinge geht es hier: Zum einen, die tatsächlich zu leistende Arbeit zu einem Bedürfnis werden zu lassen (eine der wichtigsten Vorstellungen von Marx vom Kommunismus), durch das sich der arbeitende Mensch auch geistig bestätigt und weiterentwickelt – das ist der Inhalt des III. Teiles –, zum andern um die Überwindung des sozialen und politischen Gegensatzes von »oben« und »unten«.

Die marxistische Erkenntnis, daß das »Fundament der Klassengesellschaft in der Arbeitsteilung liegt« (168), wird in einem der packendsten Abschnitte – einer geschichtsphilosophischen Darlegung des Ursprungs des Staates aus der notwendigen geistigen Tätigkeit bestimmter Individuen und Gruppen (168–175) – auf die Gesellschaft des real existierenden Sozialismus angewandt und führt zur Analyse der dort vorhandenen Teilung der Gesellschaft in Anordnende und Ausführende. Weil die werktätigen Massen dort nicht »den geringsten positiven Einfluß auf die Entscheidungen [haben], die ihr materielles und also letztlich ihr gesamtes Geschick betreffen«, besteht unter diesen Verhältnissen – so Bahro – die Ausbeutung und Unterdrückung der Produzenten gerade in dieser dauerhaften Abhängigkeit und Entmündigung. (178) Das Entscheidende ist dabei, daß bloße politische Veränderungen für sich allein überhaupt nichts an den Realitäten bessern würden. Deshalb dreht sich die ganze weitere Analyse um die Teilung der Arbeit in höhere »geistige« (in der Marxschen Terminologie: »allgemeine«) und die niedere Handarbeit.

Bahro zeigt, wie die »allgemeine« (die anordnende und leitende) Arbeit von der Bürokratie monopolisiert wurde, während die angeblich führende Arbeiterklasse im realen Sozialismus trotz aller entgegengesetzten Zeitungsberichte dauerhaft auf die unteren Arbeiten, die niedrigere Bildung und ihre untergeordnete Rolle fixiert wurde – eben auf reale und mentale Subalternität. Er stellt dabei bissig fest, daß es kein Gebiet gäbe, »auf dem der real existierende Sozialismus größere Fortschritte gemacht hätte als in der Breite, Tiefe und Vielfältigkeit des Bürokratisierungsprozesses«. (187)

Doch Bahros Hauptinteresse ist nicht solche Art von Kritik, sondern gilt – es ist schon mehrfach gesagt worden – der Überwindung der Subalternität, und deshalb unternimmt er große Anstrengungen, die Mechanismen aufzuzeigen, wie den Handarbeitern der Zugang zur allgemeinen Arbeit, zu Entscheidungsprozessen verbaut wurde und wie diese emanzipationsfeindliche Hierarchie des Wissens, der Tätigkeit und des sozialen Lebens überwunden werden kann. Dieses Anliegen führt ihn zu der – mit Recht in West und Ost bewunderten – Sozialanalyse, in der er sich aus Material- und Erfahrungsgründen sehr stark auf die DDR-Verhältnisse stützt (ohne sie explizit zu nennen).

Gegen die Glorifizierung der Arbeiterklasse – ihrer »historischen Mission«, ihrer »führenden Rolle« – weist Bahro auf ihre tatsächliche Funktion in der sozialistischen Produktion hin: Die Arbeiter sind zuständig für Hilfs-, Produktionsgrund- und Produktionshilfsprozesse (194), entsprechend unentwickelt ist ihre Fähigkeit zu integralem Denken, zu »sozialer Synthesis«. (Daß es dabei nicht bleiben kann, ist das Anliegen der ganzen *Alternative*!) Hatten einige »klassenbewußte« Arbeiter nach der Revolution politische Aufgaben übernommen – ganz im Sinne der marxistischen Theorie –, so haben sie bald darauf aufgehört, Arbeiter zu sein, als Arbeiter zu leben, und sich in Funktionäre verwandelt. Dafür hat sich die Intelligenz auf Grund ihrer Parteizugehörigkeit, ihres Wissens und ihrer beruflichen Positionen in der Planung und Leitung in die Führungspositionen vorgeschoben und darin in eine Bürokratie verwandelt. (Auch das soll nach Bahro so nicht bleiben.)

Die Analyse der stagnierenden Wirtschaft wegen der fehlenden subjektiven Triebkräfte (der Untersuchungsgegenstand seiner Dissertation!), der strukturellen Trägheit der Bürokratie und sein Kernangriff auf die Diktatur des Politbüros – dessen quasi-theokratische Allmacht, Unkontrollierbarkeit usw. sowie die Verschleierung der Herrschaft bis in die Benennungen des mächtigsten Mannes im Staate als »Sekretär« und seiner ranghöchsten Gefolgschaft als »Büromitglieder« – haben das Buch berühmt gemacht, doch sind sie für Bahro eher ein Umweg in seiner Zielstellung als ein Selbstzweck.

III.

Wie Bahro immer wieder betonte, ist ihm der Teil III *Zur Strategie einer kommunistischen Alternative* (1973 bis Januar 1977 geschrieben, 243 Seiten) der wichtigste – es ist *seine* ökonomische Grundlegung des Marxschen Sozialismus, von dem aus es möglich wäre, evolutionär in den Kommunismus – das »Reich der Freiheit« – hinüberzuwachsen. Wie die Rezeptionsgeschichte zeigt, wurde dieser III. Teil von Anfang an als »utopisch«, »abgehoben«, »illusionär« angesehen bzw. abgelehnt und begründete dauerhaft Bahros Ruf als »Spinner«. Eigentlich sagen diese Attribute nur, daß Bahros Vorstellungen sehr ungewohnt sind und kaum Chancen haben, jemals ausprobiert zu werden. Würden sie irgendwo einmal in die Erprobungsphase kommen, wäre damit auch ein Realitätstest am Kommunismusprojekt von Marx und Engels ausgelöst – und er würde ziemlich sicher negativ ausfallen. Der praktische Wert dieses III. Teils ist also zweifelhaft. Doch für mich ist es unbezweifelbar, daß Bahro am genauesten und konsequentesten von allen Theoretikern die Marxschen Kommunismusvorstellungen ökonomisch und soziologisch erfaßt und weiterentwickelt hat. Wenn jemand das berühmte »Reich der Freiheit« konkret verstanden hat (dies sage ich auch gegen Ernst Bloch), dann war es Bahro. Die hoffnungsvollen Schlußsätze seines Buches lauten: »Der Kommunismus ist nicht nur notwendig, er ist auch möglich. Ob er wirklich wird, das muß im Kampf um seine Bedingungen entschieden werden.« (543)

Für den Beweis des paradoxen ersten Satzes hat er einiges geleistet, der zweite ist einsichtsvoll richtig formuliert und eine Absage an die – zur Entstehungszeit des Buches noch geltende – orthodox-marxistische Vorstellung von den »historischen Gesetzmäßigkeiten« samt dem »gesetzmäßigen Übergang vom Kapitalismus zum Sozialismus«. Bahro hat also nicht behauptet, daß der Kommunismus kommen wird oder kommen muß, sondern hat ein theoretisches Modell entwickelt, streng marxistisch und zugleich über Marx durch Konkretion hinausgehend: Es klingt oder ist – wie viele Zukunftsmodelle auch westlicher Herkunft – utopisch, doch damit nicht abwegig.

Im letzten seiner nach der Fertigstellung der *Alternative* geschriebenen sechs Vorträge zitiert er absichtsvoll einen Text von Karl Liebknecht (das Zitat kommt im Buch selbst nicht vor): »Das äußerst Mögliche ist nur erreichbar durch das Greifen nach dem Unmöglichen. Die verwirklichte Möglichkeit ist die Resultante aus erstrebten Unmöglichkeiten. Das objektiv Unmögliche wollen, bedeutet also nicht sinnlose Phantasterei und Verblendung, sondern praktische Politik im tiefsten Sinne. Die Unmöglichkeit der Verwirklichung eines politischen Ziels aufzeigen, heißt mitnichten seine Unsinnigkeit beweisen, höchstens die Einsichtslosigkeit der Kritikaster in die gesellschaftlichen Bewegungsgesetze, besonders in die Gesetze der gesellschaftlichen Willensbildung. Die eigentliche und stärkste Politik, das ist die Kunst des Unmöglichen.« (Ich glaube nicht, daß Liebknecht mit diesem schönen Zitat recht hat, doch dieser Bezug drückt genau Bahros Überzeugung aus und erklärt dessen über die Jahre der Ausarbeitung anhaltende Energie.)

Den Hauptteil leitet er so ein: »Dieser letzte Teil stellt zwangsläufig die schwierigste Aufgabe dar und wird den ungesichertsten und lückenhaftesten Text bieten. [...] Nichtsdestoweniger muß es gewagt werden, und ich will mich mit Bestimmtheit äußern auch auf das Risiko des Utopismus im einzelnen hin.« (299) Seine Zielvorstellung (und es war auch die von Marx) ist die »allgemeine Emanzipation« – und diese ist nicht durch die Enteignung der Kapitalisten und durch die Machtergreifung des Proletariats erreicht worden. Um die Zustände, die im II. Teil zur Genüge analysiert wurden, zu überwinden, müsse eine erneute Umwälzung erfolgen, die über das Politische hinausgehen und so grundsätzlich sein muß, daß Bahro dafür den Terminus »Kulturrevolution« benutzt – wohl um das Mißverstehen oder Mißdeuten wissend, da dieser Begriff in China einen ganz anderen Inhalt hat und für Bahros Projekt eher belastend wirken mußte. »Allgemeine Emanzipation« bedeutet für ihn die »Befreiung der Individuen von allen sozial bedingten Entwicklungsschranken« (301) und umfaßt viele politisch wünschenswerte Maßnahmen, die in der Kulturrevolution sukzessiv durchgeführt werden könnten, darüber hinausgehend aber auch – und das ist die radikalste und utopischste Botschaft des ganzen Buches – die »Umstrukturierung der ganzen gegenständlichen und inneren Welt des Menschen« (356). Seinem Modell zufolge darf der Sozialismus nicht der technologischen Struktur des hochentwickelten Kapitalismus nachstreben, sondern muß der Gesamtcharakter der Produktionsweise grundlegend umgewälzt werden, »also auch die Produktivkräfte« (310). Er spricht da am wenigsten vom real existierenden Sozialismus und nähert sich seiner *Logik der Rettung* von 1987 an, wenn er warnend feststellt: »Der Erfolg, den wir mit unseren Mitteln der Naturbeherrschung hatten, droht uns und alle anderen, die er unbarmherzig in seinen Sog reißt, zu vernichten. Die gegenwärtige Lebensweise der industriell fortgeschrittensten Völker bewegt sich in einem globalen antagonistischen Widerspruch zu den natürlichen Existenzbedingungen des Menschen. [...] In dem technokratischen und scientistischen Glauben, der Fortschritt von Wissenschaft und Technik auf seinen eingefahrenen Bahnen werde die sozialen Probleme der Menschheit lösen, liegt eine der lebensfeindlichsten Illusionen der Gegenwart.« (310f.) Deshalb müsse die Idee des Fortschritts radikal anders interpretiert werden als bisher.

Damit ist er bei seinem ihm am Herzen liegenden Thema angekommen: Es geht in Zukunft nicht mehr um das Produktionswachstum, sondern um die soziale Regulation, die Aufhebung der Entfremdung und um die Entwicklung des Menschen – und zwar *aller* Menschen. Dazu reiche die einfache oder die sehr langsam erweiterte Reproduktion von materiellen Gütern aus, damit auch die Ausbeutung der Natur ersetzt werde durch eine Versöhnung von Kultur und Natur, durch die »Wiederherstellung der ökologischen Stabilität« (316f.) – hier tritt in seiner Argumentation erstmalig der

Terminus »ökologisch« auf. Bahro ist überzeugt, daß die extensive Phase der Menschheit zu Ende gehe – »im Guten oder im Bösen« –, und der (von Marx formulierte) »Sprung ins Reich der Freiheit« sei nur denkbar auf dem Untergrund eines Gleichgewichts zwischen Menschengattung und Umwelt – die Menschheit müsse »um ihrer Fortdauer [...] willen mit der Megalomanie brechen« und »ihren Aufstieg fortsetzen als eine ›Reise nach Innen‹«. (315) Dazu sei es die große strategische Aufgabe der Kulturrevolution, »die soziale Evolution des menschlichen Wesens zu einem Ensemble *durchgängig* philosophisch-*selbstbewußter* Individuen in Angriff zu nehmen«. (327) Ziel sei natürlich die Aufhebung der Entfremdung – doch dieser Ausdruck ist zu abstrakt und läßt sich präziser formulieren: Es muß die Subalternität (»die Daseinsform und Denkweise ›kleiner Leute‹«) überwunden werden. Für Bahro ist »das Problem der Subalternität der Angelpunkt« seiner Alternativkonzeption (so im zweiten seiner Vorträge), und seine emanzipatorische Forderung heißt deshalb: »Es müssen alle Menschen die reale Möglichkeit des Zugangs zu allen wesentlichen Tätigkeitsbereichen erlangen, und zwar bis hinauf zu deren höchstem Funktionsniveau.« (323) Soweit das Prinzipielle.

Was dann folgt, sind die Einzelschritte. Er entwickelt an dieser Stelle seine Theorie vom überschüssigen Bewußtsein, von den kompensatorischen und emanzipatorischen Bedürfnissen bzw. Interessen, dann entwirft er ein erstes Programm zur Überwindung der Subalternität in mehreren Schritten. Deren wichtigste sind die *Umverteilung der Arbeit* – und zwar so, daß grundsätzlich *alle* arbeitenden Menschen auch die anspruchsarmen und unangenehmen Tätigkeiten unter sich aufteilen, damit *jeder* Mensch Zeit für die Entwicklung allgemeiner Fähigkeiten erhält –, zweitens statt einer Bildungsreform eine Bildungsrevolution zu einem *einheitlichen Bildungsweg* und drittens die *Humanisierung der Kindheit* – um frühzeitige Deformierungen der Heranwachsenden zu vermeiden.

Ein ganzes Kapitel widmet er der Frage: Wo kommen innerhalb des geheimpolizeilich überwachten undemokratischen Gesellschaftssystems die Kräfte her, die die Kulturrevolution durchführen könnten. Zum einen schöpft er Erfahrungen aus der gesellschaftlichen Dynamik während des »Prager Frühlings« und leitet daraus ab, daß die geistigen Führer des antibürokratischen Blocks geradezu gesetzmäßig aus dem Parteiapparat selbst kommen – denn sie seien »als erste in der Lage, ihre Frustration durch das bürokratische Rollensystem […] zu reflektieren und auf die sozialen Ursachen zurückzuführen. […] Im entscheidenden Augenblick wird sich auch immer ein Kopf im Politbüro selbst finden, der sich aus welchen Motiven auch immer in den Dienst einer einleitenden personellen Machtverschiebung stellt.« (385f.) (Das träfe rückblickend etwa auf Chruschtschow und acht Jahre nach der *Alternative* auf Gorbatschow zu.) Außerhalb des Machtzentrums fänden sich die Subjekte der Emanzipationsbewegung in *allen* sozialen Schichten und Bereichen (das haben dann die Revolutionen in Polen, Ungarn, in der DDR und in der ČSSR 1989 gezeigt), doch die Initiativen – so folgert Bahro – kämen aus der wissenschaftlich-technischen Intelligenz, die sich berufsmäßig primär mit Entwicklungsvorgängen und Innovationen zu befassen hat. Also hellsichtige unzufriedene Ideologen, innovationsbegeisterte Wissenschaftler und Techniker, dazu vorwärtsstrebende Studenten – das wäre die Spitze der Emanzipationsbewegung, die dann ein eigenes Kommunikationsnetz aufbauen könnte und sich nicht scheuen darf, »im politischen Kampf die Technik des anderen Machtblocks zu gebrauchen«. Bestes Beispiel: »Wem gehörte der plombierte Waggon, der Lenin aus der Schweiz nach Rußland brachte?« (411)

Dann stellt Bahro die für sein ganzes Kommunismusmodell entscheidende Frage nach der »Kontinuität als Parteiidee als solcher«: »Folgt aus der Existenz und dem Niedergang der alten Partei, daß es einer neuen oder erneuerten bedarf, um das progressive Potential zusammenzufassen?« (412) Er ist viel zu sehr Kommunist, um sich solcher Organisationsfrage zu entziehen, und so entwirft er ein ganzes Kapitel, das die neue Existenzform entwickelt: den *Bund der Kommunisten*.

Bahros Hoffnung sieht so aus, daß die spontan entstandenen oppositionellen Gruppen im nächsten Schritt in die herrschende Partei zurückwirken, sie spalten, um in einem weiteren Schritt »der Partei für eine nächste Etappe eine solche interne Verfassung zu geben, mit der sie möglichst gegen einen erneuten Verlust ihrer revolutionären Potenz gesichert ist«. (424) Praktisch wäre dies die politische Entmachtung des Apparates (und so unwahrscheinlich dies damals klingen mußte – in der Herbstrevolution 1989 ist genau dies geschehen), und alles, was Bahro in scharfen Formulierungen gegen den Apparat vorbringt, ist völlig richtig. Doch dann beginnt seine Fehleinschätzung. »Man muß sich vorstellen, wie sehr unsere vom Kapitalismus gereinigte Gesellschaft auf eine erneuerte Kommunistische

Partei wartet!« Und gleich der nächste Satz lautet: »Das gilt selbst für den größten Teil jener Elemente, die angesichts der bestehenden Zustände in antikommunistischen Vorurteilen befangen sind.« (444) Ist der erste Satz keine soziologisch haltbare Aussage, so wird im zweiten diffamierend von »Elementen«, die in »Vorurteilen befangen« seien, gesprochen. Für diese Elemente wäre auch die Neugründung einer Sozialdemokratischen Partei überflüssig (418). Die erneuerte Partei, die für Bahro problemlos eine »kommunistische Massenbewegung« wäre (442), würde als Bund der Kommunisten »die Gesellschaft auf seine neue Weise auch effektiv führen, ihr normales Funktionieren gewährleisten« (430).

Wäre der erste Schritt die Entmachtung des Apparates, so folge strategisch die sukzessive Übernahme der bis dahin staatlichen Funktionen – das bildet den Übergang zu den beiden letzten großen Kapiteln: *Über die Ökonomik der Kulturrevolution.* Doch vorher muß Bahro den Bund der Kommunisten noch hinsichtlich seiner Organisationsstruktur, der Parteidisziplin, seiner Stellung zum Staat, seiner Führungsrolle in der Gesellschaft und ähnlichem durchdenken – bei der Ausarbeitung dieser Passagen könnte er ein Glücksgefühl gehabt haben, nun ähnlich wie seinerzeit Marx, dann Lenin und schließlich Gramsci ein neues Parteikonzept zur Führung der Massen ausgearbeitet zu haben. (Daher zog es ihn auch im Dezember 1989 unwiderstehlich zum Sonderparteitag der SED.)

In den beiden letzten Kapiteln wird die Kulturrevolution – als Gipfel der *Alternative* – ausgeführt. Er faßt sie noch einmal zusammen als »Kampf um die Umverteilung der Arbeit, um einen einheitlichen Bildungsweg für voll sozialisierte Menschen, um die Bildungsfähigkeit und Lernmotivation der Kinder, um die Bedingungen für ein neues Gemeinschaftsleben und um die Vergesellschaftung (Demokratisierung) des allgemeinen Erkenntnis- und Entscheidungsprozesses«. (540) Was er sich vorgenommen hat, ist die ökonomische, genauer die politökonomische Grundlegung des Einstiegs in den Kommunismus – also das zu leisten, was Marx nur bruchstückhaft und für eine andere Zeit getan hatte. Dabei geht es ihm sowohl um die »Initialzündung« und die Sofortmaßnahmen – »um die Gesellschaft gründlich, von ihrer Basis her, in Bewegung zu setzen« (454) – als auch um die langfristige Veränderung der Gesellschaft und der Individuen durch ein Maximalprogramm. Auf fast 100 Seiten wird sehr gewissenhaft das kommunistische Ziel formuliert, was sich hier in wenigen Sätzen zusammenfassen läßt: Aufhebung der alten Arbeitsteilung und der aus ihr entstandenen Subalternität, konsequente Umstellung der Produktionsgewohnheiten, damit die Beendigung der Naturausbeutung, eine neue »Ökonomie der Zeit«, die Neubestimmung und allmähliche Entwicklung der Bedürfnisse, die Emanzipation der Frau und das Entstehen neuer Lebensformen, deren Hauptinhalt der »Zeitgewinn für psychologisch produktive Tätigkeit und Kommunikation« (510) in einer (den israelischen Kibbuzim nachempfundenen) kommunitären Gemeinschaft wäre. Wie dies aussehen könnte, sei an einem Zitat gezeigt: »In der Organisationsform der Kommune lassen sich alle Seiten des Reproduktionsprozesses auf das Ziel der reichen Individualität hin integrieren und die entsprechenden Interessen sowohl nach innen als auch nach außen vermitteln und durchsetzen. Man mag sich vorstellen, wie sich eine Bevölkerung, gestützt auf von ihr eingesetzte Organe, die verschiedenen Tätigkeiten von der Planung und Statistik bis zur Raumpflege und Abfallbeseitigung, von der angewandten Forschung bis zum Versand der Erzeugnisse, vom Unterricht verschiedenster Art und Stufe bis zur Reparatur der Maschinerie, von der Errichtung neuer Gebäude bis zur Verteilung der Gebrauchsgegenstände und der Ausführung von Dienstleistungen teilt, während die allgemeinen Künste und Wissenschaften ebenso jedermanns Beschäftigung sind wie der mehr als bisher in schönes Spiel übergehende Austausch der Geschlechter, der Generationen, überhaupt der individuelle oder gruppenweise Genuß der verschiedensten Partnerschaften.« (528 f.)

Dieses Kommunemodell wird von Bahro als eine Pyramide gedacht, in der die erstrebenswerte Dezentralisation der Gesellschaft – in Form der einzelnen Kommune – verbunden wird mit einer Assoziation der Kommunen, in der die gesamtgesellschaftlichen Notwendigkeiten geregelt werden – das wäre auch das Ende eines separaten Staates (so auch der alte Wunschtraum früherer Sozialisten und Kommunisten).

Insgesamt versucht Bahro sein weitgefaßtes Emanzipationsprogramm mit den Ausgangsbedingungen des realen Sozialismus zu vermitteln, um dabei zugleich die neuralgischsten Punkte der bürokratisch gesteuerten Planwirtschaft zu berücksichtigen und nach Möglichkeit aufzulösen. Stellenweise liest sich das wie ein Reparaturplan für einen kaputten »Trabant« (etwa wenn er sich Gedanken macht, wo man die Leute für einen vorübergehend notwendigen Vier-Schicht-Betrieb herbekommt), auch geht die Diktion seiner Sätze an solchen Stellen etwa auf den Pegel der SED-Zeitschrift *Ein-*

heit hinunter – hier zeigt sich auch der Zeitdruck, unter dem diese Kapitel geschrieben wurden. Dabei gibt sich Bahro eine ungeheure Mühe, seine zentrale Marxsche (und von allen marxistischen Theoretikern längst verlassene) These von der Aufhebung der alten Arbeitsteilung als machbar zu demonstrieren. Hier zeigt er sich als politökonomischer Denker, was mehr ist als die von den westlichen Medien bevorzugte Bezeichnung »höherer Wirtschaftsfunktionär« mit einer »Schlüsselstellung in der Industrie«.

Letztlich geht es ihm – und da steht er in einer Reihe mit den bedeutendsten Sozialphilosophen – um die Selbstbefreiung des Menschen von der Herrschaft der Verdinglichung (483), um die allseitige Entwicklung des Menschen und die Vermehrung seiner positiven Glücksmöglichkeiten (484). Deshalb kann er den Kommunismus verstehen als eine Ordnung, »in der die Bedingungen realer Freiheit zusammenfallen mit denen realer Gleichheit und Brüderlichkeit«. (543) Soweit also ein Blick auf das, was für Bahro das wichtigste seiner *Alternative* gewesen ist und weshalb er sich bis an sein Lebensende als Kommunist bezeichnete.

IV.

Hat man begriffen, daß es Bahro nicht um eine Kritik an der SED ging, sondern um die Vollendung der Marxschen Kommunismustheorie, dann kann das westliche Interesse an dem Buch nur ein politisch bedingtes Mißverständnis sein. Die in der Tiefe des Buches angelegte Kritik des Wachstumfetischismus, der Naturzerstörung wurde kaum wahrgenommen, sein Angebot einer *Alternative* zum Spätkapitalismus war politisch unannehmbar – und auch die westliche Linke mußte durch die grundsätzliche Infragestellung des real existierenden Sozialismus eher irritiert werden. Das übergroße Interesse der westlichen Medien an Bahro – das übernächste Kapitel zeigt dies – hat sich nur auf die Oberfläche des Buches, die »kritischen Stellen« bezogen, war aber für Bahro nützlich, um ihn in Ost und West bekanntzumachen. Wenn er in der Untersuchungshaft das Buch als eine »indirekte Apologie des Sozialismus« bezeichnete, so war das keine Schutzbehauptung. Es gab nirgends das geringste Zugeständnis an den Kapitalismus, und die Apologie des Sozialismus war nur insofern indirekt, als er den realen kritisieren mußte, um den originär Marxschen Horizont des »Reichs der Freiheit« herauszuarbeiten. Genau besehen ist die *Alternative* in ihrer Zielstellung eine gewagte ingenieurmäßige Konstruktion des Kommunismus, deren logischer Erscheinungsort der Ostberliner Dietz-Verlag hätte sein müssen. Doch das Politbüro der SED fand keinen Gefallen an seiner sachgerechten Zergliederung.

Verhaftung und Untersuchungshaft (1977/78)

Also am 23. August kamen die erwarteten Stasi-Leute zur Festnahme in die Weißenseer Wohnung. Dieser Vorgang ist äußerst prosaisch. Bahro wird freundlich und höflich gewesen sein, die Worte beim Öffnen der Wohnungstür hatte er im voraus genau durchdacht, er konnte seine Angst kontrollieren und leistete auch – wie der Bericht über die Festnahme aussagt – keinen Widerstand. Später gibt er die Festnahme so wieder: »Um achtzehn Uhr, ich saß gerade beim Abendbrot, klingelte es dreimal hintereinander – das war nicht das normale Klingeln. Ich öffnete die Tür. Vor mir standen drei Männer, zwei davon unangenehme Typen, wie man sie in solchen Fällen erwartet. Sie sagten mir, es gäbe eine Beschuldigung gegen mich und daß ich mitzukommen habe. Ich fragte sie, ob ich was mitnehmen dürfte, und sie verneinten es. Sie sagten lediglich, ich solle den Kühlschrank und andere elektrische Geräte ausschalten. Dann, ohne Hand an mich zu legen, forderten sie mich auf, in ein Auto einzusteigen.« (*From Red to Green*)

Seine persönlichen Gegenstände vom Ausweis bis zu irgendwelchen Fahrscheinen werden ihm abgenommen (später auf einer langen Liste protokolliert), die »Tatwohnung« wird mehrfach fotografiert – besonders ein Ofen mit verkohlten Papierresten –, später wird eine ausführliche Wohnungsdurchsuchung vorgenommen und »belastendes Material« abtransportiert. Bahro kommt – in der Streustraße wird es kaum jemand bemerkt haben – mit einem dezenten Wagen zur Haftanstalt I (Hohenschönhausen).

Die Ankunft schilderte Bahro so: »Als wir dort eintrafen, führten sie mich einen langen Gang von hintereinander liegenden Zellen entlang, vermutlich um mir zu zeigen, was mich erwarten wird. Ich war psychologisch gut vorbereitet, hatte aber niemals versucht mir vorzustellen, wie ein Gefängnis wirklich aussieht. [...] Man brachte mich in einen Vernehmungsraum, wo zwei sehr verschiedene Männer saßen, ›normale‹ Genossen wie jeder von uns. Einer war in meinem Alter, der andere Vernehmer etwas jünger. Sie lächelten mich an, brachten mir zu essen und zu trinken, dann fragten sie, ob ich nicht Angst hätte, daß sie mich vergiften wollen. Durch meine Erwiderung, sie sollten nicht denken, daß ich so einfältig bin, mußten sie annehmen, daß ich mich vor ihnen nicht fürchtete.« (*From Red to Green*)

Noch am selben Abend wird Bahro zum ersten Mal verhört (mehr als 90 Vernehmungen werden sich in den nächsten Tagen, Wochen, Monaten anschließen). Dies dauert von 18 Uhr bis 22 Uhr. Sofort wird er nach seinen Verbindungen zu westlichen Einrichtungen befragt, und er kann – da das sowieso bekannt ist – EVA, *Spiegel*, ARD und ZDF nennen. (Dabei bekam er unbeabsichtigt und am Rande eine für ihn wichtige, wenn auch unangenehme Information: Die Vernehmer gingen von einem Erscheinungsort der *Alternative* in der Schweiz aus – doch diese unzutreffende Angabe hatte er einzig gegenüber Sonja Schnitzler gemacht –, »und da wußte ich, wie die Information zu ihnen gekommen ist«. (*From Red to Green*) Als er nach ihn unterstützenden Personen befragt wird, lehnt er solche Antwort ab mit der Bemerkung, daß er andere Personen nicht belasten wird – eine Haltung, die er auch einige Zeit durchhält. Schon am nächsten Morgen gehen die Vernehmungen weiter.

Aus dem Protokoll vom 24.8.:

»*Frage*: Hiermit werden Sie aufgefordert, zu Ihren in der DDR unterhaltenen Verbindungen auszusagen!

Antwort: Ich unterhalte zu zahlreichen Personen Verbindung, betrachte diese aber ausschließlich als meine Privatsache und sehe keinerlei Veranlassung zu diesbezüglichen Aussagen.

Frage: Dem Untersuchungsorgan ist bekannt, daß Sie mehreren Bürgern von Ihnen verfaßte Schriftstücke übergaben bzw. zusandten. Sie werden nochmals nachdrücklich aufgefordert, diese Personen zu benennen!

Antwort: Darauf kann ich nur nochmals wiederholen, daß ich keineswegs bereit bin, die von mir unterhaltenen Verbindungen zu konkretisieren und das Untersuchungsorgan bei der Wahrheitsfindung zu unterstützen.«

Das wiederholt sich in den folgenden Vernehmungen, Bahro versucht Spuren anderer Personen zu verwischen, doch er weiß nicht, wieviel die Staatssicherheit bereits weiß und daß nur der Quellenschutz und die Strafprozeßordnung sie zwingt, ihr konspirativ gewonnenes Wissen zurückzuhalten.

Noch an diesem zweiten Tag wird Bahro dem Haftrichter vorgeführt, aus der Festnahme wird eine legale Haft, und Bahro verfaßt sofort eine Haftbeschwerde an das Stadtgericht Berlin, in der er seine Freilassung fordert. Natürlich wird dies abgelehnt, aber sonderbarerweise nimmt man das Procedere – die DDR ist ja schließlich ein Rechtsstaat! – sehr genau. Seine Beschwerde wird weitergeleitet an den Generalstaatsanwalt der DDR, schon am 25. August (so kurz sind die Wege zwischen MfS und Justiz) erfolgt die Ablehnung durch Staatsanwalt Dr. Gläßner (Eingang beim Stadtgericht schon am 26. 8. – man will ja den Beschuldigten nicht warten lassen), sofort tritt der 3. Strafsenat des Stadtgerichts Berlin zusammen und verfaßt eine Begründung, derzufolge das Gericht 1. Instanz »auf der Grundlage des bisherigen Ermittlungsergebnisses den dringenden Tatverdacht in dem bezeichneten Sinne geprüft und zutreffend bejaht« habe, wie »durch die Überprüfung durch den erkennenden Senat festzustellen ist«. Natürlich konnte das Gericht nichts prüfen, denn es gab bis dahin drei substantiell nichtssagende Vernehmungen, und das gesamte akkumulierte Wissen der Staatssicherheit drang nicht zur Justiz.

Und noch etwas geschah am 24. August: Bahro wird im Eilverfahren aus der SED ausgeschlossen.

Nun zur Informierung der Öffentlichkeit: Im *Neuen Deutschland* waren am 25. August 1977 auf der Seite zwei unter der Überschrift *Weiterer Spion des Geheimdienstes der BRD verhaftet* zwei kleine Meldungen zu lesen.

»Berlin (ADN). Von den Sicherheitsorganen der DDR wurde ein weiterer Spion des Bundesnachrichtendienstes festgenommen. Gegen ihn wurde ein Ermittlungsverfahren eingeleitet.

Berlin (ADN). Am 23. August 1977 wurde von den Sicherheitsorganen der DDR Rudolf Bahro wegen Verdachts nachrichtendienstlicher Tätigkeit festgenommen. Ein Ermittlungsverfahren wurde eingeleitet.«

Die Absicht war deutlich. Neben den namenlosen Spion A wurde der nachrichtendienstlich Tätige B. placiert. Dem Leser sollte sich eine Assoziation einstellen.

Wer aber wissen wollte, wer Rudolf Bahro ist (und das waren bereits viele), wußte es schon.

Auch wenn der *Spiegel* den DDR-Bürgern regulär nicht zugänglich war, so brachten West-Radio und -Fernsehen am Tag der Verhaftung ausführliche Meldungen und Interviews. Um so seltsamer mußte die 12-Zeilen-Notiz im *ND* erscheinen.

Um jemanden festzunehmen und in Haft zu halten, bedarf es amtlicher Papiere. In den Akten liegen allein für die ersten Wochen und Monate 56 Verfügungen, Anträge, Anordnungen, Bestätigungen und Protokolle (ohne Vernehmungen) vor, die sich im Wechselspiel von MfS und (inhaltlich völlig draußengelassener) Justiz mit der Inhaftierung befassen.

Problematisch scheint der Tatvorwurf und damit der Grund für die Haft zu sein. Bahro sollte nicht wegen eines Buches – es gab ja schließlich in der DDR Meinungsfreiheit und keine Zensur! – eingesperrt sein. Die *ND*-Notiz sprach vom »Verdacht nachrichtendienstlicher Tätigkeit«. Schon am 23.8. heißt es in einer internen Verfügung: »Bahro ist dringend verdächtigt, zu Einrichtungen und Personen wegen deren gegen die DDR und andere sozialistische Staaten gerichteten Tätigkeit Verbindung aufgenommen zu haben« – das sei strafbar gemäß § 100 Absatz 1 StGB. Im »Haftbeschluß« vom 30.8., der vom stellvertetenden Minister noch am selben Tage bestätigt wurde, heißt es lapidar: »[...] steht im Verdacht strafbarer Handlungen gemäß § 100 StGB – staatsfeindliche Verbindungen –«. Das war ausbaufähig, und das Buch kam darin nicht vor.

Die Suche nach den für den Prozeß geeignetsten Strafrechtsparagraphen verlief in mehreren Stufen und hatte keine juristischen, sondern ausschließlich politische Wurzeln. In einem späteren Schreiben der Untersuchungsabteilung an den Minister und seine beiden Stellvertreter Beater und Mittig vom 13. März 1978 heißt es sehr aufschlußreich: »Eine geführte Konsultation mit dem Stellvertreter des Generalstaatsanwaltes, Gen. Borchert, und dem Vizepräsidenten des Obersten Gerichts, Gen. Dr. Sarge, zur strafrechtlichen Einschätzung der Handlungen des Bahro ergab:

- Die Handlungen Bahros erfüllen grundsätzlich in objektiver und subjektiver Hinsicht die Voraussetzungen des Hochverrats gemäß § 96 StGB bzw. der staatsfeindlichen Hetze im schweren Fall gemäß § 106 Abs. 1 Ziff. 1 Abs. 2 StGB. Eine Verurteilung Bahros nach diesen Tatbeständen würde jedoch der Konzeption des Gegners, die Handlungen des Beschuldigten als Ausdruck einer inneren Untergrundbewegung in der DDR zu werten, entgegenkommen und ist deshalb aus rechtspolitischen Gründen unzweckmäßig.
- Die vom Beschuldigten Bahro begangenen Handlungen sind aber ebenso durch den Tatbestand der Sammlung von Nachrichten gemäß § 98 Abs. 1 StGB faßbar.

Bei der Anwendung des Tatbestandes Sammlung von Nachrichten ist jedoch eine modifizierte Auslegung erforderlich.«

Genau diese »modifizierte Auslegung« zeigt die ganze Haltlosigkeit der späteren Anklage. Das MfS selbst kommt zu der Einsicht, daß man weder Bahro Verbindungen zu Geheimdiensten nachweisen noch die Verlage (EVA und VSA) als feindliche Einrichtungen einschätzen kann. Deshalb muß eine Beweisführung erfunden werden, und zwar in der Weise, »daß durch die Veröffentlichungen der EVA bzw. der angestrebten Veröffentlichungen der VSA die Nachrichten anderen Feindeseinrichtungen zugänglich gemacht wurden«.

Das war die Pointe, und sie ist unwiderlegbar – denn jedes veröffentlichte Buch ist im Prinzip jedem zugänglich. Und es wird gleich die Marschroute für das Gericht angegeben: »Im Rahmen der Nachweisführung [...] muß davon ausgegangen werden, daß Bahro die in der Dissertation sowie im Buch enthaltenen Nachrichten bereits in einer aufbereiteten, für den Gegner unmittelbar verwendbaren Form lieferte und diese deshalb vorwiegend negativen Charakter tragen.«

Im September 1978 hat die HA IX/2 noch einmal rückblickend zu den strafrechtlichen Aspekten Stellung genommen: § 96 durfte nicht angewandt werden, »insbesondere um keine Aufwertung Bahros zu erreichen«, der § 106 deshalb nicht, weil sonst »eine Reihe strafrechtlicher Konsequenzen gegen weitere Personen unvermeidlich gewesen [wären], was vom Gegner zweifelsohne als Bestätigung seiner These von der Existenz oppositioneller Gruppen in der DDR gewertet worden wäre«. Ausdrücklich wird festgehalten, daß Bahro den feindlichen Einrichtungen (nur für diese gilt die Anwendung des § 98 StGB) »die Nachrichten nicht direkt übergeben [hat], sondern mit Hilfe Dritter, d.h. durch Veröffentlichung mittels Verlagsanstalten, Massenmedien usw.«. Die Dürftigkeit dieser Argumentation fällt auf. Dann heißt es noch sehr aufschlußreich: »Die neue modifizierte Auslegung des § 98 StGB, die erstmal im Falle Bahros zur Anwendung kam, beruhte auf einer gemeinsamen Ausarbeitung zwischen dem Obersten Gericht, der Staatsanwaltschaft und der Linie Untersuchung [des MfS].« (Noch 1979 wurde das Strafrecht geändert und statt »übermitteln« die viel weitere Bestimmung »zugänglich machen« eingesetzt.)

Bevor ich auf die Haftbedingungen und die Vernehmungen eingehe, soll der ungeheure Eifer der Staatssicherheit gewürdigt werden, die bei genauer Kenntnis der Umstände nun so tat, als müsse sie beim Kenntnisstand null beginnen. Über Monate wurden Listen von Personen erstellt, wobei der Radius um die Person des Beschuldigten extrem groß gewählt wurde, so daß schließlich in 14 Schritten mehr als 400 Personen im Speicher des MfS überprüft wurden, um daraus 61 herauszufiltern, die als Zeugen ein- oder mehre Male vernommen wurden und aus denen dann wieder die Belastungszeugen selektiert wurden – das waren dann allerdings nur noch sehr wenige, die als brauchbar übrigblieben (wir werden ihnen in der Hauptverhandlung begegnen).

An Festnahmen gab es nur eine einzige, und sie war sehr kurz: Am 11. Oktober wird Werner Naujok in Halle vorläufig festgenommen, nach Berlin überführt, doch schnell wieder freigelassen. Alle anderen Helfer mußten zwar um ihre Freiheit bangen, doch es blieb bei der zeugenschaftlichen Vernehmung.

Einer der schwersten Rückschläge, die Bahro in dem ganzen Verfahren erhielt, kam von außerhalb: Eine große Zahl der von Bahro als Adressaten seiner DDR-Auflage ausgesuchten »potentiellen Reformer« gab ihre Exemplare ab: bei der SED oder direkt bei der Staatssicherheit. Es war ein regelrechter Wettlauf, das zugeschickte Exemplar möglichst innerhalb von zwei Tagen abzugeben, möglichst noch mit der Bemerkung, es nicht gelesen zu haben. (Eine bemerkenswerte Ausnahme war der Filmregisseur und Präsident der Akademie der Künste Konrad Wolf, der zwar dem Generaldirektor der Akademie Meldung machte, zugleich ihn – und damit das MfS – wissen ließ, daß er sich »vorbehalten möchte, die Schrift Bahros selbst zu lesen bzw. über deren Verbleib selbst zu entscheiden«.) Schon Mitte November konnte die HA XX/OG feststellen, daß insgesamt 39 Manuskripte Bahros durch die Empfänger selbst abgegeben worden seien: 27mal »Zur Kritik des real existierenden Sozialismus«, viermal die Dissertation, fünfmal die sechs Vorträge, dreimal das Selbstinterview. Damit ergab sich eine neue Gruppe, die sehr bald zeugenschaftlich vernommen wurde.

Da Bahro die jeweiligen Vernehmungsprotokolle zur Kenntnis bekam, konnte er sich auch einen Überblick verschaffen, welche Empfänger der Stasi *nicht* bekannt wurden, also die Exemplare behalten haben. Dabei entstand allerdings auch ein schwerer Verdacht gegen mich: Bahro wußte, welche Adressen ich ihm gegeben hatte – und keiner der von mir als kritische Intellektuelle eingeschätzten Leser hatte sein Exemplar abgegeben! Das ließ zwei gegensätzliche Interpretationen zu: Für Bahro entstand jedenfalls der Verdacht, daß ich meine Adressen im Auftrag der Staatssicherheit dazugegeben hatte, sie also als Spielmaterial für die Untersuchung ohne Interesse seien und er deswegen nicht nach diesen Personen befragt wurde. Ärgerlich nur, daß er sich in mir so getäuscht hatte ...

Dieser »Rücklauf« der DDR-Exemplare wurde von der Staatssicherheit mit großer Aufmerksamkeit bedacht. Obwohl man wissen konnte, daß viele dieser Empfänger Bahro persönlich nicht oder nur sehr entfernt kannten, wurde jeder einzelne sehr ausführlich verhört – man hoffte auf weitere Dissidenten zu stoßen oder gar Belastungszeugen zu finden. Aber auch Bahro wurde in vielen Vernehmungen zu jeder einzelnen Person befragt. Einmal weigerte er sich, das Vernehmungsprotokoll zu unterschreiben, und erklärte, er lege Wert auf die Feststellung, »daß ich in vorhergehenden Vernehmungen Personen, denen ich mein Manuskript zusandte, nicht auf eigene Initiative benannt, sondern auf konkreten Vorhalt bestätigt habe«; daraufhin vermerkte der Vernehmer, Bahro habe nicht nur die ihm gemachten Vorhalte bestätigt, sondern auch konkrete Aussagen zu diesen gemacht. Vermutlich war Bahro in eine »vernehmens-taktische Falle« geraten (und bekam ein schlechtes Gewissen). Seine prinzipielle Position legte er wiederholt dar, so z. B. noch einmal im Januar 1978: »Nach wie vor bin ich nicht gewillt, von mir aus weitere Personen zu benennen«, denn diese – die ihr Exemplar nicht abgegeben haben – zählt er politisch gesehen zu seinen potentiellen Verbündeten, und sie würden auch bereit sein, »die politische Verantwortung für ihr Tun oder besser Unterlassen zu tragen« (also die Texte nicht abzuliefern).

Nun zu den Haftbedingungen. Er beschrieb sie später als »gar nicht so schlecht«: Die Zelle hatte zwei Fenster aus Glasziegeln, durch die man nicht hinaussehen konnte, es gab warmes Wasser, die Luft sei gut gewesen, das Essen habe ihn an ein mäßiges Betriebskantinen-Essen erinnert. Er teilte die Zelle mit einem »Wirtschaftler« (*Spiegel* 44/1978, die HA IX/2 bestätigte dies intern), von dem er schrieb, daß er es gut mit ihm getroffen habe. (Ob das stimmt, ist fraglich, denn auf ihn fällt der Verdacht, als ZI [Zelleninformator = IM in der Haftanstalt] einen Kassiber an mich verraten zu haben. Dazu die HA IX/2 am 31. 10. 1978: »In der U-Haftanstalt war er stets mit dem gleichen Häftling in einem Verwahrraum untergebracht, wobei es sich um einen ZI handelt, der zwischenzeitlich entlassen wurde und als IM für die HA XVIII/3 tätig ist. Dieser IM kann als zuverlässig eingeschätzt werden, und er verstand sein auftragsgemäßes Verhalten stets so einzurichten, daß während des gemeinsamen Beisammenseins mit Bahro ein guter Kontakt gegeben war.«) Erst im letzten Monat seiner Untersuchungshaft befand Bahro sich in einer Einzelzelle (und war »auch dafür mal dankbar«).

In diese Zelle drang nichts aus der Außenwelt. Er wußte nicht, welch gewaltiges Echo sein Buch in der westdeutschen Öffentlichkeit hervorgerufen hatte, welche Solidaritätsbekundungen von Politikern, Organisationen, Intellektuellen es gab. Er kannte nicht die Äußerung des von ihm hochgeschätzten Ernest Mandel, daß die *Alternative* das bedeutendste Werk des Marxismus seit Jahrzehnten sei. Er konnte höchstens ahnen, daß er – neben Harich in den 50er Jahren – der wohl prominenteste Häftling der DDR sei, doch sein Hauptgeschäft waren vorerst die beinahe täglichen Vernehmungen durch den intelligenten, arrogant-freundlichen und gelegentlich zynischen Unterleutnant (anfangs noch Oberfeldwebel, doch zum 1. Oktober beförderten) Joachim Groth.

Die Vernehmungen gingen ab 8.30 Uhr mit einstündiger Mittagspause bis 16 oder 17 Uhr: täglich in den neun letzten Tagen des August, 13mal im September, zehnmal im Oktober, elfmal im November und so weiter bis in den Mai – insgesamt 97 an der Zahl.

Er bekommt Papier und kann Briefe schreiben (worauf er keinen Einfluß hat: ob sie auch befördert werden).

So schreibt er mehrfach an seine Freundin Ursula Beneke, gleich am zweiten Hafttag heißt es zu ihrer Beruhigung: »Ich grüße Dich in unveränderter physischer und vor allem psychischer Verfassung. [...] Habe mich schnell hineingefunden, das macht die Schule des ›mönchischen‹ Lebens.« Zehn Tage später schreibt er, auch mit Blick auf die Zensoren: »Nun bin ich hier schon einigermaßen adaptiert, fühle mich fast wie in einem Arbeitsverhältnis. Wochentags kann eigentlich nicht leicht Langeweile aufkommen. Wie ich vorhatte, treibe ich täglich ungefähr eine halbe Stunde Sport (nie so aktiv gewesen!). In der vorhandenen Freizeit abends und an den Wochenenden habe ich vor allem gelesen – noch nicht voll konzentriert zwar – und etwas Schach gespielt. [...] Insoweit also: man kann hier leben – wahrhaftig nichts Neues, gewiß, aber nun eigene Empirie: Freilich akklimatisiert sich der Stubenhocker leichter als der Naturbursch [...] Ich übe mich darin, Bedürfnisse, die von vornherein unerfüllbar sind, nicht erst aktuell werden zu lassen [...] Ich bringe kein Opfer bisher, sondern habe Neuzugang an Erkenntnis.« (Dieser und alle anderen Briefe an sie – auch aus Bautzen – wurden einbehalten.)

Er bekommt Bücher und liest viel. Auch darüber spricht er in seinen Briefen: »Inzwischen habe ich mich gewärmt an drei der tapfersten Menschen aus dem XIX. Jahrhundert, alle um 1785 geboren: Stendhal (seine unverwüstliche Kartause) und die beiden unentwegten Weltverbesserer Friedrich Fröbel (mir zu wenig bekannt bisher) und Bettina [von Arnim]«. Weiter nennt er in anderen Briefen Thomas Wolfes *Schau heimwärts, Engel*, die *Memoiren einer Idealistin* von Malwida von Meysenbug, Rollands *Johann Christof*, Dickens' *David Copperfield*, in späteren Interviews noch Stendhals *Rot und Schwarz*, die Memoiren der Bertha von Suttner sowie eine Anthologie des Sturm und Drang. (In Bautzen resümiert er, daß er in der U-Haft 120 bis 150 Bücher lesen konnte – »meist Weltliteratur«.) Dagegen bekam er in den ersten sechs Monaten keine Zeitungen zu sehen.

Es gelingt ihm, auf Zigarettenpapier zwei winzige Kassiber herzustellen, einer wird abgefangen, der andere kommt tatsächlich hinaus und erreicht sein Ziel. Der abgefangene war an mich gerichtet und enthielt – mit einem früher ausgemachten Code kompliziert verschlüsselt – folgende Nachricht: »bin der alte, klaere nichts bestaetige aber, wo sie bezeugt wissen. keine zeitung seit 1.9. keine brieferlaubnis mehr. droht verschaerfte bzw. einzelhaft. hatten wanze bei mir. verbreiter im land bekannt, nur nicht adressate. verraeter bei vsa. uschi waehlt schlecht. nachrichtendienstverdacht feige finte. abs. nur offenbare verlags- und medienkontakte, kein fremdeinfluß auf buch. dechiff dieter lorf durchstecken. 30.10. straus an gundula.«

Der andere (unverschlüsselte) Kassiber war an seine ehemalige Sekretärin gerichtet, die einen Teil der ersten Fassung der *Alternative* abgeschrieben und 1977 ihren Hängeboden zur Aufbewahrung der für die DDR bestimmten Exemplare zur Verfügung gestellt hatte. Darin wollte er eine Abgleichung ihrer beider Aussagen vornehmen: daß nur er, aber nicht zwei andere Personen, die verpackten Exemplare abgeholt habe. Bei der späteren Zeugenvernehmung hielt die Sekretärin sich auch vorübergehend an diese Version, übergab aber kurz darauf der Untersuchungsabteilung den aufbewahrten Kassiber.

Bahro wurde am 21. Oktober zu diesen beiden Kassibern vernommen und erläuterte die Chiffrierung des an mich gerichteten Textes. Für diese verbotene Handlung erhielt er am selben Tag noch fünf Tage strengen Arrest. Erst am 28. Oktober wird er erneut dazu vernommen und erläutert den dechiffrierten Text: Er wollte, daß seine Freunde und Bekannten »über meine Situation informiert werden und insofern auch wissen, wie sie sich im Falle eventueller Befragungen oder Vernehmungen durch das Untersuchungsorgan verhalten sollen. Wert legte ich auch auf die Mitteilung, daß ich von mir aus in keiner Weise an der Aufklärung des Sachverhalts mitwirke«. Die Stelle »Verbreiter im Lande bekannt« sollte mir sagen, daß die Staatssicherheit viele Exemplare seines Textes übergeben bekam, und daß er auch weiß, um wen es sich dabei handelte. »Keine Zeitung«, »keine Brieferlaubnis«, »droht verschärfte bzw. Einzelhaft« sollte einen Eindruck seines allgemeinen Befindens signalisieren; »nur offenbare Verlags- und Medienkontakte, kein Fremdeinfluß auf Buch« sollte den Freunden (unter ihnen auch der angesprochene Dietrich Lorf) bei eventuellen Zweifeln bestätigen, daß er wirklich nur überschaubare und legale Kontakte in den Westen hatte und die »staatsfeindlichen Verbindungen« für die Sicherheitsorgane und die Justiz nur ein Vorwand gewesen seien, »mich zu inhaftieren, ohne den Inhalt meines Buches als Haftgrund anzugeben«. Schließlich sollte die (mir unverständliche) Stelle »Uschi wählt schlecht« bedeuten, daß seine Freundin bereits umfassende Aussagen gemacht und somit ihn und andere Personen [*möglicherweise*, füge ich hinzu] gefährdet hat, »ohne ihr nun allerdings einen Vorwurf daraus formulieren zu wollen«. Der letzte Satz ließ sich leicht als sein durch mich auszuführender Geburtstagsgruß verstehen. (Nur kam es eben nicht dazu.)

Ein Problem war es, einen guten Verteidiger zu finden. Darum sorgte sich jetzt seine Ex-Frau Gundula. Die beiden großen Anwälte Kaul und Vogel standen nicht zur Verfügung – ersterer verteidigte keine »Staatsfeinde«, letzterer war für Ausreisefälle zuständig. Gundula beriet sich mit der befreundeten Gabi Gysi, und die schlug ihren damals noch nicht so sehr bekannten Bruder Gregor vor. Der kannte Bahro aus früheren Zeiten nicht. Erst aus den Nachrichten hatte er von der Verhaftung erfahren und dann in der ARD das Interview gesehen. Bahros Gesicht – so erzählte er mir – löste Sympathie aus: Nachdenklichkeit, Sendungsbewußtsein und zeigte eine menschliche Seite.

Am 29. September kam Gundula zu ihm in die Kanzlei, schon einen Tag später wandte sich Gysi an den Generalstaatsanwalt, um Kontakt zu Bahro zu bekommen. Es verging wieder Zeit, erst am 24. Oktober bekam er die von Bahro unterschriebene Vollmacht und konnte nun tätig werden. Zwei Monate waren also bereits seit der Verhaftung vergangen.

Das erste Gespräch (»Sprecher«) zwischen beiden fand am 9. November in der Magdalenenstraße im Beisein des Vernehmers und mit Auflagen statt: so durfte z. B. nicht über den »Fall« gesprochen werden (wohl aber über das Buch – das noch nicht Gegenstand der Ermittlung war!). Der Vernehmer machte pro forma ein paar Notizen, daraus entstand kurz darauf ein dreiseitiger »Vermerk«, doch wurde das ganze Gespräch auf Band mitgeschnitten und später in die Akte eingefügt.

Das wenige, was überhaupt besprochen werden durfte, war nicht dazu angetan, bei Bahro Vertrauen entstehen zu lassen. Der Anwalt belehrt ihn, welche Vergünstigungen das Untersuchungsorgan bei unkooperativem Verhalten dem Beschuldigten wegnehmen dürfe und daß er durch ein »positives Aussageverhalten« aktiv am Verfahren mitwirken solle. Bahro erwiderte diesen Anmutungen, daß er sich wahrscheinlich auch in Zukunft außerstande sehen wird, diesem Ratschlag seines Verteidigers in aller Konsequenz nachzukommen. Statt dessen interessierte ihn mehr, ob Gysi sein Buch schon gelesen habe. Als dieser ausweichend antwortete, daß er, falls das Buch für Bahros Verfahren jemals relevant werden sollte, auch sicherlich in die Lage versetzt werden würde, es einzusehen, da entstand wenig Sympathie für diesen Anwalt.

Von einem sich anschließenden Gespräch zwischen Gysi und dem beaufsichtigenden Vernehmer machte Groth Notizen, die man wegen des belastenden Inhalts nur sehr vorsichtig anführen kann. Erstens weiß man nicht, wie korrekt Groth die Äußerungen Gysis wiedergibt, zweitens können diese Äußerungen – etwa: Gysi habe weiter ausgeführt, er »halte Leute wie Bahro für unverbesserliche Feinde des Sozialismus, die man besser rechtzeitig versuchen solle, in die BRD abzuschieben, da eine ideologische Umerziehung unmöglich sei« – durchaus taktisch pro Bahro gedacht gewesen sein, um eventuell lange U-Haft und Prozeß damit zu umgehen (nur war Bahro zu dieser Zeit überhaupt noch nicht zur Übersiedlung bereit).

Auf jeden Fall intervenierte Gysi bereits wenige Tage später (16. 11.) beim Generalstaatsanwalt, damit Bahro regelmäßig das *ND* beziehen und Bücher aus der Bibliothek der Haftanstalt benutzen konnte – das Ganze mit dem schönen Hinweis: »Während der Haft dürfen die Rechte des Beschuldigten nur soweit zulässig und unbedingt erforderlich eingeschränkt werden (Verfassung der DDR,

§ 130 StPO).« Ergebnis: Etwa zehn Tage später erhielt Bahro Lese- und Schreiberlaubnis. Außerdem ersuchte Gysi, seinem Mandanten die regelmäßige Korrespondenz mit seinen Kindern und mit Gundula Bahro zu gestatten wie auch für letztere eine regelmäßige Besuchserlaubnis. (Darauf mußte der Häftling noch warten: Der erste »Sprecher« mit Gundula erfolgte erst 20 Wochen nach seiner Verhaftung, am 11. Januar 1978, dann gab es in den Monaten Februar bis Mai je eine Sprecherlaubnis.)

Beim zweiten »Sprecher« am 13. Dezember teilte der Anwalt die von ihm eingeleiteten Schritte mit, man sprach über eine eventuelle Übersiedlungsabsicht Bahros – die dieser kategorisch ablehnte –, dann äußerte Bahro seine Einwände gegen den Verteidiger: Er befürchte, daß Gysis Motivation zu einer Verteidigung nicht ausreiche, da er die politischen Hintergründe wie auch die Brisanz des Vorgangs zu wenig in Betracht ziehe. Er verlangte von seinem Anwalt, daß dieser ihn als Kommunist ansehe und sich mit seinen politischen Auffassungen beschäftige, um seine verschiedenen Motivationen besser zu verstehen – sonst gelänge ihm die Verteidigung nicht.

In den Akten finden sich die Vermerke über zwei weitere »Sprecher« – am 7. März und am 4. Mai 1978 (es fehlt einer vermutlich vom Januar; der sechste »Sprecher« vom 5. Juni war der erste unter vier Augen – von diesem und den späteren gibt es keine Vermerke). In beiden ging es hauptsächlich um Bahros familiäre Angelegenheiten, für die sich Gysi einzusetzen versprach, so daß hier die streng formale Grenze der Verteidigung bereits überschritten war. Auch bat Bahro um eine Bibel, die er für eine von ihm geplante »Ethik« brauche, und um ein Lehr-, ein Wörterbuch und eine Grammatik zum Erlernen der französischen Sprache.

Insgesamt gab es also zwischen Bahro und Gysi fünf »Sprecher« in der U-Haft unter Aufsicht, fünf weitere unter vier Augen (aber nicht unter vier Ohren). Er habe dabei – so Gysi in seiner Rechtfertigung (*Gregor Gysi antwortet dem »telegraph«. Versuch einer Aufklärung Teil 2*, Bonn 1992) – Bahro die bis dahin ihm nicht bekannte ADN-Meldung übermittelt wie auch von der westlichen Solidaritätswelle berichtet. Außerdem habe er ein von Bahro verfertigtes Testament entgegengenommen. Soweit also auch vorausgreifend die erste Phase der Beziehung zwischen beiden. (Diese setzte sich fort im Prozeß, in der anschließenden Berufungsklage und erhielt einen neuen Charakter während der Haftbetreuung in Bautzen.)

Am 21. November erweiterte das Stadtbezirksgericht Berlin-

Mitte auf Antrag von Staatsanwalt Gläßner – natürlich ohne in die MfS-Ermittlungen eingeweiht zu sein – den Haftbefehl um den dringenden Tatverdacht der Nachrichtensammlung und -übermittlung sowie den Verdacht, »geheimzuhaltende Tatsachen anderen Personen offenbart zu haben«, beides strafbar gemäß §§ 98 Abs. 1, 245 Abs. 3, 63 StGB. Sollte das vor Gericht bewiesen werden, hätte das natürlich erhebliche Auswirkungen auf das Strafmaß. Daraufhin erhob Bahro am 24. November erneut eine Haftbeschwerde, wobei er speziell zum Vorwurf der Nachrichtensammlung und -übermittlung ausführt, daß damit der Inhalt »meines theoretisch-politischen Buches kriminalisiert werden soll, während ich in dessen Text tunlichst vermieden habe, solche Details zur Analyse heranzuziehen, die Nachrichten im Sinne des § 98 sein könnten«. Natürlich wird auch diese Beschwerde zurückgewiesen (»nicht abgeholfen« im Amtsdeutsch).

Wie sich das MfS auf die Ermittlungen psychologisch einstellte, zeigt die handschriftliche (leider undatierte) »Vernehmungstaktische Grundkonzeption« des Vernehmers Groth. Er geht davon aus, »daß der Beschuldigte ein fanatischer und in äußerstem Maße von sich eingenommener Überzeugungstäter« sei, der »kein subjektives Schuldgefühl habe« und nicht bereit ist, durch positives Aussageverhalten an der Aufklärung der ihm vorgeworfenen Straftaten mitzuwirken. Solchem Tätertyp sei nicht mit Härte beizukommen, auch die Androhung einer langen Haft schrecke »einen anspruchslosen, seit Jahren fast [ein] Einsiedlerleben führenden Menschen wie Bahro nicht«. Ihn weichzumachen soll auf zwei Wegen versucht werden: Ihm zu zeigen, »daß er schon seit längerer Zeit von den Sicherheitsorganen beobachtet wird«, damit er zu der Annahme gelangt, »es sei ohnedies alles bekannt und mithin eine Verweigerung der Aussage [...] sinnlos«. Zweitens soll er dadurch demoralisiert werden, daß man ihm klarmachen müsse, »daß die von ihm erwartete Reaktion auf sein Buch in Ost und West ausblieb« und die meisten Gesellschaftswissenschaftler das Buch wegen mangelnder Wissenschaftlichkeit ablehnten und ihm Selbstüberschätzung vorwürfen. (»Dieser Eindruck ist durch beiläufige Nennung der Namen jener Personen zu bestärken, die das Manuskript unmittelbar nach Erhalt den Sicherheitsorganen bzw. der Partei übergaben.«) Bahro soll durch die Tatsache, »daß von ihm geschätzte Wissenschaftler sich von ihm distanzieren und sogar bereit sind, seine Arbeit negativ zu begutachten (z.B. Prof. Eichhorn II, Prof. Dieter Klein), unangenehm berührt« werden. Man sollte ihm weiterhin klarmachen, daß er seine weiteren ehrgeizigen Pläne – etwa die Arbeit an einer »Ethik« zur Veränderung der Gesellschaft – nicht vorzeitig durch die Folgen einer »langen, strapaziösen Haft« begraben, sondern daß er ohne Aufgabe seiner Grundprinzipien einfach pragmatischer denken und handeln sollte. Die Atmosphäre in der Vernehmung sollte deshalb auf seine Mentalität eingehen und »vordergründig von Sachlichkeit und Ruhe geprägt sein«. Dennoch sei es »zweckmäßig, ihn ständig in einem Spannungszustand zu halten«. Seine Überlegungen schließt der Vernehmer mit der zynischen Prognose: »Allein Härte ist wenig sinnvoll, denn leicht unterschätzt man äußerlich weiche, im Innersten aber fanatische Menschen. Sinnvolle Verbindung verschiedener ›Gangarten‹ wird Bahro brechen, der sich, entsprechend seiner Zukunftsvorstellungen, keine großen Substanzverluste leisten darf.«

Wieweit sich Groth getäuscht hat oder nicht, wird sich bald zeigen. Gänzlich daneben liegt er, wenn er annimmt, daß Bahro die Observierung durch das MfS nicht gewußt oder geahnt hat und deshalb durch das Wissen des Vernehmers überrascht werden könnte. Wochenlang gab er nur zu, was ihm nachgewiesen werden konnte, half aber ansonsten bei der »Wahrheitsfindung« nicht mit. Deshalb mußte offiziell verwertbares Wissen auf anderem Wege, nämlich über die Zeugenvernehmungen beschafft werden.

Insgesamt 61 Personen wurden als Zeugen ausgesucht, das reicht von seinen Universitätslehrern, den Professoren Besenbruch und Heise, über seine Helfer, die Professoren Behrens und Goldschmidt, sein persönliches Umfeld, also Ursula Beneke, Busold, Naujok, Wetzel und mich bis zu ehemaligen Kommilitonen und Kollegen, einigen Empfängern der DDR-Exemplare und dann besonders den Gesprächspartnern aus der Industrie, die die Staatssicherheit für den Komplex »Dissertation und Anhang« brauchte.

Die Zeugenvernehmungen begannen sehr frühzeitig und zogen sich über die ganze Untersuchungshaft hin.

Schon am 1. September wird sein früherer Kommilitone Lothar Läsker vernommen. Er stellt als einer der wenigen Bahro ein blendendes Zeugnis aus: »Bahro war einer der besten Studenten unseres Seminars und gehörte damals mit zu den politischen Aktivisten. Er war kontaktfreudig, kameradschaftlich und ungewöhnlich einsatzbereit. Er fühlte sich völlig als Revolutionär, bemühte sich auch, so zu handeln, und glaubte, unbedingt einen aktiven Beitrag zur Weltrevolution leisten zu müssen und zu können. Bahro war extrem diszipliniert, da er die Disziplin als einen notwendigen Bestandteil der Revolution betrachtete. Er versuchte sich stets gegen Schwierigkeiten durchzusetzen und nahm bewußt Nachteile auf sich.« Selbst als Bahro seine Differenzen zur Politik der SED äußerte und Läsker ihn dafür kritisierte, habe Bahro ihm entgegnet, »daß er weiter seine Arbeit machen, aber sein Wirken für die Weltrevolution nicht einstellen werde«. (Mit diesen Aussagen hatte sich Läsker auch als Belastungszeuge unbrauchbar gemacht.) Meine eigene Vernehmung, in der ich selbstverständlich Bahro verteidigte, habe ich bereits 1988 öffentlich gemacht (in: Ferdinand Kroh, Hg.: *»Freiheit ist immer Freiheit ...«. Die Andersdenkenden in der DDR,* 59–62; dann in meinem Buch *Einen eigenen Weg gehen ...*, 1991, 6ff.).

Am selben Tag wie Läsker wird auch erstmals Gundula Bahro vernommen: Sie nennt in aller Einfalt die Namen von acht Personen – und schon kann das MfS, ohne sein konspirativ gesammeltes Wissen offenbaren zu müssen, die ihr längst namentlich bekannten Männer und Frauen vorladen, da sie nun im Ermittlungsvorgang »dem Untersuchungsorgan« bekannt geworden sind. Andere kommen, von Angst geplagt, freiwillig und werden in die Zeugenliste einrangiert.

Bahro selbst ist anfangs konsequent: Er will keine Namen nennen. Und um den Kontakt zur Europäischen Verlagsanstalt (EVA), später den Transport des Manuskriptes in den Westen, den Weg der Korrekturfahnen zu erklären, erfindet er Personen. Doch der Vernehmer braucht sich da gar nicht anzustrengen, die das MfS interessierenden Kontakte und Personen sind fast alle bestens bekannt. Einige Wochen glaubt Bahro, das Verweigern und Erfinden könnte Erfolg haben, doch dann ändert er Mitte November sein Verhalten. Zu Protokoll gibt er lediglich folgenden Satz: »Ich habe die mir durch das Untersuchungsorgan zur Überlegung gegebenen Möglichkeiten über verschiedenartige Auswirkungen meines momentanen Aussageverhaltens nochmals gründlich durchdacht und bin bereit, die Fragen zu beantworten. Dabei möchte ich jedoch betonen, daß für die Änderung meines Aussageverhaltens ausschließlich politische Überlegungen maßgeblich sind.«

Was dazu geführt hat, steht nirgends zu lesen. Gregor Gysi nannte mir zu dem Aufgeben der Verweigerung zwei maßgebliche Gründe. Erstens ließ Bahro sich vom Vernehmer die Zusage geben, daß es keine Verhaftungen der von ihm zu Nennenden geben wird; dies ist auch eingehalten worden, wenn auch – wie Gysi vermutet – unabhängig von Bahros Bedingung solche Verhaftungen gar nicht beabsichtigt waren, weil der Kreis zu groß und nicht unwichtig gewesen sei. Zweitens, weil ihm versprochen worden wäre, daß sein Buch im Politbüro und auch mit ihm diskutiert werden würde, falls alle Hintergründe bis zur Veröffentlichung des Textes im Westen restlos aufgeklärt sind. Er müsse also eine Vorleistung zur Beruhigung der Führung bringen, denn dem Politbüro sei nicht zuzumuten, mit einem leugnenden und sich verweigernden Häftling zu reden.

So öffnete Bahro nun beinahe die Schleusen, und er gab Kontakte preis, was später für ihn zum Problem wurde. In einem Interview (*From Red to Green*) versuchte er diesen Wechsel zu erklären: Die Vernehmer hätten gezeigt, daß sie seine Verbindungen zu Rudi Wetzel ganz genau kannten und daß er ebenfalls unter Anklage gestellt werden müßte. »Und wenn ich nicht erzählen würde, was sie wissen wollen, dann würden sie sich auf meine Freunde stürzen, ihre Wohnungen durchsuchen usw. Sie behaupteten, daß sie kein solches Aufheben machen möchten, und schlugen mir einen Deal vor, wonach, wie sie sagten, keiner von ihnen eingesperrt würde und jene, die bereits inhaftiert seien, wieder freikämen.« Dafür sollte er die gewünschten Informationen geben, doch – so Bahro – »ich gab kein bißchen nach«, und das sei auch der einzige Moment gewesen, wo sein Vernehmer die Geduld verloren habe. Dann Mitte November schlug man ihm vor, wenn er einem Kompromiß zustimmen würde, könnte er in der DDR einen gewissen halblegalen Status genießen. Er habe geantwortet, wenn eine Art von indirekter Kooperation mit der Partei zu arrangieren wäre und seine anderen Bedingungen erfüllt würden, »dann sei ein Kompromiß für mich möglich«. Man habe dies akzeptiert, und er brauchte nichts mehr zu verschleiern, doch als sie ihn noch fragten, ob er so schnell wie möglich in den Westen gehen wollte, habe er dies abgelehnt. Weiter heißt es: »So war ich nun genötigt, Details zu nennen. Ich war in einer peinlichen Situation, denn der Mann, der mein Buch mit nach Westberlin genommen hatte [zur Erinnerung: Prof. Harry Goldschmidt], war einer von den dreien, die man belangen konnte, [...] aber ich hatte den Kompromiß angenommen und hatte ihnen den ganzen Vorgang erzählt. Es beunruhigte mich [...].« Als er zu seinen Erklärungen vom Interviewer (es war der ausgezeichnete Sozialwissenschaftler Perry Anderson) gefragt wird, ob dies ein wirklich realer Kompromiß gewesen sei oder ob er sich heute dafür schäme, antwortete Bahro, es sei natürlich ein realer Kompromiß gewesen.

Eine Vernehmung muß noch herausgehoben werden: Der Musikredakteur Joachim Lucius (IM »Rolf Anderson«) wird am 1. Februar vernommen und darüber ein Protokoll angefertigt. Dazu gab es im Vorfeld einen abgestimmten *Vernehmungsplan* – an Hand dessen der Zeuge Lucius wußte, was er gefragt wird und wie er zu antworten hatte. Das Ergebnis ist für den Vernehmer entsprechend reichhaltig. Im Protokoll – das Bahro auch zur Kenntnis nehmen mußte – heißt es z. B.: Bahros Wesen und Verhalten sei »teilweise durch eine psychische Abnormität gekennzeichnet«, durch einen ständigen Wechsel »zwischen fast kindischer Unterwürfigkeit bis hin zu extremer Renommiersucht«; Bahro kenne Dutschke, Meinhof und Meins, er habe Verbindungen zu Trotzkisten in Frankreich und Belgien, zur jugoslawischen, chinesischen und kubanischen Botschaft – schließlich nennt er zehn Namen von Personen, zu denen Bahro Verbindungen haben soll (zu den bereits bekannten Namen bekommt das MfS jetzt »zeugenschaftlich« noch Wolf Biermann, Jurek Becker, Stefan Heym angegeben). Fünfzehn Wochen später erhält Bahro diese Aussage vorgelegt und meint dazu, daß sie »einige zu unwahrscheinliche Fakten« enthalte, um sie dann im einzelnen als unzutreffend zurückzuweisen.

Die Untersuchungsabteilung hat die Vernehmung Bahros nach Schwerpunkten aufgeteilt: zur Person – Verbindungen zu westlichen Einrichtungen – Verbindungen zu DDR-Bürgern – *Alternative* – Dissertation. Dem ersten verdanken wir eine zusammenhängende Darstellung seines Lebenslaufes, von einer Schreibkraft abgeschrieben und von Bahro durchkorrigiert und Seite für Seite unterschrieben. Für den Prozeß spielte sie keine Rolle. Die Verbindungen zu westlichen Einrichtungen legte er offen und vollständig dar, hier hatte er nichts zu verschleiern und nichts zu befürchten. Nur: Das (noch zu betrachtende) Gutachten des Instituts für Internationale Politik und Wirtschaft (IPW) konstruierte im Auftrag des MfS eine Verbindung von der EVA über den *Spiegel* direkt zum BND – und der Staatsanwalt hatte sich daran zu halten (sonst wäre es keine »Nachrichtenübermittlung« geworden). Die Verbindungen zu DDR-Bürgern hatte er anfangs weitgehend verschweigen wollen, doch nach seinem Verhaltenswechsel Mitte November wurde er zu jeder einzelnen Person der stattlichen Zeugenliste befragt und gab entsprechende Auskünfte. Dabei hat er zwar Personen genannt, die es ihm sehr verübelt haben (Goldschmidt und Behrens), doch über die Angabe dieser Verbindungen hinaus hat er – das zeigen die Vernehmungsprotokolle überaus deutlich – niemanden belastet und niemandem geschadet.

Der wichtigste Schwerpunkt war zweifellos die *Alternative*, zu ihr wurde er zwölfmal vernommen, zumeist im April 1978. Diese Vernehmungen ähnelten in nichts der geläufigen Vorstellung, die man von einem »Stasi-Verhör« hat, sondern glichen mehr einem sehr kleinen Seminar oder – noch paradoxer – einer Unterweisung. Vernehmer und Beschuldigter hatten je ein Exemplar des Buches vor sich – auf diese Weise sah Bahro überhaupt das erstemal sein Werk! –, der Vernehmer ging das Buch von vorn bis hinten durch, ließ sich die von ihm bezeichneten Absätze von Bahro erläutern, der dies in durchaus akademischer Weise tat – die intellektuelle Anstrengung muß auf beiden Seiten groß gewesen sein. Das eine Ergebnis war, daß Bahro nun wochenlang sein Buch studieren konnte. Das andere: Unterleutnant Groth erwarb sich eine ausgezeichnete Kenntnis dieses Buches. (Bahro betonte auch dessen Intelligenz und sagte zu ihm einmal: »Sie müssen Ihren Job aufgeben, wenn Sie Ihre Seele retten wollen.« Groth hat sich übrigens dran gehalten, seinen »Job« rechtzeitig aufgegeben und sogar Bahro nach 1990 besucht!) Doch das hermeneutische Gespräch konnte ja nicht Ziel und Zweck jener Vernehmungen sein. Dem Vernehmer mußte es darum gehen, die »Nachrichten« herauszufiltern, die der Beschuldigte gesammelt und feindlichen westlichen Einrichtungen übermittelt haben sollte. Diese abstruse Arbeit hat er tatsächlich geleistet (ich komme im Kapitel über die Hauptverhandlung darauf zurück).

Und noch etwas hat die Untersuchungsabteilung vollbracht: Sie ließ in der eigenen Hauptabteilung oder in der Juristischen Hochschule (des MfS) von einer philologisch versierten Person alle drei Fassungen der *Alternative* (Erstfassung 1973/74, Überarbeitung 1975/77 und die Druckfassung) miteinander vergleichen, um herauszufinden, »welche Einfügungen, Weglassungen und sonstige Veränderungen, ausgehend von der 1. Fassung bis zur Buchform, vorgenommen [worden] sind«. Auf insgesamt 220 Seiten wurde dieser Textvergleich durchgeführt (praktischerweise im Querformat, um die drei Fassungen als Synopse darzustellen) – eine ernstzunehmende wissenschaftliche Leistung, wenn sie einem besseren Zweck gedient hätte. (Doch jede spätere Editionsgeschichte sollte auf diese Forschungsleistung zurückgreifen!)

Dieselbe Art der Vernehmung erfolgte bei der Dissertation: Auch hier gingen beide gemeinsam den Text durch, der Vernehmer wies auf einen Abschnitt oder auf mehrere Seiten, und Bahro erklärte sehr genau den Inhalt. Nur war hier die Zielstellung der Staatssicherheit absurd: Erstens war dieser Text von drei marxistischen Gutachtern positiv bewertet worden, zweitens ist diese Arbeit zwar in den Westen gelangt, zum Verlag zum Studium der Arbeiterbewegung (VSA), wurde aber nicht veröffentlicht und damit auch nicht feindlichen Einrichtungen zugänglich gemacht – damit konnte hier der Vorwurf der Nachrichtensammlung und -übermittlung nicht sinnvoll angewendet werden (man tat es trotzdem). Doch das Schwergewicht dieser Vernehmungen – es waren zusammen ebenfalls zwölf im März und Mai – lag eindeutig auf dem Anhang mit den 48 als Interviews bezeichneten Gesprächsaufzeichnungen.

Dem MfS ging es dabei um zwei Dinge: Einmal war dieser Anhang (wir erinnern uns) von Bahro verschiedenen Personen zum Lesen und Aufbewahren gegeben worden, dann von der Hochschule zur Vertraulichen Verschlußsache (VVS) erklärt und in der Anzahl von ihm nicht vollständig an- und abgegeben worden. Die ungenannt gebliebenen Exemplare waren aber zahlenmäßig durch Gundula Bahro bereits der Staatssicherheit mitgeteilt worden – es waren neun Personen, deren Namen Bahro nicht preisgab (die der Leser bis auf einen aber bereits kennt, da sie mehrmals als seine Freunde und Bekannten genannt wurden). Aus diesem Verschweigen wurde dann der Vorwurf des »Geheimnisverrats« formuliert (das »Geheimnis« war der zur VVS erklärte Anhang; daß neun Personen ein Exemplar besaßen, war der »Verrat«), wodurch sich später die Gesamtstrafe erhöhte. Das andere war, die Gesprächspartner vollständig zu ermitteln, sie als Zeugen zu befragen mit dem Ziel, ob sie den Inhalt ihrer mit Bahro geführten Gespräche bestätigen oder bestreiten würden. Mit großem Aufwand wurde der Großteil der Gesuchten auch gefunden und vernommen, und da der Inhalt der vor vier bis fünf Jahren geführten Gespräche zumeist sehr kritischer Natur war und die Zeugen ahnten, was passieren würde, wenn sie dies zugeben würden, so konnte man mit großer Wahrscheinlichkeit davon ausgehen, daß die Befragten so viel wie möglich abstreiten würden.

Das Ergebnis der wochenlangen Untersuchungen war, daß die Staatssicherheit feststellte, daß von den 48 Gesprächen 24 durch Zeugenaussagen als tatsächlich durchgeführt bestätigt wurden, daß einige Zeugen nicht auffindbar waren, einige rein theoretisch noch gefunden werden könnten und zehn Interviews nicht mit den angegebenen Personen geführt worden seien. Diese zehn Interviews galten dem MfS damit als »frei erfunden«. Doch das Hauptinteresse der Vernehmung galt etwas anderem: Jeder einzelne Interviewpartner wurde ausführlich befragt, und bis auf einen oder zwei stritten sie so ziemlich alles ab: entweder hätten die Gespräche in der Form gar nicht stattgefunden oder die Antworten seien falsch wiedergegeben oder die Informationen seien überhaupt nicht gegeben worden – kurzum, Bahro hätte die Gespräche verfälscht oder erfunden. Damit konnte das MfS viel anfangen. Wer sich am heftigsten von Bahro und allem Aufgeschriebenen distanzierte, wurde als Belastungszeuge für das Hauptverfahren ausgewählt.

Anschließend vernahm man Bahro zu jedem einzelnen Zeugen. Er bekam die jeweiligen Aussagen zu lesen, auch seine eigenen Interviews, und mußte zu dieser Differenz Stellung nehmen. Seine Antworten sind sehr fest: »Alles was in den Interviews zum Ausdruck kommt, wurde mir tatsächlich berichtet oder ich hatte es erfragt«; er habe sich bemüht, »die Positionen meiner Interviewpartner wahrheitsgemäß wiederzugeben und nicht gegen Intentionen ihrer Aussagen zu verstoßen«; »das, was ich schrieb, ist authentisch«. Er räumte ein, daß es selbstverständlich in Nuancen und Details Abweichungen vom gesprochenen Wort geben kann, doch daß das niemals den Kern der einzelnen Antworten berührte. Zum Verhalten der Zeugen sagt er: »Es ist allerdings seit meinen Interviews viel Zeit vergangen, und die Zeugen sehen die Niederschriften ihrer Gespräche nach meiner Inhaftierung natürlich unter einem völlig anderen Aspekt. Vielleicht hat auch das dazu geführt, daß heute einige nicht mehr wahrhaben wollen, was sie mir damals sagten.«

In der Einhaltung der Strafprozeßordnung war das MfS korrekt: Der Untersuchungsgefangene konnte alle Beweisstücke einsehen, er bekam sämtliche Protokolle der Zeugenvernehmungen zu lesen und konnte dazu Kommentare abgeben, er bekam die Gutachten, den *Spiegel*-Beitrag, je ein Exemplar der *Alternative* und seiner Dissertation und konnte sogar zu seiner internen Verteidigung mehrere »Stellungnahmen« verfassen: insgesamt mehr als 70 Seiten.

Am beeindruckendsten ist zweifellos seine »Persönliche Niederschrift zu Anliegen und Charakter meines Buches *Die Alternative*« vom 15. April 1978. Sie entstand als Protest gegen die Art der Vernehmung und der Protokollierung, zu der er deutlich machen wollte, daß die ganze Herangehensweise dem Charakter seines Buches unangemessen sei: »Trotz sachlicher Richtigkeit des Aufgezeichneten im einzelnen spiegeln diese Protokolle meine Haltung zu den Problemen, wie ich sie in der Untersuchung einnehme, nicht zutreffend wider.« Er erläutert dies so, daß er in den Vernehmungen stets auf die Zusammenhänge seiner Darlegungen, ihre Absicht und ihre Funktion eingeht, während der Vernehmer die Protokolle so formuliert, daß er (Bahro) vorgegebene Passagen des Buches zu bestätigen habe. Da er sich voll zum Gesamttext des Buches bekenne, findet er das bloße Bestätigen höchst überflüssig, und er endet mit der Bitte, »ob man sich den Aufwand hierfür und mir die entsprechende Verfahrensweise, bei der ich mich nicht ernstgenommen fühle, ersparen könnte«.

Sie wird ihm nicht erspart, und deshalb versucht er es noch einmal mit einer eigenen Darlegung. (Ich bin im Kapitel über die Entstehung der *Alternative* vorgreifend auf diesen Text bereits genauer eingegangen, in der er sich uneingeschränkt zum Inhalt des Buches, zu seiner Motivation und zur Notwendigkeit bekennt, dieses Buch im Westen veröffentlicht zu haben, um über diesen Weg »die weitestmögliche Bekanntmachung meines Anliegens in der DDR zu erreichen«.)

Noch einmal versucht er hier gegen den Vorwurf des Sammelns von Nachrichten zu erklären, welche Rolle die Fakten im Buch spielen: »Für Theorieansätze – auf welchem Gebiet auch immer – ist generell nicht charakteristisch, daß sie vornehmlich neues Faktenmaterial liefern, sondern daß sie Faktenmaterial neu integrieren. Ich beziehe mich auf Realien unseres gesellschaftlichen Lebens stets in dem Bewußtsein und mit dem Habitus, an sich bekannte Dinge aufzugreifen, *um sie von meinem theoretischen Konzept aus besser, überzeugender, logisch widerspruchsfreier zu erklären.* Daß sie existieren, wird gar nicht hauptsächlich zum Gegenstand gemacht, sondern als bei Freund und Feind bekannt vorausgesetzt. Ich glaube nicht, irgend etwas Faktisches erstmalig aufgegriffen zu haben.«

Eine wichtige Passage dieses Textes betrifft die Erklärung seines öffentlichen Auftretens – also die Entscheidung, im Westen zu publizieren. Eine Konsequenz seiner theoretischen Analyse sei es, »daß die sozialen Widersprüche offen zum Gegenstand der Untersuchung und des Meinungsstreits gemacht werden« müssen. Genau das geschehe aber in der DDR nicht. Man könne – so Bahro – »temporär, im ›Belagerungszustand‹, gezwungen sein die Diskussion einzuschränken. Über Jahrzehnte fortgesetzt aber muß eine solche Praxis vor allem ins eigene Fleich schneiden. Man darf nicht über Jahrzehnte die Massen von der Entscheidung ausschließen, nur um dem Gegner ›keinen Einblick‹ zu geben. Dieses Argument wird zur Ausrede für die besonderen Interessen und Gewohnheiten des Apparates, der es dadurch bequemer im Umgang mit der eigenen Gesellschaft hat, für die er unkontrollierbar wird.« Nachdem er ausführlich erklärt, daß nur durch eine öffentliche Diskussion der gesellschaftlichen Widersprüche die Praxis korrigiert werden kann und die gegnerischen Angriffe dabei eine periphere Rolle spielen würden, kommt er noch einmal auf die Inanspruchnahme des Westens für die Verbreitung seiner sozialistischen Konzeption zu sprechen: »Zur Drucklegung meines Buches in einem BRD-Verlag sah ich mich aufgrund der unbestreitbaren Tatsache gezwungen, daß sie innerhalb der DDR unerreichbar gewesen wäre. Ich wiederhole hier meine schon einmal getroffene Feststellung, daß es sich bei dem Zwang, mit kontroversen Konzeptionen außer Landes an die Öffentlichkeit zu gehen, um einen Effekt handelt, den der herrschende Apparat selbst macht und den er dann auszunutzen sucht, die publizierte Kritik als Feindaktivität auszugeben.«

Und in einem der zahlreichen Verhöre, als es wieder einmal um den Streitpunkt »übermitteln« oder »zugänglich machen« geht, also wie die inkriminierten »Nachrichten« zu den Geheimdiensten gelangen, äußert Bahro – natürlich vergeblich –: »Wenn mein Buch allerdings im Handel erhältlich ist, ist es jedem zugänglich. Irgendwelche ›dunklen Mächte‹ gehörten jedenfalls nicht zu meinen Zielgruppen.«

Irgendwann im Mai 1978 waren alle Vernehmungen vorbei – die von Bahro und die der Zeugen. Das MfS hat sich an die Strafprozeßordnung gehalten, hatte Dinge gehört und protokolliert und in der Hand, die es als »Beweise« deklarierte, es konnte sich auf die Übergabe des Falles ans Gericht vorbereiten und wußte, daß es die Arbeit nicht umsonst gemacht hatte. Die Durchführung des Prozesses – die Hauptverhandlung – war nur noch reine Formsache.

Etwa zwei Monate vor seinem Prozeß, während er gerade seine Erklärung über das Anliegen des Buches schrieb, kam es ein einziges Mal zu einem »Gespräch« mit dem Leiter der Untersuchungsabteilung, Oberst Coburger. Bahro erinnerte sich, wie der »zwei Stunden lang in Stalinistischen Begriffen mit mir diskutierte. [...] Er sprach nur in Schwarz-Weiß-Begriffen und war überzeugt, daß ich ein

Werkzeug der Imperialisten war. Er fragte, ob ich mich anschicken würde, in das marxistisch-leninistische Lager zurückzukehren, und als ich sagte ›nein‹, da beschuldigte er mich, Lügen zu erzählen.« (*From Red to Green*) Später versuchte Coburger noch, in die Anklageschrift zusätzlich den Vorwurf staatsfeindlicher Hetze einzubauen, kam aber damit bei Mielke nicht durch.

Die letzten Tage vor dem Prozeß – er spürte, daß er kurz bevorstehen müsse – waren weniger für ihn als für die Untersuchungsabteilung und andere Hauptabteilungen des MfS von angestrengter Aktivität. Der Vernehmer Unterleutnant Groth formuliert den Abschlußbericht, andere Mitarbeiter erdachten eine umfangreiche Sicherungskonzeption, um den Prozeß in voller Geheimhaltung und ungestört nicht über die Bühne, sondern durch einen auffällig kleinen Raum des Stadtgerichts Berlin gehen zu lassen.

»Freiheit für Rudolf Bahro!« I

Die sorgfältige Vorbereitung – oder Inszenierung – der Veröffentlichung der *Alternative* brachte Bahro die erhoffte und benötigte Bekanntheit: *Spiegel*-Artikel, Interviews in der ARD und im ZDF, die Verlesung des *Selbstinterviews* und der sechs Vorträge im Rundfunk: das war für DDR-Verhältnisse eine einmalige Spitzenleistung und zeigte Bahro als hochbegabten PR-Mann.

Die Verhaftung wurde von sämtlichen bundesdeutschen Zeitungen – von Kiel bis München – schnell gemeldet und meist groß herausgestellt – in Überschriften wie *Mit einem Buch das Visier hochgeklappt* (*Süddeutsche Zeitung*, 24.8.), *SED-Funktionär wirft der Partei Verrat am Sozialismus vor* (*Rheinische Post*, Düsseldorf 24.8.), *Ein Mann fordert die Staatspartei heraus* (*Weser-Kurier*, Bremen 24.8.), *SED-Regimekritiker Bahro in Ost-Berlin verhaftet* (*Tagesspiegel*, 25.8.), *Regimekritiker forderte kommunistische Opposition* (*Spandauer Volksblatt*, 25.8.), *Bahros Ziel: Neue Umwälzung in den sozialistischen Ländern* (*Westfälische Allgemeine*, 25.8.), *Ein Buch fordert den SED-Apparat heraus* (*Stuttgarter Zeitung*, 26.8.), *Auf der Suche nach dem Kommunismus* (*FAZ*, 26.8.), *Die Reaktion zeigt, der Schuß traf* (*Kölner Stadtanzeiger*, 26.8.). Schon am 25.8. berichten auch *Le Monde* und die *New York Times* über die Verhaftung.

Für die Medien war die Verhaftung – und zwar noch auf Grund eines Buches, das den Sozialismus kritisiert! – ein willkommener Anlaß, um reflexartig nach »Freiheit!« zu rufen und die DDR anzuklagen. Keine Zeitung wollte da zurückstehen, und da man als Quellen nur das *Selbstinterview* und das Buch hatte (und dieselben Fotos) und aus Ostberlin keine weiteren Informationen zu erhalten waren, wirkte die erste Protest-Welle notgedrungen etwas uniform. Die besseren Journalisten erkannten schnell, daß die *Alternative* ein ernsthaftes Buch ist, und lieferten bald die ersten Rezensionen und Analysen, denen sich später Theoretiker wie Ernest Mandel oder Herbert Marcuse anschlossen.

Welche Dynamik mit der Verhaftung tatsächlich ausgelöst wurde, konnte Bahro nicht ahnen, weil er im *Selbstinterview* nur zu antizipieren versuchte, wie seine Partei reagieren werde: »Der Apparat wird natürlich erst einmal mit den eingeübten Abwehrmechanismen antworten. Er wird mein Buch nicht nur revisionistisch, er wird es gleich konterrevolutionär nennen. Er wird von irgendwelchen Auftraggebern reden. [...] Eine Auseinandersetzung mit meinen Argumenten und Resultaten wird man auf jeden Fall zu vermeiden trachten.« Dabei hoffte er auf Unterstützung durch die eurokommunistischen Parteien – doch gerade diese blieb rar. Statt dessen gab es eine in dieser Form noch nicht dagewesene und lang anhaltende Solidaritätswelle für Bahro, an der sich Politiker, Wissenschaftler, Schriftsteller, Studenten, Organisationen, bekannte Institutionen und viele Unbekannte – etwa mit Tausenden von Unterschriften – beteiligten und damit neben der Presse eine Protestbewegung bildeten, die für die SED-Führung kaum auszuhalten war. Deren »offizielles Schweigen« und die verspätete lächerliche Antwort Honeckers im Interview von 1978 (siehe »Zur Erinnerung« am Beginn unseres Buches) brachte die DDR-Führung von Anfang an in eine peinliche Defensive – mit dem praktischen Ergebnis, daß eigentlich niemand im Lande die Geschichte von der »Nachrichtenübermittlung« und dem »Geheimnisverrat« ernst nahm, wodurch die ohnehin dauerhaft angeschlagene Glaubwürdigkeit der DDR-Medien sich weiter verschlechterte.

Exemplarisch – weil er mit besonderer Eindringlichkeit die Unglaubwürdigkeit der veröffentlichten parteiamtlichen Haftgründe zeigt – sei statt vieler Protestschreiben und Resolutionen ein *Offener Brief an den Staatsratsvorsitzenden der DDR, Erich Honecker* wiedergegeben, der am 8. Oktober in Recklinghausen auf einer von Heinrich Böll, Günter Grass und Carola Stern veranstalteten Tagung von über 300 Teilnehmern verabschiedet wurde.

»Seit dem 23. August befindet sich Rudolf Bahro wegen ›Verdachts nachrichtendienstlicher Tätigkeit‹ im Gewahrsam des Staatssicherheitsdienstes der DDR. Die Absurdität der Unterstellung, die seine Verhaftung rechtfertigen sollte, war für demokratische Sozialisten in Westeuropa wie in der DDR von vornherein offensichtlich.

Der Erweis, Bahros Buch ›Die Alternative – Zur Kritik des real existierenden Sozialismus‹ liegt jetzt seit Wochen vor. Auch die Behörden der DDR konnten sich vergewissern. Es läßt sich nicht daran zweifeln, daß Rudolf Bahro sich in Haft befindet, gerade weil er Kommunist ist, gerade weil er rigoros und solidarisch eintritt für eine sozialistische Gesellschaft, gerade weil er als Kommunist auf Erkenntnis, Wahrheit und gesellschaftlichem Fortschritt besteht. Die Absurdität der hastigen Verleumdung hat sich aufgebläht zu einer Absurdität von historischer Dimension: Einer, dessen Analyse und Kritik in ihrer Genauigkeit, Intensität und auch Parteilichkeit an die Traditionen des Denkens von Marx, Engels und Rosa Luxemburg für die Gegenwart anknüpfen, ist dieser Analyse und Kritik wegen in einem sozialistischen Land Gefangener.

Die in Recklinghausen, auf einer Tagung der Zeitschrift *L 76*, zu einer mehrtägigen Diskussion versammelten Wissenschaftler, Schriftsteller und Publizisten appellieren an Sie, Herr Staatsratsvorsitzender, Rudolf Bahro aus der Haft zu entlassen.«

In den nächsten Wochen und Monaten – bis zu seiner Freilassung im Oktober 1979 – blieb Bahro in der Presse präsent. Es wurden Informationen über seine Haftbedingungen ebenso veröffentlicht wie ausführliche Berichte über Kongresse und Solidaritätsveranstaltungen. (Das MfS hat in mehreren dicken Ordnern diese Artikel gesammelt und konnte genau einschätzen, wie sehr die Verhaftung dem so peinlich beachteten und so mühsam gepflegten Ansehen der DDR politisch schadete.) Da viele dieser Veröffentlichungen mit den immer selben Fotos Bahros versehen waren, wurde sein Gesicht unversehens in der ganzen Bundesrepublik bekannt.

Sehr schnell erschien (ebenfalls in der EVA) *Rudolf Bahro. Eine Dokumentation*, das noch einmal alles Wichtige zusammentrug: die sechs Vorträge, das *Selbstinterview*, den *Spiegel*-Artikel, die ARD- und ZDF-Interviews, einige publizistische Reaktionen.

Wichtiger waren jedoch spontane Gründungen wie das »Komitee für die Freilassung von Rudolf Bahro«. Bereits bestehende Einrichtungen wie das »Sozialistische Büro« in Offenbach und das »Schutzkomitee Freiheit und Sozialismus« in Westberlin, politische Gruppierungen wie die Jusos mehrerer Landesverbände, AStA-Gruppen, der »Bund demokratischer Wissenschaftler« engagierten sich für ihn ebenso wie Wolf Biermann, Hannes Schwenger, Helmut Gollwitzer, Carola Stern. An den Universitäten Berlin, Bremen, Frankfurt und Osnabrück protestierten viele Wissenschaftler gegen die Haft; die »Arbeitsgemeinschaft 13. August« (Rainer Hildebrandt) sammelte Unterschriften; auch das Ausland schloß sich dem Protest an: Im November forderten auf einem Kongreß in Venedig die sozialistischen und kommunistischen Teilnehmer aus West- und Osteuropa die Freilassung des unter »Falschanklage« Eingekerkerten; in Paris entstand das »Comité pour la Défense de Rudolf Bahro«, in Tours das »Comité pour la libération de Rudolf Bahro« – beide sammelten Hunderte von Unterschriften; in London bildete sich ein ähnliches Komitee, aber auch die Russell-Peace-Foundation und eine größere Zahl von Labour-Abgeordneten setzten sich für ihn ein. Im Februar 1978 solidarisierte sich – endlich! – auch ein prominenter Führer des Eurokommunismus mit Bahro: der spanische KP-Chef Santiago Carillo sprach im ZDF und fand mit seinem Eintreten für den Häftling große Aufmerksamkeit.

Heinrich Böll und Günter Grass veröffentlichten am 1. Februar 1978 in der *Times* einen Appell mit den Erstunterschriften auch von Arthur Miller, Graham Greene, Carola Stern und Mikis Theodorakis, der von vielen prominenten Intellektuellen mitgetragen wurde (unterschrieben auch von den ehemaligen DDR-Bürgern Jürgen Fuchs, Bernd Jentzsch, Reiner Kunze, Hans-Joachim Schädlich). Dazu schreibt Tomas Kosta: »Dieser Appell in der *Times* fand in der Bundesrepublik und international besonders große Resonanz. Hunderte von Zeitungen, Rundfunk- und Fernsehanstalten brachten ihn entweder im Wortlaut oder berichteten ausführlich darüber. Er bildete ferner die Grundlage einer breitgestreuten Unterschriftenaktion, in der sich bisher bereits 10 000 Unterzeichner mit dem Aufruf solidarisierten und ›Freiheit für Rudolf Bahro‹ forderten.« (Schwenger (Hg.): *Solidarität mit Rudolf Bahro*) Im Ostberliner Ministerium mußten weitere umfangreiche Mappen angelegt werden, um alle Schreiben und Unterschriftenlisten abzuheften – und das war erst der Anfang der Proteste, die sich nach dem Prozeß noch steigerten und bis zu seiner Haftentlassung anhielten.

Von den vielen Solidaritätsbekundungen können nur einige hier überhaupt genannt werden.

Die erste Großveranstaltung für Rudolf Bahro fand am 12. Januar 1978 in Westberlin mit mehr als 4000 Teilnehmern statt – ausgerichtet von der Zeitschrift *Neuer Langer Marsch* (einem Blatt der »Neuen Linken« in der Tradition des antiautoritären SDS). Über das Buch *Die Alternative* diskutierten vor diesem Auditorium Zdenek Hejzlar, Bernd Rabehl, Karl Heinz Häusler, Renate Damus und Hannes Schwenger.

Am 11. Mai gab es in der Akademie der Künste unter der Leitung von Hannes Schwenger eine Pressekonferenz des »Schutzkomitees Freiheit und Sozialismus«, mit so wichtigen Podiumsteilnehmern wie Helmut Gollwitzer, Robert Jungk und Otto Schily.

Im Juli erschien bei Rowohlt, von Hannes Schwenger herausgegeben, der Band *Solidarität mit Rudolf Bahro* mit 19, teilweise in Briefform gekleideten Beiträgen von prominenten Intellektuellen, die aufzuzählen eine Freude ist: Carl Amery, Wlodzimierz Brus, Ken Coates, Rudi Dutschke, Freimut Duve, Erich Fried, Eduard Goldstücker, Helmut Gollwitzer, Lucio Lombardo Radice, Wolf-Dieter Narr, Peter von Oertzen, Luise Rinser, Otto Schily, Mihály Vajda u.a. (siehe auch das Kapitel *Die Wirkung der »Alternative« in Ost und West*). In seinem »Vorwort« schreibt der Herausgeber die wichtigen Sätze: »Seit Jürgen Fuchs' *Vernehmungsprotokollen* aus DDR-Haft wissen wir, daß Signale der Solidarität durchaus bis in die Gefängnisse dringen, und sei es nur über den Tisch des Vernehmers. [...] Ich bin sicher, daß auch die vorliegenden Briefe ihre Adressaten und Mit-Leser in der DDR erreichen werden. [...] Die Linke, nicht nur in Westeuropa, hat seine Thesen aufgenommen, und zwar so, wie er selber es sich nur wünschen kann: solidarisch und kritisch. Es wird nicht mehr gelingen, ihm das Odium der Spionage anzuhängen. Die Anatomie des real existierenden Sozialismus, die Rudolf Bahro erforscht hat, ist kein Staatsgeheimnis.«

Sehr aktiv in der Unterstützung für Bahro war das »Sozialistische Büro« Offenbach, eine marxistische Gruppierung links von der SPD. Auf einer Tagung im November 1977 war der Beschluß gefaßt worden, Bahro-Arbeitsgruppen in mehreren Städten der Bundesrepublik zu bilden, zentrale Seminare zur *Alternative* durchzuführen, und das Büro beteiligte sich an zahlreichen Solidaritätsveranstaltungen in mehreren Universitätsstädten.

Das Westberliner »Schutzkomitee Freiheit und Sozialismus« und das im Februar 1978 auch in Berlin gegründete »Komitee zur Freilassung Rudolf Bahros« haben durch Pressekonferenzen, Unterschriftenaktionen, Kundgebungen noch über den Prozeß (Juni 1978) hinaus sehr viel getan, um die Öffentlichkeit für Bahro zu aktivieren (dazu mehr im Kapitel *Freiheit für Rudolf Bahro! II*). Auf das letztgenannte Komitee konzentrierte die Staatssicherheit erhebliche Energien, wie aus einer an der MfS-Hochschule Potsdam-Eiche im Dezember 1979 eingereichten Abschlußarbeit *(Einige Aspekte in der offensiven Bearbeitung feindlich-negativer Gruppierungen im Operationsgebiet am Beispiel des »Komitees für die Freilassung Rudolf Bahros« Westberlin)* ersichtlich ist.

Aber es gab unter den vielen Stimmen nicht nur zustimmende. Eine besonders traurige Rolle in ihrer sklavischen Abhängigkeit spielte wieder einmal die DKP: Nach längerem Totschweigen erschien am 2. Dezember 1977 in der Parteizeitung *Unsere Zeit (UZ)* eine fünfspaltige Kritik von Heinz Schäfer (des Gewerkschaftsspezialisten in der DKP) *Die konterrevolutionäre »Alternative« Rudolf Bahros* mit der Oberzeile *Eine generalstabsmäßig vorbereitete Publikation gegen den Sozialismus.* Nur formelhafte Anschuldigungen im stärksten Vokabular, dann das Verdikt gegen Bahro: »Von marxistischer Analyse kann keine Rede sein.«

Fast-Unterstützung erhielt die DDR auch von ungeliebter Seite: Am 2. September 1977 veröffentlichte die Zeitung der KPD/ML *Roter Morgen* unter der Zeile *Rudolf Bahro – ein Antikommunist* einen merkwürdig geistlosen Artikel, in dem es unter Verwendung der üblichen maoistischen Sprachbrocken hieß: »Die Werktätigen in der DDR kennen Bahro nicht nur als Kritiker des Systems, als der er hier im Westen propagiert wird. Sie kennen ihn auch von einer anderen Seite – als Antreiber in den Betrieben [...], einer der vielen Antreiber in Ostdeutschland, die unmittelbar dafür gesorgt haben, daß durch immer schärfere Ausbeutung der Arbeiter die Profitrate der neuen Bourgeoisie und der russischen Sozialimperialisten wuchsen.« Und die *Kommunistische Volkszeitung* (das Organ des damals prochinesischen »Kommunistischen Bundes Westdeutschlands« [KBW]) kam der DDR-Propaganda recht nahe mit dem Artikel *Rudolf Bahros revisionistische Programmschrift für einen »Bund der Kommunisten« in der DDR* (12. September 1977).

Nur in der DDR blieb es ruhig: Die Intelligenz schwieg (belehrt durch die Biermann-Ausbürgerung), die SED holte über ihre »Parteikanäle« Stellungnahmen von Gesellschaftswissenschaftlern ein, die alle wie gewünscht verurteilend ausfielen. Die für die Volkswirtschaft zuständige HA XVIII des MfS sammelte in der ersten Woche nach Bahros Verhaftung Meinungen aus den Ministerien, der Plankommission und der Akademie der Wissenschaften ein, in der etwa folgende Sprachhülse geäußert worden sein soll: »Wenn solche Leute wie Bahro u. a. mit Lügen, Verleumdungen und Verdrehungen die DDR und den Sozialismus in Mißkredit bringen wollen, dann kann unsere gemeinsame Aufgabe nur darin bestehen, konsequent an der weiteren Festigung und Stärkung des real existierenden Sozialismus in der DDR mitzuwirken [...].«

Etwas realistischer faßte die ZAIG am 30. August zusammen, daß die Reaktion der Bevölkerung zu den Veröffentlichungen über

Bahro »als gering einzuschätzen« sei. Von »Arbeitern« wird berichtet, daß sie Bahros Gedanken als »Spinnereien« bezeichneten, aber auch die Frage stellten, ob es sich bei ihm wirklich um einen Spion handele, denn – »Ein Spion hätte sicher vermieden, sich den Massenmedien der BRD zu stellen, um nicht auf sich aufmerksam zu machen.« (Logisch, nicht wahr?) Weiter heißt es: »In diesem Zusammenhang wurde vereinzelt die ›Fragwürdigkeit‹ und ›Zuverlässigkeit‹ der Informationspolitik der DDR diskutiert. Von negativ eingestellten Personen wurde erklärt, daß derjenige, der kein Westfernsehen sieht, ›eben dumm sterben müsse‹.« Schwer muß es für die fähigen Offiziere der ZAIG gewesen sein, folgendes Stimmungsbild niederzuschreiben: »Teilweise wird von Angehörigen der Intelligenz, aber auch mehrfach von Arbeitern hervorgehoben, die von Bahro kritisierten Mißstände in der Wirtschaft der DDR seien real. In den Betrieben herrsche zum Teil eine ›Lotterwirtschaft‹, Material werde vergeudet und Arbeitszeit nicht ausgenutzt. In einigen Betrieben würden ›Klamotten‹ produziert, von denen von vornherein feststehe, daß sie nicht benötigt und unnütz liegen bleiben würden. Bahro habe Probleme aufgeworfen, die Ausdruck des ›überall herrschenden Unbehagens in der DDR‹ seien. Dies beziehe sich vor allem auf die teilweise bestehende ›Unfähigkeit und Verantwortungslosigkeit mittlerer Kader und die daraus resultierende Dämpfung des Interesses an der Arbeit‹. An den z.T. bestehenden ›Schlampereien‹ in den Betrieben seien nicht die Arbeiter schuld, sondern die Funktionäre. Endlich habe einer ›den Mut gefunden‹, die ›wahren Verhältnisse der Wirtschaftstätigkeit in der DDR offen zu kritisieren‹.«

Weiterhin versuchte das MfS, über seine Inoffiziellen Mitarbeiter Informationen kritischer Intellektueller einzuholen. So berichtete der Schriftsteller Martin Stade dem IM »Kurt«, daß Bahro »vom Boden des Marxismus aus eine Analyse des realen Sozialismus in der DDR (der DDR-Realität) vorgenommen habe; daß sein Werk eine saubere Aus- und Herausarbeitung der Probleme [...] beinhaltet; daß das, was Bahro getan hat, notwendig sei und es überhaupt keinen anderen Weg gebe, als solche Analysen über die Westmedien zu veröffentlichen. [...] Stade wertet Bahros Werk als Anleitungsmaterial für die innere Opposition ...« Andere Schriftsteller und Literaturwissenschaftler waren da vorsichtiger. Ein ehemaliger Freund und Kommilitone Bahros (später ein bekannter Kulturwissenschaftler an der Humboldt-Universität) brachte es beinah zur Selbstanzeige wegen des erhaltenen Exemplars der DDR-Ausgabe und löste für sich das Problem, indem er als IM »Otto« seine früheren Kontakte zu Bahro aufzählte und dazu 16 Personen angab, die eventuell auch ein solches Exemplar bekommen haben könnten.

Den Versuch, Wolfgang Harich für die Sache Bahros zu gewinnen, machte Carl Amery, der ihm am 7. April einen »Offenen Brief« überbringen ließ, der bald darauf im *Spiegel* und dann in dem Band *Solidarität mit Rudolf Bahro* veröffentlicht wurde. In diesem Brief geht es Amery ausdrücklich nicht um eine Stellungnahme oder Solidaritätserklärung von Harich zu Bahro, sondern um die Bitte, die (zugegebenermaßen sehr herausfordernde) Frage zu beantworten, warum »Sie, wie Sie ja selbst offen schreiben, die ›politische Omnipotenz‹ der Herrschenden für überlebensnotwendig erklären« (und frei herumlaufen), »während Bahro sie als entscheidendes Überlebens*hindernis* aufzeigt« (und von diesen Herrschenden eingesperrt wird). Doch Harich bekam es mit der Angst zu tun, meldete sich bei Major Lohr vom MfS mit dem Brief und bekam die Empfehlung, gegen den »Mißbrauch seiner Person für feindliche Zwecke gegen die DDR« in den Medien zu protestieren.

An wirklichen Protesten gab es allein so mutige Ausnahmen wie eine Aktion des damaligen Theologiestudenten und späteren Bürgerrechtlers Bernd Albani am 21. Juni in Leipzig, der mit zwei Plakaten am Körper, »Ich fordere: Freiheit für Wolfgang [!] Bahro«, auf dem Fahrrad durch einen Teil der Innenstadt zum Hauptbahnhof fuhr, wo er dann von vier »Arbeitern« angehalten, angepöbelt und schließlich festgenommen wurde. (Da der Prozeß gegen Bahro am 26. Juni beginnen sollte, galt diese kurze Demonstration in den Augen der Staatssicherheit als besondere Provokation.) Und es gab Protestbriefe von zwei namentlich bekannten Dresdner Bürgern sowie anonyme Flugblätter in Halle und Wernigerode und ein mit Latexfarbe auf den Fußweg gepinseltes »Es lebe Bahro« in der Leipziger Saßstraße.

Ein besonderes Thema wäre die Einwirkung der Staatssicherheit auf Bahros ehemalige Arbeitsstelle im Weißenseer Betriebsteil:

Bahro selbst schilderte den Eindruck seiner kurzen Selbstenttarnung am 22. August später so: »Zuerst war Schweigen. Keiner hatte mich unterbrochen. Dann ging es los: ›Du bist ein mutiger Kerl, Rudi!‹ riefen einige. Andere stellten mir im freundlichen Ton einige Fragen. Dann sagte der Parteisekretär, mit dem ich oft in ziemlich radikaler Weise Dinge diskutiert habe: ›Wir alle kennen dich, Rudi, und wir wissen, was du denkst. Aber wie konntest du das dem *Spie-*

gel erzählen?‹ Ich war noch immer persönlich von den meisten anerkannt, bevor sie zwei Tage später einstimmig beschlossen, mich [aus der Partei] auszuschließen.« (*From Red to Green*)

Wie dies unter Druck der Staatssicherheit geschah, kann hier nur angedeutet werden (und ist exemplarisch für viele andere Beispiele). Schon an diesem 22. wurde von der Kreisdienststelle Weißensee der Staatssicherheit ein *Bericht zum Verlauf der APO-Versammlung im VEB Gummikombinat* verfaßt, der Bahros Statement ziemlich genau wiedergibt und die ersten Reaktionen festhält: eine erstaunte Frage, eine »parteiliche Äußerung«, eine Distanzierung durch den Versammlungsleiter, sonst Schweigen, »da die anwesenden Genossen offensichtlich durch die Stellungnahme des Bahro überrascht waren«. Doch am nächsten Tag ging es los. Um 11 Uhr wurde auf einer Zentralen Parteileitungssitzung die Verhaftung Bahros bekanntgegeben (die noch gar nicht erfolgt war) und »die Linie für die Diskussion festgelegt«, um 14 Uhr wurden auf einer Sitzung der Kombinatsleitung die Direktoren darüber informiert und bekanntgegeben, daß Bahro als Abteilungsleiter abgelöst sei. Um 15 Uhr kam es zu einer Parteiversammlung seiner (ehemaligen) Abteilung, auf der sein Parteiausschluß verlangt und auch rasch durchgeführt wurde. Seine Mitarbeiter hatte man zuvor in verschiedene Betriebsteile umgesetzt, um deren Zusammenhalt zu unterbinden. Jetzt waren auch distanzierende Stellungnahmen der Genossen gefragt. Einige Produktionsarbeiter sollen gemeint haben, daß Bahro ein »intellektueller Spinner« sei, die Angehörigen der technischen Intelligenz waren da zurückhaltender und meinten, man brauchte zuallererst Informationen, um seine Ideen und das Buch kennenzulernen und »sich dann ein objektives Urteil bilden zu können«. Am nächsten Tag (24.8.) wurde auf einer außerordentlichen Sitzung der Zentralen Parteileitung der Parteiausschluß Bahros »bestätigt« (und war damit wirksam), der Ton wurde schärfer: »Zum Ausdruck wurde gebracht, daß solch ein Konterrevolutionär und Klassenfeind im Dienste einer imperialistischen Macht hinter Schloß und Riegel gehört.«

Doch am selben Tag fand auch eine Sitzung der Betriebsgewerkschaftsleitung (zehn Mitglieder, davon drei Genossen) statt. Diese Kollegen bekamen als erstes »eine Information über die Machenschaften des Bahro«, doch dann lief alles schief: »Die anwesenden Genossen und Kollegen brachten keinen Standpunkt zum Ausdruck und es kam zu keiner Verurteilung der Verhaltensweise von Bahro.«

Lediglich der stellvertretende BGL-Vorsitzende distanzierte sich, doch der Leiter der Abteilung Forschung und Entwicklung »brachte dort zum Ausdruck, daß es nicht ausreichend sei, wenn man sagt, Bahro sei ein Agent der feindlichen Macht, ein Konterrevolutionär und hätte im Dienst des Imperialismus gearbeitet. Wenn man ihn hinter Schloß und Riegel setzt, muß man auch konkret sagen, warum man ihn verhaftet hat. Er vertritt weiterhin die Meinung, wenn ein Bürger der DDR im Westfernsehen auftritt oder Bücher im Westen verlegt oder seine Meinung äußert, wäre es kein Grund, ihn zu verhaften. Die BGL wolle konkrete Fakten wissen.«

Gegen so viel fehlende Wachsamkeit mußte etwas getan werden. Deshalb erschienen auf den nächsten anberaumten Versammlungen Mitarbeiter des ZK und des MfS, und jeder einzelne Kollege mußte eine ihm sechsfach vorgelegte Resolution gegen Bahro auch sechsfach unterschreiben. Gegen unzuverlässig wirkende Kollegen wurden Operative Personenkontrollen (OPK) eingeleitet, Inoffizielle Mitarbeiter aus vier MfS-Abteilungen hatten wochenlang die Ohren zu spitzen, um Provokationen oder Sympathieäußerungen zu entdecken, die Betriebsparteiorganisation mußte eine Woche lang täglich bei der Kreisleitung der SED rapportieren.

Die Wirkung der *Alternative* in West und Ost

Bahro und sein Buch wirkten im Westen sofort und in zweifacher Richtung: als politischer Fall, da man einen Kritiker des Sozialismus eingesperrt hatte – das war gut, um bekannt zu werden –, und als theoretische Herausforderung für Sozialwissenschaftler der verschiedenen politischen Lager – das waren für ihn die Theoretiker des Eurokommunismus und Ernest Mandel als die entscheidenden Bezugsgrößen.

I.

Sein Verleger Tomas Kosta zog im April 1978 eine Bilanz: »Buchhandlungen und Grossisten bestürmten unseren Vertrieb mit ständigen Nachbestellungen; die mit 10 000 Stück für ein wissenschaftlich-theoretisches Werk vergleichsweise hoch angesetzte erste Auflage war noch vor der Auslieferung vergriffen, so daß wir im Eiltempo nachdrucken mußten. Ausländische Verlage rissen sich um Optionen. Konkret sieht die Bilanz knapp acht Monate nach dem Erscheinen des Buches so aus: Die Auflage beträgt jetzt 80 000; Auslandsrechte wurden bisher vergeben für Amerika, England, Frankreich, Italien, Spanien, Dänemark und Schweden; für Japan läuft eine Option. [...]

Was nun die publizistische Resonanz angeht, so füllen die Presseausschnitte und die Sendemanuskripte von Funk und Fernsehen bisher neun große Leitz-Ordner. [...] Die Zahl der Kritiken beläuft sich inzwischen auf rund zweihundert; [...] Insgesamt haben wir bis jetzt zwei große Leitz-Ordner mit Rezensionen und einen weiteren mit Auszügen aus dem Buch, aus den Vorträgen sowie Nachdrucken der Interviews, die ebenfalls von zahlreichen ausländischen Medien übernommen wurden.«

In den zahlreichen »Bestseller-Listen« rangierte das Buch wochenlang an der Spitze und monatelang unter den Top ten, es gab Seminare an mehreren Universitäten, ebenso »beschäftigten sich viele politische Organisationen, Jugendverbände, Schülerzirkel und Gewerkschaftsinstitutionen intensiv mit Ihren Thesen«. (Brief seines Verlegers, in: *Solidarität mit Rudolf Bahro*, 1978)

Die von Bahro erhoffte Wirkung im Osten blieb weitgehend aus. Etwa die Hälfte der Adressaten der DDR-Ausgabe gaben ihre Exemplare ab, die anderen schwiegen. Also ein Schweigen von »oben« und »unten«. Es sollte in der DDR nicht bekannt werden, daß er ein Buch geschrieben hatte – so wurde er, wie viele Theoretiker vor ihm, zur Unperson, die *Alternative* zum Unbuch. Trotzdem steht sie natürlich in einem geistigen Zusammenhang mit Havemanns Kritik am Sozialismus, am Wachstumsdenken und an den Fortschrittsvorstellungen in seinen Büchern, Interviews und anderen Veröffentlichungen, mit Harichs *Kommunismus ohne Wachstum?* (1975), Kuczynskis *Dialog mit meinem Urenkel* (1977 geschrieben, 1983 erschienen) und dem sogenannten *Spiegel-Manifest* von 1978 (Autor Hermann von Berg).

II.

Die vielfältigen nachweisbaren und unsichtbaren Wirkungen der *Alternative* aufzuzeigen, würde den Rahmen einer Biographie sprengen, so daß hier nur einiges davon nachgezeichnet werden kann. Aus der Vielzahl von Aufsätzen und Rezensionen sollen einige nach paradigmatisch bestimmten politisch-geistigen Grundpositionen und ihren Vertretern ausgewählt werden: die von Bahro hochgeschätzten »Cheftheoretiker« der (trotzkistischen) IV. Internationale, Ernest Mandel, und der »Neuen Linken«, Herbert Marcuse, der »große alte Mann der deutschen Sozialdemokratie« Wolfgang Abendroth, der Eurokommunist Lucio Lombardo Radice, der tschechoslowakische Reformkommunist Jiři Pelikan, der ungarische oppositionelle Philosoph Mihály Vajda, der polnische Wirtschaftswissenschaftler Wlodzimierz Brus, einige wichtige Beiträge von westdeutschen Professoren, Publizisten – und einige Bemerkungen von Rudi Dutschke (auf die Bahro sicher großen Wert legen würde).

Einhellig ist das Lob und die Bewunderung: Fast gleichlautend Mandel: »*Die Alternative* ist das wichtigste theoretische Werk, das uns seit Ende des II. Weltkrieges aus dem Ostblock über den Charakter der Übergangsgesellschaft erreicht hat« und Marcuse: »Es ist der wichtigste Beitrag zur marxistischen Theorie und Praxis, der in den letzten Jahrzehnten erschienen ist.« »Bahros Kritik des real existierenden Sozialismus ist ein erster wissenschaftlicher marxistischer Ansatz zum Studium dieser ganz neuen und originären politisch-gesellschaftlichen Formation.« (Lombardo Radice) Andere Kenner der Materie betonen, »daß man selten ein unter derart schwierigen Bedingungen geschriebenes Buch findet, das so reich an Ideen ist« (Pierre Frank, der frühere Sekretär Leo Trotzkis), »[...] hat Bahro eine Denkleistung vollbracht, deren bei uns in westlichen Gefilden kaum einer fähig wäre« (der Philosoph Helmut Fleischer), »ein bedeutender Beitrag zur marxistischen Literatur und zur Analyse der Entwicklungswege des Sozialismus« (Brus), »eine meisterhafte Leistung, ein Beweis für die Fruchtbarkeit der historisch-materialistischen Methode« (Helmut Gollwitzer) – das ließe sich noch lange fortsetzen. Dieselben Autoren sind aber auch in der Lage, Differenzpunkte zu markieren oder Bahro deutlich zu kritisieren.

III.

Die größte Hochschätzung erfährt Bahro durch Ernest Mandel in dessen Rezension *Bahro's Bombe*: Dieser »theoretisch hochbegabte Marxist und Kommunist« habe ohne den so entscheidenden Gedankenaustausch mit dem lebendigen revolutionären Marxismus Ost- und Westeuropas gezeigt, daß es nicht um (inzwischen langweilig gewordene) Detailkritik an der bürokratischen Mißwirtschaft gehe, sondern darum, »das Übel an der Wurzel zu packen, in einen welthistorischen Rahmen zu setzen und die notwendigen Schlußfolgerungen in einem konkreten Programm für einen neuen radikalen Sprung vorwärts zur sozialistischen klassenlosen Gesellschaft zu ziehen«. Für ihn ist Bahro ein »wirklicher Internationalist«, »wirklicher Kommunist«, »wirklich geschulter Marxist« und »wirklicher Revolutionär«, er besitze die Kenntnisse und Fähigkeiten, um das Erbgut des revolutionären Marxismus zum ersten Mal seit Trotzkis *Verratener Revolution* tatsächlich zu bereichern. Damit ist auch die Meßlatte genannt – und dann beginnt die Kritik; verglichen mit Trotzki soll Bahro in wesentlichen Fragen nichts Neues gesagt haben, sei er in entscheidenden Punkten auf theoretische Schwierigkeiten gestoßen, »die der revolutionäre Marxismus gelöst hat und vor deren Lösung Bahro zurückweicht, was ihn zu unlösbaren Widersprüchen führt«. Ausgeführt wird Mandels Kritik an drei Beispielen. Erstens am Beispiel der Bürokratie – hier sei Bahro ein Schüler der tschechoslowakischen Reformkommunisten und glaube zu Unrecht, daß die Masse der Bürger eine Unterdrückung durch *kompetente* Technokraten einer solchen durch *inkompetente* Berufspolitiker vorziehe. Zweitens am Beispiel des revolutionären Subjekts (»das ist der schwächste Punkt an Bahros Buch«) – da er an der Fähigkeit der osteuropäischen Arbeiterklasse zu klassenbewußtem Handeln zweifle (und damit an einem zentralen Dogma der trotzkistischen Theorie). Drittens an seinem unzulänglichen Geschichtsverständnis vom Stalinismus, nämlich dessen Diktatur als »historisch unvermeidlich« und somit auch als fortschrittlich anzusehen. Schließlich sollen alle diese »Fehler in einer zögernden Haltung zur Gretchenfrage der politischen Revolution: ›Wer soll die politische Macht ausüben?‹« gipfeln. Mandels größter Vorwurf: »Nirgends findet sich in Bahros Buch auch das befreiende Wort [...]: ›Alle Macht den Räten!‹« Mit dieser Rezension macht Mandel vor allem deutlich, daß Bahro kein Trotzkist ist, während er selbst in den genannten Punkten klar auf den Positionen des theoretischen Übervaters steht.

Umgekehrt heißt es bei Marcuse *(Protosozialismus und Spätkapitalismus. Versuch einer revolutionstheoretischen Synthese von Bahros Ansatz)*, daß sich in der Frage nach dem Subjekt der Revolution die ganze Radikalität von Bahros Ansatz zeige, der »eine Antwort auf dem Niveau der wirklich geschichtlichen Entwicklung« gefunden habe, indem er den »Fetischismus von der Arbeiterklasse« als der zum Revolutionssubjekt prädestinierten Klasse überwunden habe (was natürlich Mandel treffen muß). Ebenso hebt er hervor, was Mandel an dem Buch kritisiert: »Bahro verwirft jede Konzeption der Übergangsperiode, die ohne eine kommunistische Partei, Bürokratie und den Staat auskommen will, als Anarchismus und abenteuerlichen Linksradikalismus«, er konzipiere »die auch im integralen Sozialismus notwendige, rationale Hierarchie« mit einer Doppelherrschaft an der Spitze und erweitere die Rätedemokratie (deren Fehlen Mandel scharf attackiert hatte) zu »einer Art Räteorganisation (Selbstverwaltungen, Kooperativen)«. Was er dagegen an Bahro kritisiert, ist die »in einer Elite der Intelligenz« gegründete »Erziehungsfunktion des sozialistischen Staates«: Einerseits sei diese Funktion des Staates »ohne anerkannte Autorität nicht vorstellbar«, andererseits sei sie elitär und müsse als Ärgernis ausgehalten werden. Was ihm an Bahros Konzeption besonders gefällt, ist dessen Betonung der Subjektivität, mit der sich das Schwergewicht der gesellschaftlichen Dynamik von der Objektivität der politischen Ökonomie zur Subjektivität, zum Bewußtsein verschiebe – und er schließt in diese Anerkennung die Bahrosche Differenzierung des überschüssigen Bewußtseins in kompensatorische und emanzipatorische Interessen ein. Auch Marcuse kennt eine »Gretchenfrage«: »Gesetzt, Bahros Theorie der Grundlegung des Sozialismus ist begrifflich und empirisch demonstriert, wie kann der Übergang aus dem Bestehenden vorgestellt werden?« Und mit Bahro antwortet er: »Mehr als zuvor gilt heute, daß eine Revolution nötig ist, um Reformen zu bekommen. Für die Länder des real existierenden Sozialismus, wo das Privateigentum an den Produktionsmitteln abgeschafft ist, wäre der Sturz der Diktatur der Politbürokratie schon die erste Revolution.« Was er bei Bahro jedoch am meisten hervorhebt: daß dessen Kritik »zum großen Teil, und mutatis mutandis, auch auf den Spätkapitalismus zutrifft«, so daß Marcuse den zweiten Teil seiner Besprechung gleich als »Beitrag zu einer Analyse des Spätkapitalismus und zu einem neuen Revolutionsbegriff« (so die Überschrift) fortführt.

Eine geradezu peinliche Besprechung des Buches lieferte der Politikwissenschaftler und Begründer der einflußreichen »Marburger Schule« Wolfgang Abendroth in der marxistischen Zeitschrift *Das Argument* (Bd. 107). Bereits im ersten Absatz tadelt er Bahro, daß dieser es gewagt habe – etwa unter Verweis auf Lenins berühmte Reise von der Schweiz durch Deutschland nach Rußland –, sein Buch im Westen zu veröffentlichen: das sei eine politische Provokation, die objektiv den kapitalistischen gegen die sozialistischen Staaten helfe. Oberlehrerhaft wird dann gelobt, daß »gewiß einige Sonderanalysen richtig« seien (gemeint sind Dinge, die für Bahro nebensächlich waren) wie die »Doppelzüngigkeit« in der Partei und der »Stil der Presse«), einige allgemein bekannte Tatsachen werden als »grundsätzlich richtig« oder als »richtig und verdienstvoll« angesehen – dann aber beginnt der Verriß: Bahro liefere keineswegs eine Strategie oder Theorie der Transformation, sondern verliere sich »in gelegentlich zutreffender, aber häufig verzerrter und übersteigerter Kritik der sozialistischen Länder«, er »komme immer wieder zu falschen (und häufig zu gefährlichen) Ergebnissen«, wodurch er schlicht »in die Verirrung hineingestolpert« sei.

Wie eine richtige Analyse aussehen müßte, macht Abendroth auch deutlich: Bahro hätte wissen müssen, daß im Sozialismus »von Klassengegensätzen im alten Sinne schon deshalb nicht mehr die Rede sein kann, weil die wichtigsten Produktionsmittel sich in gesellschaftlichem Eigentum befinden« (während Bahro und viele andere Theoretiker nachgewiesen haben, daß diese nicht gesellschaftliches, sondern staatliches und – wie sich nach 1989 zeigte – häufig reines SED-Eigentum waren). Bahro hätte weiter wissen müssen, daß es in der Sowjetunion zwar gewisse »Verhärtungen und inhumane Verzerrungen« gegeben habe, aber die Produktionsverhältnisse dort »trotz allem sozialistisch« geblieben sind und die Grundlagen für einen stetigen Demokratisierungsprozeß geschaffen haben. Abendroths Hauptvorwurf an Bahro ist, daß dieser nicht jene sattsam bekannte Apologie der SED-Funktionäre wiederholt, daß die Schwierigkeiten mit dem Sozialismus erstens durch den reichen Nachbarn Bundesrepublik und dessen verführerische Fernsehsendungen hervorgerufen würden – »diesen Zusammenhang hätte Bahro [...] an die Spitze seiner Erwägungen stellen und in jede Teiluntersuchung einbeziehen müssen« – sowie zweitens durch die schweren Belastungen der aufgezwungenen Rüstungsproduktion.

Insgesamt müßte Abendroth demnach das Buch mit einer Fünf bewerten, und mit einem etwas zweifelhaften Wunsch beendet er die Rezension: Es bleibe zu hoffen, daß die DDR aus ihrer falschen Reaktion auf Bahros falsche Reaktion lerne.

Glücklicherweise hat diese orthodox-marxistische Kritik sofort eine prominente Erwiderung erzeugt: Der Theologe Helmut Gollwitzer schreibt, daß er von Abendroths Text enttäuscht sei, weil das, was er – Gollwitzer – für das Wichtigste an Bahros Buch halte, nicht herausgestellt und diskutiert werde und die Kritik einen apologetischen Charakter trage. Was Abendroth an Bahro gerade so anerkenne, würde kaum über die Kritik sozialistischer Dissidenten wie Havemann und Medwedjew hinausführen, während Gollwitzer die *Alternative* als eine »meisterhafte Leistung« ansieht, die »weit über die bisherigen Analysen der Sowjetgesellschaft, etwa von Ernest Mandel und J. Elleinstein [gemeint ist die *Geschichte des Stalinismus* von 1977]« hinausgehe. Noch wichtiger als der Teil II sei der III. Teil, in dem endlich einmal wieder die kommunistische Zielsetzung ernst genommen und aus dem Himmel der Ideale heruntergeholt werde in »konkrete Denkbarkeit«. Darin liege »die – leider einsame – Bedeutung von Bahros Buch«. Soweit also die Kritik an Abendroths Rezension.

Nicht unerwähnt sollte bleiben, daß Abendroth in einem weiteren *Argument*-Band und anschließend in der *Frankfurter Rundschau* abzuleiten versuchte, daß die westliche Solidarität mit Rudolf Bahro und die Kritik an seiner Verurteilung mithelfe, den imperialistischen Wunsch nach dem Sturz des Sozialismus vorzubereiten und damit die sozialistischen Staaten in die Rolle bringe, Prozesse gegen Dissidenten als notwendig anzusehen. Auch hier kam es zu einem gewichtigen und scharfen Widerspruch – durch den linken SPD-Politiker und Politik-Theoretiker Peter von Oertzen.

Wie man Bahro bei aller Anerkennung kritisieren kann, zeigt etwa der Politikwissenschaftler Wolf-Dieter Narr: Er macht auf überzogene Details aufmerksam – beispielsweise Bahros Überschätzung der »Politik des historischen Kompromisses« durch die italienischen Kommunisten –, aber er entdeckt auch konstitutive Schwachstellen des Buches: Bahros »Leninismus« in der historischen Analyse Sowjetrußlands und in manchen Aussagen über gegenwärtige und zukünftige Möglichkeiten, vor allem aber dessen »letzte Geschichtsgläubigkeit« – also die Vorstellung, daß »die Geschichte mit uns« sei: »Daraus erwächst sein letztlich durchdringender Optimismus, seine Überzeugung, es werde gelingen, davon lebt auch ein Teil seiner Analyse und Teil seiner Strategie.«

Auch Rudi Dutschke – der Bahros Thematik zur selben Zeit politisch reflektierte und die *Alternative* bereits im Typoskript-Zustand kannte – verweist auf dessen nicht genügend durchdachte Position zu den Problemen der russischen Februar- und der sich anschließenden Oktoberrevolution, und nach seiner Meinung bleibt Bahro auch in der Einschätzung der 20er Jahre in der Sowjetunion »noch stark auf der KI-, Kominform-, SED-Linie« – also der leninistischen Deutung. Weiter kritisiert er dessen Unterschätzung der Menschenrechte (gerade für eine Opposition wichtig), und er macht – bei Betonung ihrer theoretischen Gemeinsamkeiten und Differenzen – deutlich, daß er Bahros Weg über ein besseres kommunistisches Programm »für völlig unrealistisch« halte, weil die realen Produktionsverhältnisse und ihre Kampfmöglichkeiten und -schranken unbeachtet blieben.

Lombardo Radice (zu dieser Zeit Mitglied des ZK der IKP) hat sich mehrfach für die Befreiung Bahros eingesetzt, aber auch in einer Studie dessen Sozialismus-Analyse aus dem Teil I der *Alternative* kritisch geprüft. Den »realen Sozialismus« zu bestimmen, hat Radice einen Komplex von 13 Grenzbedingungen entworfen, denen eine Theorie des Sozialismus Rechnung tragen müsse. Auf dieser Grundlage werden Bahros Vorstellungen über den Zusammenhang von asiatischer Despotie und sowjetischem Sozialismus, über das Verhältnis von vorrevolutionärer und nachrevolutionärer Bürokratie diskutiert – wobei er gegen eine behauptete Kontinuität zwischen Zarismus und Sowjetbürokratie bzw. Stalinismus die, wenn auch kurze, Phase der Räte-Demokratie stark hervorhebt. Hätte Bahro diese Kritik lesen können, wäre er glücklich gewesen, daß ein wichtiger Vertreter des von ihm bewunderten Eurokommunismus sich so mit seinen Thesen auseinandersetzt – denn genau dorthin wollte er wirken und umgekehrt sich vom Eurokommunismus weiterhin anregen lassen.

IV.

Es folgen drei ursprünglich realsozialistische Theoretiker, die aus politischen Gründen ihre privilegierten Stellungen verloren haben und bald darauf auch ihre Heimat verließen, also aus vielen Gründen mit Bahro mitfühlen können und das politische, soziale und ökonomische System des realen Sozialismus genau kennen – was sie Bahros Buch sehr kritisch lesen läßt.

Jiři Pelikan (bis 1968 Direktor des tschechoslowakischen Fernsehens, 1968 Mitglied des ZK der KPČ, dann Emigration nach Italien) übt eine sehr grundsätzliche Kritik: Er bezweifelt, daß diejenigen Menschen in Osteuropa, die für Veränderungen in Richtung einer Demokratisierung eintreten, wirklich für den Kommunismus zu gewinnen sind. Die einzig mögliche Alternative zur heutigen Lage wäre vielmehr ein pluralistischer demokratischer Sozialismus. Bahro gehe dagegen »immerfort von irgendeiner mystischen Sendung aus, die es gerade und nur den Kommunisten gestattet, den Prozeß der menschlichen Emanzipation zu leiten«. Die andere Differenz zu Bahro sieht er in dessen Ablehnung des politischen Pluralismus und der geringen Bedeutung, die dieser den Menschen- und Bürgerrechten einräumt – wogegen Pelikan darauf besteht (und die weitere Entwicklung Osteuropas hat dies bestätigt), daß »die Volksmassen gerade diese Forderung als die umittelbarste und wichtigste in dieser Etappe in ganz Osteuropa auffassen«. Schließlich wendet er gegen das Herzstück von Bahros politischen Vorstellungen – gegen einen »Bund der Kommunisten« – ein, daß dessen Opposition zur Kommunistischen Partei von den meisten Bürgern so verstanden werden würde, daß es sich nur um interne Kämpfe unter den Kommunisten handele, »bei denen auf der einen Seite diejenigen stehen, die an der Macht sind, und auf der anderen Seite jene, die von der Teilnahme an der Macht ausgeschlossen wurden« und nun ihrerseits an die Macht gelangen möchten. Lapidar heißt es: »So ein Kampf interessiert die Arbeiter und die Werktätigen überhaupt nicht.« Schließlich wendet er noch gegen Bahro ein, daß der die negativen Folgen der sowjetischen Intervention in der ČSSR (Parteisäuberungen und Ausschluß von 500000 Mitgliedern, Re-Stalinisierung, Ausdehnung des Sicherheitsapparates usw.) für eine Erneuerung des Sozialismus unterschätze, dagegen die Möglichkeiten des Eurokommunismus und den Grad der Solidarität der westlichen kommunistischen Parteien mit der osteuropäischen Opposition überschätze. *(Zu Bahros Auffassungen über die Veränderungen in Osteuropa)*

Mihály Vajda (Schüler von Georg Lukács und Agnes Heller, nach Parteiausschluß und Entlassung aus Ungarn emigriert, lehrte in Oxford und Bremen) betonte die geistige Verwandtschaft zu Bahros Buch, hält es für »viel zu wichtig, um es nur zu loben« und liefert aus der Perspektive der ungarischen Intellektuellen eine solidarische und abgewogene Kritik: Er beginnt damit, daß »alles, was Du über die Übergangsmöglichkeiten vom real existierenden Sozialismus zur Kulturrevolution [...] sagst, in meinen Augen naive Schwärmerei ist. Vermutlich überschätzt Du das Niveau des ›überschüssigen Bewußtseins‹ in den Ländern des real existierenden Sozialismus.« Während das noch ein schwer entscheidbarer Einwand ist, sind die folgenden stringenter: Wenn Bahro eine Alternative bestimmen will, »bevor eine wahrhaft demokratische Öffentlichkeit existiert, die eine Diskussion der Zukunftsperspektive erst ermöglicht«, dann unterscheide er sich wenig von den Kommunisten, die ihre Gesellschaftsvorstellung mit Gewalt eingeführt haben – und er macht ihm auch klar, wie sehr Bahro »den Gedanken der Kommunistischen Partei als führender Kraft der Gesellschaft nicht aufgeben« will. Er führt dies weiter aus: »Marx schwebte gewiß das Reich der Freiheit vor. Nur daß dieses Reich nicht die Tat einer ›bewußten‹ Minderheit, einer Elitetruppe sein kann, auch dann nicht, wenn diese nur die geistige Führung beansprucht.« Wenn man wie Bahro den real existierenden Sozialismus so klar kritisiere, dann müsse man »aber diesen Weg zu Ende gehen und den Gedanken der revolutionären Partei aufgeben« – denn der kommunistische Parteigedanke sei eo ipso die Bewahrung der Arbeitsteilung: »Eine einzige für die geistige Führung der Gesellschaft ausgewählte Gruppe stellt schon eine Machtform dar.« Doch der folgende Kritikpunkt zeigt, daß er Bahros Überlegungen zur Aufhebung der alten Arbeitsteilung sehr einseitig verstanden hat: »Wenn doch die Teilung der gesellschaftlichen Arbeit in geistige und physische Deiner Meinung nach der wichtigste Grund jeder Form von Ausbeutung und Unterdrückung in der Geschichte ist, müssen wir auch den Gedanken der revolutionären Elite *in jeder Form* aufgeben.« Ähnlich wie Pelikan muß er Bahro darauf aufmerksam machen, daß Sozialismus ohne politische Demokratie für ihn nicht vorstellbar sei – diese sei mit all ihren Gefahren als die bisher bestmögliche politische Organisationsform hinzunehmen. *(Wir müssen das Ganze der Marxschen Klassentheorie überprüfen)*

Wlodzimierz Brus (bis 1968 Ordinarius an der Universität Warschau, dann Professor in Oxford) schreibt Bahros Buch eine »ungewöhnliche Bedeutung« zu, lobt es sehr, findet besonders die Art interessant, mit der das Marxsche Konzept der »asiatischen Produktionsweise« auf den real existierenden Sozialismus angewendet wird, doch als wichtigsten Teil des Buches betrachtet er den Teil II und stimmt mit Bahros Ergebnis überein: »Ein Sozialismus, der auf längere Sicht nicht imstande ist, eigene spezifische Antriebskräfte zu entwickeln, wird eine Überlegenheit über den Kapitalismus nie erlangen, sondern droht immer weiter zurückzubleiben.« Dagegen bereite ihm das eigentliche Alternativprogramm – also Teil III – die größte Enttäuschung. Schlimm genug, daß Bahro unter den Einfluß der maoistischen Ideologie gerät, versuche er auch noch, diese auf die europäischen Verhältnisse anzuwenden. Während die »Überwindung der alten Arbeitsteilung« anfangs noch als Aufhebung der Spaltung in Regierende und Regierte erscheine, werde daraus gegen Ende des Buches die strikte Forderung nach »allgemeiner Beteiligung an einfacher ausführender Arbeit« (ein Bahro-Zitat), also ein extremer Egalitarismus – also eine Ökonomie, die wegen des postulierten Absterbens des Staates *und* des Endes von Marktmechanismen *und* des persönlichen materiellen Anreizes dem gelernten Ökonomen Brus nicht einleuchten will. (*Ein symptomatisches Werk*)

Auffallend ist bei allen genannten Autoren – einschließlich Bahro –, daß es ihnen erkennbar schwerfällt, eine klare Bezeichnung für das zu finden, was Sozialismus faktisch ist und was er sein soll. In der Literatur wimmelt es von Ausdrücken, den real existierenden Sozialismus als eigentlich-nicht-sozialistisch möglichst kritisch zu benennen: da spricht man von Übergangsgesellschaft, postkapitalistischer Gesellschaft, vom frühen, verlarvten oder staatsmonopolistischen Sozialismus, bei Bahro heißt es: »Am genauesten ist ihre Charakterisierung als protosozialistisch, d.h. wir haben Sozialismus im Larvenstadium. Wenn ich statt dieses ungewohnten Fremdworts meist den eingebürgerten Ausdruck ›real existierender Sozialismus‹ gebrauche und dabei auf die lästigen Anführungszeichen verzichte, so bleibt stets diese Bedeutung mitgedacht.« (25) Natürlich haben wir nie von der »real existierenden Antike« oder vom »real existierenden Feudalismus« geredet – also müßte »Sozialismus« für das, was war und teilweise noch ist, völlig ausreichen (denn »real existierender Sozialismus« war ein Ausdruck der SED und sollte mit deren Parteisprache verschwinden). Doch wie soll man dann den guten, echten, schönen, wahren Sozialismus, den Marx und Bahro wollten, bezeichnen? Hier gibt es auch wieder Akrobatik: Bahro spricht auf derselben Seite von sich und jenen, die von der Realität einer »wirklich sozialistisch-kommunistischen Perspektive im Marxschen Sinne« überzeugt sind. Ist das die korrekte Formulierung? Oder »wirklicher Sozialismus« (auch Bahros Formulierung) oder gleich »Kommunismus« oder »Reich der Freiheit«? Fast alle Theoretiker haben hier ihre Schwierigkeiten. Den Ausweg zeigt für mich am überzeugendsten Helmut Fleischer (ein genauer Kenner des Marxismus in Theorie und Praxis), der analog zum »real existierenden Sozialismus« – und dieser Terminus hat wohl noch die meisten Anhänger – vermutlich augenzwinkernd den schönen Ausdruck »real möglicher Sozialismus« prägte. Damit ist der Abstand zum »existierenden« ebenso hergestellt wie die Hoffnung präzise ausgedrückt, für die Bahro genau sieben Worte brauchte.

V.

In den vielen Beiträgen zur *Alternative* war deutlich geworden, daß sie sich weit über das Niveau der östlichen sozialismuskritischen Literatur heraushob, daß ab jetzt die wohlfeilen Deformationstheorien als überwunden gelten durften, daß sein Rückgriff auf die »asiatische Produktionsweise« Eindruck gemacht hatte (wenn auch nicht von allen akzeptiert) und daß seine Erklärung der Genese des »real existierenden Sozialismus« aus der halbasiatischen Vergangenheit Rußlands dessen undemokratisch-unfreiheitlich-bürokratischen Grundcharakter plausibel macht (auch wenn eine klare Kontinuität teilweise bezweifelt oder bestritten wurde). Mehrheitlich war man einverstanden, daß Marx sich den Übergang vom Kapitalismus zum Sozialismus zu einfach vorgestellt habe, weil mit der Aufhebung des Privateigentums an Produktionsmitteln historisch ältere, tiefere Formen der Ausbeutung und Unterdrückung (wieder) sichtbar werden. Schwerer war anzunehmen, daß der Schlüssel für das »Reich der Freiheit« – wenn überhaupt einer existiert! – in der Aufhebung der alten Arbeitsteilung liegen würde. Wenig bis gar keine Sympathie fand sein politischer Kerngedanke – der »Bund der Kommunisten« – oder sein Versuch, den Stalinismus als notwendige (und damit auch historisch gerechtfertigte!) Etappe zur Industrialisierung des Landes anzuerkennen. Sein nicht überwundener »Leninismus« wurde ebenso bemerkt wie sein Geschichtsdeterminismus, und penibel hatte ein Kritiker nachgewiesen, wie oft Bahro »die Geschichte Aufgaben stellen läßt«, die dann von Klassen, Parteien oder Führern gelöst werden müssen (was sie dann taten oder nicht taten oder statt dessen andere Aufgaben lösten). Und er wurde mit Recht dafür kritisiert, daß er den politischen Pluralismus im »real möglichen Sozialismus« für überflüssig und die Wahrung der Menschenrechte für eine ziemlich banale Angelegenheit hielt.

Bahro hätte mit dieser ersten und schnellen Rezeption zufrieden sein können, wenn auch die Tiefe und Radikalität seiner Thesen – die Umstrukturierung der ganzen gegenständlichen und inneren Welt des Menschen – nicht genügend beachtet wurde.

Doch inmitten der großen Aufmerksamkeit, die ihm die Medien widmeten, hätten ihm zwei Mutmaßungen zu denken geben müssen: die von Rudi Dutschke: »Was wäre mit dem Buch geschehen, wenn der Autor nicht ins Gefängnis ›eingewiesen‹ worden wäre? Wahrscheinlich wäre es untergegangen und alleine von den ›Spezialisten‹ in die Hand genommen worden.« Und die von Heinz Brandt (KPD-Mitglied seit 1931, SED-Funktionär, 1958 Flucht nach Westberlin, von dort 1961 verschleppt ins Zuchthaus Bautzen): »Lebte Bahro in Brüssel, so wäre er – wie Ernest Mandel – ein angesehener Dozent an der Universität und hätte Einreiseverbot in beide deutsche Staaten. Seine Bücher wären drüben verboten und bei uns kaum bekannt. Lebte er bei uns, so hätte er Berufsverbot, dürftige Auflagen, kümmerlichen Unterhalt. Doch da er in der DDR lebt, sitzt er dort in Einzelhaft und steht bei uns auf der Bestsellerliste.«

Zwei abschließende Würdigungen aus westlicher Sicht:

Heinz Brandt umreißt die maximale Möglichkeit des Buches: »Rudolf Bahro hat eine planetarische Alternative zum Lemminge-Wettstreit bereitgestellt, zum westöstlichen Wachstumswahnsinn, der drohenden ökologischen Katastrophe. Sein Privilegien-Abschaffungsprogramm ist ein Humanprogramm der realisierten Freiheit – Gleichheit – Brüderlichkeit. [...] Hier waltet ein Verständnis von Sozialismus, das für den hochindustrialisierten Westen nicht minder gilt als für Osteuropa. [...] Sein revolutionärer Vorschlag für ein permanentes, allumfassendes Einebnen der west-östlichen Pyramidenstruktur, patriarchalischen Hierarchie (sozial, politisch, kulturell, arbeits- und geschlechtsspezifisch) bedeutet einen Neubeginn in Denken und Tun, Werten und Wollen, Fühlen und Bedürfen, Antrieb und Zielsetzen – nicht weniger also als eine neue Lebens- und Handelnsweise.« *(Die Alternative, die aus dem Kerker kam)*

Im Mai 1979 schreibt – fast schon rückblickend – Ernst Elitz im Schweizer *Vorwärts*: »Als Theoretiker hat Bahro im Westen ungleich mehr bewirkt als im Osten. Schon gibt es in Zeitschriften und Sammelbänden eine umfangreiche Literatur über die ›Alternative‹. Neben dem moralischen Engagement für Bahros Bekennermut sind dabei auch kritische Ansätze zu seinem Werk deutlich geworden. Mehr noch: Der DDR-Bürger Bahro ist mit seinem Buch ein entscheidender Orientierungspunkt in den Theorie-Debatten der westeuropäischen Linken geworden. Die offiziellen Theoretiker der Ostblock-Parteien haben es so weit nie gebracht.«

VI.

Die Verbreitung der *Alternative* in der DDR ist schwer zu ermitteln, denn in den Akten der Staatssicherheit kommen nur jene Personen vor, auf die man schon vorher ein wachsames Auge geworfen hatte, darunter vor allem einige Schriftsteller.

Zwei Fälle außerhalb des Bahro-Umfeldes wurden von der Staatssicherheit besonders beobachtet: der Theaterregisseur Adolf Dresen (verstorben 2001) und der frühere Dozent für Marxismus-Leninismus Dr. Helmut Warmbier (Leipzig).

Zu Dresen – dessen aufsehenerregende Inszenierungen mehrfach verboten wurden – legte man im März 1976 eine VAO (eine Vorlaufakte für einen Operativen Vorgang) *Schnittpunkt* an, in dessen Eröffnungsbericht es heißt: »Der Dresen hat die ideologische Plattform des Rudolf Bahro *Zur Kritik des real existierenden Sozialismus* durchgearbeitet, davon ein Konspekt angefertigt und eine eigene Haltung dazu ausgearbeitet, welche er als *Kritik an R. B.* bezeichnet. In dieser *Kritik* kommt zum Ausdruck, daß der Dresen die von Rudolf Bahro dargelegten Ansichten als zu gering ansieht, um die angestrebten Veränderungen der gesellschaftlichen Verhältnisse in der DDR und den anderen sozialistischen Ländern zu realisieren.« Dieses Konspekt hat sich die Staatssicherheit beschaffen können – es umfaßt auf 13 Seiten eine Zusammenfassung vom Teil I des Bahroschen Textes –, außerdem die nur wenige Seiten umfassende *Kritik an R. B.*

Darin skizziert Dresen distanziert den reformatorischen Ansatz von Bahro, dessen ambivalentes Verhältnis zu Marx und bemängelt, daß Bahro nicht erklären kann, warum die Revolution im Osten, nicht aber im Westen erfolgte: Eine Antwort darauf sei nur möglich, wenn die Analyse der kapitalistischen Verhältnisse einbezogen bleibe – auf die Bahro verzichtet habe. (Dieser große Regisseur trat im November 1976, weil er seine Unterschrift unter die Protestresolution gegen die Ausbürgerung von Wolf Biermann nicht zurückziehen wollte, aus der SED aus und verließ 1977 die DDR.)

Seine Ausarbeitungen hat Dresen an Helmut Warmbier geschickt. Der war im März 1974 nach 25jähriger Parteimitgliedschaft aus der SED ausgeschlossen worden, weil er als Dozent Vorbehalte zum Lehrprogramm »Wissenschaftlicher Kommunismus« angemeldet und sich innerlich von dieser Partei entfernt hatte. (Damit war er auch für die Lehre nicht mehr tragbar und arbeitete in einer Leipziger Kfz-Schlosserei.) Schon im Januar 1976 wurde gegen ihn die VAO *Neue Welt* angelegt, ein Jahr später eine raffinierte Falle aufgebaut, indem ein IM getarnt als westdeutscher Journalist als Messegast in seiner Wohnung Quartier nahm, Warmbier dies als Chance eines direkten Kontaktes zu Westmedien ansah und entsprechend offen seine oppositionelle Haltung ausdrückte und den Besitz eines Exemplars des Bahro-Textes sowie weiterer Ausarbeitungen seiner Freunde preisgab. Das Netz um Warmbier zog sich seit Mai 1977 immer enger zusammen, im September – also kurz nach der Verhaftung Bahros – wurde er ebenfalls verhaftet.

In den Besitz eines Exemplars zu gelangen, war für interessierte DDR-Bürger äußerst schwierig. Meist behalf man sich mit den sechs Vorträgen, die in Abschriften weitergereicht wurden. Doch der Theologe Curt Stauss berichtete für die Enquête-Kommission *Über-*

windung der Folgen der SED-Diktatur im Prozeß der deutschen Einheit (Bd. VIII/3, 2326) folgendes: »Junge Männer aus den Niederlanden und aus Großbritannien fuhren seit Mitte der 70er Jahre mehrfach jährlich in die DDR – genauso übrigens in die Tschechoslowakei und gelegentlich nach Ungarn – und brachten in ihren eigens präparierten Campinganhängern und Wohnmobilen Tausende von Büchern in die DDR« – darunter auch die *Alternative* in Dutzenden von Exemplaren.

Ähnliches berichtet (der jetzige Bürgermeister des Berliner Großbezirks Pankow-Prenzlauer Berg) Burkhard Kleinert: Ende der 70er Jahre ist der damalige Theologiestudent Ulrich Mickan in den Westen gegangen und organisierte von Bremen aus regelmäßige Büchertransporte – darunter schätzungsweise 240 Exemplare der *Alternative* – (und zwar mit Hilfe eines Krankenfahrzeuges für einen Behinderten, das nicht genau kontrolliert wurde), die von Kleinert und Gunther Begenau an die kleinen Diskussionskreise in Berlin, Leipzig, Dresden und anderen Orten weitergeleitet wurden, so daß praktisch alle ihnen bekannte Bürgerrechtler und Oppositionelle über ein Exemplar verfügten.

Der Bürgerrechtler Stephan Bickhardt gehörte zu den Nutznießern dieser Transporte und erinnert sich an eine Lesung aus Bahros Buch im Rahmen eines Abendgottesdienstes in der Dresdner Weinbergskirche am »Nationalfeiertag«, dem 7. Oktober 1978. Auch er geht davon aus, daß sich in der DDR »spontan eine nicht zu überblickende Zahl von Lesegemeinschaften, kleinen Zirkeln [bildete], die das Buch von Bahro lasen und besprachen«. Nach seiner Meinung war es weniger die marxistische Analyse, die aufgenommen wurde – das Werk sei keine Programmschrift für die Opposition geworden –, als der Begriff der »Subalternität«, der das Selbstbefinden eines großen Bevölkerungsteils traf. (*Die Entwicklung der DDR-Opposition in den achtziger Jahren*, 451 f.)

In meinem Freundeskreis wurde das Buch ausführlich besprochen (ich hielt mich dabei zurück, um meinen Anteil nicht vorzeitig bekanntwerden zu lassen), in Leipzig wurde es im Literaturkreis um Jürgen Israel diskutiert (und bewegte Bernd Albani zu seiner Demonstration). Im November 1977 gab Ekkehard Maaß in Berlin für seinen Freundeskreis eine (jedoch einzige) Nummer seines Informationsbulletins *Leierkasten* heraus, das die ganze Einleitung der *Alternative* einzeilig wiedergab. In seinem Kreis fanden im März/ April 1979 mehrere Treffen zu diesem Buch statt, und am Institut für Philosophie der Humboldt-Universität hatte er zusammen mit zwei anderen Studenten Diskussionen geführt, die nach einer Einschätzung des MfS »teilweise offen, teilweise verdeckt in den Seminaren weitergeführt wurden und negative Polemiken auslösen sollten«.

Stellvertretend für viele Bürger des Landes, die für ihr politisches Grundgefühl keine Richtung sahen und nach Auswegen suchten, soll die Lehrerin und Bürgerrechtlerin Tina Krone zu Wort kommen. Sie hat in einem Vortrag von 1997 ihren Weg zu Bahro so dargestellt: Aus einem den Sozialismus total ablehnenden Haushalt stammend, setzte sie sich schon als Schülerin mit der verlogenen Ideologie des SED-Staates auseinander, fand aber die marxistische Theorie der Geschichte, »an deren Ende dann der Kommunismus als die beste und letzte aller Gesellschaftsformationen stehen sollte, sehr bestechend«. Sie wollte eine Welt, »in der alle gleichberechtigt sind, niemand hungern muß, in der alle in Liebe und Frieden miteinander leben können« – also mußte sie gegen den Kapitalismus sein, und sie hätte sich gern innerlich »für den Sozialismus entschieden, konnte aber die Zweifel nicht einfach abstellen«. Dann kam im ersten Studienjahr Pädagogik die »Offenbarung« – sie las Bahros *Alternative*: Ihr Unbehagen, was die DDR-Gesellschaft betraf, wurde schwarz auf weiß bestätigt und vertieft. Damit einher ging die »herrliche Einsicht, daß, wer gegen die Bonzen in der DDR war, nicht automatisch auf der Seite des Klassenfeindes stehen mußte – was ich ja auf keinen Fall wollte«. Mit diesem Buch hatte sie »eine Utopie gefunden und eine Basis, auf der ich mir die Welt erklären konnte, eine Basis, die es mir ermöglichte, einen Platz in den politischen Auseinandersetzungen einzunehmen«. Einer der Schritte war der Weg zur oppositionellen Frauengruppe »Frauen für den Frieden«, ein anderer das gemeinsame Studium der *Alternative* in einem Seminar mit fast 20 Teilnehmern: »Kapitel für Kapitel kämpften wir uns durch das Buch und stritten uns sehr. Der ›Bund der Kommunisten‹ zum Beispiel war ein Punkt, an dem sich die Geister schieden. [...] Wir versuchten zu erkennen, was das eigentlich war, in das wir da hineingeboren wurden. Und wir versuchten, einen Weg hinaus zu finden.« (*Horch und Guck*, 22/1998)

Die *Alternative* in den Gutachten des MfS

Um einen ordentlichen Prozeß führen zu können, mußten dem Gericht mehrere Gutachten von wissenschaftlichen Institutionen vorgelegt werden. Schon vor und während der Untersuchungshaft ließ das MfS verschiedene Gutachter für sich arbeiten, die im gewünschten Sinne vernichtende politische Urteile über die *Alternative* verfaßten. Neben den bereits kurz vorgestellten (vom November 1974, November 1976) sowie der strafrechtlichen Einschätzung durch die HA IX/2 (vom Oktober 1976) hatte auch die Abteilung Agitation des MfS eines anzufertigen, das unter Überschriften wie *Spezifische Verleumdungen, Unterstellungen, Fälschungen, konterrevolutionäre programmatische Äußerungen* viele Seiten lang Kernsätze Bahros zitierte, um sie umstandslos allesamt als konterrevolutionär abzuurteilen. Zum Stil des Ganzen genügen Teile des ersten und letzten Satzes: »Das Buch des B. ist als eine extrem pervertierte, partei- und staatsfeindliche Schmähschrift anzusehen – verfaßt mit der erklärten Absicht, in der DDR einen konterrevolutionären Umsturz herbeizuführen [...]« und: »Insgesamt kann gefolgert werden, daß sich B. in jahrelanger ›Arbeit‹ die Qualifikation erworben hat, die Rolle eines Achtgroschenjungen im System der imperialistischen Hetzpropaganda [...] zu spielen.« Wenn dieses Gutachten intern die politische Feindsicht des MfS wiedergibt, dann kam es als nächstes darauf an, außerhalb des Ministeriums willfährige Wissenschaftler zu finden, die im Namen ihrer Institutionen und autorisiert durch ihre Titel möglichst gleichförmig diese Vorgaben wiederholten. Dies ist durchaus gelungen.

Die HA XX/OG sammelte Vorschläge für externe Gutachter und überprüfte sie auch in ihrem Speicher. Dabei stellte sich heraus, daß ziemlich viele von ihnen bereits für das MfS als Inoffizielle Mitarbeiter tätig waren. Nach entsprechender Auslese wurden dann die betreffenden Institutionen offiziell vom Generalstaatsanwalt der DDR angeschrieben, und die Betreffenden schickten auch ihre Gutachten an diesen (wobei sich die Originale nicht zufällig in den MfS-Akten wiederfinden).

Für die philosophische Analyse der *Alternative* sollte die Akademie der Wissenschaften der DDR zuständig sein – nach Absprache mit dem Leiter der Hauptabteilung Kontrolle und Auswertung der AdW, Jahn (ein Offizier des MfS im besonderen Einsatz [OibE]), verfaßten das Gutachten die Professoren Wolfgang Eichhorn I, Harry Maier (Ökonom, erfaßt für die HA XX/2) und Karl-Heinz Röder (Rechtswissenschaftler, erfaßt für die HA II/2); für die Dissertation die Hochschule für Ökonomie – die Gutachten kamen von den Professoren Klaus Gürmann (erfaßt für die HVA IX), Günter Lingott (positiv erfaßt für die BV Berlin Abt. XV) und Günter Söder (IM »Degen«) –, schließlich für die politische Bewertung der Veröffentlichung im Westen das Institut für Internationale Politik und Wirtschaft (IPW) mit den Gutachtern Dr. Werner Rosenberg und Dr. Siegfried Stübner. (Es spricht für die Arbeitsweise des MfS, daß an ihnen mindestens drei Inoffizielle Mitarbeiter beteiligt waren.)

Die Akademie-Gutachter bekamen vom MfS drei Fragen vorgelegt, von denen zwei direkt auf den Straftatbestand gemäß § 98 StGB (also Nachrichtenübermittlung) zielten. Entsprechend verreißen sie das gesamte Buch als nicht-marxistisch. Es sei »weder wissenschaftlich noch konstruktiv«, sei ein »Konglomerat von Lesefrüchten« und enthalte »keinen einzigen neuen Gedanken« (doch das war ja noch nicht strafbar). Schwerer wiegt allerdings die politische Verurteilung: Das Buch ordne sich »mit seiner gesamten theoretischen und politischen Konzeption in die durch imperialistische Einrichtungen betriebene Strategie zur politisch-ideologischen Unterminierung der sozialistischen Staats- und Gesellschaftsordnung ein«, seine Grundzüge bestehen in Angriffen auf den realen Sozialismus, auf die verfassungsmäßigen Grundlagen aller sozialistischen Länder; zum anderen »verfolgt der Autor mit dieser Konzeption die Absicht, eine programmatische Plattform für die Organisierung konterrevolutionärer Aktivitäten [...] zu propagieren«, um den »Sozialismus/Kommunismus von innen heraus zu bekämpfen«. Auf mehreren Seiten zählen die Autoren auf, zu welchen Problemkomplexen Bahro »systematisch Informationen ausgewählt, gesammelt und für seinen spezifischen Zweck aufbereitet« habe – diese Aufzählung erscheint ziemlich genau kurz darauf in der Anklageschrift wieder. Ebenso ihr Urteil, »daß der Verfasser objektiv und subjektiv imperialistische Einrichtungen in ihrer gegen die DDR und die anderen sozialistischen Staaten gerichteten Tätigkeit unterstützt« habe – das war die Vorwegnahme des späteren Gerichtsurteils.

(Ich nehme nicht an, daß Prof. Harry Maier nach seiner Ausreise in die Bundesrepublik bei seinen Bewerbungen an einer Universität diese Stasi-Zuarbeit in seinem Schriftenverzeichnis berücksichtigt hat.)

Bahro konnte auf dieses Gutachten mit einer Stellungnahme reagieren – er brauchte dazu 17 Seiten, nannte den Text der drei Professoren eine »rein politische Polemik«, in der Zitate von ihm aus ihrem ursprünglichen konzeptionellen Zusammenhang herausgerissen und zu »einer ganz anderen Gesamtposition, als ich sie bezogen habe«, zusammengefügt worden seien. Dabei ließen die Autoren einzig ihren Standpunkt gelten – alles davon Abweichende sei in ihren Augen »planmäßige ideologische Diversion gegen den real existierenden Sozialismus«, gehöre in die psychologische Kriegsführung des Gegners. Bahro geht auf viele Einzelheiten dieser politischen Verurteilung ein – etwa jegliche Kritik mit dem Terminus »konterrevolutionär« zu belegen –, um dann die Gesamtanlage des Gutachtens mit der Logik der Beschuldigungen in den Moskauer Prozessen der 30er Jahre zu vergleichen – »als hätten sich die ideologische Situation und die politischen Bedingungen seit jener Zeit gar nicht verändert«.

Die Gutachter der Hochschule für Ökonomie in Berlin bekamen ähnliche drei Fragen vorgelegt, dazu aber auch MfS-internes Material (den »Anhang« der Dissertation, die Zeugenaussagen und die Aussagen von Bahro).

Natürlich sind auch die Antworten – nun bezogen auf die Dissertation – ähnlich, nur der Ton ist weit hysterischer. Sie können in dieser Arbeit nur »Entstellungen«und »Erfindungen« erkennen, die häufigsten Worte ihres Gutachtens sind »verleumden«, »böswillig« und »anti-«.

Der (von ihnen auch unterstrichene) Kernsatz lautet: »Es handelt sich um eine antikommunistische, konterrevolutionäre, gegen den realen Sozialismus in der DDR und in anderen sozialistischen Ländern gerichtete Plattform, die direkt und unmittelbar auf die konterrevolutionäre Veränderung der gesellschaftlichen Verhältnisse in der DDR und auf die konterrevolutionäre Veränderung ihrer verfassungsmäßigen Gesellschafts-, insbesondere Staatsordnung gerichtet ist.«

Also dreimal hintereinander in einem Satz »konterrevolutionär«. Zu diesem Kernsatz kann man sich schwer einen Kommentar verkneifen: Da reicht also jemand, der promovieren will, an einer sozialistischen Hochschule eine konterrevolutionäre Arbeit ein, die dazu aufruft, die gesellschaftlichen Verhältnisse in der DDR zu verändern. Das muß ein sehr mutiger oder ein sehr verrückter Doktorand sein, denn entweder verzichtet er von vornherein darauf, nach mehrjähriger Arbeit an der Dissertation damit zu promovieren, oder er geht davon aus, daß alle drei Gutachter diesen Aufruf zur Umwälzung nicht merken würden – und sie hatten es tatsächlich alle drei nicht bemerkt und übereinstimmend die Arbeit positiv bewertet.

Die empirische Basis der Dissertation soll nach dem Willen der Gutachter aus Bahros »persönlichen Erfindungen und Verleumdungen der DDR« bestehen, die von ihm genutzten Informationen entsprächen nicht der gesellschaftlichen Realität der DDR. Dann werden aber über viele Seiten die tatsächlichen Problemkreise dieser Arbeit genannt, um erneut festzustellen, daß die darin enthaltenen Informationen »Unwahrheiten, Halbwahrheiten und entstellende Darlegungen« seien. Ohne ihre eigene Widersprüchlichkeit zu bemerken, stellen die Gutachter fest, die »Gefährlichkeit des Informationsgehaltes der Dissertationsschrift« bestehe darin, daß DDR-feindliche Einrichtungen »Sachverhalte über die DDR in einer mit dem Schein der Wissenschaftlichkeit versehenen antisozialistischen Interpretation zugängig gemacht« bekommen. (Also scheint es darin doch Informationen über die DDR zu geben.) Für die Gutachter ist es bereits konterrevolutionär, »daß die seit dem VIII. Parteitag der SED erreichten Erfolge bei der Lösung der Hauptaufgabe [...] völlig verschwiegen werden«, ebenso gilt den Autoren die Textstelle Bahros als gefährlich, wo er über »die Möglichkeit einer realen Kompetenzerweiterung« der Werktätigen spricht – das gilt diesen privilegierten Professoren bereits als Rebellion gegen die soziale Organisation der Arbeit. Im letzten Teil ihres Gutachtens befassen sich die Autoren mit dem Anhang der Dissertation. Ganz im Sinne der Untersuchungsabteilung werden die 48 Interviews als teilweise erfunden, in den anderen Fällen als Verdrehungen und Entstellungen des tatsächlich Gesagten bewertet. Immerhin: »Das Raffinierte besteht darin, daß alles Erfundene tatsächlich passiert sein könnte.« Die Gutachter kommen zu dem Schluß, »daß der größte Teil dieser Informationen sich als nackte Falschinformationen herausstellt«, die »direkt zur Information für imperialistische Publikationsorgane erfunden worden« seien. (Daß dieser Anhang als VVS eingestuft war und gar nicht in den Westen gelangen konnte, scheint für die Autoren unerheblich zu sein.)

Auch zu diesem Gutachten verfaßte Bahro eine ausführliche Entgegnung (24.5.1978). Das dritte Gutachten – vom Institut für Internationale Politik und Wirtschaft –, das in der Hauptverhandlung eine entscheidende Rolle für die Verurteilung Bahros gespielt hat, soll genauer im folgenden Kapitel angeführt werden.

Auf zwei weitere Gutachten von seinerzeit in der DDR hoch angesehenen Gesellschaftswissenschaftlern gehe ich hier nicht ein, da sie im Prozeß keine Rolle gespielt haben: das vom Politökonomen Prof. Dieter Klein unterzeichnete (vom 20.9.1977) und das des Rechtswissenschaftlers und Sozialphilosophen Prof. Hermann Klenner (IM »Klee«), das dieser am 2.6.1979 dem MfS übergab (und das mit 1000 Mark und einer Urlaubsreise honoriert wurde).

Alle diese Gutachten zusammen umfassen etwa 280 Seiten. Mit ihrer Hilfe wurde die Anklage formuliert bzw. die Inhaftierung Bahros »wissenschaftlich untermauert«. Für die Gutachter aus den akademischen Institutionen war dies ungefährlich, sie konnten davon ausgehen, daß ihre fürchterlichen Texte nie an die Öffentlichkeit gelangen würden. Inhalt und Stil dieser Fabrikate sind – vielleicht mit der Ausnahme Klenner – auf niedrigstem Niveau, weit entfernt von jeder Art wissenschaftlichen Gutachtens. Es sind Unterwerfungsleistungen unter die Anforderungen der Staatssicherheit, sie versuchen nicht die Spur einer fairen Kritik, sprechen Bahro jede wissenschaftliche Qualität ab und diffamieren seine beiden Schriften als bewußt für die imperialistische Propaganda hergestellte Auftragsarbeiten. Und ihre Feigheit besteht darin, daß sie vieles, was Bahro aussprach, auch wußten – sie haben es nicht verteidigt, sondern Bahro als Lügen oder Entstellungen angerechnet.

Der Prozeß (Juni 1978)

I.

Der Leser soll vor der Darstellung des Prozesses in dessen Konstruktion eingeführt werden, damit seine Aufmerksamkeit nicht zu stark auf den Inhalt der (aus der Sicht des MfS völlig überflüssigen) Verhandlung gelenkt wird, sondern sich eher auf die skandalöse Art und Weise konzentriert, wie hier eine kriminelle Handlung erfunden wurde.

Die SED-Führung wollte keinen politischen Prozeß, wollte aber Bahro auch nicht unbestraft lassen. Daher war es ihre Absicht, ihn als Agenten zu kriminalisieren und die *Alternative* zu verschweigen. Die Anklage sollte nicht nach den politischen Paragraphen (§§ 96, 106, 107, 108 StGB), sondern wegen Nachrichtenübermittlung (§ 98 StGB) und Geheimnisverrat (§ 245 StGB) erhoben werden – das klang eindeutig kriminell.

Deshalb ging die Staatsanwaltschaft davon aus (das war die Vorgabe der Staatssicherheit), daß Bahros beide Texte lediglich Gefäße – Tarngefäße – waren, in denen es von wahren, halbwahren, falschen und vorsätzlich fabrizierten Nachrichten wimmelte, die der Angeklagte über die Verlage an feindliche Einrichtungen, die gegen die DDR tätig sind, übermittelt hatte. Nur das Sammeln für und das Übermitteln an solche Einrichtungen war strafbar, und letzteres nachzuweisen (wie auch immer) war die eigentliche Strategie des Ermittlungsverfahrens und des Prozesses. Daß diese Vorwürfe weder objektiv noch subjektiv stimmten, spielte keine Rolle. Bahro und sein Verteidiger haben sie in Wort und Schrift stets widerlegt, zu demselben Ergebnis kam 1990 auch das Oberste Gericht der Noch-DDR in der Kassationsverhandlung – doch 1978 wurde an dieser unrealistischen (und unglaubwürdigen) Konstruktion mit der Sturheit totalitärer Macht festgehalten. Bahro sollte rund ein Jahrzehnt intensiv Nachrichten gesammelt haben, *um* sie den Feinden im Westen zu übermitteln – und mit großer Heftigkeit ging es immer wieder um den Sinn zweier Worte: hat der Angeklagte die Nachrichten dem Feind (direkt) *übermittelt* – das wäre eine strafbare Handlung – oder (indirekt) *zugänglich* gemacht – das war 1977 noch nicht strafbar. Aus der unbestrittenen Tatsache, daß das einfache Erscheinen eines Buches dieses für jeden Käufer zugänglich macht, konstruierte die Anklage: Bahro habe damit – ohne Kontakt zu Geheimdiensten zu haben – diesen seine »Nachrichten« zugänglich gemacht, also doch übermittelt!

Noch fadenscheiniger war die ihm vorgeworfene Straftat des Geheimnisverrats: Bahro hatte – wie bereits geschildert – mit seiner Dissertation einen aus Interviews entstandenen soziologischen Anhang eingereicht, der seine theoretischen Aussagen empirisch stützen sollte (was beinahe überflüssig war). Diesen Anhang hatte er Freunden und Kollegen zur kritischen Lektüre überlassen. Nach Einreichen der Dissertation wurde dieser Anhang von der Hochschule zur Vertraulichen Verschlußsache erklärt, also zum Geheimnis, und Bahro wurde darüber belehrt, daß er alle Exemplare – auch sein eigenes (!) – abzugeben habe. Seine »Straftat« bestand allein darin, daß er die neun Personen, die den Text bereits *vor* seiner Sekretierung kannten, dem Sicherheitsbeauftragten der TH Merseburg nicht angegeben hatte.

Nur um diese beiden Anklagepunkte ging es in der Hauptverhandlung.

Das, was nach seiner Verhaftung in West und Ost allein interessierte, die Kritik am real existierenden Sozialismus, spielte im Prozeß so gut wie keine Rolle. Und was im Prozeß strafrechtlich relevant war, spielte für Bahro kaum eine und für die weltweite Wirkung des Buches nicht die geringste Rolle, weil das, was ihm im Verfahren als »Nachrichten« angelastet wurde, keine Nachrichten im Sinne irgendwelcher (eventuell sogar enthüllender) Informationen gewesen sind. Es waren Einzelheiten, die viele DDR-Bürger wußten und die der Westen aus anderen Quellen längst kannte. Doch ein politisches Buch ohne solche »Nachrichten« zu schreiben – so betonte Bahro immer wieder – sei unmöglich, und ihre strafrechtliche Verfolgung bedeute, überhaupt keine politischen Bücher schreiben zu dürfen.

II.

Ende Mai 1978 – nach 40 Wochen Untersuchungshaft – bereitete das MfS den Prozeß vor dem 1. Strafsenat des Stadtgerichts Berlin vor. Der Vernehmer Groth fertigte am 22. Mai einen »Schlußbericht« an (17 Seiten Text, dazu als »Beweismittel« die Auflistung von 61 Zeugen, als nächstes »Beurteilungen, Bestätigungen, Gutachten«, schließlich die »Beweisgegenstände«). Auf der Grundlage dieses Textes wurden verschiedene Fassungen der Anklageschrift fertiggestellt (ich kenne etwa fünf), indem man sich eng an diese Vorlage hielt und markierte Stellen fertig übernahm.

Schon im ersten »Vorschlag zur Durchführung eines Prozesses vor dem 1. Strafsenat des Stadtgerichts Berlin« vom 29. Mai wurde als Ankläger Staatsanwalt Dr. Gläßner von der Abteilung I beim Generalstaatsanwalt der DDR vorgesehen – also Ausdruck eines hochangebundenen Prozesses. Der Termin wurde in aller Vorsicht hinter das ominöse Datum des 17. Juni gelegt, als Freiheitsstrafe waren acht Jahre vorgesehen. Die beiden Anklagepunkte hießen – wie bereits genannt – Sammlung von Nachrichten gemäß § 98 StGB in Tatmehrheit mit Geheimnisverrat gemäß § 245 StGB. In geradezu grotesker Weise werden ein Verbrechertyp und ein Verbrechen aufgebaut, was sich so liest: Der Beschuldigte habe sich in dem »Bestreben, sich materielle Vorteile zu verschaffen, bewußt und vorsätzlich in das System der gegen die DDR gerichteten Tätigkeit feindlicher Einrichtungen und Zentralen [eingegliedert] und diesen zur Unterstützung ihrer Feindtätigkeit systematisch gesammelte und ausgewählte Informationen, Teilwahrheiten, Entstellungen und offenkundige Lügen über die gesellschaftlichen, politischen, wirtschaftlichen und kulturellen Verhältnisse und Entwicklungsprozesse in der DDR [übermittelt]. Dabei handelt es sich insbesondere um Informationen über Leitungsprozesse, Fragen der Bilanzierung, Planung und Strukturierung der Volkswirtschaft, den Einsatz materieller Reserven, des vorhandenen Arbeitskräftepotentials und der Leitungskader.« (Diese Art der Anklage war offensichtlich darauf berechnet, daß niemals diese Punkte öffentlich bekannt werden und niemand auch das Buch damit vergleichen würde.) Behauptet wird, daß Bahro »von seinen Auftraggebern« eine umfangreiche Bezahlung von mindestens 200000 Mark erhalten habe. (Daß es sich um das Autorenhonorar für einen Bestseller handelt, wußten die Schreiber.) Von den 60 Zeugen (Prof. Behrens fiel wegen Krankheit aus) wurden fünf zur *Alternative* und zehn zum Anhang der Dissertation ausgewählt, die in der Hauptverhandlung aussagen sollten. Weiter war das Verlesen der drei großen Gutachten vorgesehen.

Am erstaunlichsten ist wohl, was mit diesem Prozeß nachgewiesen werden sollte: daß sich »Massenmedien der BRD und Westberlins sowie deren Korrespondenten in Übereinstimmung mit imperialistischen Geheimdiensten, insbesondere dem BND, massiv in die inneren Angelegenheiten der DDR einmischen, die sozialistische Staats- und Gesellschaftsordnung diskriminieren und die Existenz einer oppositionellen Bewegung in der Partei der Arbeiterklasse vortäuschen wollen«. Dazu würden sie sich »solcher feindlichen und kriminellen Elemente wie dem Beschuldigten Bahro bedienen«.

Weil dies das politische Ziel des Prozesses war, spielten die inkriminierten Texte Bahros nur eine Nebenrolle, deshalb mußten im Zentrum des Nachweises die Gutachten stehen, die nichts weiter waren als dienstfertige ideologische Konstruktionen marxistischer Gesellschaftswissenschaftler.

Angefertigt wurde zu diesem frühen Termin bereits der Entwurf zu einer ADN-Meldung, die nach dem Prozeß in den Medien veröffentlicht werden sollte. Sie wiederholt die Beschuldigungen und schlägt dazu ein weiteres Mal unter die Gürtellinie mit der Behauptung, daß Bahro »seine feindlichen Aktivitäten mit wissenschaftlicher Tätigkeit zu tarnen versuchte, tatsächlich aber – wie durch Zeugen und Gutachten zweifelsfrei bestätigt wurde – vorsätzlich fabrizierte Falschmeldungen, grobe Entstellungen und wahrheitswidrige Behauptungen [...] feindlichen Personenkreisen zugänglich machte« und sich »für die schmutzigen subversiven Geschäfte von seinen Auftraggebern zur Befriedigung seiner Geldgier mit hohen Summen bezahlen ließ«.

In der Überarbeitung dieses »Vorschlags« wurde der Termin auf den 26. Juni festgelegt, die Freiheitsstrafe auf »8–10 Jahre« ausgedehnt und die ADN-Meldung geringfügig verändert.

Da diese am 1./2. Juli im *ND* erschienene Meldung bereits Ende Mai und vor der Hauptverhandlung feststand, zeigt sich einmal mehr, daß der Prozeß tatsächlich nur noch eine Farce war.

Aber eine sehr sorgfältig vorbereitete.

Die HA IX/2 entwickelte zunächst am 6. Juni eine »Sicherungskonzeption für die gerichtliche Hauptverhandlung« von erstaunlichen Ausmaßen.

Zur »vorbeugenden Verhinderung von Provokationen und Sympathiebekundungen« wurde festgelegt, welche Vertreter namentlich genannter westlicher Einrichtungen und welche DDR-Bürger unbedingt gehindert werden müssen, während des Prozesses in Erscheinung zu treten. In 15 Punkten hieß es ferner: Ausschluß der akkreditierten westlichen Journalisten, verstärkte Einreisekontrollen »in die Hauptstadt der DDR« an den Prozeßtagen mit Einreiseverweigerung für alle Personen, die durch Solidaritätsbekundungen für Bahro bekannt geworden sind, Geheimhaltung von Termin und Ort der Hauptverhandlung. Für das Gerichtsgebäude und dessen Umgebung wurde Aufwendiges vorgesehen: Der Verhandlungssaal und anschließende Räume werden bereits 24 Stunden vorher von Einsatzkräften des MfS kontrolliert und bewacht, die Umgebung wird von Polizeikräften »in gedeckter Form« und durch Streifentätigkeit der Schutzpolizei abgesichert; im Gerichtsgebäude werden weitere Einsatzkräfte der Polizei untergebracht, vor allem aber operative Mitarbeiter der Abteilung XX, einige von ihnen als Journalisten mit Fotoerlaubnis getarnt; weiter ein »zentraler Zuführungspunkt« für Festgenommene eingerichtet und eine Direktleitung vom Gericht zum MfS installiert. Schließlich wird die auch für einen nichtöffentlichen Prozeß von der StPO anfangs vorgeschriebene »Öffentlichkeit« festgelegt: Es sei ein Raum mit 15 Plätzen für Zuschauer auszuwählen, der »rechtzeitig durch Mitarbeiter des MfS besetzt wird«, um zu verhindern, daß westliche Beobachter oder »mit dem Beschuldigten Bahro sympathisierende Elemente in den Verhandlungsraum gelangen können«.

Zählt man alle im Plan genannten Diensteinheiten des MfS zusammen – es sind genau zehn –, so deutet diese Fokussierung auf einen einzigen Angeklagten für die Staatssicherheit, die SED-Führung und die lediglich ausführend-abhängige Justiz auf einen hochpolitischen Prozeß unter (gründlich mißglückter!) Täuschung der Öffentlichkeit innerhalb und außerhalb der DDR.

Die HA XX steuerte am selben Tag (6. Juni) eine »Prognostische Einschätzung möglicher feindlicher Reaktionen zum Prozeß gegen Bahro sowie zur Bestimmung der günstigsten politischen und operativen Abwehrmaßnahmen« bei. Auf elf Seiten wurden alle Arten von zu erwartenden westlichen »Hetzkampagnen« und von Aktionen »innerer feindlich-negativer Kräfte« und deren Bekämpfung aufgelistet. Zu letzterem sollte u.a. gehören: »Prüfung des Einsatzes gezielter Desinformationen zur Herabsetzung der Glaubwürdigkeit der Westpresse«, »zeitweilig schärfere Isolierung Havemanns« oder im Falle von »Zusammenrottungen vor dem Gerichtsgebäude« deren »Auflösung durch VP-Kräfte, Zuführungen, fotografische Dokumentation der Teilnehmer, Einsatz von Agitationsgruppen der Partei zur Einschränkung der Bewegungs- und Arbeitsmöglichkeiten von Westjournalisten«. Immerhin wurde auch versuchsweise vorgeschlagen, gegen die naheliegende Lesart von einem »Geheimprozeß« diesen Prozeß vor einer geladenen Öffentlichkeit durchzuführen, und als mögliche Zuschauer wurden u.a. genannt: Mitarbeiter des MfS, des ZK, hauptamtliche Parteifunktionäre, aber auch ausgewählte Vertreter der ehemaligen Arbeitsstelle Bahros, der Gutachter-Institutionen, der Humboldt-Universität und sogar Vertreter von Medien und Presseorganen der DDR. Um ganz sicherzugehen, daß auf keinen Fall falsche Personen in das Gericht eindringen, wurde ein Anhang von 13 Seiten erarbeitet, welche namentlich aufgeführten Personen unter Einreisesperre gestellt werden müssen – insgesamt 117.

III.

Eigens für das Gericht wurde eine umfangreiche Aufstellung aller zum Komplex § 98 StGB (Sammlung von Nachrichten) einschlägigen Textstellen aus Buch und Dissertation angefertigt, die in der Verhandlung vom Vorsitzenden Richter zur Beweiserhebung dem Angeklagten vorgelesen werden sollten. Rund 120 solcher »Nachrichten« hat das Auge des Geheimdienstes in den beiden Arbeiten entdeckt – unter ihnen etwa die Nachricht »unzureichende ästhetische Bildung am Beispiel des Musikunterrichts«, belegt mit der Seite 340 der *Alternative*. Mindestens so absurd war es, die Dissertation nach »Nachrichten« durchzuforsten, denn was wäre das für ein Armutszeugnis, wenn eine dreifach positiv begutachtete wissenschaftliche Arbeit keine Fakten und Daten enthielte (und diese waren ganz evident nicht für eine westliche Stelle gesammelt worden).

IV.

Von der endgültigen Anklageschrift existieren zwei Fassungen: die erste (die praktischerweise gleich auf der Grundlage von Groths Schlußbericht verfaßt wurde) ist ohne Kopf, Datum und Unterschrift und trägt handschriftlich die Bezeichnung »Entwurf«, die zweite Fassung mit der Kopfzeile »Generalstaatsanwalt von Berlin – Hauptstadt der DDR –«, ist vom 12. Juni 1978 und mit der Unterschrift Dr. Gläßners versehen – dieser Text wurde am 17. Juni auch Bahro zur Kenntnis gebracht.

Der Entwurf nennt die dem Leser bereits bekannten Vorwürfe, die hier in drei große Komplexe geordnet wurden: Nachrichtensammlung zur sozialistischen Staats- und Gesellschaftsordnung der DDR, zu den ökonomischen Grundlagen und den Problemen der sozialistischen Entwicklung, zu Problemen der Kultur- und Bildungspolitik. Dann wird der Angeklagte charakterisiert, die Dissertation und der Weg der *Alternative* in den Westen geschildert.

Angehängt ist der Entwurf einer ADN-Meldung von der Abteilung Agitation (der Kreisleitung der SED im MfS), der aus solchen Brocken besteht wie: »daß der Angeklagte sich [...] gegen die DDR kaufen ließ« – »seine schmutzigen kriminellen Praktiken« – »er sammelte systematisch geheimzuhaltende Nachrichten« (dann hätte übrigens die Anklage auf *Spionage* lauten müssen!) – »selbst fabrizierte Fakten [...], die, wie zahlreiche Zeugen vor Gericht bekundeten, von A bis Z erfunden waren« – »böswilliger Falschinformant« – »Geldgier« – »die ganze Würdelosigkeit seiner landesverräterischen Tätigkeit« – »daß der Angeklagte Bürger der DDR bespitzelte« und weiteren Verleumdungen. Immerhin war dieses agitatorische Meisterstück auch den Verantwortlichen zu grob und mußte ersetzt werden.

Die offizielle Anklageschrift vom 12. Juni übernimmt weitgehend den vorgegebenen Entwurf und ergänzt ihn um die von Groth zusammengestellten Beweismittel, zu denen die »Einlassungen des Beschuldigten«, die Aussagen von 60 Zeugen, Beurteilungen seiner Arbeitsstellen, andere Schreiben, die drei Gutachten und eine Reihe von Gegenständen gehören – angefangen mit einem Exemplar der *Alternative*, dazu der *Spiegel*-Artikel vom 22. 8. 1977, die sechs Vorträge usw.

Zwei Tage später folgte der Beschluß des Stadtgerichtes über die Eröffnung des Hauptverfahrens.

V.

Zur Prozeßvorbereitung gehörten auch zwei Vermerke des Vernehmers zum voraussichtlichen Verhalten des Angeklagten während der Hauptverhandlung. Darin heißt es u. a.: »Im Mittelpunkt der Bestrebungen Bahros steht eindeutig der Versuch, das gegen ihn geführte Verfahren zu politisieren und eine vordergründig politische sowie weltanschaulich-ideologische Polemik während der Verhandlung zu provozieren, […] den Gerichtssaal zur Rednertribüne für seine politischen Auffassungen umzufunktionieren.« Es wird eingeschätzt, daß er »theoretisch beschlagen und rhetorisch gewandt« sei und im offenen Disput gewinnen kann, wenn er Gelegenheit erhält, »längere zusammenhängende Ausführungen zu seinen Motiven und dem Anliegen seiner Schriften zu machen«. Der Vernehmer geht davon aus, daß Bahro den Vorwurf des Geheimnisverrates gemäß § 245 StGB akzeptiert, den Vorwurf der Nachrichtensammlung und -übermittlung dagegen zurückweise. Anerkennend wird festgehalten: »Was der Beschuldigte jedoch erst einmal ausgesagt und zu Protokoll gegeben hat, bleibt für ihn quasi unwiderrufbar.« Er gehe davon aus, daß der ideologische Gehalt seines Buches der Hauptpunkt der Anklage sei, und die Argumentation der Gutachten vergleiche er mit dem Ton der »politischen Prozesse in Moskau 1935 bis 1937«.

Interessant ist, daß der Vernehmer neben den prozeßtaktischen Hinweisen auch versucht, etwas von Bahros Verteidigungsargumenten anzugeben und dabei – sicher nicht bewußt – immer stärker dessen Standpunkt plausibel macht.

Schließlich existiert noch ein aufschlußreiches Papier (ohne Kopf und ohne Datum): »Zur Verhandlungskonzeption in der Sache B.« Es sind nur drei Seiten, mit sehr übersichtlich geordneten Stichwörtern – ich habe den Eindruck, daß diese Blätter sehr gut während des Prozesses vor dem Vorsitzenden Richter liegen könnten. Da heißt es:

»1. Grundfrage ist die Herausarbeitung der übermittelten Information als ›Nachrichten‹ im Sinne des § 98
Geeignetheit der Nachrichten zur Verwendung gegen die DDR beweisen.
Nicht zu hohe Anforderungen an Nachrichten stellen (etwa Geheimhaltungsgrad) […] Nachrichten verbrämt in einer Schrift (neue Form der Subversion)
Zu diesem Komplex muß das Gutachten (vom Mai 1978) dienbar (!) gemacht werden.

2. Vorsatz beweisen, daß Organisation[en] etc., die einen Kampf gegen die DDR führen, die Nachrichten erhalten sollten.
[…]
Nutzung der Medien wegen deren Kampf gegen DDR (fundamentaler Grundgedanke des Prozesses)
Über die Medien heran an die Geheimdienste und Organisationen. […]

4. Zur Verhandlung selbst
   Keine Polemik um das Buch.
   Im Mittelpunkt die Zusammenarbeit mit dem Feind, nicht mit irgendjemand, stellen.
   Nicht um der ›Kritik‹ willen vor Gericht, sondern als Staatsbürger der DDR, der fundamentale Verfassungsgrundsätze und Gesetze mißachtet hat.
   Rolle seiner Bezahlung herausarbeiten (läßt sich seine Nachrichten gegen die DDR hoch bezahlen).«

So gerüstet mit einem Spickzettel für das Hohe Gericht, dürfte nun die Verhandlung im sicheren Fahrwasser laufen.

VI.

Am 26. Juni begann im Berliner Stadtgericht in der Littenstraße die nichtöffentliche Hauptverhandlung. Der Termin, der Ort waren so geheim wie die Sicherheitsvorkehrungen umfassend, der Saal bestückt mit 15 Angehörigen des MfS (HA IX) als Publikum und ein ADN-Mitarbeiter als Platzhalter aller nicht eingeladenen Journalisten. Über drei Tage zog sich die Farce hin, denn das Urteil stand schon lange fest, die ADN-Meldung über den Prozeß war längst geschrieben und abgesegnet, das Gericht hatte keinen Spielraum. Vorsitzender Richter war Dr. Hugot, dazu zwei Schöffen; die Anklage vertrat Staatsanwalt Dr. Gläßner (nun in feiner Abstufung nicht mehr als Vertreter des Generalstaatsanwaltes der DDR, sondern als Vertreter des Generalstaatsanwaltes von Berlin), Verteidiger war Dr. Gysi, schließlich in korrektem Anzug mit weißem Hemd und Krawatte der Angeklagte. Eine Justizangestellte schrieb den Verlauf der dreitägigen Verhandlung auf mehr als 100 Seiten mit, das Plädoyer des Verteidigers und das Schlußwort des Angeklagten wurden mitstenografiert (und später wortgetreu übertragen). Geladen waren außerdem als Zeugen Bahros enger Freund und Berater Rudi Wetzel, seine Freundin und Mitwisserin Ursula Beneke, dazu fünf Männer aus der Industrie, die Bahro vor Jahren interviewt hatte und deren Aufgabe darin bestand, vor Gericht auszusagen, daß der Angeklagte diese Gespräche erfunden oder verfälscht und also wahrheitswidrig im Anhang der Dissertation dargestellt habe. Schließlich hatte man von den zahlreichen Gutachtern nur die Mitarbeiter des IPW, Dr. Stübner und Dr. Rosenberg, als Sachverständige geladen, die für den Nachweis eines Zusammenhanges von Bahros Nachrichtenübermittlung und den Aktivitäten westlicher Geheimdienste zuständig waren.

Wenige Minuten nach Eröffnung der Verhandlung wurde die »Öffentlichkeit« ausgeschlossen und verließ in gewohnter Disziplin den Raum. (In der Sofortinformation der HA IX/2 über den 1. Prozeßtag hieß es zutreffend: »Journalisten westlicher Massenmedien traten im Zusammenhang mit der Eröffnung des Prozesses gegen Bahro nicht in Erscheinung. Gleichfalls waren keine Personen vorhanden, die ein Interesse an der Teilnahme am Prozeß bekundeten.«) Geblieben sind der Untersuchungsführer, Unterleutnant Groth, und der ADN-Vertreter (der bekanntlich nichts zu schreiben brauchte).

Dann trug der Staatsanwalt seine Anklage vor, der Eröffnungsbeschluß des Verfahrens wurde verlesen, es folgte die Vernehmung des Angeklagten zur Person und zur Sache.

Einen unabhängigen Richter hätten die Ausführungen Bahros zutiefst beeindrucken müssen: Bahro begann mit seinem Elternhaus und beschrieb sämtliche Stationen seiner beruflichen Tätigkeit mit kritischen Details seines Engagements für »die Sache« und den damit verbundenen Konflikten. Nach der Ablösung Chruschtschows als Generalsekretär der KPdSU (Oktober 1964) und dem 11. Plenum des ZK der SED (»Kahlschlag-Plenum« Dezember 1965) habe er diese Politik nicht mehr bedingungslos mittragen und ausführen wollen und sich die Aufgabe gestellt, statt dessen zu begreifen, wie der Sozialismus wirklich funktioniere. Nach dem Einmarsch der Warschauer Paktstaaten in die Tschechoslowakei habe er sich in der SED »als Gesamtinstitution nicht mehr zu Hause gefühlt« und dann mit der Arbeit an der späteren *Alternative* begonnen, die er ursprünglich nur in der DDR verbreiten wollte – natürlich illegal. Die Arbeit daran wurde »der Hauptinhalt meines Lebens«. Ende 1975/Anfang 1976 habe er erkannt, daß es keine effektive illegale Verbreitung in der DDR geben und er lediglich eine symbolische Auflage herstellen könne. Am liebsten hätte er den Text in Verlagen der jugoslawischen oder der italienischen Kommunistischen Partei veröffentlicht, habe aber befürchtet, daß der Text auch dort nicht freigegeben worden wäre. So blieb nur der Weg in die Bundesrepublik, und Bahro schilderte präzise den weiteren Gang bis zur Veröffentlichung.

An dieser Stelle unterbrach der Richter, es wurden die Beurteilungen seitens seiner bisherigen Arbeitsstellen vorgelesen und, recht willkürlich, ein Artikel aus der *Welt* vom 1.2.1978. Weiter ging es mit Bahros Schilderung von der Ablehnung seiner Dissertation bis zur Kontaktaufnahme mit dem Verlag für das Studium der Arbeiterbewegung (VSA). Hieran schlossen sich die Vernehmungen der Zeugen Wetzel und Beneke, die sich nicht zur Belastung ihres Freundes hergaben. Zum Ende des ersten Tages verlas Dr. Rosenberg den ersten Teil des IPW-Gutachtens.

Darin machen sich die Autoren nicht viel Mühe mit dem Buch, sondern reagieren gehorsam auf die Vorgaben des MfS. Sie gehen nicht auf den Text ein, sondern reduzieren ihre Argumentation sofort auf die Linie der Hauptverhandlung. Der Name Bahro erscheint das erste Mal auf Seite 20, dafür geht es um so opulenter um den CIA, den BND, den *Spiegel*; Geheimdienstchefs werden reichlich zitiert, überhaupt das IPW-Archiv genutzt und aus westlichen Zeitungen Reaktionen auf das Buch ausgesucht, um damit den durch Bahro angerichteten Schaden zu belegen. Höhepunkt ist dabei wohl das genüßliche Zitieren aus der *Hannoverschen Allgemeinen*, die ahnungslos und gerüchteweise schreibt: »In dem Buch sind Produktionsabläufe und Informationsgänge geschildert, die in der DDR als geheim gelten.«

Am zweiten Tag ging es weiter mit der Darstellung Bahros zur nachträglichen VVS-Erklärung des Dissertations-Anhanges und dem Verschweigen der früheren Leser – allein das war ja der Anklagepunkt des Geheimnisverrates. Es folgte nun der vermutlich wichtigste Punkt der Beweisaufnahme: Der Richter las ihm mehr als 20 längere Passagen aus der *Alternative* als »Vorhalt« einer darin enthaltenen und weitergegebenen Nachricht vor – wozu Bahro fast jedesmal mit einem lapidaren »Ja« antwortete, nur einmal gegen die Methode des Zitierens protestierte und wieder mal geltend machte, daß jede theoretische Arbeit auf irgendwelche Fakten zurückgreifen müsse, damit man sie überhaupt schreiben könne. Dasselbe passierte dann mit der Dissertation, aus der dem Autor rund 30 längere Abschnitte vorgelesen und ihm als »Nachrichten« zum Vorwurf gemacht wurden. Dann ging es um den inkriminierten Anhang. Hierzu erklärte Bahro: »Ich gab unverfälscht wieder, was die Befragten sagten. [...] Die Aufzeichnungen sind Produkte zweiseitiger Kommunikation. Ich wollte nicht gegen die Intentionen der Befragten verstoßen.« Dann wurden die (von der Staatssicherheit sorgfältig zur Belastung des Angeklagten ausgesuchten) fünf Zeugen aus der Industrie vernommen (sie kamen aus Leipzig, Ottendorf-Okrilla, Schmölln, Schwerin und Zeulenroda) – bis auf einen haben sie die damals geführten Gespräche geleugnet oder als falsch wiedergegeben zurückgewiesen. In einer Sofortinformation der HA IX/2 vom selben Tage hieß es dazu, daß durch die Aussagen dieser Zeugen zweifelsfrei bewiesen wurde, »daß Bahro Tatsachen entstellte und seine eigenen feindlichen Auffassungen als Äußerungen von Bürgern der DDR ausgab«. (Übrigens stand wieder folgender richtiger Satz in dieser Information: »Vertreter westlicher Medien traten auch am 2. Verhandlungstag nicht in Erscheinung.«) Den Abschluß dieses Tages bildete die Verlesung des zweiten Teiles des IPW-Gutachtens durch Dr. Stübner, an das sich mehrere Fragen von Verteidiger Dr. Gysi anschlossen.

Damit war die Beweisaufnahme abgeschlossen, es erfolgte am dritten Tag das Plädoyer des Staatsanwaltes. Ihm oblag es, die Hauptverhandlung zusammenzufassen und nachdrücklich auf die Einmischung der westlichen Massenmedien in die inneren Angelegenheiten der DDR hinzuweisen. Erst dann kam er auf den Angeklagten zu sprechen, den er als feindliches und kriminelles Element bezeichnete und dem er den »hinterhältigen Bruch mit seinen Genossen« und den »Verrat an seinem Staat« vorwarf. Er interpretierte die als Beweisstücke zugelassenen positiven Beurteilungen seiner Arbeitsstellen um und behauptete, daß sie »doch kaum etwas über den wahren Bahro« aussagten, »da es dieser Bahro verstanden hat, seine Umwelt zu täuschen«, und schon »längst zum Klassenfeind übergetreten war«. Denn das wahre Ziel des Angeklagten habe darin bestanden, »dem Klassenfeind die Munition zu liefern, die dieser für seine feindliche, gegen die DDR gerichtete Tätigkeit brauchte«. Dann verließ er in seinem Plädoyer für längere Zeit diesen Angeklagten und wiederholte die Äußerungen des IPW-Gutachtens über den Klassenfeind und dessen subversive Tätigkeit (das machte ein Viertel des gesamten Plädoyers aus), bis er dann auf die Nachrichtensammlung und das Bestreben des Täters, sie »in die Hände des Gegners zu spielen«, kam. Abschließend befaßte er sich mit der rechtlichen Einschätzung: Wenigstens für die Dissertation räumte er (die elementare Tatsache *jeder* Dissertation) ein, daß dem Angeklagten nicht nachgewiesen werden konnte, »daß er diese Schrift mit dem Ziel der Veröffentlichung in der BRD herstellte«. Ausdrücklich wurde noch einmal der Geheimnisverrat beschrieben – als das Verschweigen »des Vorhandenseins von neun Ausfertigungen der Anlage«. Für seine »umfangreichen Verbrechen« und wegen der »Gefährlichkeit seiner Handlungen« beantragte er dann eine Freiheitsstrafe (hier stehen im Manuskript mehrere Pünktchen – er mußte da wohl erst noch Rücksprache nehmen) von neun Jahren.

Dann folgte das Plädoyer des Verteidigers, sehr klug aufgebaut, auch wenn er sich in einem seiner ersten politischen Prozesse gut absichern mußte. Gleich nach dem Hinweis, daß er als Mitglied der SED die politischen Ziele des Angeklagten ablehne, aber die Verteidigung dem Täter und nicht der Tat gelte, unternahm Gysi einen langen politischen Exkurs über das Recht auf Verteidigung im Sozialismus und das davon grundsätzlich verschiedene Recht in den imperialistischen Staaten – eine absichtsvolle Schwarz-Weiß-Malerei, um sich dann um so intensiver »einseitig den entlastenden Umständen widmen« zu können, denn das sei sein Verfassungsauftrag und entspreche den Anforderungen des § 16 StPO. So abgesichert entwickelt er eine bewundernswerte Verteidigungsstrategie: Als erstes schied er aus, was von den Gutachten und der Anklage verschiedentlich an mündlichen und schriftlichen Äußerungen Bahros außerhalb der beiden Texte (*Alternative* und Dissertation) gegen ihn verwendet worden war, und betonte, daß ja die theoretischen Auffassungen des Angeklagten nicht Gegenstand des Verfahrens seien – schließlich handele es sich ja nicht um einen Gesinnungsprozeß ... Und weil es um seine Individualschuld gehe, dürften herangezogene westliche Veröffentlichungen *über* Bahro juristisch nicht interessieren. (Damit waren die Konstruktionen des IPW-Gutachtens als juristisch unzulässig ausgehebelt!) Als nächstes ging Gysi von dem ursprünglichen Vorsatz Bahros aus, seinen Text ohne Druckgenehmigung in der DDR zu verbreiten – damit zähle die Zeit, in der er »Nachrichten« gesammelt habe, erst ab seinem Entschluß zur Veröffentlichung im Westen und schränke den Tatzeitraum erheblich ein. Dann eine scharfe Argumentation: »Nun gilt es jedoch erst einmal zu klären, ob der Angeklagte im Sinne des Gesetzes überhaupt Nachrichten sammelte.« Daß in den Schriften enthaltene Informationen auch Nachrichtencharakter im Sinne des Gesetzes tragen, wird von der Verteidigung nicht bestritten – doch das Gutachten stütze sich nicht vorwiegend auf diese Nachrichten, sondern auf »Umstände und Äußerungen, die nicht Gegenstand der Anklage und des Eröffnungsbeschlusses sind« (damit wird erneut die Irrelevanz des Gutachtens für die Beurteilung der Individualschuld deutlich gemacht). Weiter macht Gysi darauf aufmerksam, daß dem Angeklagten nicht bewiesen werden konnte, bewußt Unwahrheiten fabriziert zu haben, daß von den fünf Zeugen »zumindest teilweise die Richtigkeit der wiedergegebenen Gesprächsinhalte bestätigt wurde« und die anderen Interviews (deren Gesprächspartner wohlweislich das MfS nicht als Zeugen geladen hatte) beweisrechtlich der Wahrheit entsprechen, soweit durch Zeugen nicht das Gegenteil bestätigt wurde. Dann wird der schwerwiegende Vorwurf des Nachrichtensammelns analysiert: Für die Dissertation scheidet Gysi dies aus, da sie für »eine legale Verteidigung und Veröffentlichung in der DDR« angefertigt wurde. Die *Alternative* war ebenfalls bis auf Restteile fertig geschrieben, bevor Bahro den Plan zur Veröffentlichung im Westen faßte. Das heißt: »Ein Sammeln für die [gegen die DDR gerichteten feindlichen] Einrichtungen im Sinne des § 98 StGB ist also nach Auffassung der Verteidigung nicht bewiesen.« In einem weiteren Punkt des Plädoyers stellte er klar, daß die von Bahro ausgesuchten Verlage nicht als DDR-feindliche Einrichtungen zählen und damit die Manuskripte auch keinen solchen Einrichtungen übermittelt wurden (wie nicht nur das Gutachten behauptete), sondern ihnen allein nach der Veröffentlichung *zugänglich* waren. Auch in anderen Punkten – etwa der Kontakt zum *Spiegel*-Korrespondenten Schwarz oder bei der rückwirkenden VVS-Einstufung des »Anhanges« – reduzierte Gysi systematisch die Vorwürfe der Anklage, und er beendete sein bestechend durchdachtes Plädoyer mit der Bitte um eine »wesentlich geringere als die vom Staatsanwalt beantragte Freiheitsstrafe«. (Dies war seine politische Feuerprobe, selbst wenn er mir gegenüber behauptet hat, auf »Freispruch« plädiert zu haben, und dies später erläuterte, daß er ja die Erfüllung des Tatbestandes »Sammlung und Übermittlung von Nachrichten gemäß § 98 StGB« bestritten hatte. Letzteres stimmt natürlich. Nur hat er es nicht gewagt, daraus einen Freispruch zu formulieren.)

VII.

Rudolf Bahro hielt sein Schlußwort gegen das Gericht ins Nichts. Richter und Staatsanwalt brauchten kaum zuzuhören, sie hatten ihre Arbeit getan, das Urteil stand sowieso fest, die beiden Schöffen werden auch nicht gerade nach dem Zufallsprinzip ausgesucht worden sein. Die Schriftführerin stenografierte den gesamten Text mit – er wurde mit allen sprachlichen Schwankungen wortgetreu abgeschrieben. Diese leidenschaftliche Rede soll nun nach mehr als zwei Jahrzehnten bekanntgemacht werden. Das Typoskript umfaßt 17 Seiten und wird hier in wesentlichen Auszügen unter Auslassung von sprachlichen Anläufen und Wiederholungen wiedergegeben (Quelle: BStU AU 6890/82, Bd. 26b: Stenogramm; Bd. 7, Bl. 183–199: Transkription, 1–17).

Das Schlußwort des Angeklagten

»Angesichts der umfassenden juristischen Verteidigung, die mein Rechtsanwalt eben geboten hat, und angesichts der auch in meinen Augen korrekten Beweisaufnahme insgesamt – ich bedanke mich für den Stil der Verhandlung – kann ich mich beschränken darauf, hier die politische Problematik [...] darzulegen [...] Hier stand im Mittelpunkt [...] eine politische Persönlichkeit, d. h., meine Tat liegt eindeutig auf politischem Gebiet. Ich muß darüber auch insofern natürlich sprechen, als sich in diesem Punkte mein Rechtsanwalt, wie ich begreife, von meiner Position distanziert hat.

Ich weiß nicht, ob sich der Herr Staatsanwalt bei seinem [Straf-] Antrag völlig darüber klar war, wie sehr auch damit oder wie hoch auch damit die politisch-theoretische Leistung, die ich mit meinem Buch geboten habe, gewürdigt wird. Ich weiß nicht, wie weit er sich darüber klar ist, daß sein Antrag, für mich zumindest, auch eine Bestätigung, eine gewisse Einschätzung meines Buches darstellt, auch jener These, die er selbst zitierte, von der ideellen Ohnmacht. (1) [...]

Nun möchte ich zu den eigentlichen Problemen, die ich mir hier vorgenommen hatte, sprechen, und zwar sind das vier Punkte: [...] über meine subjektive Intention, ich möchte sprechen zur Frage des objektiven Funktionierens meines Buches, das mir gestern in diesem Gutachten vorgeführt worden ist, ich möchte sprechen zur Frage der ›Verfälschung‹ und [...] zur Frage der ›Nachrichten‹. [...]

Ich möchte zum ersten Punkt [...] betonen, daß ich diejenigen Absichten hatte, die in meinen, wie mir scheint hinreichend bekannten, Schriften tatsächlich ausgesprochen sind. Ich habe in diesem Bezug weder im öffentlichen Auftreten vorher noch in der Untersuchung irgend etwas verworfen. [...] Meine Intention, [...] hat es geheißen an irgendeiner Stelle der Beweisaufnahme hier, [sei] die Liquidierung des real existierenden Sozialismus. Wenn man mein Buch gelesen hat, dann muß man doch zumindest feststellen, von dem ganzen theoretischen Aufbau des Buches her, das widerspricht dem Grundgehalt dieses Buches, dessen erster Teil, mit welchen Einschränkungen und kritischen Akzenten auch immer, die welthistorische Notwendigkeit des real existierenden Sozialismus, so wie ich ihn allerdings verstehe, begründet und den Weg seines Aufstiegs kritisch rechtfertigt. [...] Ich habe nicht in dem Buch *Die Alternative* die sozialistische Staats- und Gesellschaftsordnung [...] angegriffen, sondern einen ganz bestimmten Teil. Das war auch tatsächlich meine Intention. (2 f.)

Zum zweiten Problem, zur Frage des objektiven Funktionierens meines Buches: [...] Jawohl, es gibt die ideologische Diversion des Gegners, jawohl, ich habe das vorher gewußt, jawohl, ich habe damit gerechnet, daß sich der Gegner einzelner meiner Argumente bedienen wird. Ich mußte damit rechnen. So politisch naiv bin ich selbstverständlich nicht gewesen. Aber [...] die ideologische Diversion, deren unerwünschte, aber unvermeidliche Mitwirkung an meiner Intention ich also in Kauf genommen habe, ist ein *Teil* des ideologischen Prozesses, nicht das Ganze. (4)

Ich möchte den Gutachtern entgegenhalten, diesen konzeptionellen Gehalt [meines Buches] konnten sie auch in der Masse der Massenmedien jedenfalls nicht wiederfinden, weil er dort nicht reflektiert wird. Vor allem aber unmöglich für die Gutachter war die tatsächliche [...] Rezeption durch die Leute, die das Buch tatsächlich ganz für sich lesen. Das sind offenbar viele Leute. Das sind sicherlich Leute über das ganze politische Spektrum. Ich bin dennoch subjektiv nur sicher, daß bei dieser Verteilung stark zum linken Flügel, meinetwegen auch zum linksextremen Flügel hin, sich die Rezeption verschieben wird und daß von dort aus der theoretische Gehalt meines Buches, meine wirkliche Intention, sich auch in der tatsächlichen ideologischen Entwicklung, im ideologischen Gesamtprozeß der Epoche wesentlich durchsetzen wird. (5) [...]

Mich hat eines nun andererseits an dem Gutachten beeindruckt. [...] Und das ist sicher auch unbeabsichtigt, eine sehr pessimistische Einschätzung unserer Chancen, also kommunistischer Chancen, der Chancen des real existierenden Sozialismus in seiner Perspektive auf dem ideologischen Kampffeld. (7) [...]

Ich habe in meiner gesamten theoretischen Arbeit nicht irgendwelche Anregungen von außen zum Gegenstand gemacht, sondern [...] die inneren Widersprüche unserer Entwicklung. [...] Man sollte sich von dem Gedanken lösen, daß die innere Kritik der Sache schadet. […] Mein Buch ist so angelegt, daß es bei Menschen außerhalb der Länder des real existierenden Sozialismus, die es ganz zur Kenntnis nehmen, und die Bereitschaft dazu scheint ja eben doch in ziemlich großem Maße vorhanden zu sein, das Verständnis für die Schwierigkeiten und Möglichkeiten unserer Länder vertieft. (9f.) […]

Zur Frage der ›Verfälschung‹: Ich weise mit festem Gewissen zurück […] die These absichtlicher Entstellungen, Diskreditierung, böswilliger Diffamierung und Verleumdung, die mir entgegengetreten ist im Verlaufe der Untersuchung und ja auch hier. Ich habe die Wirklichkeit in meinen Schriften in ausnahmslos allen inhaltlich bedeutsamen Punkten so aufgegriffen, wie sie mir nach dem Stande meiner Einsicht und Überzeugung erschien. Psychologisch ausgedrückt: […] ich habe die subjektive Gewißheit, daß der real existierende Sozialismus so ist, wie ich ihn analysiert und beschrieben habe, [… und ich bin] überzeugt, daß die Sachverhalte und Probleme existieren, auf die ich mich beziehe. Ich wurde auch in der Beweisaufnahme mit keiner Gegenbehauptung konfrontiert. […] Und von meinem Standpunkt sind bestimmte Erscheinungen und Probleme eben objektiv in unserer gegebenen Produktionsweise verwurzelt, das heißt, systembedingt (11f.) […]

Es ist klar, daß ein kritisches Buch die Aufmerksamkeit auf die unbefriedigenden Aspekte der Wirklichkeit konzentriert. […] Möglich ist natürlich auch der eine oder andere Fehler dabei überhaupt. Also sachliche Fehler. Aber es ist eben doch die Frage, ob man generell davon sprechen kann, es ist Entstellung, wenn ich Fakten kritisch vom Standpunkt meiner Konzeption interpretierend aufgreife. Sind Aussagen Entstellungen, indem das Faktum verbunden mit einem Werturteil auftritt? (13) […]

Schließlich zur Polemik der Nachrichten, des Nachrichtencharakters.

[…] Wenn meine Schriften nun tatsächlich den Tatbestand des § 98 erfüllen, wenn dieser Paragraph also darauf anwendbar ist, so folgt für mich daraus, daß das Gesetz von vornherein so konzipiert ist, daß es als Ersatzinstrument für die ideologische Auseinandersetzung benutzbar ist. Daß man sich gezwungen sieht, auf eine ideologische Herausforderung [so] zu antworten, das eben bestätigt auf einer bestimmten Ebene meine Analyse. Es muß ein Entwicklungsstadium überwunden werden, in dem ein politisches Buch unter solchen Gesichtspunkten gelesen bzw. buchstäblich auseinandergenommen wird, indem man also einzelne Teilchen heraushebt, um daraus Nachrichten zu machen. Zu Nachrichten erklärt sind hier Informationen, die gar nicht selbständig auftreten. Die auch nie als solche gesammelt worden sind, in der ›Nachrichtensammlung‹. Mein Buch ist nämlich nicht die Zusammenstellung von Nachrichten, sondern ich habe in dem Buch um Probleme herum natürlich Wirklichkeit aufgenommen. [...] Also die Nachrichten, die dort auftreten können, diese Informationen, existieren nur in Hilfsfunktion für die Elemente meiner theoretischen Konzeption, erhalten von dieser Konzeption erst ihren Stellenwert, ihre Bedeutung. [...] Würde man dieselben Fakten, jetzt im Unterschied zu meiner Interpretation, denn einklagen, wenn sie in einem System positiver Konzeption eingebettet wären? [...] Meine politische Interpretation, gar nicht die Bezugsfakten selber, scheint mir doch wesentlich zu sein. [...] Es läßt sich also meiner Meinung nach nicht wirklich verbergen, daß mein Verbrechen darin besteht, dieses Buch geschrieben [zu haben] und mit ihm hervorgetreten zu sein.« (13 f.)

(Und nach diesem Kernsatz folgt des Angeklagten eigentliche Anklage – des Gerichts, des politischen Systems, das solche Gesetze und Gerichte nötig hat:)

»Jeder, der das Buch liest, wird erkennen, daß es nicht als Einkleidung, Zusammenfassung von Nachrichten entstanden ist, daß es originär nicht den Charakter einer Nachrichtensammlung trägt. So wie hier mit dem entsprechenden Begriff umgegangen wird, ist es eben doch [...] das Buch als Ganzes im Prinzip, das man als Nachricht inkriminiert. Uneingestanden wird theoretische Systemeinsicht, die es entwickelt, als Nachricht beklagt, uneingestanden. Der Versuch, eine geschlossene alternative Konzeption zu entwerfen. Und ich würde sagen, nicht was es an Irrtum, sondern was es an Wahrheit enthält, wird dort angegriffen. Man sagt, das Auftreten außer Landes mache diese Konzeption zum Verbrechen, nicht ihre Verbreitung in der DDR. Es wurde hier eben dargestellt am ersten Verhandlungstag, warum ich dazu gezwungen war, die Publikation außerhalb der DDR zu unternehmen [...] Um in erster Linie doch ja eben Adressaten innerhalb der DDR zu erreichen. [...] Man hat die Wahl, entweder zu schweigen, sich nicht zu artikulieren, für die Schublade zu schreiben, aber das ist nicht politisch. Für einen politischen Menschen ist das keine Alternative, zu schweigen oder dem Feind zu dienen. [...] Die Partei- und Staatsführung behält sich eben entschieden das Recht auf jede theoretische Initiative in Grundfragen vor. Und das hätte ich dann akzeptieren müssen. Darüber habe ich mich hinweggesetzt, über diese Voraussetzung, die in den Umständen selbst enthalten war. Wer etwas nicht zuvor Sanktioniertes sagen will, kommt eben entweder nicht zum Zuge oder muß gegen Gesetze verstoßen. [...] Es ist ja eben doch kein Zufall, daß solche Menschen wie ich auftreten [...] Die inneren Widersprüche [des Systems] haben mich persönlich in Bewegung gesetzt. Und dieser Prozeß wird weiter[gehen], man sollte sich darauf einstellen. [...] Man gebe Leuten meiner Richtung [aber] eine Richtung im System, und das Spiel der Konfrontation, die sprachliche Provokation, wird aus dem Text verschwinden. Jedenfalls aus dem gedruckten und veröffentlichten Text. Der real existierende Sozialismus kann sich und muß sich kontroverse Kritik leisten und ihr eine konstruktive Funktion geben. Der Tag dafür wird kommen. Da bin ich sicher, zum Besten des Ganzen. (13–16)

Mein letztes Wort ist folgendes: Ich bin seit meiner Jugend Kommunist und Marxist. Ich mußte so handeln, wie ich gehandelt habe, um der Sache, wie ich sie verstand und verstehe, treu zu bleiben. Ich habe nichts zu bedauern als ein paar Fehler, die ich mehr oder weniger am Rande meines allgemeinen Anliegens gemacht habe, auch zu meinem eigenen Nachteil, zu meinem eigenen Ärger. Wenn man gehandelt hat, muß man bereit sein, die Folgen zu tragen. Man muß auch versuchen, die Logik der Gegenseite, der ich mich hier gegenüber sehe, zu verstehen. Verärgerung hat keinen Sinn, und man muß für die Zukunft bereit sein, die objektiven Auswirkungen seines Tuns zu analysieren, alle, sowohl die unmittelbaren und kurzfristigen als auch die mittelbaren.

Ich bin und bleibe optimistisch für das Durchdringen meiner Intention in den Endresultaten, d. h., ich glaube, das Buch wird die Weiterentwicklung im real existierenden Sozialismus fördern und wird die allgemeine Emanzipation des Menschen fördern, soweit eben Theorie, Aufklärung da etwas vermag. Ich denke mich später so zu verhalten, daß der gewünschte Effekt, der von mir gewünschte Effekt, mit noch größerer Klarheit hervortritt, als es vielleicht bisher der Fall ist.« (16 f.)

VIII.

Am vierten und letzten Verhandlungstag, dem 30. Juni, wurde das Urteil verkündet, mit der feinen Abstufung: das Urteil selbst (Urteils-Tenor) »öffentlich« (also vor den 15 Mitarbeitern des MfS), die Urteilsbegründung »nichtöffentlich«, jedoch in Anwesenheit des Untersuchungsführers und des ADN-Mitarbeiters. Nun heißt auch die ganze Hauptverhandlung »nichtöffentlich«, was von Anfang an den Tatsachen entsprach.

Das Urteil – acht Jahre Haft – wurde bereits mehrmals erwähnt, die 30seitige Begründung ging nach kurzer Darstellung des Lebenslaufes einschlägig auf die in der Anklageerhebung und im Plädoyer des Staatsanwaltes genannten Straftatbestände ein – wobei erneut die Ausführungen des Gutachtens über den Zusammenhang von *Spiegel* und Bundesnachrichtendienst eine große Rolle spielten –, behauptete ebenso, daß der Angeklagte durch die Veröffentlichung seines Buches die von ihm gesammelten Nachrichten an »Organisationen, Einrichtungen und Personen zur Unterstützung des Kampfes gegen die DDR übermittelte« (also als direkte Handlung). Berücksichtigt wurde lediglich das Argument der Verteidigung, daß das »Sammeln von Nachrichten« erst ab 1976 gezählt und die Jahre davor (ab 1968) »nicht vom Tatbestand des § 98 StGB erfaßt« werden. Dagegen wird der Briefwechsel rund um die Ablehnung der Dissertation, die Bahro über Ulrich Schwarz dem VSA übermittelte (diesmal wirklich: übermittelte), als Bestandteil der Dissertation gezählt (was sachlich einfach falsch ist) und dem Angeklagten ebenfalls als »Nachrichten« angelastet. In der Schlußpassage der sonst sachlichen Darstellung heißt es dann: »Die gelieferten Nachrichten haben sich längst in die Anti-DDR-Kampagne eingeordnet. Der Angeklagte hat sich selbst zu einem ihrer Nachrichtensammler degradiert.«

Auffällig ist, daß die Höhe der Strafe nicht so recht begründet werden konnte – was nicht verwunderlich ist, war doch die frühe Festlegung auf acht Jahre vor allem ein politisches Signal, also auch eine Drohung für eventuelle Fortsetzer solcher Analysen. Selbst für den angeblichen Nachweis der Straftaten wäre die Strafe völlig unangemessen – zumal der DDR aus diesen beiden Anklagepunkten nicht der geringste Schaden entstand.

Am 6. Juli schreibt Bahro einen Brief an seine Familie: »Ihr Lieben! Nun habt Ihr, wohl noch am 30. 6., wo auch Andrej sein Zeugnis bekam, die Nachricht über mich natürlich längst erhalten. Ich hoffe, Ihr seid nicht allzusehr erschrocken. Ich war es auch nicht. Ich hatte ursprünglich mit einer Antwort dieser Art gerechnet, wenn auch nicht ganz so hoch. Dann kam eine längere Zeit, wo ich auf einen günstigeren Ausgang auch für mich persönlich hoffte. In den letzten beiden Monaten habe ich es wieder gewußt. Der Tunnel soll also so lang werden – oder vielleicht doch nur fast so lang – wie der Schatten, den ich geworfen habe, als ich ins Licht der Öffentlichkeit trat. Ihr Kinder vor allem, so groß Ihr seid, werdet es vielleicht nicht ganz leicht haben, alles zu begreifen, hinter dem Vorhang der Worte die einfache Wahrheit über mich wiederzuerkennen: daß ich von frühauf die eine stete Gesinnung hatte, für die ich eintreten mußte, was immer daraus für mich entstand. Und daß ich als Kommunist und Marxist *mein* Ziel verfolgt habe und nicht das irgendwelcher anderer Kräfte ... Vor allem will ich Euch sagen, ich bin ohne Bitterkeit, und nicht nur deshalb, weil ich mich unbesiegt und ungebrochen fühle. Der Zusammenstoß, den ich hinter mir habe, hatte seine Logik von beiden Seiten. Wenn ich innerlich nicht akzeptiere, was man mir diktiert hat, so nehme ich es doch ohne zusätzliche Verärgerung zur Kenntnis. [...] Übrigens ist die DDR, verglichen mit den meisten anderen Ländern, ein gutes Land, was nicht ausschließt, daß ich es zugleich noch für verbesserungsbedürftig hielt. [...]« (Auch dieser Brief wurde von der Staatssicherheit einbehalten.)

IX.

Gab es die Hoffnung oder gar die Chance, vor dem Obersten Gericht der DDR durch eine Berufung die vorgefaßte Rechtsprechung des Stadtgerichts zu korrigieren? Das Plädoyer des Verteidigers und das Schlußwort des Angeklagten hatten Teile der Anklage und das Plädoyer des Staatsanwaltes erschüttert. Doch das Urteil vom 30. Juni bestätigte noch einmal die Konstruktion der Anklage: Nachrichtenübermittlung und Geheimnisverrat.

Gysi verfaßte daraufhin mit seiner Begründung zur Berufung (vom 13. Juli) eine sehr sorgfältig durchdachte Kritik. Er rügte das Urteil hinsichtlich der Feststellungen zum Sachverhalt, im Schuld- und Strafausspruch sowie der (von mir übergangenen) Auslagenentscheidung. Gysi rückt darin das vom Gericht nur negativ geschilderte Herangehen Bahros an die Probleme des realen Sozialismus zurecht, macht auf die tatsächlichen Aussagen der Zeugen zum »Anhang« und auf die Unglaubwürdigkeit des Zeugen Sch. aufmerksam und korrigiert viele Formulierungen der Richter. Doch am bemerkenswertesten ist wohl folgende Passage: »Weiterhin wäre erforderlich gewesen zu betonen, daß insbesondere die veröffentlichte Schrift *Die Alternative* in erster Linie nicht Nachrichten, sondern politisch-ideologische und theoretische Auffassungen enthielt, die nicht Gegenstand des Verfahrens waren. Es hätte mehr herausgearbeitet werden müssen, daß nur der Teil der Schrift, der Nachrichtencharakter trägt, strafrechtlich relevant ist und dieser Teil – wie vom Stadtgericht bestätigt – nicht die wesentliche Intention des Angeklagten darstellt.« Zwei weitere Argumentationen erschüttern das Urteil in seiner juristischen Seriosität: Das Urteil spreche von »verfälschten Gesprächen«, »Falschmeldungen« usw., jedoch ohne daß die Unwahrheit jener Aussagen Bahros vom Gericht nachgewiesen werden konnte. Zum Tatbestand des Nachrichtensammelns wendet Gysi gegen das Urteil ein: »Es ist unmöglich, Nachrichten global zusammenzufassen und zu erklären, daß sie zu einem geringeren Teil strafrechtlich relevant gesammelt, sämtlichst aber strafrechtlich relevant übermittelt worden sind. Wenn das Gericht nicht mehr in der Lage ist festzustellen, welche Nachrichten ab Vorliegen eines Vorsatzes gesammelt wurden, so kann insoweit auch keine Verurteilung stattfinden.« Der juristisch bedeutsamste Punkt der Berufung ist jedoch Gysis klare Differenzierung zwischen dem »Übermitteln« von Nachrichten an feindliche Stellen (von dem das Gericht ausging) und dem »Zugänglichmachen« (was den Tatsachen entsprochen hätte). Die Kampagnen des Westens – denen Gutachter und Gericht soviel Bedeutung beimaßen – bezogen sich, worauf Gysi zu Recht hinweist, gerade auf die Teile der Schrift, die strafrechtlich nicht erfaßt worden sind, dürften also beim Strafmaß nicht berücksichtigt werden. Auch durch das Verschweigen der neun Besitzer des »Anhangs« sei der DDR kein Schaden entstanden – so daß insgesamt die Strafe reduziert werden müsse.

Soweit die Berufung – Bahro konnte sich zu dieser Zeit in der DDR keinen besseren Verteidiger wünschen.

Trotzdem verfaßte er noch eine ergänzende Erklärung, in der er sich erneut gegen die willkürliche Aufspaltung seines Textes in isolierte »Nachrichten« und gegen die in der Urteilsbegründung erfolgte »verzerrte Darstellung der subjektiven, mit meiner Persönlichkeit zusammenhängenden Ursachen« verteidigt und gegen die fehlende »Erklärung der objektiven Ursachen meines Tuns« protestiert. So kämpft er sich auf 13 Seiten durch das Urteil, weil er durch die (vom MfS diktierte) Logik des Verfahrens gezwungen ist, sich ständig mit den nicht sein politisches Anliegen betreffenden juristischen Vorwürfen auseinanderzusetzen. Diese Darlegungen hätten zusammen mit denen seines Anwaltes ausreichen können, um Gericht wie Urteil rein juristisch zu desavouieren – doch die Vergeblichkeit bestand allein darin, daß Urteil und Strafe schon vor dem Prozeß feststanden und nicht in den Händen der Justiz lagen.

Es war gewissermaßen doch auch eine Nagelprobe, ob (wenigstens) das Oberste Gericht der DDR aus dem Recht verpflichteten Richtern bestand oder aus solchen, die die Anweisungen der Staatssicherheit und der SED bedingungslos ausführen. Immerhin hatten Gysi und Bahro zwingende Argumente angeführt, die jedem geschulten Juristen das Urteil fraglich machen müßten. Doch das Oberste Gericht verwarf nach wenigen Tagen die Berufung als »offensichtlich unbegründet« und stellte sich voll hinter das Stadtgericht und dessen Urteil, mit einer flüchtigen, ja schlampigen Begründung, der auch ein Laie ansieht, daß das erstinstanzliche Urteil um jeden Preis verteidigt werden mußte. Es bescheinigt dem Stadtgericht die Aufklärung der Sachverhalte mit der »gebotenen Sorgfalt« und springt sofort und unmotiviert zum Anhang der Dissertation, den Zeugen und den »Entstellungen« – als ob die entstellende Wiedergabe eines Gespräches in diesem Verfahren strafrechtlich relevant gewesen sei. Gegen die begründeten Einwände von Gysi und Bahro heißt es lediglich, daß sie den festgestellten Sachverhalt anders als das Urteil interpretieren – was natürlich den Kern der Berufung ausmacht, doch für das Oberste Gericht erübrigten »sich Ausführungen dazu«. Es bleibt bei der – nicht nachzuweisenden und in der Berufung entkräfteten – Feststellung, »daß der Angeklagte diese Nachrichten vorsätzlich feindlichen Stellen übermittelt hat«, deshalb entspreche die ausgesprochene Freiheitsstrafe in ihrer Höhe »der objektiven Schädlichkeit seines Verbrechens und der Schwere seiner Schuld«.

Bahro reagierte auf diese Entscheidung am 10. August bei seinem bisherigen Vernehmer mit dem Stellen eines Ausreiseantrages, mit der Begründung, daß er auch nach seiner Haft durch weitere theoretische Arbeiten jederzeit Gefahr laufe, erneut der Nachrichtensammlung und -übermittlung beschuldigt zu werden. Eine Ausreiseerlaubnis hätte der DDR-Führung die Gelegenheit gegeben, ohne

Gesichtsverlust den ihr unbequemen Kritiker loszuwerden. Doch sie blieb hart (oder stur), der Antrag wurde nicht genehmigt.

Am selben Tag bekommt er – für die Akten – noch ein beinahe freundliches Abschlußzeugnis: »Bahro begegnete sowohl den Mitarbeitern des Untersuchungsorgans als auch der Haftanstalt höflich und korrekt. Renitente Verhaltensweisen traten nicht zutage und wären als persönlichkeitsfremd einzuschätzen. In zwei Fällen versuchte der Genannte jedoch Verbindungen zur Außenwelt herzustellen. [...] Das konnte durch gezielte operative Maßnahmen vereitelt werden.«

Am 11. August wurde Bahro in die Strafvollzugseinrichtung Bautzen II verlegt. Damit beginnt für ihn ein neues Kapitel der Bewährung, des Widerstandes bis hin zu der wohl einmaligen Situation, daß aus dem speziell von der Staatssicherheit überwachten Zuchthaus mehrere Botschaften Bahros in den Westen gelangten und im *Spiegel* veröffentlicht wurden.

X.

Beginnend mit dem 27. Juni, fertigte die HA XX über Wochen »Tagesberichte über die politisch-operative Lage im Verantwortungsbereich« an. Sie stellte stereotyp fest, daß die Lage weiterhin stabil sei und keine Pläne oder Absichten feindlicher Kräfte gegen den Ablauf des Prozesses bekannt seien. Dann werden alle inzwischen eingegangenen westlichen Protestschreiben und auch ein in Leipzig sichergestelltes »Hetzblatt« aufgezählt.

Was die Zentrale Auswertungs- und Informationsgruppe bis zum 6. Juli an Reaktionen aus der Bevölkerung zusammentrug, entsprach sicher nicht den Erwartungen der SED-Führung. Etwas kleinlaut heißt es am Anfang: »Insgesamt liegt nur eine geringe Anzahl Informationen über Reaktionen aus der Bevölkerung zur Verurteilung des Bahro vor.« Dann mußte unbedingt eine positive Aussage kommen: »Eingeschätzt wird, daß in den bekanntgewordenen Meinungsäußerungen die Straftaten des Bahro überwiegend verurteilt und dem Strafmaß zugestimmt wird.« Doch es folgen keine Belege. Der nächste Satz: »Laut inoffiziellen Informationen wurde das Urteil und die Urteilsbegründung vielfach ohne weitere Diskussionen zur Kenntnis genommen.« Doch dann wird es konkreter: Gefordert werden aus der Bevölkerung mehr Informationen über Bahro in den Medien, »vereinzelt wird die Richtigkeit und der Zeitpunkt der Verurteilung in Frage gestellt«, »angezweifelt wird die nachrichtendienstliche Tätigkeit des Bahro« durch Wissenschaftler an der Hochschule für Ökonomie, die »als Grund seiner Verurteilung ... seine konträre politische Haltung zur Politik der Partei« sehen. Schließlich noch: »Ihre Solidarität mit Bahro brachten drei namentlich bekannte Filmschaffende der DEFA zum Ausdruck:

in der DDR seien offenbar nur noch ›Mitläufer‹ gefragt; wer den Mund nicht halte, müsse mit dem Gefängnis rechnen;

es sei zu hoffen, daß andere ›Kritiker des Wirtschaftssystems der DDR‹ sich durch das Urteil nicht davon abhalten lassen, die ›Wahrheit‹ zu sagen;

für sie wäre es enttäuschend, daß sich niemand in der DDR öffentlich zu Bahro bekenne.«

In Fernschreiben mußten die Bezirksverwaltungen auch noch Tage später rapportieren. Deutlich wird aus diesen Meldungen, daß die Kritik am Prozeß weit überwog, gerade deshalb stehen an der Spitze stereotyp wirkende Zustimmungen. Ein Beispiel der BV Potsdam: »In der Mehrzahl der bekanntgewordenen Reaktionen wird zum Ausdruck gebracht, daß das Strafmaß für ein solch schwerwiegendes Verbrechen wie das des Landes- und Geheimnisverrats gerechtfertigt bzw. noch zu gering sei. Allein schon die Höhe des Betrages von 200 000 DM, den Bahro für seine nachrichtendienstliche Tätigkeit erhalten habe, ließe darauf schließen, daß er geheimzuhaltende Informationen von hohem Wert preisgegeben haben muß.« (Mit solchen anonymen Aussagen – die man von realen Personen sofort im *ND* als Zustimmungen groß herausgebracht hätte – streute das MfS sich und dem Politbüro Sand in die Augen.) Namentlich bekannte Personen hätten dagegen geäußert: »Die Informationen über Bahro seien völlig unzureichend, da man sich über seine Persönlichkeit, Rolle und Funktion sowie über seine Motive überhaupt kein Bild machen könne«; »Das Gerichtsurteil müsse angezweifelt werden, da die veröffentlichten Fakten keine umfassende Meinungsbildung zulassen«; »Die Verurteilung Bahros stünde im Widerspruch zur Schlußakte von Helsinki, die das Recht der freien – auch anders gearteten – Meinungsäußerung zulasse«; »Sowohl Bahro als auch Biermann und Havemann seien keine Staatsgegner und keine Antikommunisten. Ihr Ziel ist, lediglich eine Verbesserung der Verhältnisse in der DDR anzustreben. Eine Verurteilung könne deshalb keine Lösung sein, sondern nur die Auseinandersetzung mit den aufgeworfenen Fragen in Politik und Wirtschaft.«

»Freiheit für Rudolf Bahro!« II

Kaum war die Verurteilung Bahros am 30. Juni als ADN-Meldung um 19.10 Uhr bekanntgegeben worden, da reagierten die westlichen Medien aufs heftigste. 20 Minuten später griffen die RIAS-Nachrichten das Urteil auf, um 20 Uhr war dies in der ARD-Tagesschau die Spitzenmeldung, das »Heute-Journal« des ZDF schloß sich um 22 Uhr an, auch mit einer ersten Kommentierung durch Dirk Sager – und so ging es durch die Nachtsendungen und Morgenprogramme. Wie bei der Verhaftung, so auch nach der Verurteilung: Sämtliche großen Zeitungen der Bundesrepublik brachten in den nächsten Tagen ausführliche Meldungen, die *Welt* vom 3. Juli eine ganze Seite mit vielen Beiträgen, schon am 1. Juli hatte die *Unità* einen Artikel veröffentlicht, der *Corriere della Sera* und *La Stampa* schlossen sich sofort an. Alle scharfen Überschriften zu nennen, versage ich mir hier.

Nur ein Artikel sei hervorgehoben: Am 5. Juli veröffentlichte *l'Unità* einen längeren Artikel von Giuseppe Conato (einem ehemaligen Korrespondenten der Zeitung in der DDR), in dem es hieß, daß das Urteil ein »tiefes Gefühl von Unbehagen« hervorrufe, weil es einen »langjährigen und tief überzeugten Kommunisten« treffe, »der die wirtschaftlichen und sozialen Probleme seines Landes untersuchte und Autor eines Buches ist, das eine Diskussion über die aktuellen Probleme der sozialistischen Gesellschaft anzuregen versuchte«. Weiter heißt es, daß in diesem Buch »zwar unbequeme, aber weder antimarxistische noch gegen die DDR gerichtete Thesen« entwickelt worden seien. Die Kritik Bahros sei ausschließlich theoretischer Natur und »greift nicht das System an und berührt auch nicht gewisse kleine Tabus«.

Nur die SED-gesteuerte *Unsere Zeit* der bundesdeutschen DKP mußte auftragsgemäß gegen Bahro wettern. Am 7. Juli erschien ein Artikel *Rudolf Bahro und die Nachrichtendienste* mit dem jämmerlichen Versuch, doch noch einen Zusammenhang zwischen beiden herzustellen, und fünf Tage später holte die Zeitung mit einer ganzen Seite zum großen Schlag aus: *Munition für das große Kapital im Kampf gegen die Alternative des realen Sozialismus* hieß die gequälte Überschrift.

Sehr schnell reagierten auch die Politiker. Regierungssprecher Klaus Bölling protestierte im Namen der Regierung, der nordrhein-westfälische Minister für Wissenschaft und Forschung, Johannes Rau, erklärte in einer vom SPD-Bundesvorstand veröffentlichten Stellungnahme, daß die gegen Bahro verhängte Strafe ein Akt politischer Willkürjustiz sei, andere Politiker schlossen sich in den folgenden Tagen und Wochen an.

Schon am 4. Juli veranstaltete das »Komitee für die Freilassung von Rudolf Bahro« in Westberlin eine Solidaritätsveranstaltung mit Ernest Mandel als Hauptredner, der überraschenderweise nur für diesen Tag eine Einreiseerlaubnis der Bundesregierung erhielt.

Im Audimax der Technischen Universität fand drei Tage später eine Protestveranstaltung mit Wolf Biermann, Rudi Dutschke, Freimut Duve, Bernd Rabehl und anderen statt, auf der in vielen Beiträgen die SED und das in der DDR noch nicht überwundene stalinistische System scharf angegriffen wurden. So hieß es unter anderem in einem Bericht: »Der Prozeß und die Verurteilung von Rudolf Bahro erfolgten mit dem Ziel der Einschüchterung der potentiellen Opposition in der DDR. Es zeuge von der Unsicherheit der DDR-Führung bei der Bewältigung der inneren Widersprüche, wenn mit Repressivmaßnahmen gegen Kommunisten vorgegangen werde, die auf der Grundlage des Marxismus die gesellschaftlichen Verhältnisse in der DDR verändern wollen. Die DDR-Führung flüchtete in einen Vergeltungsprozeß; sie kann zur Unterdrückung der sozialistischen Opposition nur mit Verleumdungen arbeiten.« Es wurde eine Stellungnahme von Robert Havemann vorgelesen, die bald darauf auch im *Spiegel* erschien (siehe weiter unten). Biermann sang sein Lied *Trotz alledem*, in dem die sechste Strophe hieß: »Und Bahro sitzt im Stasi-Knast / Trotz West-Protest und alledem. / Er hat den Bonzen eins verpaßt, / Der Hieb saß gut! Trotz alledem! / – trotz alledem und alledem! / Trotz Einzelhaft und Schreibverbot! / Und schweigt ihr Bahro dreimal tot, / Den brecht ihr nicht, trotz alledem.«

Am 6. Juli veröffentlichte die *Unità* einen *Appell einer Gruppe italienischer Intellektueller verschiedener politischer und kultureller Tendenzen* zur sofortigen Freilassung Bahros, daraus sei der letzte Satz zitiert: »Die Verurteilung von R. Bahro ist die letzte und schlimmste Episode von Verletzungen der Menschenrechte und besonders des freien Ausdrucks der Ideen, die von den Führern der

DDR, angefangen mit der Ausweisung des Schriftstellers und Sängers Wolf Biermann und der Isolierung, zu der der kommunistische Philosoph Havemann gezwungen ist, verübt wurde.« Unterzeichnet wurde der Appell u.a. von den Mitgliedern des ZK der IKP Paolo Spriano und Lucio Lombardo Radice. Tags darauf veröffentlichte die *Frankfurter Allgemeine Zeitung* einen Bericht, daß eine Gruppe prominenter italienischer Linker, u.a. Pietro Nenni, Norberto Bobbio, Alberto Moravia, Giorgio Strehler und Rossana Rossanda gegen das Urteil protestierten (ich nehme an, daß es um denselben Appell geht). Und mit dem Bekanntwerden des Urteils wuchs in ganz Westeuropa der Protest.

Im September faßte die Auswertungsgruppe des MfS alle ihr bekanntgewordenen westlichen Proteste zusammen – und kam auf 45 Seiten (im Querformat). Dies reichte von Regierungssprecher Bölling und Außenminister Genscher über den parlamentarischen Geschäftsführer der SPD-Bundestagsfraktion Gerhard Jahn und den Vorsitzenden der FDP-Bundestagsfraktion Wolfgang Mischnik sowie den Vorsitzenden der CDU-Sozialausschüsse Norbert Blüm bis zur IG Metall, mehreren Studentenvereinigungen und der Liga für Menschenrechte.

Was die Staatssicherheit dagegen dem Politbüro mit einiger Freude melden konnte, war die Reaktion westlicher kommunistischer Parteien: »Im Vergleich zu ähnlichen Maßnahmen der DDR und zu den Prozessen in der Sowjetunion gegen Ginsburg, Schtscharanski und andere haben die Bruderparteien in den entwickelten kapitalistischen Ländern bisher auf die Verurteilung von Bahro weniger scharf und umfangreich reagiert. Eine Vielzahl der kommunistischen Parteien dieser Länder hat sich bisher nicht geäußert (KP Spaniens, KP Japans, KP der USA, KP Griechenlands, Portugiesische KP, KP Finnlands u.a.).« Dann heißt es aber: »Stellungnahmen mit Angriffen gegen die DDR und teilweise auch Forderungen nach Revidierung des Urteils gegen Bahro sind bisher von der Italienischen, Französischen, Belgischen KP, der Linkspartei-Kommunisten Schwedens, der KP Großbritanniens und der Partei der Arbeit der Schweiz bekannt.«

Doch die Proteste und Solidaritätsbekundungen gingen weit über die politischen Parteien und Organisationen hinaus. Erklärungen gegen die Verurteilung kamen u. a. aus Paris vom »Comité pour la Défense de Rudolf Bahro« und vom dortigen »Biermann-Komitee«: Auf dessen Veranstaltung am 20. Juli wurde eine Protesterklärung verlesen, verfaßt von Jean Elleinstein, dem stellvertretenden Direktor des Centre d'Études et de Recherches Marxistes.

Am 25. Juli wurde in Frankfurt am Main ein »Offener Brief« von 110 Wissenschaftlern unterschrieben, darunter Günter Anders, Iring Fetscher, Ossip K. Flechtheim, Herbert Marcuse, Klaus Meschkat, Jürgen Seifert, Ulrich Sonnemann und Fritz Vilmar (veröffentlicht in der *Frankfurter Rundschau* vom 28.7.).

Unter Berufung auf die »Allgemeine Erklärung der Menschenrechte« Artikel 19 – der da heißt: »Jeder Mensch hat das Recht auf freie Meinungsäußerung; dieses Recht umfaßt die Freiheit, Meinungen unangefochten anzuhängen und Informationen und Ideen mit allen Verständigungsmitteln ohne Rücksicht auf Grenzen zu suchen, zu empfangen und zu verbreiten« – protestierten auf der Frankfurter Buchmesse im Oktober die Verleger der verschiedenen Editionshäuser der *Alternative* in London, Paris, Barcelona, Oslo, Stockholm, Kopenhagen und Köln gegen die Verurteilung und forderten, »daß ihr Autor in Freiheit und Freizügigkeit leben und arbeiten kann«.

Am 10. November gab es in der Berliner Deutschlandhalle ein Solidaritätskonzert als Auftakt zum Internationalen Bahro-Kongreß (16.–19.11.) mit Wolf Biermann und anderen Sängern (zum Bahro-Kongreß vergleiche das folgende Kapitel).

Am 11. November solidarisierte sich die »Charta 77« in einem Schreiben an den Internationalen Bahro-Kongreß in Westberlin mit dem inhaftierten Autor und bezeichnete ihn als »einen politischen Gefangenen, der in Wahrheit wegen seiner in seinem Buch *Die Alternative* zum Ausdruck gebrachten Überzeugungen verfolgt« werde. Unterschrieben von den beiden Sprechern der Charta, Ladislav Hejdanek und Václav Havel (der dritte Sprecher, Jaroslav Sabata, befand sich zu dieser Zeit in Haft).

Zur Solidarität gehörten zweifellos auch die Anerkennungen, die Bahro zuteil wurden: Der schwedische PEN-Club wählte ihn zum Mitglied (*Die Welt*, 3.11.1978), die »Internationale Liga für Menschenrechte« verlieh ihm – in absentia – zum Tag der Menschenrechte die »Carl-von Ossietzky-Medaille« am 10. Dezember im Jüdischen Gemeindehaus in Berlin. Bald darauf zeichnete ihn ein internationales Wissenschaftler-Gremium (mit so prominenten Mitgliedern wie André Gorz, Eric J. Hobsbawm und Paul M. Sweezy) mit dem »Isaac-Deutscher-Memorial-Preis« aus (*Süddeutsche Zeitung*, 28.1.1979).

Am 14. Dezember brachte die BBC London einen Rundfunk-Bericht über Bahro, in dem es heißt, daß dessen politischer Fall schon breites Aufsehen in der britischen Öffentlichkeit erregt habe, verschiedene Politiker und Schriftsteller seine Freilassung forderten und das nun in Übersetzung erschienene Werk »äußerst positive« Rezensionen hervorrufe. Genannt wird der angesehene Historiker Edward P. Thompson, der im *The Guardian* die *Alternative* als »die bisher substantiellste, objektivste und letzten Endes optimistischste Analyse des real existierenden Sozialismus« bezeichnete, die aus Osteuropa hervorgegangen sei.

Aus der DDR gab es nur wenige öffentliche Äußerungen:

Es war wieder einmal Robert Havemann, der über den *Spiegel* (Nr. 28, 10.7.1978) genau die Fragen stellte, die von der ADN-Meldung aufgeworfen und von der DDR-Führung nicht beantwortet worden waren: »Ich glaube, daß die Öffentlichkeit ein Recht hat, mehr über den Prozeß gegen Rudolf Bahro und die ihm nachgewiesenen Delikte zu erfahren. Außerdem muß man fragen, warum die Öffentlichkeit von dem Prozeß gegen Bahro erst etwas erfährt, nachdem der Prozeß bereits abgelaufen ist. [...] Wurde Berufung eingelegt und von wem? Bekannte sich Bahro im Sinne der Anklage als schuldig? Wer war sein Verteidiger und auf welches Urteil plädierte er? Wäre es nicht im Interesse der DDR, wenn das Protokoll des Prozesses, wenigstens in seinen wichtigsten Teilen, veröffentlicht würde?«

Der Philosoph und Altphilologe Rudolf Schottlaender hatte sich in einem Interview in der ARD, das am 24. Januar 1979 gesendet wurde, sehr vorsichtig zu Bahro (und zu dem wegen Wehrdienstverweigerung verurteilten Nico Hübner) geäußert, doch dabei das Interview sehr wirkungsvoll abgeschlossen, indem er die Regierung der DDR aufforderte, zum 30. Jahrestag des Staates eine Amnestie zu erlassen, die auch auf Bahro, Hübner und andere politische Häftlinge zutreffen müßte.

Die wohl größte internationale Aktion wurde vom »Komitee für die Freilassung Rudolf Bahros« initiiert: »Freiheit für Rudolf Bahro. Appell an den Staatsrat der DDR zur Generalamnestie der politischen Häftlinge aus Anlaß des 30. Jahrestages der Staatsgründung« – eine von Bahro-Komitees in 12 Ländern organisierte Aufforderung an die DDR.

Die Liste der Erstunterzeichner, am 6. Mai 1979 von Rudolf Steinke zusammengestellt und leicht verändert fünf Tage später in der *Frankfurter Rundschau* zusammen mit dem vollständigen Wortlaut veröffentlicht, umfaßt so viele Erstunterzeichner, daß hier nur wenige Namen genannt werden können: Simone de Beauvoir, Heinrich Böll, Wolf Biermann, Ingeborg Drewitz, Erhard Eppler, Ossip K. Flechtheim, Johan Galtung, Helmut Gollwitzer, Zdenek Hejzlar, Agnes Heller, Nobelpreisträger für Physik Alfred Kastler, Herbert Marcuse, Shores Medwedjew, Zdenek Mlynář, Günter Nenning, Peter von Oertzen, Jiři Pelikan, Rossana Rossanda, Jean-Paul Sartre, Otto Schily, Romy Schneider, Gerhard Schröder, Hannes Schwenger, Carola Stern, Klaus Traube, Martin Walser, Gerhard Zwerenz.

In Bonn gab es am 10. Mai eine Pressekonferenz zu dieser Aktion, bei der Heinz Brandt, Zdenek Mlynář, Gustav Korlén, Peter von Oertzen, Jiři Pelikan, Otto Schily und Gerhard Schröder den Journalisten den Appell vorstellten.

Wenige Tage später fand in Amsterdam ein Kongreß zum Thema *Stalinismus und Entstalinisierung* statt – prominente Teilnehmer waren u.a. Jiři Pelikan, Shores Medwedjew, Ernest Mandel –, auf dem ebenfalls die Freilassung Bahros und die »Zurücknahme der gegen ihn geäußerten verleumderischen Beschuldigungen« gefordert wurde (*Tagesspiegel*, 15.5.1979).

Kurz darauf organisierte das Sozialistische Büro Offenbach mit großen Plakaten eine Mahnwache vor der Ständigen Vertretung der DDR in Bonn.

Zur Erinnerung an den Prozeß im Juni des zurückliegenden Jahres gab es am 28. Juni 1979 im Audimax der Technischen Universität Berlin eine Podiumsdiskussion – mit dem Sekretär der Russell-Peace-Foundation Ken Coates, Otto Schily, dem TU-Präsidenten Rolf Berger und Wolf-Dieter Narr. In Marburg fand vom 30.6. bis 1.7. ein bundesweiter Kongreß statt (zu dem auch ein Kulturprogramm gehörte, das u.a. von den ehemaligen DDR-Bürgern Jürgen Fuchs, Michael Salli Sallmann, Gerulf Pannach und Christian Kunert gestaltet wurde) mit einer stark beachteten Abschlußveranstaltung mit mehr als 1000 Teilnehmern.

In diesen Zusammenhang wurde auch die Idee entwickelt, der DDR-Führung vorzuschlagen, einer Gruppe europäischer Sozialisten eine Besuchserlaubnis für Bautzen zu gewähren, damit sie sich ein Bild von den Haftbedingungen und dem Zustand des Gefangenen machen könne (*Tagesspiegel*, 29.6.: *Vorstoß zugunsten Bahros*).

Die Universität Paris VIII lud Rudolf Bahro zu einem Seminar am 22. Oktober 1979 über sein Buch ein und bot ihm zugleich eine Gastprofessur an – diese Post erreichte tatsächlich das Zuchthaus und wurde dort also auch zur Kenntnis genommen (was für einen Gefangenen nur von Vorteil ist).

Angesichts der breiten Protest- und Solidaritätsbewegung in der Bundesrepublik und vielen Ländern Westeuropas war das artikulierte Interesse in der DDR an der Freilassung Rudolf Bahros beschämend gering. Viele prominente Intellektuelle, die über ihre Westkontakte die Möglichkeit gehabt hätten, sich solidarisch zu Bahro zu äußern oder wenigstens wie Havemann unangenehme Fragen zu stellen, haben dies nicht getan. Offensichtlich zeigten sich hier schon die Wirkungen der Restriktionen nach der Biermann-Ausbürgerung. So bleiben abschließend eineinhalb Taten einer oppositionellen Gruppe in Leipzig und ganze zwei öffentliche Stimmen zu nennen.

Im September 1978, zur Messezeit, hatte eine sehr kleine Gruppe – bestehend aus dem ehemaligen Philosophie-Dozenten der Berliner Humboldt-Universität, anschließenden Bautzen-Häftling (1958–61) und späteren Hilfsarbeiter, dann Lektor, Heinrich Saar und der Nachtpförtnerin Simone Langrock – am Leipziger Völkerschlacht-Denkmal mit Lackfarbe in weithin sichtbaren Buchstaben »Freiheit für Bahro« gepinselt. (Unnötig zu sagen, daß diese nach Mitternacht angebrachte Losung am Vormittag schon für die Öffentlichkeit mit großen Tüchern abgedeckt wurde, unter den Tüchern kratzten »progressive Kräfte« mühsam den Lack ab.) Das war die Tat. Dieselbe Gruppe – dazu kamen die Lektoratsmitarbeiterin Uta Franke, der Installateur Frank Becker und der Dresdner David Menzhausen – entwarf und produzierte im November mit den Gummibuchstaben eines Kinder-Stempelkastens ein Flugblatt für die Freiheit Bahros und mit anderen subversiven Forderungen, stellte davon eine Auflage von 1200 Exemplaren her, bekam dann Bedenken, verhängte über sich eine Funk- und Begegnungssperre und vergrub einige Zeit später das ganze Paket an einem eigentlich unauffindbaren Ort, der jedoch unter nicht ganz klaren Umständen von einem Spitzel verraten worden war: Die Gruppe wurde im August/September 1979 verhaftet, Heinrich Saar erneut – nach seiner Verurteilung von 1958 zu acht Jahren Zuchthaus (und drei Jahre später begnadigt) – nun wegen »staatsfeindlicher Hetze im schweren Fall« zu siebeneinhalb Jahren Haft verurteilt (und im August 1980 von der Bundesrepublik freigekauft), die anderen Mitglieder dieser Gruppe erhielten ebenfalls Haftstrafen zwischen vier Jahren, acht Monaten und zwei Jahren, vier Monaten wegen »staatsfeindlicher Hetze«.

Und die beiden öffentlichen Stimmen: Am 25. Juli schrieb die im Ostberliner Bezirk Prenzlauer Berg wohnende Beate M. an den Generalstaatsanwalt der DDR Josef Streit: »Gegen das Urteil, das in Erster Instanz über Herrn R. Bahro ausgesprochen wurde, möchte ich hier meinen uneingeschränkten Protest aussprechen. Anschauungen und Haltung von Herrn Bahro sind von grundlegend gesellschaftlicher Bedeutung; nur eine in diesem Rahmen durchgeführte öffentliche Verhandlung wird dem gerecht. Sie sind keine in der Problematik einer Person verkörperten juristischen Probleme, sondern betreffen philosophische und sozialökonomische Fragen von existentieller Bedeutung. Herr Bahro gehört nicht in eine Isolation, sondern in den Rahmen einer ungehinderten offenen Diskussion.«

Es war wieder Robert Havemann, der die DDR-Führung aufforderte: »Laßt Bahro frei« (*Frankfurter Rundschau*, 22.8.1979).

Weil das Flugblatt der Leipziger Gruppe bisher nirgends veröffentlicht wurde (und von den 1200 Exemplaren nur ein einziges im Original überlebt hat), soll es hier vollständig abgedruckt werden.

Rechts oben in der Ecke stand mit roter Stempelfarbe: *Lesen! Weitergeben!* Dann der Text:

Warum wurde der Kommunist Rudolf BAHRO eingesperrt?
Weil er in seinem Buch DIE ALTERNATIVE nachgewiesen
hat: In der DDR gibt es keine Arbeiter- und Bauern-
macht. Eine privilegierte, volksfremde, verbürokra-
tisierte Oberschicht von Exarbeitern herrscht mit
despotischen Mitteln ÜBER
das Volk und erstickt jede demokratische Regung,
Selbstbetätigung u. Freiheit. – In der DDR gibt es
trotz Aufhebung des kapitalistischen Eigentums keine
sozialistischen Produktionsverhältnisse, denn die
Arbeiter, jeder Selbstverwaltung beraubt, haben
keine wirkliche Verfügungsgewalt über die Produktion
und ihre Verwendung, sie werden durch unfähige, ver-
antwortungslose, unproduktive Partei-, Gewerkschafts-
und Staatsfunktionäre ausgebeutet u. unterdrückt
sowie durch eintönige Akkordschinderei u. längst
überflüssigen u. unmenschlichen Leistungszwang
kaputtgemacht. In der DDR wird folglich keineswegs

die entwickelte sozialistische Gesellschaft gestaltet, sondern herrschen immer noch vorsozialistische Verhältnisse.

Wegen dieser ehrlichen u. mutigen Kritik wurde BAHRO unter dem Vorwand nachrichtendienstlicher Tätigkeit zu 8 Jahren verurteilt! Den Politbürokraten der Partei- und Staatsführung sind die Argumente ausgegangen. Sie werden durch Polizeistaatmethoden ersetzt!

Besorgt Euch BAHROS ALTERNATIVE bzw. seine 6 erläuternden Vorlesungen! Lest die Wahrheit u. verbreitet seine Ideen!

Fort mit den Geheimprozessen u. Gesinnungsurteilen! Leistet passiven Widerstand gegen den militaristischen Wehrkundeunterricht! Verweigert Überstunden! Nehmt nicht an bezahlten od. unbezahlten Subbotniks teil, die längst ihren ursprünglichen revolutionären Sinn verloren haben u. heute Mittel zur Steigerung der Ausbeutung u. Kürzung der Freizeit sind! Warnt Euch gegenseitig vor Spitzeln, markiert ihre Wohnungen! Freiheit für Rudolf BAHRO, für alle politischen Häftlinge u. Wehrdienstverweigerer aus Glaubensgründen! Übt Solidarität mit politisch Verfolgten u. ihren Angehörigen!

VEREINEN WIR UNS ZUR OPPOSITIONSBEWEGUNG
DEMOKRATISCHER KOMMUNISTEN!

Der internationale Bahro-Kongreß in Berlin (November 1978)

Dieser Kongreß – mit vollem Namen »Internationaler Kongreß für und über Rudolf Bahro. Umbruch in Osteuropa – die sozialistische Alternative« – war, auch mit historischem Abstand betrachtet, der absolute Höhepunkt der Rezeption seines Buches und seiner Gedanken. Mehr als 2000 Teilnehmer reisten zur Westberliner Technischen Universität, um an vier Tagen in vielen Veranstaltungen – drei Podiumsdiskussionen, neun Arbeitsgruppen, zwei Plenarveranstaltungen – mit führenden marxistischen und anderen linken Theoretikern über Bahro zu diskutieren. Das öffentliche Interesse war groß: 96 Journalisten hatten sich angemeldet, RIAS und SFB schnitten mehrere Veranstaltungen mit, es gab eine ausführliche Berichterstattung in den Zeitungen (und das nichtöffentliche Interesse war auch da: Die Staatssicherheit hatte sich sorgfältig vorbereitet, Material gesammelt und ihre IM hingeschickt. Von Tag zu Tag wurden ausführliche Lageberichte angefertigt, das Ganze wurde dann im Februar 1979 zu einem Operativen Vorgang »Kongreß« zusammengefaßt und bis 1983 weiterverfolgt!).

Wie das Kongreßthema in seiner etwas sperrigen Formulierung anzeigte, ging es nicht allein um eine weitere Solidaritätsbekundung, sondern die Attraktivität lag in dem Wörtchen »über«: Erstmals ging es ganz zentral um sein theoretisches Konzept, und so war der Kongreß auch strukturiert: Die drei Podiumsdiskussionen behandelten die Themen »Oktoberrevolution und ihre Bedeutung für die heutige Linke« (16. November), »Der Prager Frühling – Strukturbedingungen und Formen einer Systemkrise in Osteuropa« (17. November) und »Produktionsziel: reich entwickelte Persönlichkeit« (18. November). Dazu ging es in den Arbeitsgruppen um Bahro-Themen wie »Arbeiter und Intelligenz«, »Ökonomie als ›organisierte Verantwortungslosigkeit‹? Alternative einer sozialistischen Wirtschaft«, »Die Rolle des Staatsapparates und der osteuropäischen kommunistischen Parteien«, »Patriarchat«, »Sozialismus und psycho-soziale Emanzipation des Menschen«, »Wachstums-, Technik-, Konsumkritik« und »Aufhebung der Arbeitsteilung«.

Das Ziel war zum einen, einen Dialog zwischen den west- und osteuropäischen linken Theoretikern herzustellen und darin zu prüfen, inwieweit Bahros Konzeption auch für westliche Verhältnisse fruchtbar sein kann und damit zur Theoriebildung für die (untereinander traditionell zerstrittenen) Linkskräfte Westeuropas beitragen könnte. Für Bahro – der von diesem Kongreß nichts wissen konnte – war es ein ungeheurer Triumph: Er saß wegen »Nachrichtenübermittlung« und »Geheimnisverrat« verurteilt im Gefängnis, dachte über neue Positionen im antiimperialistischen Kampf nach, und in Westberlin diskutierten bedeutende linke Theoretiker sein Buch.

Die Liste der Initiatoren und Träger des Kongresses ist lang: Sie reicht von Prof. Elmar Altvater (Mitglied des Arbeitsausschusses des Sozialistischen Büros Offenbach), Wolf Biermann, Rudi Dutschke, Ernest Mandel, Jiři Pelikan bis zu dem Bundesvorsitzenden der Jungsozialisten Gerhard Schröder. Die Organisation lag in den Händen des »Komitees für die Freilassung Rudolf Bahros« und seines Leiters Rudolf Steinke.

Ohne hier einen Kongreßbericht zu geben, seien einige Dimensionen der Veranstaltungen genannt: Zur Eröffnung – mit den Rednern Rudolf Steinke, Bernd Markowsky (ehemals DDR), TU-Präsident Rolf Berger, Gerhard Schröder, Ossip K. Flechtheim, Wolf-Dieter Narr, Werner Vitt, Heinz Brandt, Ernest Mandel und Ludek Kavin von der »Charta 77« – kamen etwa 1000 Teilnehmer, die drei Podiumsdiskussionen wurden von 2000 bis 2500 Interessierten besucht, die Abschlußveranstaltung am Vormittag (wohl wegen der Übermüdung vieler Teilnehmer) von 500 bis 800, die Abschlußkundgebung an der Gedächtniskirche von ca. 400 bis 500 Personen (die Zahlen vermutlich immer nach oben aufgerundet). Grußadressen kamen von der »Charta 77« und vom polnischen »KOR«, von Bahro-Komitees aus Frankreich und Italien, vom »Internationalen Sacharow-Komitee«, von der Gewerkschaft Erziehung und Wissenschaft im DGB, von Heinrich Böll, Günter Grass und Carola Stern, darunter auch zwei notwendigerweise anonyme Schreiben aus der DDR. Verlesen wurden ein Brief von Willy Brandt an Bahros Verleger Tomas Kosta und verschiedene Resolutionen.

Aus den Berichten in den Zeitungen und von einigen Beteiligten entsteht vom Verlauf und den Ergebnissen des Kongresses ein zwiespältiges Bild: Als politische Manifestation war er erfolgreich (bis auf die fehlende Präsenz der eurokommunistischen Parteien), als Theoriediskussion nicht. Beispielsweise schrieb Günther Maschke in der *FAZ* etwas schrill: »Man beschäftigte sich hier weniger mit Rudolf Bahros Thesen, die der radikalen Linken immerhin die Chance geben, mit gutem marxistischem Gewissen den ungeliebten Ostblock zu kritisieren; sondern die einzelnen Gruppierungen trugen monologisch und monomanisch ihre längst bekannten Auffassungen über alle nur denkbaren Gegenstände vor und beschimpften sich immer wieder in steriler Aufgeregtheit.« Das mag den Diskussionsstil treffen, doch gab es natürlich anspruchsvolle intellektuelle Auseinandersetzungen, etwa zwischen Ernest Mandel und dem eurokommunistischen Theoretiker Angelo Bolaffi, oder zwischen der Wortführerin der »Il Manifesto«-Gruppe Rossana Rossanda und dem tschechoslowakischen (emigrierten) Reformkommunisten Jiři Pelikan. Und es gab während des Kongresses interne Gespräche zwischen Bolaffi, Pelikan und dem Mitbegründer des »Schutzkomitees Freiheit und Sozialismus« Manfred Wilke zu der Überlegung, weitere solcher Kongresse durchzuführen und allmählich Bahros politisches Konzept mit dem Eurokommunismus zusammenzubringen, um auf solcher Basis die linken Kräfte in Westeuropa ideologisch zu einen.

Wie Ernst Elitz in der vielleicht besten Kongreß-Betrachtung im *Vorwärts* (der Zeitung der Schweizer Partei der Arbeit) vom 30. November bemerkte, hat Bahro ungewollt die theoretische Auseinandersetzung im Westen auf eine neue Ebene gehoben: »Die Kernpunkte seiner *Alternative* markieren zugleich die Kontroversen im Streit der westeuropäischen Linken: Welche Rolle spielt heute die Arbeiterklasse als revolutionäres Subjekt? Haben die Intellektuellen revolutionäre Funktionen übernommen? Inwieweit ist die Klassen-Frage überhaupt noch realistisch? Welche Funktion hat eine kommunistische Partei? Ist mit der Vergesellschaftung der Produktionsmittel der entscheidende Schritt zum Sozialismus getan? Ist der Weg der Sowjetunion in die Despotie historisch bedingt oder wäre er frühzeitig durch andere personelle Konstellationen korrigierbar gewesen? Liegt die Zukunft im Parlamentarismus, in der Rätedemokratie oder in der Diktatur des Proletariats? Bleibt der Staat Reformobjekt, stirbt er ab oder muß er zerschlagen werden?«

Nur die Annahme von Elitz, Sozialdemokraten/Sozialisten, Eurokommunisten und Moskau-treue Parteien, Trotzkisten und Maoisten könnten über die Exegese des Buches dazu kommen, nicht nur übereinander, sondern auch miteinander zu reden, hat sich nicht realisiert: Moskau-treue Parteien und Maoisten waren nicht eingeladen oder expressis verbis ausgeladen (denn sie waren grundsätzlich nicht bereit, über dieses Buch anders als nur in Verdächtigungen und einer monomanischen Klassenkampf-Diktion zu sprechen. Weil Bahro als das revolutionäre Subjekt der Weltgeschichte nicht mehr das Proletariat ansieht, ist er für alle orthodoxen Marxisten auch rein theoretisch inakzeptabel.)

Immerhin hatte das traditionell zerstrittene linke Spektrum sich mit einiger Mühe auf eine Abschlußresolution einigen können, die – zu früh in der *Frankfurter Rundschau* veröffentlicht – nach Streichung einiger Sätze gemeinsam verabschiedet werden konnte und in der es u.a. heißt: »Unabhängig davon, ob man mit den Thesen und einzelnen Aussagen Bahros übereinstimmt, ist sein Buch ein bedeutender wissenschaftlicher und politischer Beitrag eines kritischen Marxisten und Kommunisten. Er hat mit seinem Werk *Die Alternative* dazu einen wesentlichen Beitrag geleistet, den Sozialismus als reale Perspektive aufzuzeigen und Schritte zur praktischen Veränderung zu entwickeln versucht. Deshalb verkörpert er, ebenso wie Robert Havemann, die Hoffnung vieler Menschen in Ost und West. Wir demonstrieren und diskutieren für und über Bahro, weil wir für den Sozialismus sind. Sozialismus und Demokratie sind untrennbar.«

Auf die schwach besuchte Abschlußveranstaltung folgte eine sehr gut besuchte Pressekonferenz, und viele Zeitungen brachten freundliche, zustimmende oder moderat-kritische Artikel. Mit diesem Kongreß und seiner publizistischen Nachwirkung war der Mann in Bautzen II erstmals eine europäische marxistische Symbolfigur geworden.

Nur allzu verständlich, daß die attackierte SED-Führung nunmehr ein verstärktes Interesse daran haben mußte, den Fall Bahro möglichst schnell zu lösen. Aber wie?

Bautzen II (1978/79)

»Bautzen« war in der DDR immer ein schrecklicher Name. Fast jeder Bürger wußte, was er bedeutete: ein großes Zuchthaus, genannt »das gelbe Elend« – und die damals bekanntgewordenen spärlichen Nachrichten und erst recht die größeren Untersuchungen nach dem Ende der DDR haben in der Tat das Elend in jenen Mauern öffentlich gemacht.

Weniger bekannt war, daß es ein kleineres Zuchthaus Bautzen II für besondere Fälle gegeben hat: für Funktionäre des Staatsapparates, für prominente politische Gegner, ausländische Häftlinge (an denen die DDR interessiert war) und für Problemfälle, die isoliert werden sollten. Formal stand es unter Aufsicht des Ministeriums des Innern, doch es war eine spezielle Haftanstalt der Staatssicherheit, denn sie bestimmte, wer dorthin kam und unter welchen Bedingungen die Haftzeit verbüßt wurde. Bekannte Häftlinge waren der ehemalige DDR-Außenminister Georg Dertinger (1956–64), der Journalist Karl-Wilhelm Fricke (1956–59), der zeitweilige Staatsfeind Nr. 1 Wolfgang Harich (1957–64), der Leiter des Aufbau-Verlages Walter Janka (1958–60), der Schriftsteller Erich Loest (1958–64) und viele andere.

Bahro kommt also in das Zuchthaus für Prominente – seine Adresse lautet hinfort *86 Bautzen PSF 100/II*.

Doch bevor er dorthin kommt, hat das Ministerium in Berlin bereits einen Plan aufgestellt. Zum einen gibt es eine allgemein gehaltene »Konzeption zur Verhinderung illegaler Verbindungen von Strafgefangenen [...] zu außenstehenden Personen und Einrichtungen« (vom 10.5.1978), die alle möglichen Gelegenheiten zur Kontaktaufnahme – etwa während der Arbeit, bei Anlieferungen von Waren, über die Hofarbeiter oder Besucher oder im Zusammenhang mit Entlassungen – aufzählt und die entsprechenden Gegenmaßnahmen nennt. Wichtiger Punkt: »Dabei muß besonders darauf geachtet werden, daß von den Strafgefangenen bzw. ihren Angehörigen keine unkontrollierten Gegenstände übergeben oder ausgetauscht werden (Kassiber).« Dann gibt es spezielle Festlegungen für den Strafgefangenen Bahro (vom 8.8.1978): Er soll korrekt behandelt werden, für die Betreuung (!) Bahros ist der Leiter der Vollzugsabteilung, Unterleutnant Brade, zuständig, dieser soll Entgegenkommen bei der Einarbeitung Bahros zeigen; der Brief- und Besuchsverkehr ist einzig der geschiedenen Ehefrau Gundula Bahro gestattet; ihre Briefe werden ihm nur ausgehändigt oder seine werden nur weitergeleitet nach Zustimmung durch die HA IX.

Am 11. August wird Bahro in Bautzen II eingeliefert und bekommt im Westflügel die Zelle III/37 zugewiesen (III bedeutet: Station III im 3. Stock), in der er einen Monat in Isolation gehalten wird. Drei Tage nach der Ankunft wird mit ihm ein »Aufnahmegespräch« geführt, inzwischen wird er auch mit folgendem Plan bekannt gemacht worden sein:

TAGESABLAUFPLAN
Station I West

Wecken und Zählung	5.15 Uhr
Kaffeeausgabe	5.25
Arbeitsbeginn	6.15
Arbeitszeit	6.15 – 9.40
Pause	9.40 – 10.00
Freistunde	10.00 – 11.00
Arbeitszeit	11.00 – 12.00
Mittag	12.00 – 12.30
Arbeitszeit	12.30 – 15.00
Pause	15.00 – 15.15
Arbeitszeit	15.15 – 17.20
Abendbrot	17.30 – 18.00
Freizeit	18.00 – 20.00
Nachtverschluß und Zählung	20.00
Licht aus	20.15

Die Umstellung von der Untersuchungshaft des MfS zum »normalen« Strafvollzug wird in der Regel als eine Erleichterung aufgefaßt, da die schlimmste Isolation wegfällt.

Bahro heißt jetzt »Strafgefangener«, doch er ahnt seine Berühmtheit und wird seine Rolle durchhalten, das Musterbeispiel eines politischen und eines kommunistischen Häftlings abgeben.

Das System des Strafvollzugs ist auf die Umerziehung der Häftlinge orientiert. Dazu wird jedem Häftling ein »Erzieher« zugeordnet, der seinerseits Berichte verfassen muß, um die »Fortschritte« des Gefangenen zu dokumentieren. Bei »Besserungen« kann es die eine oder andere Vergünstigung geben, bei »Vergehen« werden diverse Strafen ausgesprochen. Wichtigstes Mittel dieser »Umerziehung« ist die Arbeit. Bereits am 15. August muß Bahro in der Zelle mit der Arbeit beginnen, dafür darf er zwei Tage später bereits einen »Einkauf« machen (das heißt nicht selber wirklich einkaufen gehen, aber sich etwas gegen Bezahlung aus einer HO-Verkaufsstelle bringen lassen).

Nach wenigen Tagen schreibt er seiner geschiedenen Frau, daß er sich bereits eingewöhnt habe, auch mit der Arbeit zurechtkomme, an den Abenden und am Wochenende auch Zeit zum Lesen habe. Er befinde sich seelisch verhältnismäßig wohl und ganz lebendig, »wahrscheinlich nicht zuletzt deshalb, weil ich mich immer beschäftige, so daß kein leerer Raum zu unfruchtbarem Grübeln bleibt«. Täglich sei er eine ganze Stunde im Freien, mache dabei viel Sport und könne viel Himmel und ein paar schöne Baumkronen sehen. Er bittet unter anderem um Obst und Gemüse (dabei nach einer tradierten Häftlingserfahrung besonders um Zwiebeln, die viele Vitamine enthalten und lange haltbar sind). Auch denkt er bereits an den ersten Besuch Gundulas und erwähnt, daß beim Besuch auch mitgebrachter Kaffee und Kuchen verzehrt werden kann. Der entscheidende Satz des Briefes lautet aber: »Was auch immer werden mag, habe ich jetzt mehr denn je das Gefühl der Unverlierbarkeit.«

Am 8. September wird die zur Eingewöhnung verhängte Isolation aufgehoben, man verlegt ihn in Zelle III/15 des Ostflügels – wo an den Seiten sieben Zellen und ihm gegenüber neun Zellen mit elf Häftlingen belegt waren.

Über das erste Zusammentreffen der alten mit dem neuen Strafgefangenen gibt es einen Bericht eines ZI (= Zelleninformator) vom 10. September aus ihrer Mitte: »Zum K[omman]do kam der SG Bahro hinzu. [...] Vom SG Bahro konnte ich am ersten Tag feststellen, daß er sich interessiert bemüht, eine gute Arbeit zu leisten. Sonst ist ein allgemeines Abtasten zu erkennen, nachdem ja durch die Presse seine Verurteilung zu 8 Jahren Freiheitsentzug bekannt wurde. Folgende Bemerkungen scheinen typisch für ihn zu sein: ›Die

8 Jahre reichen nicht aus, um den Schaden wieder gutzumachen.‹; ›Ich liebe die französische Sprache. Ich habe auch gute Freunde in Frankreich.‹ [...] Interessant auch, daß der SG M. ihm gleich eine Tasse Tee anbot, der SG K. ihm 10.– M gegeben hat, damit er sich was kaufen kann, und natürlich rege Pausengespräche zwischen St. und Bahro.« Soweit also die Situation am ersten Tag unter Mithäftlingen. (In seinem *Spiegel*-Gespräch nach der Freilassung konnte Bahro im Oktober 1979 feststellen: »Ich war von Anfang an von einer Atmosphäre der Solidarität umgeben.« Und weiter heißt es dort: »Nach kurzer Zeit wurde sogar akzeptiert, daß ich noch immer Kommunist bin. Es versteht sich, daß in so einem Gefängnis ein überaus virulenter Antikommunismus die Durchschnittshaltung ist. Den Unterschied zwischen Kommunisten und Kommunisten haben meine Mitgefangenen sehr schnell verstanden.«)

Es bildete sich während der Arbeit schnell ein Kreis um ihn von sechs Strafgefangenen, vier davon waren Ärzte.

Bautzen II umfaßte zu dieser Zeit fünf Stationen mit etwa 120 männlichen Strafgefangenen und eine Station mit weiblichen Gefangenen. Ein größerer Teil von ihnen waren Bürger der Bundesrepublik (die genauen Zahlen für Oktober 1979: 52,9 % DDR-Bürger, 47,1 % Bundesrepublik einschließlich Westberlin sowie Ausland – beides vom MfS zusammengefaßt zum »Ausland«). Inhaftiert waren politische Gegner, Fluchthelfer, (tatsächliche oder vermeintliche) Mitarbeiter westlicher Geheimdienste, straffällig gewordene ehemalige Funktionäre aus dem Partei- und Staatsapparat, aber auch ehemalige Mitarbeiter des MfS und Offiziere der „bewaffneten Organe« (K. W. Fricke, S. Klewin, S. 69). Intern wurde Bautzen II als »Sonderobjekt für Staatsfeinde« bezeichnet, doch kontrastiert damit die Liste der 1979 Freizulassenden.

Sechs Strafgefangene waren als Kalfaktoren beschäftigt und zuständig für das Essen, den Transport der Arbeitsmaterialien, für Wäsche, als Friseur und als Sanitäter – mit ihnen hatten die anderen Gefangenen erlaubte Kontakte, dazu mit den Mitgliedern der eigenen Arbeitsgruppe (»Kommando«). Unerlaubte, doch praktizierte Kontakte gab es über Klopfzeichen, über die Fenster, über Kassiber, die nach Äußerungen Bahros »vorwärts und rückwärts ihren Weg fanden«.

Über die Haftbedingungen äußerte er sich rückblickend sehr sachlich: Der allgemeine Eindruck wäre vergleichbar mit einem gut geleiteten Zuchthaus der Weimarer Republik. Dem Gefängnispersonal bescheinigte er korrektes Verhalten. Er erlebte nichts von Mißhandlungen, wenn ihm auch Mitgefangene erzählten, daß es vor dem Helsinki-Abkommen (1975) Brutalitäten gegenüber nichtkooperativen Häftlingen gegeben habe. Und bevor das Strafgesetzbuch nach diesem Abkommen überarbeitet wurde, sei es den Gefangenen im Hof nicht erlaubt gewesen zu reden, während in seiner Haftzeit die Mitglieder eines Kommandos frei miteinander sprechen konnten. Jedoch beklagte er, daß der Mangel an Vitaminen in der U-Haft und in Bautzen der schlimmste Mangel gewesen sei.

Bahro wird in das Kommando 2 eingegliedert, das 28 Strafgefangene umfaßt. Was er konkret arbeiten muß, ist die Fertigung von Schaltteilen (Relais) für den VEB Schalt- und Gerätewerk Oppach. Er schildert dies als eine leichte Montagearbeit, die man nach kurzer Einübung schnell lernen kann. Doch die Arbeit wird anstrengend, weil sein Arbeitskommando Geld verdienen will. Wer seine Norm mit 100 % schafft, kann dafür innerhalb der Mauern Lebensmittel, Zigaretten, Hygieneartikel und andere kleine Dinge kaufen. Seine Gruppe aber arbeitet auf Tempo, erfüllt die Norm mit 200 %, das bringt ein angenehmeres Leben in der Freizeit (vor allem die Raucher benötigen mehr Geld). Bahro braucht für sich wenig Geld, er verdient den Unterhalt für seine Kinder und schickt sogar zusätzliches Geld an die Familie. Doch eigentlich möchte er weniger arbeiten – ihm würden vier Stunden am Tag ausreichen, dann wäre er weniger abgespannt und hätte mehr Zeit für seine Interessen. Genau das möchte er auch erreichen. Den ersten Schritt dazu macht er, als die Gefangenen »zu Ehren des 29. Jahrestages unserer Republik« Anfang Oktober eine Sonderschicht fahren sollen.

Bahro verweigert dies. Er schreibt an den Leiter des Strafvollzugs: »Ich bitte darum zu überprüfen, auf welcher Rechtsgrundlage die Anweisung erteilt wurde, zusätzliche Arbeit zu leisten.« Da diese Schicht ja freiwillig sein soll, würde er nicht daran teilnehmen, sich aber auch gegen eine disziplinarische Maßnahme gegen ihn zur Wehr setzen, während er »der gesetzlichen Arbeitspflicht diszipliniert Genüge tun« werde. Die Antwort an den renitenten SG lautet: »Dieser Arbeitseinsatz ist vom Leiter der Strafvollzugseinrichtung angeordnet worden und somit Pflicht. Der SG wird für sein Verhalten disziplinarisch zur Verantwortung gezogen.« Doch Bahro läßt sich nicht einschüchtern. Sofort antwortet er: Diese Anweisung widerspreche der Freiwilligkeit und sei eine Provokation für jene Gefangenen, die nicht mitmachen wollen. Er schildert auch das *politische* Motiv seiner Ablehnung: »Mit meiner Verurteilung für die Veröffentlichung eines gesellschaftskritischen Buches hat die Führung der DDR willkürlich ihre Sicherheitsorgane, ihre Gerichte und ihre Gefängnisse als Ersatzinstrumente ideologischer Auseinandersetzung benützt. Unter diesen Umständen kann ich nicht freiwillig eine von dieser Führung ausgelöste Initiative unterstützen.« Und er verlangt noch einmal den Nachweis der Rechtsgrundlage.

Wie das unter den Gefangenen wirkte, meldet (am 15. Oktober) wieder der Zelleninformator: »Wegen dem Samstag brach der Sturm im Wasserglas los. Der SG Bahro bemerkte entrüstet: ›Da das nicht für die DDR, sondern für die Regierung der DDR ist und ich etwas gegen die Regierung habe, kommt das für mich nicht in Frage.‹ [...] SG [...] und [...] bliesen in das gleiche Horn. Auch der SG [...] lehnte sich dagegen auf. [...] Der SG [...] zeigte sich wohl mit ihm solidarisch. Jedenfalls erschienen am Sonnabend die SG Bahro, [es folgen weitere, geschwärzte Namen] nicht zur Arbeit. [...] Der SG Bahro ist für eine Reihe von Strafgefangenen ein interessanter Diskussionspartner geworden. [...] Bahro ist speziell für den genannten Kreis von Strafgefangenen das Auskunftsbüro für politische Fragen.«

Diese Kraftprobe und seine Rolle als »Rädelsführer« hätten in einem normalen Gefängnis für einen normalen Strafgefangenen schwerwiegende Folgen gehabt. Für Bahro muß es ein interessanter Test gewesen sein, wie weit er von den Normen abweichen darf. Zwar wird er auch bestraft – doch das beschränkt sich auf eineinhalb Tage »sehr milder Arrest« (so Bahro selber) und vier Wochen »Kultursperre« – also der Entzug von Büchern und Zeitungen.

Inzwischen sind auch Informationen über seine Haft bereits im Westen angelangt.

Am 30. Oktober erschien im *Spiegel* Nr. 44 ein Text von Bahro *(Ich werde meinen Weg fortsetzen)* direkt aus Bautzen, und drei Tage später ein Artikel eines gerade entlassenen Mithäftlings in der *Welt (Auf sechs Quadratmetern muß Bahro leben und arbeiten)*. Damit war der von der Staatssicherheit so sorgsam vorbereitete Ring des Schweigens um ihren prominentesten Häftling durchbrochen.

Der Text von Bahro (ich gehe später noch genauer auf ihn ein) schildert die Haftbedingungen nur knapp: »Seit acht Wochen mache ich Französisch. Momentan lese ich endlich mal total die Bibel. Meine materiellen Ansprüche sind einfach aus Gewohnheit so bescheiden, daß ich im Prinzip mit dem Reingereichten hinkomme. Was mir wirklich fehlt, ist Musik (statt des elenden Lautsprechers), d.h. Kammermusik vom 17. bis in die Mitte des 18. Jahrhunderts. Tschechisch noch etwas länger. Na, und wem fehlte hier nicht weibliches Wesen (ich bin nicht etwa Asket).« (»Tschechisch« bedeutet hier zweifelsohne die böhmische Musik der sogenannten Vorklassik.)

Als Kontrast sei hier die Essenz des Artikels aus der *Welt* wiedergegeben, der zweifellos dem Informationsbedürfnis der Öffentlichkeit besser Rechnung trägt. Es ist der Bericht eines Westberliner Fluchthelfers, Franz Osterholt, der kurz vorher nach fünfjähriger Haft aus Bautzen entlassen worden ist und nach seinen Angaben Bahro das letzte Mal am 26. September gesehen hat. Das war durchaus wörtlich gemeint: Er hatte mit Bahro nie gesprochen, sondern ihn lediglich mehrmals von seinem Zellenfenster aus sehen können. So ist sein Bericht eher eine Extrapolation allgemeinerer Kenntnisse, bezieht sich auf die einmonatige Isolationszeit am Beginn von Bahros Einlieferung und steht teilweise im Widerspruch zu dessen eigenen Mitteilungen an die Familie.

Das also sind die Fakten des Artikels: Bahro sei von den übrigen Häftlingen streng isoliert, mit einer einstündigen Unterbrechung zum täglichen Hofgang Tag und Nacht in einer Zelle von sechs Quadratmetern eingesperrt. Darin muß er für eine Elektrofirma täglich neun Stunden lang kleine Schrauben in Zubehörteile für Elektromotoren eindrehen. Selbst zur Freistunde wird er allein geführt und muß seine Hofrunden ohne Begleitung laufen. Dann heißt es weiter: »Bahro sitzt in der vierten Etage des Zuchthauses. Seine Zelle mißt zwei mal drei Meter. Seine Bewegungsfreiheit beträgt höchstens zwei Quadratmeter. Der übrige Platz wird von einem Bett, der Toilette, einem Schrank, einem Waschbecken und einem Heizkörper beansprucht. An einem kleinen Tisch muß Bahro seine Arbeit in der Zelle verrichten. Eine etwa 60 cm lange Neonröhre ist darüber in Augenhöhe angebracht, so daß er ständig in das grelle Licht schauen muß.« Zu den Arbeitsleistungen weiß er mitzuteilen, daß Bahro seine Norm nur zu 80 % schaffe; wenn er 100 % schaffen wolle, müsse er 12 bis 15 Stunden arbeiten. Als monatlichen Lohn bekomme er zwischen 40 und 50 Mark.

Die allgemeineren Angaben zu Bautzen II sind zutreffend: Auf allen Etagen des Zellenhauses und an den Außenmauern sind Fernsehkameras angebracht, ebenso zusätzliche Lichtquellen zur Ausleuchtung der Gänge. Alle Zellen seien mit Lautsprechern ausgerüstet worden, über die der Häftling direkt vom Wachpersonal angesprochen werden könne. Der Tagesablauf wird geschildert und die Zahl der politischen Häftlinge in Bautzen II auf etwa 150, unter ihnen auch 50 Bundesbürger, geschätzt. Der Artikel schließt mit der Befürchtung: »Wann er aber seelisch gebrochen und körperlich ruiniert sein wird, ist nur eine Frage der Zeit«, denn bisher habe niemand dieses Zuchthaus ohne zerstörerische Folgen verlassen (und auch der gerade entlassene Häftling befinde sich in ärztlicher Behandlung).

Genaueres erfahren wir von Bahro selbst, durch die Briefe, die jedoch stets so abgefaßt sind, daß sie von den mitlesenden Kontrolleuren erstens durchgelassen werden können und zweitens keine Schwächen oder Krisen des Eingesperrten verraten dürfen.

In seiner Freizeit treibe er Sport, nämlich Gymnastik und Laufen, auch spiele er Volleyball – wobei er seine Ballangaben rühmt, die von den anderen gefürchtet werden. (Dieses Mannschaftsspiel weist bereits auf das Ende der strengen Isolation.) Dann erwähnt er noch das Schachspielen. Sonst ist die Freizeit ausgefüllt mit dem Sprachenerlernen und Lesen.

Ersteres betreibt er sehr intensiv. Er lernt Französisch, kann dazu auf ein Lehrbuch, ein Wörterbuch und auf ein altes dickes Stilwörterbuch zurückgreifen. Später fordert er dazu Schallplatten und einen Plattenspieler – und bekommt dies auch. Weiterhin beginnt er mit der italienischen Sprache. Was vielleicht zuerst wie ein rationelles Hobby oder ein nachgeholter Bildungsgang aussieht, hat für Bahro eminent politische Bedeutung – wie später aus einem Spitzelbericht eines Zelleninformators deutlich werden wird. Zur Unterstützung dieser Sprachkenntnisse verlangt er für sich die Abonnierung der kommunistischen Zeitungen *l'Humanité* und der *l'Unità* – das wird ein ständiger Streit mit der Anstaltsleitung (dazu später mehr).

Er liest viel. Gleich im ersten Brief an Gundula berichtet er, daß er die beiden letzten Bände von Romain Rollands *Johann Christof* erneut gelesen habe – »dieses mein altes Glaubensbuch«. Weiterhin nennt er Korolenkos *Geschichte meines Zeitgenossen*, Heinrich Böll und Wilhelm Raabe (ohne die Titel anzugeben). In dem späteren Interview (*From Red to Green*) nennt er noch Franz Mehrings *Geschichte der deutschen Sozialdemokratie* und »viel klassische Literatur«, z. B. Goethes *Wilhelm Meister*. Doch die Bücher aus der Anstalt reichen ihm nicht. Immer wieder fordert er, die Bücher aus seiner eigenen Bibliothek lesen zu dürfen. Was zuerst unmöglich schien – auch hier erreicht er teilweise Erfolge. So bringt ihm Gundula die Bibel mit, seinen Wunsch nach der Lektüre des Korans kann sie ihm nur symbolisch erfüllen, er bekommt von ihr dieses Buch – auf arabisch. Außerdem macht er der Anstaltsleitung den Vorschlag, daß nach seinen Wünschen und von seinem Geld Bücher angeschafft werden. Auch Musik konnte er später hören – alle 14 Tage waren zwei Stunden Platten mit klassischer Musik erlaubt (*From Red to Green*).

Die Post: Ein Strafgefangener darf (wenn er sich nichts zu schulden kommen läßt) normalerweise alle 14 Tage einen Brief schreiben und bekommen. Der Kreis der Berechtigten ist eng: Im Falle Bahro allein die Familie. Er darf am 5., 15. und 25. jeden Monats schreiben, ein- und ausgehende Briefe werden geöffnet und kontrolliert; enthalten sie Passagen, die der Zensur nicht gefallen, werden sie nicht weitergeleitet. So könnte man vermuten, daß in diesen Briefen nur Formelhaftes und Banales stehen würde – doch das ist nicht so. Bahros Briefe sind eine wichtige Quelle über sein Leben in der Haft, seine Befindlichkeiten und Interessen. Nur wenige werden von der Kontrolle nicht durchgelassen. Die Briefe, die an ihn gerichtet sind, erzählen ausführlich über das Familienleben, die Freuden und manche Sorgen, sie werden ihm fast alle ausgehändigt (und nach kurzer Zeit wieder weggenommen). Die Staatssicherheit ist selbstverständlich auch in Bautzen II präsent und kopiert alle ein- und ausgehenden Briefe, sie werden abgeheftet und ergeben für den »Untersuchungsvorgang« (also die sehr umfangreichen Akten über die Haftzeit) zwei kräftige Bände.

Was er nicht darf, macht er trotzdem sehr bald: Er schmuggelt einen umfänglichen Kassiber heraus, der schnell seinen Weg zum *Spiegel* findet und dort am 30. Oktober als *Ich werde meinen Weg fortsetzen* erscheint. Über das Schlupfloch für den Text ließ sich bislang nur spekulieren, und ich bin mir nicht sicher, ob er tatsächlich für den *Spiegel* gedacht war. Den Hauptteil bildet nämlich eine knappe Zusammenfassung des Aufbaus der *Alternative* – die für westliche Leser nicht mehr erforderlich wäre –, während das Gefängnisleben relativ knapp wegkommt (und hier das Informationsbedürfnis jener Leser am größten wäre, aber für einen Mithäftling nichts Neues bieten würde). Was er aber mitteilen will: »Ich fühle mich physisch und geistig so wohl, wie man sich unter diesen Umständen nur fühlen kann.« Und: »Ich hatte während der ganzen Untersuchung keinerlei Zusammenbruch und habe keine einzige meiner Positionen geräumt, auch die nicht, auf die sich das Feuer konzentrierte. [...] Ich habe vor Gericht und überhaupt keinen Zweifel gelassen, daß ich meinen Weg geradeaus fortsetzen werde.«

Diese Veröffentlichung mußte für die Staatssicherheit eine blamable Niederlage darstellen und löste eine unglaubliche Hektik aus. Schon am nächsten Tag – vermutlich nach einer Krisensitzung – stellte die HA IX/2 einen »Plan zur Aufklärung der Hintergründe und Zusammenhänge der Veröffentlichung eines angeblichen Briefes [...]« usw. auf. Darin wird erst der Text des Artikels durchgegangen und seine inhaltliche Richtigkeit bestätigt (das war wichtig, um eine Fälschung auszuschließen; und nebenbei wird erwähnt, daß der von Bahro genannte Häftling in seiner U-Haft-Zelle inzwischen entlassen und als IM der HA XVIII/3 tätig ist). Dann werden alle möglichen Kontakte (andere Strafgefangene, Besucher, Lieferanten, die Freunde Bahros) in Betracht gezogen, deren Überprüfung weiterhelfen könnte. Am 3. November liegt bereits ein sechsseitiger Bericht vor, der einleitend ernüchternd feststellen muß, »daß es unter den bestehenden Haftbedingungen in der StVE Bautzen II nicht auszuschließen ist, daß Bahro oder ein anderer Strafgefangener eine schriftliche Information außerhalb der Haftanstalt verbracht hat«. Im einzelnen wird deutlich, daß es ihm »unbeschränkt möglich [sei], Kontakt mit den Strafgefangenen des Kommando 2 zu pflegen« – das wären 28 Verdächtige. Dazu kämen für den vermuteten Zeitraum der Kassiberübergabe noch 66 Besuche für andere Gefangene, von denen immerhin »15 Besuche herausgearbeitet [wurden], bei denen eine Übergabe erfolgt sein könnte«. Weiter gab es seit Bahros Einlieferung 17 Entlassungen in die Bundesrepublik (die einzige Entlassung in die DDR war ein IM) – die Spuren verwischen sich also.

Übrigens steht bereits am Anfang dieses Berichtes die vielleicht wichtigste Schlußfolgerung: daß das Herausbringen von Schriftstücken und die Kontakteinschränkung zu anderen Strafgefangenen wirksam nur durch eine »grundsätzliche Veränderung der Bedingungen seiner Unterbringung in einem gesonderten Kommando« verhindert werden könne (was später auch geschieht – jedoch so spät, daß inzwischen ein weiterer *Spiegel*-Artikel zum Leidwesen der Staatssicherheit erscheinen konnte). Der in der Berliner Zentrale für Bahro zuständige Major Thiemig schlug schließlich vor, diesen Renitenten wieder zurück nach Berlin zu holen, weil der inzwischen schon eine Art Sprecher der anderen Strafgefangenen geworden sei. Darauf reagierten seine Vorgesetzten: Eine solche Verlegung sei »aus politischen Erwägungen nicht möglich«.

Der ehemalige Bautzen II-Häftling Rainer Schubert kannte das Schlupfloch für die Kassiber und vermittelte mich an den früheren Mithäftling Ottomar Ebert, der mir den Weg aus Bahros Zelle Richtung Westen so erzählte: Bahro bekam mittags eine dicke Diätsuppe, die außerhalb der normalen Essenzeit ausgeteilt wurde. In diese Suppe warf er seine Kassiber, sie wurden von den Kalfaktoren unkontrolliert weitergetragen, erreichten Ebert, der die Kassiber durch »Pendeln« (also an einer Schnur aus dem Fenster außen hinabgelassen) von der Männer- zur Frauenstation weiterreichte – und von dort gingen sie an einer unauffälligen Stelle über den Besucherverkehr aus dem Gefängnis hinaus.

Was mich in den Gesprächen mit den beiden noch mehr überraschte: Sie versicherten mir, daß Bahro für die politisch interessierten Häftlinge auf deren Wunsch aus dem Kopf die *Alternative* Kapitel für Kapitel rekonstruiert und handschriftlich in Sendungen von acht bis zehn Seiten in Umlauf gesetzt habe. Die Texte wurden mit großem Interesse gelesen, es gab Fragen und Bemerkungen dazu, die hin und her gingen. Beide Gewährsleute sagten, wie dankbar sie Bahro für diese politische Aufklärung waren. Und sie verziehen ihm auch, daß durch sein unvorsichtiges Verhalten den West-Häftlingen die erlaubte Lektüre der *l'Humanité* entzogen wurde. Bahro hatte die ihm in die Zelle geschmuggelten Exemplare so laienhaft versteckt, daß sie bei einer Kontrolle gefunden wurden. Doch von der Zirkulation der in der DDR verbotenen *Alternative* – für die er letztlich in diesem Hause saß – hat die Staatssicherheit nichts mitbekommen, sonst hätte sich das in den Akten niedergeschlagen.

Zurück zum Erlaubten: Bahro schrieb an seine geschiedene Frau, von deren Verstrickungen er zu dieser Zeit vermutlich noch nichts wußte, 37 Briefe und empfing von ihr 56 Briefe. In seinen schildert er den Haftalltag, die ihn anstrengende Arbeit, die Lektüre, die kleinen Dinge und die Bücher, die er mitgebracht bekommen möchte. Häufig bespricht er mit ihr, ob er nach der Entlassung in der DDR bleiben will – wenn ja, dann unter welchen Bedingungen – oder welche Chancen er als Kommunist im Westen hätte. Und er macht sich Gedanken über das Schicksal seiner Kinder, wenn sie in der DDR bleiben oder wenn sie mit ihm in den Westen gehen würden. Seine familiäre Rolle beschreibt er sehr drastisch: »Diejenige kommunistische Politik, um die es mir geht, ist eine ebenso große, übergreifende Verpflichtung wie jene, in deren Namen Christus sagen durfte ›Wer Vater und Mutter mehr liebt als mich, der ist mein nicht wert ...‹ Natürlich jagt jeder, der sich so berufen läßt, letztlich auch seinem eigenen Seelenheil nach; und ich leugne diesen Egoismus keineswegs.« (5.11.1978, von der Zensur nicht weitergeleitet)

Dieser intensive und für den Gefangenen lebenswichtige Briefwechsel begrenzte zwangsläufig die Zahl der ihm noch erlaubten weiteren Post. So bekamen seine Kinder nur sehr wenige separate Briefe, seiner alten Mutter schrieb er zweimal zum Geburtstag. Seine Kinder schrieben ihm in Abständen, und durch Gundula war er jederzeit über die Entwicklung und die aufgetretenen Probleme der Kinder informiert. Auch von seinem Bruder Gerhard erhielt er vier Briefe, darunter einen, der ihn sehr aufregte. Das Defizit, unter dem Bahro sehr stark litt, war der unterbundene Kontakt zu seiner Freundin Ursula. Die Briefe aus der U-Haft wie aus Bautzen wurden nicht weitergeleitet, ebenso nicht die Briefe von ihr an ihn. Mehrmals sprach er mit seinem Anwalt über dieses ihm hart zusetzende Problem, doch das Verbot blieb bestehen. Ebenso wurden die Briefe von Rudi Wetzel zurückgehalten. Schließlich auch ein direkt an ihn gerichteter Brief einer niederländischen Gruppe von Amnesty International aus Hoensbroek sowie eine Einladung der Université Paris VIII zu einer Diskussion über die *Alternative* am 22. Oktober 1979 in Paris.

Neben Briefen spielen Pakete eine wichtige Rolle im Leben der Häftlinge. Bahro schildert seine einfachen Wünsche und bekommt diese Dinge auch zugeschickt. Sehr geschätzt sind zusätzliche Lebensmittel, doch ist die Anzahl der erlaubten Pakete auf eines im Quartal beschränkt.

Alle zwei Monate darf der Strafgefangene für eine Stunde auch Besuch empfangen. Die Genehmigung beschränkt sich wieder auf die Familie, zugelassen sind pro Besuch zwei Personen. Und da Bahro auch den Kontakt zu seinem Anwalt Gysi hält, muß sehr genau geplant werden, wer die seltene Erlaubnis nutzen darf. Meist ist es Gundula allein, doch vereinzelt werden auch Bettina und Andrej mitgebracht. Sein Bruder Gerhard verzichtet zugunsten der Familie, und der Mutter Frieda möchte man diese emotional belastende Begegnung nicht zumuten. Diese »Sprecher« genannten Treffen finden in einem Besuchsraum statt, zugegen ist der »Erzieher«, der zuhört und einzelnes mitschreibt, doch letzteres nur pro forma, denn die gesamte Besuchszeit hinweg werden die Gespräche über »Wanzen« aufgezeichnet, anschließend abgeschrieben und vom MfS ausgewertet. Gregor Gysi konnte anfangs erreichen, ohne »Erzieher« seinen Mandanten zu sprechen, doch nachdem Bahro einen Kassiber zum *Spiegel* hinausschmuggeln konnte, wurden die Kontrollen verstärkt, fiel auch ein Verdacht auf Gysi als Kurier – und so fanden die weiteren »Sprecher« immer mit Begleitung statt.

Wie Gysi mir erzählte, wurde Bahro nach der Veröffentlichung seines ersten Kassibers im *Spiegel* in eine andere Zelle verlegt, zu der ein kleinerer Aufenthaltsraum gehörte, den er mit jemandem teilen mußte. Die Staatssicherheit glaubte herausgefunden zu haben, daß der Kassiber durch einen in den Westen Haftentlassenen hinausgeschmuggelt wurde – deshalb durfte Bahro näheren Kontakt nur noch zu einem Lebenslänglichen haben, der mit großer Sicherheit nicht vor ihm entlassen werden würde. Man steckte ihn mit einem Gefangenen (Bahro nannte ihn einen Polizeispitzel) zusammen, der wegen Kriegsverbrechen verurteilt worden war. Als Bahro dessen Vergangenheit erfuhr, protestierte er heftig und fand es unzumutbar, ihn als Kommunisten mit solch einem Verbrecher zusammenzusperren. Gysi konnte hier helfen und durchsetzen, daß Bahro mit einem westdeutschen Bürger, der wegen Wirtschaftsverbrechen eine hohe Strafe verbüßen mußte, einen Aufenthaltsraum teilte.

Über die Dauer seiner Haft machte er sich genaue Gedanken und besprach sie mit seinem Anwalt. Er ging davon aus, daß die zuständigen Stellen – und er sah diese mit einigem Recht im Politbüro – durch Druck von außen und eigene Überlegungen zu dem Ergebnis kommen würden, den Fall Bahro möglichst bald zu beenden. Obwohl er im August 1978 bereits mit dem Gedanken an einen Ausreiseantrag gespielt und dies seinen Vernehmern mitgeteilt hatte, konnte er sich noch im Oktober ein Verbleiben in der DDR vorstellen. Seiner Frau schreibt er, »daß das Leben in der DDR für mich an sich nach wie vor nicht nur denkbar, sondern unter bestimmten Voraussetzungen die wünschenswerte Perspektive wäre«. Was er aber nicht mehr könne – auf den stillen Privatgelehrten zurückschalten. Deshalb sein Vorschlag (der zielgenau auch an den Briefkontrolleur zur Weitergabe gerichtet ist): »Also müßte es schon ein politischer Modus vivendi sein. Dafür wäre ich bereit, auch meinerseits eine bestimmte Adaptation zu vollziehen, bei allem Festhalten an meiner Position auf den Stil der Konfrontation zu verzichten.«

Im November präzisiert er seine Position: Er würde in der DDR bleiben – bei völliger politischer Rehabilitierung und einem Leben ohne Auflagen. Doch dies zugestanden zu bekommen, sei unwahrscheinlich. Ohne dies würde er aber in der DDR nur die Rolle Havemanns duplizieren – und das würde dazu führen, daß das die falschen Leute ausnutzen (er dachte dabei an die westlichen Journalisten). Er könnte sich eine Lösung, um in der DDR zu bleiben, nur noch so vorstellen, daß man sein Verfahren bis zu dem Punkt zurückdrehen müßte, daß die Führung ihn zwar politisch bekämpft, aber nicht mehr juristisch.

Seine längerfristigen Absichten bespricht er mit seiner ihn besuchenden geschiedenen Frau und setzt sich dabei auch mit dem ihn beunruhigenden Brief seines Bruders Gerhard auseinander. Dieser hatte ihn in einem sorgfältig formulierten (auch für die Zensoren geschriebenen) Brief vom 21.10.1978 scharf dafür kritisiert, daß Bahro am Verlassen der DDR interessiert sei. Er legte ihm dabei zwei Fragen vor: »Was willst Du auf Dauer als Kommunist in kapitalistischen Ländern anfangen?« und »Glaubst Du [...] aus der BRD oder von sonstwo immer einen echten politischen Einfluß auf Fragen der Entwicklung in unserer Republik ausüben zu können?« Er malt seinem Bruder aus, wie der im Westen erst herumgereicht und dann als Kommunist zur potentiellen Gefahr werde. Besonders die Formulierung, daß Bahro seine »politische Heimat« gegen ein »Feindesland« eintauschen würde, beschäftigt diesen sehr.

Bahro läßt ihm durch Gundula bestellen: »Er kann nicht wissen, daß meine jetzige Haltung genauso konsequent ist, aus denselben Prinzipien folgt, wie meine vorige, die er natürlich auch nur höchst ungefähr erfassen konnte. ›Politische Heimat‹ und ›Feindesland‹, wie er das gegenüberstellt, sind für einen Kommunisten nicht geographische Gegebenheiten. Hier könnte ich in Wirklichkeit nicht mehr – jedenfalls nicht auf dem erforderlichen Niveau – verändernd wirken.« Und in einem anderen Brief wird dieser Gedanke fortgeführt: »Der ideologische Einfluß meiner Sache in der DDR und in den anderen Ländern (schließlich ist mein Buch *Zur Kritik des real existierenden Sozialismus insgesamt)* kann schwerlich größer werden, als wenn es mir gelänge, drüben eine stetige Position auf dem linken Flügel zu gewinnen. [...] Man weiß hier – es steht auch in meinem Buch –, daß ich dort in etwa die ›eurokommunistische‹ Linie beziehen würde, inklusive ›kritischer Solidarität‹ mit der SU, der DDR etc.«

Und in einem weiteren Brief bekennt er, daß er in puncto »Idealismus und Romantik« unverbesserlich sei, dazu zitiert er sehr passend Leonardo da Vinci: »Wer einem Stern folgt, kehrt nicht um.«

Bahro weiß längst, daß er kein gewöhnlicher Häftling ist, also kann er Forderungen stellen, die er entweder »über den Westen« – so drückt er sich aus, also über Kassiber – oder durch Hungerstreiks durchsetzen will. In einem ersten »Sprecher« mit Gysi am 2. Dezember räumt er ein, daß die Haftbedingungen »passabel« seien, er aber folgendes für sich fordere: statt monotoner Montagearbeit verlange er eine intellektuelle Tätigkeit auszuführen; dann benötige er mehr Bücher als bislang; außerdem möchte er wissenschaftlich arbeiten, dazu brauche er eine Schreibmaschine; dann müsse er die in der Haft verfaßten Texte auch später mitnehmen dürfen; weiterhin brauche er zu seiner Information die *Humanité*, die *Unità* und ein Radio – was Gysi den Ausruf entlockt: »Das kommt dann langsam an Interhotel heran.«[1] Dazu macht er – aus dem berechtigten Verdacht, daß ihr Gespräch abgehört wird – zweimal kurze Notizen auf einen Zettel, den Gysi einsteckt. Mit der ersten teilt Bahro ihm mit, daß er die ihn diskriminierende ADN-Meldung über seine Verurteilung (vom 30. Juni) durch einen Kassiber richtiggestellt habe und daß dies bereits im Westen angekommen sein könnte. (Das ist der *Spiegel*-Artikel vom 12.2.1979). Die zweite geht um das Unterhaltsproblem für seine Kinder und ist deshalb hier weniger wichtig. Bahro läßt durchblicken, daß er bei einer Entlassung in die DDR weder das Schicksal Harichs erleiden noch die Rolle Havemanns übernehmen möchte, sich aber auch an keinerlei Auflagen halten würde, die sein politisches Auftreten beträfen. Könnte er dagegen in die Bundesrepublik entlassen werden, würde er sich nur mit Angelegenheiten beschäftigen, die dort aktuell sind (und daran hat er sich später auch tatsächlich gehalten). Für Gysi und alle anderen Ohren sagt er dann deutlich, daß er keine Ruhe geben werde, und: »Meine Forderungen kommen über den Westen, wenn sie nicht erfüllt werden.«

Die Forderungen wurden von Gysi auch korrekt weitergeleitet (unklar für einige und kontrovers bis heute ist, an wen).[2]

Die Antwort auf Bahros Forderungen soll dem Renitenten durch den für Bautzen II zuständigen Staatsanwalt Kunze gegeben werden, doch vorher legt das MfS schon alles fest: keine Sonderrechte und Vergünstigungen, es gelten für ihn ausschließlich die Normen des StVG (Strafvollzugsgesetzes) und der Hausordnung – also Briefe sind nach einem Monat zu vernichten, schriftliche Aufzeichnungen nur in geringem Umfang zuzulassen und später ebenfalls zu vernichten; um Bahro die »zeitlichen und räumlichen Voraussetzungen für die Anfertigung von Schriften weitgehend einzuengen«, soll er außerhalb der Arbeitszeit durch »allgemeine und berufliche Erziehungsmaßnahmen, kulturelle und sportliche Betätigung« sowie durch die »Verwahrung [...] mit weiteren, besonders ausgewählten Strafgefangenen« behindert werden.

Am 5. Januar 1979 geschieht etwas ihn zutiefst Empörendes: Er kommt von seiner Arbeitsschicht zurück in die Zelle und muß feststellen, daß ihm inzwischen in einer gründlichen Durchsuchung sämtliche Aufzeichnungen und Briefe weggenommen wurden. Sofort ist ihm klar, daß er sich das nicht gefallen lassen darf und er alles versuchen wird, eine Grenze zu ziehen, die die Gefängnisleitung zu respektieren hat. Als erstes schreibt er an den Leiter der Strafvollzugseinrichtung und verlangt ein Gespräch.

Der stets präsente Zelleninformator berichtet: »Bahro hat im Speiseraum erklärt, daß er der Anstaltsleitung ein Ultimatum gestellt hätte. Entweder er bekommt bis zum 9.1. die sieben beschlagnahmten Positionen zurück oder er tritt am 10.1. in den Hungerstreik. Einige Strafgefangene haben sich empört und sein Ultimatum begrüßt.«

Als nächsten wohldurchdachten Schritt verfaßt er am 9. Januar einen vier Seiten langen Protest an den Generalstaatsanwalt der DDR. Diese große Anklage ist es wert, ähnlich wie sein Protest vom Oktober 1956 und sein Schlußwort im Prozeß vom Juni 1978 hier in ihrem letzten Teil wiedergegeben zu werden.

Er beginnt sofort mit seinen bereits Gysi zur Weiterleitung übermittelten Forderungen, dann schildert er die Wegnahme aller Bücher und Briefe, die er als »gezielte Provokation« ohne Rechtsgrundlage bezeichnet, da er sich in allen Punkten strikt an die Regeln der Anstaltsordnung halte. Um sich zu wehren, kündigt er für den folgenden Tag den Beginn seines Hungerstreiks an. Ebenfalls beschwert er sich über die Nichtweiterleitung seiner Briefe an die Familie, wobei diese zwischen Oktober und Dezember »50 Tage ohne schriftliches Lebenszeichen von mir war«. Und er protestiert gegen die Kontaktsperre zu Ursula Beneke.

Dann vergleicht er seine Haftbedingungen mit denen des im *Neuen Deutschland* gerade groß herausgestellten amerikanischen Bürgerrechtlers Ben Chavis:

»Ben Chavis kann einem DDR-Journalisten ein Interview geben und überhaupt die gesamte Öffentlichkeit für seine Sache in Bewegung setzen. Die USA-Justiz will seinen Prozeß revidieren. Mir gegenüber hält man für selbstverständlich, daß ich die von der staatsoffiziellen Nachrichtenagentur verbreitete verleumderische Lügenmeldung über die gegen mich inszenierte Prozeßfarce kommentarlos hinzunehmen habe. Bin ich vielleicht dafür verantwortlich, daß der erste Repräsentant der DDR nicht umhin konnte, wider besseren Wissens seine Autorität an einen solchen Text zu binden? Ich erkläre Ihnen noch einmal, worüber Sie ebensogut wie ich unterrichtet sein müssen: ›Das Verbrechen‹, für das Sie mich anklagen ließen, besteht einzig und allein in der Veröffentlichung jener Schrift, die heute in der ganzen Welt gelesen werden kann. Sie ließen die Bezugnahme auf offenbare soziale Tatsachen, ohne deren Aufgreifen es schlechthin unmöglich ist, ein gesellschaftskritisches Buch zu schreiben, als ›Sammeln und Übermitteln von Nachrichten‹ definieren. Ganz offenbar hat es seinerzeit die britische Bourgeoisie versäumt, gleich das erste größere Buch von Friedrich Engels über die Lage der arbeitenden Klasse in England, das mehr konkrete Fakten als meine Schrift enthält, wegen des gleichen Delikts unter Anklage zu stellen. Statt dessen hat sie Marx und Engels Asyl gewährt und sie ihr Lebenswerk gegen die bürgerliche Klassenherrschaft voll-enden lassen.

Herr Generalstaatsanwalt!

Man hat mir wiederholt in den zurückliegenden 16 Monaten mit zynischer Offenheit eine Selbstdarstellung der politischen Macht in der DDR gegeben, die jedem rollenbewußten Polizeiminister aus der Zeit der Heiligen Allianz recht zu Gesicht gestanden hätte.

Dennoch habe ich bis in den Prozeß hinein eine wie auch immer distanzierte Einsicht in die Nöte der politisch-ideologisch von mir herausgeforderten Partei- und Staatsführung aufgebracht und auch gezeigt. Immerhin hatte ich sie dazu gezwungen, par excellence den alten für die Macht so blamablen Gegensatz zum Geist als aktuelle DDR-Realität von 1977/78 offenzulegen. Aber der Ausgang des Prozesses in Verbindung mit der erwähnten ADN-Meldung zwingt mir nun unter

> mehreren hier nicht näher auszuführenden Gesichtspunkten den Entschluß auf, die DDR nach meiner Haft zu verlassen.
>
> Dabei würde ich es noch immer vorziehen, meinen Weg in diesem Lande fortzusetzen, bei einem Modus vivendi, der es mir erlauben würde, bei Aufrechterhaltung meiner Grundposition auf den langfristig unergiebigen Stil direkter politischer Konfrontation zu verzichten. Voraussetzung dafür wäre meine ordentliche Rehabilitierung, der Übergang zur sachlichen ideologischen Auseinandersetzung mit meiner Theorie. Vor diesem Hintergrund appelliere ich mit den dargelegten Forderungen und Fakten an Sie, das Vorgehen mir gegenüber sowohl im Einzelnen als auch im Ganzen zu überprüfen.
>
> Rudolf Bahro

(In *From Red to Green* heißt es dazu: »Ich schrieb einen langen und bitteren Brief an den Generalstaatsanwalt und hoffte, er würde einen Weg aus dem Gefängnis heraus finden. Aber einer aus der Kette muß ein Spion gewesen sein und der Brief endete bei der Staatssicherheit.«)

Am 10. Januar kam es zu einer Aussprache Bahros mit dem Leiter der gesamten Einrichtung Major Faedtke. Dieses Gespräch war ungewöhnlich lang, es dauerte fast drei Stunden und wurde auf vielen Seiten protokolliert. Die schriftliche Ankündigung eines Hungerstreiks wird vom Leiter ausgeklammert, er fragt jedoch, wie Bahro es sich vorstelle, die Öffentlichkeit von diesem geplanten Schritt zu informieren. Bahro antwortet vielsagend, daß sein Hungerstreik »die Mauern dieser Anstalt durchdringen wird«. Dann geht es um die eingezogenen Gegenstände. Es entsteht ein kleinlicher Streit, was er in seiner Zelle an Büchern und Briefen aufbewahren darf und wann ihm was weggenommen wird (oder werden darf). Bahro verlangt 15 Bücher in der Zelle, weil er wissenschaftlich arbeiten will. Der Major nennt ihm die Hausordnung, die nur fünf Bücher erlaubt, auch sei er hier nicht als Wissenschaftler, sondern als Strafgefangener. Bahro bezeichnet sich als politischen

Gefangenen, als den gegenwärtig brisantesten Fall. Der Major will ihm klarmachen, er sei ein Strafgefangener wie alle anderen. Dann wird die Diskussion politisch: Bahro erklärt seinen Bruch mit dem real existierenden Sozialismus durch den 21. August 1968, er verurteilt die militärischen Aktionen der Warschauer Vertragsstaaten und bekennt sich dazu, die Linie Dubčeks zu vertreten. Auch belehrt er den Leiter, daß die im Statut der SED festgeschriebene Einheit und Geschlossenheit der Partei – nach sowjetischem Muster – sich nicht gut mache und daß es besser wäre, wenn es in der Partei Fraktionen und eine Opposition gäbe – das sähe demokratischer aus. Auch um praktische Dinge geht es, er benötige unbedingt ein Radio und einen Plattenspieler in seiner Zelle, er fordere die eingezogenen Sachen zurück und protestiere gegen den untersagten Briefverkehr mit seiner Freundin Ursula Beneke. Der Leiter gibt nirgends nach, auch nicht als Bahro mit der Öffentlichkeit beinahe droht, abschließend fragt er den Gefangenen, ob er den gerade begonnenen Hungerstreik fortsetzen wolle. Als Bahro dies bestätigt, erklärt ihm der Leiter, daß er entsprechende Maßnahmen einleiten werde, für die der Strafgefangene Verständnis haben müsse.

Am 10. Januar also beginnt Bahro mit einem Hungerstreik, den er auf einen Monat festgelegt hat. Die »entsprechende Maßnahme« lautet, ihn nach fünf Tagen ins Haftkrankenhaus Bautzen I zu verlegen und dort künstlich zu ernähren. Doch dann bekommt die Sicherheit ihre Skrupel, ob Bahro dort nicht neue Kontakte aufnehmen würde – und man beschließt, ihn vollständig zu isolieren. (Da es für diesen Monat keine direkten Quellen gibt, muß ich auf spätere Gespräche und auf das Interview in *From Red to Green* zurückgreifen.)

Am ersten Tag ließ man ihn noch in seinem Arbeitskommando, dann wurde er völlig isoliert und in die Zelle I/17 verlegt – in »a dark hole« mit einem dichten Maschendrahtnetz über den Fensterglasziegeln. Darin gab es weder einen Tisch noch ein Waschbecken, jedoch eine Toilette und einen Wasserhahn. Jeden Tag kam der Häftlingsarzt und überprüfte Puls und Blutdruck. Mitschnitt aus einem späteren Gespräch mit einem Häftling: »Der Doktor sagte mir als erstes, Sie sind ungeeignet für den Hungerstreik, ist was für dumme Leute. Bin zu intelligent, um die Dummheit zu machen. Sagte ich zu ihm: Doktor, Sie wissen nicht, warum ich das mache, weil Sie meine inneren Gefühle nicht so bewerten.« Nach sechs Tagen begann die Zwangsernährung, er mußte einen Schlauch schlucken oder bekam einen Tropf gelegt. Oder zwei Mann vom Strafvollzug hielten ihn fest, und er bekam eine Tube mit Essen gewaltsam in den Mund gedrückt. Oder er wurde durch ein in die Nase gestecktes dünnes Röhrchen ernährt. So ging das 25 Tage lang. Der Arzt ging davon aus, daß Bahro den Hungerstreik aufgeben würde, doch der fand diese Sonderbehandlung zwar fürchterlich, hielt aber durch. Er verlor 10 Pfund an Gewicht, fühlte sich aber körperlich wohl, las die Bibel und setzte seine Französisch-Studien beim Licht einer drahtnetzumwickelten Lampe über der Tür fort. Später kommentierte er diese Zwangsbehandlung lakonisch: »Ich hatte mich selbst in diese Situation gebracht.« Am 31. Tag brach er den Hungerstreik ab.

Doch jetzt setzte die Gegenreaktion ein: Bis Ende April blieb er in dieser Isolation, wenn auch in einer anderen Zelle (II/35). Von hier aus hörte er ständig Arbeitslärm aus dem unteren Stockwerk, und er ahnte noch nicht, daß es ihm galt.

Bereits vor dem Hungerstreik gab es einen Briefwechsel zwischen Anwalt Gysi und dem Leiter der Anstalt, in dem es um die Bahro vorenthaltenen Briefe von Rudi Wetzel und Ursula Beneke ging, aber auch um die einbehaltenen Briefe Bahros an die Familie. Der Leiter schob Sicherheitsbedenken vor, Gysi verwies auf die Gesetze und die Rechte der Gefangenen. Als er damit nichts für Bahro erreichen konnte, wandte er sich am 17. Januar – also mitten in dessen Hungerstreik – an den Staatsanwalt Dr. Gläßner und trug diesem die Beschwerden und (die uns aus dem Brief an den Generalstaatsanwalt bereits bekannten) Forderungen Bahros vor. Gläßner hat daraufhin, wie er selbst schreibt, »lediglich auf die bestehenden gesetzlichen Bestimmungen hingewiesen, aber keine bindenden Erklärungen abgegeben«.

Eine der ersten Reaktionen ist dann der Besuch des für Bautzen II zuständigen Staatsanwaltes Kunze beim Strafgefangenen Bahro am (höchstwahrscheinlich) 29. Januar. In einer unerträglichen »prinzipiellen« Zurechtweisung wird dem Häftling klargemacht, daß er überhaupt nichts zu fordern habe, sondern alles nur von seiner Besserung und der Erreichung des Erziehungszieles abhänge.

Bahro hat jedoch nicht die Absicht, sich »erziehen« zu lassen, und macht das dem Staatsanwalt auch deutlich. Er will Vergünstigungen ohne Nachweis einer Besserung – und durch seine Beharrlichkeit (und Gysis Engagement) erreicht er dies schließlich auch. Umgekehrt läßt er es auf eine Reihe von recht provokativen Aktionen ankommen.

Denn inzwischen hat ein zweiter Kassiber den *Spiegel* erreicht und wird am 12. Februar unter der Überschrift *Ich will die DDR verlassen* veröffentlicht. Darin analysiert er die Vorwürfe der Anklage und informiert die Öffentlichkeit über seine tatsächlichen Handlungen, womit er die – vom *Spiegel* im Kasten abgedruckte – ADN-Meldung vom 30. Juni 1978 widerlegte bzw. korrigierte. Das mußte für die Staatssicherheit und noch mehr für das Gericht und die SED-Führung ein fürchterlicher Schlag sein: Nur knapp acht Monate nach dem Prozeß erfuhr nun die Öffentlichkeit in West und Ost erstmals und wahrheitsgemäß die sorgsam kaschierten und verbogenen Fakten, die zu dem Urteil über acht Jahre Haft geführt haben – der politische und moralische Schaden für den Staat war gewaltig. Damit auch kein Zweifel an der Authentizität des Kassibers auftreten kann, faksimilierte der *Spiegel* eine Seite des Originaltextes (und trotzdem veranlaßte das MfS darauf umfangreiche kriminaltechnische Untersuchungen wegen Fälschungsverdacht – bis man die Verfasserschaft Bahros hinnehmen mußte). Gegen Ende des Artikels betont Bahro die formell korrekte Behandlung in der Untersuchungshaft, daß er – gemessen an anderen DDR-Gefängnissen – gut versorgt und untergebracht sei. Ein weiterer Schlag gegen die vom MfS versuchte Abschottung des Gefangenen von Kenntnissen aus der Außenwelt: »Ich bin jetzt in großen Zügen über das Echo meines Auftretens und die Verbreitung meines Buches unterrichtet, freue mich insbesondere über die Solidarität solcher Kreise, die insgesamt eine progressive Position beziehen.« Schließlich noch die Ankündigung, daß er daran denke, »die DDR ohne Feindseligkeit zu verlassen«, um nach seiner Freilassung kein ständiger Konfliktstoff im Kalten Krieg zu sein und um seine politische Position noch weiter zu entfalten. Was er darunter versteht, sagt der letzte Satz: »Auch bin ich der Überzeugung, daß es in Westeuropa und ganz besonders in der BRD eine Aufgabe für Marxisten und Kommunisten meiner Prägung gibt.«

Am 28. Februar beschwert sich Bahro schriftlich bei Major Faedtke, daß sich nach Abbruch des Hungerstreiks die Haftbedingungen für ihn verschlechtert haben. Dazu zählt er die fortgesetzte Isolation, die Verweigerung einer ihm zustehenden Besuchserlaubnis, aber auch den Entzug einer Tasse und eines Tellers, so daß er aus dem Zahnputzglas trinken und von der bloßen Tischplatte essen muß. Ebenfalls darf er kein Papier und keine Briefumschläge einkaufen. Am ärgerlichsten ist für ihn jedoch, daß er keine neuen Bücher mehr bekommt, die ihm aber nach der Hausordnung zustehen. Er macht darauf aufmerksam, daß ihm auf diese Weise seine wertvolle Freizeit regelrecht gestohlen wird. Und er ersucht den Leiter, »mir meine Situation klarzustellen und wenigstens diejenigen Dinge zuverlässig zu regeln, die mir im Rahmen der insgesamt unakzeptablen Umstände [...] zugestanden werden«.

Seine Hoffnung ist der nächste »Sprecher« mit Gysi, der am 10. März stattfindet. Es wird ein langes, aufgeregtes, oft von seiner Seite auch unkonzentriertes Gespräch. Einmal will er seine Forderungen – die er auch an den Generalstaatsanwalt formuliert hat – durchsetzen oder wenigstens sehen, daß sich da etwas bewegt. Dabei geht es diesmal mehr um die Bücher und darum, daß ihm seine Notizen und Ausarbeitungen nicht nach kurzer Zeit immer weggenommen werden. Und Gysi kann ihm – er hat einen Tag vorher mit Staatsanwalt Kunze gesprochen und trägt dessen Positionen jetzt vor – bestimmte Hoffnungen übermitteln, daß völlig unpolitische und nicht der DDR schadende Manuskripte ihm vielleicht doch bei der Haftentlassung mitgegeben werden könnten. Ein Radio wird er nicht bekommen, statt dessen aber eventuell einen Fernseher – den lehnt Bahro gleich ab. Als »einzigartige Vergünstigung« im Falle einer entsprechenden Führung wäre ein Plattenspieler denkbar, und obwohl noch nie ein Strafgefangener in der DDR in seine Zelle eine Schreibmaschine bekam, wäre bei »ausgezeichneter Führung« selbst das im Bereich des Möglichen. Nur mit den Zeitungen wird es nichts werden, weil die von ihm angegebenen seit kurzem nicht mehr von den Strafvollzugseinrichtungen bezogen werden können. Soweit also Gysis (übermittelte) Antwort auf Bahros direkte Forderungen.

Zum anderen will Bahro eine Antwort, ob er nach der Haft vollständig rehabilitiert werden kann – in diesem Falle würde er in der DDR bleiben, im ablehnenden Falle nicht. Nach seiner Vorstellung müßte ihm der Generalstaatsanwalt auf seinen Brief eine verbindliche Antwort geben, doch Gysi kann ihm klarmachen, daß es für diesen gar keinen Grund zur Antwort gibt. Schließlich liege ein rechtskräftiges Urteil vor, und das Oberste Gericht der DDR habe bestätigt, daß das Urteil richtig sei. (In Gysis Antwort befindet sich auch – für heutige Leser – eine hübsche Arabeske: Für den Generalstaatsanwalt gäbe es überhaupt keine Umstände, »daß das Urteil irgendwann aus irgendeinem Grunde nochmal geändert werden sollte. Andererseits ist er gar nicht der berufene Vertreter, der nun sagen könnte, daß dieses Urteil auf 100 Jahre Bestand hat«. Das zeigte sich bereits 1990.) Es war zwar »nur« sein Anwalt und nicht der Generalstaatsanwalt, der ihm antwortete, doch Bahro mußte sich der juristischen Logik Gysis beugen. Deshalb verlagerten sich die Überlegungen auf die rechtlichen Möglichkeiten der Haftverkürzung. Mit großer Geduld erläuterte ihm Gysi die fünf vom Gesetz vorgesehenen Fälle: Wiederaufnahmeverfahren – Kassation – Strafaussetzung zur Bewährung – Begnadigung durch den Staatsrat – Amnestie. Was sich Bahro erhoffte – die ersten beiden Möglichkeiten –, schied in seinem Fall ganz bestimmt aus; die Strafaussetzung auf Bewährung würde – da er sich ja an keinerlei Auflagen halten wolle – nicht von langer Dauer sein; eine Begnadigung würde für ihn überhaupt nicht ausgesprochen werden, so blieb allein die Chance einer Amnestie, die jedoch in diesem Gespräch nicht weiter erörtert wurde.

Nach Aktenlage gab es auch zu diesem »Sprecher« ein Gespräch zwischen Gysi und Lohr und eine »Tonbandabschrift«, in der Gysi sehr präzise (und im Duktus völlig selbständig gegenüber dem »Wanzen«-Mitschnitt) das Gespräch mit Bahro wiedergibt. Aber er referiert nicht nur die Position seines Mandanten, sondern versucht auch, diesem zu helfen. So betont er mehrmals, daß ihm vom anwesenden Offizier des Strafvollzugs mehrfach bestätigt wurde, daß Bahro sich gut führe und die Hausordnung einhalte, so daß es keine Beschwerden gegen seine Person gäbe. Das nutzt Gysi, um den Widerspruch zwischen einer vom Staatsanwalt Kunze von Bahro geforderten »Besserung« und seinem tatsächlichen unbeanstandeten Verhalten zu zeigen: »Wie soll ich ihm erklären, daß er möglicherweise einen Plattenspieler und eine Schreibmaschine als Vergünstigung erhalten kann, wenn er sein Verhalten vollständig ändert, wenn es offiziell keinerlei Beanstandungen an seinem Verhalten gibt und dies von dem anwesenden Offizier stets noch bestätigt wird?« Dem schließt Gysi sehr sorgfältig formulierte Überlegungen an: Man sollte auf eine von Bahro abzufordernde Zusage, daß keine unzensierte Post (also ein Kassiber) das Gefängnis verläßt, ihm tatsächlich Schreibmaschine und Plattenspieler anbieten, zweitens ihm »irgendeinen längeren Zeitpunkt nennen, zu dem er entlassen werden könnte« (»unter der Voraussetzung, daß bis dahin keinerlei ungesetzliche Handlungen von ihm mehr ausgehen«), man sollte ihm die Gründe der gegen ihn verhängten Einschränkungen nennen – nämlich der *Spiegel*-Artikel vom 12. Februar, von dessen Veröffentlichung Bahro nichts weiß –, weil sonst für ihn ein falsches Bild entsteht und er die Maßnahmen nur als Schikane empfinden muß. Schließlich noch ein sehr deutlicher Satz: »Soweit es Einschränkungen gibt, bin ich der Meinung, daß sie niemals gegen das Gesetz erfolgen sollen« – und er bezieht sich auf das Vorenthalten der Bücher und der von Bahro gewünschten Zeitungen. Außerdem versucht er, sein Gegenüber zu überzeugen, daß er die »Sprecher« mit seinem Mandanten besser im Interesse einer »Verhaltensänderung« führen könnte, wenn kein Offizier des Strafvollzugs dabeisäße. (Für mich gibt es keinen Zweifel, daß dieses Gespräch mit Major Lohr völlig im Interesse Bahros war – und daß nur Gysis Gesamtkonzept, die Gespräche mit Lohr abzustreiten, ihn hindert, sich seine eigene Leistung für Bahro anzurechnen.)

Der Baulärm, den Bahro von seiner Zelle gehört hat, verfolgte einen sehr realen Zweck: Innerhalb des gesicherten kleinen Spezialgefängnisses für wenig mehr als 100 Häftlinge wird – es ist schwer zu glauben – für Bahro ein Hochsicherheitstrakt eingerichtet. Die entsprechende Konzeption (von zwölf Seiten!) wurde in der HA IX in Berlin entwickelt (22. März 1979) und soll die totale Isolierung und Kontrolle Bahros »zusammen mit vier ausgewählten Strafgefangenen« erzielen. Wegen der bisherigen Kassiber seien »spezielle Sicherungsvorkehrungen in der weiteren Vollzugsdurchführung des Strafgefangenen Bahro erforderlich, um unkontrollierbare Möglichkeiten der Verbindung nach außen und innerhalb der Einrichtung von vornherein weitestgehend auszuschließen«. Dieses umfangreiche Sicherungspaket um einen einzigen Gefangenen herum ist die wohl originellste Leistung des DDR-Strafvollzugs und soll hier in Stichpunkten wiedergegeben werden:

1. Der Sicherungsbereich umfaßt fünf Ein-Mann-Zellen, ein Bad und einen Aufenthaltsraum zur gemeinsamen Esseneinnahme und »kulturellen Selbstbetätigung«.
2. Die fünf Strafgefangenen bilden ein gesondertes Arbeitskommando, sie arbeiten innerhalb dieses Traktes auf dem Gang vor den Zellen.
3. Die Betreuung erfolgt ausschließlich durch Mitarbeiter des Strafvollzugs (also nicht mehr über Kalfaktoren).
4. (Ein Originalsatz muß hier folgen:) »Bei der Einrichtung des Sicherungsbereiches ist davon auszugehen, durch ein Höchstmaß an Außensicherungsmaßnahmen den Strafgefangenen keine Möglichkeit zur Verbindungsaufnahme zu anderen Strafgefangenen zu geben, ihnen die Unmöglichkeit sowie die

strenge Trennung von den anderen Strafgefangenen bewußt werden zu lassen, bei ihnen aber im Innenleben des Sicherungsbereichs das Gefühl und den Eindruck zu vermitteln, bei voller Anwendung der Bestimmungen des Strafvollzugsgesetzes sich relativ ungezwungen bewegen zu können und ›großzügig‹ behandelt zu werden.«

5. Vor den Fenstern sind Eisengitter und eine Stahlblechblende anzubringen, damit die Gefangenen nicht mehr unmittelbar ans Fenster herankommen.
6. Zugang zum Sicherungsbereich durch eine Doppeltür, davon eine aus Stahlblech, die zweite ist abzupolstern.
7. Auf dem Flur und an der Außenfront werden Überwachungskameras montiert.
8. Zur »Innensicherung« hat die Auswahl der vier zusätzlichen Gefangenen so zu erfolgen, daß mindestens zwei von ihnen inoffiziell zu nutzen sind – also Zelleninformatoren.
9. Von den fünf Zellen werden drei »mit B-Technik« ausgestattet« (also »Wanzen«).
10. Mindestens zweimal wöchentlich und zu unterschiedlichen Tageszeiten sind Kontrollen in den Zellen durchzuführen.
11. Kontrolle der Ein- und Ausgangsmaterialien für den Arbeitsprozeß, der Transportbehälter für das Essen (von der Küche und zurück) – auf der Suche nach Kassibern.
12. Kontrolle von Bahros Post durch den Offizier für Sonderaufgaben der HA IX, zusätzlicher Einsatz eines Gerätes zur Sichtbarmachung von Geheimschriften; Kopie aller Briefe für die HA IX/2.
13. Zeremonie bei »Besucherverkehr«: »Vor der Besuchsdurchführung ist der betreffende Strafgefangene gründlich zu durchsuchen. [...] Nach der Durchsuchung hat sich der Strafgefangene zu entkleiden und erhält eigens für den Besuch bereitzustellende Unterwäsche und Oberbekleidung. Während der Besuchsdurchführung kontrolliert der OdH nochmals eingehend die vom Strafgefangenen abgelegte Kleidung. Nach dem Besuch hat sich der Strafgefangene in dem Umkleideraum wieder zu entkleiden und erhält die vorher getragene Kleidung zurück. Die vom Strafgefangenen während der Besuchsdurchführung getragene Kleidung wird anschließend durchsucht [...]«

14. »Der Besucherraum wird bis zur Höhe des darin befindlichen Tisches durch eine Holzbarriere getrennt. Auf dem Tisch wird eine Trennscheibe aus splitterfreiem Glas angebracht.« Das Besuchszimmer wird mit B-Technik (»Wanzen«) und einer »konspirativ einzusetzenden Fernsehkamera« ausgerüstet.
15. Freistunde zu einer solchen Zeit, wo sich keine anderen Strafgefangenen auf dem Hof aufhalten; die Höfe sind in unregelmäßigen Abständen zu wechseln und vor und nach der Freistunde zu kontrollieren, die Freistunde selbst »ist in vollem Umfang zu überwachen«.

Und nun der zugebilligte Luxus dieses Traktes:

1. Warmwasseranschluß in jeder Zelle.
2. »Abweichend von der Normausstattung sind die Verwahrräume [Zellen] jeweils anstatt Hocker mit einem Polsterstuhl und statt Eisenbettgestell mit Stahlblechgitterauflage mit einem Holzbett mit Federkernauflage auszurüsten.«
3. Während der Freizeit darf das Bett als Liege benutzt werden.
4. Die Gefangenen dürfen ihre Zellen »bei voller Gewährleistung der Übersichtlichkeit« individuell ausgestalten.
5. Zugeständnis eines Kühlschrankes und eines elektrischen Kochers, um kleinere Speisen, Kaffee oder Tee zu kochen.
6. Die Gefangenen können sich Tageszeitungen, Zeitschriften und Bücher (aus dem Bücherkatalog des Buchhandels) bestellen.
7. Bahro darf langfristig »Fremdsprachen wie französisch, italienisch, spanisch, englisch und russisch« erlernen.
8. Die Gefangenen bekommen einen Fernseher und Unterhaltungsspiele, zeitweilig auch einen Projektor und einen Plattenspieler zur Verfügung gestellt, Bahro auch Platten für die Fremdsprachen.

Soweit also das umfangreiche Projekt zur Totalkontrolle ihres wichtigsten Gefangenen. Vier Monate wurde an diesem Zellentrakt gearbeitet – das wäre also etwa bis Mitte Mai. Bahro erzählt (in *From Red to Green*) über diese »Spezialsektion«, daß darin seine Zelle und die seiner beiden Mitgefangenen völlig offen waren, daß er einen ganzen Monat lang mit einem Gefangenen von »draußen« über den Hof Sprechkontakt hatte – und zwar auf französisch –, daß er statt der vorgeschriebenen achtdreiviertel Stunden pro Tag nur fünf Stunden arbeitete und ein entsprechend geringes Ergebnis brachte – und trotzdem sei ihm erlaubt worden, Fremdsprachenkurse im

Fernsehen zu verfolgen. In diesem Hochsicherheitstrakt (auch Bahro nannte ihn so) verblieb er bis zu seiner Haftentlassung.

Die Verwanzung von Zellen führt zu einer subtilen Überwachung. Die Lauscher hören die Gespräche zwischen den Gefangenen, sie hören, wie Bahro Vokabeln lernt, und sie hören auch, wie er einmal zu sich selbst sagt: »Ein Mensch, der so entschlossen ist wie ich, mich wollt ihr besiegen ...«

Während einer Schachpartie gesteht Bahro auch sein einziges Verbrechen im Leben: »daß ich in der Buchhandlung am Alex ›Zum guten Buch‹ ein Buch geklaut habe. Ich mußte mal ein Buch klauen. Das ist mein einziger Verstoß gegen die guten Sitten.«

Ferner gibt es Berichte von Häftlingen, die vom MfS zu den Akten genommen wurden: Vom Strafgefangenen D. erfährt es beispielsweise, daß Bahro ein neues Buch plane. Oder im Mai wird über ihn von einem mit ihm zusammengelegten Zelleninformator K. folgendes berichtet: Bahro habe ihn sehr kameradschaftlich aufgenommen, ihm Kaffee angeboten, seine politische Haltung als Kommunist dargelegt, den Staat aber als Terrorregime bezeichnet. Nach einigen Tagen hätte Bahro Vertrauen zu ihm gefaßt, von seinen Ausreiseplänen, einem beabsichtigten Hungerstreik und seinem durch das Buch verdienten großen Vermögen in der Bundesrepublik erzählt, das etwa 500000 Mark betrage. Zwei Monate später berichtete K. der Staatssicherheit, daß es Bahros Ziel sei, in den westeuropäischen Ländern kommunistische Parteien neuen Typs aufzubauen. Deshalb lerne er Französisch und Italienisch, später soll noch Spanisch dazukommen. Nach der Haftentlassung wolle er die westeuropäischen und lateinamerikanischen Länder bereisen und dort Kontakte zu den kommunistischen Parteien aufnehmen. Sein vieles Geld will er zur Unterstützung dieser Parteien verwenden. Dann gibt er zum Schaden Bahros weitere Informationen: Dieser habe seit einem Monat Sprechkontakt zu einem Westberliner Häftling, von dem er unter anderem erfuhr, daß vor einiger Zeit in Marburg eine Kundgebung zur Freilassung Bahros stattgefunden habe. Dann versuche Bahro über die in den Freistundenhöfen aufgestellten Papierkörbe an andere Strafgefangene Nachrichten zu übermitteln und zu erhalten. Außerdem habe er K. gebeten, beim nächsten Einkauf Zigarettenpapier zu bestellen, was er als Nichtraucher nicht könne. Und er sammele leere Rasierklingenschachteln. Zu vermuten sei, daß diese als Container für Kassiber auf Zigarettenpapier gedacht sind. Weiterhin interessiere sich Bahro dafür, ob zum 30. Jahrestag der DDR eine Amnestie komme. Er will in die Bundesrepublik entlassen werden, und wenn dies nicht im Zusammenhang mit einer Amnestie erfolge, so mache es ihm auch nichts aus, wenn er seine Strafe voll verbüßen müsse.

Das MfS reagiert sofort: Die Sprechverbindung mit dem »Westberliner« (es ist ein Russe) wird durch dessen Verlegung in eine entferntere Zelle unterbrochen, die Papierkörbe auf den Freistundenhöfen werden streng kontrolliert, die Tageszeitungen der ausländischen Strafgefangenen seien durchzusehen auf Nachrichten, die sich auf Bahro beziehen, der Informant habe zu beobachten, ob dieser weitere Kassiber anfertige.

Was der so observierte Bahro aber auf jeden Fall in dieser nicht absehbar langen Haftzeit erreichen will, ist ein Weiterdenken über seine bisherigen Positionen hinaus. »Also was ich in Zukunft schreiben werde, wird sich nicht auf die Kritik des real existierenden Sozialismus konzentrieren.« Seine Gedanken kreisen bereits um eine Neuorientierung unter westlichen Bedingungen – also eine antiimperialistische Strategie, die den orthodoxen Standpunkt der SED und der sowjetischen Führung hinter sich läßt. Immer wieder beziehen sich seine notdürftig hingeschriebenen Ausarbeitungen (Papier ist knapp) auf die Enteignung der Monopole, auf die Unterordnung der Wirtschaft unter den Staat und den Druck der Werktätigen auf diesen Staat. Und es geht ihm um eine Eindämmung des losgelassenen Produzierens – ganz im Sinne des Club of Rome (und dessen berühmten *Grenzen des Wachstums*).

Außerdem versucht er sich an einem Thema, zu dem er wenig Voraussetzungen mitbringt und das generell in der DDR ein trauriges Dasein fristete. Er will eine Ethik entwickeln, zu der ihm der Marxismus wenig Vorarbeiten liefern könnte und zu der er die wichtigsten Werke der Vergangenheit und der Gegenwart nicht kennt. Deshalb wählt er auch einen anderen Weg: Er möchte intensiv die Bibel studieren – das ist im Gefängnis nicht verboten – und als Atheist sie vielleicht gegen den Strich bürsten, aber auch die wertvollsten moralischen Aussagen für ein materialistisches Verständnis neu entdekken. Das, was er erreichen will, nennt er in seinen fragmentarischen Notizen und Ausarbeitungen *Christus für Kommunisten. Von der Aufhebung der Religion*. Dazu liest er, was er irgendwie in die Zelle bekommen kann: den Protestanten Karl Barth, den Katholiken Romano Guardini, den religiösen bengalischen Schriftsteller (und Nobelpreisträger) Rabindranath Tagore, einen marxistischen Religionshistoriker (ich nehme an, es handelt sich um den 1976 in der DDR verlegten Sergej A. Tokarew).

Bahro sieht sich gezwungen, einen ständigen Kampf um die Aushändigung von Briefen und gegen die Wegnahme von Manuskripten zu führen. Wieder erhält er Unterstützung von draußen:

So erscheint in der *Berliner Morgenpost* vom 17.5.1979 ein kurzer Artikel unter der Überschrift *Buchnotizen Bahros beschlagnahmt*: »Bei einer überraschend angesetzten Razzia in der Gefängniszelle des ›DDR‹-Regimekritikers Rudolf Bahro im Zuchthaus Bautzen II wurden kürzlich zahlreiche Manuskriptblätter, auf denen Bahro heimlich Gedankenskizzen für ein neues Buch notiert hatte, beschlagnahmt. Wie gestern aus Bautzen entlassene ehemalige DDR-Häftlinge in Westberlin berichteten, wollte Bahro offenbar eine Fortsetzung seines im Westen veröffentlichten Buches *Die Alternative* schreiben.« (Dieses »kürzlich« dürfte sich auf den Januar beziehen. Doch die nächste gründliche Durchsuchung der Zelle ließ nicht lange auf sich warten.)

Und im Juli macht der *Spiegel* (Nr. 27, 2.7.1979) der Staatssicherheit erneut klar, wie wohlinformiert er über ihren prominentesten und nach Möglichkeit streng isolierten Gefangenen ist. Genüßlich wird das Wissen (das ebenfalls nicht ganz aktuell ist) ausgebreitet: Bahros »hellgestrichene, mit Linoleum ausgelegte Einzelzelle, 15 Quadratmeter«, er selbst »im Sträflingsdrillich mit den gelben Streifen an Ärmeln und Beinen«, nach Feierabend mit Französisch-Lehrbuch oder mit der Bibel beschäftigt oder auf kleinkarierten A4-Bögen (auch dieses Detail stimmt!) seine Ausarbeitungen niederschreibend – »Thema: Wie halten es Kommunisten mit der Religion?« Auch seine Arbeit wird zutreffend geschildert: »Der Wissenschaftler, im Umgang mit schwerem Handwerksgerät ungeübt, kam mit den Elektrobohrern am Fließband nicht zurecht. Statt dessen muß er für das Elektroschaltgerätewerk Oppach mit einem Schraubenzieher winzige Schräubchen in Relais drehen. Die Norm: 100 bis 120 Werkstücke in acht Stunden.« Detailliert wird die Freizeitbeschäftigung dieser Häftlinge geschildert, sogar die jeden zweiten Donnerstagnachmittag gehörten Schallplatten – »bevorzugte Komponisten: Orff, Berlioz, Strawinski«. Berichtet wird aber auch, daß der Staatssicherheitsdienst bei der Einlieferung Bahros nichts unversucht gelassen habe, um Sympathiebekundungen für ihn zu verhindern. So ließen die Beamten über Mittelsmänner unter den Häftlingen verbreiten, Bahro sei »total umgefallen« und habe schon in der

U-Haft für die Stasi gearbeitet. Er sei, so wird ein Zuträger zitiert, »eine ganz stinkige Type und obendrein stockschwul«. Ein anderer habe über den Dissidenten gehöhnt: »Wer zehn Jahre braucht, um ein nichtssagendes Büchlein zu verfassen, ist kein Geistesblitz.« Bei den meisten Häftlingen seien derlei Aussagen allerdings auf »taube Ohren und blanke Fäuste« gestoßen. Ein Insasse: »Ein paar Gerüchteverbreiter erhielten eins in die Fresse.« Soweit also ein kenntnisreicher Informant des *Spiegel.*

Zwischen diesen beiden Artikeln gibt es wieder eine Durchsuchung seiner Zelle: Am 5. Juni werden ihm »umfangreiche persönliche Aufzeichnungen« weggenommen.

Als Anwalt Gysi am 20. Juli zu seinem dritten »Sprecher« kommt, hat Bahro fast den »Interhotel-Standard«: in der Zelle stehen ein Fernseher (den er nicht haben wollte) und ein Kühlschrank, Plattenspieler und Schallplatten fürs Sprachenlernen, die eingezogenen Fotografien sind ihm zurückgegeben worden, er bekommt ausreichend Belletristik zur Lektüre und kann sich über die Anstalt auch eigene Bücher kaufen. Er ist mit zwei anderen Häftlingen zusammen (einer ist ZI) – jeder hat eine offene Zelle, Bahro spricht etwas euphorisch vom »praktisch offenen Vollzug« (also greift das Sicherheitskonzept der strengen Isolation à trois!). Was er mit seinem Anwalt ausführlich zu besprechen hat, ist natürlich eine vorzeitige Haftentlassung – diesmal möchte er alles mögliche über die Kassation eines Urteils hören. Gysi weiß, wie chancenlos diese Idee ist, liest ihm aber das Gesetz vor und erläutert es ausführlich. Mit dem Ergebnis, daß Bahro einsehen muß, daß ein Kassationsantrag politisch und juristisch aussichtslos wäre. Damit wird die immer wieder aufgeschobene Frage, ob er in der DDR bleiben oder in den Westen gehen soll, innerlich entschieden. Und man redet über die letzte der fünf Möglichkeiten – wird es eine Amnestie zum 30. Jahrestag der DDR geben? Sie verabschieden sich so, daß Bahro einen Ausreiseantrag stellen wird und Gysi – »wenn da nichts weiter passiert« – Ende Oktober oder Anfang November wiederkommen würde.

Also stellt Bahro in sehr förmlichem Ton am 26. Juli 1979 einen Ausreiseantrag: »Die Gesamtheit der Umstände, die im Zusammenhang mit dem Erscheinen meines politischen Buches durch die Reaktion der Partei- und Staatsführung sowie ihrer ausführenden Instanzen geschaffen worden sind, bestimmt mich zu der Absicht, die DDR zu verlassen und meinen künftigen Wohnsitz in der BRD zu nehmen. Entschlossen, meine einmal bezogene Grundposition unter allen Umständen weiterhin aktiv zu vertreten, muß ich vor dem Hintergrund des gegen mich ergangenen und aufrechterhaltenen Gerichtsurteils sowie angesichts der Verschärfung und Präzisierung des Instrumentariums zur Kriminalisierung jeglicher politischer Opposition im Lande den Schluß ziehen, daß mein ferneres Verbleiben in der DDR eine unfruchtbare Dauerkonfrontation zur Folge hätte [...].«

Daraufhin erklärte ihm am 1. August der Anstaltsleiter, daß dieser Antrag erst nach der Entlassung aus dem Strafvollzug bearbeitet werde. (So geschah es auch, aber Bahro hatte sich nun »offiziell« festgelegt.)

Ein letzter Schmerz, den Bahro aushalten mußte, war der Verlust der von ihm zum Ausschleusen angefertigten 86 eng beschriebenen Blättchen Zigarettenpapier. Mehrfach hatte er dieses Manuskript an wechselnden Plätzen versteckt, dann für dieses hauchdünne Papier sich aus einem winzigen Stückchen Stoff eine Hülle genäht und diese mit den Blättchen auf der Innenseite seiner Unterhose angenäht. Ob er sie bei seiner Freilassung wegen der Kleidungs- und Körperkontrollen überhaupt hätte herausschmuggeln können, ist mir mehr als zweifelhaft. Doch er büßte sie durch Verrat seines Zellennachbarn ein. Dieser berichtete nämlich am 18. September seinem Führungsoffizier von dem Manuskript und den bisherigen Verstekken. Am 3. Oktober drangen morgens in einer Freistunde fünf Offiziere in den Sicherheitstrakt ein, durchsuchten ihn gründlich, fanden lediglich unter dem Kühlschrank einige Materialien versteckt, doch dann mußte sich der hereingelassene Bahro ausziehen, seine Sachen wurden »gefilzt«, die Stoffhülle mit den Papieren gefunden. Anschließend kommentierte einer der beiden Zellennachbarn: »Bei Rudi sieht es aus, als wenn sie eine Atombombe reingeschmissen haben.« Nachdem die beiden feststellen konnten, daß bei ihnen nichts fehlt, tröstete der Verräter: »Tja, lieber Bahro, und das alles wegen deinem Scheiß-Buch. Hättest du das Buch nicht geschrieben, hätten sie dir die Zelle nicht untersucht.«

Was dann mit diesem Fund geschah: »Die Verpackung des Materials wurde erst während der fotografischen Sicherung in der Hauptabteilung IX geöffnet. Das sichergestellte Material ist der Hauptabteilung IX/2 zur Auswertung übergeben worden.« Fotografiert und vergrößert, hat es sein früherer Vernehmer, (jetzt) Leutnant Groth, sehr schnell gelesen und einer ersten Auswertung unterzogen.

Entlassungen sollten nach Auffassung der Staatssicherheit überraschend und schnell erfolgen, damit der entsprechende Häftling keine Absprachen treffen und keine Provokationen mehr durchführen kann. In acht Tagen würde er frei sein, doch das wußte er noch nicht.

Amnestie, eine Woche Ostberlin und die Übersiedlung in die Bundesrepublik (Oktober 1979)

Kenner der Materie wissen, daß die vorzeitige Haftentlassung durch eine Amnestie ständiges Thema vieler Häftlingsgespräche und -träume ist. Auch Bahro hatte mit seinem Anwalt diese Möglichkeit besprochen. Die größte Amnestie, die es in der DDR bis dahin gab, lag sieben Jahre zurück – ein Effekt des Grundlagenvertrages DDR – BRD 1972. Daß es zum »runden« 30. Jahrestag der DDR eine weitere geben könnte, war nicht so fernliegend. Wie es im einzelnen zu der tatsächlichen Festsetzung kam, weiß ich nicht, doch ist interessant, wie Gysi mir das interpretierte: Ihm zufolge war die ganze Amnestie eigens erfunden, um die beiden Fälle Nico Hübner und Bahro loszuwerden. Die Idee einer »Lex Bahro« will er mit einem Mitarbeiter der Abteilung Staat und Recht des ZK der SED besprochen haben, und von diesem sei dann der Gedanke weitergegeben worden. Weil es primär um diese beiden Fälle gehen sollte, sei die tatsächliche Amnestie in sich notwendigerweise unlogisch gewesen, denn es mußten die beiden Straftatbestände »Geheimnisverrat« und »Nachrichtenübermittlung« darunter fallen, während das von der Schwere her dazwischenliegende Delikt »schwerer Geheimnisverrat« nicht amnestiert worden sei. Gysi meint auch, daß es die beschränkteste Amnestie gewesen sei, die es je in der DDR gab – das spräche wieder für eine »Lex Bahro«. (Nach einer Meldung im *Neuen Deutschland* vom 24./25.11.1979 wurden 11740 Personen aus dem Strafvollzug entlassen, in 35 Fällen erfolgte die Herabsetzung der lebenslänglichen auf eine Freiheitsstrafe von 15 Jahren.)

In dem oft genannten Interview wurde Bahro gefragt, wie er von seiner Entlassung erfahren habe. Er antwortete: »Das erste Anzeichen war ein TV-Report über eine Amnestie. Ich war mir mit mehr als 50 Prozent sicher, daß ich darin einbezogen werde, denn es war eine ideale Gelegenheit, mich loszuwerden ohne den Eindruck zu erwecken, es sei auf Druck von außen geschehen.«

Am 26. September konnte man im *ND* und in allen größeren DDR-Zeitungen zwei zusammenhängende Texte lesen: den »Beschluß des Staatsrates über eine Amnestie aus Anlaß des 30. Jahrestages der Deutschen Demokratischen Republik vom 24. September 1979« und die »Festlegungen des Vorsitzenden des Staatsrates der DDR über eine Amnestie aus Anlaß des 30. Jahrestages«. Der übliche Inhalt solcher Amnestie: Zu Strafen mit Freiheitsentzug verurteilte Personen werden aus dem Strafvollzug entlassen; Freiheitsstrafen, deren Vollzug noch nicht begonnen hat, werden nicht vollstreckt; Strafen ohne Freiheitsentzug werden erlassen, soweit sie noch nicht vollstreckt sind; Personen mit einer lebenslänglichen Freiheitsstrafe wird die Strafe auf 15 Jahre herabgesetzt. Dann werden die Personengruppen genannt, die von der Amnestie ausgenommen werden.

Da Bahro weder Nazi- noch Kriegsverbrechen noch Verbrechen gegen die Menschlichkeit, noch Verbrechen zum Schaden internationaler Abkommen und völkerrechtlicher Verpflichtungen der DDR begangen, weder Mord noch andere Gewaltverbrechen und auch keine Militärspionage verübt hatte, auch nicht mehrfach vorbestraft war – mußte er also freigelassen werden.

Für das MfS entstand mit Bahros vorgesehener Freilassung das große technische Problem seiner restlosen Überwachung rund um die Uhr und die vollständige Kontrolle aller Kontaktmöglichkeiten. Am 4. Oktober entwarf die jetzt wieder für ihn zuständige HA XX/OG einen Plan, welche Personen unter operative Kontrolle zu stellen sind. Man kam auf insgesamt 90: Bahros direkte Mitarbeiter, alle Zeugen, mehrere Schriftsteller und als Sympathisanten angesehene Personen, dazu – obwohl Bahro zu ihnen keinen Kontakt hatte – Wolfgang Harich und Robert Havemann, aber auch der damalige Philosophiestudent und spätere Verleger Christoph Links.

Eine Woche später ordnete der Leiter der HA XX auf Grund eines Befehls von Mielke weitere umfangreiche Sicherungsvorkehrungen an. So wurde unter anderem eine Liste der »operativ bekannten Verbindungspersonen des Bahro bzw. Sympathisanten« aufgestellt, diesmal geordnet nach Bezirksverwaltungen – mit insgesamt 54 Namen –, aus der hervorgeht, daß in 12 der 15 DDR-Bezirke solche Vorkehrungen zu treffen waren.

Schließlich wurde noch eine »Übersicht über eventuelle Anlaufstellen von Bahro« erarbeitet, um diese 14 Personen besonders sorgfältig – und auffällig! – zu überwachen. (Und mit vier dieser Verdächtigen hat sich Bahro tatsächlich getroffen.)

Seine Sorge betraf vor allem das Schicksal der ihm abgenommenen Manuskripte. In einem Brief an seinen Anwalt bat er darum, daß dieser mit den »zuständigen Organen« spreche, um bei der Haftentlassung alle Papiere ausgehändigt zu bekommen. Er bekam sie nicht zurück, statt dessen mußte er am letzten Tag eine Auflage akzeptieren und unterschreiben: 1. Keinerlei Kontakt mit Massenmedien aufzunehmen, 2. Den Ausreiseantrag im Wohngebiet zu stellen.

Dann konnte er entlassen werden. Ein Heer von Mitarbeitern war von der ersten Minute seiner Freiheit Stunde für Stunde bis zum Verlassen des letzten DDR-Kilometers bei Marienborn im D-Zug am 17. Oktober auf seinen Fersen, vor seiner Wohnung, vor den Wohnungen der »Anlaufstellen«, kontrollierte jeden Schritt, (fast) jedes Gespräch mit »zugelassenen Personen«, schirmte ihn teils gewaltsam gegen jeden unerlaubten Kontakt ab.

Es folgen jetzt diese Tage aus den Beobachtungsberichten der HA VIII in deren nüchterner Dienstsprache, dazu meine eigenen Erfahrungen unter dieser Bewachung und beim Treffen mit Bahro.

Am 11. Oktober 1979 öffnen sich um 10.40 Uhr die rückwärtigen Tore der Bautzener Haftanstalt II zur Siegfried-Rädel-Straße, ein Auto fährt heraus und bringt den Freigelassenen zum Bahnhof. Bahro hat zwei Plastebeutel in der Hand (und 352,23 Mark in der Tasche). Er bekommt eine Fahrkarte und fährt – mit Aufsicht – um 11.00 Uhr mit dem Zug nach Dresden. Dort steigt er in den Zug nach Berlin (Abfahrt 12.03 Uhr), liest das *ND* – und sein Aufpasser muß direkt neben ihm sitzen, denn er berichtet, daß Bahro »sehr aufmerksam den Artikel auf Seite 4 *Immer die höchste Verantwortung gesucht*« las, und »dabei hielt er die Zeitung unmittelbar vor seinen Augen und bewegte seine Lippen«. 14.51 Uhr kommt der Zug in Berlin-Ostbahnhof an. Sofort geht Bahro zu einem Telefon, ruft Rechtsanwalt Gysi an und betritt um 15.26 Uhr dessen Kanzlei in der Finowstraße 1. Was dort geredet wurde, wissen die Genossen nicht, aber 17.04 Uhr verläßt er das Haus wieder, kauft unterwegs Blumen und betritt mit diesen um 17.35 Uhr das Wohnhaus seiner geschiedenen Frau Gundula in der Pappelallee 83 in Prenzlauer Berg.

Hier ist alles bestens abgesichert: Damit es richtig auffällt, stehen mehrere Autos vor der Tür, die zivilen jungen Männer an der Haustür und im Umkreis sind nicht zu übersehen. Tag und Nacht werden sie nur die Bewohner des Hauses durchlassen (und ähnlich sieht es vor den Häusern der möglichen »Anlaufstellen« aus). Doch es gibt bereits einen ersten Zwischenfall: um 18.42 Uhr verläßt der *Stern*-Korrespondent Horst Barkow das Haus – also muß er sich vorher unerlaubt dort aufgehalten haben. (Hat Bahro seine Auflage Punkt 1 eingehalten? Er hat. Denn er rief sofort Gysi an, der ihn beriet, wobei die Staatssicherheit das Gespräch abhörte und ihrerseits Staatsanwalt Gläßner informierte, der sofort bei Gysi anrief und die Auflage erläuterte.) Schon 19.13 Uhr tritt das Beobachtungsobjekt Bahro wieder aus dem Haus und begibt sich zur Rheinsberger Straße 64 – also zu seiner Freundin Ursula Beneke. Schon wieder Zwischenfälle: gegenüber dieser Wohnung parkt der *Stern*-Korrespondent Harald Schmitt mit seinem Wagen, und um 21.35 Uhr fährt der *Reuters*-Korrespondent Mark Wood durch die Straße. Vom Objekt gibt es bis 24.00 Uhr keine Bewegung mehr.

Am 12. Oktober verläßt Bahro um 7.53 Uhr die Rheinsberger Straße Richtung Pappelallee, und schon wieder parkt der *Stern*-Korrespondent Harald Schmitt vor dem Haus. (So könnte ich noch lange fortfahren – doch das mag genügen.)

Wie Gundula erzählte, war sie an dem Entlassungstag auf einer Veranstaltung des Schriftstellerverbandes. Die Kinder haben ihrem Vater die Wohnungstür geöffnet, und gegen 19 Uhr sei Andrej zu ihr in die Tagung gekommen, doch sie konnte sich erst etwa zwei Stunden später von ihren dortigen Verpflichtungen freimachen. (Das heißt nach dem obigen Stundenprotokoll, daß Bahro dann nicht mehr in der Wohnung war.)

Bahro muß jetzt die »Wiedereingliederungsschritte« aller Amnestierten gehen: Er fährt vormittags zum Rat des Stadtbezirks Weißensee (da er polizeilich noch in der Streustraße gemeldet ist), muß sich dort bei der Abteilung Inneres melden (hier gibt er auch seinen Ausreiseantrag ab), dann gleich weiter zur Volkspolizei-Inspektion Albertinenstraße und weiter zur Meldestelle der VP in der Meyerbeerstraße (Weißensee) und zur Meldestelle der VP in der Pappelallee (Prenzlauer Berg). Damit ist der erste Teil der amtlichen Schritte absolviert und der halbe Tag weg.

(Gregor Gysi erinnert sich im Interview, daß er Bahro von dessen Wohnung im grünen Trabant nach Weißensee abholte und daß ihnen dabei eine ganze Karawane von Stasi-Wagen folgte, was ihn als Fahrer so irritierte, daß er in eine Einbahnstraße in entgegengesetzte Richtung fuhr, es nach einiger Zeit merkte und wendete, dabei bemerkte, wie alle Begleitwagen an ihm vorbeifuhren und dasselbe Wendemanöver vollführten. Als Bahro seinen Ausreiseantrag abgeben wollte, saßen neben der Leiterin der Abteilung Inneres zwei besondere Mitarbeiter – und als diese nickten, konnte die Leiterin die Übersiedlung genehmigen.)

Aus seinem Antrag »An den Rat des Stadtbezirkes Berlin-Weißensee, Abteilung Inneres« seien zwei Sätze zitiert: der geschwollene Einleitungssatz und ein sehr selbstbewußter aus dem letzten Drittel: »Unter der gegebenen Voraussetzung, daß ich beabsichtige, meine politische Grundopposition weiterhin öffentlich zu artikulieren und daß andererseits durch den Akt der Amnestie keine Rehabilitierung bezüglich angeblich von mir begangenen Landesverrats durch Nachrichtenübermittlung erfolgt, würde mein weiteres Verbleiben in der DDR gegen meinen Willen ständig Anknüpfungspunkte für Aktivitäten bieten, die den so notwendigen Prozeß der Entspannung in Europa und speziell zwischen den beiden deutschen Staaten ungünstig beeinflussen könnten.« Und nachdem er die »Entlassung aus der Staatsbürgerschaft« beantragt hat (natürlich vermeidet er das amtlich nicht existente Wort »Ausreiseantrag«), folgt: »Ich treffe diese Entscheidung in dem Bewußtsein, 25 Jahre lang fleißig und verantwortungsbewußt am Aufbau der DDR mitgewirkt und überdies mit meinem gesellschaftskritischen Buch in den letzten 10 Jahren einen auf weite Sicht in der dialektischen Konsequenz positiven Beitrag zur weiteren Entwicklung des Landes geleistet zu haben.«

Nachmittags fährt er wieder in die Rheinsberger Straße, telefoniert endlich mit seinem Freund Rudi Wetzel, geht mit Ursula in die HO-Gaststätte »Zur U-Bahn« in der Schönhauser Allee. Auf dem Weg dorthin wird er vom *Stern*-Reporter Schmitt fotografiert, doch die Sicherheitskräfte umringen diesen sofort und nehmen ihm den Film ab. In dieser Nacht schläft er in der gemeinsamen Wohnung (die in der Streustraße ist inzwischen vermietet).

Der nächste Vormittag gehört seiner Tochter Sylvia. Früh schon verläßt er mit ihr das Haus, sie fahren mit dem Enkel zuerst nach Buch – geben diesen dort in der Krippe ab –, dann nach Bernau, wo Sylvia wohnt. Mit dem zweiten Kind, das Sylvia aus der Wohnung holt, spielen sie dann in einem Park (auch beobachtet und fotografiert). Was sie beide wußten: Es war ein Abschied auf ungewiß lange Zeit, denn Sylvia verzichtete auf eine Übersiedlung, wegen der beiden kleinen Kinder (im Alter von drei Monaten und eineinhalb Jahren) und weil sie seit ihrer Kindheit bei ihren Großeltern lebte, die sie nicht verlassen wollte.

Mittags fährt Bahro wieder nach Berlin, trifft sich in Weißensee mit Ursula, sie machen einen kurzen Besuch in der Streustraße (doch nicht in seinem ehemaligen Wohnhaus). Dann trennen sich die beiden, und Bahro fährt mit dem Bus nach Pankow, um sich mit Guntolf Herzberg zu treffen.

Wie das ablief, soll nun als »Erlebnisbericht« geschildert werden.

Am Tag zuvor hatte ich ihn angerufen, und wir konnten lange und ungestört miteinander telefonieren (das ganze Gespräch wurde aufgezeichnet), mußten natürlich auch den genauen Zeitpunkt und den Ort des Wiedersehens den Lauschern mitteilen. Um wirklich diesen Treffpunkt zu erreichen, ging ich lange vorher mit einem Einkaufsbeutel aus der Wohnung, an den Bewachern vorbei, zur Kaufhalle und dann auf Umwegen allmählich zur Bushaltestelle Pankow Kirche. Dann wartete ich dort einige Zeit und konnte mir kaum vorstellen, daß »man« uns einfach so treffen und miteinander sprechen lassen würde. Ich sah den Bus kommen, und bevor er hielt, wurde er von einem Auto überholt, heraus sprangen drei Mann, hinter dem Bus bremste ebenso plötzlich ein Wagen, auch aus ihm sprangen Männer heraus. Aus dem Bus stieg Bahro aus, aber auch andere Männer, die uns sofort einigelten, mein Ausweis wurde mir abgenommen, dann erst konnte ich auf Bahro zugehen und ihn begrüßen. Wir entschlossen uns zu einem Spaziergang, die Johannes-R.-Becher-Straße immer hinauf und hinunter: vor uns, neben uns, hinter uns junge Männer – so begann unser erstes Wiedersehen.

Manches hatten wir schon am Telefon besprochen, jetzt unterhielten wir uns nicht allzuleise über die Haft, vor allem über unsere Vernehmungen, bei denen immerhin der sorgsam gehütete Code den Vernehmern bekannt wurde (und zwar nicht durch mich). Bei dieser Gelegenheit erfuhr ich auch von dem mißglückten Kassiber an mich und der dadurch bedingten Arreststrafe. Dann ging es um unsere weitere Verbindung, wie wir den Kontakt über die Grenze hinweg aufrechterhalten können. Ich steckte ihm einen Zettel mit einer Westberliner Adresse zu (die er allerdings später nicht benutzte). Weitere Themen sind mir im Laufe der Jahre entfallen, und der Bericht der uns umringenden Lauscher stellte bedauernd fest, daß nichts zu verstehen war. Wenigstens ein paar Erinnerungsfotos gibt es von diesem gut bewachten Wiedersehen.

Nach unserem Gespräch zog die Meute mit Bahro ein paar Meter weiter ins Café »Kleine Konditorei« nahe der Pankower Kirche. Hier warteten Rudi Wetzel und Ursula auf ihn, man blieb eine reichliche Stunde dort, dann gingen die drei (plus Begleitung) in den

Schloßpark, um dort miteinander »in Ruhe« zu reden. Abends fuhr Bahro wieder in die Pappelallee, und um 20.15 Uhr kam Gregor Gysi – ihm wurde »das Betreten des Hauses gestattet« – und blieb eineinhalb Stunden.

Am nächsten Morgen fährt Bahro mit seiner zweiten Tochter Bettina nach Eisenhüttenstadt. Der erste Besuch in seiner alten Heimat gilt – seinem früheren Lehrer Heinz Hauenschild. Erst dann begibt er sich zum Haus seiner Eltern, trifft dort niemanden an, und nach einigem Herumtelefonieren nehmen die beiden ein Taxi, sie fahren nach Scherndorf. Dort kann Bahro endlich seine Mutter wiedersehen und sich von ihr verabschieden (im Beobachtungsbericht ist lediglich von »drei älteren weiblichen Personen« im Garten eines Bungalows die Rede). Nach eineinhalb Stunden geht es mit dem Taxi zurück nach Eisenhüttenstadt, weiter mit dem Zug nach Berlin. Auf dem Ostbahnhof spricht Bahro einen seiner Bewacher an und erkundigt sich bei ihm, ob er Robert Havemann besuchen könne. Die Antwort ist nicht überliefert, vermerkt ist aber, daß Bahro auf den geplanten Besuch »verzichtete«. Am späten Nachmittag macht er sich auf den Weg von der Pappelallee zur Rheinsberger Straße, dabei wird er von Gerd Poppe (später bekannt als Bürgerrechtler und kurzzeitig auch Minister im Kabinett Modrow) angesprochen, doch die Bewacher drängen ihn schnell ab (und nehmen seine Personalien auf).

Die letzten beiden Tage in Ostberlin: Am 15. Oktober versucht er, telefonisch Kontakt mit Sonja Schnitzler im Eulenspiegelverlag aufzunehmen, von der er inzwischen vermutet, daß sie der Staatssicherheit zugearbeitet hat, es gelingt ihm nicht, und hier versucht er sogar, über einen seiner Bewacher dieses für ihn offensichtlich wichtige Wiedersehen zu arrangieren. Es kommt nicht dazu. Dann folgt eine Burleske: Als »Wiedereingliederungsmaßnahme« wird dem Haftentlassenen sofort eine Wohnung zugewiesen. Er muß also wieder zum Rat des Stadtbezirks Weißensee, Abteilung Inneres, dort werden ihm zwei Wohnungen angeboten, er will keine, muß aber eine nehmen, entschließt sich für die Knaackstraße in Prenzlauer Berg, muß mit einem Mitarbeiter dorthin fahren, die Wohnung besichtigen, nach sieben Minuten ist er wieder draußen – und hat nun eine feste Adresse. Dann kauft er einen Blumenstrauß und bittet den Mitarbeiter, diesen bei der Abteilungsleiterin abzugeben – für ihre Hilfsbereitschaft. Als nächstes geht er in die Evangelische Buchhandlung Georgenkirchstraße. Mehr als zwei Jahre mußte er ohne solche Geschäfte auskommen, nun besieht er sich ein letztes Mal in Ostberlin das dortige Bücherangebot. Interessant, was er sich kauft: *Geistliche Übungen und erläuternde Texte* von Ignatius von Loyola und Walter Benjamins berühmte Briefsammlung *Deutsche Menschen*. Aber auch zwei Karten: Auf der ersten steht »Wir wissen zu viel und lieben zu wenig«, auf der zweiten: »Das Herz des Menschen ist so groß, daß nur Gott es ausfüllen kann.«

Am frühen Abend kommt wieder Gysi vorgefahren, beide begeben sich in die Rheinsberger Straße – es geht um die delikate Mit-Ausreise der Freundin bzw. künftigen Lebensgefährtin.

(An diesem Tag stellte auch Gundula ihren Ausreiseantrag beim Rat des Stadtbezirks Prenzlauer Berg. Offensichtlich gab es da eine interne Absprache, denn in ihrem Text wird ausschließlich von »ihrem Ehemann« gesprochen.)

Auch der letzte Tag in Ostberlin bringt Rennereien: morgens erneut zur VP-Meldestelle Pappelallee, nachmittags mit Gysi nach Weißensee zur Abteilung Inneres – hier gibt er noch eine Vier-Zeilen-Ergänzung zu seinem Ausreiseantrag ab: »Ich bestätige noch einmal meinen in dem entsprechenden Antrag niedergelegten Wunsch, aus der Staatsbürgerschaft der DDR entlassen zu werden. Ich scheide ohne Feindschaft von dem Staat, dem ich meine gesamte persönliche und politische Entwicklung verdanke.«

Insgesamt viermal trifft er sich an diesem Tag mit Ursula, jedesmal nur für wenige Minuten, einmal ist auch Gysi dabei – hier wird es wieder um die letzten Schritte zur Ausreise gegangen sein.

Zwischendurch noch zwei wichtige Treffen: am frühen Nachmittag ein längeres mit Rudi Wetzel im Schloßpark, am Abend ein längst fälliger Besuch bei Volker Braun in der Karl-Liebknecht-Straße. Bereits am Vormittag eine letzte kleine Farce in dieser allgemeinen Abreisehektik: Mit seiner musikliebenden Tochter Bettina fährt er zum HO-Warenhaus Centrum am Alexanderplatz in die Musikabteilung, sie suchen beide insgesamt 30 Platten mit klassischer Musik aus, schließlich hat er ja einen Scheck über 300 Mark, den er einlösen will. Was er nicht hat, ist ein gültiger Personalausweis. Er wird zur Sparkasse geschickt, zeigt dort seinen Bautzener Entlassungsschein, der wird natürlich nicht anerkannt, so gehen sie zur Musikabteilung zurück, sortieren ein paar Platten wieder aus und bezahlen die anderen in bar.

Was nicht in den Akten steht: Am Abend steht plötzlich Gudrun Bredel vor der Wohnungstür und überbringt einen Brief von Robert

Havemann, in dem dieser Bahro dringend bittet, nicht auszureisen. Bahro reagiert sofort, schreibt einen kurzen Antwortbrief (-zettel wäre genauer), daß er in der DDR sofort wieder straffällig werden würde, da er natürlich weiter an den Problemen arbeiten würde. Zu einem Gespräch mit der Abgesandten kommt es nicht, denn die Bewacher des Hauses drängten sie ab.

Der 17. Oktober ist der Tag der Ausreise. Früh um 6.19 Uhr halten drei Pkw vor dem Haus Pappelallee 83: zwei »Wolga« und ein »Lada« (also typische DDR-Dienstwagen). Man geht nach oben. Um 6.44 Uhr kommt Anwalt Gysi »mit seinem bekannten Pkw ›Trabant‹ vorgefahren« (so der »Beobachtungsbericht«). Zehn Minuten später verlassen Rudolf und Gundula Bahro mit ihren Kindern Andrej und Bettina das Haus, jeder mit Koffern und Reisetaschen beladen (auch Gysi trägt zwei Koffer hinunter). Dann werden die Plätze vergeben: Bahro und Gysi im »Lada«, die restliche Familie im ersten »Wolga«. Wenige Minuten später ist man in der Rheinsberger Straße, um 7.04 Uhr steigt Ursula Beneke mit ihrem Gepäck zu dem Mitarbeiter der Abteilung Inneres in den zweiten »Wolga«. 40 Minuten später ist man bereits am Schönefelder Kreuz auf der Autobahn. Es geht Richtung Westen.

Ich versuche jetzt eine (quellenmäßig gesicherte) literarische Fiktion und imaginiere, was Bahro – falls er nicht die ganze Zeit mit Gysi gesprochen hat – sich auf der drögen Autobahn an Rückblicken und Erwartungen hätte durch den Kopf gehen lassen können:

Das Gefühl des Triumphes: Freigelassen zu werden, ohne Kompromisse zu machen, ohne gebrochen zu sein. Nicht im Häftlings-Bus über die Grenze ins Auffanglager, sondern im Konvoi nach meinen Wünschen, mit zwei Frauen und den Kindern. Die Stasi chauffiert mich an den Zug heran, ich fahre als Prominenter in den Westen ein.

Vor drei Jahren kannten mich sehr wenige, vor zwei Jahren war ich in U-Haft, heute bin ich berühmt, ich habe im Westen einen Namen und viel Geld. Natürlich bin ich ein hohes Risiko eingegangen – es hat sich gelohnt. Ich hätte aber auch noch länger durchgehalten. Mein Hungerstreik hat ihnen gezeigt, was ich kann. Und die Spiegel-Artikel: Ich hab es dem Leiter von Bautzen II gesagt: Wenn es sein muß, mach' ich diese Zuchthausmauern durchlässig. So, und jetzt gehts ab nach Westen.

Das werden nicht alle verstehen. Rudi, du als Kommunist? Was denken die Freunde und Genossen in der DDR über mich? Als erstes muß ich versuchen, im Fernsehen mich direkt an sie zu wenden – mein öffentlicher Abschied von der DDR. Ich muß ihnen klar machen, daß ich fortgehen mußte. Nicht wegen meiner persönlichen Zukunft. Sondern um nicht der neuen Entwicklung im Wege zu stehen. Wie es etwa Havemann macht. Der sorgt ständig für Konfrontation. Das ist nicht mein Stil, erst recht nicht mein Ziel. Ich habe den Anstoß gegeben, jetzt denkt es in der DDR, jetzt müssen andere ran – in der SED, oder progressive Christen, parteilose fortschrittliche Menschen. Ich würde nur Anlaufpunkt für die Westmedien werden: hier ein Interview, dort eine Unterschrift unter einen Protestaufruf – das sind doch nur Eintagsfliegen. Ich muß geistig arbeiten, eine politische Position zeigen, die mich als »DDR-Kritiker« völlig uninteressant macht.

Soll ich meine Verbindungen zu den Freunden halten? Wenn man sie weiter überwacht, wäre das keine Hilfe für sie. Sie können mir auch nicht helfen. Für sie gehe ich einen einsamen Weg, sie sehen nicht die Herausforderung, der ich mich stellen will.

Wie ich zur DDR stehe, ist klar. Und die anderen werden sich wundern. Denken, wer aus dem Knast kommt, ist gebrochen oder lodert vor Wut.

Kein Haß. Ich werde mich in allem öffentlichen Auftreten nicht vor den antikommunistischen Karren spannen lassen, sondern kontern, hart kontern – sie werden sich die Zähne an mir ausbeißen. Die DDR kann ich beurteilen, und ich werde den Journalisten und allen, die mich fragen, erklären, daß es gute Gründe gab, warum die DDR-Führung so handeln mußte, wie sie an mir gehandelt hat, auch was das für ein Staat ist, nach welcher Logik er funktioniert – und daß er nicht mehr mein Thema ist. Die »Alternative« war notwendig, die Dissertation auch – aber das ist für mich vorbei. Nicht umsonst habe ich ein Jahr lang in meiner Zelle die neuen, die größeren Probleme der Zivilisation durchdacht. Jetzt geh' ich dem Kapitalismus an den Kragen.

Was lasse ich zurück? Meine Papiere aus dem Gefängnis, das ist mehr als ärgerlich. Aber ich kriege das schon wieder zusammen. Was ich dort entwickelt habe, steckt doch noch in meinem Kopf. Und alles andere wird uns nachgeschickt. Gabi Gysi hat uns versprochen, den Transport zu betreuen. Unsere alten Möbel, naja. Meine alten Klamotten, naja. Aber die Bücher, die Platten, das läßt sich nicht so ersetzen. Und manches werden wir brauchen, es wer-

den ja schließlich zwei Haushalte. Aber Gabi weiß das. Außerdem werden wir Geld haben. So viel wie noch nie. Herumhören, in welcher Stadt man gut leben kann. Und sie muß eine Universität haben. Irgendwie brauche ich auch mal einen Titel. Aber es gibt Wichtigeres. Leute kennenlernen. Die Marxisten, die Eurokommunisten.

Womit fange ich überhaupt an? Fernsehinterview, klar, Pressekonferenz, Vorträge – und dann eine Pause, bevor ich in die Politik richtig einsteige.

Unabhängig bleiben. Wenn man mich fragt, ob ich Kommunist bin, werde ich antworten: natürlich, aber ich kann mich genauso Sozialist nennen – das war für Marx kein größeres Problem, und für mich auch nicht. Wichtiger ist, daß alle wissen: Bahro ist Marxist und wird es immer bleiben. So tief, wie ich Marx begriffen habe, wäre es eine Schande, davon abzurücken – und zu wem denn hin? Auch Gramsci ist in diesem tiefsten Sinn ein Marx-Schüler – und da bin ich in bester Gesellschaft.

Wenn ich dann in die Politik gehe – weder SPD noch DKP sind mir im geringsten interessant. Ich werde mit den Linken arbeiten müssen, das erwartet man wohl auch von mir. Und wenn sie hundertmal untereinander zerstritten sind – um so besser. Theoretisch sind sie – bis auf den Dutschke – einfach schwach, da sehe ich keine Konkurrenz. Eurokommunismus in der Bundesrepublik ist wohl auch illusionär. Meine Sicht auf die zerstörerische Kraft des Kapitalismus und auf das Zusammenbrechen der gesamten Zivilisation in den Metropolen des Kapitals – das ist die erste Klammer, die die Linken aus allen Parteien und Grüppchen an mich binden könnte, dann werde ich die Gedanken aus dem dritten Teil meines Buches auf diese Gesellschaft hier anwenden – also eine neue »Alternative« schreiben, so eine Art Logik der Rettung durch Veränderungen, wie seinerzeit das Christentum das römische Imperium veränderte. Viel Arbeit für dich, Rudi.

Und an dieser Stelle kann auch zurückblickend und vorausgreifend auf seine Haltung zu Gregor Gysi eingegangen werden: Im Juni 1995 schrieb er einen Brief an die Redaktion des *Spiegel*, zugleich als Presseerklärung, in der es gegen den von verschiedenen Stellen geäußerten Vorwurf des Mandantenverrats heißt: »Insbesondere sind die Vermutungen, Gysi habe mir Schaden zugefügt, konkret auf der ganzen Linie unzutreffend. […] Was ich ihm sagte, war in der Regel gerade dazu bestimmt, weitergegeben zu werden – an wen, d.h. an welches Organ der Machtstruktur, war seine Sache. Ob das an das Zentralkomitee war oder gegenüber dem MfS, machte aus meiner Sicht ohnehin keinen wesentlichen Unterschied. In diesem Sinne habe ich ihm vertraut und denke bis heute, gerade angesichts der konkreten Informationen aus gutem Grund. Entscheidend waren für mich zwei Gesichtspunkte: Erstens, daß er vor Gericht für mich uneingeschränkt Freispruch verlangt hatte [die Akten sagen hier etwas anderes], und zweitens, daß er nach der Verhandlung sein Bestes tat, mir die Haftzeit zu verkürzen, übrigens auch die Haftbedingungen zu erleichtern. Meiner Meinung nach kann es für den Vorwurf des Mandantenverrates einfach nicht ohne Bedeutung sein, wenn der angeblich Verratene die Sache ganz anders sieht.«

Um 9.25 Uhr war man bereits in Grenznähe, am Kontrollpunkt 38 der Volkspolizei. Die Wagen hielten in der Nähe des Bahnhofs Marienborn, Gysi durfte nicht aussteigen, die anderen gingen mit MfS-Begleitung zum Bahnhof, dabei wurden von diesen Aufpassern noch ein paar Abschiedsfotos geschossen. Als der Zug abgefahren war, kamen die MfS-Leute zurück und fuhren mit dem Anwalt wieder nach Berlin.

10.35 Uhr bestiegen die fünf Ausreisenden den D 246, Wagen 113, Abteil 8. Um 10.42 Uhr setzte sich der Zug in Bewegung »in Richtung BRD«. (Damit endet auch der »Beobachtungsbericht« der HA VIII.)

Teil II
(1979–1989)

Von Ost nach West

Ein DDR-Intellektueller geht zu den GRÜNEN

Beim nächsten regulären Halt in Braunschweig drängte »eine ganze Journalistenhorde« (Ursula Beneke) in den Zug, um Rudolf Bahro zu befragen und Aufnahmen von ihm zu machen. Ein Mitarbeiter des Axel-Springer-Verlages wollte Bahro einen Strauß in die Hand drücken, doch der reagierte unwirsch: »Von *Bild* nehme ich keine Blumen!« Auch die Staatssicherheit war noch präsent, wenn auch nicht mehr vis-à-vis wie bei der Fahrt von Bautzen nach Berlin eine Woche zuvor, sondern in Gestalt des Mitropa-Küchenchefs, der als IM einen ausführlichen Situationsbericht anfertigte. Weitere Presseleute und eine Gruppe Jugendlicher mit roter Fahne warteten im Kölner Hauptbahnhof auf die Ankunft des prominenten Übersiedlers, doch Bahros Verleger, Tomas Kosta, war unterdessen mit dem Auto nach Solingen gefahren, um ihn und seine Begleitung außerplanmäßig aus dem Zug zu holen. Er brachte sie ins Haus von Heinrich Böll. Dort konnten die fünf während einer Woche wohnen. Ursula Beneke erinnert sich daran, daß sie in dieser Zeit mit Gundula Bahro ein Zimmer teilte.

Rudolf Bahro hatte ein umfangreiches Programm mit Interviews und Gesprächen zu bewältigen.

Bereits einen Tag nach Ankunft in der Bundesrepublik kam er im ZDF zu Wort. Bahro nutzte die Sendung, um sich an seine Genossen und Freunde in der DDR zu wenden. Er forderte sie auf: »Lest mein Buch, gebt es weiter, ohne zuviel Vorsicht, setzt euch damit auseinander und vertraut im übrigen auf den Gang der Geschichte.« In Bonn traf er sich mit den ihm bereits bekannten *Spiegel*-Redakteuren Romain Leick und Ulrich Schwarz. Anschließend wurde er vom SPD-Vorsitzenden Willy Brandt zu einem »Sondierungsgespräch« empfangen.

Im Bonner »Bristol«-Hotel präsentierte sich Bahro am 22. Oktober zu seiner ersten Pressekonferenz. Man wollte von ihm wissen, wie er sich seine politische Zukunft im Westen vorstelle. Denke er beispielsweise an die Gründung einer neuen linkssozialistischen Partei? Ein paar Ehemalige des Sozialistischen Deutschen Studentenbundes (SDS) hatten diese Idee ins Gespräch gebracht. – Nein, eher an eine »Bewegung«. Allerdings werde er sich nicht auf linkes »Sektierertum« einlassen – davor hatte ihn Brandt eindringlich gewarnt. Ob er sich denn vorstellen könne, bei den nächsten Wahlen für den Bundestag zu kandidieren? – Nein, »zunächst nicht«. Vorerst wolle er sich eine freischaffende Existenz aufbauen und als »linkssozialistischer Theoretiker« tätig werden. »Bei seinem ersten öffentlichen Auftritt im Westen antwortete er ruhig, mit sicherem Selbst- und Sendungsbewußtsein«, stellte die *Frankfurter Allgemeine Zeitung* tags darauf fest.

Auf die Bemerkung, der westdeutsche Schriftsteller und Ökologe Carl Amery habe ihn als »heimlichen Grünen« ausgemacht, antwortete Bahro in seinem ersten großen *Spiegel*-Gespräch (Nr. 43, 22.10.1979): »Da hat er sich nicht geirrt. Das bedeutet aber nicht, daß ich nicht Marxist wäre. Doch erst mal muß gesichert werden, daß unsere Zivilisation nicht krachen geht. Dann kann sie vielleicht meinen gesellschaftlichen Idealen zugeführt werden.«

Im Interview mit Hendrik Bussiek (SFB am 22.10.) wurde er gefragt: »Sie sind nun hier im Westen als Marxist. Aber, Herr Bahro, Marxisten haben's wohl in beiden Deutschländern schwer?« Und die schlagfertige Antwort: »Ich habe das drüben gerne schwer gehabt. Und ich werde das auch hier gerne schwer haben.«

Gleich nach der Bonner Pressekonferenz sprachen ihn Rudi Dutschke, das einstige Idol der Außerparlamentarischen Opposition (Apo), der Bundesgeschäftsführer der GRÜNEN, Lukas Beckmann, sowie der im August 1968 vor den Invasionstruppen des Warschauer Pakts geflüchtete Tscheche Milan Horaček an. Die drei Männer wollten Bahro davon überzeugen, daß sein Platz in der gerade im Entstehen begriffenen grünen Partei sei. Dutschke »machte mir klar, daß ich mich jetzt gleich entscheiden müsse« (Schroeren 1990, 165). Beckmann bemerkte später, er habe Rudolf Bahro bei dieser ersten Begegnung als »hellwach« und »erstaunlich vollständig angekommen« erlebt.

Mit wachem Sinn erfaßte Bahro die historische Chance, die sich ihm da bot: Er war genau zum richtigen Zeitpunkt in den Westen gekommen. Erstmals in der Geschichte der Bundesrepublik bildete sich mit den GRÜNEN eine vollkommen neue politische Kraft heraus, die sich durch ihre vorrangige Frage nach der Naturverträglichkeit moderner Gesellschaft – und damit der Überlebensfrage der menschlichen Gattung – fundamental von den bestehenden politischen Organisationen unterschied. Bahro hatte das Glück, mit seiner für die Gattungsfrage offenen Konzeption genau in dieser formativen Phase eingreifen und den geistigen Prozeß für eine gewisse Zeit auch wesentlich prägen zu können.

Am ersten November-Wochenende 1979 nahm Rudolf Bahro bereits als Gast am Programmkongreß der GRÜNEN in Offenbach teil. Dutschke, Beckmann sowie Willi Hoss (zunächst Mitglied der illegalen KPD, dann Initiator der unabhängig-sozialistischen »plakat«-Gruppe und ab 1972 Betriebsrat bei Daimler-Benz in Stuttgart) trafen sich mit ihm in Horačeks Wohnung, um ihre Reden vorzubereiten. In Offenbach bekannte sich Bahro öffentlich dazu, ein Grüner zu sein. Auf seine sozialistische Position wollte er aber nicht verzichten, weil gerade sie einen »umfassenden und radikalen grünen Denkansatz hergegeben hat, zu dem ich unverändert stehe«. Und er prägte dort die Formel: »Rot und grün, grün und rot gehen [...] gut zusammen.« (*Elemente*, 53) Heute sei »klarer denn je, daß der bisherige sozialistische Ansatz zu eng geworden ist, selbst in seiner besten, von keiner staatstragenden Parteibürokratie abgewirtschafteten Form« (ebd., 55), was sich für ihn mit der Gestalt von Rosa Luxemburg verband.

So deutlich wie Bahro hatte zu diesem Zeitpunkt noch kein Marxist formuliert, daß die Zukunft der »roten« Bewegung davon abhängen werde, ob sie bereit sei, sich auf die »grüne« Frage einzulassen – und damit auch ihren Anspruch aufzugeben, an der Spitze des geistigen Fortschritts der Menschheit zu stehen. Die sozialistische Bewegung kann nur (in vielleicht verwandelter Form) überleben, wenn sie ihre ideologische Enge überwindet und dazu fähig wird, aus dem »globalen Zusammenhang« (ebd., 57) und nicht aus bornierten Klasseninteressen heraus zu denken.

Carl Amery, der Bahro für die GRÜNEN »entdeckt« hatte, erzählt, wie es dazu kam: »Mitte der siebziger Jahre war Wolfgang Harichs Buch *Kommunismus ohne Wachstum?* erschienen – so eine Art stalinistischer Ökologismus. Ich wollte einen Marxisten finden, der ein besseres Verständnis für die ökologische Frage hat. Meine Wahrnehmung war also schon angespitzt. Und da erschien die *Alternative*. Mich interessierte vor allem der Teil, in dem Bahro so etwas wie ein Manifest für ökologische Zukunftspolitik entwickelt hat. Während er im Gefängnis saß, sollte zur Unterstützung der Aktion ›Freiheit für Rudolf Bahro‹ ein Rowohlt-Taschenbuch herausgegeben werden – in Form von offenen Briefen. Da habe ich Wolfgang

Harich als Adressaten genommen und ihm erklärt, was ich bei Bahro für richtig finde und bei ihm für katastrophal falsch. Ich hatte natürlich nicht die geringste Ahnung, ob das den Harich in der DDR jemals erreichen wird. Es hat ihn erreicht – durch eine Geheimbotin. Und er hat sich sofort distanziert!« Auch Harich sei beim grünen Kongreß in Offenbach gewesen, berichtet Ursula Beneke, doch es kam zu keiner Begegnung zwischen ihm und Bahro.

Während Gundula Bahro mit den Kindern nach Frankfurt ging, lebte Bahro vorläufig in einem Kölner Hotelzimmer – zusammen mit Ursula Beneke. Nicht zufällig ließen sie sich zunächst in der rheinischen Metropole nieder, denn dort saß die gewerkschaftlich finanzierte Europäische Verlagsanstalt, die Bahros *Alternative* herausgegeben hatte. (Im Oktober 1979 waren von dem Buch bereits 120000 Exemplare verkauft.) Im Druckhaus Deutz empfing er Presseleute aus aller Welt und bildete sich durch diese Gespräche auch ein Urteil über das neue gesellschaftlich-politische Panorama, in dem er künftig wirken wollte. Den Rückzug auf eine bequemere, aber einflußlosere Professur, die ihm von der Universität Bremen angeboten worden war, verschmähte er. Er fühlte sich, fast gegen seinen Willen, von der Geschichte zu einer neuen Aufgabe berufen. Hinter dem erwähnten Angebot witterte die CSU gleich einen »Skandal«: Ihr Abgeordneter Albert Probst beschuldigte SPD und FDP, »mit Steuergeldern kommunistische Kulturrevolutionäre zu unterstützen« (zitiert nach *Frankfurter Rundschau*, 5.11.1979).

In den ersten Wochen und Monaten seiner bundesrepublikanischen Existenz betrieb Bahro einen »Kreuzzug für die allgemeine Emanzipation«. So formulierte das Hans-Joachim Noack in der *Frankfurter Rundschau* (29.11.1979): Er »scheint ein sehr viel anderer zu sein, als man ihn erwartet hätte. Ein Mann zwar, der in Sachen zum Beispiel sozialistischer Ökonomie fast wie ein Computer wirkt, aber das ist nur der eine Teil. Der wesentlich entscheidendere offenbart ihn als einen Gemütsträger, als einen ›Experten für Emotionales‹, und der soll zum Durchbruch kommen.«

Auf den Fotos aus jener Zeit sieht er nicht gerade aus wie einer, der seinen Gefühlen freien Lauf ließe. Da steht ein Musterschüler vor uns, ein Intellektueller mit DDR-Ausstrahlung: Ins Auge springt der obligate Schillerkragen. Und das Gesicht? Knabenhaft, eigentlich ein Sanftmütiger – auch wenn er manches Mal wie ein Prophet poltert. Später, bei seiner Einführungsvorlesung an der Berliner Humboldt-Universität im Oktober 1990, wird Bahro offen bekennen, er sei damals ein »Mensch-im-Futteral« gewesen, eingesperrt und verpanzert in sich selbst.

Ende der 70er Jahre fiel Bahro die Rolle des von vielen wie ein Wanderprediger Erwarteten zu: Das hatte »mit Neugier zu tun« und einer ganz unverhohlenen »Sehnsucht, die eigene Verunsicherung abzustreifen und sich einer Integrationsfigur anzunähern«, analysierte der Journalist Hans-Joachim Noack. Zugleich war er irritiert: Es sei, »als habe man einer Art Gottesdienst beigewohnt«, notierte er anläßlich eines Bahro-Auftritts in der Universität Tübingen. Das fiel selbst der DDR-Staatssicherheit auf, die auch nach Bahros Ausreise in den Westen eifrig alles Wissenswerte über ihn sammelte und auswertete. In einem auf den 12.11.1979 datierten »Abwehrhinweis« der Hauptverwaltung Aufklärung wurde das zwei Tage zuvor geführte Gespräch der Quelle »Nippon« mit Rudolf Bahro rapportiert. »Nach Einschätzung unserer Quelle« erwecke Bahro »den Eindruck eines fast religiösen Eiferers. Tatsächlich bringe er auch ständig Probleme des Christentums und dessen Entwicklung ins Gespräch. Diese Einschätzung B.s werde auch von vielen anderen geteilt, die ihn nach seiner Übersiedlung in die BRD kennengelernt haben«, heißt es dort.

Für die westdeutsche Linke und die linksliberale Öffentlichkeit des Landes war der religiöse Grundton seiner Reden und Debattenbeiträge höchst ungewohnt. In Tübingen erinnerte Bahro daran, daß sich einst an diesem Ort Hegel, Hölderlin und Schelling für »Vernunft, Freiheit und die Unsichtbare Kirche« verschworen haben. Hegel und Hölderlin verabschiedeten sich nach Abschluß ihrer Studienzeit mit der Losung vom »Reich Gottes«. Man könne, so Bahro, »bis heute darüber nachdenken, was sie vielleicht damit gemeint haben« (*Elemente*, 29). Ein paar Monate später wird er im Mai-Heft der Zeitschrift *Pardon* schreiben, er habe im Westen »schon mehr als einmal erlebt, daß man für ziemliche Unverschämtheit hielt, an Veränderbarkeit der Welt zum Besseren zu glauben«. Der Beitrag endet mit dem Aufruf: »Die Welt verändern aus einem Glauben. Auch Marx hat einen gehabt. Und soweit er nicht aufging, gilt immer noch sein Wort von den notwendigen Illusionen, ohne die nie was Besseres wird.« (Ebd., 50, 52)

Solche Illusionen hatte offenbar auch Bahro noch im Kopf. In seiner bereits erwähnten Tübinger Rede sprach er davon, die DDR habe ihn »gemacht, die DDR hat mich in einem bestimmten, ambivalenten Sinne gedeckt bis zur letzten Stunde« – und: »Sie deckt uns alle in einem bestimmten Sinne. Bei allem, was ich an Kritischem zum real existierenden Sozialismus in Osteuropa sage, es ist gut, daß diese Ordnung existiert. Sie war nämlich ein welthistorischer Fortschritt.« (Ebd. 28). Daß Bahro da etwas verteidigen mußte, wurde anläßlich einer Diskussion mit Rudi Dutschke und Karl August Wittfogel spürbar. Wittfogel, der Theoretiker der »orientalischen Despotie«, war früher einmal Kommunist, trat aber 1933 aus der Partei aus, weil sie angesichts der Hitler-Bewegung versagt hatte. Seither galt er im kommunistischen Lager als Renegat und Verräter. »Bahro brachte es fertig, das Verschweigen seines Namens in der *Alternative* so zu erklären: Für ihn wie die Funktionäre, an die sich das Buch wenden sollte, sei Wittfogel als ›hysterischer Antikommunist‹ nicht zitierbar gewesen. Dutschke, der kein Hehl daraus macht, was er dem Theoretiker Wittfogel verdankt, mußte sichtbar schlukken. Wittfogel war fassungslos: ›Ich war und bin Sozialist. Wie glücklich wäre ich, wenn sich im Osten eine humane Wendung abzeichnete. Ich sehe aber keine.‹« (Rühle 1979, 1239)

Rudolf Bahros großer Tag kam am 12. Januar 1980. In der Karlsruher Stadthalle wurden »Die GRÜNEN« als politische Partei gegründet und Bahro konnte in einer viel beachteten Rede begründen, weshalb er als Roter zu den GRÜNEN ging: Diese Partei stelle unter bundesdeutschen Bedingungen den »notwendigen historischen Kompromiß« (Schroeren 1990, 70) dar. Damit bezog er sich auf einen Begriff, der einige Jahre zuvor vom Generalsekretär der Italienischen Kommunistischen Partei (PCI), Enrico Berlinguer, geprägt worden war. Nach dem Militärputsch in Chile vom 11. September 1973 hatte Berlinguer in der Parteizeitschrift *Rinascita* einen langen Essay unter dem Titel *Überlegungen zu Italien nach den Ereignissen in Chile* veröffentlicht. Sein wesentlicher Gedanke bestand darin: Die Bildung einer linken Regierung in Italien könne die Gefahr eines Bürgerkrieges heraufbeschwören, man müsse deshalb, so Berlinguers Vorschlag, auf eine »Eroberung des Winterpalais« verzichten, auch wenn sie mit demokratischen Mitteln vollzogen werden könnte. Alle Kräfte der Kommunistischen Partei sollten auf einen »historischen Kompromiß« mit der *Democrazia cristiana*, der Christdemokratischen Partei, ausgerichtet werden. Um ihrem Kurswechsel mehr Glaubwürdigkeit zu verleihen, suchten Berlinguer und die PCI ein Bündnis mit den französischen und spanischen Kommunisten. Im März 1977 traten die drei Parteien an die Öffentlichkeit und proklamierten ein Programm des demokratischen Übergangs zum Sozialismus. Ihr gemeinsames Projekt wurde als »Eurokommunismus« bekannt. 25 Jahre danach schreibt der Politologe und Publizist Michael Jäger in einer kritischen Würdigung dieses Ereignisses: »Der Begriff kann den Versuch bezeichnen, ein neues, nun eben westeuropäisches Zentrum des Weltkommunismus zu schaffen.« Dieser Versuch sei allerdings eine »Totgeburt« gewesen, denn er scheiterte an den Differenzen zwischen den drei Parteien, die spätestens bei ihren unterschiedlichen Haltungen gegenüber der sowjetischen Besetzung Afghanistans Ende 1979 zum Ausdruck kamen.

Jäger erinnert daran, daß Ernest Mandel in seinem 1978 erschienenen Buch *Kritik des Eurokommunismus* Rudolf Bahro als Eurokommunist einstufte – vor allem deshalb, weil Bahro in seiner *Alternative* einen »historischen Block« gefordert hatte, »in dem auch Intellektuelle und technische Kader für den Kommunismus kämpfen sollen« (Jäger 2002). Hier bezog sich Bahro auf Antonio Gramsci, den Mitbegründer der PCI, der mit seinem theoretischen Ansatz die geistige Enge des sowjetischen Marxismus-Leninismus zu sprengen versuchte. Bahro war bereits in seiner Bautzener Haftzeit und dann verstärkt nach der Übersiedlung in den Westen daran interessiert, eine »allgemeine Theorie des historischen Kompromisses« zu entwickeln. In seiner Konzeption für ein Forschungsvorhaben an der Universität Bremen formulierte er: Die Bedingungen für eine umfassende Emanzipation des Menschen, »die das unaufgebbare Ziel aller sozialistischen Bewegung war und ist«, seien seit den Zeiten von Karl Marx so grundlegend verändert worden, »daß es einer konsequenten und kohärenten Revision unseres gesamten Theoriefundaments bedarf. Moderne revolutionäre Theorie wird sich ähnlich zum klassischen Marxismus zu verhalten haben wie seinerzeit die relativistische zur klassischen Physik.« (*Elemente*, 118) Damit skizzierte er auch sein Vorhaben, gedanklich über die *Alternative* hinauszukommen, den Marxismus im Hegelschen Sinne »aufzuheben«.

In einer Besprechung des Ende 1980 erschienenen Bahro-Buches *Elemente einer neuen Politik* hält Arno Münster in der *tageszeitung* vom 26.1.1981 fest, Bahros Verständnis des »historischen Kompromisses« sei nicht mit jenem der italienischen Kommunisten dekkungsgleich. Bahro habe diese Formel »begrifflich-philosophisch erweitert« und neu gefaßt im Sinne eines möglichst breiten Denkansatzes, der auch wertkonservative Kräfte in eine »tendenziell systemüberwindende antikapitalistische Praxis einzubinden« versuche. Das sei eine Herausforderung an die Linke, die sich an den

»Mythos« des Proletariats geklammert, die »bewußtseinsmäßige Wirklichkeit dieser Klasse« aber nicht zur Kenntnis genommen habe, ihren Ansatz endlich einmal zu überprüfen. Bahros Verdienst liege darin, erkannt zu haben, daß unter den herrschenden Bedingungen »der entscheidende Anstoß in Richtung auf eine Egalisierung und einen Ausgleich hinsichtlich des angehäuften produzierten gesellschaftlichen Reichtums nur noch von *außen*, speziell den Ländern der Dritten Welt [...] kommen kann und daß die nötige Umverteilung im Weltmaßstab nur dann sinnvoll in Angriff genommen werden kann, wenn sich die revolutionären Tendenzen und Emanzipationsbestrebungen [...] der Dritten Welt mit einer von den Metropolen ausgehenden noch zu schaffenden realen *Umkehr-* und *Abkehrbewegung* treffen.«

Für Bahro stellte die grüne Partei den Versuch dar, solche Kräfte zu integrieren, die sich von ihrer Herkunft und ihrem bisherigen Selbstverständnis grundlegend voneinander unterschieden haben. Es stehe eine »Neugruppierung an, d.h. eine Gruppierung nach neuen Kriterien, nicht eine Neuverteilung innerhalb des alten Musters«. Im Manuskript der vollständigen Disposition seiner Karlsruher Rede wird das am Beispiel Schwedens erläutert, das Bahro durch einen Besuch etwas näher kennengelernt hatte: Dort gebe es zwei »entschieden ökologische Parteien« – einerseits die konservative Zentrumspartei, auf der anderen Seite »die nach neuen Ufern Ausschau haltende, nicht mehr stalinistische Linkspartei Kommunisten«. Die deutschen GRÜNEN seien der »Versuch, Potentiale, die in anderen Ländern mindestens zwei Parteien traditioneller Konstellation bilden, weil sie der Herkunft nach tatsächlich sehr verschieden sind, unter einem Dach zusammenzuführen«. (*Elemente*, 61)

Bahro betonte, es sei unzutreffend anzunehmen, Rot und Grün stünden sich als Konkurrenten gegenüber. Beide seien durch etwas Drittes verbunden: die wahrgenommene Gefahr der ökologischen Krise. Gegenüber Versuchen – vor allem seitens des ehemaligen CDU-Politikers Herbert Gruhl –, die Linke vom grünen Parteibildungsprozeß auszuschließen, plädierte Bahro für Offenheit. Wer ernst nehme, »daß es ums Überleben geht, und zwar in einer menschlich für uns absehbaren Zeit, wie kann der mit Ausgrenzungsbeschlüssen beginnen?« Das Protokoll vermerkt an dieser Stelle: »Großer Beifall.«

Michael Schroeren, einst Bundespressesprecher der Partei, befragte rund zehn Jahre danach Grüne und Ex-Grüne – unter ihnen auch

Rudolf Bahro – nach deren Erinnerungen an das Karlsruher Gründungswochenende. »Ich war damals noch gar nicht ganz da, und zwar weniger in politischer als in psychologischer Hinsicht. Da war noch eine Scheibe zwischen mir und den Verhältnissen hier. Woran ich mich noch am allerdeutlichsten erinnern kann, war das Schauspiel, das Baldur Springmann und ich dort zusammen auf der Bühne gegeben haben.

Welches Schauspiel meinst du?

Ich bekam das Wort, gleich nachdem Baldur Springmann geredet hatte, und wir fielen uns in die Arme, als wir uns am Rednerpult begegneten. Das war eine Demonstration, daß Leute mit derartig verschiedenen Biographien tatsächlich ein gewisses Vertrauen zueinander fassen können.

Du sagst, es war ein Schauspiel. War es gespielt?

Nein, das war wirklich so.« (Schroeren 1990, 164)

Der Ökobauer Baldur Springmann galt als »Rechter« und war deshalb manchen aus dem linken Spektrum äußerst suspekt. Was sollte es bedeuten, wenn sich Bahro mit so einem öffentlich solidarisierte? Rudolf Bahro diagnostizierte: »Der von links kommende Teil der grünen Bewegung hat einen Nachholbedarf in punkto ideologische Bewältigung der ökologischen Krise. Wir müssen zum Beispiel das bekannte Buch von Herbert Gruhl erst einmal lesen, ohne das Urteil an einzelnen Reizworten festzumachen, die uns nicht passen.« Gemeint war *Ein Planet wird geplündert.* Um die Lebensbedingungen der *kommenden* Generationen zu sichern, müßten *heute* Freiheiten begrenzt werden, vor allem im wirtschaftlichen Bereich. Nur so könne das Chaos verhindert werden, lautet eine der zentralen Gruhl-Thesen. »In diesem Buch«, so Bahro anerkennend und selbstkritisch, »sind Probleme kenntlich gemacht, auf die wir Marxisten und Sozialisten aus unserer Tradition keine hinreichende Antwort mitbringen. Auch meine eigene bisherige Konzeption reicht nicht aus.« (*Elemente*, 67)

Nach dem Gründungsparteitag in Karlsruhe wurden in der linksalternativen Szene verschiedene Strategien debattiert: Soll man die GRÜNEN unterwandern und für die eigenen Zwecke nutzbar machen oder lieber in »bunten Listen« unter seinesgleichen bleiben? Rudolf Bahro wandte sich Ende Januar 1980 in einem »offenen Brief an die Bunten und Alternativen, an den Kommunistischen Bund (KB) und die Kommunistische Partei Deutschlands (KPD)« vehement gegen die »Froschperspektive« dieser Strömungen und Organisatio-

Hochzeitsbild der Eltern (1935): Imgard (geb. Conrad) und Max Bahro

Rudolf (rechts) mit seinen Geschwistern Dieter und Gerda (1944)

Als Student mit einer Kommilitonin beim Jugendtanz

Vor der Abfahrt in den Ernteeinsatz – korrekt mit Krawatte (1957)

Atelieraufnahme als Redakteur mit »seiner« Dorfzeitung *Die Linie*

Redakteur im Oderbruch: Alltag mit Dienstmütze und Regenjacke

Auf dem Dienstfahrzeug unterwegs von Dorf zu Dorf (1959)

Auf dem 6. FDGB-Kongreß (1963): Prof. Ehmke (Mitte) und sein persönlicher Referent (ganz am Rande)

Als Journalist für die Studentenzeitung im Einsatz: Interview mit Professoren der Universität Greifswald (1965)

Rudolf Bahro und seine erste Frau Gundula im 7. Ehejahr (1966)

Alternative-Tatort I: Die »Gummibude« in Berlin-Weißensee (1976)

Tatort II: Wohn- und Arbeitszimmer in der Weißenseer Streustraße (1977)

Gundula Bahro (1978)

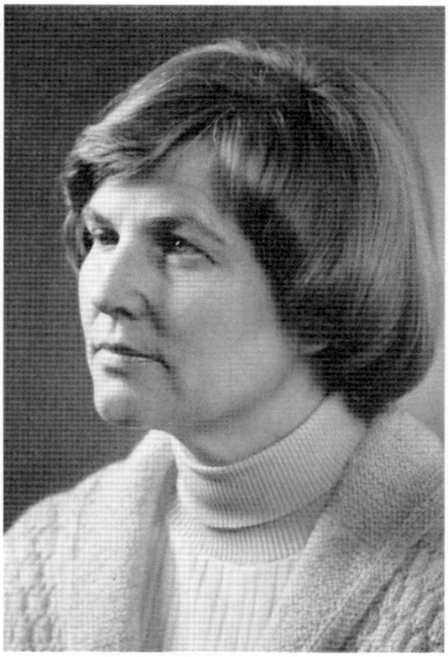

Ursula Beneke (1977)

Am Tag der Hafteinlieferung (1977)

Guntolf Herzberg (1977)

Der Angeklagte Bahro und sein Verteidiger Gysi bei der Urteilsverkündung am 30.6.1978

Der 1979 für Rudolf Bahro eingerichtete Isolationstrakt im Gefängnis Bautzen II

Zwischen Haftentlassung und Ausreise: Wiedersehen mit Rudi Wetzel und Ursula Beneke (13.10.1979)

Ausreise mit Gundula im D 246 am 17.10.1979 »in Richtung BRD«

Noch im DDR-Outfit: Der Autor und sein Welterfolg, hier die Studienausgabe des gewerkschaftlichen Bund-Verlages

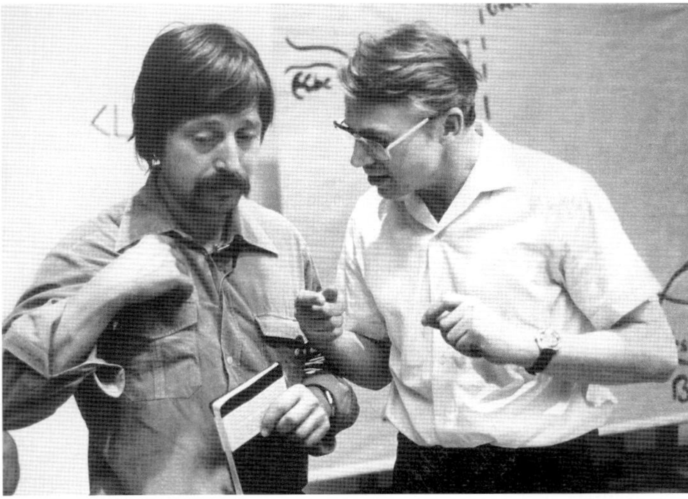

Erste Begegnung in Dortmund mit Wolf Biermann, der sich sehr für Bahro engagiert hat

Treffen mit den Spiegel-Redakteuren Romain Leick und Ulrich Schwarz 1980 in Hamburg

Beim Ausfüllen des Aufnahmeantrages als Mitglied der GRÜNEN 1980 in Karlsruhe

Als Mitglied des neugewählten Bundesvorstandes der GRÜNEN während der Bundesversammlung 1983 in Duisburg (vorn links: Rudolf Bahro)

Mit seiner Lebensgefährtin Christine Schröter nach dem Parteiaustritt 1985

Die Brautkutsche: Hochzeit mit Beatrice (Juni 1988)

Der mütterliche Vater: mit Töchterchen Hannah (Juni 1992)

Diskussion mit Kurt Biedenkopf in der Humboldt- Universität (Juli 1991)

Ökologie-Seminar in Berlin (April 1993)

Marina Lehnert und Tochter Hannah am Grab von Rudolf Bahro auf dem Dorotheenstädtischen Friedhof in Berlin (12. 12. 1997)

nen. Gesellschaftliche Bedeutung könnten »Sozialisten aller Coleur« nur erlangen, wenn sie ihre »Splittergruppen« aufgeben: »Wenn ihr die Larve abwerft, werdet ihr leben. Sonst verpaßt ihr die Möglichkeit, einmal eine wirkliche Erfahrung mit der übrigen Gesellschaft zu machen, deren Spektrum ziemlich vollständig bei den GRÜNEN vertreten ist. Nur nach außen könnt ihr die volle Identität gewinnen. Mit den GRÜNEN werdet ihr nicht ausgegrenzt werden, wenn ihr euch nicht selbst ausgrenzt bei den GRÜNEN.« (*Elemente*, 168 ff.)

Tatsächlich löste sich die maoistische KPD wenig später, Anfang März 1980, auf. Das kam nicht nur für Bahro ziemlich überraschend: Er »wollte offensichtlich angesichts der brutal geschaffenen Fakten nicht als ›Schreibtischtäter‹ erscheinen, als er beteuerte, daß die KPD sich ›sicher nicht‹ auf seine Aufforderung hin aufgelöst habe, und mahnend hinzufügte, daß er ›nicht im entferntesten an die Aufgabe eigenständiger sozialistischer Organisationen überhaupt‹ gedacht hätte«, hält Willi Jasper, ehemaliger Chefredakteur des KPD-Organs *Rote Fahne*, in einem Buch über *Das Scheitern der KPD und die Krise der Linken* fest (Jasper 1981, 40).

Durch die Alternative und seine Inhaftierung war Bahro weltweit bekannt geworden. Nach der Übersiedlung in die Bundesrepublik wurde er deshalb mit Einladungen aus dem In- und Ausland überhäuft. So reiste er bereits im Herbst 1979 zusammen mit Ursula Beneke durch halb Europa: Paris, Oslo, Stockholm (dort wurde Bahro in den internationalen PEN-Club aufgenommen), Helsinki. In der finnischen Hauptstadt sprach er auf Einladung der marxistischen Debattenzeitschrift *Uudistuva Ytheiskunta* (»Gesellschaft in der Erneuerung«) vor einem überfüllten Hörsaal der Universität. Der dortige DDR-Botschafter hatte vergeblich versucht, die Veranstaltung verbieten zu lassen – die Behörden verwiesen auf die Autonomie der Hochschule.

Im Winter 1979/80 lebten Rudolf Bahro und Ursula Beneke im Ferienhaus eines befreundeten Ehepaares in Malcesine am Gardasee. In dieser Zeit lernten sie beispielsweise Zdenek Mlynář, einen der Protagonisten des »Prager Frühlings«, und die Schriftstellerin Luise Rinser kennen, die im Herbst 1981 mit Bahro zusammen Nordkorea besuchte. (Mehr davon im nächsten Kapitel.) Sie reisten nach Rom und begegneten dort dem Marxisten Lucio Lombardo Radice, der sich nachdrücklich für Bahros Freilassung eingesetzt hatte. Ursula Beneke berichtet, daß Bahro auch ein Gespräch mit dem Parteivorstand der italienischen Kommunisten führte. Im Februar 1980 hielt er Vorträge in der Schweiz. Dem Journalisten Martin Frischknecht (heute Herausgeber der Esoterik-Zeitschrift *Spuren*) ist eine Veranstaltung in Zürich noch in lebhafter Erinnerung. »Bahro machte mir damals den Eindruck: nicht ganz in diesen Rahmen passend. Wenn er etwas sagte, merkte man, daß sein Horizont weit über das hinausreichte, was in diesem Saal an Überzeugungen und Meinungen vertreten war. Nachträglich fällt mir auf, daß er offenbar von recht engstirnigen, sektiererischen Leuten gebraucht wurde, die ihn vor ihren Karren spannen wollten. Doch Bahro hatte so ein offenes Gemüt, daß er die Fraktionitis der Links-Alternativen nicht allzu ernst nahm.«

Weil Bahro einen Forschungsauftrag der Bremer Universität erhalten hatte, zogen er und Ursula Beneke im Frühjahr 1980 in die Stadt an der Weser. Sie wohnten zusammen mit Bahros Sohn Andrej in einem Haus am Stadtrand. Ex-Frau Gundula ließ sich mit Tochter Bettina ebenfalls in Bremen nieder.

Am 1. März begann Bahro sein unter der akademischen Betreuung der Professoren Detlev Albers und Wolfgang Eichwede stehendes Projekt, das ihm nicht zuletzt eine dreijährige finanzielle Absicherung verschaffte. In der Folgezeit war er an der Universität Bremen allerdings kaum präsent, so stark absorbierten ihn seine Versuche, die linken Kräfte in die ökologische Bewegung zu integrieren. Erst im Sommersemester 1981 führte er zusammen mit Detlev Albers eine Lehrveranstaltung zum Thema *Historischer Kompromiß in Westeuropa? Bedingungen und Aktionsmöglichkeiten* durch. Und noch viel später, nach der Verhängung des Kriegsrechts in Polen am 13. Dezember 1981, sprach er im Rahmen einer größeren Universitätsveranstaltung *Über Polen nachdenken* (27./28. 1. 1982) zum Thema *Ostblock und Ost-West-Konflikt im Lichte des 13. Dezember*. Und zwar mit einer weit vorausschauenden These: Es zeige sich nunmehr, daß die kapitalistischen Metropolen nachträglich die Oktoberrevolution besiegt hätten, weil die sozialistischen Staaten weder in der Industrialisierung noch in der Rüstung mithalten könnten und sich bei diesem Wettlauf ruinieren würden.

Doch wir haben Bahros Geschichte etwas vorgegriffen. Bereits vor dem Umzug nach Bremen konnte er mit seiner in der DDR durch die Staatssicherheit abgelehnten Dissertation, die nun fünf Jahre darauf im Bund-Verlag Köln unter dem Titel *Plädoyer für schöpferische*

Initiative erschien, bei Oskar Negt zum Dr. phil. promovieren. Habilitiert wurde er im Februar 1983 an der Technischen Universität Hannover mit der *Alternative* ebenfalls bei Oskar Negt. Im Gegenzug erwartete Negt allerdings, Bahro werde Lehrveranstaltungen an der TU abhalten (was dieser nicht tat).

Bahro kam zu mancherlei Ehren: Im Dezember 1979 wurde die dem Häftling ein Jahr zuvor verliehene Carl-von-Ossietzky-Medaille nachträglich überreicht. Anfang März 1980 reiste Bahro zusammen mit Ursula Beneke nach London, wo sie ungefähr eine Woche bei Tamara Deutscher wohnten, der Ehefrau des 1967 verstorbenen Stalin- und Trotzki-Biographen Isaac Deutscher. Zu dessen Andenken hatte sie den »Isaac-Deutscher-Memorial-Preis« gestiftet. Er wird jedes Jahr für ein Buch verliehen, das auf innovative Weise das Denken in der Tradition des Marxismus veranschaulicht. Bahro erhielt diesen Preis 1979 für seine *Alternative*. Ursula Beneke hielt den Kontakt mit Tamara Deutscher bis zu deren Tod im August 1990 aufrecht.

Doch Bahro stieß nicht nur auf Sympathien. Aus dem rechten Lager wurde er wiederholt attackiert, so auch durch den ZDF-Moderator Gerhard Löwenthal. Am 5. Dezember 1979 berichtete der in seiner Sendung, Bahro habe in der Haftanstalt Bautzen einen Mitgefangenen denunziert. Vier Tage später legte *Bild am Sonntag* nach und behauptete, ihr »Kronzeuge« Kurt Michaelis habe in Bautzen erfahren, »daß Herr Bahro nach der Auffassung meiner Mithäftlinge für den Staatssicherheitsdienst arbeitet« (zitiert nach *Spiegel*, Nr. 31, 28.7.1980). Bahro setzte sich empört zur Wehr. Bei dieser Gelegenheit nahm er auch Kontakt mit Gregor Gysi auf, der möglichst offizielle Papiere beschaffen sollte, um dieser Verleumdung entgegentreten zu können. Denn Tatsache war: Bahro konnte es nicht gewesen sein: Er war in Bautzen II inhaftiert, während Michaelis in Bautzen I gesessen hatte. Bei einer staatsanwaltlichen Einvernahme räumte Michaelis dann auch Zweifel ein, ob Bahro tatsächlich der Mann gewesen sei, der bei ihm mit in der Zelle war. Anläßlich der bereits erwähnten Einführungsvorlesung im Oktober 1990 sprach Bahro über den letzten Akt dieses Diffamierungsversuchs: »Vor kurzem hat dieser junge Mann meine Tochter Sylvia angerufen, um zu sagen, das sei damals mit Geld für ihn verbunden gewesen und es täte ihm leid.« (*Rückkehr*, 23)

Gemäß seiner selbst gewählten Rolle als »linkssozialistischer Theoretiker« wollte Bahro vor allem die Grundlagendebatte der westdeutschen Linken beleben und diese zur Auseinandersetzung mit anderen theoretischen Ansätzen anregen, wie sie auch bei den GRÜNEN zu finden waren. Er dachte beispielsweise an den anthroposophisch orientierten »Achberger Kreis« um Wilfried Heidt, der sich bereits Ende der 60er Jahre für einen »freien demokratischen Sozialismus« und eine Erweiterung der Rechte der Bürgerinnen und Bürger mittels Volksabstimmungen eingesetzt hatte. Eine solche Debatte versuchte Bahro durch die von ihm initiierte »1. Sozialistische Konferenz« Anfang Mai 1980 in Kassel anzuregen. In einem Beitrag der Konferenzmaterialien stellte er die Positionen von Wilfried Heidt und Jürgen Reents in Sachen »Klassenkampf« gegenüber. Reents war einst ein führender Funktionär des Kommunistischen Bundes gewesen und ist seit 1999 Chefredakteur des *Neuen Deutschland*. Heidt lehnte den Klassenkampf ab, Reents hingegen befürchtete, die ökologische Bewegung könne zu einem »historischen Irrtum« werden, wenn sie die Realität des Klassenkampfes leugne.

Mit dessen Ablehnung verschwinde der Klassenkampf nicht, konzedierte Bahro dem Kommunisten Reents. Doch in der Sache gab er Heidt recht: Die Hoffnung, durch eine Zuspitzung der Klassenkämpfe den Weg zu finden, der über den Kapitalismus hinausführt, hatte Bahro verloren. Und zwar deshalb, weil sich die Gesellschaft seiner Einschätzung nach in »spätrömischen« Verhältnissen befand. (Dieses Bild wird er in den folgenden Jahren immer wieder verwenden.) Spätrömisch, das heißt: Die inneren Widersprüche zwischen den Klassen innerhalb des Imperiums spielen nur noch als Teil des allgemeinen Zersetzungsprozesses der bestehenden Zivilisation eine Rolle. Zentral sind die äußeren Widersprüche geworden: damals der Zusammenstoß zwischen Imperium und »Barbaren«, heute der Widerspruch zwischen reicher und armer Welt sowie zwischen »unendlichem« Wirtschaftswachstum und der Endlichkeit der Lebensgrundlagen. »Wenn die Dialektik des Klassenkampfes nicht aus dem Feld der gegebenen Zustände hinausführt, dann hat er keine Priorität mehr für eben die Leute, die darüber hinaus wollen. Dann hat er, wenn es um Perspektiven geht, überhaupt keine Priorität mehr, nicht nur im Hinblick auf die ökologische Krise, sondern auf die Krise unserer kapitalistisch verfaßten Zivilisation schlechthin.« (*Elemente*, 176)

In Kassel kamen rund 1200 Menschen (vor allem Männer) in der Gesamthochschule zusammen, um die politische Identität der Nach-Apo-Linken neu zu bestimmen. In der Einladung hieß es, die Linke habe »die Grenzen ihrer traditionellen analytischen Kategorien, ihrer programmatischen Vorstellungen und ihrer Formen der Organisation und Agitation erfahren müssen«. Deshalb sei eine »nüchterne Bilanz und Selbstkritik [...] unabweislich geworden« (*Materialien* 1980, 5). Die revolutionären Hoffnungen der 70er Jahre – sei es auf ein Erwachen der Arbeiterklasse oder auf soziale Bewegungen, die den Kapitalismus in seinen Grundfesten erschüttern könnten – hatten sich fürs erste erledigt. Die Logik der Gewalt, die offen oder verdeckt dahinterstand, führte die sogenannte Neue Linke spätestens im »Deutschen Herbst« 1977 an einen Wendepunkt: Die Erkenntnis wuchs, daß Bürgerkriegsszenarien zum Sturz des Kapitals bloß die Gegenseite stärken und keinerlei gesellschaftlichen Fortschritt bringen. Mit dem Verzicht auf ein wie auch immer geartetes »revolutionäres« Projekt war aber in vielen Fällen ein Rückzug auf die eigene Subkultur verbunden.

Genau diese verengte Sichtweise unterzog Bahro einer heftigen Kritik: »Unsere politische Haltung hat nur dann sozialen Sinn, wenn wir sie nicht als Selbstzweck pflegen, wenn ihre Wirkung darüber hinausgeht, daß wir uns [...] wechselseitig bestätigen. Gewiß hat auch die ›Scene‹ eine solche soziale Funktion, genauer gesagt, sie *ist* eine. Aber Linkssein für Linke und unter Linken, das lohnt sich letzten Endes nicht und führt darum so leicht in die Frustration zurück, trotz allem wirklichen oder vermeintlichen Rechthabens mit scharfsinnigen Analysen über den engen Kreis hinaus nicht gebraucht zu werden.« (*Elemente*, 188)

Manche der in Kassel Teilnehmenden fühlten sich an die Zeiten der Apo erinnert: Man konnte – über die Grenzen vergangener und teilweise noch bestehender Fraktionen hinweg – miteinander reden, streckenweise sogar ernsthaft diskutieren. Neben jeweils einem Plenum an den drei Kongreßtagen gab es vier große Arbeitsgruppen, die sich mit den neuen sozialen Bewegungen, der Ökologie, den Widersprüchen zwischen Arbeiter- und Ökologiebewegung sowie dem Weltmarkt befaßten. Im Mittelpunkt der Konferenz stand die Frage nach dem Verhältnis zwischen Ökologie und Marxismus, zwischen Klassenkampf und Menschheitsinteressen: Die grüne Bewegung hatte die nach 1968 entstandene Linke zu neuen Gedanken und Konzepten herausgefordert. Daß die ökologische Thematik zentral und brennend sei, wurde in Kassel von niemandem bestritten. Aber: »Etwas peinlich war den Marxisten offenbar der Vorwurf, daß sie selbst in blinder Fortschrittsgläubigkeit diesen Dingen allzu lange ferngestanden haben«, bemerkte Michaela von Freyhold (von der im übernächsten Kapitel nochmals die Rede sein wird) in der *tageszeitung* (23.5.1980).

In fast allen Redebeiträgen wurde zum Ausdruck gebracht, das Verhältnis der Linken zur Ökologiefrage bedürfe dringend einer Revision. »Offen blieb dabei allerdings, ob diese Position mehrheitlich taktisch bestimmt war oder einen grundlegenden Umdenkungsprozeß andeutet, der zu einer Erneuerung des Marxismus und der Linken führen kann, wie sich das Rudolf Bahro [...] erhofft«, hielten Willfried Spohn und Ulf Wolter fest (Spohn/Wolter 1980, 132). Die beiden kamen zum Ergebnis, die »fehlende Auseinandersetzung mit Rudolf Bahro und seinen Funktionsbestimmungen der Sozialistischen Konferenz« (ebd., 133 f.) habe das Kasseler Treffen geprägt. Die meisten Teilnehmer der Debatte hätten es versäumt, sich auf »eine grundlegende Erneuerung sozialistischer Politik einzulassen« (ebd., 134).

Mit seinem »etwas anderen Vorschlag« für die »Zweite Sozialistische Konferenz« im Februar 1981 in Marburg versuchte Bahro, eine Kurskorrektur in Gang zu setzen. Er plädierte dafür, die »Krise des Marxismus« (Redaktionsgruppe 1981, 14) endlich zur Kenntnis zu nehmen und mit all jenen ins Gespräch zu kommen, die sich angesichts der »umfassende[n] Krise der industriellen Zivilisation« (ebd., 15) die Frage nach einem Ausweg stellen. »Das Marburger Treffen wird nur dann seinen Zweck erfüllen, wenn die von der Sache her interessierten Flügel der Sozialdemokratie (über die Jungsozialisten hinaus) und der Liberalen (über die Jungdemokraten hinaus) sowie die verschiedenen Richtungen bei den GRÜNEN ausreichend vertreten sind und wenn die neuen sozialen Bewegungen ebenso aktiv präsent sind wie die Vertreter gewerkschaftlicher Positionen. Es dürften engagierte Christen beider Konfessionen nicht fehlen; und es wäre darüber hinaus ein Gewinn, wenn auch mit der CDU/CSU verbundene Exponenten der evangelischen Sozialethik wie der katholischen Soziallehre teilnähmen, die die Probleme aus der Sicht der Lohnabhängigen betrachten.« (Ebd., 17) Kurz: »Wir brauchen dringend einen Austausch über die uns ebenso aufgezwungenen wie selbstgesetzten Schranken unseres linken Ghettos hinweg.« (Ebd., 15 f.)

Linkes Sektierertum störe den »Gestaltungsprozeß einer Gesamtalternative in diesem Lande«, erläuterte Bahro in einem Brief an ein Mitglied des Kommunistischen Bundes in Kiel vom 6. Februar 1981: »Im Namen der Ideale, für die ich einmal Kommunist geworden bin, weil ich die Marxsche Idee der Emanzipation für alle meinte, habe ich mich drüben gegen das gestellt, was sie nun mal hierzulande ›Kommunismus‹ nennen [...] Nun denn, ich bin kein ›Kommunist‹. Und wenn, wie doch wohl höchstwahrscheinlich ist, *heute* der Theorieentwurf nicht mehr greift, kann ich auch den über Bord werfen und werde meine Identität als Kommunist ohne Anführungsstriche nicht verlieren, im Gegenteil: ich werde sie nur so retten können. Wobei dann freilich ›Name Schall und Rauch‹ ist. Die ursprünglichen Ziele, die Marx mit allen ›Linken‹ der Weltgeschichte teilte, sind das einzige, worauf es nach wie vor ankommt, unter bekannten verschärften Bedingungen, die uns schlechthin verbieten, Schindluder mit irgendwelchen Kriterien zu treiben, wer als Partner in Frage kommt und wer nicht.« (Archiv Grünes Gedächtnis, Bestand B.I.1, Akte Nr. 250)

Die DDR-Staatssicherheit interessierte sich für Bahros Aktivitäten rund um die Zweite Sozialistische Konferenz. In einem dreiseitigen Papier vom 29. Januar 1981 wird festgehalten, wie sich die Kräfteverhältnisse innerhalb der Vorbereitungsgruppe entwickelten. Bahro versuche, »die Veranstaltung dem eigentlichen Kreis der Organisatoren aus den Händen zu nehmen und in eigene Bahnen zu lenken«. Gemeint war sein Versuch, die westdeutsche Linke aus ihrem selbstgewählten Ghetto herauszuführen und anstelle der Klassen- die Gattungsfrage ins Zentrum der Debatte zu rücken. Beim nationalen Vorbereitungstreffen am 10. Januar in Hannover (an dem Bahro nicht teilnahm) sei es zu heftigen Auseinandersetzungen gekommen. Einige Teilnehmer plädierten für eine entschiedene Absage an Bahro, doch die Mehrheit habe argumentiert, »eine zu massive Reaktion [könnte] den Bahro veranlassen [...], die Medien für seine Interessen zu mobilisieren. Es müsse aber verhindert werden, daß die eigentlichen Träger der ›2. Sozialistischen Konferenz‹ vor der Veranstaltung als ›Leninisten‹ hingestellt und damit publizistisch tot gemacht würden.« Das MfS-Papier hält mit spürbarer Genugtuung fest, daß sich Bahro mit seinem Vorgehen in linken Kreisen »endgültig diskreditiert« habe.

Da war wohl der Wunsch Vater des Gedankens. Bahro dürfe sich als der »eigentliche ›Sieger‹« empfinden, schrieb ein darob wenig erfreuter Genosse der »Kommunistischen Liga« im *Rundbrief der Sozialistischen Konferenz*: Dieser habe es geschafft, eine große Mehrheit der Marburger Konferenz hinter den Forderungen der »kleinbürgerlichen und neutralistischen Initiative der Russell-Peace-Foundation« zu vereinen (*Rundbrief*, Nr. 5, April 1981, 6), in der es um ein atomwaffenfreies Europa von Portugal bis Polen ging – mehr dazu im übernächsten Kapitel. Weil am zweiten Konferenztag auch die von Bahro vorgeschlagenen Arbeitsgruppen tagen konnten, bemäkelte ein anderer Teilnehmer: »Man muß schon Rudi Bahro heißen, um entgegen monatelanger (!) Vorbereitung plötzlich sein eigenes Konzept der Konferenz durchzusetzen.« (Ebd., 4) In einem *Marburger Alternativen* betitelten Papier hatte Bahro in die Diskussionen im unmittelbaren Vorfeld der Zweiten Sozialistischen Konferenz eingegriffen. Es wurde in verschiedenen Tageszeitungen veröffentlicht. Nötig seien jetzt zwei ideologische Brüche: einerseits mit der Blocklogik, zum anderen mit dem Industriesystem. Bahro hatte vorgeschlagen, der Konferenz den »vieldeutigen, aber ansatzöffnenden« Namen »Forum Dritter Weg« zu geben. Seine Begründung: »Bei interner Diskussion, links unter Linken, kann gegenwärtig nichts Vernünftiges herauskommen. Frischluftzufuhr ist entscheidend. Was wir ohne vorgängigen Dialog über die ›Lagergrenze‹ an Projekten aushecken können, hat gar keine Aussicht, Eingang in einen irgendwann einer Mehrheit vermittelbaren Diskurs zu finden.« (*Marburg*, 21)

Die Politologen Elmar Altvater und Frieder O. Wolf hielten in einem Brief an Bahro dagegen: »Auch wir sehen durchaus die von Dir beschworene Gefahr des ›Exterminismus‹, also einer Produktionsweise, die drauf und dran ist, sich und andere zu zerstören und dabei die Menschheit auf dem Planeten Erde auszulöschen.« Doch dann genüge es nicht, in menschheitsgeschichtliche »Ausflüchte« abzuschweifen. Es müsse die »Frage nach dem politischen Herrschaftsmechanismus« (Altvater/Wolf 1981, 21) gestellt werden, der den Exterminismus erst ermögliche. »Wir haben den Eindruck, daß Du die Planung und Vorbereitung der Marburger Konferenz angreifst, weil Du – mit Verlaub – diese politische Konsequenz aus Deinen Ausführungen nicht zu ziehen bereit bist.« Bahros *Marburger Alternativen* seien »gezinkt«: Es gehe nicht um die Wahl zwischen Ökosozialismus und Traditionalismus, sondern darum, das »Erneuerungspotential und die Ergänzungsnotwendigkeiten marxistischer Theorie und sozialistischer Praxis« (ebd., 22) zu bestimmen. Doch

Bahro hatte bereits kenntlich gemacht, daß dies nicht mehr sein Anliegen war: Der ganze marxistische »Raster« gebe »heuristisch nicht mehr genug her«, formulierte er in den *Marburger Alternativen* (*Marburg*, 20).

Bahros Wunschvorstellung der ersten Wochen und Monate in der Bundesrepublik, so etwas wie eine Integrationsfigur der Linken außerhalb der SPD zu werden, konnte sich nicht erfüllen. Dem *Spiegel* gestand er in einem Gespräch im Dezember 1980, seine anfänglichen Erwartungen seien wohl etwas »zu naiv« gewesen. Bahro war offenbar noch nicht bewußt, wie sehr die westdeutsche Linke ihr Schicksal mit dem des Marxismus verknüpft hatte. Er dagegen setzte auf eine Emanzipation von überkommenen Denkfiguren. Es sei doch ein »Fortschritt«, wenn die »Kontroverse zwischen traditionalistischen und ökologischen Sozialisten« offen geführt und »diese Spaltung mitten durch das linke Bewußtsein« zur »Achse der Diskussion« werde, bekannte Bahro (ebd., 19). Ihm ging es darum, einen größtmöglichen Teil der linken Intelligenz für das grüne Projekt zu gewinnen.

Auf die Frage, wie es mit den GRÜNEN nach der Bundestagswahl im Oktober 1980 weitergehen solle (damals hatte die Partei lediglich 1,5 Prozent der Zweitstimmen erhalten), meinte Bahro hellsichtig, es werde sich erst zwischen 1980 und 1984 entscheiden, »ob mit der grünen Partei was zu machen ist«. – Rückfrage der *Spiegel*-Redakteure: Woran sich das entscheiden werde? Bahros Antwort: »Es kommt darauf an, ob der aktive Kern, manche sagen: der religiöse Stamm, der da drinsteckt, dieses Tal der nächsten zwei Jahre durchhält. [...] Aber in jedem Fall glaube ich, daß der Versuch, sozialistische Perspektiven bei den GRÜNEN einzubringen, richtig war. Es war richtig, zu demonstrieren, daß Sozialisten in Zukunft mit ganz anderen Kräften zusammengehen müssen, wenn sich in dieser Gesellschaft was ändern soll.« (*Spiegel*, Nr. 50, 8.12.1980).

Umkehr in der Metropole
Kritik an den Götzen des Industrialismus

Im ersten Jahr seiner bundesrepublikanischen Existenz habe er wirkliche Alltagserfahrungen kaum sammeln können, gestand Bahro den *Spiegel*-Redakteuren Leick und Schwarz. Er war viel unterwegs, übernahm im Sommersemester 1980 einen Lehrauftrag an der Berliner Freien Universität (FU), kam aber mit der Vielfalt des sozialen Lebens selten in Berührung, wie ihm auch Zeit für konzentrierte theoretische Arbeit fehlte. In dieser Hinsicht sehnte sich Bahro nach den übersichtlichen Verhältnissen in der DDR zurück. Dort sei er in der »günstigen Situation« gewesen, »nicht alles lesen zu können, weil ich gar nicht alles bekommen konnte«. Im Westen hingegen stehe »zwischen dem Kopf und den Zuständen eine riesige Linse. Was hier alles an Wort und Bild verarbeitet sein will, um die Welt zu begreifen!«

In der DDR habe er nur vier gute Freunde und 400 Bücher besessen, doch die geistige Atmosphäre sei dort bedeutend intensiver als im Westen gewesen, wo er auf 400 Freunde zählen könne und ein unbegrenzter Zugang zu Büchern möglich sei, bekannte Bahro später dem norwegischen Friedensforscher Johan Galtung. Dieser erinnert sich so an Bahro: »Zum ersten Mal sah ich ihn bei einer Friedensveranstaltung in der FU. Besonders beeindruckt hat mich sein süßes Lächeln. Und dann dieser Gegensatz: ein kleiner Mann, aber geistig ganz groß. Er war ein Außenseiter, der nie richtig heimisch wurde. Doch dieses Außenseiter-Dasein war nicht Ausdruck eines Defekts. Dieser Mann bewegte sich auf einem ganz eigenen Gleis. Da kam sein ureigenster Wille zum Ausdruck.« Und Reinhard Spittler, ein enger Freund Bahros, von dem später noch die Rede sein wird, meint: »Einer wie Rudi war eigentlich nur noch in der DDR möglich. Er verfolgte das wissenschaftliche Ideal des 19. Jahrhunderts: die Vorstellung, einen Überblick über das ›Ganze‹ zu gewinnen. Ein solcher Universalgelehrter könnte heute einzig in einer geschlossenen Gesellschaft gedeihen.«

Der Mangel an persönlicher Erfahrung des realen Kapitalismus schien ihm kein Manko zu sein, denn die »wirkliche Realität« liege unter der Oberfläche, belehrte er die Leserinnen und Leser des *Spiegel*-Gesprächs vom Dezember 1980. Und am Grund der westlichen Gesellschaft gab es für Bahro einiges zu entdecken, das ihn intellektuell nicht überraschen konnte, aber offenbar doch stark beschäftigte: das Ausmaß des unglücklichen Bewußtseins in einem materiell reichen Land. So viel »Gehetztsein, Unbefriedigtsein, Einsamkeit mit und ohne andere Menschen, Versagung und Entfremdung aller Art« habe es noch nie zuvor in der menschlichen Geschichte gegeben – »vielleicht mit Ausnahme gewisser Generationen aus der späten Kaiserzeit in der einen Metropole Rom«.

Von seinem Ursprung her sei dieses Übermaß an seelischem Elend Ausdruck einer im Grunde genommen positiven Entwicklung: Heute werde nämlich im Vergleich zu früheren gesellschaftlichen Verhältnissen bedeutend »mehr ›Subjektivität‹ (mehr Individualität, mehr Selbstbezug, mehr Bedürfnis nach Selbstverwirklichung) angesetzt« (*Elemente*, 46) – doch die Resultate seien eher enttäuschend: Nur wenige »bringen es bis zu dem alleinseligmachenden Anfang eines selbstbestimmten Tuns. Nicht zuviel, sondern zu wenig Ich, zu wenig Innerlichkeit.« (Ebd., 47) Der Individualismus der westlichen Zivilisation sei heute mit einer abnehmenden Bedeutung des individuellen Handelns verbunden. Diese Entwicklung halte er für entscheidender als das Gefühl der Bedeutungslosigkeit, welches der einzelne gegenüber der allumfassenden Macht des Staates erfahre, bekannte Bahro im Herbst 1981 in einem Interview mit der englischen Zeitschrift *New Left Review*.

Die sogenannte historische Notwendigkeit, die uns in eine solche Art der Hochkultur geführt habe, müsse »einen *Fehler* haben: einen Fehler gegenüber dem natürlichen Anspruch des Individuums auf Freiheit, Liebe, Glück – also auch auf ein Leben ohne zuviel Angst« (*Elemente*, 47). Jetzt gehe es darum, die »Kontinuität der Geschichte«, ihre scheinbare Zwangsläufigkeit zu »brechen«. Das bedeutete in Bahros Augen: »den Menschen als *Individuum* mobilisieren, sein Unglücksbewußtsein als Sprengkraft nutzen, dem Menschen *als Ensemble der Verhältnisse* eine neue Bahn zu eröffnen«. (Ebd., 48)

Bahros Forderung, die »Kontinuität der Geschichte« zu unterbrechen, erinnert an Walter Benjamins Thesen *Über den Begriff der Geschichte*, in denen folgender Gedanke entwickelt wird: Die revolutionäre Aufgabe bestehe nicht darin, den vermeintlichen »Fortschritt« zu fördern, sondern den Lauf der Welt zu unterbrechen, ihn zum Stillstand zu bringen. Von diesem Gedanken ausgehend, hat der katholische Theologe Johann Baptist Metz sein Plädoyer für eine »anthropologische Revolution« entwickelt: In dieser Revolution gehe es »nicht um eine Befreiung von unseren Mängeln, sondern von unserem Konsum, in dem wir am Ende uns selbst konsumieren; es geht nicht um eine Befreiung von unserem Unterdrücktsein, sondern von der unveränderten Praxis unserer Wünsche; es geht nicht um eine Befreiung von unserer Ohnmacht, sondern von unserer Art der Übermacht; nicht um eine Befreiung von unserem Beherrschtsein, sondern von unserem Herrschen« (Metz 1980, 61). Revolution nicht als »kämpferisch angeschärfte Evolution«, sondern als »Unterbrechung: eben das scheint mir der Richtungssinn der anthropologischen Revolution zu sein«. In christlicher Tradition und Sprache heißt dies: Umkehr, Umkehr der Herzen und »zielt auf eine Revision vertrauter Lebenspraxis« (ebd., 62). Dieser beim Deutschen Evangelischen Kirchentag 1979 in Nürnberg formulierte Aufruf war ein Versuch, die Impulse der lateinamerikanischen »Theologie der Befreiung« auch für die »entwickelten« Gesellschaften fruchtbar zu machen.

Nicht zufällig zitierte Bahro bei seinem ersten Besuch in einem außereuropäischen Land diesen Appell eines katholischen Theologen und verband ihn mit seiner eigenen Konzeption einer neuen Politik. Im Februar 1981 nahm er zusammen mit Ursula Beneke an einem Seminar in Oaxaca in Mexiko teil. Dort lernte er u.a. Fernando Cardoso kennen, den brasilianischen Entwicklungssoziologen und späteren Staatspräsidenten. Der Titel von Bahros Vortrag lautete: *Über das Problem der Umkehr in den Metropolen.* Angesichts der existentiellen globalen Krise, »in die sich die Menschheit mit zunehmender Geschwindigkeit hineinbohrt«, halte er den Begriff der Umkehr »für die Pointe eines angemessenen Revolutionsbegriffs« (*Wahnsinn*, 5). Denn: »Für Epochen kultureller Umwälzung, in denen die gesellschaftlichen Verhältnisse nicht nur an der politischen Oberfläche oder bis in die Sozialstruktur, sondern wirklich bis in die Produktions- und Lebensweise und ihre seelischen Verankerungen umgepflügt werden, brauchen wir einen umfassenderen und radikaleren Revolutionsbegriff. Und dafür steht mir das Wort Umkehr. Es setzt den Akzent nicht auf die nach wie vor grundlegende objektive, sondern auf die in letzter Instanz entscheidende subjektive Dimension als äußerste *conditio sine qua non* für den lebens- und überlebensnotwendigen Sprung in der Gattungsgeschichte.« (Ebd., 19f.)

Sinnfällig wurde für Bahro die Notwendigkeit einer Politik der Umkehr beim Besuch der mexikanischen Hauptstadt: Ein dortiger kommunistischer Freund erzählte ihm, »der Prozeß der ›Entwicklung‹ allüberall in der Welt bedeute den Aufstieg der Arbeiterklasse, letztlich eben die Menschheit als Arbeiterklasse. Aber von seiner Stadt aus kann man wegen des ungeheuren Smogs den nahen höchsten Berg des Landes, den Popocatépetl, nicht mehr sehen.« (*Logik*, 124)

Alle großen Revolutionen seien von der Utopie eines »Neuen Menschen« als der subjektiven Entsprechung einer erhofften »Neuen Gesellschaft« begleitet gewesen. »Freilich hat es sich wieder und wieder als unmöglich und sogar in den Konsequenzen barbarisch erwiesen, diesen Neuen Menschen zu ›schaffen‹, indem eine selbsternannte Avantgarde die vorgefundenen Menschen als Objekte der Erziehung und Reglementierung behandelte und in einem bürokratisch karikierten Jüngsten Gericht die Böcke von den Schafen schied. Und auf der anderen Seite ist stets in der Gesellschaft mehr als erhofft beim Alten geblieben, weil nur wenige auch subjektiv auf ein neues Leben eingerichtet waren. Der christliche Begriff der Umkehr betont das unerläßliche Moment der aktiven inneren Bereitschaft zu einem Neubeginn.« (*Wahnsinn*, 19)

Die Notwendigkeit eines Zusammenschlusses von Sozialisten und Christen hob Rudolf Bahro kurze Zeit später bei einem Besuch in Venezuela hervor. Das aus der moskautreuen Kommunistischen Partei hervorgegangene, »eurokommunistisch« orientierte »Movimiento al Socialismo« beging im Mai 1981 den zehnten Jahrestag seiner Gründung. Bahro sprach in Caracas über *Bedingungen einer sozialistischen Perspektive am Ende des 20. Jahrhunderts*. Die »Fusion« der »emanzipatorischen Perspektiven« von Sozialisten und Christen sei der »Schlüssel zur Revolution in Lateinamerika«. Die Erhebung der von Entwicklung im traditionellen Sinn ausgeschlossenen Massen in den Vorstädten könne »ihre beste Form nur in einer sozialrevolutionären Erweckungsbewegung finden«. Das liege der metropolitanen Linken nicht, »weil wir da in unserer Tradition eine blinde Stelle haben, von der bürgerlichen Aufklärung geerbt. Aber wir müssen sie mitorganisieren, politisch qualifizieren.« Die Vorurteile gegen das Christentum würden hinfällig, wenn man begreifen lerne, daß die ursprüngliche Idee »das Eis der toten Traditionen« brechen könne, wie dies die Theologie der Befreiung ganz handfest beweise, und »wie wir es ja auch in unserer Sache einstweilen leider noch mehr erhoffen als erleben« (*Pfeiler*, 184).

In Caracas lernte er Dorothea Mezger kennen, die dort als Expertin für eine politische Stiftung arbeitete. Sie hatte im Auftrag eines renommierten Instituts ein Symposium über »Industrialisierung und Umwelt« organisiert, zu dem auch Bahro eingeladen worden war. An der Konferenz nahmen Gäste aus 28 Ländern Europas und Lateinamerikas teil. Dorothea Mezger erinnert sich: »Bahro war entsetzt über Caracas, diesen Moloch aus Stahlbeton. Er meinte, man müsse das alles wieder abtragen, und zwar ohne technische Hilfsmittel, mit bloßen Händen. Es zeigte sich seine der Moderne und vor allem der Großtechnik abholde Haltung. Viele *Latinos*, die sich natürlich ›Entwicklung‹ wünschten, schüttelten die Köpfe zu diesen Passagen.«

Von Caracas aus schrieb Bahro seiner Mutter: Das Konzept »für meine nächsten größeren Arbeiten nimmt allmählich Gestalt an. Bisher habe ich ja die letzten anderthalb Jahre, wenn auch mit zuverlässiger Richtung, bloß improvisiert.« Dieses Konzept drehte sich immer offenkundiger um die religiöse Frage als jene Thematik, die von den grundlegenden Kräften im Menschen handelt. Im Manuskript seiner Rede vor dem grünen Gründungsparteitag hatte er hervorgehoben, daß das »Bedürfnis nach irgendeiner Art religiöser Transzendenz eine menschennatürliche, innerweltliche Angelegenheit ist, eine psychische Realität. Auch Marxisten können das zur Kenntnis nehmen.« Und weiter heißt es: »Wo es je in der Geschichte echten kulturellen Umbruch gab, ging es niemals ab ohne Mobilisierung bis in diese innerste Sphäre menschlicher Motivation. Und unstrittig war Christus in dieser Zivilisation der erste Lehrer unseres letzten Ziels, der erste Lehrer der allgemeinen Emanzipation des Menschen.« (*Elemente*, 59)

So »unstrittig« war und ist die Rolle der Religion für »Linke« nun keineswegs. Im Sinne der bürgerlichen Aufklärung begriffen auch die Theoretiker der aufkommenden Arbeiterbewegung Religion als Ausdruck eines »falschen Bewußtseins« und als Produkt des »Priesterbetrugs«. Bahro berührte also ein Tabu des linken und linksliberalen Milieus. Sein ungezwungener Umgang mit dem religiösen Stoff sorgte in der Folgezeit für manche Mißverständnisse, auch für offenes Unverständnis. Man könnte allerdings daran erinnern, daß es seit den Ursprüngen der sozialistischen Bewegung minoritäre Strömungen gab, die den Atheismus bzw. Agnostizismus nicht mitmachen wollten. Manfred Frank geht in seinen *Vorlesungen über die Neue Mythologie* auf den französischen Frühsozialismus eines

Pierre Leroux ein – auch »Le socialisme romantique« (Frank 1982, 219) genannt –, gegen den Karl Marx heftig polemisiert hatte. Für diese linken Romantiker war Religion kein bürgerliches Mittel zur Beruhigung der Seelen, sondern das Medium, in dem sich Menschen als Gemeinschaft mit verbindlichen Werten definieren können. Wenn eine revolutionäre Bewegung auf Religion und Transzendenz verzichte, dementiere sie den in ihrem Innersten treibenden Glauben an die eigene Zukunft. Sie komme somit an den Punkt, »einen bestimmten Zustand der Gesellschaft und der Menschheit als nicht mehr von einem Ideal überbietbar anzuerkennen« (ebd., 221).

Auf diese minoritären Strömungen bezog sich Bahro. Er las ja bereits in Bautzen die Bibel und religionsgeschichtliche Werke und integrierte danach immer mehr urchristliche Elemente in sein Denken. Im einzelnen fällt es nicht ganz leicht, die Entwicklung des religiösen Gedankens bei ihm nachzuvollziehen. Zumindest läßt sich sagen, daß er seit den späten 70er und frühen 80er Jahren so etwas wie einen »befreiungstheologischen« Standpunkt entwickelte, wozu auch die Begegnungen in Lateinamerika beitrugen.

Im Februar 1981 verwies er in seinem Vortrag in Oaxaca (Mexiko) darauf, daß der »Götzendienst« der Moderne den emanzipatorischen Aufstieg des Menschengeschlechts behindere. Er bezog sich dabei ausdrücklich auf die prophetische Tradition. Diese »Selbstblockierung des emanzipatorischen Ausgangs« aus dem Prozeß des kapitalistischen Fortschritts bedeute »das Steckenbleiben in der schlechten Unendlichkeit der Mehrproduktion, der Sieg des Mittels über den Zweck« (*Wahnsinn*, 10). Anläßlich eines Futurologenkongresses im Juni 1982 in Stockholm wies Bahro darauf hin, der Mensch habe sich in der durch eine 10000jährige Geschichte geprägten Kultur »in vieler Hinsicht« von seiner ursprünglichen Bestimmung entfernt, »indem er dem Prinzip gehorchte, das in der Bibel Mammon heißt«. Die Abkehr davon sei nur möglich, wenn unser »Genotyp« wieder ins Spiel komme: Das ist »diejenige in allen Menschen gegenwärtige soziale Kraft, die von den alten Propheten immer unter dem Namen Gottes angerufen worden ist. Gott ist das alter ego, das angezielte Du unseres Genotyps. Dort, wo die Entfaltungsbedürfnisse unserer ursprünglichen Natur konvergieren, ist der Ort Gottes.«

Es gebe heute ganz diesseitige, innerweltliche Gründe, die erklären könnten, »weshalb und in welcher fundamentalen Rolle jetzt die religiöse Dimension wiederkehrt«, glaubte Bahro: »Das, was in den Religionen gleichbleibend und eben historisch zeitlos über Gott und über sein ›Handeln‹, seine ›Einstellungen‹, die Art seines ›Vorgehens‹ ausgesagt wird, erscheint mir direkt als ein Modell, in dem wohl alle Muster schon enthalten sind, nach denen sich Auftrag, Substanz und Strategie der Umkehrbewegung beschreiben lassen.« (Ebd., 31)

In diesen Formulierungen steckt ein radikaler Wandel seines Denkens: Ausschlaggebend für jegliche Veränderung im gesellschaftlich-politischen Bereich ist das, was sich im menschlichen Herzen tut. Die Revolution der Seele geht jedem ernsthaften äußeren Handeln voraus. Nur wenn es gelingt, die Seelenkräfte zu sammeln und zu reinigen, wie dies in religiösen Ritualen zum Ausdruck kommt, werde eine Umkehrbewegung Gestalt annehmen können. Mit einem solchen Ansatz hat sich Bahro weit vom »linken« *mainstream* entfernt – und nähert sich der selbst gesetzten Aufgabe, die menschliche Emanzipation unter den Bedingungen der drohenden Apokalypse neu zu denken.

Bevor wir auf Bahros Engagement für eine Umkehrbewegung innerhalb der grünen Partei eingehen, ist hier ein Exkurs über eine Reise ganz besonderer Art angebracht: Im Oktober 1981 besuchte Rudolf Bahro zusammen mit der Schriftstellerin Luise Rinser Nordkorea. Als Beiratsmitglied im »Internationalen Komitee für die friedliche Wiedervereinigung Koreas« hatte Rinser das Land erstmals im Mai 1980 bereist und schrieb in ihrem *Nordkoreanischen Tagebuch*: »Ich möchte mit meiner Arbeit erreichen, daß man im Westen eine Art von Sozialismus kennenlernt, die nicht nur für die Zukunft der Dritten Welt entscheidend Modell ist, sondern auch uns anderen Impulse für ein mutiges Umdenken in Richtung eines möglichen Sozialismus geben kann und den blinden Glauben an einen unumgänglichen Kampf zwischen dem kapitalistischen und dem kommunistischen System abbauen hilft.« (Rinser 1981, 76)

Während dieser Reise sei ihr Bahros *Alternative* in den Sinn gekommen, und Luise Rinser bekannte: »Seine Kritik am ›real existierenden Sozialismus‹ und seine Darstellung dessen, was Sozialismus sein soll, hat sich mir in Nordkorea als konkrete Wirklichkeit und Wahrheit gezeigt.« (*Spiegel*, Nr. 45, 2.11.1981) Sie vermittelte Rudolf Bahro eine Einladung in die Demokratische Volksrepublik Korea. Das, was er während zwei Wochen dort sah, erinnerte ihn stark an die Aufbauzeit in der DDR der 50er Jahre. Die Leistungen dieses Volkes seien bewundernswert, und trotz Personenkult (dieser sei allerdings »ungeheuer«, berichtete er Ursula Beneke nach der

Reise) sehe er keinen Grund, das nordkoreanische System zu verurteilen.

Bahros Kritik blieb diplomatisch. Da er wie ein Staatsgast behandelt wurde, bekam er nur die Schokoladenseite des Systems zu sehen. 14 Jahre später vom *Spiegel* danach befragt, behauptete Bahro, er habe den nordkoreanischen Verhältnissen dank seiner theoretischen Auseinandersetzung mit der asiatischen Produktionsweise »sozusagen in fünf Minuten auf den Grund geguckt« (*Spiegel*, Nr. 26, 26.6.1995). Kim Il Sung konzedierte er, »echt« zu sein – »ganz im Gegensatz zu diesem Sohn, der jetzt regiert. Der Vater hat an seine Lesart des Kommunismus, die sanfte Despotie, wirklich geglaubt. In Nordkorea gab es subtilere Repression, Umerziehung, aber nicht Gulag, dachte jedenfalls auch ich«, fügte er einschränkend hinzu. Auf die Frage der *Spiegel*-Redakteure, ob er »diese Eskapade« später mal bereut habe, antwortete Bahro selbstbewußt: »Nein, ich muß mir nichts vergeben.« Gelitten habe seine Reisebegleiterin Luise Rinser, »weil sie nun doch noch wieder anders zu Korea steht als ich«. Sie habe »das Wohlwollende in dieser Despotie gesehen, das Despotische hat sie nicht wahrgenommen«.

Bahro nahm die unterdrückerischen Züge dieser Entwicklungsdiktatur wohl zur Kenntnis, war aber zugleich geneigt, sie zu rechtfertigen. Das wird aus dem *Spiegel*-Beitrag vom November 1981 deutlich: Der West-Mensch dürfe Nordkorea nicht durch die europäische Brille betrachten. So etwas wie den Kim-Kult gebe es schließlich auch in anderen Ländern der Dritten Welt. Mit solchen Rechtfertigungsversuchen stand Bahro nicht alleine da. Seit Ende der 60er Jahre gab es eine Form von »internationalistischer« Solidarität, die sich für die inneren Widersprüche der von ihr favorisierten Befreiungsbewegungen nicht oder nur am Rande interessierte. Wesentlich war, daß die Orientierung stimmte – sei es nun gegen den US-Imperialismus allein, gegen die beiden Supermächte USA und Sowjetunion oder auch »nur« gegen den »BRD-Imperialismus«. Diese Solidaritätsgruppen ließen sich mehr oder weniger bereitwillig in die Propagandakampagnen der jeweiligen Befreiungsbewegungen bzw. der von ihnen kontrollierten Regierungen einspannen. (Ich habe das am Beispiel der »Kampuchea-Solidarität« in den späten 70er und frühen 80er Jahren in Deutschland selbst erlebt und mitgemacht.)

Zurück zu den GRÜNEN: Auf dem Hagener Parteitag im November 1982 wurde Bahro als Beisitzer in den Bundesvorstand gewählt. Im Mittelpunkt stand die Diskussion eines Wirtschaftsprogramms. In *Randglossen* zu dem dort vorliegenden Entwurf skizzierte Bahro Vorstellungen einer grünen »Umverteilungspolitik«: Es gehe darum, den »laufenden Geschäften soviel wie möglich Energie [zu] entziehen, der Alternative, den Rettungsbooten möglichst viel Energie zu-[zu]führen«. Das schließe nicht aus, »daß wir in zweiter Linie alles unterstützen, was die Lohnabhängigen mit niedrigem und mittlerem Einkommen gegen die Abwälzung der Krisenlasten auf ihre Schultern schützen kann. Im Gegenteil, zum einen soll dem Kapital keine Mark mehr für Investitionen überlassen werden, die in den Ausbau des Industriesystems gesteckt werden. Zum anderen würde eine Zuspitzung der sozialen Lage Kräfte binden, die dann nicht für Initiativen zur Überwindung der Ursachen der allgemeinen zivilisatorischen Krise beitragen können.« (*Pfeiler*, 13)

Bahro kritisierte: Wer in erster Linie »Arbeitsplatzbeschaffung« betreiben wolle und dabei »das weitere Mitspielen in der Konkurrenz auf dem Weltmarkt nicht in Frage stellt, handelt in der Konsequenz kolonialistisch«. Das vorliegende grüne Wirtschaftskonzept stelle sich »überhaupt nicht der strategischen Frage, vor der wir stehen«. Diese Frage lautete für Bahro: »Wollen wir dem Kapital jetzt reformistisch, durch hingebungsvolle Anpassung an seine besten ›ökologistischen‹ Absichten helfen, den Anlauf für die fünfte ›lange Welle‹ der Industrialisierung[3] (Mikroprozessoren, Computer, Bioindustrien, Umweltschutz) zu nehmen, oder wollen wir versuchen, das Gesamtsystem in dem jetzigen *Tal* zwischen der vierten und fünften Welle abzufangen?« (Ebd., 14)

In seinen *Grundpositionen* versuchte Bahro eine »ökologische Antwort auf die Wirtschaftskrise« der frühen 80er Jahre zu formulieren: Diese Krise müsse dazu genutzt werden, »die Frage nach einem Einkommen, nach einer sicheren Lebensgrundlage für alle von dem Zwang zur Lohnarbeit für den Weltmarkt abzukoppeln« (ebd., 21). Der Rückzug vom Weltmarkt solle zu einem qualitativ veränderten Lebensstandard führen. Gedacht sei an »eine Wirtschaftsordnung größtmöglicher Selbstversorgung in kommunalen, regionalen, Länder- und nationalen Reichweiten« (ebd., 26). Die internationale Arbeitsteilung werde entsprechend dieser Vorstellung nur noch in stark eingeschränktem Maßstab fortgeführt.

Im bereits erwähnten Interview mit *New Left Review* vom Sommer 1983 präzisierte Bahro seinen Gedanken: »Ich stelle mir vor, daß die materielle Struktur des Weltmarkts durch eine informationelle Weltmarkt-Struktur ersetzt werden könnte. Mit anderen Worten: Die Kommunikation würde aufrechterhalten, aber der Materialtransport würde verschwinden – natürlich nicht aufs Mal.« Auf die Frage, ob Bahro für totale Autarkie eintrete, erklärte er: »Wenn wir ein Gleichgewicht und Stabilität erreichen wollen, müssen wir die ursprüngliche Struktur des Weltmarkts neu erschaffen. Dieser war auf eine geringe Menge von Überfluß- und Luxusprodukten begrenzt.« (*From Red to Green*, 180) Eine Frage müsse noch genauer untersucht werden: »Wie könnte unsere Bevölkerung – angesichts einer Perspektive, in der ohnehin der Nachschub für unsere gefräßige Große Maschine ausbleiben und der kriegstreibende Kampf um die Ressourcen zunehmen wird – auf dem gegebenen Territorium mit den noch vorhandenen Ressourcen ihr Leben reproduzieren?« (*Pfeiler*, 26)

Vor dem außerordentlichen Bundeskongreß der GRÜNEN im Januar 1983 in Sindelfingen, der ein Wirtschaftsprogramm verabschieden sollte, meldete sich Rudolf Bahro in der *tageszeitung* zu Wort: Der aus dem Kommunistischen Bund stammende Ökosozialist Rainer Trampert (er wurde im Dezember 1984 in den grünen Bundesvorstand gewählt) wolle – so heißt es entschieden und selbstbewußt – »die Menschen in den Fabriken nicht zum Aussteigen auffordern, weil er ihnen nicht sagen kann, wohin. Er geht eben nicht davon aus, daß der Zug in Richtung Abgrund rollt. [...] *Möchte* er wissen, wohin er sie schicken kann? Wenn ja, dann ist doch mein Konzept, sie gerade nicht ins Nichts zu schicken, sondern unseren potentiellen Machtanteil dafür zu nützen, daß ihnen eine materielle Deckung für den Umstieg geboten wird, ein Vorschlag, auf den er sich einlassen müßte. Ich stelle mir eine *andere* Umverteilung vor. Heraus aus dem Industriesystem, heraus aus dem Raum des Verteilungskampfes zwischen Kapital und Arbeit im Betrieb, der als historisch perspektivlos erwiesen ist.« (*taz*, 5.1.1983; wieder abgedruckt in *Pfeiler*, 30)

Konkret ausgefeilt war Bahros Konzept zu diesem Zeitpunkt noch keineswegs. Was man sich unter dieser »anderen Umverteilung« vorzustellen hatte, blieb vorerst unbeantwortet. Ein paar Monate später wird er in einem Gespräch formulieren, es gehe darum, »ökonomische und rechtliche und politische und soziale Startinvestitionen« für einen Neuanfang zu »erobern« und so »den Anfang der neuen Zivilisation zu stiften, was so tief geht, daß man von einem

Bruch mit europäischen Grundmustern der Verhaltensdisposition reden muß« (*Kommune*, Nr. 7, 8.7.1983, 44). Hier klingt sein kulturrevolutionäres Motiv des »Kommune wagen« an – mehr dazu im übernächsten Kapitel.

Nach Bahros Einschätzung kam in Sindelfingen »ein öko-reformistisches, also linkssozialdemokratisches Programm« heraus: Neben einer ökologischen Präambel stünden hier vor allem Vorschläge zur Reparatur des Systems. Trotzdem sei dieses Wirtschaftsprogramm gar nicht so schlecht, bekannte er im Sommer 1983 dem *New Left Review*-Interviewer Fred Halliday: »Die GRÜNEN bleiben sowohl fundamentalistisch als auch reformistisch, und unser parteiinterner Disput dreht sich nicht um die Frage, ob wir die wirtschaftlichen Maßnahmen im Sofortprogramm unterstützen oder nicht, sondern darum, wie unsere Prioritäten aussehen sollen.« (*From Red to Green*, 171)

Im Entwurf für einen Aufruf zur Bundestagswahl am 6. März 1983 faßte Rudolf Bahro sein politisches Programm zusammen: »Wir wollen in absehbarer Zeit den Mehrheitskonsens dafür erreichen, daß der überlebensnotwendige Umbau unserer Zivilisation beschlossen, geplant und begonnen wird. Davon unabhängig müssen wir hier und jetzt alle Möglichkeiten ergreifen, um Schäden zu beseitigen und weiteren vorzubeugen. Und wir müssen die Krise nutzen, um in den bestehenden Industriekomplexen und Infrastrukturen zu ändern, was sich ändern läßt, damit sowohl vom Produkt als auch vom Arbeitsprozeß her umwelt- und sozialverträglich verfahren wird.« (*Pfeiler*, 46) Für jene, die aus dem Arbeitsprozeß herausfallen, wie für jene, die noch »drin« sind, aber »heraus« möchten, müsse es »eine hinlänglich gesicherte Möglichkeit des Umsteigens in neue Lebenszusammenhänge jenseits des kapitalistischen Industriesystems geben, und wir denken an mehr als jene Alternativprojekte, die noch auf die Nischen des allgemeinen Marktes angewiesen sind« (ebd., 47).

Trotz aller vorhandenen Bereitschaft zur – zumindest vorläufigen – Koexistenz der unterschiedlichen grünen Strömungen war die Abwehr gegen Bahros fundamentalkritischen Ansatz in den Debatten vor der Bundestagswahl stark spürbar. Ein Diskussionsredner, »der es gut mit den GRÜNEN meint«, habe ihm gesagt, er solle doch »wenigstens während des Wahlkampfs nichts sagen, was die Leute erschrecken könnte«, teilte Bahro in der *tageszeitung* mit. »Die meisten unserer Bundestagskandidaten denken im Prinzip genauso.« Es wolle »den Realpolitikern unter uns partout nicht in den Kopf, daß sehr viel mehr Leute, als uns am 6. März wählen werden, unterschwellig auf eine Kraft warten, die nicht mehr mitspielt, und daß der Aufstieg der GRÜNEN letztlich auf eben dieser unterschwelligen Erwartung beruht«. Die auch von vielen grünen Mitgliedern geteilte Ablehnung des sogenannten Fundamentalismus sei Ausdruck einer »kurzsichtige[n] und kleinmütige[n] Befürchtung, wir würden uns zur Sekte isolieren, wenn wir unsere Katze wirklich aus dem Sacke ließen« (*taz*, 4.3.1983; wieder abgedruckt in *Pfeiler*, 52).

Die Frage nach den Bedingungen für einen »radikalen Wandel, einen Umbruch, einen Aufbruch in der subjektiven Lebenspraxis, fort von den zahllosen Gewohnheiten, die uns an einen bestehenden Zustand der Dinge fesseln, hin zu neuen Ufern der individuellen und kollektiven Existenz« (*Wahnsinn*, 5), beschäftigte Bahro in dieser Zeit ganz zentral. Die Notwendigkeit einer grundlegenden Veränderung der Lebensweise wurde zu seinem Credo, das er inner- und außerhalb der grünen Partei unermüdlich verkündete. Die Trennung zwischen dem »Privaten« und dem »Politischen«, die sich auch in dieser Partei reproduzierte, wollte Bahro nicht nachvollziehen: Der eigene Lebensstil war ihm der Gradmesser für die Ernsthaftigkeit politischer Überzeugungen. Eine solche Herangehensweise galt in der bundesdeutschen Gesellschaft und auch bei manchen Grünen bald als »fundamentalistisch«. Da schwingt das »Religiöse« einer solchen Position mehr oder weniger offenkundig mit. Bahro scheute sich nicht, in diese Sphäre vorzudringen, um den subjektiven Antriebskräften für einen grundlegenden Wandel, den er erhoffte, besser auf die Spur zu kommen.

Wie sah denn dieser Lebensstil bei Bahro ganz persönlich aus? Ursula Beneke berichtet über die ersten Jahre in der Bundesrepublik: »Ein ›Privatleben‹ gab's für uns eigentlich nicht. Rudi saß, wenn er zu Hause war, am Schreibtisch und schrieb. Zu Anfang, in Köln, wurde er ständig von wildfremden Menschen angesprochen. Es kamen auch Medienleute und solche aus politischen Parteien, die etwas von ihm wollten. In Bremen wurde es im Hause dann etwas ruhiger. Aber auch dort unterschied sich der Sonntag von den Werktagen nur dadurch, daß da keine Post kam.« Ursula Beneke kümmerte sich um Termine und alle technischen Fragen, schrieb seine Texte ins Reine. Und sie versorgte den Haushalt. Die alltäglichen Dinge interessierten Bahro wenig. Ein Beispiel dafür: »Oft wußte Rudi nachmittags nicht mehr, was er mittags gegessen hatte.« Er war ein unermüdlicher intellektueller Arbeiter, der sich kaum eine Ablenkung gönnte, sondern immer bei der Sache bleiben wollte. Und er war stolz auf das, was da in ihm dachte. »Sein elitäres Gehabe hat mich manchmal gestört«, erklärt Ursula Beneke heute im Gespräch. Trotzdem möchte sie die Zeit, die sie mit ihm verbrachte, nicht missen. »Gott sei Dank muß ich keinen Tag meines Lebens bereuen.«

Ohne Rüstung leben
Friedenspolitik von unten

Ende der 70er Jahre erreichte das Wettrüsten zwischen den beiden Supermächten USA und Sowjetunion eine weitere, entscheidende Runde: Am 12. Dezember 1979 beschlossen die Außen- und Verteidigungsminister der NATO-Mitgliedsstaaten, neue Mittelstreckenraketen mit nuklearen Gefechtsköpfen zu stationieren. Der sogenannte Nachrüstungsbeschluß reagierte auf die Stationierung von SS-20-Raketen seitens der Sowjetunion. Der Streit darum, wer vor- und wer nachgerüstet hatte, bewegte die politische Diskussion jener Jahre, blieb aber letztlich müßig. Denn eines war offenkundig: Beide Seiten hatten genügend atomare Waffen vorrätig, um sich gegenseitig mehrfach auslöschen zu können. Gegen diese Bedrohung entwickelte sich in den frühen 80er Jahren eine europäische Friedensbewegung – im Westen wie auch (unter erschwerten Bedingungen) im Osten des Kontinents.

Diese gesamteuropäische Perspektive wurde von der Bertrand-Russell-Friedensstiftung mit dem *Aufruf für ein atomwaffenfreies Europa* aufgenommen: »Wir müssen gemeinsam darauf hinarbeiten, das gesamte Territorium Europas, von Polen bis Portugal, von atomaren Waffen, von Luft- und U-Boot-Stützpunkten und von allen Einrichtungen freizumachen, die mit der Erforschung oder Herstellung von Atomwaffen beschäftigt sind. Wir fordern die beiden Supermächte auf, sämtliche Atomwaffen vom europäischen Territorium abzuziehen. Insbesondere fordern wir die Sowjetunion auf, die Produktion der SS-20-Mittelstreckenraketen einzustellen, und wir fordern die Vereinigten Staaten auf, ihren Beschluß über die Entwicklung von Marschflugkörpern (cruise missiles) und Pershing-II-Raketen zur Stationierung in Westeuropa nicht durchzuführen«, heißt es in diesem Dokument (*Russell-Friedens-Kampagne*, 4).

Führender Kopf der Europäischen Bewegung für atomare Abrüstung (European Nuclear Disarmament – END) war der britische Sozialhistoriker Edward P. Thompson, der auch einen ersten Entwurf des Aufrufs verfaßt hatte. Thompson prägte zu jener Zeit den Begriff des »Exterminismus«. Gemeint ist »der unserer Industriezivilisation eingelagerte und von ihr auf die ganze Welt ausstrahlende Drang zur Massenvernichtung, -auslöschung, -ausrottung« – so Rudolf Bahros Zusammenfassung von Thompsons Analyse (*Exterminismus*, 9). Bahro setzte sich bei den GRÜNEN dafür ein, den Aufruf für ein atomwaffenfreies Europa zu unterstützen. Zusammen mit Michael Vester erläuterte er in einem Beitrag die Bedeutung dieses Appells: »Die Russell-Initiative *verwirft die Vorstellung von der Unüberwindlichkeit der Blöcke*, die ja bedeutet, daß man sich auf die Manipulation ihres Verhältnisses statt auf einen Prozeß ihrer Aufhebung orientiert. Sie enthüllt die prinzipielle *Unzulänglichkeit jeder Entspannungspolitik, die sich auf Abmachungen zwischen den Blöcken beschränkt.* Sie versteht die *Blockkonfrontation* als ein beide Seiten übergreifendes *System*, dessen Eigendynamik aus den Interessen eines oder beider Kontrahenten nicht bis zu Ende erklärbar ist. Die Konfrontation als solche gebiert die Rüstungsschübe.« (*Russell-Friedens-Kampagne*, 31f.)

Nach den großen Friedensdemonstrationen im Herbst 1981, die mehrere Millionen Menschen in vielen europäischen Ländern auf die Straße gebracht hatten, trafen sich in Rom Delegierte der Organisationen, die den Aufruf unterstützten. Aus der Bundesrepublik nahmen u. a. Michaela von Freyhold, Hochschullehrerin für Soziologie an der Universität Bremen, und Rudolf Bahro teil. Dort wurde die erste europäische Konferenz für ein atomwaffenfreies Europa vorbereitet, die im März 1982 in Brüssel stattfand.

Im Vorfeld dieser Konferenz arbeiteten die beiden den Entwurf einer *Charta für ein blockfreies Europa* aus. Sie erklärten dort u. a.: »[...] wir sind an einen Punkt gekommen, wo zur Entscheidung steht: Entweder wir schaffen Krieg und Rüstung ab, oder Krieg und Rüstung schaffen uns ab. Wir müssen bis zur letzten Konsequenz bereit sein, die Welt so zu ändern, daß Krieg und Rüstung unmöglich werden.« (*Charta*; wieder abgedruckt in *Pfeiler*, 109) Es ging ihnen um »ein von unten wiedervereinigtes Europa der Völker, in dem die sozialen Wurzeln des Krieges, der Unterdrückung nach innen und des Kolonialismus nach außen ausgerissen sind« (ebd., 112). Dazu Michaela von Freyhold heute: »Mit dieser Charta, die auch Osteuropa einbezog, waren wir unserer Zeit voraus. Es ist deshalb falsch zu sagen, beim Fall der Mauer ein paar Jahre später sei man nicht vorbereitet gewesen. Da gab es schon konzeptionelle Vorstellungen, doch die fanden keine gesellschaftliche Resonanz.«

Michaela von Freyhold und Rudolf Bahro verband das gemeinsame Anliegen, Thompsons Exterminismus-Konzept in eine allgemeinere, auch sozialanthropologisch begründete Theorie der modernen Zivilisation auszuweiten. Diese Arbeit war als Weiterführung der *Alternative* gedacht. Michaela von Freyhold fand Bahro »anregend«, weil »er mich zum Nachdenken über sehr große Fragen herausgefordert hat. Mit dem, was Rudi sagte, war ich oft nicht einverstanden, aber ich habe gemerkt, daß es sich lohnt, auf die von ihm aufgeworfenen Fragen dann eigene Antworten zu finden.« Seine größte Stärke habe ihn zugleich höchst angreifbar gemacht: daß er es wagte, gegen die herkömmlichen Vorstellungen anzudenken. Imponiert hat ihr sein geistiger Mut und seine Zivilcourage: »Rudi bezog auch dann Position, wenn er sich damit nur Nachteile einhandelte. In seiner Politik war er überhaupt nicht kalkulierend.«

Im freundschaftlichen Umgang kamen sie gut miteinander aus. Dagegen erwies sich die disziplinierte Zusammenarbeit an dem geplanten Buchprojekt auf Dauer als unmöglich, weil die beiden völlig unterschiedliche Arbeitsstile hatten. Michaela von Freyhold berichtet: »Ich war gewohnt, daß man bei gemeinsamen Werken erst eine Gliederung macht, sich dann die Kapitel aufteilt, skizziert, was darin geschehen soll, das diskutiert und dann anfängt zu arbeiten. Rudi setzte sich dagegen an seine elektrische Schreibmaschine wie ans Klavier, phantasierte wild darauf los, produzierte einen erheblichen Umfang an Seiten, die Vielfältiges aussagten und fuhr dann zu irgendwelchen Treffen der GRÜNEN. Mir überließ er es, herauszubekommen, wie man das gliedert und wie das, was ich dazu hätte beitragen können, zu integrieren gewesen wäre. Das hat nicht funktioniert.«

Die Orientierung auf ein von beiden Supermächten unabhängiges Europa stieß vor allem bei zwei politischen Formationen auf Widerstand – der SPD und der dem »realen Sozialismus« verpflichteten Deutschen Kommunistischen Partei (DKP). Im Rahmen der Auseinandersetzungen um die Wiederbewaffnung hatte die SPD-Führung bereits Mitte der 50er Jahre ihre Haltung zur militärischen Westintegration revidiert. Seither war die politisch-militärische Bindung der Bundesrepublik an die Vereinigten Staaten ein innerparteilich zunehmend unbestrittener Grundpfeiler sozialdemokratischer Programmatik geworden.

Diese Generallinie galt auch gegenüber der »neuen« Friedensbewegung. Anders als bei der »Kampf dem Atomtod«-Bewegung in den 50er Jahren konnte sich die SPD nicht an deren Spitze stellen, weil sich die neue Bewegung in Opposition zur sozialdemokratisch geführten Bundesregierung unter Helmut Schmidt formierte. Die von Brandt und Egon Bahr eingeleitete »neue Ostpolitik« hatte Ende der 60er Jahre zu einer Wende im Verhältnis mit der Sowjetunion und den mittel- und osteuropäischen Staaten geführt, »aber die Berufung darauf ergibt keine Friedenspolitik heute«, erklärte Bahro in einem Papier zum »Forum Frieden« der SPD im August 1981. »Die Sozialdemokratie konnte *innerhalb* der Voraussetzungen der Blockkonfrontation zu ihrer Entspannungs- und neuen Ostpolitik übergehen. Jetzt ist dieser Spielraum erschöpft, und es ist sichtbarer denn je, daß die Blocklogik selbst verabschiedet werden muß, um nicht nur das Wettrüsten abzustoppen (das versteht sich von selbst), sondern auch nur die sicherheitspolitischen Minimalziele des Entspannungskonzepts zu bewahren.« (*Wahnsinn*, 53)

Bahro knüpfte mit seinem Programm der Blockfreiheit an Vorstellungen von Teilen der »alten« Friedensbewegung aus den 50er Jahren an, ohne dies explizit zum Ausdruck zu bringen. Damals hatte die Idee des »Neutralismus« zeitweise sogar bei einer Mehrheit der Westdeutschen Anklang gefunden. Doch dieser Stimmung entsprach zu jener Zeit keine gesellschaftliche Kraft, der es gelungen wäre, die darin zum Ausdruck kommenden Befürchtungen und Wünsche in ein entsprechendes politisches Programm zu übersetzen.

Aufgrund der wahrgenommenen Bedrohung, ins Schußfeld der beiden Supermächte zu geraten, wurde der Neutralismus in den frühen 80er Jahren wieder virulent: Bei einem »harten Kern« von rund zehn Prozent pazifistisch-neutralistisch Orientierten und einem runden Drittel der Wahlberechtigten, die positiv der pazifistischen und/oder neutralistischen Orientierung zuneigen, könne die Friedensbewegung »ein bedeutender Faktor innerhalb des Kräfteparallelogramms der Bundesrepublik werden, wenn sie sich nicht aufgrund unterschiedlicher Vorstellungen selbst zersplittert, und wenn es ihr gelingt, sich von dem Odium, kommunistisch gelenkt zu sein, zu befreien«, bemerkte der Friedensforscher Berthold Meyer (HSFK 1982, 141).

Der Abwehr der SPD-, insbesondere aber der DKP-Positionen war Bahros Engagement in dieser Phase gewidmet. Vor über 800 Delegierten aus 350 Gruppen der Friedensbewegung, die sich Anfang April 1982 in Bad Godesberg trafen, begründete Bahro, weshalb die DKP als Bündnispartner dieser Bewegung nicht tauge: »Mit welchem Recht zählen sich jene zur Friedensbewegung, die sich mit dem

Ostblock verbunden fühlen und in ihrer hiesigen Presse jedes Verbrechen rechtfertigen und beschönigen, das von Moskau aus begangen wird? […] Sie hängen sich hier an den Pazifismus an, aber ihre politische Heimat liegt dort, wo beschlossen wird, auf den Autobahnen nach Berlin die Aufkleber ›Frieden schaffen ohne Waffen‹ zu entfernen und in der DDR junge Leute zu drangsalieren, die den Aufnäher ›Schwerter zu Pflugscharen‹ tragen. […] Wie lange noch wollen wir uns einreden, wir könnten mit diesen Heuchlern an einem Strang ziehen?« (*Spiegel*, Nr. 15, 12.4.1982) Und er hielt fest: Die Polarisierung gegen die DKP-Politik sowie die scharfe Auseinandersetzung mit jenen, die Vorfeldarbeit für diese Partei betreiben, sei die Voraussetzung dafür, daß die Friedensbewegung ins Bewußtsein einer Mehrheit der Bevölkerung vordringen könne.

Bahro versuchte, die Geister in der Friedensbewegung zu scheiden, um den neuen Ansatz der »Blockfreiheit« möglichst klar herausarbeiten zu können. Deshalb trat er so unversöhnlich gegen die DKP auf. Deren Orientierung auf die Supermacht Sowjetunion wurde innerhalb der Friedensbewegung gewiß nur von einer Minderheit geteilt. Trotzdem verstand sie es, mit ihrer »Bündnispolitik« Kräfte an sich zu binden und damit die Auseinandersetzung um die weitergehenden Ziele der Friedensbewegung zu vernebeln. Die Schärfe von Bahros Auseinandersetzung wurde von vielen so verstanden, als trage er unnötigen Streit in die Bewegung, der das politische Anliegen bloß schwächen könne. In einem Offenen Brief bayrischer Grüner wurde ihm vorgeworfen, er wolle einen »Radikalenerlaß auf grün«. Für seine Vision: »Wir werden nicht weniger, sondern unvergleichlich mehr, wenn wir diese Grenze ziehen«, spreche »weder die historische Erfahrung noch die politische Logik«. Bahro spiele mit seiner Forderung der CSU in die Arme, die die Friedensbewegung sowieso als »kommunistisch unterwandert« denunziere, ist in diesem Brief zu lesen (Petra-Kelly-Archiv, Akte 1005).

Bahro dagegen glaubte, daß nur Klarheit in den grundlegenden Dingen der Friedensbewegung zum Erfolg verhelfen könne. Ein paar Tage nach der Bad Godesberger Konferenz, bei der Bremer Ostermarschkundgebung, ging Bahro explizit auf den Vorwurf ein, er schüre einen Antikommunismus, der der Friedensbewegung schade: »Es ist die Methode ›Haltet den Dieb!‹, wenn man nach alledem, was die prosowjetischen Kräfte der übrigen Friedensbewegung an Manipulation und Funktionalisierung zumuten, über Antikommunismus klagt. Unsere Wendung gegen die DKP hat weder etwas mit den Motiven des einstigen KPD-Verbots noch der Berufsverbote, nichts mit Haßgefühlen gegen die Sowjetunion oder die DDR zu tun, sondern mit einer aktuellen und konkreten politischen Gegnerschaft. [...] Was heißt heute überhaupt ›Antikommunismus‹? Die italienischen Kommunisten haben, wenn auch weniger konsequent, eine ähnliche außenpolitische Einstellung wie wir. Auch sie sagen: Überwindet die Blöcke! Auch sie fragen nach einer neuen Dritten Kraft. Der Vorwurf des Antikommunismus setzt voraus, daß in Prag, in Kabul, in Warschau und vor allem natürlich in Moskau der Kommunismus am Werke sei. Wir sind freilich gegen *diesen* ›Kommunismus‹.« (Archiv Grünes Gedächtnis, Bestand B. I. 1, Akte Nr. 250)

Die Bremer DKP antwortete mit einem Flugblatt: »Heute sollen die Kommunisten aus der Friedensbewegung herausgedrängt werden. Wer soll der Nächste sein? Angebliche ›Subsysteme der DKP‹ und ›Trittbrettfahrer‹ sind jetzt schon im Visier. [...] Leider haben sich Teile der GRÜNEN und insbesondere Rudolf Bahro für dieses offenkundige Manöver instrumentalisieren lassen. Als Lohn winkt ein Stück vom parlamentarischen Kuchen. [...] Genau auf dieser Linie lag Bahros Rede vom Ostersamstag. Antikommunismus und Vereinnahmung der Friedensbewegung durch die GRÜNEN, die nach Bahro sozusagen der parteienmäßige Ausdruck der Friedensbewegung sind.« (Ebd.)

Rudolf Bahro reagierte mit einem *Langen Brief an alle GRÜNEN und alle andern Ostermarschierer*, der vor der großen Bonner Friedensdemonstration am 10. Juni 1982 als Entwurf zirkulierte. (Eine überarbeitete Fassung wurde im gleichen Jahr in Bahros Buch *Wahnsinn mit Methode* veröffentlicht.) Zum einen versucht er nachzuweisen, daß die DKP die möglicherweise in sie gesetzten Hoffnungen gar nicht erfüllen könne: Sie habe nämlich längst darauf verzichtet, eine »Perspektive eigenständiger Umwälzungen in den kapitalistischen Metropolen« zu entwickeln. Die DKP könne sich »einfach keine andere Zukunft vorstellen als den Sieg des sowjetischen Sozialismus im Weltmaßstab« (*Wahnsinn*, 128). Doch die Sowjetunion sei eben nur die »unglückliche zweite Weltmacht«: »In dem Maße [...], wie die geopolitische Lage des riesigen, industriell erst aufholenden, damit zur Konzentration auf die Rüstung gezwungenen Reichs zum weitaus wichtigsten Verhaltenskriterium Moskaus wurde, mußten alle jene Kräfte, die sich auf das sowjetische Modell als innenpolitisches Rezept für den Westen bezogen, ins historische Abseits geraten.« (Ebd., 125)

In seiner Polemik gegen die DKP ging es Bahro gar nicht in erster Linie um die Bedeutung dieser Partei. Der »springende Punkt« lag für ihn in der Erkenntnis, »daß der historische Prozeß mit dem Aufbruch der neuen Friedensbewegung, mit der Entwicklung in Polen und in der DDR [...] in eine entscheidende formative Phase eintritt, in der wir viel zu verlieren und viel zu gewinnen haben« (ebd., 104f.). Bahro glaubte, jetzt biete sich »die größte politische Chance seit Generationen, die Mehrheit der Deutschen für eine Reformation im Gegenzug zu der ganzen unglücklichen Tradition seit dem Scheitern von 1848 zu öffnen« (ebd., 105).

In diesem Geist hatte Bahro auch beim Hambacher Fest im Mai 1982 gesprochen – zum Gedenken an ein anderes Hambacher Fest anderthalb Jahrhunderte zuvor, das Ausdruck der wichtigsten politischen Volksbewegung nach Reformation und Bauernkrieg gewesen war. Bahro erinnerte daran, daß die Friedensbewegung in beiden deutschen Staaten jener Volksbewegung in der Zeit vor der Märzrevolution des Jahres 1848 »ähnlicher« sei »als jede andere fortschrittliche, demokratische und revolutionäre Kraft in diesem Land seither« (ebd., 68). Weil das »Nachkriegsweltsystem mit der Hegemonie der beiden großen Supermächte über Europa und besonders über Deutschland« seinen Zenit überschritten habe, entstehe jetzt ein Raum, »der aktiv genutzt werden kann und muß«. Dieses Mal könne »das Thema der nationalen Interessen uns gehören« (ebd., 71). Wenige Wochen zuvor, bei einer Veranstaltung in München, hatte Bahro einen »neue[n] Patriotismus« postuliert. Dieser meine »ein atomar entwaffnetes, blockfreies Deutschland in einem atomwaffenfreien Europa« (ebd., 64).

Solche national-pazifistischen Töne kamen mancherorts schlecht an. So argwöhnten beispielsweise französische Intellektuelle, daß Deutschland sich vom Westen wegorientieren wolle, um auf diese Weise die Wiedervereinigung zu verwirklichen. Das Wort von einem »neuen Rapallo« – einer separaten Einigung zwischen Deutschland und Rußland nach dem Ersten Weltkrieg – machte die Runde. Ein Exponent dieser Position war der Soziologe André Gorz. Dazu Bahro: »Man redet von Rapallo. Warum eigentlich nicht?! Aber das müßte heute kein deutsches Unternehmen ›Los von Westeuropa‹ sein. Wir sind nicht in den zwanziger Jahren. Heute befindet sich ganz Westeuropa in der Mittellage, in der sich früher immer Deutschland befand.« (*Spiegel*, Nr. 6, 8.2.1982; wieder abgedruckt in *Pfeiler*, 119f.)

Die Kontroverse zwischen Gorz und Bahro entzündete sich an der Polen-Frage. Landesweite Streikaktionen im Sommer 1980 hatten die polnische Regierung gezwungen, das Recht der Arbeiter und Arbeiterinnen auf Gewerkschaftsfreiheit anzuerkennen. Im September des gleichen Jahres war die »Unabhängige und Selbstverwaltete Gewerkschaft Solidarność« entstanden. Nach einer etwas mehr als einjährigen Zeit der »Doppelherrschaft« (Bahro) verkündete der Erste Sekretär der Polnischen Vereinigten Arbeiterpartei, General Wojciech Jaruzelski, am 13. Dezember 1981 das Kriegsrecht und die Suspendierung der Solidarność-Gewerkschaft. Man sei damit einer militärischen Intervention der Sowjetunion zuvorgekommen, argumentiert der Ex-General noch heute (siehe dazu *Spiegel*, Nr. 2, 7.1.2002). Weil es nach diesem Datum in der Bundesrepublik – im Gegensatz zu Frankreich – kaum zu Solidaritätsaktionen für Solidarność gekommen war, warf Gorz den Deutschen und ihrer Friedensbewegung in einem *Spiegel*-Gespräch (Nr. 4, 24.1.1982) vor, »kein Verhältnis zur Freiheit« zu haben.

Bahro reagierte mit dem Vorwurf, Gorz schleppe in seinem Freiheitsbegriff »eine erhebliche Portion kolonialistischer Unverschämtheit« mit. Insbesondere mit Blick auf die Regierung des »linken« Mitterrand habe er »nicht erst seit gestern den Verdacht, daß die Institutionen der Linken gründlich dazugehören zu der institutionellen Gesamtagentur der herrschenden Zustände hier, zu dem allgemeinen Apparat der metropolitanen Machtstruktur« (*Pfeiler*, 119). Ende Dezember 1981 hatte sich Bahro in einem längeren Beitrag mit der Frage befaßt: *Wer interveniert für Polen?* (*taz*, 22./23.12.1981) Er kam zum Schluß: »Das westliche Establishment, und zwar weitestgehend en bloc von Reagan bis Mitterrand, von Thatcher bis Schmidt, gehört *mindestens* so sehr wie die sowjetische Nomenklatura zu den *Bedingungen* der polnischen Ausweglosigkeit.« Noch sei die Blockkonfrontation, die Teilung der Welt und Europas zwischen den Supermächten, eine Tatsache. »*Noch* bestellen die neuen Kräfte nicht die Musik, in Polen nicht und hier nicht«, obwohl sie keineswegs so ohnmächtig seien, wie manche glaubten.

Die wichtigste Lehre aus dem polnischen Drama sei für ihn »die zunehmende Orientierung der Ökologie- und Friedensbewegung auf ein in jeder Hinsicht unabhängiges atomwaffenfreies Europa bis hinüber nach Polen, also auf den Bruch mit der Logik der Blöcke, auf das Ausscheiden aus der bipolaren Machtstruktur, die in antagonistischer Kooperation Europa und die Welt unter der Fuchtel hält«. Das sei auch das »Hauptstück der Polen-Solidarität« – und nicht die »üblichen Demonstrationen«, die sowieso nur »Ersatzbefriedigung« (ebd., 112) wären. Bahros Fazit lautete: »Wir dürfen die polnische *Krise* nicht so sehr als *polnische* Krise lesen.« Das »*Übergreifen* der äußeren Widersprüche, die *Über*determination der inneren Entwicklung durch die Krise des Nachkriegsweltsystems« werde unterschätzt: »Wie auf der Partei und der Armee in Polen der Schatten Moskaus liegt, so wurde die unabhängige Gewerkschaft von der Schubkraft des westlichen Konsumismus mitbewegt.« Und dann geradezu prophetisch: »Wenn sich das, was wir hier in Polen gesehen haben, in irgendeiner noch so entfernten Variante in der DDR wiederholt, dann haben wir die Wiedervereinigung, fast wie sie sich Adenauer wünschte – obwohl es dort ein erhebliches reformkommunistisches Potential gibt, das zu was Besserem beitragen könnte, sofern es die Initiative bekäme, ehe nichts mehr geht.« (Ebd., 113)

Ein undifferenzierter Antisowjetismus im Westen wirke sich aber nur nachteilig für die polnische Volksbewegung aus. In einem Vortrag an der Evangelischen Akademie Hofgeismar erläuterte Bahro Mitte Februar 1982 seine Überlegung, die ihn zur ideologischen Attacke gegen die Linke an der Macht, insbesondere jene in Frankreich, bewogen hatte: »Wenn wir nun der Sowjetunion nicht mit der gefährlichen Politik begegnen wollen, sie in die Enge zu treiben, das System dort vollends kaputt zu machen, sie von außen zur Verzweiflung zu treiben, damit dann eventuell wirklich die Bombe spricht, dann lautet die Frage so: Wie müßte Westeuropa verändert werden, politisch verändert werden, damit die Sowjetunion dazu gebracht werden kann, Polen, damit natürlich Osteuropa, einigermaßen gutwillig loszulassen?« (*Wahnsinn*, 40)

Rund zwei Jahre später entwickelte Bahro seinen Gedanken in einem Briefwechsel mit dem Historiker Gerd Koenen weiter. Im Januar 1984[4] schrieb er: »Einen Einfluß, der in Rußland den Abbau der aggressiven Tendenzen bewirkt, kann nur ein Deutschland haben, das *im strengen Sinne pazifistisch* wird, auf einseitige militärische und industrielle Abrüstung schaltet, was in erster und letzter Instanz eine Veränderung in der kollektiven Psyche voraussetzt. [...] Ein unbewaffnetes Deutschland, Westdeutschland, das seine Sache wirklich auf nichts gestellt hätte, wäre die äußerste historische Intervention. Es hätte in Richtung Osten nichts Besonderes zu unternehmen. Es wirkte durch seine Existenz.« (*Pfeiler*, 174f.)

Der linke Sozialdemokrat Peter von Oertzen, der während der Polen-Krise die Entspannungspolitik seiner Partei verteidigte, gestand Rudolf Bahro zu, es sei nur konsequent, wenn dieser »eine osteuropäische Friedensbewegung zur Ergänzung der westeuropäischen fordert, wenn er für die Verschmelzung von Friedensbewegung, ökologischer Bewegung und demokratisch-sozialistischer Bewegung eintritt, wenn er ein wiedervereinigtes blockfreies nichtkapitalistisches Europa proklamiert«. Diese Haltung werde »überdies von Millionen Menschen in Westeuropa geteilt« – nicht zum Wohlgefallen von Oertzens. Sein Einwand lautete: Die sogenannte Friedensbewegung sei zwar »Teil der Politik, aber sie macht keine Politik; sie kann es auch gar nicht. Schon allein die unfriedliche Koexistenz zwischen antipolitischen Radikalpazifisten und – mehr oder weniger gutgläubigen – Mitläufern der Sowjetunion in ihren eigenen Reihen« mache sie aktionsunfähig. Er empfahl statt dessen, auf die Position von Mitterrand zu setzen: Seine »Politik der doppelten Konfrontation – in Fragen der Dritten Welt gegen die USA, in der Nachrüstungsfrage gegen die UdSSR« – habe »das verächtliche Reden Bahros vom ›force-de-frappe-Sozialismus‹« nicht verdient (*Die Zeit*, Nr. 1, 1.1.1982; wieder abgedruckt in Böll 1982, 150).

Bahro entgegnete in einem Beitrag für die *Zeit*, der dort aber ungedruckt blieb, der ideologische Einfluß der Anhänger und Mitläufer der sowjetischen Rüstungs- und Abschreckungspolitik innerhalb der Friedensbewegung sei »rapide rückläufig«. Es komme nun die Stunde, die pro- und philosowjetischen Positionen endgültig aus der Friedensbewegung »hinauszudiskutieren« (*Pfeiler*, 113). Die auch von Linken vertretene Entspannungspolitik setze »den Wahnsinn der atomaren Abschreckung, die Drohung mit dem Racheschlag voraus. *Friedenspolitik* dagegen dient dazu, diese Konstellation selbst zu liquidieren.« (Ebd., 114)

Anfang 1982 antwortete Rudolf Bahro auf die Frage des Deutschlandfunks, was er persönlich für den Frieden tue: »Ich habe zum Beispiel kein Auto; ich bin in die für meine Arbeit kleinstmögliche Wohnung umgezogen; ich esse nur noch wenig Fleisch, weil da in einer Mahlzeit Getreide steckt, von dem fünf oder mehr Menschen einmal satt werden könnten. Leider ist all so etwas zunächst mehr von symbolischer als praktischer Bedeutung. Wichtiger erscheint mir: Ich bin bereit, ohne jeglichen ›Schutz‹ durch Rüstung zu leben. Das fällt mir um so leichter, als mich die Strategen überzeugt haben, sie können mich im Ernst nur totverteidigen.« (*Wahnsinn*, 93) Bahro spielte damit auf die vor allem in evangelischen Kreisen verbreitete Erklärung der Aktion »Ohne Rüstung Leben« an (die übrigens noch heute existiert). Sie besteht lediglich aus zwei Sätzen und lautet: »Ich bin bereit, ohne den Schutz militärischer Rüstung zu leben. Ich will in unserem Staat dafür eintreten, daß Friede ohne Waffen politisch entwickelt wird.«

Bahro hatte bereits in seinem Exterminismus-Aufsatz von 1981 vorgeschlagen, diese Erklärung »millionenfach im Lande zu verbreiten«. Sie solle »bis ins persönliche Gespräch an jedes Kind, jede Frau und jeden Mann ohne Ausnahme« herangetragen werden. »Es ist kein besserer Anstoß zur Auseinandersetzung mit der gesamten hier behandelten Problematik denkbar, als eine solche Aufforderung zu einer durchdachten existenziellen Entscheidung.« Er selbst schloß sich damals der Erklärung an – »überzeugt davon, daß es nie eine Stunde gab, in der aktueller und empirisch zwingender war als heute, was in der Bergpredigt steht: ›Selig sind die Sanftmütigen, denn sie werden das Erdreich besitzen!‹« (*Exterminismus*, 37)

Von diesem Geist des Evangeliums sah Bahro auch die Friedensbewegung in der DDR inspiriert. Die »im Schutzraum der Kirche angesammelte Energie« stelle »einen besonders reinen Ausdruck jener neuen Kräfte dar, die nicht bloß den politisch-militärischen Ost-West-Gegensatz, sondern die Konfrontation der beiden Systeme überhaupt zu überwinden suchen«, schrieb Bahro im *Spiegel* (Nr. 50, 13.12.1982; wieder abgedruckt in *Pfeiler*, 129). Es gebe in der DDR »ganz offensichtlich Kirchenleute, die nicht in erster Linie der Institution verpflichtet sind, sondern der Idee [...] Ohne den eben nicht rein negativen Anstoß, den die DDR darstellt, hätte sich das dortige Christentum nie zu der heutigen Gestalt gemausert. Der Staat hat einmal damit begonnen, Müntzer gegen Luther zu stellen und zu feiern. Inzwischen wäre ihm ein konservatives Luthertum im Reservat der Kirche weitaus bequemer als der Müntzersche Geist, der allerwegen umgeht.« (Ebd., 130)

Mit ihrem »Streben nach blockübergreifenden politischen Aktionen« erreichte die DDR-Friedensbewegung vor allem »Teile der unangepaßten jüngeren Generation«, stellt Ehrhart Neubert in seiner breit angelegten Untersuchung zur *Geschichte der Opposition in der DDR* fest (Neubert 1998, 335). Die Arbeit von kritischen Marxisten wie Bahro und vor allem auch Robert Havemann wirkte hier nach – doch eine solche Bewegung hatte »weder Bahro vorausgesehen noch Havemann für möglich gehalten« (ebd., 343). In einer Besprechung des Buches *Made in GDR* des jungen Liedermachers Karl

Winkler, der über seine Gefängniserfahrungen in der DDR schrieb, äußert Bahro: »Seit die unabhängige Friedensbewegung drüben, von deren Vorwehen ich viel weniger als Wolf, der Biermann, oder Winkler wußte, ins volle Licht getreten ist, zweifle ich öfter, ob das Fortgehn damals richtig war.« (*Die Zeit*, Nr. 50, 9.12.1983; wieder abgedruckt in *Pfeiler*, 135)

Die Friedensbewegung richtete sich sowohl gegen die innergesellschaftliche Militarisierung der DDR wie gegen die Gefahr eines Krieges zwischen beiden Blöcken. An diesem Punkt konnten »sensibilisierte Menschen, auch Gegner der SED, [...] nicht mehr ohne weiteres auf den Westen hoffen, war dieser doch an der sich aufschaukelnden Hochrüstung beteiligt« (Neubert 1998, 381). So ergab sich die Orientierung der Friedensbewegung auf »Herauslösung der deutschen Staaten aus der Blockkonfrontation« nicht von ungefähr. Allerdings irrt Neubert, wenn er meint, dieses »eigenständige und ureigene politische Ziel der DDR-Opposition« habe »in dieser Ausprägung keine andere politische Gruppierung oder Partei in beiden deutschen Staaten« vertreten (ebd., 377). Innerhalb der bundesdeutschen Friedensbewegung und vor allem auch bei den GRÜNEN gab es in den frühen 80er Jahren eine ganze Reihe von Gruppen und Zirkeln, die an einer block-unabhängigen Perspektive arbeiteten.

Nicht zuletzt Rudolf Bahro setzte sich inner- und außerhalb der GRÜNEN dafür ein. Das kommt beispielsweise in seiner Rede auf der Gedenkveranstaltung für den am Karfreitag des Jahres 1982 verstorbenen Robert Havemann zum Ausdruck. Bahros Frage war: »Wie können wir hier eine Regierung zustande bringen, die erforderlichenfalls bereit wäre, von Deutschland aus, von der Bundesrepublik aus, und hinübergreifend auch in die DDR, einen Alleingang für Frieden und Abrüstung zu riskieren?!« Havemann habe zu einer solchen Entwicklung wesentliche Anstöße gegeben. »Wir können uns auf sein Vermächtnis berufen, wenn wir in Zukunft noch tiefer hineingehen nicht nur in eine europäische, sondern auch in eine aktive deutsche Friedenspolitik von unten.« (*Wahnsinn*, 67)

Bahros Offenheit für die nationale Frage machte ihn für linksnationale Revolutionäre interessant, die sich beispielsweise um die Zeitschrift *Wir selbst* sammelten. Bahro hatte keine Berührungsängste und überließ ihnen eine im April 1982 in München gehaltene Rede über *Deutschland in der Friedensbewegung* zum Abdruck. In einem nicht datierten Brief an *Wir selbst* schrieb er vermutlich im Frühjahr 1983: »Nachdem ich mehrere Nummern eurer Zeitschrift gelesen hatte, war ich zu dem Schluß gekommen, daß ihr praktisch alle Elemente grüner Politik vertretet, zu denen ich auch das ›nationale‹ rechne, obwohl ich ganz anders als ihr damit umgehen möchte […] Ich hielt es für möglich und wünschenswert, daß ihr euch auf längere Sicht in die GRÜNEN eingliedert, indem ihr begreift, daß in dem Versuch, alles auf dem ›nationalrevolutionären‹ Standpunkt zu integrieren, gerade eure Schranke liegt. Alle alten Schemata sind jetzt Schranken, auch das Wort ›sozialistisch‹ legitimiert als solches überhaupt nichts mehr.« (*Pfeiler*, 154 f.)

Nationalismus sei grundsätzlich ein altes Muster und es bringe nichts, die neuen sozialen Bewegungen durch dieses »Nadelöhr« zu fädeln. »Wenn ihr euch einmal auf Hannah Arendts *Elemente und Ursprünge totaler Herrschaft* einließet, würdet ihr eure Anleihe beim Befreiungsnationalismus als eine illegitime Maskerade durchschauen. Was in Irland erlaubt ist, ist in England noch lange nicht erlaubt, und nun gar in Deutschland. Ich bin mir auch selbst erst in den letzten Monaten völlig darüber klar geworden […], daß wir unsere Selbstbestimmung gegenüber den Supermächten in einer völlig anderen seelischen Verfassung erringen müssen als der, die sich in den üblichen Topoi nationaler Befreiungsbewegungen manifestiert.« (Ebd., 155)

In seinem Entwurf für einen Wahlaufruf zum 6. März 1983 hatte Bahro die Formel geprägt, die GRÜNEN erstrebten ein »aus der beiderseitigen Ökologie- und Friedensbewegung neuvereinigtes Deutschland« (ebd., 42). Im Brief an *Wir selbst* führte Bahro dann aus: Er habe sich klargemacht » – oder klarmachen lassen –, daß die Forderung nach Neuvereinigung in Bezug auf die Abwehr der existenziellen Gefahren, mit denen wir ringen, keine Notwendigkeit hat«. Und er stellte die Überlegung an, ob die Lösung der deutschen Frage nicht auch darin bestehen könne, »daß die Bevölkerung auf beiden Seiten die Zweistaatlichkeit freiwillig anerkennt« (ebd., 156). Entscheidend sei die Ausstrahlung dessen, »was wir hier, im eigenen Land, zustandebringen«, und »eine reibungsarme Kommunikation mit den gleichgesinnten Leuten auf der anderen Seite« (ebd., 157).

Ein weit herum wahrgenommenes Zeichen der Unterstützung der unabhängigen Friedensbewegung in der DDR setzten Gert Bastian, Petra Kelly, Lukas Beckmann und andere prominente bundesdeutsche Grüne, als sie am 12. Mai 1983 eine kleine Demonstration auf dem Ostberliner Alexanderplatz wagten. Doch als sie dabei ein Plakat mit dem Symbol »Schwerter zu Pflugscharen« zeigten, wurden sie von der Polizei abgeführt. »Das Zeichen, das sie gesetzt haben, ist bedeutend über den Tag hinaus und von internationaler Tragweite. Die neue, unabhängige Position der GRÜNEN erweist sich als dynamisches Element in der europäischen wie in der Deutschlandpolitik. Gert, Petra und die anderen haben exakt den Punkt getroffen, um eine Position sichtbar zu machen, ›nicht dem Osten, nicht dem Westen gegenüber, sondern untereinander loyal‹, d.h. loyal auf der Ebene der Zusammenarbeit und Kommunikation der Basisfriedensbewegungen – eine solche Politik funktioniert«, schrieb Bahro zwei Tage danach in einem Papier (*Pfeiler*, 139). Kritik an dieser Aktion kam von »traditionalistischen Kräften« (Bahro) innerhalb der GRÜNEN – insbesondere der Grün-Alternativen Liste in Hamburg (vertreten durch das Dreigestirn Rainer Trampert, Jürgen Reents und Thomas Ebermann). Gegen das von ihnen vertretene »mechanische altlinke Weltbild« argumentierte Bahro: »Es kann nichts Vernünftiges mehr dabei herauskommen, ›die Amerikaner‹ und die NATO oder – im Innern – das Kapital allein anzugreifen, weil diese Mächte *nicht allein stehen*, weil die ursprünglichen Gegenkräfte (gemeint ist die Sowjetunion) ins Komplott bzw. in den Konsens hineingezogen worden sind.« (Ebd., 144)

Durch Friedenspolitik von unten sollte – so Bahro – versucht werden, innerhalb einer Wahlperiode des Bundestages den »Sicherheitskonsens« zu kippen. »Damit meine ich, auf eine Mehrheit für die Einsicht hinzuarbeiten: ›Entweder wir schaffen die Rüstung ab, oder die Rüstung schafft uns ab‹«, schrieb er Johan Galtung Ende 1983. Aufgabe der GRÜNEN sei es dabei, die Position eines grundsätzlichen Pazifismus zu beziehen. »Gerade von dorther werden wir den größten Druck in Richtung auf den Übergang wenigstens zur defensiven Verteidigung ausüben. Wir ziehen sie realpolitisch vor. Es ist jedoch nicht *unsere* Aufgabe, diesen alternativen Militarismus selbst zu betreiben. Jede Verteidigungskonzeption setzt Bedrohungsdenken voraus, setzt voraus, zuerst Sicherheit und dann erst Frieden zu sagen. Sie setzt die Pflege, die Aufrechterhaltung eines irrationalen Feindbildes voraus.« (*Wahnsinn*, 170)

In dieser Frage gab es eine Kontroverse zwischen Bahro und Galtung. Der norwegische Friedensforscher sprach sich dafür aus, Elemente defensiver Verteidigung zu akzeptieren. Dazu Bahro: »Lieber Johan, ich wende mich nicht gegen deine Überlegungen als solche, aber gegen ihre Adressierung an den aktivsten Teil der Friedensbewegung und an die zugehörige politische Partei. Wie siehst Du die

Funktion der GRÜNEN insgesamt, wenn Du ihnen auf dem einzigen Gebiet, auf dem sie de facto und nahezu eine fundamentaloppositionelle Position beziehen, den Vorschlag machst, ins Lager der NATO-Reformer einzuziehen? [...] Verschweizern, Verösterreichern, Jugoslawisieren der Verteidigung – es werden genug Menschen, einmal aus ihrem bisherigen Sicherheitsdenken aufgewacht, auf diese kleineren Übel, auf ihren relativen Vorteil zurückfallen. Die GRÜNEN indessen müssen intervenieren für eine Grundhaltung gegen das Sicherheitsdenken der Generale und Politiker.« (Ebd., 171)

»Nicht dem Osten, nicht dem Westen gegenüber, sondern untereinander loyal zu sein«, bedeutete für Bahro auch, in der Afghanistan-Frage einen eigenständigen Standort einzunehmen. Zur Erinnerung: Afghanistan steht seit dem 19. Jahrhundert im Zentrum des Ringens um die Vorherrschaft in Zentralasien. Die wichtigsten Konkurrenten waren Rußland und Großbritannien (das später durch die USA abgelöst wurde). Der letzte König versuchte durch eine Schaukelpolitik, Kapital aus der strategischen Lage Afghanistans zu schlagen. Die notwendigen sozialen Reformen blieben allerdings aus. So kam es 1973 zu seinem Sturz und zur Ausrufung der Republik. Im April 1978 putschten sich moskauorientierte Kräfte mit Hilfe des einheimischen Militärs an die Macht, um – so Bahro – »ihrem Volk dann die probate Revolution von oben zu bescheren. Sie haben – wohlmeinend, wie ich denke – eine Agrarreform dekretiert, die den Lebenszusammenhang der Bauern zerstörte, so daß sie mit dem zugewiesenen Land nichts gewonnen hatten. [...] Die geplante Beglückung schlug dem ganzen Land und Volk zu unabsehbarem Unglück aus.« (*Elemente*, 34) Es kam zum Kampf zwischen verfeindeten Fraktionen der Führung und zum Bürgerkrieg. Schließlich griff die »Brudermacht« ein: Am 27. Dezember 1979 marschierten sowjetische Truppen nach Kabul.

»Die meisten von euch werden wissen, wie ich zu der sowjetischen Invasion in Afghanistan stehe. Ich habe sie gleich im Januar 1980 öffentlich als ein Verbrechen gegen den Frieden und die Menschenrechte charakterisiert, geeignet, der Aufrüstungshysterie der USA und der NATO Vorschub zu leisten und den Völkern der Dritten Welt zu zeigen, daß es nicht nur einen Imperialismus gibt«, schrieb Rudolf Bahro am 23. Mai 1984 in einem *Offenen Brief an die GRÜNEN im Bundestag* (teilweise abgedruckt in der *tageszeitung*, 7.6.1984). Anlaß zu diesem Brief gab eine Allparteienresolution der Bundestagsparteien zur »Lage in Afghanistan«, die die Beendigung der sowjetischen Besetzung des Landes forderte. Das Parlament in seiner gegenwärtigen Zusammensetzung repräsentiere »nichts anderes [...] als die Machtinteressen Westdeutschlands in seiner Eigenschaft als Bestandteil des westlichen Blocks«, stellte Bahro dazu in seinem Brief fest. Er sehe angesichts solcher Verhältnisse »prinzipiell keine Möglichkeit, in irgendeiner internationalen Angelegenheit auf diesem Dampfer mitzufahren. Da mögen die Formeln, die sie zur Abstimmung stellen, gegebenenfalls völlig mit den unseren übereinstimmen – die Sprache wird nur den Gegensatz der Motive verbergen.« Durch die Unterstützung der Resolution würden die GRÜNEN »die Partei der US-amerikanischen gegen die sowjetischen Machtinteressen« ergreifen. Bahro wies darauf hin, er habe nicht deshalb so »vehement« darum gekämpft, »daß wir von den Vertretern der Ostblockinteressen in der Friedensbewegung loskommen, damit wir nun – sei's auch nur für einen Augenblick – das alte Spiel von der anderen Seite mitbetreiben«.

Am meisten beunruhige ihn, daß in der grünen Fraktion solche Grundsatzfragen hinter »Umgangserwägungen« zurücktreten würden. »Wie weit sind wir tatsächlich schon in den verführerischen Mechanismus der Kollaboration verstrickt?« Ein positives Beispiel selbstbestimmter, unabhängiger Initiative der grünen Partei sei die Protestaktion am 23. März 1984 in Ankara gewesen, an der sich neben Bahro noch andere bekannte Grüne wie Lukas Beckmann, Milan Horaček und Willi Hoss beteiligt hatten. Sie sprachen sich dort für die Beendigung der Folter und für eine Generalamnestie in der Türkei aus. Diese Aktion führte dazu, daß eine Allparteien-Delegation in die Türkei reiste, um Druck auf die Gewährleistung der elementarsten Menschenrechte zu machen. »Natürlich wäre das nie zustande gekommen, wenn es nicht auch NATO-Interessen an einer vorzeigbaren Fassade Ankaras gäbe. Das war jedenfalls kein Deal, bei dem wir unsere Position geopfert hätten, im Gegenteil. Aber wo es den herrschenden Interessen nicht entspricht, wie etwa im Falle Nicaraguas, werden wir mit taktischen Finessen selbst dann nichts erreichen, wenn sie uns, um uns fernerhin um so leichter über den Löffel zu balbieren, sogar mal irgendeine schöne Resolution gewähren sollten. Lassen wir uns auf das ›Gibst du mir, geb ich dir‹ ein, kommt es unvermeidlich [...] zur Verwechslung zwischen unserer Politik der unabhängigen Dritten Kraft in spe und der ›Ausgewogenheit‹, die uns das Grundmuster des herrschenden Diskurses abverlangt.«

Bahro wagte sich furchtlos auf alle Felder der außenpolitischen Debatte jener Jahre und entwickelte mit bewundernswerter Konsequenz eine Position jenseits der bestehenden Blöcke. Er setzte darauf, den gesellschaftlichen Konsens innerhalb kürzester Zeit so zu verändern, daß ein grundlegender politischer Kurswechsel in Richtung eines entmilitarisierten Deutschland in einem blockfreien Europa möglich würde. Mit einer solchen Hoffnung stand Bahro in den frühen 80er Jahren nicht alleine da, doch kaum jemand verfolgte gläubiger dieses Ziel als er. Seine Visionen verstellten ihm keineswegs den Blick für die Widersprüche, mit denen sich die Friedensbewegung auseinanderzusetzen hatte. Sie war ihm noch viel zu sehr »von dieser Welt« der überkommenen Herrschaftsstrukturen, zu wenig »alternativ« im Sinne eines anderen politischen Entwurfs, der die Grundlagen des bisherigen Denkens und Handelns in Frage zu stellen bereit ist. Der von ihm ins Auge gefaßten Umkehrbewegung fehlten noch Experimentierfelder, um die großen Schritte im Kleinen vorwegnehmen zu können.

Kommune wagen!
Versuch der Selbstveränderung

In der *Alternative* hatte Bahro, anknüpfend an die Analysen von Karl Marx zur Pariser Commune von 1871, seine Vision eines kommunal-genossenschaftlichen Lebens in einem kulturrevolutionär umgewälzten Sozialismus entwickelt. Bereits im *Manifest der Kommunistischen Partei* hieß es: »An die Stelle der alten bürgerlichen Gesellschaft mit ihren Klassen und Klassengegensätzen tritt eine Assoziation, worin die freie Entwicklung eines jeden die Bedingung für die freie Entwicklung aller ist.« (Marx/Engels 4, 424) Davon war in den Gesellschaften des »Realsozialismus« nicht einmal ein Hauch zu spüren – sieht man von Ansätzen einer Arbeiterräte-Bewegung in Polen und Ungarn 1956 sowie von neuen Organisationsformen während des »Prager Frühlings« 1968 ab. Den Experimenten, die emanzipatorische Elemente des Sozialismus beim Wort nehmen wollten, wurde bekanntlich durch sowjetische Intervention jedes Mal der Boden entzogen. Bahros große Hoffnung bestand nun darin, der Marxsche Assoziationsgedanke könne trotz solcher traumatischen Erfahrungen neue Aktualität gewinnen.

Nach Bahro lassen sich in der Organisationsform der Kommune »*alle* Seiten des Reproduktionsprozesses auf das Ziel der reichen Individualität hin integrieren und die entsprechenden Interessen sowohl nach innen als auch nach außen vermitteln und durchsetzen. Man mag sich vorstellen, wie sich eine Bevölkerung, gestützt auf von ihr eingesetzte Organe, in die verschiedenen Tätigkeiten von der Planung und Statistik bis zur Raumpflege und Abfallbeseitigung [...] teilt, während die allgemeinen Künste und Wissenschaften ebenso jedermanns Beschäftigungen sind wie der mehr als bisher in schönes Spiel übergehende Austausch der Geschlechter, der Generationen, überhaupt der individuelle oder gruppenweise Genuß der verschiedensten Partnerschaften.« (*Alternative*, 528 f.)

Die »Gliederung der Bevölkerung in Wohngemeinschaften« werde »eines der wichtigsten Anliegen kulturrevolutionärer Praxis sein«. Vieles spreche nämlich dafür, »daß das Aufgehen der jetzigen Kleinfamilie in größeren, keinesfalls aber staatlich zu organisierenden Verbänden« den entscheidenden »Schlüssel zu den nächsten wesentlichen Fortschritten« darstelle: zur »Befreiung der Frau und der Befreiung der Kinder, genauer gesagt der Sicherung der psychosozialen Bedingungen für einen Erziehungsprozeß, der keine Entwicklungsschranken setzt« (ebd., 531). Die »Kleinfamilie« sei seit den zwanziger Jahren »als ›psychologische Strukturfabrik‹ der Gesellschaft, als der Ort erkannt, an dem die Herrschaftsverhältnisse psychisch reproduziert werden« (ebd., 534). Bahro greift hier die Thesen des linken Flügels der psychoanalytischen Bewegung – beispielsweise von Wilhelm Reich – und der frühen »Kritischen Theorie« auf.

Eine Verbindungslinie bestand zu Erich Fromm. So heißt es in einem noch kurz vor der Verhaftung im August 1977 geschriebenen Brief an den Psychoanalytiker: »Leider ist die *Anatomie der menschlichen Destruktivität* das erste Buch von Ihnen, das ich in die Hand bekomme. Wie viele Ihrer Gedanken mich zuvor indirekt erreicht haben – wer wollte das rekonstruieren. Auf jeden Fall scheint mir, daß ich in meinem ›ökonomisch-philosophischen Manuskript‹ die Probleme in einer der Ihren höchst verwandten Weise gesehen habe.«[5] (*Weg*, 75) Jahre später wird er an seine »alte Liebe für Erich Fromm« erinnern: Dieser sei weder dogmatisch marxistisch noch dogmatisch freudianisch geblieben, sondern habe sich dafür eingesetzt, »zwischen dem Weg der Weltveränderung außen und dem Weg der Weltveränderung innen [...] den Zusammenhang herzustellen« (Transkript der Vorlesung *Erich Fromm: Vom Haben zum Sein*, 27.4.1992, 3).

Kommunitäre Zusammenschlüsse besitzen eine lange Geschichte: Diese reicht (wenn wir uns hier auf den westlichen Kontext beschränken) von den Ordensgemeinschaften des frühen Mittelalters über die mittelalterliche Dorfgemeinschaft, die *Communities* von Handwerkern im Neuengland des frühen 19. Jahrhunderts bis hin zu ganz unterschiedlichen Versuchen der Gemeinschaftsbildung im 20. Jahrhundert. Doch das ist eine Geschichte mit vielen Brüchen. Der wichtigste und schmerzlichste war jener beim Übergang zur Neuzeit: Die Niederlage der Bauern in der Revolution von 1525 bedeutete auch den Niedergang der Kommune als einer Gegenkraft zur feudalen Vergesellschaftungsform. Von da an »führt die Kommune als politisches Organisationsprinzip eine schwer faßbare Existenz im Untergrund und an den Rändern der Gesellschaft«, schreibt der Soziologe Karl-Ludwig Schibel in einer Untersuchung über die Sozialgeschichte der Kommune (Schibel 1985, 11).

Nicht zufällig werde der Ruf »Kommune wagen« erneut erhoben, stellte der Autor Mitte der 80er Jahre fest: »Es ist schwer zu sehen, wie anders wir aus einer hoch zentralisierten, durchhierarchisierten Industriegesellschaft in eine ökologische Gesellschaft gelangen können.« (Ebd., 16) Zu dieser Zeit war das offenbar kein exotischer oder bloß sektiererischer Gedanke. Ende der 60er Jahre hatte das Bedürfnis nach einer *Revolutionierung des bürgerlichen Individuums* – so der Titel eines Szene-Bestsellers der Westberliner »Kommune 2« – breite Kreise erfaßt. Die neue Jugendbewegung, die dem Kommunegedanken in den 70er Jahren Auftrieb gab, erfahre so etwas wie gesellschaftliche Achtung, weil sie »an geheime Fluchtwünsche des Normalbürgers« rühre »nach dem Freien, Grünen, Reinen«, formulierte der Journalist Peter Brügge im *Spiegel* (Nr. 33, 9.8.1971).

Die GRÜNEN griffen gleich nach ihrer Gründung das Thema »Alternative Lebens- und Arbeitsformen« auf. So heißt es im *Wahlprogramm '80 für Nordrhein-Westfalen*: Die Aufgabe »möglichst herrschaftsfreie[r] Gemeinwesen« werde darin bestehen, Modelle einer sozialen Erneuerung zu sein und »als Bürgerinitiativen neuen Typs das im Allgemeininteresse Notwendige als machbar vorzuleben« (zitiert nach Bundesarbeitsgemeinschaft 1984, 106). Im Sindelfinger Programm *Gegen Arbeitslosigkeit und Sozialabbau. Sinnvoll arbeiten – solidarisch leben* vom Januar 1983 wird der »Aufbau ganzheitlicher Gemeinschaftsprojekte« unterstützt. Solche »Großgemeinschaften« sollen »zu Keimzellen einer neuen sozial und ökologisch verantwortlichen Gesellschaft werden« (zitiert nach ebd., 108).

Zur Vorbereitung der Offenen Bundesdelegiertenkonferenz am 4./5. Juni 1983 in Hannover, die der programmatischen Orientierung der grünen Partei nach der Bundestagswahl dienen sollte, ließ Rudolf Bahro seine Thesen mit dem Titel *Kommune wagen* verteilen. Sie lösten in der Arbeitsgruppe »Alternativ- und Kommunebewegung« eine Auseinandersetzung um die Frage aus, »ob religiöse Momente für das Entstehen einer kommunitären Massenbewegung notwendig seien« (ebd., 109). Bahro postulierte in seinen Thesen: Wenn es um die Fundamente einer neuen Kultur gehe, müsse man auf eine historische Erfahrung zurückgreifen, »die die Moderne – erst recht, wo sie sich links versteht – systematisch verdrängt hat« (*Pfeiler*, 203): die Erfahrung der Ordensgemeinschaften, die der aus dem Zusammenbruch der Antike hervorgehenden abendländischen Kultur nicht nur wesentliche wirtschaftliche Impulse vermittelten, sondern auch eine neue Ordnung verbürgten. Der geistige Impuls aus den Klöstern – insbesondere jenen der Benediktiner – kam zustande, »indem sich Menschen darauf einließen, mit ›Gott‹ als Inbegriff für unser transpersonales, letztlich dem Universum entstammendes Gattungswesen so intensiv zu kommunizieren, daß sie unter dem Schutt und den Panzerungen ihrer Sozialisation das eigene wahre Selbst wiederfanden – die Energiequelle ihrer charismatischen Wirkungen«.

Bahros Thesen gipfelten in der Forderung: »Wir brauchen ein neues Benediktinertum.« Dieses unterscheide sich allerdings in zwei Punkten ganz wesentlich vom alten, »die beide den Bruch mit den Grundlagen des Patriarchats betreffen«: Die neue »spirituelle Kultur wird nicht an die repressive monotheistische Gottesvorstellung anknüpfen, die dem orientalischen Despotismus entstammt und auf hierarchische Kirche hin angelegt ist«. Und die darauf fußende soziale Organisation »wird nicht an die Geschlechtertrennung und Sexualunterdrückung anknüpfen, die dem nahöstlichen wie dem hellenischen Ursprung des Christentums entsprach«. Dies bedeutete für Bahro nicht, das jüdisch-christliche Erbe in Bausch und Bogen verwerfen zu wollen – denn »glücklicherweise« habe »in der tiefsten Schicht des von ihm überlieferten Bildes Christus selber« das damals herrschende System aufgebrochen.

Jetzt komme es nur auf eines an: »Daß sich Initiator(inn)en finden, die ihren persönlichen Entschluß fassen, mit der Vorbereitung ihrer selbst und eines Projekts beginnen und einen Kreis von Mitstrebenden um sich sammeln.« (Ebd., 204) Ein erster Schritt dahin sollte die »Kommune-Begegnung« vom 21. bis 24. Juni 1984 auf Burg Stettenfels bei Heilbronn sein. Die Idee, das Treffen dort stattfinden zu lassen, stammte von Ursula Beneke, die mit der Besitzerin der Burg befreundet war. Eine bunte Schar kam an diesem für einen solchen Anlaß prädestinierten Ort zusammen: Männer und Frauen, die bereits in Kommunen und ähnlichen Gemeinschaften lebten; solche, die sich das wohl ernsthaft überlegten und auf der Suche nach einem ihnen entsprechenden Vorhaben waren; nicht zu vergessen die neugierigen Zaungäste (zu denen ich mich zählte). Auf der Burg herrschte Wandervogel-Stimmung: Musik, Tänze, Sonnwendfeier. Der ganz in Weiß gekleidete Rainer Langhans mit seinem »Harem« erinnerte an die Kommunen der Achtundsechziger. Mit »Harem« bezeichnete Langhans nur halb ironisch den Kreis der drei Frauen um sich, mit denen er auch noch ein Jahrzehnt später verbunden war. (Später veröffentlichte Langhans ein ziemlich irritierendes Buch über seine Frauen-Erfahrungen: *Theoria diffusa aus Gesprächen mit drei Frauen. Infektionen zu Schattenarbeit im Reich des Lichthelden.* Aus anderer Perspektive beschrieb eine der »Haremsdamen«, die Filmemacherin Jutta Winkelmann, ihre Erfahrungen mit der Gruppe.)

Neben Langhans gab es auf der Burg noch ein paar andere Leute mit »Guru-Flair«, wie sich Michaela von Freyhold erinnert, die an den Vorbereitungen zur Kommune-Begegnung maßgeblich beteiligt war. »Sie konkurrierten dort darum, wer den größten Eindruck auf eine potentielle Anhängerschaft machen könnte. Rudi beteiligte sich auch an dem Wettkampf.« Allerdings habe man sich Bahro von seiner ganzen Persönlichkeit her kaum als charismatischen Meister vorstellen können. »Rudi hätte wohl gerne einer sein wollen – er war aber überhaupt nicht der Typ dazu.«

Eine Gruppe, die in den 80er Jahren auf keiner grünen Versammlung fehlen durfte, war selbstverständlich auch vertreten: die Nürnberger »Indianerkommune«. Sie kämpfte für »das Recht auf Ausziehen von zu Hause ab ca. 12 Jahren, die Abschaffung der Schulpflicht« und vor allem für »das Recht für Kinder und Jugendliche, über ihren eigenen Körper selbst zu bestimmen«, wie es in einem Flugblatt hieß. Anführer war ein junger, psychisch schwer gestörter Mann, der von zu Hause oder aus Heimen entwichene Kinder und Jugendliche um sich sammelte. Zwischen ihm (er wurde »Uli« genannt) und Rudolf Bahro kam es zu einer Begegnung der für mich merkwürdigsten Art. Während eines Plenums ging Uli plötzlich auf Bahro zu und spuckte ihm ins Gesicht. Ursula Beneke, die diese Szene auch erlebte, war so betroffen von dem Vorfall, daß sie sich am nächsten Tag mit einem sehr emotionalen Beitrag zu Wort meldete. Diese Betroffenheit ist auch noch fast zwei Jahrzehnte später zu spüren, als ich sie in ihrer kleinen Parterrewohnung in Stuttgart besuche. Nach unserem ersten Telefongespräch hatte sie in ihren alten Notizen gekramt und tatsächlich noch die beiden Blätter gefunden, auf denen sie ihre Gedanken damals skizzierte: Wer Bahro beschimpfe, der meine auch sie »und all die Namenlosen, die für einen menschlichen Sozialismus eingetreten sind und das immer noch tun, die deshalb in der DDR nicht leben dürfen und in der BRD wahrscheinlich nicht leben können – in einem Land, das Menschen dazu bringt, daß sie auf Entgegenkommen nur mit Terror zu antworten vermögen. Die also nicht in einem Land leben können, in dem Freiheit so verstanden wird, daß Menschlichkeit und Solidarität auf der Strecke bleiben und Würde kein Wert mehr ist.«

Viele dieser »Alternativen«, die sich auf Burg Stettenfels trafen, seien ihr als »hochnäsige Besserwisser« vorgekommen, die glaubten, den Stein der Weisen für sich gepachtet zu haben. »Der Dogmatismus, der da versammelt war, hat mich einfach umgehauen.« Sie hatte in der DDR an der Deformierung des sozialistischen Gedankens gelitten, doch die dort erlebte Solidarität stand ihr immer noch weit näher als die westliche Ego-Kultur, die sie selbst bei Linken und GRÜNEN erlebte. Persönlich hatten sich die Wege von Ursula Beneke und Rudolf Bahro schon früher getrennt – doch erst auf Stettenfels habe sie erkannt, daß ein Weg in Richtung Kommune nicht der ihre sein konnte.

Bahro sprach in seinem Vortrag über *Spirituelle Gemeinschaft als soziale Intervention* zunächst einmal von sich selbst: Ihn habe die Erfahrung der Internatsschule in der frühen DDR zutiefst geprägt, die noch vom Geist des Pädagogen Anton Semjonowitsch Makarenko durchdrungen gewesen sei. Dieser organisierte in der jungen Sowjetunion entwurzelte und verwahrloste Jugendliche in Kommunen, indem er »liebend an das Beste und Größte in ihnen« appellierte. Bahro las wie viele andere seiner Generation dessen berühmtes Buch *Der Weg ins Leben* und mußte dann »mühsam lernen, daß alles ganz anders ist, daß wir dabei waren, eine riesenwüchsige Staatskommune aufzuziehen, die aufgebrochen werden muß, wenn eine Gesellschaft nach Maß und Würde des Menschen daraus werden soll«. Diese Erinnerung an die Ideale seiner Jugend steht in nächster Nähe zu einem Thema, das Rudolf Bahro lebenslang beschäftigt hat und das er hier in aller Öffentlichkeit aussprach: seine Beziehung zu Frauen. Mich berührte damals auf Burg Stettenfels, von ihm zu hören, trotz einer Ehe und einer zweiten eheähnlichen Beziehung (er meinte die Verbindung mit Ursula Beneke) liege die »eigentliche Liebesbeziehung […] als unerfüllte Aufgabe« (*Gemeinschaft*, 36) noch vor ihm. Wer wagt es schon, in der Rolle des Redners sein Innerstes so zu enthüllen, ohne Angst haben zu müssen, sich lächerlich zu machen? Auf die Frage, wie diese Passage von Bahros Rede auf sie gewirkt habe, erklärt Ursula Beneke heute: »Das war halt Rudolfs Sicht. Darüber habe ich mich nicht aufgeregt.«

In seinem Vortrag entwickelte Bahro folgenden Gedanken: Der Übergang von einer »selbstmörderischen« zu einer »lebensgemäßen« sozialen Praxis könne nur »durch eine Umgestaltung des *Bewußtseins* gewonnen werden«. Dies bedeute im ersten Schritt: »*Entidentifizierung* großen Stils *von allen Rollen*, die wir im bisherigen Rahmen spielen und zu spielen gezwungen sind, solange wir keinen generellen Bruch riskieren.« Mit der »Bereitschaft, unser bürgerliches Individuum zur Disposition zu stellen«, gehen wir »auf ein Nichts zu, und ich kann nicht sehen, wie wir diese Herausforderung bestehen wollen, wenn wir uns nicht auf einen Halt beziehen, der jenseits aller Versicherungen besteht, die uns Gesellschaft geben kann«. Das heißt, wir haben es »wieder nötig, danach zu fragen, was Gott ist«: nicht den in den Kirchen »verloren« gegangenen, sondern »›Gott *in* uns‹« (ebd., 37) – die alte Parole der Mystiker und Mystikerinnen.

Weil der Verstand in der menschlichen Evolution zu einem »*Macht*instrument« verkommen sei, müsse man jetzt »riskieren, auf den biologischen Kern, auf die psychophysischen Elementarkräfte der menschlichen Natur zu bauen«. Dies bedeute nicht, die Ratio zu verwerfen, »sondern es soll ihre Abspaltung von der Natur, einschließlich unserer eigenen überwunden werden, damit der Verstand auch funktionell wieder wird, was er genetisch ist: ein Teil der Natur, ihr allerdings besonders avanciertes Organ« (ebd., 38). Die jetzt notwendige Revolution beginne mit einer Praxis des »inneren Handelns«. Bahro nahm Bezug auf ein Buch des Indologen und Yoga-Lehrers Rahimo Täube (*Die Lotosblüte bekommt Stacheln*) über innere Erfahrung und Gesellschaft. Inneres Handeln setze »die *Selbstveränderung an die erste Stelle*, wobei diese durchaus in einer unserem gewohnten Praxisbegriff analogen Weise verstanden wird, mit der Orientierung auf *Praktizieren*«. Es gehe um »Übungen, die uns verlorene Kommunikationsmöglichkeiten wiedergeben und neue dazugewinnen lassen. Man könnte von einer ›materialistischen Spiritualität‹ sprechen, nicht zuletzt deshalb, weil sie unbedingt körperorientiert, körperbejahend, körperfreundlich statt körperflüchtig wird sein müssen.«

Um die Zeit und den Raum inneren Handelns herum solle versucht werden, kommunitäre Gemeinschaften aufzubauen. Die Aufgabe von Kommune sei heute, Bedingungen für die »›Wiederherstellung göttlichen Geführtseins‹ zu schaffen, pars pro toto zunächst« (ebd., 39) – also zuerst im Kleinen, aber mit Blick auf die »Notwendigkeit einer *Gesamtalternative*« (ebd., 40). An dieser Stelle, so scheint es mir, überschreitet Rudolf Bahro den bisherigen Horizont seiner politischen Vorstellungen. Er war in die Bundesrepublik gekommen und wollte eine bedeutende Rolle in der Politik spielen. Die GRÜNEN stellten das in seinen Augen am besten geeignete Instrument dar, um das Projekt einer Alternative zum Industriesystem im Bewußtsein vieler Menschen zu verankern. Seine Vorstellungen, wie das bewerkstelligt werden könnte, unterschieden sich zunächst noch nicht grundlegend von der Art und Weise, wie gewöhnlich Politik betrieben wird. Indem er – zumindest in seinem theoretischen Anspruch – die Selbstveränderung an die erste Stelle setzte, ging Bahro gedanklich über das hinaus, was eine Partei in der Regel leisten kann.

In der Gründungsphase und auch noch danach gab es bei den GRÜNEN durchaus Vorstellungen, sich nicht als Partei im normalen Sinn zu begreifen und eine vom üblichen Politikgeschäft abweichende Praxis zu entwickeln. Davon zeugt beispielsweise der von Petra Kelly verwendete Begriff der »Anti-Parteien-Partei«. Doch mit dem, was auch bei den GRÜNEN zunehmend den Alltag prägen sollte – der parlamentarischen Interessenvertretung –, ließ sich ein solcher Anspruch immer weniger einlösen. Mit seiner Rede auf Burg Stettenfels machte Bahro publik, daß er im Begriff war, neues Terrain zu begehen und den gesetzten Rahmen des Politischen zu sprengen.

Tags darauf hielt Helga Grubitsch ein Referat im Plenum und äußerte ihre Bedenken gegenüber Vorstellungen einer »unverfälschten Natur in uns«. Die Redaktion der Zeitschrift *Kommune* merkte nach diesem Treffen fragend an: »Wenn Religion (im weitesten Sinn) conditio sine qua non, also eine Bedingung ist, ohne die die Kommuneidee nicht verwirklicht werden kann, entsteht dann nicht die Gefahr, daß die ›instrumentelle Vernunft‹ nur durch eine ›instrumentelle Religion‹ abgelöst wird?« Und sie warnt davor, »nach dem Parteisektierertum in Kommunesektierertum zu verfallen« (ebd., 35).

Die von der *Kommune* anvisierte öffentliche Diskussion der verschiedensten Ansätze von Kommune-Bewegung, ihrer Praxis und Erprobung, fand in der Folge kaum noch statt. Die entsprechende Bundesarbeitsgemeinschaft der GRÜNEN existierte noch einige Zeit weiter und versuchte zu einer besseren Vernetzung solcher Gemeinschaften – beispielsweise hinsichtlich der Vermarktung ihrer Produkte – beizutragen. In *grün 2002*, dem im März 2002 verabschiedeten neuen Grundsatzprogramm von Bündnis 90/Die Grünen, fehlt jeglicher Hinweis auf neue Gemeinschaftsformen als Grundlage einer erneuerten Gesellschaft.

Doch zurück zu den 80ern: Innerhalb des Kreises, der die Kommune-Begegnung organisierte, war es schon vor der Tagung auf Burg Stettenfels zum Disput darüber gekommen, ob im Konzept ganzheitlicher Großgemeinschaften, die das Sindelfinger Programm der GRÜNEN postulierte, nicht eine Verführung liege, den bisherigen »männlich-expansiven Weg fortzusetzen«. Dieser Einwand kam von Dorothea Mezger, die heute als Beraterin für Fragen der Entwicklungszusammenarbeit tätig ist. In einem Brief schrieb sie an Rudolf Bahro, »ob es nicht wichtiger wäre, statt eine neue Gesellschaft zu entwerfen, die bestehende zu heilen« – durch eine Praxis, die sich innerhalb der vorhandenen Verhältnisse von deren Normalität emanzipiert. In seinem Papier *Wozu Kommune?* warf Bahro diese und andere Fragen aus den vorbereitenden Gesprächen auf. Kritische Einwände kamen vor allem von Frauen: Wenn es um den Abbau patriarchaler Strukturen – auch im spirituellen Bereich – gehe, dürften sich dann Männer »jetzt überhaupt an die Spitze von Kommune stellen, wie berufen sie sich auch fühlen mögen? Nachdem ich diese Fragen für mich zuließ, meinte Elisabeth Otremba in der Vorbereitungsgruppe zu mir, dann müßte ich mich jetzt also verweigern.«

Bahros Antwort blieb offen. »Sicher ist mir, wir müssen die Warnung vor der Flucht in die Aktivität (damit wir nur ja der Konfrontation mit uns selbst entgehen) aufnehmen. Werfen wir uns nicht aufs Großprojekteschmieden als ersten Schritt! Beginnen wir vor allem nicht außen, sondern innen, mit der Gestaltung einer gemeinsamen spirituellen Praxis.« Und wieder die messianische Hoffnung: »Die Ansammlung spiritueller Kraft, die Assoziation von Menschen, die ein gemeinsames Energiefeld schaffen, das der alten Welt einen neuen Pol der Anziehung gegenüberstellt, wird zu einem bestimmten, nicht vorhersehbaren Zeitpunkt eine Schwellengröße überschreiten.« Gelinge es, solch eine »kritische Masse« zu akkumulieren, werde diese unter Umständen »transformatorischen Einfluß auf die Gesamtgesellschaft« gewinnen. Dies könne um so schneller eintreten, »als die Flammenschrift der exterministischen Nachrichten in immer größerer Dichte über die Wände läuft«. (*Kommune*, 45).

Es ist auffällig, daß sich Bahro in seinen Äußerungen und Veröffentlichungen jener Jahre – und auch später noch – kaum mit den Fragen und Problemen einer alternativen Wirtschaftsweise befaßte, wie sie damals verhandelt wurden. Bernd Vatter, einem seiner Kritiker, hielt er in der *Kommune* entgegen: Die *»wirkliche Schranke«* für die Kommune-Idee liege nicht im Ökonomischen, sondern »in der Macht der Gewohnheiten und Bequemlichkeiten, Blockierungen und Ängste« (wieder abgedruckt in *Pfeiler*, 235). Bahro wußte auch um seine eigenen Nöte: »Seit ich mich nun entschieden habe, direkt auf diese kommunitäre Perspektive zuzugehen, also selbst etwas anzufangen, Leute zu suchen, die so etwas mit mir zusammen machen wollen, seitdem ist mir natürlich noch viel klarer geworden, was mir dazu alles fehlt. Das Unerlöste und Unerledigte der eigenen Biographie holt einen viel stärker ein, wenn es an den Ursprung geht.« Am Rednerpult sei nicht so wichtig, »was alles an persönlicher Unzulänglichkeit, etwa an persönlichen Machtansprüchen, nicht bewältigt worden ist; aber wenn man sich in die Mitte so einer Gemeinschaft stellt und dann vielleicht noch überproportionalen Einfluß ausübt, kann die kleinste Schlacke, die man sich nicht ausgetrieben hat, oder die man sich nicht zumindest völlig bewußt gemacht hat und die für das Kollektiv nicht offen daliegt, das Ganze verderben« (*Gemeinschaft*, 36).

Bahro hatte Angst, Erwartungen auf sich zu ziehen, die er nicht würde erfüllen können. So heißt es in einem an mich gerichteten Brief vom 16. Januar 1984: »Je konkreter, desto unsicherer bin ich selbst. Wie weit gleicht man dem guten Geist, den man rufen möchte?«

Bahro trifft Bhagwan

»Der wichtigste Ort auf der Welt«

Auf der Frontseite der *Rajneesh Times* prangte Ende August 1983 der Titel *Rudolf Bahro in Rajneeshpuram*; daneben ein Foto, das einen jugendlich und locker aussehenden Mann zeigt. Nach vierwöchigem Aufenthalt im Hinterland des US-amerikanischen Bundesstaates Oregon war aus dem Grünen kein Guru-Jünger geworden. Sonst hätte er neben orangefarbigen oder lila Kleidern auch die Mala getragen: eine Halskette aus Holzperlen und einem Medaillon mit dem Bild von Bhagwan Shree Rajneesh – dem indischen »Meister«, der in der westlichen Welt damals viel Furore machte. Und doch wirkte Bahro in seiner bunten Kleidung so »ganz entspannt im Hier und Jetzt«, daß in der Bundesrepublik die Saga umging, er sei »auf den Bhagwan gekommen«[6] (*Spiegel*, Nr. 46, 14.11.1983).

Wer war dieser »Bhagwan«? Er wurde 1931 als Rajneesh Chandra Mohan in einem Dorf im indischen Bundesstaat Madhya Pradesh geboren. Mohan interessierte sich früh für spirituelle Themen und hatte nach eigenen Angaben mit 21 Jahren ein Erleuchtungserlebnis. Nach Abschluß des Philosophiestudiums war er einige Zeit als Hochschullehrer tätig. Ende der 60er Jahre gab Acharya (»Lehrer«) Rajneesh seine Universitätskarriere auf, nachdem er zuvor schon in ganz Indien herumgereist war und Reden gehalten hatte. Der Heißsporn provozierte mit heftiger Kritik an Gandhi und den Gandhianern. Deren Konzept eines dörflichen Sozialismus hielt er für rückständig: »Nach meiner Erkenntnis wird der Sozialismus nicht mit *Sarvodaya*, der Utopie von der einfachen, gerechten Gesellschaft der Vergangenheit, eintreffen [...] Der Sozialismus kann nur nach der vollen Entfaltung des Kapitalismus kommen.« (Bhagwan 1985, 170) Und im übrigen sei der Kapitalismus »eine Lebensphilosophie, die sich in völliger Übereinstimmung mit dem Menschen und seiner Natur befindet« (ebd., 171). Das sind Sätze aus einer Vortragsreihe, die der Wanderprediger im April 1970 in Bombay hielt. Bahro kommentierte später: eine »halb vulgärmarxistische, halb prokapitalistische Entwicklungsideologie für arme Länder« (*Logik*, 456).

Noch stärker forderte Acharya Rajneesh die indische Gesellschaft durch seine freizügigen Thesen zur Beziehung zwischen den Geschlechtern heraus. Er brach mit allen orthodox-hinduistischen Vorstellungen und sprach von der »Göttlichkeit der Sexualität« (Bhagwan 1979, 32). Dieser Lehrer dozierte nicht nur, er leitete auch Meditationen an. 1970 ließ er sich in Bombay nieder, gab sich ein Jahr später den Namen »Bhagwan« – der »Gesegnete« – und zog 1974 mit seinen Getreuen nach Poona, ca. 100 Kilometer südöstlich von Bombay. Der dort entstehende Ashram – eine Art klösterlicher Gemeinschaft – wurde rasch zum Anziehungspunkt für Sucherinnen und Sucher aus aller Welt, insbesondere solche aus dem Westen. Unzählige Medienberichte sorgten dafür, daß der »Guru des reichen Mannes«, wie Bhagwan bald einmal hieß, zu berüchtigter Berühmtheit gelangte. Vor allem zwei Fälle machten Poona zum Gegenstand skandalumwitterter Aufmerksamkeit: Ende der 70er Jahre besuchte der *Stern*-Reporter Jörg Andrees Elten Bhagwans Kommune – und blieb. Er kündigte seinen lukrativen Job, der ihn auf Schlachtfelder wie Staatsbankette geführte hatte, und bekam von Bhagwan einen neuen Namen: Swami Satyananda. Etwa zur gleichen Zeit verbreitete die Schauspielerin Eva Renzi, sie sei in einer der in Poona angebotenen Therapiegruppen (bei denen es in jenen Jahren ziemlich rauh zu- und hergehen konnte) beinahe vergewaltigt worden. Nach diesem Skandal untersagte Bhagwan die Anwendung physischer Gewalt in den Gruppen. (Später, in Rajneshpuram, wurde den Teilnehmerinnen und Teilnehmern solcher Veranstaltungen mitgeteilt: »Sex und Gewalt sind nicht erlaubt.«) Die indische Regierung ließ verbreiten, das Geschehen im Ashram von Poona vermittle »kein realistisches Bild von Indien« (*Süddeutsche Zeitung*, 17.11.1978; zitiert nach Thoden/Schmidt 1987, 75).

Bhagwan schaffte sich zunehmend politische Feinde in Indien und verließ deshalb im Juni 1981 das Land. Im Sommer des gleichen Jahres kaufte Ma Anand Sheela (bürgerlich: Sheela Silverman), seine damalige persönliche Sekretärin und lange Zeit mächtigste Frau in der Gemeinschaft, eine 260 Quadratkilometer große, heruntergekommene Ranch im Hochland von Zentral-Oregon in den USA. Eine kleine Gruppe von Bhagwan-Schülerinnen und -Schülern, sogenannte Sannyasins (»die Entsagenden«), begann mit dem Urbarmachen des Landes. Bhagwan, der mit einem Touristenvisum in den Vereinigten Staaten lebte, bezog im September 1981 sein Haus in Rajneeshpuram, der »heiligen Stadt des Königs des Vollmonds«.

Im Mai 1982 wurde diese Stadt mit Zustimmung der zuständigen Bezirksverwaltung offiziell aus der Taufe gehoben. Zwei Monate später fand das erste Weltfestival der Sannyasins statt. Rund 5000 Frauen, Männer und Kinder aus vielen Erdteilen kamen während einer Woche zusammen, um Bhagwan wiederzusehen und zu feiern.

Das Oregon-Experiment begann mich zu jener Zeit ganz persönlich zu interessieren. Die linksradikalen Kämpfe und Organisationsversuche in den 70er Jahren mündeten in die schmerzliche Einsicht, daß die erhofften Veränderungen so nicht zu erreichen waren. Ich benötigte dringend ein paar Lockerungsübungen für Körper, Seele und Geist. Mit Genuß und Erkenntnisgewinn besuchte ich die *workshops* einer Therapeutin, die sich in Poona verschiedene Techniken zur Entkrampfung gestreßter Westlerinnen und Westler angeeignet hatte. Eine ehemalige Freundin, mit der mich die Herkunft aus der maoistischen KPD verband und die Sannyasin geworden war, empfahl mir einen Besuch in der Bhagwan-Kommune. Was ich dort sah, das konnte kurze Zeit darauf auch Bahro erleben: Rajneeshpuram – ein paar Häuser und unbefestigte Straßen inmitten der Weite und Stille eines hügeligen, sonst menschenleeren Landes. Außerdem einige landwirtschaftliche Anlagen und ein See in nächster Nähe. Das größte Gebäude war die Buddha-Halle, in der sich vom 2. bis 8. Juli 1983 die 15000 Teilnehmerinnen und Teilnehmer der »Second Annual World Celebration« versammelten. Eine solche feierliche Freude wie im »Satsang« – einer »Kommunikation von Herz zu Herz« – hatte ich noch selten erlebt.

Ein paar Tage nach Ankunft notierte ich: »Bhagwan ist ein Gaukler, einer, der alle Tricks des Lebens kennt und sie wie in einem Spiegel vorführt. [...] Als Personenkult sehe ich das, was hier abläuft, nicht. Oder bin ich auch schon zu sehr verblendet?« Offenbar hatte ich etwas überhört – oder überhören wollen. Sheela kündigte nämlich beim Begrüßungsmeeting an, es werde ein Buch erscheinen, das »das Wesentliche der Rajneesh-Religion zusammenfassen soll«, lese ich in meinen Notizen. Wenige Tage später tauchte dann auch eine Broschüre über den »Rajneeshismus« auf. Der Versuch, aus den vielfältigen lebensreformerischen und bewußtseinsverändernden Ansätzen, die in den von Bhagwan inspirierten Gruppen zusammenflossen, ein einheitliches, verbindliches und nicht hinterfragbares Lehrgebäude zu schaffen, war vermutlich ein entscheidender Auslöser für das baldige Ende dieser Bewegung – zumindest, was ihre gesellschaftliche Bedeutung betraf.

Doch zurück zu Rudolf Bahro: Der auch in Nordamerika zu Prominenz gelangte Philosoph war zu einer Vortragsreise an verschiedene Universitäten in die Vereinigten Staaten eingeladen worden. Dies nahm er zum Anlaß, der Kommune in Rajneeshpuram im August 1983 einen Besuch abzustatten und an Meditationsübungen teilzunehmen. Wer erkannt habe, daß der Mensch seinen Aufstieg als eine »Reise nach Innen« fortsetzen muß, wie es in der *Alternative* hieß, der komme »am Kommune-Experiment von Rajneeshpuram« nicht vorbei, erklärte Bahro der *Rajneesh Times*. Und weiter: »Ich erlebe die Kommune – ich meine ihre Grundlage – wie die Verwirklichung eines Archetyps, den ich immer in mir hatte. So wie hier nämlich auf den Umbau der Innenwelt der beteiligten Menschen sind all die großen Kulturen gegründet worden, die wir kennen. Ein solcher Entwurf, in der Praxis durchgeführt, ist mehr wert und wird mehr lehren als tausend papierne Konzepte.« (*Die Rajneesh Times. Deutsche Ausgabe*, Nr. 16, 31.8.1983; leicht verändert wieder abgedruckt in *Pfeiler*, 207)

Zu seinem persönlichen Verhältnis der Kommune gegenüber erklärte er: »Ihr seht mich hier meistens in Rot, aber ohne Mala. Das drückt zugleich eine Nähe und einen Abstand aus. Die Nähe ist nicht Identifizierung, der Abstand ist nicht Distanzierung. Soweit ich sehe, wird beides bleiben, wie es ist. Die Stadt, die Kommune, ist mir eine wesentliche Erfahrung, die mich sehr auf meinem eigenen, etwas anderen Weg bestätigt, auf dem ich von weither unterwegs bin.« (Ebd., 206)

Bahros Kontakt zur Bhagwan-Bewegung entwickelte sich über Agnete Kutar, eine Indologin aus Westberlin. Als er sie kennenlernte, war sie bereits stark an Bhagwan interessiert, ging rotgekleidet und bereitete sich auf einen Besuch in Poona vor, wo sie im Januar 1980 die Mala erhielt. Die Frau, die heute als Psychotherapeutin tätig ist, gab Rudolf Bahro ein Buch von Bhagwan zu lesen: *Intelligenz des Herzens* – eine Sammlung von Antworten auf kritische Fragen, die Bhagwan vor allem von politisch Interessierten gestellt worden waren. Mit dem, was er dort las, sei er einverstanden gewesen, erinnerte sich Bahro an seinen ersten Eindruck: »Ich sah Bhagwans Vision als eine Synthese des östlichen und westlichen Gedankenguts, die mit meiner eigenen Idee einer neuen friedlichen Kultur übereinstimmte.« (Ebd., 207)

Im November 1981 nahm Bahro im Internationalen Congress Centrum (ICC) in Berlin an der »Orange Connection«, einem Sannyasin-Festival mit Meditation, Musik, Tanz und Theater teil. In einer Diskussion warnte er die Bhagwan-Bewegung ziemlich unverblümt davor, »dieses ›Therapieunternehmen zu einer reaktionären Sekte verkommen zu lassen, so wie viele befürchten‹, für den Fall, daß sie sich von anderen gesellschaftlichen Strömungen wie der Friedensbewegung abkopple« (*Stuttgarter Zeitung*, 30.11.1981). Nach Rückkehr aus den USA erläuterte Rudolf Bahro gegenüber der Zeitschrift *Grüne Informationen* der grünen Partei in Niedersachsen seine Haltung: »Wofür ich stehen möchte, ist die Politisierung dieser Psychoszene und die Spiritualisierung der Politik.« (*Pfeiler*, 218)

Der *taz*-Reporter Klaus Wolschner hatte in Rajneeshpuram eine »Stimmung kindlicher Freundlichkeit« entdeckt. Bahro erläuterte ihm in einem Interview, dieser kindhafte Zustand sei kein Ziel an sich, sondern nur ein Mittel der Selbstveränderung. »Die Sannyasins werden veranlaßt, ihre alten Charakterstrukturen weitgehend fallenzulassen (diesbezüglich darf man ausdrücklich an Wilhelm Reich denken) und so einen freien Innenraum zu schaffen, in dem sich etwas Neues ereignen (›something happens‹) kann. Niemand weiß vorher genau was – diese Offenheit ist wichtig. Erst aus wirklich freigesetzten Energien kann eine grundlegend andere Gesellschaft werden. Wer will, soll sich daran erinnern, was Mao gemeint haben mag, als er ›weiße Blätter‹ pries.« (*tageszeitung*, 29.8.1993; wieder abgedruckt in *Pfeiler*, 211) Auf den ersten Blick sei die Gesellschaft von Rajneeshpuram »reiner Honig, auf den zweiten Blick ist ein totalitärer Zug nicht zu übersehen, der den berühmten Tropfen Teer darstellt, der bekanntlich den ganzen Geschmack des Fasses Honig verderben kann«. Eines der wichtigsten Prinzipien von Bhagwans Meditationen sei die Katharsis: nichts verdrängen, sondern ausagieren – auch das, was dunkel in dir ist. Und wie in diesen Meditationen komme offenbar auch in der Kommune »zuerst einige Finsternis«.

Insgesamt äußerte sich Bahro sehr wohlwollend über Rajneeshpuram: »Soweit es nach mir geht, sollte das Experiment, das Bhagwan mit einem Teil der (›westlichen‹) metropolitanen Intelligenzija unternimmt, auf keinen Fall gestört und behindert werden.« (Ebd., 212) Klaus Wolschner war skeptisch und beobachtete eine »Ordnungsliebe, die mit dem immerfort vorgeschobenen Sicherheitsproblem nicht mehr zu erklären ist« (*tell*, Nr. 21, 3.11.1983). Die Kommune von Rajneeshpuram stand in einem gespannten Verhältnis zu ihrem gesellschaftlichen und politischen Umfeld: Nach anfänglicher

Begeisterung für den Tatendrang der Sannyasins stellte die Gemeinschaft für viele Bürger und Bürgerinnen Oregons mehr und mehr eine Provokation dar.

Wolschner vermutete, hier entwickle sich »ein neuer Geist der Kommune« – weg vom liebenswerten Hippieleben in Poona, hin zu Arbeitsethos und Geschäftstüchtigkeit der westlichen Mittelklassen. Diesem Geist werde jegliche Kritikfähigkeit geopfert. Zur Erläuterung seiner These beschreibt er den Ablauf einer als »ganz wichtig« deklarierten Vollversammlung, bei der Sheela Silverman verkünden ließ, ein Teilbereich der Kommune habe »selbstsüchtig sein Partialinteresse angemeldet«. Dem sei man begegnet, und nun wäre wieder alles geregelt. Anschließend gingen alle zufrieden zum Abendessen. »Als ich dort Rudolf Bahro etwas ungeduldig fragte, ob er kapiert habe, was da losgewesen sei, meinte er verständnisvoll: Natürlich, das sei bei der SED auch oft so gewesen, und auf den Anlaß des Streites [...] käme es gar nicht an.« (Ebd.)

Noch während seiner Redereise durch US-amerikanische Universitäten erreichten die ersten Signale die westdeutsche Öffentlichkeit: Der *Stern* teilte mit, Rudolf Bahro finde in Shree Rajneesh einen »Seelenverwandten« und auch die »Erleuchtung des Ost-West-Wanderers« habe »nicht lange auf sich warten« lassen. Außerdem wurde vom *Stern* (Nr. 37, 8.9.1983) noch vermerkt, die Kosten von Bahros Aufenthalt beim »Meister der orange-roten Bhagwan-Gemeinde und Besitzer von 28 Rolls-Royce« beliefen sich auf 3700 Mark.

Bei seinem Auftritt an der Universität von Berkeley gab es einen Eklat. Christine Schröter, seine damalige Lebensgefährtin, die ihn begleitete, berichtet: »Trotzkisten, die Witwe [des Philosophen Herbert] Marcuse, alle möglichen Schattierungen des linken Spektrums erwarteten mit Rudolf Bahro einen neuen Sonnenaufgang. Jedoch es geschah etwas Entsetzliches: Noch unter dem Einfluß Bhagwans begann Rudi von der neuen Spiritualität zu schwafeln, es rumorte im Saal, Füßescharren und dann der Satz: ›Grün und Orange gehören zusammen.‹ Pfiffe – ich schnappte sein Mikro: ›Wir brauchen keinen neuen Guru‹. Die Witwe Marcuse kam zu mir, umringt von Anhängern. Es herrschte Chaos – Rudi stand abseits. Eine Journalistin der *Frankfurter Rundschau* berichtete nach Deutschland. Allen weiteren Auftritten war dieser Skandal vorausgeeilt, es plätscherte bis zum Schluß. Zu Hause zog der Bundesvorstand (der grünen Partei) Rudi in einer außerordentlichen Sitzung zur Verantwortung.«

Lukas Beckmann äußert im Gespräch viel Verständnis für Bahros damaliges Verhalten: Rudolf sei ihm in den frühen 80er Jahren wie ein »ausgetrockneter Schwamm« vorgekommen, der alle intellektuellen und emotionalen Anreize aufgenommen habe. Ein »ungeheures Nachholbedürfnis« sei bei ihm spürbar gewesen, die Postulate und Debatten der Studentenbewegung selbst durch alle Untiefen hindurch nachvollziehen und verarbeiten zu wollen. An der grünen Basis gab's Gegrummel über Bahros Bhagwan-Eskapaden. »›Kommentar überflüssig‹ oder ›jetzt spinnt er komplett‹ – so junge Menschen und ältere aus dem grünen Spektrum zu Deinem Interview in der *taz*, Deinen Aufenthalt in Oregon betreffend«, schrieb Ursula Schwarzenberger in einem offenen Brief an Rudolf Bahro (Archiv Grünes Gedächtnis, Bestand B.II.1, Akte Nr. 394). Die Schreiberin machte ihm Vorhaltungen, er hätte sich besser bei anderen Kommunen umsehen sollen als gerade in Rajneeshpuram.

Noch Ende 1984 mußte sich Bahro gegen Vorwürfe verteidigen, er wolle in Worms, wo er erst seit wenigen Wochen mit Christine Schröter lebte, eine Außenstelle der Bhagwan-Gemeinschaft errichten. In einem offenen Brief von ihm ist zu lesen: »Wer mich jemals genauer wahrgenommen hat, weiß, ich bin entschieden genug, mich rot zu kleiden und die Mala mit dem Bild des Meisters anzulegen, *wenn* ich ihm anhänge. Ich trage weder die Kleidung noch die Mala.« (Archiv Grünes Gedächtnis, Bestand B.I.1, Akte Nr. 02)

Ein paar Jahre nach der Oregon-Exkursion kam Bahro in einem Exkurs der *Logik der Rettung* auf das Experiment der Bhagwan-Stadt und ihr zwischenzeitliches Scheitern zurück. Zur Erinnerung: Im Spätsommer 1985 fand eine offene Auseinandersetzung im Führungskreis der Kommune statt. Die *Rajneesh Times* titelte: *Bhagwan Shree Rajneesh über Sheela: »Der Wille zur Macht ist das größte Verbrechen!«* (Deutsche Ausgabe, Nr. 22, 20.9.1985) Die langjährige Vertraute hatte versucht, die ganze Macht zu übernehmen. Als dies nicht gelang, floh sie nach Deutschland. Das brachte eine Lawine ins Rollen: Die Ranch wurde von verschiedenen staatlichen Organen eingehend untersucht, gab es doch reichlich Gesetzesverstöße. In einer Nacht- und Nebelaktion verließ Bhagwan Rajneeshpuram. Mit der Anklage, die Einwanderungsbestimmungen der USA verletzt zu haben, wurde Bhagwan festgenommen und zu zehn Jahren Haft und 400000 US-Dollar Geldstrafe verurteilt. Gegen ein Geständnis setzte das Gericht die Haftstrafe zur Bewährung aus, und Bhagwan konnte die Vereinigten Staaten am 14. November 1985 verlassen. Ohne Bhagwans Präsenz ließ sich die Kommune in Oregon nicht mehr halten: Wenige Tage später wurde ihre Auflösung bekanntgegeben.

»Vielleicht sollte ich klüglich nicht daran erinnern, daß mir Rajneeshpuram 1983 als der wichtigste Ort der Welt erschien und zwar, obwohl mir schon Verschiedenes auffiel, was hoffentlich korrigiert werden würde. Indessen war die Kommune ein Versuch genau an jenem ›Ort‹ [...], an dem er unternommen werden muß [...] und sie meinte jenen kleinen Kreis, in dem Gemeinschaft und Gesellschaft [...] wieder zur Deckung kommen können.« (*Logik*, 455) Bahro ging noch einmal der Frage nach, worin »der innere Entwurf, den Bhagwan Shree Rajneesh selbst repräsentierte, nicht gestimmt« haben kann, und sein überraschendes Resultat lautete: »Nichts anderes als Politik hat die Kommune von innen gesprengt.«

Nicht in kriminellen Handlungen, die Sheela und anderen Führungsleuten zur Last gelegt wurden (und für die sie die US-amerikanische Justiz auch zur Rechenschaft zog), habe das Problem gelegen, »sondern in einer Vorvereinbarung über den *Ausschluß* der Verantwortlichkeit für alle sozialen Angelegenheiten«. Jedes Gegensteuern sei durch die von Bhagwan geschaffene Organisationsform institutionell unmöglich gemacht worden. »Erleuchtung an und für sich« beinhalte »keinen *sozialen* Auftrag, keine *soziale* Struktur« (ebd., 456) – zumindest nicht von vornherein. Gerade deshalb sei dieses Experiment wertvoll gewesen: Es habe gezeigt, »daß das machtwillige Ich bis in die schönsten Erleuchtungsträume ›überleben‹ kann und summa summarum in einer Bewußtseinskommune erst einmal noch viel mehr, viel ›qualifizierter‹ auf die Bühne springen wird als irgendwo sonst« (ebd., 457).

Die Fragen, die Bhagwan und die sich um ihn Gruppierenden stellvertretend aufwarfen, scheinen heute an Bedeutung verloren zu haben. Menschen auf der spirituellen Suche werden, zumindest in unseren Breitengraden, kaum mehr als gesellschaftliche Bewegung wahrgenommen. Spirituelle Praxis findet in privaten Räumen statt – weitgehend abgeschirmt von öffentlicher Auseinandersetzung. Dies könnte sich auch wieder ändern, denn das Spannungsverhältnis zwischen dem Individualismus, für den das westliche Lebensmodell steht, und dem Bedürfnis nach Teilhabe am Ganzen, das sich in einer Renaissance des Religiösen (bis hin zu Fundamentalismen aller Art) äußert, fordert weiterhin zu Lösungsversuchen heraus.

Für einen solchen – möglicherweise erfolgreicheren – Versuch biete sich, so Bahros Vorschlag, die alte Dreigliederungsidee von Rudolf Steiner an. Deren Grundgedanke lautet, daß soziales (wirtschaftliches) und rechtliches (staatliches) Leben gegenüber dem Geistesleben relativ autonom und verbindlich geregelt werden müssen, um Willkür zu verhindern. In diesem Sinne hatte der Begründer der Anthroposophie im Frühjahr 1919 – zu einer Zeit, als viele Menschen auf einen gesellschaftlichen Neubeginn hofften – ein Manifest über *Die Kernpunkte der Sozialen Frage* veröffentlicht. In seinen Entwurf bezog Steiner die drei großen Forderungen der Französischen Revolution ein: *Freiheit* im Kultur- und Geistesleben, *Gleichheit* in den Rechtsverhältnissen zwischen den Menschen, *Brüderlichkeit* (heute eher: *Geschwisterlichkeit*) in wirtschaftlichen Belangen. Der von Rudolf Steiner initiierte »Bund für Dreigliederung des sozialen Organismus« konnte in den 20er Jahren die von ihm erwünschte Wirkung nicht entfalten. Ein fernes Echo stellen nach 1968 entstandene Gruppen aus dem Umkreis der Anthroposophie und darüber hinaus dar, die sich für mehr direkte Demokratie einsetzen. Einen an Rudolf Steiner orientierten Entwurf legte auch der Rechtsanwalt Rolf Henrich kurz vor dem Ende der SED-Herrschaft in der DDR vor. Der Philosoph und Sozialökologe Johannes Heinrichs hat in der Weiterentwicklung von Steiner eine Viergliederungsthese verfaßt, mit der sich Bahro noch wenige Wochen vor seinem Tod beschäftigte.

Im Zusammenhang mit dem Experiment von Rajneeshpuram wurde immer wieder die Angst vor religiösem Totalitarismus laut. Der Massen(selbst)mord von Angehörigen der Volkstempler-Sekte 1978 in Guayana diente als warnendes Beispiel für die Folgen von spirituell fundiertem Fanatismus. Später kamen noch andere Fälle hinzu: 1993 der gewaltsame Tod von Davidianern im texanischen Waco, 1994 und 1995 die Selbstmorde bzw. Morde bei den esoterischen Sonnentemplern in der Schweiz, Kanada und Frankreich, das Giftgas-Attentat der Sekte »Aum Shinrikyo« auf die Tokioter U-Bahn 1995, sowie die Suizidaktion von »Heaven's Gate« 1997. Dazu Bahro: »Je mehr die Megamaschine selbst ihren universalistischen Despotismus etabliert [...], desto bedrohlicher malt sich ängstlichen Geistern ausgerechnet die totalitäre Gefahr, die von jedem dagegengesetzten spirituellen Konzept auszugehen scheint.« (*Logik*, 458)

Ein genauerer Blick auf die tödlich ausgegangenen Gruppenexperimente würde vermutlich zeigen, daß die Vorstellungen dieser

Gruppen allzusehr dem Funktionieren der Megamaschine verhaftet waren und keine lebbare Alternative dazu boten. Beispiele dafür bietet die Studie des Schweizer Historikers Jean-François Mayer über die Sonnentempler: Am Anfang stand eine spirituelle Gemeinschaft, die zur Gesundung der Welt beitragen wollte. Deren harter Kern glaubte schließlich, sich angesichts der apokalyptischen Entwicklungen auf der Erde nur noch durch Selbstzerstörung »retten« zu können. Dabei rissen sie auch andere Gruppenmitglieder, die nichts von den Plänen der »Eingeweihten« wußten, in den Tod (Mayer 1998).

Bahro hatte keine Angst davor, »über eine spirituelle Praxis nachzudenken, die eine Umkehr tragen würde« – selbst wenn dies Kräfte auf den Plan rufen sollte, die sich am liebsten einer »überväterlichen Instanz« (ebd., 459) an den Hals werfen möchten. Bis zum Zeitpunkt, als er die *Logik der Rettung* schrieb, war seine eigene spirituelle Praxis allerdings nicht die eines Menschen in Gemeinschaft, sondern eher jene eines Einzelgängers. Die Motive für seinen Bhagwan-Besuch und die Teilnahme an spirituellen Workshops erklärte er 1990 rückblickend so: »Mein Hauptmotiv ist die Selbsteinsicht gewesen, wie sehr ich als Parteisoldat und Parteimönch hier Mensch-im-Futteral gewesen bin, eingesperrt und verpanzert in mir selbst. Wenn man dann noch zwei Jahre Untersuchungshaft und Knast genossen hat, im Nahkampf mit der bis dahin eigenen Partei Recht haben will, auch nichts zugeben darf, in der gegebenen Situation, verhärtet man sich noch viel mehr. Man zieht sich zusammen, versteckt sich hinter der Brille, lebt also nur auf Sparflamme, bloß den Kopf voller Druck. Da ist es für mich überaus befreiend gewesen, mich auf diese therapeutischen Praktiken einzulassen.« (Aus der Einführungsvorlesung 1990, in: *Rückkehr*, 26)

Auch wenn er ein »neues Benediktinertum« predigte, so war er doch bis jetzt eher dem Ideal der einsiedlerischen Kartäuser gefolgt. Was das bedeutet, veranschaulicht eine Reportage von Martin Ahrends, der Bahro in Worms besucht hatte. Sie greift zeitlich ein wenig vor, doch in Bahros Bremer Bleibe wird es nicht viel anders ausgesehen haben: »Wir sitzen in der Küche, deren Mobiliar den Stil der frühen 50er Jahre konserviert. Die kleinen roten Sessel, der Küchenhocker, auf dem das Kofferradio steht, können eigentlich nur aus der DDR stammen. Auf dem Küchentisch liegen Papiere, stapelweise sind Papiere auch im Nebenzimmer verstreut. Seine Ordnung hat Bahro anderswo hergestellt, jedenfalls nicht hier, im Reiche des

Sichtbaren. Bahro ist ein Visionär, der es geschafft hat, einen Ausschlupf zu finden aus der Angst und Bedrängnis, die der Wirtschaftsmechanismus der modernen Industriegesellschaft, die krisengeschüttelte ›Megamaschine‹ verbreitet. Bahro ist ein glücklicher Einsiedler, der seinen Frieden mit der Welt geschlossen hat, indem er sie verwarf.« (*Zeit-Magazin*, Nr. 2, 8.1.1988)

Fundamentalkritik versus Reformpolitik
Kampf um die Bestimmung der grünen Partei

Die Wahl vom 6. März 1983 hatte die grüne Partei in den Bundestag gebracht: Sie erhielt 5,6 Prozent der Zweitstimmen und 27 Mandate. Zugleich war mit diesem Wahlgang die Fortsetzung der am 1. Oktober 1982 konstituierten CDU/CSU/FDP-Koalition unter Führung von Bundeskanzler Helmut Kohl gesichert. Die Mehrheit habe, so Rudolf Bahro, nur danach gefragt, »welche der beiden großen Parteien wohl eher den Zerfall des unter Adenauer und Erhard begründeten, unter der sozialliberalen Koalition renovierten ›Modells Deutschland‹ aufhalten könnte«. Sie habe sich für die CDU/CSU entschieden, weil diese »dem wirtschaftlichen Fundament der Macht traditionell näher steht« (*Pfeiler*, 61).

Die wichtigste Funktion der GRÜNEN im Bundestag sah Bahro darin, »Multiplikator und Verstärker für das alternative Bewußtsein draußen zu sein und die Öffentlichkeit rechtzeitig mit Informationen über alle Anschläge auf das allgemeine Wohl, über alle Versäumnisse der Gefahrenabwehr zu versorgen«. Die Aufgabe der GRÜNEN sei »eindeutig dahingehend bestimmt worden, die Fundamentalopposition politikfähig zu machen. Es gibt keinen Bedarf an der parlamentsüblichen Realpolitik, an grünem Reformismus und Pragmatismus.« Mit der SPD gebe es nichts zu verhandeln, »obwohl wir natürlich von Fall zu Fall unter Hinweis auf die prinzipielle Unzulänglichkeit und Inkonsequenz der Lösungen mit ihr wie auch mit den anderen Parteien stimmen können, wenn wenigstens die Richtung stimmt« (ebd., 63).

Worauf konzentrieren die GRÜNEN ihre Kräfte? Diese Frage stand nach der Bundestagswahl im Raum: in Richtung auf ein rotgrünes Bündnis oder auf die Ausbildung eines eigenständigen Elements zwischen den Parteiblöcken, dessen Ziel darin besteht, einen »tiefgreifenden reformatorischen Umbruch« in der Gesellschaft zu begleiten und zu unterstützen, wie Bahro in seinen Thesen zur Vorbereitung einer Offenen Bundesdelegiertenkonferenz am 4./5. Juni 1983 in Hannover forderte? (Ebd., 65) Für Joschka Fischer, den ersten Parlamentarischen Geschäftsführer der grünen Bundestagsfraktion, war die Sache von Anfang an klar: Die Entscheidung sei bereits »mit der Bildung einer politischen Partei und der Akzeptanz der Parlamente de facto« gefallen. »Die GRÜNEN formulieren mit ihrer ökologischen Kritik zwar eine Systemfrage, aber sie beantworten sie eindeutig reformistisch, indem sie in die Parlamente gegangen sind.« (Fischer 1984, 129) Die »offene Schlacht« mit der SPD »um die Führung des Reformlagers« einer »›Neuen Mehrheit‹ diesseits der Union« habe begonnen, so Fischer in einem Aufsatz aus dem Jahr 1983. Die beiden Kontrahenten seien »zum Kampf bis aufs Messer verurteilt«, aber auch »zur punktuellen Zusammenarbeit gezwungen [...] bis hin zu Tolerierungsbündnissen, da die Interessen des sich überschneidenden Wählerpotentials dies unumgänglich machen« (ebd., 133).

Ganz anders Bahro: Die Sozialdemokratie könne nur »systemstabilisierende Reformen anstreben und zählt daher grundsätzlich nicht zu den reformatorischen Kräften, die wir meinen«. Der linksgrüne SPD-Flügel möge zwar subjektiv mit der Öko-Partei sympathisieren, werde aber immer nur »die Rolle des trügerischen Feigenblatts spielen. Wer es in diesem Lager friedenspolitisch und ökologisch ernst meint, muß das alte Haus verlassen.« Die Sozialdemokratische Partei, dieser »hundertjährige ›Tanker‹, auf Gedeih und Verderb für das kapitalistische Industriesystem unterwegs, ist zum Auseinanderbrechen und zum Untergang bestimmt« (*Pfeiler*, 64) – so Rudolf Bahros zornige Prognose.

Die Zeit sei gekommen für eine »Neugruppierung der Kräfte jenseits des bisherigen Rechts-Links-Schemas, das sich totläuft und uns keine echte Chance bietet« (ebd., 65). In diesem Sinne plädierte Bahro anläßlich der Bundesdelegiertenkonferenz im Juni 1983 in Hannover dafür, auch »ins Revier der bayrischen CSU einzudringen [...]. Die Übung, die ich ausdauernd vorschlage, besteht darin, das Problem nicht nur von einem [dem linken], sondern zugleich auch vom anderen Pol aus anzufassen.« (Ebd., 73) Dies setze allerdings voraus, den »sektiererischen Anteil in unserer Ideologie und Psychologie« zu überwinden. »Denn der bringt uns immer wieder soviel Ablehnung und Zurückweisung ein, daß das Hinauswachsen über einen Minderheitenstatus undenkbar erscheint.« Und er schwang sich vor den grünen Delegierten zur Prophezeiung auf: »*Wenn* wir die Veränderungen in der Außenwelt erreichen wollen, die uns das Überleben sichern, *dann muß* es bis zum Jahre 2000 zu unserer Annahme durch die Mehrheit der Gesellschaft, zu ihrer Versöhnung mit uns kommen. Und *unsere* Versöhnung mit ihr wird der Schlüssel sein.« (Ebd., 69)

Nach der Delegiertenkonferenz schrieb Joscha Schmierer in der *Kommune*: »Bei den GRÜNEN kommt eine spannende Diskussion in Gang.« Schmierer war einst ein führender Kopf des Sozialistischen Deutschen Studentenbundes (SDS) in Heidelberg gewesen und wurde später zum Vorsitzenden des maoistisch orientierten Kommu-nistischen Bundes Westdeutschlands (KBW). Diese Organisation entstand im Sommer 1973 aus annähernd 100 lokalen kommunistischen Zirkeln, wobei die Kerngruppe – wie Joscha Schmierer – aus dem Heidelberger SDS stammte. Der KBW stand in harter Konkurrenz zu anderen maoistischen Formationen, beispielsweise der Kommunistischen Partei Deutschlands (KPD), die mit der 1956 verbotenen und dann im Untergrund wirkenden Partei gleichen Namens nichts zu tun hatte. Sie wollte vielmehr die durch »Revisionismus« und »Sozialimperialismus« deformierte kommunistische Bewegung neu begründen. Daneben gab es noch den Kommunistischen Bund (KB – zumeist als KB Nord bezeichnet); bis in unsere Zeit hinübergerettet haben sich die KPD/ML und der Kommunistische Arbeiterbund Deutschlands (KABD). (Wer mehr über die heute äußerst seltsam wirkenden Blüten des deutschen Maoismus wissen möchte, kann sich an Gerd Koenens Buch *Das rote Jahrzehnt* halten).

Doch zurück zu Joscha Schmierer und der *Kommune*, die aus dem Nachlaßvermögen des KBW finanziert wurde und deren Chefredakteur Schmierer bis Mai 1999 war. Er wies im bereits zitierten Beitrag darauf hin, daß Bahros Fragestellung, wie die GRÜNEN an die Menschen herankommen, die die Basis für die CDU/CSU/FDP-Regierung bilden, von seinen Gegenspielern in der Partei überhaupt noch nicht begriffen worden sei. »Das Gefährliche an Bahros Überlegungen ist, daß sie rein intuitiv sind und fast jeder Analyse entbehren.« Er gehe davon aus, man könne »konservativ« mit »lebenskonservativ«, d.h. lebenserhaltend, gleichsetzen. Die Frage sei jedoch, *welche* Lebensform erhalten bleiben solle und *für wen*. »Und was soll das Gerede – mehr ist es vorläufig nicht –, das Links-Rechts-Schema sei überholt?« Solange es Unterdrückte und Unterdrückende gebe, hätten eben auch noch die Kategorien »links« und »rechts« ihre Bedeutung. Bahro habe das Rätsel der Konstellation, aus der die Kohl-Regierung entsprang, nicht gelöst, »sondern das Problem bloß als gordischen Knoten behandelt« (Schmierer 1983a).

Immerhin: Da war einer an der geistigen Auseinandersetzung um den künftigen Weg der GRÜNEN interessiert. Bahro hatte bereits im Mai-Heft 1983 der neuen Zeitschrift seinen Beitrag über *Bedingungen einer sozialistischen Perspektive am Ende des 20. Jahrhunderts* veröffentlichen können, den er zwei Jahre zuvor in Caracas gehalten hatte. Ende Juni 1983 sollte für die *Kommune* eine Debatte zwischen den Hauptkontrahenten des Bundeskongresses, Thomas Ebermann und Rudolf Bahro, stattfinden. Schließlich kam wegen Terminschwierigkeiten lediglich ein Gespräch mit Bahro zustande, das in zwei Teilen abgedruckt wurde. »Wenn wir bei manchen jetzt in den Ruf kommen sollten, uns zu seiner [Bahros] Hauspostille mausern zu wollen, können wir's auch nicht ändern«, schreibt Joscha Schmierer im Vorspann zum abgedruckten Gespräch (*Kommune*, 1. Jg., Nr. 7, 8. Juli 1983, 39).

Die *Kommune* hatte ein Interesse daran, aus ihrer KBW-Ecke herauszukommen und eine anregende Theorie-Zeitschrift zu werden. Bahro seinerseits konnte es nur recht sein, ein Forum zu erhalten, in dem auch seine anspruchsvollen Texte Anklang fanden. »Damals, 1983, war es für ihn schon nicht mehr so leicht, seine Sachen zu publizieren, zumindest nicht in dieser Ausführlichkeit«, sagt Joscha Schmierer im Gespräch. Beide fanden sich offenbar auf Anhieb sympathisch – »wir haben nicht gefremdelt«, meint Schmierer – und lernten sich durch die Gespräche auch persönlich besser kennen. »Wenn er in Frankfurt bei Veranstaltungen gewesen ist, hat er bei uns übernachtet.« Der beide verbindende Bezugspunkt war die Kritik am Industrialismus, »aber in den politischen Konsequenzen haben wir uns dann sehr unterschieden«.

Auch Joscha Schmierer war an den »Möglichkeiten einer genossenschaftlich-kommunitären Umwälzung der Produktionsweise« interessiert (*Pfeiler*, 221). »Daß kleine Gruppen mit so etwas anfangen«, sei für ihn zu jener Zeit allerdings nur eine unter mehreren Varianten gewesen, sagt er heute. »Eine Leitfrage unserer Gespräche war damals: Was können wir hier vor Ort tun? Beispielsweise im Saarland, bei der Stahl- und Kohlekrise jener Jahre. Wie können wir durch eigene Formen der Produktion rauskommen aus der Arbeitslosigkeit? Das waren unsere Fragen.« Während die Kommune-Perspektive in Schmierers Sicht »ein wichtiges Element einer politischen Konzeption mit verschiedenen Ansatzpunkten« darstellte, glaubt er, daß sie für Bahro zunehmend zum »einzigen Punkt« geworden sei, der ihn interessierte.

Joscha Schmierer bringt die Unterschiedlichkeit ihrer biographischen Erfahrungen ins Spiel: Im Gegensatz zu Bahro habe ihn das »Menschheitsexperiment« einer Kommune-Gründung persönlich »nicht sonderlich gereizt«. So bot für ihn auch Bahros Besuch in Rajneeshpuram kein wichtiges Gesprächsthema. »Mich hat vor allem interessiert, was er politisch macht. Das Charismatische war nie mein Ding.« Und im übrigen sei Bahro »kein Sektierer« gewesen, sondern ein Mensch, »mit dem man gut befreundet sein kann«.

Am 15. Oktober 1983 kamen die Wortführer unterschiedlicher Strömungen bei den GRÜNEN zu einer Diskussionsveranstaltung in Frankfurt zusammen. Eingeladen hatten die Redaktionen der Zeitschriften *Kommune* und *links* (die dem damaligen Sozialistischen Büro in Offenbach nahestand) sowie *Moderne Zeiten* (in der sich die grünen Ökosozialisten und -sozialistinnen sammelten). »Grüne Perspektiven« hieß das Thema der Männerrunde – bestehend aus Rudolf Bahro, Thomas Ebermann und Joschka Fischer sowie je einem Vertreter der drei beteiligten Redaktionen. Fischer warf Bahro vor, »revolutionäre Sonntagsreden« zu halten, die mit der »empirischen Befindlichkeit der grünen Partei« (*Kommune* 1983, Spalte 29) sehr wenig zu tun hätten. Die Entscheidung für eine »reformerische Praxis« sei bereits gefallen. Dort, wo grüne Politik gemacht werde, gebe es »keine Vorstellung, daß man wirklich die Machtfrage in einem revolutionären Sinne zu stellen versucht« (ebd., Spalte 30). Den »alten Kampf via Spartakusaufstand« gewinnen zu wollen – da gab Bahro Joschka Fischer recht – »das ist hoffnungslos« (ebd., Spalte 42). Doch die vor dem Ersten Weltkrieg geprägte marxistische Formel »Sozialismus oder Barbarei« sei noch nicht gestorben, sondern stehe »radikaler als je vor uns« – »nur daß die Begriffe nicht mehr funktionieren, mit denen das damals ausgesprochen wurde«. Mit der Entwicklung des Kapitalismus zum Exterminismus verhalte sich die Sache »dramatischer als damals« (ebd., Spalte 40). Es gehe jetzt darum, daß die grüne Partei den »Auszugsprozeß aus dem Industriesystem positiv deckt«. Das wurde mit dem Zwischenruf quittiert: »Aber es gibt doch kein Ägypten für deinen Auszug.« (Ebd., Spalte 43) Wenn die Partei allerdings vollständig auf die »Linie des grünen Reformismus und der grünen Realpolitik« zurückfalle, sei das nicht mehr »das Projekt, an dem ich beteiligt sein will« (ebd., Spalte 49).

Über die Begegnung zwischen Joschka Fischer (der als Bundesaußenminister keine Zeit für ein Gespräch mit den Autoren dieses

Buches fand)[7] und Rudolf Bahro urteilt Joscha Schmierer aus heutiger Sicht: »Es ging um die politische Führung der GRÜNEN. Und da waren beide in ihren Richtungen schon weitgehend festgelegt. Außerdem sind die zwei ganz verschiedene Lebenswege gegangen: Joschka kam aus einer gesellschaftsfernen Gruppe, die Revolution machen wollte. Bahro war bis zu seiner Haft weitgehend gesellschaftlich integriert. Wir hatten unsere Revolutionsträume hinter uns. Er glaubte noch daran.«

Die Jahre zwischen 1980 und 1983 waren eine Zeit der »Selbstbehauptungskämpfe« (*Krise*, 48) innerhalb der GRÜNEN. Die Formelkompromisse grüner Parteitage, die auf die Stärke der jeweiligen Strömungen Rücksicht nahmen, dienten dem Überleben der politischen Formation, waren aber kein Ersatz für eine gründliche Perspektiv- und Programmdiskussion. In einem Ende 1984 erschienenen Taschenbuch schreibt Joschka Fischer: Ein Problem der GRÜNEN seien ihre »mangelnden theoretischen und ideologischen Grundlagen«. Bei der Frage nach den grünen Perspektiven stoße man – »abgesehen von wenigen Ausnahmen, wie etwa Rudi Bahro, dessen Auffassungen ich zwar nicht teile, der aber oft schlüssig, konsequent und bisweilen auch originell denkt – auf ein eigentümliches Gebräu, bestehend aus einer protestantisch klingenden Ergriffenheitsethik, gesellschaftlichen Gegenmodellen der spontaneistischen Neuen Linken und einem zunehmenden Rückgriff auf den altlinken Antikapitalismus, den man allerdings, vor allem in der Wirtschaftspolitik, getrost als vormarxistisch bezeichnen kann« (Fischer 1984, 9).

Bahro bemühte sich um eine Strategiedebatte, die diesen Namen verdient. Joscha Schmierer arbeitete mit der *Kommune* auch an einem solchen Vorhaben. In einem *Weichenstellungen* betitelten Beitrag im Dezember-Heft des ersten Jahrgangs warnte Schmierer, »der eigene ursprünglich radikale Ansatz« der GRÜNEN werde »in seinen Konsequenzen kaum reflektiert«. Dies laufe beispielsweise darauf hinaus, daß die Frankfurter Ex-Spontis um Joschka Fischer und Daniel Cohn-Bendit meinten, man könne »Radikalreformismus« betreiben – obwohl klar sei, daß »Radikalismus und Reformismus sich nicht so leicht unter einen Hut bringen lassen«. Auch den Rückgriff der hessischen »Radikalökologen« um Jutta Ditfurth und Manfred Zieran auf die antiparlamentarischen Positionen der 68er-Bewegung hielt Schmierer für verfehlt. Diese seien »eher Ausdruck der Unfähigkeit zur Mehrheitsbildung denn gründlicher Überlegung« (Schmierer 1983 b, 6).

So recht Bahro mit seiner Befürchtung habe, bei den GRÜNEN könne der radikalökologische Ansatz »verlorengehen«: durch »Enthaltsamkeit« im politischen Geschäft lasse er sich nicht retten. Die Angst, von der SPD aufgesogen zu werden, zeuge lediglich davon, »daß große Teile der GRÜNEN ideologisch noch angenabelt sind«. Schmierer plädierte für eine »Doppelstrategie«, auch wenn dieses Wort durch die Politik der Jusos »in ziemlichen Mißkredit gebracht worden« sei. Mit einer solchen Doppelstrategie meinte Schmierer, sowohl auf der parlamentarischen als auch auf der außerparlamentarischen Ebene tätig zu werden – ohne daß alle alles machen müssen. So lasse er sich zum Beispiel gerne von der grünen Landtagsgruppe in den Verhandlungen mit dem damaligen hessischen SPD-Ministerpräsidenten Holger Börner vertreten – und lasse sich auch von den »verschiedensten Sitzblockadegruppen« vertreten, nachdem er »aufgrund einschlägiger Erfahrungen« bei Straßenbahnblockaden des Heidelberger SDS (und anschließender Haftstrafe) zum Entschluß gekommen sei, »mich niemals mehr vor einer Polizeikohorte auf den Boden zu setzen und abzuwarten, wie sie wohl mit mir umspringen wird. Deshalb höre ich nicht auf, mich an der politischen Bewegung zu beteiligen.« Diese müsse sich »mehrgleisig entfalten« können und brauche dazu »im übrigen auch unterschiedliche Organe mit einer teils unterschiedlichen Politik« (ebd., 7).

Nachdem für Bahro immer deutlicher wurde, daß ihn die »Realos« in der Partei auf die Rolle des »Sonntagsredners« festlegen und beschränken wollten,[8] suchte er ein Bündnis mit den »Ökosozialisten«. Sie hätten »den Schlüssel zum Schicksal der GRÜNEN in der Hand« (*Krise*, 47), schreibt er in einem Papier, das bei der grünen Bundesdelegiertenversammlung im März 1984 in Karlsruhe verteilt wurde. Es gehe jetzt nicht darum, durch »Mitflicken« verdecken zu helfen, »daß die allein entscheidende Wurzelbehandlung nicht stattfindet« (ebd., 48). An die Adresse der Realos gerichtet, schlug Bahro vor, die SPD in ihrem Dilemma, keine Mehrheit gegen die CDU/CSU/FDP zu finden, erst einmal »schmoren« zu lassen, »bis wir auch aus einer minoritären Position, die aber historisch stärker als die ihre ist, die notwendige Richtungsveränderung verbürgen können«. Wer es eilig habe, sich als Koalitionspartner anzudienen, der könne gleich nach Hause gehen, denn bei der »jetzigen Mentalität der GRÜNEN« werde man »nichts aufhalten und keine andere Partei verändern« können.

Vielmehr komme es darauf an, »bei jedem Menschen, den wir in den Institutionen antreffen, die Mentalität des Bühnenkaisers Romulus Augustus zu nähren«. Bahro erinnert an Friedrich Dürrenmatts Parabelstück: Der Kaiser sitzt inmitten einer Hühnerschar. Die Beamten des Hofes drängen ihn, sich den Regierungsgeschäften – vor allem den militärischen – zu widmen. Die Germanen sind schon ante portas! »Am Ende stellt sich heraus, er hat das Amt von vornherein nur übernommen, damit dort kein anderer an seiner Statt Schaden anrichten kann, indem er etwas tut! Denn Rom, mit dieser Einsicht war er an die Macht gekommen, ist's nicht mehr wert, verteidigt zu werden.« Wer als Grüner »einen allerneuesten Plan für die Gesamtreparatur aushecken möchte, das heißt ganz automatisch für eine Lösung großen Stils von oben, die einen gut geölten Staat voraussetzt, der hat überhaupt noch nicht mitbekommen, daß eine Welt zerfällt und daß dieser Zerfall das beste an ihr ist, daß wir Ja dazu sagen und nach Möglichkeit dabei assistieren müssen.« Anstelle einer »sauertöpfischen Mithilfe bei der Restaurierung der Konkursmassen in der anachronistischen Industrie« sollten die GRÜNEN ihre Kräfte darauf konzentrieren, Gemeinschaften zu schaffen, »in denen wir zuerst uns selbst transformieren müssen« (ebd., 49).

In diesem Sinne hatte Bahro beispielsweise bei einer Veranstaltung von Linken und GRÜNEN in Frankfurt geäußert, von den 3000 Leuten, die in Bremen durch eine Werftenschließung arbeitslos werden, könnten sich wenigstens 300 entschließen, etwas ganz anderes zu machen, im Sinne von Kommune. Die Antwort sei großes Gelächter gewesen, teilte Bahro in einem Gespräch mit Johan Galtung mit. Der meinte, viele Menschen hätten noch nicht erkannt, »daß jetzt eine bestimmte Phase vorbei ist« und diese Entwicklung »irreversibel« sei. »Nur, wer hat den Mut, das zu sagen unter den Politikern? Die Politiker sagen, wir haben eine Krise, und wenn wir nur ein wenig mehr warten können, nur ein wenig mehr Geduld haben, dann kommen noch mal die guten alten Zeiten, und da wäre es Wahnsinn, wenn dann alles schon umgestellt wäre. Also geht es eigentlich darum, was man für ein Geschichtsgefühl hat. Das finde ich das Hauptproblem.« (*Kommune*, Nr. 3, 2.3.1984, 29)

Bahro glaubte, die Zeit sei gekommen, an den geordneten Ausstieg aus der Megamaschine zu denken und diesen Rückzug politisch und ökonomisch durch die grüne Bewegung decken zu lassen. Die vor allem aus dem Kommunistischen Bund (KB) heraus entstandenen Ökosozialisten sowie Jutta Ditfurths Radikalökologen konnten mit einem solchen Programm nichts anfangen. Dazu Joscha Schmierers Einschätzung: »Die Ökosozialisten, das waren Restbestände der radikalen Linken, die nicht darüber hinausgekommen sind. Und den Radikalökologen war das ›Radikal‹ wichtiger als die Ökologie – Ökologie stellte für sie einfach die weitestgehende Form dar, radikal aufzutreten. Da bestand ein wesentlicher Unterschied zu Bahro: Er vertrat keinen politischen Extremismus – extrem in dem Sinne, einen Ort weit außerhalb der bestehenden gesellschaftlichen Verhältnisse zu suchen, weil man glaubt, dort sei der Hebel zur Veränderung. Insofern hatte er mit den Ökosozialisten und Radikalökologen politisch wenig zu tun.«

Bahros Abgesang auf die »realpolitisch« wie auf die »radikal« gestimmten Grünen erfolgte anläßlich der siebenten Bundesversammlung der GRÜNEN vom 7. bis 9. Dezember 1984 in Hamburg. Auf einer vorbereitenden Sitzung kündigte Rudolf Bahro eine »große Rede« an, erinnert sich Lukas Beckmann. Er habe damals allerdings den Eindruck gewonnen, Bahro könne »seine emotionalen Eindrücke intellektuell nicht mehr sortieren«. Die Rede ging – so Beckmann – »daneben«. Etwas von seiner »Unberechenbarkeit« sei in Hamburg spürbar geworden. Bahro war angriffig und ging aufs Ganze: Er fühle sich »wie vor sieben Jahren – dort, in der Position des äußersten Widerstands«. Gemeint war die Zeit seiner Haft im Zuchthaus von Bautzen. »Ich werde kenntlich sein wie damals. Ich werde in den eigenen Reihen Freund und Gegner so klar unterscheiden wie damals.« Und: Gegner gab es viele – auch einige Gegnerinnen.

Rudolf Bahro benutzte in seiner Rede das Bild vom Grenzbahnhof und den zwei Zügen, die auf unterschiedlichen Gleisen stehen, in entgegengesetzter Fahrtrichtung. Der Zug der Realos – oder wie Bahro sie nannte: der »Reformisten« – ist bereits in Bewegung, »zurück in die Metropolis und hinauf ins Machtzentrum der alten Welt«. Der andere Zug – jener der »Fundamentalisten« – steht, die Lokomotive ist noch nicht unter Dampf gesetzt. Jetzt komme es darauf an, »alle die wieder herauszuholen aus dem anderen Zug, denen schon mal das kleinste Licht aufgegangen war, es müßte eigentlich was anderes her« (*Hinein oder hinaus?*, 40). Die nächste Station des Zuges Richtung Metropolis heißt: Bündnis mit der SPD. Das kann auch erst einmal »Tolerierung« bedeuten, doch für Bahro ist der Unterschied unbedeutend: eine Wahl zwischen »offener und verschämter Kollaboration mit der Macht« (ebd., 41).

Das Kernstück der Hamburger Rede stellte der »Faschismus-

Vergleich« dar. Bahro wird später schreiben, er sei »begreiflicherweise nicht besonders gut verstanden worden, als ich [...] in einer insgesamt ziemlich aufgeregten Rede sagte, die GRÜNEN stiegen nach einem formell ähnlichen Muster wie einst die Nazis auf« (*Logik*, 387). Strukturell gesehen, stünden sich »Bewegung, Staat und Gesellschaft heute ganz ähnlich gegenüber wie in der Republik von Weimar« (ebd., 389). Die Kräfte, die damals aus dem »System« aussteigen wollten, gingen an den »braunen« Pol und zogen auch die meisten »grünen« Elemente der Jugend- und Lebensreformbewegung mit sich. Der »rote« Pol fiel weitgehend aus, weil eine in erster Linie auf technischen Fortschritt und Rationalismus setzende Linke nicht wußte, was sie mit dem im Gewand völkischer Mythologie daherkommenden Widerstand gegen die entfremdende kapitalistische Entwicklung anfangen sollte. Ein einsamer Rufer in der Wüste jener Zeit war Ernst Bloch. Er kritisierte 1937: Die Nazis hätten nur deshalb so ungestört mit dem »Mystizismus« betrügen können, »weil eine allzu abstrakte (nämlich zurückgebliebene) Linke die Massenphantasie unterernährt hat« (Bloch 1977, 149).

Nach Bahros Auffassung stand die Ökopax-Bewegung vor einem analogen Problem: Komme die nächste Welle der kapitalistischen Krise in Gestalt einer ökologischen »Totalkatastrophe« auf uns zu, müsse es diesmal allerdings anders ausgehen – nicht »macht-materialistisch nach außen [...], expansiv und aggressiv« wie bei der Nazi-Bewegung (*Hinein oder hinaus?*, 45). Damit die zu erwartende »Volkserhebung« gewaltfrei wird, dürften die GRÜNEN jetzt »nicht verlorengehen«, so Bahro im Dezember 1984. »Lassen sie sich kooptieren und werden sie kooptiert, sind sie nachher, wenn der Sturm seine größte Stärke, die Welle ihre volle Höhe erreicht, schon eine Systempartei mehr – besser könnt ihr den Bürgerkrieg und die anschließende Diktatur nicht vorbereiten«, schleuderte er den grünen Delegierten entgegen (ebd., 43; auch abgedruckt in *Logik*, 389 f.).

Bahro griff in seiner Rede einige Politiker und Politikerinnen vom »realpolitischen« Flügel namentlich an und kritisierte in aller Schärfe, »daß sich jetzt bei den GRÜNEN dieser alternative Machtwahn abheben kann. Lest ruhig mal nach, nicht zufällig genau darin, in dieser Gier, sich durch Aufstieg zur politischen Macht zu verwirklichen, gibt es formale Ähnlichkeiten zu den Vorgängen in der aufsteigenden Nazipartei und -bewegung.« (*Hinein oder hinaus?*, 46; *Logik*, 395). Vor allem diese Passage löste heftige Reaktionen aus. Der ansonsten nicht gerade zimperliche Joschka Fischer in seiner Stellungnahme auf dem Parteitag: »daß jetzt dieser Vorwurf schon in der eigenen Partei kommt, das ist kein Tiefschlag mehr, sondern das geht an die Wurzel dessen, was ich als grünes Selbstverständnis begreife«. Die Dokumentation der Parteitagsdebatte vermerkt an dieser Stelle: »›Bravo‹-Rufe, starker Beifall« *(grüner basisdienst*, Heft 1/85, 74). In einer *Persönlichen Erklärung* hielt Bahro fest: »Der Wunsch zu kränken hat mich nicht geleitet, der Wunsch zu treffen ja.« Und weiter: »Als Joschka mich um Zurücknahme [der erwähnten Passage] bat, habe ich an seiner Stimme gefühlt, wie tief er darin betroffen war. Sagt es dir nicht, daß da auch etwas ist? Zuerst bin ich hier auch immer an die Decke gegangen, wenn ich hörte, ich sei ein Leninist. Es ist das Gran Wahrheit, das einen an die Decke treibt. Ich habe *nicht* gesagt, daß du ein Nazi bist. Ich habe *nicht* gesagt, daß die GRÜNEN Nazis sind.« Doch: »Wer immer aber *in Deutschland eine Volkserhebung will*, der muß sich der Erfahrung der zwanziger Jahre stellen.« (*Kommune*, Nr. 1, 18.1.1985, 46)

Bahros Rede war geprägt von einer religiösen Sprache: »Der Wettlauf mit der Apokalypse kann nur gewonnen werden, wenn dies eine große Glaubenszeit wird, eine Pfingstzeit mit dem lebendigen Geist, möglichst gleichermaßen ausgegossen über alle.« Den Realos schrieb er ins Stammbuch: »das ist nicht Reformisten-, das ist Reformationszeit, die jetzt angehoben hat« (*Hinein oder hinaus?*, 43) – und zwar eine Reformation à la Thomas Müntzer, den Ernst Bloch so enthusiastisch als »Theologen der Revolution« gepriesen hatte. Der Theologin Antje Vollmer stieß diese Rede sauer auf. Sie erklärte in der Debatte: »Du hast dich auf viele Leute bezogen, die mir auch besonders wichtig sind, auf Thomas Müntzer und auf die Reformation. Mir ist immer nur eins dabei eingefallen, nämlich die Inquisition.« Bahro habe »eines wirklich vergessen: Man macht sich nicht selbst zum Propheten, sondern dazu wird man gemacht, indem Leute einem folgen und Vertrauen haben in das, was man sagt. [...] Rudolf sollte lernen, daß in der Religion wirklich auch Opium steckt und daß er im Augenblick in dieser Art von Rausch ist, und er sollte anfangen mit seiner Lebenspraxis.« (*grüner basisdienst*, 61)

»Traurig und unerträglich« fand der Bremer Jo Müller Bahros Haltung, daß die Fundamentalisten mit ihm zusammen aus der Partei herausgehen sollten. »Ich weiß nicht: Nur dieses Gemisch macht uns doch wirklich attraktiv!« hielt er ihm entgegen (ebd., 48).

Diese Sicht wird in der Rückschau auch von Joscha Schmierer bestätigt: »Zwischen 1983 und 1985 gab es eine Situation, in der mir schien, man könne radikale Kritik und Reformpolitik miteinander verknüpfen. Ein Teil dieser Verknüpfung bestand in der Vorstellung, daß bestimmte Personen und Positionen beieinander bleiben können. Das war später vorbei. Danach ist die Fundamentalkritik marginal geworden.« Und weiter: »Auf der anderen Seite hat sich die Realpolitik völlig ›emanzipiert‹ von fundamentaler Kritik, so daß die Konstellation eine ganz andere wurde. Das Spannungsverhältnis zwischen den beiden Seiten, das die GRÜNEN interessant gemacht hat, ist auseinandergegangen und damit hat auch jede Seite für sich die Spannung verloren. Als diskursives Kraftfeld kann man die GRÜNEN nicht mehr betrachten. Das elektrisierende Moment ist weg.«

Noch einmal zurück nach Hamburg im Dezember 1984. Den mit Bahro im Bündnis befindlichen Ökosozialisten sei dessen Auftritt »peinlich« gewesen, »belastete er sie doch mit dem Ruch einer Radikalität, die sie nun wirklich nicht haben«, bemerkte der »Ökolibertäre« Thomas Schmid. Zwischen dem Ökosozialismus und Bahros Visionen lägen Welten: »Die Zertrümmerung der ›Großen Maschine‹ und ihre radikalgewerkschaftliche Exploitation gehen nun wirklich nicht zusammen.« (*Kommune*, 62) Das sah schließlich auch Bahro ein, wenn er in seiner *Logik der Rettung* postulierte: »Ökosozialismus bleibt Exterminismus.« (*Logik*, 401)

Die Apokalypse aufhalten?
Ein neuer Entwurf: *Logik der Rettung*

Er sei zu dem Schluß gekommen, daß eine politische Partei, »die sich auf der Ebene der vorgezeichneten Machbarkeit engagiert, kontraproduktiv ist«, erklärte Rudolf Bahro kategorisch auf einer Versammlung der Schweizerischen Energie-Stiftung Ende Juni 1985 in Zürich (*Tages-Anzeiger*, 1.7.1985). Wenige Tage zuvor hatte er auf der Hagener Bundesversammlung Abschied von den GRÜNEN genommen. In seiner Austrittserklärung stellte Bahro fest: »Die GRÜNEN sind – kritisch – mit dem Industriesystem und seiner politischen Verwaltung identifiziert. Sie wollen nirgends raus. Anstatt Bewußtheit zu verbreiten, schütten sie sie auf der ganzen Linie wieder zu. Sie helfen die Risse im Konsens kitten. [...] Es sah einmal so aus, als hinge von uns etwas Rettendes ab [...] Es wird nichts anderes übrigbleiben als eine normale Partei neben den anderen. Ich kann damit nicht weiter.« (*tageszeitung*, 29.6.1985)

In Zürich begegneten sich Rudolf Bahro und Joschka Fischer und erlebten das »undemagogischste je geführte Gespräch«, so Bahro – der sich »zum Geständnis hinreißen ließ, wenn es immer so gewesen wäre bei den GRÜNEN, wäre er nicht aus der Partei ausgetreten« (*Tages-Anzeiger*, 1.7.1985). Die beim Hamburger Parteitag im Dezember 1984 formulierte Hoffnung, das grüne Projekt sei regenerierbar, hatte sich in der Zwischenzeit für ihn als Illusion erwiesen. In Hamburg habe er »noch ernsthaft gemeint, die Fundamentalisten in den ›Grünen‹ sammeln zu sollen. Aber dann habe ich gemerkt: Stopp, ich bin nur dabei, Reisende aufhalten zu wollen, aus eher privaten Identitätsgründen.« (Schroeren 1990, 168) Die hatten etwas mit seiner Erziehung zum Kommunisten und dem Ideal »felsenfester bolschewistischer Parteimenschen« zu tun, wie er in einem *taz*-Gespräch bekannte (*tageszeitung*, 29.6.1985).

Schon bei seinem Eintritt in die GRÜNEN sei er einer »Täuschung« unterlegen, erklärte Bahro im Herbst 1989, kurz vor den grundlegenden politischen Veränderungen in der DDR. »Aber ich bin wirklich froh darüber, daß ich diese Illusion hatte. Nur aktiv kann man sich eine politische Situation aneignen. Wäre ich damals schon schlauer gewesen und dieser Illusion nicht aufgesessen – ich weiß nicht, ob ich fähig gewesen wäre, aus bloß taktischen Gründen bei den ›Grünen‹ mitzumachen.« (Schroeren 1990, 168) Was er in seiner ersten wichtigen Rede in der Bundesrepublik, beim Offenbacher Kongreß im November 1979, gesagt habe, sei nach wie vor richtig: »daß wir eine andere große Koalition quer zu den alten politischen Lagern schaffen müssen, die entlang der Symptome der Weltzerstörung sich aufbaut und eine Rettungspolitik sucht [...] Diese weitblikkenderen Dinge hätte ich nicht zustande gebracht ohne den Glauben an ›Die Grünen‹ als weiterreichendes Fahrzeug.« (Ebd., 168f.)

Rudolf Bahro ließ den Partei-Zug hinter sich – und auch die Geste der Unversöhnlichkeit, mit der er in Hamburg den GRÜNEN den Fehdehandschuh hingeworfen hatte. Doch sein letzter Kampf auf dem grünen Parteitagspodium war noch von unerbittlicher Härte geprägt. Die Kontroverse ging um die Frage der Tierversuche – ein scheinbares Randgebiet grüner Politik. Bahro sprach sich für die Forderung nach einem bedingungslosen Verbot aller Tierversuche aus – mit der nicht allein auf dieses Thema bezogenen Begründung: »Nur die Position der vollständigen Abschaffung (ähnlich wie im Falle des Militärs die einseitige Abrüstung und das Nein zur Bundeswehr) wird uns erlauben, die Aufmerksamkeit auf das Wesen der Sache zu lenken, weil die Gegenseite erst dann und nur dann gebührend aufheulen wird. Nur so erzielen wir die nötigen schnellen Durchbrüche in der öffentlichen Meinung.« (*Lehrstück*, 40) Damals formulierte Bahro: »Wie wir mit dem animalischen Leben umgehen, *muß* sich am Menschen rächen.« (*Verrat*, 41) Von der BSE-Tierseuche und ihren Folgen für die Menschen wußte man zu jener Zeit noch nichts.

Die inhaltliche Begründung für Bahros Parteiaustritt, der von den GRÜNEN vorgelegte Entwurf eines Tierschutzgesetzes sei ihm zu wenig radikal, »hing auch mit meiner Liebe zusammen, mit Christine Schröter, war aber kein Zufall«. Seine Freundin hatte sich in den 70er Jahren in der Anti-AKW-Szene engagiert. Den Anstoß dazu gab der Bau der Atomanlage in Biblis, sozusagen vor ihrer Wormser Haustür. Sie lernte Petra Kelly kennen und kam über die Friedensbewegung zum Thema »Tierversuche«. Gemeinsam mit Kelly und anderen sah Christine Schröter die Notwendigkeit, die Forderungen der verschiedenen sozialen Bewegungen »durch eine Anti-Partei, wie sich die GRÜNEN anfangs verstanden, auf der parlamentarischen Ebene umzusetzen«. Nie habe er intensiver als in der Auseinandersetzung mit dieser Frau erfahren, »wie sehr ich selber in der Wissenschaftslogik denke, die zu den Tierversuchen führt, und daß das sich im Politikverständnis niederschlägt«, erklärte Bahro im Herbst 1989 (Schroeren 1990, 168). Mit der von den GRÜNEN vorgeschlagenen Kompromißlösung, Tierversuche würden nur geduldet, »wenn sie dem Vorbeugen, Erkennen und Heilen von Krankheiten bei Mensch und Tier dienen« (*Kommune*, Nr. 2, 15.2.1985, 38), könne man zwar »konventionell konsensfähig werden, aber kein neues Bewußtsein wecken« (Schroeren 1990, 168). Ein solches Bewußtsein würde nach Bahros Auffassung zur Erkenntnis kommen, daß es darum geht, »die heiligste Kuh des neuzeitlich-abendländischen Götzendienstes, die ›Freiheit der Wissenschaft‹, zu schlachten« (*Lehrstück*, 39) – einer Wissenschaft, der Bahro später attestieren wird, sie jage »nicht nach Wahrheit im großen Sinne, nicht nach der Rekonstruktion des Ganzen, die die Rekonstruktion Gottes wäre, sondern bloß nach Splitterwissen«. Wohl habe die moderne Wissenschaft die Kirche beerbt. Sie sei aber zugleich »unendlich« weit hinter dieser zurückgeblieben, »weil sie im Egotrip ihrer Adepten steckenblieb« (*Logik*, 183).

Der gesetzte politische Rahmen sei eine »Falle«, in der die Lebensenergie der dort Agierenden verschwinde, hieß es in Bahros Austrittserklärung. Sein Schritt sei Ausdruck einer sehr konkreten »Verzweiflung« über die Entwicklung einer Partei, die nicht mehr das ursprüngliche Projekt darstelle, »das heute ›fundamentalistisch‹ genannt wird«. Allerdings werde er nicht unpolitisch und verabschiede sich auch nicht aus dem geistigen Prozeß. »Ich will dabei mitwirken, daß wir uns einen neuen Platz und eine Praxis schaffen. Offenbar müssen wir weiter ausholen. Etwas kaltes Wasser will riskiert sein, wenn wir die Substanz für den Ausstieg zusammenbringen wollen, zuerst bei uns selbst.« (*tageszeitung*, 29.6.1985)

In Worms arbeitete Bahro an einem neuen Werk. Den entsprechenden Vertrag dafür hatte er im Sommer 1984 mit dem K. Thienemanns Verlag in Stuttgart unterschrieben. Er bekam einen Vorschuß und fünf Jahre Zeit, um – nach der *Alternative* – sein zweites Hauptstück vorzulegen.[9] Anläßlich einer internationalen Tagung der Vereinigung »The Fourth World« Anfang September 1986 in Zürich, die dem Thema *Basisdemokratie, Regierung durch das Volk* gewidmet war, präsentierte Rudolf Bahro die Grundzüge seiner *Logik der Rettung*. Die *Neue Zürcher Zeitung* faßte den Vortrag so zusammen: »Angesichts der, wie er sagte, spätestens in fünfzig Jahren bevorstehenden Apokalypse des ›industriell-kapitalistischen Systems‹ empfahl Bahro eine *›Rettungsregierung‹* und eine *›spirituelle Erneuerung‹* des Individuums mit Hilfe christlich-mystischer Anleihen. Die Form dieser Regierung wollte er allerdings nicht präzisieren und meinte nur, daß ›dahinter Konsens stehen‹ müsse.« Der *NZZ*-Berichterstatter (oder war es eine Berichterstatterin?) hielt Bahros Ausführungen für *»religiös-marxistischen Nebel«*. Er verbreite »aggressive Äußerungen, grobe Verallgemeinerungen und gewisse Ressentiments«. Die *Neue Zürcher Zeitung* zeigte sich allerdings erstaunt darüber, daß Bahros Worte »von einer kleinen gläubigen Gemeinde dankend entgegengenommen« wurden (*NZZ*, 10.9.1986).

Im Winter 1986/87 schrieb Bahro an den letzten Kapiteln seines neuen Buches. Die dort entworfene Gestalt des »Fürsten der ökologischen Wende« kam für ihn im sowjetischen Partei- und Staatschef Michail Gorbatschow immer deutlicher zum Ausdruck. Er beschrieb seine Faszination angesichts der »befreiende[n] Revolution von oben«. Sie gehe offenbar in jene Richtung, wie sie »im Schlußteil meiner *Alternative* erhofft und ziemlich detailliert vorentworfen« war, formulierte Bahro am 25. Februar 1987 in einem Rundbrief an die Teilnehmerinnen und Teilnehmer der von ihm organisierten Treffen. Diese Sicht legte er auch in einem Beitrag für die *tageszeitung* dar: »Der *Fürst*, den ich antizipierte, nachdem ich mich von dem Haß und der Niedergeschlagenheit nach dem sowjetischen Einmarsch gegen den Prager Frühling erholt hatte, ist erschienen.« (*Il Principe*, 15) In der linken und linksliberalen Öffentlichkeit fand er damit kaum Anklang. Zu den wenigen, die Bahros Wahrnehmung würdigten, gehörte der marxistische Philosoph Wolfgang Fritz Haug. In seinem Gorbatschow-Buch stellt er fest: »Rudolf Bahro hat früher als andere die entscheidende Bedeutung der Perestroika begriffen.« (Haug 1989, 449)

Bahros damalige Hoffnung war, der neue Generalsekretär der Kommunistischen Partei der Sowjetunion werde »die Kompaßnadel der Russischen Revolution wieder ausrichten auf die allgemeine Emanzipation des Menschen, Mann und Frau, auf unseren Aufstieg zur Freude und darüber hinaus zur Kommunikation und Kommunion mit dem Ganzen«. Bahro glaubte, Gorbatschow wolle »nicht nur dem Archipel Gulag ein Ende machen, sondern allen schöpferischen Kräften Zugang zu dem Prozeß der sozialen Konsensbildung verschaffen«. (In der *taz* heißt es fälschlicherweise: »der sozialistischen Konsensbildung«.) Und nicht zuletzt werde Gorbatschow – so Bahros tiefste Hoffnung – »die Substanz und die Würde der Kommunistischen Partei wiederherstellen« (*Il Principe*, 16). Um zu verstehen, was er damit gemeint hat, müssen wir nochmals die *Alternative* heranziehen. In deren dritten Teil mit dem Titel *Zur Strategie einer kommunistischen Alternative* entwickelte Bahro sein Modell eines erneuerten »Bundes der Kommunisten«: Dieser wäre nicht mehr der »Überstaatsapparat« des »real existierenden Sozialismus«, sondern das Organ eines *»kollektiven Intellektuellen«* im Sinne Antonio Gramscis, »der die Reflexion der ganzen Gesellschaft, ihre Bewußtheit über alle sozialen Entwicklungsprobleme vermittelt und der in sich selbst etwas von dem humanen Fortschritt vorwegnimmt, für den er arbeitet« (430 f.).

Der letzte Teil der *Logik der Rettung* greift diesen Gedanken noch einmal auf und variiert ihn. Dort ist vom »Fürsten der ökologischen Wende« die Rede, von den »Basisgemeinden des ›Ordine Nuovo‹«, einer »Unsichtbaren Kirche« und schließlich auch noch vom »Gottesstaat«: Begrifflichkeiten, die dafür gesorgt haben, daß das Buch hauptsächlich auf Abwehr und Widerwillen stieß, wenn es überhaupt zur Kenntnis genommen wurde. Reinhard Spittler, ein langjähriger Weggefährte Bahros, meint: »Im Grunde genommen hat ja kaum einer und eine verstanden, um was es ihm ging.«

Mit seiner Wahrnehmung der ökologischen Krise als dem zentralen Problem unserer Zeit stand Rudolf Bahro Mitte der 80er Jahre keineswegs allein da. In ganz unterschiedlichen gesellschaftlichen Kreisen war nach dem Reaktorunfall von Tschernobyl im April 1986 ein Bewußtsein dafür vorhanden, daß *Die Zeit drängt* – so der Titel einer Veröffentlichung von Carl Friedrich von Weizsäcker von 1986, der den christlichen Kirchen vorschlug, eine Weltversammlung für Gerechtigkeit, Frieden und die Bewahrung der Schöpfung zu organisieren. Sie sollte auf die weit verbreitete Angst vor einer möglicherweise finalen Konfrontation der Supermächte, vor den Folgen wachsender Ungleichheit zwischen Nord und Süd sowie vor der Zerstörung der natürlichen Lebensgrundlagen Antworten finden, die zu wirksamem Handeln ermutigen.

Bereits 1985 hatte der Publizist Carl Amery geschrieben: »Das Waldsterben war das erste gewaltige Schock-Erlebnis ökologischer Natur, welches die ganze Nation trifft und betrifft; weitere werden folgen.« An die Adresse der GRÜNEN gerichtet, formulierte er: Allein eine »harte ökologische Achse der Programmatik« sei geeignet,

»jenen kulturellen Druck auszuüben, ohne den die Schlacht um die Zukunft verloren geht, und zwar todsicher« (Amery 1991, 352). Es sei allerdings nicht realistisch, die Verantwortung für einen kulturellen Gegenentwurf einer politischen Partei zu überlassen: »Wer, wie heute etwa Rudolf Bahro, eine ›Ausgießung des Geistes‹ fordert, um dem Verderben mit einer Aussteiger-Bewegung entgegentreten zu können, der sollte ganz persönlich die Verantwortung für seine Prophetie übernehmen und den Orden schaffen und formen, der solche Ausgießung beispielhaft konkretisiert.« (Ebd., 354)

Bahro propagierte zwar den »Ausstieg aus der Megamaschine«, aber was ihm vorschwebte, war wohl nicht eine »Aussteigerbewegung« im Sinne der seit den späten 60er Jahren weit verbreiteten Konzepte einer »zweiten« oder »Gegenkultur«. 1969 hatte der Soziologe Walter Hollstein voller Enthusiasmus geschrieben, im »Untergrund« entfalte sich »langsam eine Gegenwelt, die die neue und menschliche von morgen werden möchte« (Hollstein 1969, 174). Der Sozialwissenschaftler und Philosoph Rolf Schwendter formulierte radikaler: »Die Subkulturen als Gegenkulturen, die progressiven Subkulturen [...] sind solche, die sich als entschiedene Opposition zum bestehenden System ausdrücken und auch so verstanden werden wollen.« (Schwendter 1981, 11) Die »Subkulturalisten« suchten den Hebel zur gesellschaftlichen Veränderung möglichst weit draußen, außerhalb der vorhandenen Ordnung. Der ehemalige *Kommune*-Chefredakteur Joscha Schmierer bemerkte dagegen: »Bahro war kein politischer Extremist.« Nicht an den Rändern, sondern mitten in der Gesellschaft suche er die herrschende Übereinstimmung mit den Strukturen der (Selbst-) Zerstörung zu sprengen und einen neuen, rettenden Konsens zu finden.

Tatsächlich hatte Bahro mit gegenkulturellen Konzepten nichts im Sinn – auch nicht mit der in den 80er Jahren aufkommenden »New Age«-Bewegung des »Wassermann-Zeitalters«. Eine ihrer Vorkämpferinnen, die US-Amerikanerin Marilyn Ferguson, veröffentlichte 1980 *The Aquarian Conspiracy*. Dort formulierte sie die Weltsicht der New-Age-Leute: »Es hat ein tiefgreifender Paradigmenwechsel in unserem Verhältnis zur gesamten Erde stattgefunden. Wir kennen sie jetzt als ein Juwel im Weltraum, als einen zerbrechlichen Wasserplaneten [...]. Alle Länder sind wirtschaftlich, ökologisch und politisch miteinander verknüpft. Die alten Götter Isolationismus und Nationalismus werden von ihrem Sockel gestoßen.« (Ferguson 1982, 469)

Die allzu optimistische Auffassung der Bewegung des »Neuen Zeitalters« von einer »sanften Verschwörung« habe, so gab Bahro zu bedenken, vor allem »den schnöden Massenfaktor unterm Allerwertesten« (*Logik*, 302) vergessen: die historisch beispiellose Stärke der materiellen Trägheitskräfte. Diesen setze eine weitgehend »egozentrische, gierige, genußsüchtige Spiritualität der *New-Age*-Mode« (ebd., 509, Fußnote 93) nichts entgegen.[10] Die Gegenkultur, in der sich die zeitweiligen Aussteiger und Aussteigerinnen der Moderne sammeln, ist nicht mehr als ein Rädchen der Megamaschine. Sie stellt keine ernsthafte Alternative dar.

Die *Logik der Rettung* ist ein ziemlich desillusionierendes Buch. Der Exterminismus, eine »Logik der Selbstausrottung«, die Bahro in der Zivilisation unserer Zeit am Werk sieht, läßt sich mit Retuschen und Reformen nicht mehr aufhalten – so seine Sicht der Lage, die er im Eingangskapitel entwickelt. Gestützt auf ein Konzept, das »die Gesamtlast erfaßt, mit der wir auf die Biosphäre drücken, um unser Modell von ›gutem Leben‹ alias ›Lebensstandard‹ durchzusetzen« (*Logik*, 29), kommt Bahro zu dem Schluß, »daß wir das Schadensprodukt aus Energie- und Materialdurchsatz um eine Zehnerpotenz zurücknehmen müssen« (ebd., 31). Diese Rechnung bestätigt rund zehn Jahre später die vom Wuppertal Institut für Klima, Umwelt, Energie erstellte Studie *Zukunftsfähiges Deutschland.* (BUND/Misereor 1996). Geht man von der Voraussetzung aus, daß jeder Mensch das gleiche Recht auf eine intakte Mitwelt hat und daß dies gleichermaßen für die künftigen Generationen gilt, so müßte der Verbrauch nicht erneuerbarer Ressourcen bis Mitte des 21. Jahrhunderts »um den Faktor fünf bis zehn« reduziert werden.

Bahro rechnet in seinem Buch mit einer Politik der »ökologischen Modernisierung« ab, die das Problem der Grundlast des Industriesystems und seiner Folgen für die natürlichen Lebensgrundlagen nicht ernst nehmen will, sondern insgeheim auf die Haltung »nach uns die Sintflut« setzt. Falls es nicht »zu einem gerade noch rechtzeitigen Bewußtseinssprung kommt«, sei der Exterminismus »das unausweichlich letzte Stadium der Zivilisation« (*Logik*, 33).

Den Voraussetzungen, Bedingungen und Möglichkeiten einer solchen Revolution des Geistes ist dieses Buch gewidmet. Im ersten Teil – *Koordinaten der Lage* betitelt – stellt Bahro einige Antworten auf die ökologische Krise dar. Er hält nichts vom »ängstlichen Späth-Imperialismus«[11] (ebd., 49 – auf den CDU-Politiker Lothar Späth anspielend), der auf technische Innovationen setzt, und den »dienstbaren Geistern« der GRÜNEN, die für Bahro lediglich »ein Alibi für unsere umwelttrostbedürftige Gesellschaft« (ebd., 57) darstellen. So ein »Ministerlein« wie Joschka Fischer eigne sich zum »Liebling der Nation *und* ihrer Industrie« (ebd., 55), indem er der Gesellschaft eine »Fahrweise dicht unterhalb der Schwelle direkter Selbstzerstörung« (ebd., 54f.) nahelege. Dagegen hat der ordo-liberale Ansatz von Kurt Biedenkopf für ihn den Vorteil, die gegenwärtige Situation angemessen zu beschreiben. So heißt es in Biedenkopfs Buch *Die neue Sicht der Dinge* aus dem Jahr 1985: Die materielle Expansion »überfordert unsere ökologische Basis und stellt uns damit vor eine existentielle Gefahr« (ebd., 59).

Ordnungspolitische Konzepte, die den Willen zum Ausdruck bringen, den materiellen Ausstoß zu begrenzen, wären schon ein Schritt in die Richtung einer ökologischen Wende. Bahro erwartete solche Vorstellungen eher aus dem »rechten« Spektrum der Politik als von »links«. Die damals formulierte Hoffnung, es könnten sich »konservative Kräfte finden, die den (materiellen) Fortschritt nicht vorantreiben, sondern abbremsen und darauf setzen wollen, die menschliche Substanz zu bewahren«, hat sich in den vergangenen anderthalb Jahrzehnten allerdings nicht erfüllt. Doch für Bahro war klar, daß ohne eine drängende soziale Bewegung die politische Energie für einen Kurs der »Kontraktion statt Expansion« kaum zusammenkommen kann – nicht einmal für eine »konservativ-ökologische Wende« (ebd., 70). Diese Bewegung ist in der Tat bislang ausgeblieben.

In den 80er Jahren war die Botschaft der drohenden ökologischen Katastrophe bereits im Massenbewußtsein angekommen. Doch dort löste sie vor allem die Einstellung aus: »Das hält sowieso keiner mehr auf.« Diesem Volksempfinden habe Hoimar von Ditfurths Buch *So laßt uns denn ein Apfelbäumchen pflanzen. Es ist soweit* zu »wissenschaftlichem Anstrich« verholfen (ebd., 79) – nicht umsonst sei es zu einem Bestseller geworden, meint Bahro. Ist der Mensch tatsächlich ein »Irrläufer der Evolution«, wie Arthur Koestler glaubt? Gegen eine solche pessimistische Anthropologie, deren Vorteil darin besteht, von Verantwortung zu entlasten, erhebt Bahro seine Stimme. Er fragt: »Was treibt uns denn eigentlich, Sachen zu machen, die sich gegen uns verselbständigen *müssen*?« (Ebd., 80)

Einer Antwort auf diese Frage ist der zweite Hauptteil des Buches gewidmet: *Logik der Selbstausrottung*. Die dort beschriebene »Tektonik des Verderbens« (ebd., 107) ist *die* zentrale denkerische Leistung Bahros, eine intellektuelle Innovation, die für seine weiteren Überlegungen bedeutsam geblieben ist, wie beispielsweise seine Berliner Vorlesungen zur Sozialökologie zeigen. Dieser Ansatz geht weit über die bisherigen Erklärungsversuche der ökologischen Krise hinaus. Bahro betrat damit ein geistiges Neuland, das die wissenschaftliche Debatte bislang sträflich vernachlässigt. Die *Logik der Rettung* belegt, daß Bahro einen wichtigen Beitrag zur Aufhebung des traditionell-marxistischen Modells von Basis und Überbau geleistet hat: Sein dort entwickeltes Konzept weist den Vorteil auf, auch die Tiefenstrukturen menschlicher Existenz erfassen zu können.

Bahros Buch durchmißt und analysiert die Schichten der Tektonik von »oben« nach »unten«. Zuoberst lagern die bewußtseinsgeschichtlich jüngsten Formationen. Sie heißen »Exterminismus«, »Industriesystem (Megamaschine)« und »Kapitaldynamik«. Der Exterminismus ist für Bahro nicht nur die unerwünschte, sondern die zwangsläufige Folge des Industriesystems. Dieses System ist keineswegs identisch mit Werkzeugen und Maschinen zur Erleichterung und Verkürzung der Arbeit. Erich Fromm faßte das Resultat, zu dem Lewis Mumford – der »Altmeister der ökologistischen Geschichtsbetrachtung« (ebd., 118) – in seiner Analyse der Megamaschine kam, so zusammen: Die Megamaschine ist »eine Gesellschaftsordnung, in der die Gesamtgesellschaft zu einer Maschine organisiert ist, in der das einzelne Individuum zum Teil der Maschine wird, programmiert durch das Programm, das der Gesamtmaschine gegeben wird. Der Mensch ist materiell befriedigt, aber er hört auf zu entscheiden, er hört auf zu denken, er hört auf zu fühlen und er wird dirigiert von dem Programm. Selbst jene, die die Maschine leiten ..., werden vom Programm dirigiert.« (Ebd., 121) Diese Maschine, die Bahro als »*Macht*komplex« (ebd., 118) bezeichnet, hat das Bewußtsein weitgehend besetzt. Sich von ihr zu lösen würde bedeuten, »von der Idee der allgemeinen Emanzipation *durch Überflußproduktion*« (ebd., 124) Abschied zu nehmen.

Diese Überflußproduktion wird durch die Eigendynamik des Kapitals angetrieben. Doch nach Bahro wäre es verfehlt, den »Kapitalisten« dafür die Schuld in die Schuhe zu schieben. In der Magie des Geldes,[12] das dem Individuum Freiheit verspricht, liege »das Geheimnis des Tiefenkonsenses, auf den sich das Kapital stützt« (ebd., 137). Geld werde erst dann und in dem Maße überflüssig, wie die Individuen ihre Angst verlieren, wieder in persönliche Abhängigkeit zu geraten. Mit anderen Worten: Sie müssen »die innere

Ruhe erlangt haben [...], sich ohne Unterwerfung und Schuldgefühle von einer Gemeinschaft tragen lassen zu können, die sie auch ihrerseits nicht infantil ausbeuten wollen. Nur wer sicher sein kann, nicht um seiner – gleichwohl als Selbstverwirklichung natürlichen – Leistungen, sondern um seiner Existenz willen versorgt zu werden, kann sich bedingungslos einer Gemeinschaft anvertrauen.« (Ebd., 147f.)

Zu den älteren und ältesten Bewußtseinsschichten gehören – wieder von »oben« nach »unten« – die »europäische Kosmologie« (ein von Johan Galtung geprägter Begriff), Patriarchat und schließlich der Genotyp: die »conditio humana«. Bahro ist davon überzeugt, »daß ein ganz bestimmter völkischer Impuls in dem industriellen Durchbruch steckt: [...] ein besonderer Typus von psychischer Energetik und von entsprechendem geistigem Zugriff auf die Welt« (ebd., 149). Diese Welt des »homo occidentalis« stellt sich in der von Galtung abgeleiteten Charakteristik folgendermaßen dar: Der Raum wird »scharf perspektivisch vom Interesse des eigenwilligen Subjekts aus geordnet«, die Zeit verläuft in einer Richtung, »Entwicklung ist Fortschritt vom Niederen zum Höheren«. Das Wissen versucht die Welt auf wenige Axiome zurückzuführen. »Der Mensch steht über der Natur als ihr Beherrscher.« In der Sozialstruktur ist »›wölfische‹ Konkurrenz um den Rang die Norm«. Gott ist »als Über-Ego unser großer Spiegel, vor dem wir zwischen Allmachts- und Ohnmachtsempfinden schwanken« (ebd., 150).

In diesem Weltbild kommt die Mentalität von Eroberern zum Ausdruck. In den germanisch geprägten Ländern ist es vor allem der Geist des Wotan, der hier wirksam wird. Die europäische Kosmologie ermöglichte dem Ich, sich von den Kollektivkräften zu befreien. Damit wurde auch die individuelle Hybris freigesetzt. An die Stelle der bislang stabilisierenden Institutionen, insbesondere der Kirche, hätte »eine verantwortliche innere Instanz« treten müssen. Der Protestantismus proklamierte dies zumindest als Prinzip, »Kant hat die Idee im kategorischen Imperativ vollendet«. Doch das blieb bis jetzt weitgehend Sonntagsrede. Bahro erklärt, es gebe »nur diese einzige Perspektive, unsere Individualität zu retten und nicht daran kaputtzugehen« (ebd., 156): Wir müssen unser »kopfgebürtiges und kopfstehendes« Ich, »um das herum wir mehr oder weniger unsere gesamte Existenz aufgebaut haben, [...] willentlich loslassen, wenn wir leben und leben lassen wollen« (ebd., 159).

Noch fundamentaler als die europäische Kosmologie ist die patriarchale Bewußtseinsverfassung. Die Auseinandersetzung mit ihr findet auf »gründlich vermintem Gebiet« (ebd., 162) statt, weil sie zum Kampfplatz der Geschlechter geworden ist. Im Patriarchat seien eben beide, Mann wie Frau, gefangen. So zeige sich selbst der Feminismus, der » – uneingestanden – die *Errungenschaften des Patriarchats* zu erobern« (ebd., 170) versuche, als Teil des Problems und nicht als Lösung. Angesichts dieser Lage lautete Bahros Utopie der Geschlechterbeziehungen: »Mann und Frau, im Begriff, sich voll zu individualisieren und ihre Teilkräfte zu integrieren, werden leichter in einem Geflecht von Liebesbeziehungen leben können, angstlos und frei genug, einander zu beschenken, anstatt sich teils schuldig, teils bestohlen zu fühlen, wenn mehr als eine Liebe von ihrem Herzen ausgehen oder ihr Herz erreichen will. [...] Weil es nichts Schmerzhafteres gibt als den Haß der Egos, die wirklich intim miteinander geworden sind, werden Mann und Frau aneinander die Grenzüberschreitung vom machtkämpferischen Ich zum liebenden Selbst erlernen. Die Liebe selbst, zentral aber die erotische Liebe ist der Weg.« (Ebd., 168f.)

Die *Logik der Rettung* stieß bei ihrem Erscheinen auf wenig öffentliche Resonanz. Eine der wenigen, die sich kritisch mit seinem Entwurf befaßten, war Christina Thürmer-Rohr: Bahro wage es zwar – heißt es bei ihr mit Schärfe und Genauigkeit –, den Begriff Patriarchat ins Zentrum seiner Gesellschaftskritik zu rücken. Doch von den Frauen sei bei ihm nicht die Rede, auch »nicht von Gewalt und Unterdrückung durch tatsächliche Männer bzw. durch von Männern gefundene und getragene gesellschaftliche Systeme«. Für Bahro handle es sich beim Patriarchat um eine innerpsychische Verfassung, um einen »reduzierten seelischen Zustand des Mannes«, der sich von seiner »inneren weiblichen Natur« entfremdet fühle. Genau dort, wo er den Angelpunkt seiner Analyse ansetzen wolle, beim Patriarchat, »bricht er ein in einen Sumpf narzißtischen Selbstmitleids des Herrschergeschlechts, in verkorkste Schwärmerei fürs Weibliche und ins Erlöserpathos, mit dem er aus einer höchst riskanten Realität in die erotische Phantasie springen will« (Thürmer-Rohr 1990, 84).

Christina Thürmer-Rohr hatte in Bahros Patriarchatskapitel den Versuch erkannt, »die eigene reduzierte männliche Person auf neue Weise zu sanieren«. Damit könnte nicht nur der *Theoretiker* Bahro gemeint gewesen sein. Auch andere lasen aus seinen Ausführungen sehr Persönliches, Intimes heraus. So schrieb Franz Alt in einer Besprechung: »Die alte Erkenntnis ist noch immer gültig: Es gibt keine Liebe und keine ›Liebeskultur‹ (Bahro) ohne Treue. Die Treue ist die Nagelprobe – im Privatleben wie in der Politik. Alles andere sind die immer gleichen, meist männlichen Ausflüchte vor Konsequenz, Reife und Selbsterkenntnis [...] Einer Kultur der Liebe und einer Politik des Friedens kommen wir nur näher, wenn Männer nicht über immer neue Frauenleichen [ein erschreckend prophetisches Wort, wie der weitere Verlauf von Bahros Leben zeigen wird] gehen und Frauen sich endlich weigern, weiterhin die Opfer unreifer Männer zu sein. Es gibt keine Liebe ohne Liebesarbeit. Das Wort Liebe ist ein Schlüsselwort für Bahros *Logik der Rettung*. Aber die Worte Treue, Partnerschaft und Ehe meidet er wie der Teufel das Weihwasser.« (*Die Zeit*, Nr. 4, 22.1.1988).

Das war ein öffentlicher Wink mit dem Zaunpfahl: Rudolf Bahro hielt – zumindest in jenen Jahren – nicht viel von Treue. (Siehe das Kapitel *Glück und Unglück: Rudolf Bahro und die Frauen*)

Die grundlegende Schicht der »Tektonik des Verderbens« stellt der menschliche »Genotyp« dar. Mit seiner Frage nach der menschlichen Gesamtverfassung, der »conditio humana«, zielt Bahro auf das Großhirn, »dieses übergewichtige Organ«, dessen Integration ins Lebensganze bis jetzt noch nicht gelang. Am Anfang stand der Sieg des Menschen – Mann und Frau – über das Tier. Das Untertan-Machen der tierischen, pflanzlichen und mineralischen Welt wurde möglich, weil sich der Mensch auf die geistige Seite verlegte: »Der Geist war *von Anfang an* ein *kompensatorisches Machtinstrument*, und wir *mußten* die Flucht nach vorn in die Kultur antreten.« Diese sei zu einem »Prozeß wachsender Aufrüstung gegen alle Risiken des Lebens geworden« (ebd., 181).

Wir werden in unserem Erkennen, Fühlen und Handeln von unserem »selbstbesorgten Ego« geleitet und befinden uns damit in einer Grundposition, »aus der heraus wir nicht lebensrecht und lebensecht agieren können« (ebd., 183). Mit diesem Ego sind wir ein »Top-Parasit auf verlorenem Posten« (ebd., 181) geworden. Aus dieser parasitären Position kommen wir, so Bahro, nur heraus, wenn wir unsere Existenz »vom Ursprung her unter Selbstkontrolle nehmen – oder gar nicht. Am Ursprung aber ist das Gehirn Organ des fühlenden Körpers.« (Ebd., 185) Das andere ist allerdings auch angelegt: die Möglichkeit der Verselbständigung des Geistes und die Verlagerung der kulturellen Kräfte auf abgehobene Ebenen, von deren »Sekundärinteressen« (z.B. Ansehen und Herrschaft) die primären vergewaltigt und ausgebeutet werden. Unser anthropozentrisches Weltbild leidet an einem Mangel an innerer Souveränität – und aus diesem Mangel heraus »sammeln die Menschen Macht, Sicherheit, Bequemlichkeit, Rüstung gegeneinander an, und Expansionsdynamik ist das unvermeidliche Ergebnis« (ebd., 194).

Hier helfe nur, Welt- und Selbstveränderung als Einheit sehen zu lernen, wie bereits Karl Marx in seinen Feuerbach-Thesen gefordert hatte. In dieser Einheit gehe heute aber Selbsterkenntnis, Selbstfindung und Selbstveränderung vor – »im analytischen wie auch im integralen (spirituellen) Sinne«. Die Einsicht und Erfahrung, daß die Logik der Selbstausrottung »hauptsächlich in unserer eigenen Bewußtseinsverfassung« sitzt, »müssen wir uns abverlangen, um in den Vorhof einer Umkehrinitiation zu gelangen« (ebd., 189).

Für sein Modell der »Tektonik des Verderbens« hat Bahro sehr viel Material zusammengetragen – vielfach solches, das vom wissenschaftlichen *mainstream* kaum zur Kenntnis genommen wird und deshalb als »esoterisch« gilt. Da wäre beispielsweise Jean Gebser zu nennen, der in seinem Hauptwerk *Ursprung und Gegenwart* eine umfassende Struktur der Bewußtseinsgeschichte präsentiert. Auf ihn bezieht sich auch der US-amerikanische »Theoretiker der Bewußtseinsevolution« Ken Wilber, von dem Bahro hauptsächlich dessen Buch *Halbzeit der Evolution. Der Mensch auf dem Weg vom animalischen zum kosmischen Bewußtsein. Eine interdisziplinäre Darstellung der Entwicklung des menschlichen Geistes* heranzieht. Bahros Verständnis des Patriarchats und seiner Wurzeln beruht vor allem auf der Auseinandersetzung mit den Werken von Erich Neumann, »dessen *Ursprungsgeschichte des Bewußtseins* mir den ersten Lichtblick bot«, William Irving Thompson (»er demonstrierte am Gilgamesch-Epos die heroische Psychologie nach dem Eintritt in die städtische Zivilisation und ihren Konflikt mit der weiblichen Kosmologie«) und Friedrich Heer. »Am außerordentlichsten aber fand ich Walter Schubarts Werk *Religion und Eros*, schon in den dreißiger Jahren geschrieben. [...] Obwohl Schubarts Buch in manchem Detail auch positionell ein wenig altmodisch ist, hat es mir wie kein anderes klar gemacht, wieviel *Flucht* vor der Frau und damit wieviel Nichtbewältigung jenes Urproblems in allen männlichen Kulturleistungen [...] liegt und daß an aller Spiritualität etwas Grundlegendes falsch ist, die den Eros nicht nur partiell sublimieren, sondern letztlich überwinden will.« (Ebd., 506f., Fußnote 78) Dieses Thema sollte ihn nicht mehr loslassen.

Was heißt Rettungspolitik?
Warnung vor der Ökodiktatur

> *»Der Sprung ins Reich der Freiheit ist nur denkbar auf dem Untergrund eines Gleichgewichts zwischen Menschengattung und Umwelt, dessen Dynamik sich entschieden aufs Qualitative und Subjektive verlegt. Wenn es nicht gelingt, die Gesellschaft so zu organisieren, daß sie diese Richtung rechtzeitig einschlagen kann, wird sie wenig später unter den Schlägen katastrophaler zivilisatorischer Zusammenbrüche, im Zeichen barbarischer Kämpfe und Diktaturen, dahin gezwungen werden.«* (Alternative, *315)*

Kaum ein anderes Wort ist so häufig mit dem Namen Rudolf Bahro in Verbindung gebracht worden wie das der »Ökodiktatur«. Dabei wurde die Verwendung dieses Begriffs durch Bahro eher als Forderung nach einer solchen Herrschaftsform denn als Warnung verstanden. So giftete die Frankfurter Radikalökologin Jutta Ditfurth, Bahros Konzept laufe auf den Wunsch nach einem »grünen Adolf« hinaus (Ditfurth 1994).

Es stimmt: Diese Metapher stammt von Bahro selbst.[13] In einem bei ihm zu Hause in der Küche geführten Interview mit der *Jungen Welt* äußerte er sich im Herbst 1990 über den Zusammenhang von nationaler und sozialer Frage: Die GRÜNEN als Linkspartei seien für die westdeutsche Bevölkerung deshalb »eine Enttäuschung«, weil sie das nationale, »ich sage mal – auch wenn es negativ besetzt ist – völkische Moment« nicht bedienen. »Eigentlich ruft es in der Volkstiefe nach einem grünen Adolf. Und die Linke hat davor nur Angst, anstatt zu begreifen, daß ein grüner Adolf ein völlig anderer Adolf wäre als der bekannte.« Die Linke, insbesondere die extrem »linke Linke«, sei nicht über Abwehrmechanismen und Ressentiments gegen das »deutsche Moment« in der grünen Bewegung hinausgekommen. Die Linke habe diesen Teil der Wirklichkeit nie akzeptiert – auch nicht in sich selbst. Bahro warnte zu diesem Zeitpunkt, wenige Wochen vor Beginn des zweiten Golfkriegs, aber zugleich davor, daß eine solche linke Haltung plötzlich total umkippen könne: »Inzwischen wollen einige sogar schon Verantwortung am Persischen Golf übernehmen.« (*Junge Welt*, 3./4.11.1990)

Das »Kücheninterview« sei eigentlich nur für einen »innerlinken Diskussionsband« gedacht gewesen, erläuterte Rudolf Bahro später in einem Brief an Kurt Biedenkopf (Schreiben vom 26.4.1993). Er habe dort »gegen den Faschismuspopanz« einer »mit dem Desaster des Ostblocks endgültig verstörten und verzweifelten Linken« gesprochen und »dabei fallen gelassen, ein grüner Adolf wäre sehr was anderes als ein brauner [...] Mein Vorschlag war: Erst mal das Volk verstehen, wenn seine Wünsche in diese Richtung gehen, und nicht bloß davor erschrecken.«

Für die einen – wie Jutta Ditfurth – erwies sich Bahro als »neurechte[r] Mystiker« (Ditfurth 1996, 13). Für andere blieb er eben ein Leninist, wenn nicht Schlimmeres. In der *Logik der Rettung* greife Bahro die »Maxime von der Diktatur des Proletariats« auf. Die von ihm geforderte Rettungsregierung gleiche einer »furchterregenden Mischform« aus Machiavelli, Lenin und Gramsci. »Die Funktionäre dieser Mixtur aus Tyrannei, Ein-Parteien-Herrschaft und Theokratie wären eine aufgeklärte Minderheit, eine häretische Gruppe von Technokraten, die der Megamaschine die Gefolgschaft aufkündigt und sich der Rettungsbewegung anschließt«, heißt es in einem Buch über die deutsche Linke nach 1945 (Markovits/Gorski, 214).

Bahros Reden und Schreiben war stets provokant, auf die Erschütterung herrschender Weltbilder, »rechter« wie »linker«, angelegt. Was er genau wollte – jenseits der gängigen Mißverständnisse -, das läßt sich nur durch eine exakte Lektüre seiner Arbeiten rekonstruieren. In der *Logik der Rettung* nimmt Bahro die ökologische Todesdrohung absolut ernst und handelt sie nicht als reines Erkenntnisproblem ab. *Risiko ist ein Konstrukt* – so lautet der für sich selbst sprechende Titel einer Veröffentlichung der Bayerischen Rück-Versicherung. Franz Holzheu und Peter M. Wiedemann, die wissenschaftlichen Koordinatoren dieses Projekts, weisen in der Einleitung darauf hin, Risiko sei »[auch] ein Beobachtungskonzept, nicht nur ein Beobachtungsgegenstand. Als Beobachtungskonzept ist es eine Art Brille, durch die man die Welt betrachtet. Was dabei als Risiko gesehen wird, ist nicht unmittelbare Wirklichkeit, sondern hängt auch von der Art der Brille ab und der Weise, wie durch sie geschaut wird.« (ebd., 9f.) Ähnlich geht der Philosoph Hermann Lübbe das Problem an: Es lasse sich nicht behaupten, »daß wir mit unserer modernen Technikabhängigkeit riskanter als die Menschen in weniger industrialisierten Gesellschaften lebten« (ebd., 25).

In einer Zeit, da offenbar vergessen gemacht werden sollte, daß die verursachenden Kräfte der »Risikogesellschaft« weitgehend die Menschen selbst sind und das Bewußtsein vom Ausmaß des Stör- und Zerstörungspotentials einem massiven Verdrängungsprozeß unterlag, wollte Bahro das Problem besonders deutlich und kraß herausarbeiten. Nach den terroristischen Angriffen auf das World Trade Center in New York und das Pentagon in Washington am 11. September 2001 trat die hochgradige Verletzlichkeit des Lebens in der Megamaschine dann einer weltweiten Öffentlichkeit vor Augen. Den Ausschluß von Wahrnehmungen, die das gewohnte Bild der Welt zum Einsturz bringen könnten, bezeichnete der Soziologe Ulrich Beck bereits Ende der 80er Jahre als »industriellen Fatalismus« (Schmid 1988, 51). Gleichgültig, ob er in optimistischer, pessimistischer oder der zynischen Variante auftritt – sein Einverständnis mit dem Lauf der Dinge, ihrer »Unaufhaltsamkeit«, sorge für einen »weltgeschichtlich geradezu einmaligen, monolithischen Block homogener Grundüberzeugungen« (ebd., 57). Die politische Stabilität, die ein solcher Block ermögliche, ist die des »Nichtdarübernachdenkens« (ebd., 62). Genau das war der Stachel für Rudolf Bahro.

Ihm wurde wiederholt »eine tiefsitzende Feindseligkeit gegenüber den wichtigsten Werten der Aufklärung – Demokratie, Gleichheit, Humanismus, Vernunft und Fortschritt« vorgeworfen (Markovits/Gorski 1997, 212), doch für Bahro sind genau die Garanten dieser Werte auch die Verantwortlichen der bevorstehenden Katastrophen. Für ihn sitzen die Institutionen der Risikogesellschaft »auf dem hohen Thron ihrer ewigen industriellen Wahrheiten«, wie das Beck formuliert hat. Diese Institutionen leugnen die sie unterhöhlenden Wirklichkeiten, statt sie den Menschen vor Augen zu führen.

Die Teile III und IV der Logik der Rettung, insbesondere aber die letzten Kapitel des Buches, sind der Frage nach den Möglichkeiten einer Neugründung unserer Gesellschaft, einer Umgestaltung des Staates, gewidmet: Brauchen wir ganz andere »Institutionen der Rettung« (*Logik*, 484) oder müssen die bestehenden lediglich angepaßt werden? Für den Fall von massiven Versorgungskrisen und eines Zusammenbruchs von mehr oder weniger großen Teilen der Technostruktur werden wir, »ohne daß die westliche Demokratie viel mucksen wird, eine Notstandsregierung haben, weil es gar nicht anders geht, und die wird den Gesamtzustand auch bloß verschlimmern, indem sie die Menschen vermehrt zu Objekten macht. So eine Notstandsregierung [...] wird der allerletzte Ausdruck unseres geistigen Versagens sein, uns jetzt, wo es noch möglich wäre, neue Institutionen zu geben, die der Herausforderung angemessen sind.« (Ebd., 474)

Eine Regierung, die mit ökologischer Rettungspolitik ernst macht, wäre nach Bahros Auffassung möglich – wenn die Mehrheit des Volkes sie wirklich wollte. »Aber sie verhält sich wie weiland unser Goethe, der die Umwälzungen nicht wünschen mochte, die das Land – er sagte damals in eine Republik, wir müssen heute sagen – in einen Haufen Ökorepubliken verwandeln würden.« Doch egal, wie das Bewußtsein dieser Mehrheit heute noch verfaßt ist: Die Legitimität von Politik mißt sich für Bahro daran, ob sie »das Nötige unternimmt, um die Logik der Selbstausrottung en bloc auszusetzen, d.h. die Megamaschine anzuhalten und Ersatz für ihre Versorgungsfunktionen zu schaffen« (ebd., 475).

Die Ausarbeitung eines konkreten Übergangsprogramms setzte sich Bahro in seiner *Logik der Rettung* nicht zum Ziel. Unter anderen Voraussetzungen, aber doch mit einer Situation vergleichbar, in der die Megamaschine gestoppt würde, stellte sich der Kommunistische Bund Westdeutschlands (KBW) in den 70er Jahren die Frage, wie der Neuaufbau von Verwaltungs-, Versorgungs-, Kommunikationsstrukturen nach dem Tag X (beim KBW hieß es: der revolutionären Machtübernahme) auszusehen hätte. Das mag ein skurriles Kapitel der deutschen Nachkriegsgeschichte sein, trotzdem wollen wir es hier kurz erwähnen.

Nach einem KBW-internen Memorandum vom Frühjahr 1979 sollte in den Ländern mit einigermaßen homogen entwickelter kapitalistischer Produktion die Durchführung des Aufstandes eng verschlungen sein mit der Übernahme der Produktion, der Verwaltung und der Distribution, denn die »wahren Probleme des bewaffneten Aufstandes« lägen darin, »wo die Pullover für die Kinder herkommen sollen« und »ob die Wasserversorgung gesichert ist« (zitiert nach Koenen 2001, 453). Ansätze für revolutionäre Selbstversorgung gäbe es bereits: eigene Bauernhöfe, eigene Arzt- und Anwaltpraxen, Kunst- und Musikbeauftragte, Architekten, Techniker, Softwarespezialisten usw.

Joscha Schmierer, einst Vorsitzender des KBW-Zentralkomitees, hat seine Lehren aus den Visionen des revolutionären Volksaufstandes gezogen – und grenzt sich zugleich von Bahros Konzeption ab:

»Aus der Kritik am Kapitalismus als Industrialismus kann man keine radikale Wende ableiten – denn wenn die ganze Gesellschaft von den stofflichen Strukturen abhängig ist, die in kapitalistischer Form hervorgebracht wurden«, also von der Megamaschine, »dann ist eine radikale Umkehr schwer denkbar.« Als der Kapitalismus noch nicht den gesamten stofflichen Austausch der Gesellschaft prägte, sei eine revolutionäre Machtübernahme eher möglich gewesen. In Zeiten des entwickelten Industrialismus ist für Joscha Schmierer nur noch der reformerische Weg gangbar.

Bahros Vorstellung von der »Volkserhebung« (*Logik*, 389) war weit entfernt von den Revolutionsspielen der 70er Jahre, die ihrerseits einen schwachen Reflex auf marxistisch-leninistische Theorien der Machtübernahme aus dem frühen 20. Jahrhundert darstellten. Bahro wendet sich in der *Logik der Rettung* explizit gegen Konzeptionen, die auf »Gegengewalt« setzen: Terror trainiere nur die Mechanismen des Notstandsstaates. Doch zugleich sei der Terrorismus ein »unvermeidliches Symptom, das das Versagen des Staates in seinen Urfunktionen, den Verfall seiner Legitimität anzeigt. Die Regierungen führen, entwickeln, verwalten ihre Völker in den Untergang. Für Menschen, die die Lage klar erkannt haben und deshalb tendenziell auch immer mit dem Terrorismus sympathisieren, falls sie nicht resignieren wollen, liegt in einem spirituellen Rettungsweg die einzige ernsthafte Alternative zur Gegengewalt.« (Ebd., 306)

Was meint Bahro mit einer solchen Alternative? Mit Friedrich Hölderlin können wir hoffen: »Wo aber Gefahr ist, wächst / Das Rettende auch.« (Hölderlin 1978, 138) Doch es hilft nichts anderes, als daß wir uns selbst um Art und Richtung der Logik der Rettung bemühen: »denkend, fühlend, meditativ uns die menschlichen Möglichkeiten in Körper, Seele, Geist vergegenwärtigen. Wir können nichts als uns empfänglich machen für die Erfordernisse des natürlichen Gleichgewichts und die Möglichkeiten der menschlichen Natur, sich da wieder einzufügen, d.h. aktiv die bisherige Position und Praxis zu korrigieren.« (*Logik*, 309) Der Rückzug aus der Megamaschine werde nur als »Rückzug auf die eigene Mitte« gelingen. Dort – im Herzen des Menschen – muß sich die Umkehr vollziehen. Den anderen Menschen kann der Mensch dabei allerdings nicht entbehren, »als Spiegel, mehr: als Freund, mehr: als Geliebten, mehr: als Gehilfen zur Gottheit« (ebd., 310). Handeln wir lediglich pflichtgemäß, einem ökologischen Imperativ folgend, so werden wir »nur Eingriffe finden, mit denen wir doch wieder die Harmonie der

Welt stören: von Konfuzius bis Kant nur Aufschub des über uns Verhängten, nur Aufschub der Lösung, nur neue Barrieren gegen das Glück«. Bahro geht es nicht nur um Strukturwandel, sondern vor allem um die »Öffnung der Herzen« und damit »um eine soziale Praxis, die unsere Liebesfähigkeit entwickelt« (ebd., 311).

In fünf Punkten faßt Bahro die zentralen Aspekte einer Rettungspolitik zusammen:

1. *Die Frage der Macht*: Die ökospirituelle Bewegung will nicht eine neue »wohlmeinende Tyrannis« errichten. Macht kann »nur zur Begrenzung und Verhinderung des überhand nehmenden Unheils eingesetzt werden. Positive Zwecke kann sie nicht setzen, höchstens subsidiär stützen.« Bahro sieht die Notwendigkeit, »selektive und gezielte ökodiktatorische Einzelmaßnahmen« zu realisieren, doch das Entscheidende dafür sei die »Vorbereitung der Seelen« (ebd., 314).
2. Der *Verzicht auf Taktiererei*: Minimalkonsens-Politik ist der Lage nicht mehr angemessen. »Wer die Wahrheit über die ökologische Krise, ihre Logik der Selbstausrottung, den Weg und die Politik der Rettung erkannt hat, muß sie als reinen Wein einschenken.« (ebd.) Es gehe nicht in erster Linie um die viel beschworene Akzeptanz neuer Ideen, sondern darum, ob wir für unsere Wahrheit auch einstehen – »ob wir als Funktionäre zu Wählern oder als Menschen zu Menschen sprechen wollen« (ebd., 315).
3. Die *Orientierung an langfristigen Zielen*: Ökopolitik fragt nicht in erster Linie danach, was innerhalb der bestehenden Verfassung des Bewußtseins und der Institutionen machbar ist. Ihre fundamentale Position werde die Gesellschaft desto eher ergreifen, je mehr sich die bereits bestehende »Verzweiflung darüber, daß nichts geschieht«, ausbreitet. Bahro sieht hier so etwas wie einen Automatismus am Werk, der »fast von selbst zur Umkehr der Antriebsrichtung« (ebd., 316) führe.
4. Der *Vorrang der Lebensinteressen*: Die Regulierung von Sonderinteressen und ihres Verteilungskampfes stellt die Hauptbeschäftigung der heutigen demokratischen Institutionen dar. Die politische Konstitution darf »nicht länger um die Selbstsucht zentriert sein, wie es Prinzip der bürgerlichen Verfassung ist« (ebd.). Und: »Solange die expansive Tendenz nicht vom Menschen selbst her beschränkt ist, muß das Gesetz mehr verbieten.« (Ebd., 317)

5. Die *Dezentralisierung von Souveränität.* Der Gedanke einseitiger militärischer und industrieller Abrüstung wird die nationalstaatliche Ebene erst dann erreichen, wenn Gruppen an der gesellschaftlichen Basis genügend Souveränität entwickelt haben, »das eigene Leben und Verhalten mit der Naturgrundlage ins Lot zu bringen« (ebd.). Dabei haben die reichen Länder eine Vorreiterfunktion: In der Metropolis muß das Modell ersetzt werden, »das die ganze Welt ins Unheil stürzt« (ebd., 318).

Ökologische Politik müsse dadurch gekennzeichnet sein, daß sie der Megamaschine Menschen und Mittel entziehe. Dabei setzt Bahro ganz auf den Bewußtseinswandel – denn das neue Denken »greift auch und gerade in den privilegierten Kreisen der Gesellschaft«. Wo wir beim Hinausverteilen von Boden, Werkzeugen, Gebäuden und Geld für das andere Leben auf »ökonomische Grenzen stoßen, äußern sich darin meist Grenzen geistigen Einflusses, die auch mit unserem eigenen Sektierertum zusammenhängen mögen«. Von »Umverteilungspolitik zugunsten der metropolitanen Unterklassen und Randgruppen, wie sie die Linke bevorzugt«, hält Bahro wenig. Ökologische Politik könne sich »immer nur so für besondere Interessen einsetzen, daß sie in ihnen die allgemeinen verteidigt: Wer die soziale Gerechtigkeit verletzt, behindert die Rettung.« (Ebd.)

Zum Schluß des dritten Teils der *Logik der Rettung* formuliert Rudolf Bahro Prinzipien einer neuen Kultur. Dazu einige Stichworte: Priorität haben die »ursprünglichen Zyklen und Rhythmen des Lebens« und nicht »Entwicklung und Fortschritt«. Bahros Postulat lautet: »Mehr Glück ist nur möglich, wenn wir weniger Geschichte machen.« Nichts dürfe geschehen, »was das irdische Gleichgewicht stören, was den Pflanzen, Tieren und Kindern (späteren Generationen) schaden kann«. Nimmt man das ernst, so bedeutet es, einen großen Teil unserer bisherigen Tätigkeiten und Gewohnheiten aufzugeben, »auf die meisten Stoffumwandlungen großen Maßstabs verzichten, […] nicht am Tourismus teilnehmen, kein Auto fahren, kaum Medikamente benutzen, nicht am Geldkreislauf durch die Banken teilnehmen, keine positivistische Wissenschaft betreiben usw.« (ebd., 319). So bleibt nur die Subsistenzwirtschaft in kleinen Lebenskreisen, mit einem Lebensstil »freiwilliger Einfachheit und sparsamer Schönheit« (ebd., 320).

In dieser Radikalität fällt es schwer, dem Autor zu folgen. Macht sich nicht zum Sonderling, wer solche Prinzipien zu leben versucht? Sind sie überhaupt lebbar? Der lesende Kopf entwickelt tausend Einwände: Wie stand es denn mit Rudolf Bahro selbst? War er nicht auch gelegentlich Tourist? Hatte er denn kein Konto bei einer Bank? Dazu eine kleine Anekdote: Anfang Februar 1988 hielt Rudolf Bahro eine Rede vor Führungskräften der Chemieindustrie in Zürich. Die Einladung zur Internationalen Chemieindustrie-Konferenz ging auf Roberto Boschi zurück, zu jener Zeit ein leitender Manager der Basler Firma Ciba Geigy, die später in den Novartis-Konzern überging. Bahro hatte ihn bei einem Seminar in Findhorn, einer spirituellen Gemeinschaft in Schottland, kennengelernt. Aus Anlaß seines Besuchs in Zürich organisierte ich ein Pressegespräch. Bahro fragte mich nach der Begrüßung, wo ich mein Auto stehen habe, damit er dort das Gepäck unterbringen könnte. Über die Frage war ich höchst erstaunt, denn ich hatte nie ein Auto besessen, geschweige denn einen Führerschein.

Sieben Jahre später, im Oktober 1995, kamen wir auf die Auto-Frage nochmals zurück. Ich führte damals ein ausführliches Gespräch mit ihm, das nach seinem 60. Geburtstag auszugsweise in der Berliner Wochenzeitung *Freitag* abgedruckt worden ist (Nr. 50, 8.12.1995). Auf meine Bemerkung, ob nicht aus radikaler Analyse auch eine radikale Praxis folgen müsse, antwortete Rudolf Bahro in einer längeren Passage: »Ich würde vermuten, daß das so gar nicht das Problem ist. [...] Es gibt halt Situationen, in denen materiell nicht realisierbar ist, was im Ganzen erkannt worden ist. Je tiefgründiger, also in dem Sinne radikaler – das ist sowieso der Sinn von ›radikal‹, daß es zu den Wurzeln des Problems geht –, je tiefgründiger eine Analyse ist, um so weitläufiger, auch in zeitlicher Hinsicht (abgesehen davon, daß die Zeit auch sehr gerafft werden kann durch die Geschichte), [...] mag die Realisierung von Konsequenzen sein. Im Augenblick ist die Gesellschaft in den westlichen Ländern anscheinend besonders weit entfernt davon, praktische Konsequenzen zu ziehen, obwohl die Probleme für sehr viele Leute jetzt kenntlich sind. Meiner Meinung nach ist die nächstliegende Konsequenz einer radikalen Einsicht in den Ursachenzusammenhang der Krise Arbeit an der Konsensveränderung – daß man die Leute auch rücksichtslos mit den Einsichten und Denkergebnissen bekannt macht. Der Augenblick, in dem das umschlägt in irgendwelche praktischen Maßnahmen, z.B. – nehmen wir mal an – in die massenhafte Abschaffung der Autos, oder besser: der massenhaften Rücknahme des

Autoverkehrs, das muß ja nicht gleich auf Null gehen, das ist sowieso illusorisch [...] da wird das Glas auch erst allmählich voll. Man weiß den Augenblick nicht. Man kann nicht aus dem Umstand, daß man noch materiell eingebunden ist, z. B. über Autos, auf Inkonsequenz schließen.«

Im letzten Teil der *Logik der Rettung* geht es noch einmal um die Frage, wie das Organ beschaffen sein muß, das den Staat aus der »Gemengelage mit den ökonomischen Sonderinteressen« herausholen kann. Weil diese Sonderinteressen nicht in jeder Gesellschaftsformation in gleicher Stärke durchschlagen, ist es also durchaus denkbar, ein institutionelles Gegengewicht zu finden. Mit der Leninschen Partei, glaubte Bahro, habe sich schon einmal eine solche politische Struktur angekündigt, »die im *Prinzip* aus der Welt der streitenden Sonderinteressen und der souveränen Staaten hinausführt« (*Logik*, 327). Die vom sowjetischen Parteichef Michail Gorbatschow initiierte Lenin-Renaissance sowie sein Versuch, die Kommunistische Partei der Sowjetunion zu erneuern und auf die allgemeinen Menschheitsinteressen zu orientieren, waren für Rudolf Bahro Bestätigung, auf dem richtigen Weg zu sein. Seine Begeisterung drückte er in einem *taz*-Artikel vom Februar 1987 aus. Wenig später schickte er Gorbatschow und Tschingis Aitmatow, »der mir immer als der ›kommunistischste‹ Schriftsteller der Sowjetunion erschien« (*Il Principe*, 17), seine Bücher sowie das Manuskript der *Logik der Rettung*. Beide Sendungen blieben (gemäß Auskunft von Gundula Bahro) ohne Antwort.

Für Gorbatschow hieß »zurück zu Lenin« die Überwindung jener Grenzen, »in denen das Proletariat noch gefangen war. Mehr als einmal hat er [Lenin] über den Vorrang der allgemeinmenschlichen Interessen vor den Klasseninteressen gesprochen. Erst jetzt sind wir soweit, daß wir die ganze Tiefe und Bedeutung dieser Ideen verstehen können.« (Gorbatschow 1989, 185) Auch wenn Bahro auf die Erneuerung der Leninschen Partei hoffte und einige Zeit auch daran glaubte, so gingen doch seine Vorstellungen weit über das hinaus, was die russischen Reformer wollten. Wer sprach denn außer Bahro davon, die Kommunistische Partei zu »spiritualisieren« (*Logik*, 334)? Selbst ein ihm so wohlwollend gesinnter Marxist wie Wolfgang Fritz Haug stieß sich an Bahros »›religionsbegieriger‹ Sprache« (Haug 1990, 18). Hatte es denn ausgerechnet der »Gottesstaat« zu sein, der angestrebt werden sollte? Da mußten doch bei (fast) allen sich für aufgeklärt haltenden Menschen die Alarmglokken schrillen und die Bilder von fundamentalistischen Kämpfern diverser religiöser Schattierungen vor dem inneren Auge Revue passieren.

Das *Reich Gottes* ist ein alter Menschheitstraum. Prophetinnen und Philosophen, Romantiker und Revolutionäre versuchten ihm Ausdruck und Gestalt zu geben. Zu diesem Traum gehören die unzähligen Versuche, dieses Reich vorwegzunehmen – und die regelmäßige Erfahrung des schmählichen, oft auch grausamen Scheiterns. Und doch läßt sich dieser Traum nicht unterdrücken: Er kommt im Wunsch nach einer friedlichen und gerechten Welt immer wieder zum Ausdruck. Bahro zitiert in seinem Buch aus einem Aufsatz über eine neue politische Spiritualität, den Novalis im Jahr 1799 geschrieben hatte: *Die Christenheit oder Europa.* »Wo Novalis ›Europa‹ sagt, müssen wir die ganze Welt ins Auge fassen, und wo er von der Christenheit spricht, müssen wir uns so etwas wie die ›Gemeinschaft der Heiligen aller Völker‹ vorstellen, einen Verbund, der nichts anderes als Ausdruck des aufstrebenden menschlichen Wesens ist.« (*Logik*, 335) Novalis erhoffte eine neue alte Kirche, deren Wesen »echte Freiheit« sein werde.

Die Kirchenfrage, so Bahro, sei »noch wichtiger als die Staatsfrage, weil es um den religiösen Grundkonsens des Abendlandes geht: *Der* steht in Frage.« (Ebd., 341) Von Walter Benjamin gibt es eine Aufzeichnung, die den Titel trägt: *Kapitalismus als Religion* (Benjamin 1991, 100–103). Darin kommt eine andere Sicht als die gängige marxistische zur Sprache, die im Kapitalismus eine ökonomische Formation sieht, die sich einen entsprechenden Überbau schafft, zu dem nicht zuletzt die Religion zu zählen ist. Für Benjamin und heute auch für wichtige Vertreter und Vertreterinnen der Befreiungstheologie gehört die Religion zur »Basis«, läßt sich der Kapitalismus nur als Religion begreifen, deren wesentlicher Zug ein permanenter Opferkult ist. Bei Michael Jäger, einem der wenigen linken deutschen Publizisten, der sich für die Kirchenfrage interessiert, heißt es dazu: »Die christliche Religion ist *der* Unterbau, auf den sich der Kapitalismus stützt; würde man ihm das entziehen können, müßte er selbst fallen, weil dann alle sähen, daß er durch nichts zu rechtfertigen ist. Seine ideologische Gewalt rührt daher, daß man ihn, noch wenn er die offene Umkehrung des Christentums ist, mit diesem verwechselt.« (Jäger 2001a, 144) Und weiter: »Wenn Marx schon 1843 glaubte schreiben zu dürfen, das Geschäft der Religionskritik sei ›im wesentlichen beendigt‹, so war er im Irrtum.« (Ebd., 153)

Die Linke habe stets die Befreiung von der Kirche als Fortschritt an sich ausgegeben, so der Ausgangspunkt von Jäger. Doch das sei nicht plausibel: »Die Kirche steht nicht immer auf der Herrschaftsseite. Sie steht heute überwiegend auf der Seite des mit Walter Benjamins Namen verbundenen Fortschritts, der vom Fortschritt selbst befreit, sofern dieser zum unmenschlichen Selbstlauf geworden ist, gegen den revolutionär die ›Notbremse‹ gezogen werden muß.« (Jäger 2001 b, 57) Bahro geht es allerdings weniger um die Kirche als Institution, sondern um die Rückgewinnung dessen, was er die »eigene Christusnatur« (*Logik*, 350) nennt. Wenn sich Menschen dieser Natur bewußt werden, müßten sie – so Bahros Hoffnung – nicht mehr ängstlich das Eigene hüten, sondern könnten sich für das alle Verbindende öffnen.

Diese Christusnatur äußert sich nach Bahros Verständnis in der Regel in einzelnen charismatischen Gestalten. Rettungspolitik komme daher nicht ohne »charismatische Führung« aus. Doch damit berührte er einen wunden Punkt, insbesondere in Deutschland. Mehr als andere Völker müßten die Deutschen wieder lernen, »daß Charisma zunächst eine Kraft jenseits von Gut und Böse ist und uns herausfordert, auf Einigung zu denken, individuell wie kollektiv, anstatt die Ansprache zu verwerfen, die die Herzen erhebt« (ebd., 345). Diese offen religiöse Sprache ist nicht nach jedermanns Geschmack. Im Widerstand dagegen wird allerdings leicht vergessen, daß der Grundkonsens der westlichen Gesellschaften durchaus religiösen – oder wenn man so will: zivilreligiösen – Charakter trägt.

Die von ihm intendierten Basisgemeinden der neuen Ordnung sollten allerdings über den westlichen Individualismus hinausweisen. »Unter der Oberfläche greift das Bedürfnis nach solchen Zusammenschlüssen um sich« (ebd., 444), diagnostizierte Bahro in der Mitte der 80er Jahre. Selbst ein so ungesellig wirkender Denker wie Friedrich Nietzsche, der sich gerne mit dem Pathos der Einsamkeit umgab, träumte von einem neuen Orden, einer »klösterlich-künstlerische[n] Genossenschaft«. In einem Brief an seinen Freund Erwin Rohde malte er im Dezember 1870 die Existenzweise des weltlichen Klosters aus: »Wir leben, arbeiten, genießen füreinander: – vielleicht daß dies die einzige Art ist, wie wir für das Ganze arbeiten sollen.« (Nietzsche 1993, 116)

Doch freilich – nicht nur bei Nietzsche – war es immer die gleiche

Geschichte: »Das bürgerliche Individuum sehnt sich über die Vereinzelung und über die Kleinfamilie hinaus, aber riskiert zuletzt nicht einmal die ›Zweierbeziehung‹ wirklich; die Abstoßungskräfte erweisen sich als stärker.« Doch Bahro glaubt, daß dies »nicht mit *dem* Menschen zu tun« habe, »viel mehr mit Persona und Persönlichkeit als mit natürlicher Individualität«. (*Logik*, 444) Es sei dem Menschen möglich, aus dieser Sackgasse seiner bewußtseinsmäßigen Entwicklung auch wieder herauszufinden, war Bahro überzeugt. Dazu könne ihm ein »freier, nichthierarchischer Zusammenschluß« (ebd., 446) behilflich sein, in dem die menschliche Energie nicht mehr »der abstrakten Selbstverwirklichung des Helden (der Heldin) geopfert wird« (ebd., 444). Diese Zusammenschlüsse bezeichnet er als »Unsichtbare Gemeinde«.

Michael Jäger weist in einer Würdigung Rudolf Bahros darauf hin, daß diesen die Frage nach der Assoziationsform der Zukunft »lebenslang« beschäftigt habe. In der *Alternative* sei diese Frage zunächst einmal nur negativ beantwortet worden – vor allem so, daß der von Bahro umrissene Bund der Kommunisten »nicht als spezielle Arbeiterpartei gedacht werden konnte«. In der *Logik der Rettung* sei Bahro darauf gekommen, daß das Problem »im sozialen Erkennen selbst« liege. Jedes sich dieser Tatsache bewußte Individuum müsse zunächst einmal mit dem *»eigenen antisozialen* Erkennen« kämpfen.

Bahro habe daraus eine »Doppelstrategie der Assoziationsbildung« abgeleitet: Es soll *»viele* praktische Assoziationsversuche« geben – auch wenn diese scheitern. »Zum andern denkt Bahro über den Zusammenschluß der Individualisten nach, denen es an unvorhersehbaren Orten gelingt, das Problem des sozialen Erkennens so klar zu erfassen, daß sie es ungeschützt festhalten können. Er nennt diesen Zusammenschluß ›die Unsichtbare Kirche‹.« Eine solche Gemeinschaft soll und kann nur »auf der Grundlage der Individualität entstehen«. Jäger erinnert daran, daß Bahro diesen Gedanken der deutschen Klassik entlehnt hat: So sei für den Theologen Friedrich Schleiermacher die »Unsichtbare oder ›wahre‹ Kirche keine bloße Idee« gewesen, sondern »ein reales Netzwerk von Beziehungen – schon weil ihre Glieder ›heftig ergriffen‹ sind ›von dem Bedürfnis zu äußern, was in ihnen ist, damit das innere Feuer sie nicht verzehre‹«.

Jäger räumt ein: »Die *Logik der Rettung* ist teilweise ärgerlich zu lesen, weil Bahro in die Hoffnung auf Autoritäten zurückfällt und sich nicht einmal scheut, vom ›grünen Adolf‹ zu spekulieren.« (Jäger 1997) Aber er erinnere uns auch daran, daß die »Unsichtbare Kirche«, wenigstens der Absicht nach, auch in der Idee der Kommunistischen Partei gesteckt habe – »als die noch nicht mit dem Wechselbalg des ›demokratischen Zentralismus‹ verkuppelt war« (*Logik*, 446).

Rettungspolitik angesichts der absehbaren Fundamentalkrise des megamaschinellen Systems wird in einem emanzipatorischen Sinn nur greifen können, wenn sie sich auf eine Rettungsbewegung zu stützen vermag, die aus den Gruppen und Gemeinden der »Unsichtbaren Kirche« heraus entsteht. Doch dies setzt den Glauben an die »Möglichkeit einer anthropologischen Revolution« voraus. Jenen wertkonservativen Denkern und Politikern, von denen Bahro am ehesten hoffte, sie würden seine Konzeption aufnehmen – Kurt Biedenkopf beispielsweise – warf er zugleich vor, ein »pessimistisches Menschenbild« zu pflegen, dem ein institutioneller Umbruch als »bedrohliches Risiko« erscheine und nicht als »Rettungschance« (ebd., 484).

Neue Institutionen brauche das Land und die Welt, so die abschließenden Überlegungen der *Logik der Rettung*. Neben dem Parlament, in dem die Sonderinteressen ihren Spielraum haben, sei ein Oberhaus einzurichten, das »alle Fragen [...] vom Standpunkt des gesamten irdischen Naturzusammenhangs (die kosmischen Einflüsse inclusive) behandelt« (*Logik*, 491). In Keimform könne ein solches Oberhaus, in dem die Stimme der Gottheit zum Ausdruck kommt (deshalb verwendet Bahro hier auch den Begriff »House of The Lord«), durch Ökologische Räte vorbereitet werden. Dieser Rat sei vor allem »eine spirituell-politische Instanz, die entlang der Axiome eines Rettungsweges Einfluß nimmt, indem sie sich an die Einsichtsfähigkeit des Menschen als ›Bürger zweier Welten‹ wendet« (ebd., 493). So werde der Rat »zum Bezugspunkt für alle auszugsbereiten Bewußtseinsanteile in der Bevölkerung« und könne »dem bisher noch zu diffusen Transformationsdruck einen bewußten, gerichteten Charakter verleihen« (ebd., 494).

Bahro geht hier einen entscheidenden Schritt über das westliche Modell der Gewaltenteilung hinaus. Nach seiner Auffassung sollte das von ihm skizzierte Oberhaus nicht das bisherige Parlament ersetzen, sondern ihm gegenüber »die rahmengebende höhere Instanz« darstellen, die dem im Parlament zum Ausdruck kommenden sozialen Interessenkampf »Maß und Grenzen« (ebd., 492) setzt. Bahro denkt auch an Volksbefragungen, die vom Oberhaus initiiert werden können. Die Aufgabe der Regierung werde dann darin bestehen, »den Willen der Parteien und Interessengruppen, die sich im Unterhaus ausdrückt, mit den Richtlinien abzustimmen und in Einklang zu bringen, die vom Oberhaus mit von anderen Instanzen unanfechtbarer Autorität gegeben werden« (ebd., 493). Dem Oberhaus käme also eine Vetofunktion zu.

In der deutschen und internationalen Verfassungsdiskussion ist Bahros Vorschlag bislang kaum thematisiert worden. Einer der wenigen, die sich damit auseinandersetzen, ist der Philosoph Johannes Heinrichs, der eine Weiterentwicklung der traditionellen Gewaltenteilung fordert. Das Parlament in seiner bisherigen Form erweise sich als »völlig ungeeignet, Grundsatzdebatten über vitale Lebensfragen« zu führen (Heinrichs o. J., 284). Entscheidend sei es, »daß die jetzige Determination des gesamten sozialen Lebens von der wirtschaftlichen und politischen Macht umgekehrt wird und die spezifisch menschliche Vernunft institutionellen Rückhalt bekommt« (ebd., 285).

Das »neue Kloster« in der Eifel

Erfahrungen beim Aufbau einer ökospirituellen Gemeinschaft (1987–1989)

»Jetzt muß es einfach sein. Ich möchte also, daß sich jene melden, die prüfen wollen, ob wir nicht für mehr als intellektuellen Austausch zusammenkommen sollten, z.B. hier in Worms, wo ich zu diesem Zweck ein altes Haus gekauft und Ende 1986 begonnen habe, Menschen für Wochenenden einzuladen. Laßt uns beginnen, diesen kollektiven Fürsten zu formen.« (*Logik*, 299f.) Das Haus in der Leiningerstraße 6 hatte Bahro aus dem Honorar finanziert, das er für die *Alternative* erhielt – bzw. mit dem Geld, das nach sieben Jahren einer nur teilweise durch regelmäßige Einkünfte gesicherten Existenz in der Bundesrepublik davon übriggeblieben war. Willi Kracht, der sich von Bahros Kommuneplänen angezogen fühlte, richtete mit ihm zusammen einen Saal ein, der am Reformationstag 1986 im Rahmen einer Zukunftswerkstatt zum Thema *Koordinaten eines Rettungsweges* eingeweiht wurde.

1986 – das war das Jahr der Atomreaktor-Katastrophe in Tschernobyl. An jenem Wochenende, als in Worms ein Kreis von 60 Menschen zusammenkam, davon zwei Drittel Männer, versetzte ein Feuer im Basler Chemiewerk Sandoz eine ganze Region in Angst und Schrecken. »Jahrelange Bemühungen, den Rhein wieder sauberer zu machen, werden zunichte gemacht: in einem Teil seines Laufes ist der Rhein für unbestimmte Zeit ein toter Fluß. Auch hier (wie in Tschernobyl) gelangen in einer ersten Phase kaum Informationen nach außen. Ein weiteres Mal ereignet sich ein Großunfall in einer Atmosphäre verdächtigen Schweigens« (Lagadec 1987, 260). Die in Bahros Zukunftswerkstatt Versammelten sprachen und meditierten darüber, warum der Mensch Leben und Erde zerstört. Und warum nichts geschieht, um das Verderben aufzuhalten.

Auch wenn Rudolf Bahro seit seinem Austritt bei den GRÜNEN kaum mehr in den Medien präsent war, übten sein Name und seine Person immer noch eine starke Anziehungskraft aus. Die Mitte der 80er Jahre verstärkt spürbar werdenden Zuspitzungen der ökologischen Krise gaben seinen Thesen Plausibilität. Die Zahl der Interessierten war so groß, daß die Zukunftswerkstatt wenige Wochen später wiederholt werden konnte. Ich entsinne mich an eine Mischung zwischen Vorlesung, psychodynamischen Übungen, die die Lebensgeister weckten, und kontroversen Gesprächen. Der Meinungsstreit ging vor allem um den einen Punkt: Ob die von Bahro geforderte »Rettungsregierung« (*Logik*, 464 ff.) tatsächlich notwendig sei. Zur Vorbereitung einer nächsten Zusammenkunft formulierte dieser in einem Rundbrief Ende Dezember 1986: »Sind wir auch nur selber so weit entwickelt, daß es unseretwegen keinerlei Staats- und Polizeifunktion mehr bedürfte?«

Bei einem dieser Treffen lernte ich Reinhard Spittler kennen. Er bereitete damals gerade seinen beruflichen Ausstieg vor und wollte nach Worms übersiedeln. (Durch seine lange Bekanntschaft mit Rudolf Bahro ist er auch zu einer wichtigen Quelle für unsere Biographie geworden.) Spittler hat seine geistig prägenden Jahre in linken Jugendprojekten verbracht: »Ich bin in den späten sechziger Jahren von Soziologie- und Sozialarbeiterstudenten politisiert worden und lebte, seitdem ich 17 Jahre alt war, in politisch aktiven Wohngemeinschaften.« Er schloß sich dem von den 68ern stark beeinflußten Bund Deutscher Pfadfinder (BDP) an und war auch einige Zeit in dessen baden-württembergischer Leitungsgruppe tätig. Schließlich trat er den Stuttgarter GRÜNEN bei und suchte den Kontakt mit Rudolf Bahro, dessen Schriften er bereits intensiv studiert hatte. Im November 1983, auf dem grünen Parteitag in Hagen, trafen sich beide zum ersten Mal. Drei Jahre später nahm Spittler die Verbindung wieder auf. Er beschloß, sich der von Bahro geplanten Gemeinschaft anzuschließen. Doch dann erfuhr die Geschichte eine Wendung: Bahro verließ Worms und ging in die Eifel – der Grund dafür war eine neue Frau in seinem Leben.

Der Schweizer Journalist Martin Frischknecht lud Bahro im Sommer 1987 zu Gespräch und Meditation nach Zürich ein. Dieser befand sich auf der Rückreise von seinen Ferien in der Toscana. »Er kam mir vor wie ein Liebender – einer, der das süße Leben gekostet hat und mit sich sehr wohl ist. Das Leben ist für ihn aufgegangen – das hat mich stark berührt«, erzählt Frischknecht von seiner Begegnung. Rudolf Bahro war verliebt: Im Frühjahr 1987 hatte er Beatrice Ingermann kennengelernt. Eine neue Beziehung bahnte sich an. Und eine andere ging auseinander – jene mit Christine Schröter.

Beatrice Ingermann war von Oktober 1976 bis Februar 1978 als Mitarbeiterin des Deutschen Entwicklungsdienstes (DED) in Malaysia im Einsatz gewesen und hatte bereits Erfahrungen in Kommunefragen gesammelt: Gemeinsam mit drei anderen aus der Entwicklungszusammenarbeit Zurückgekehrten, darunter ihrem Ehemann Franz Josef Ingermann, gründete sie im März 1983 das Projekt »Lernwerkstatt«, ein Bildungs- und Begegnungszentrum im 500-Seelen-Dorf Niederstadtfeld in der Eifel. Sie wollten zusammen leben und arbeiten. Durch ihre Erfahrungen in der sogenannten Dritten Welt hatten sie erkannt: »erst wenn sich bei uns einiges verändert, wenn wir bereit sind, umzudenken und dazuzulernen«, werde sich weltweit »Armut und Hunger beseitigen lassen. Wir wollen bei uns selbst anfangen«, ist in einer Selbstdarstellung der Lernwerkstatt aus jener Zeit zu lesen.

Für die Gemeinschaft sollten folgende Grundsätze gelten: »Gleicher Lohn für alle, Entscheidungsfindung durch Erzielen eines gemeinsamen Konsens im Gespräch, Abbau von ›Spezialistentum‹: jeder ist Lernender und Lehrender, gemeinsame Mahlzeiten und Freizeitaktivitäten, Einschränkung des Fleischkonsums, eigener Gemüseanbau, Anwendung umweltfreundlicher Energie.« Das Haus in der Brunnenstraße 1, das früher die Dorfgaststätte beherbergte – gleich neben der katholischen Kirche –, besaß Mitte der 80er Jahre 27 Betten sowie zwei große Tagungs- und Gruppenräume, Töpferei, Schreinerei, Batikwerkstatt und Fotolabor, die in einer ehemaligen Scheune untergebracht waren. Zum Veranstaltungsprogramm gehörten u. a. Seminare für Lehrer und Jugendleiterinnen.

Die hohen Erwartungen aneinander führten zu Spannungen, Auseinandersetzungen und familiären Brüchen. Schon nach wenigen Jahren gab es den ursprünglichen Trägerinnen- und Trägerkreis nicht mehr. Übrig blieb Beatrice Ingermann, die das Haus in alleinigen Besitz übernahm. Sie suchte nach neuen Perspektiven und traf Rudolf Bahro. Im Februar 1987 sprach er erstmals in Niederstadtfeld. Im Juli des gleichen Jahres fand ein weiteres Seminar mit ihm statt. Angelika Koch, die zu jener Zeit in Münster an ihrer Magisterarbeit zum Thema *Strategien progressiver Gesellschaftsveränderung* schrieb, trat auf Anraten des sie betreuenden Professors Christian Sigrist in Verbindung mit Bahro. Dieser »hatte zum Interview keine Zeit, aber er lud mich ein zu einem seiner Seminare – eben in Niederstadtfeld«. Ihr wurde in der Lernwerkstatt klar, daß dieses Treffen »für mich persönlich richtungsweisend sein würde«. Sie lernte dort Dieter Federlein kennen und zog mit ihm zusammen im März 1988 in das Eifeldorf.

Angelika Koch fühlte sich angezogen von der »Atmosphäre der

Gelassenheit, der Verbundenheit mit dem Leben, die das ganze Projekt ausstrahlte«. Sie stammt aus kleinbürgerlichen Verhältnissen, die sie als beengend empfand. In Niederstadtfeld wollte sie »eine neue Familie aufbauen«, die zugleich Freiheit wie Geborgenheit bot. Kochs damaliger Freund Dieter Federlein war in der DDR aufgewachsen und 1956, als 18jähriger, über die Grenze in den Westen gegangen. Nach Jahren in der Studentenbewegung interessierte er sich sowohl für Bahros *Alternative* als auch für die sozialen Experimente von Dieter Duhm und dessen »Bauhütte«, aus der in den 80er Jahren das »Projekt Meiga« sowie in den 90ern das Zentrum für experimentelle Gesellschaftsgestaltung (ZEGG) entstand.

Angelika Koch empfand den Umzug nach Niederstadtfeld wie die »Rückkehr in eine Märchenlandschaft«. Die in der Lernwerkstatt Lebenden kamen ihr auch nicht als Bahro-Jüngerinnen und -Jünger vor. »Für mich war Rudi kein Guru, sondern ein sehr interessanter Gesprächspartner. Mit seiner Analyse der Gefährdung der Welt durch den Menschen lag er einfach richtig.« Bahros *Logik der Rettung* sei in Niederstadtfeld nicht als *Bibel* begriffen worden: Man habe dort »in aller Seelenruhe und Offenheit« darüber diskutiert.

Für Rudolf Bahro sollte die Lernwerkstatt mehr als eines der vielen alternativen Bildungszentren sein, die in den 70er und 80er Jahren entstanden: »Die Lebensfähigkeit neuer Gemeinschaften hängt von der Gemeinsamkeit der Vision und von der Zentrierung des Alltags um eine spirituelle Praxis ab, in der sich Eros, Logos und Arbeit versöhnen und überhöhen lassen«, schrieb er in seiner *Logik der Rettung* (321). Eine solche neue Gemeinschaft, gar ein »neues Kloster« sollte die Lernwerkstatt in seinen Augen werden. In einem nicht veröffentlichten Papier, das vermutlich im Frühjahr oder Sommer 1988 entstanden ist, formulierte Bahro diesen Anspruch: »Worauf es besonders ankommt, ist der Überschuß an geistiger Energie, mit dem wir nach außen wirken. [...] Wir müssen in ›eileloser Eile‹ den Geist entwickeln, aus dem die rettenden Bewußtseinsänderungen einer Mehrheit und die entsprechenden institutionellen Veränderungen erwachsen können. Gewiß sind das nicht wir allein, aber wir müssen leben und arbeiten, als hinge es von uns ab. [...] Unser Zentrum soll ein Kraftort sein jenes Netzwerkes, in dem sich bis ins Politische hinein die Andere Große Koalition herausbildet.«

Die »spirituelle Praxis«, die Bahro postulierte, sah nach Angaben von Angelika Koch folgendermaßen aus: Morgens gab es eine einfache Atemmeditation und anschließend eine sogenannte Befindlichkeitsrunde. »Ansonsten hatte jeder und jede seinen bzw. ihren eigenen Glauben. Wir probierten viele ›Techniken‹ aus, wie Tantra und Sufismus, aber die haben die Eigenart, als ›Technik‹ in einer anderen Kultur natürlich nicht zu funktionieren. Man kann Glauben nicht von einem anderen Volk ›klauen‹, man muß ihn für sich selbst erlangen. Es gab also nichts Einheitliches – nichts, auf das alle eingeschworen worden wären. Kein Ansatz für eine ›Sektenbildung‹, ganz im Gegenteil, anarchischer Wildwuchs.«

Reinhard Spittler kam ungefähr zur gleichen Zeit wie Angelika Koch, Dieter Federlein und noch ein paar andere nach Niederstadtfeld. Er hoffte, dort an einer Gemeinschaft mitwirken zu können, die »geistige Befreiung« ermöglicht. So verstand er auch Bahros Absicht: »Rudolf hat nach Praktiken und Übungen gesucht, die man in Deutschland anwenden kann, um in großer Zahl und sehr schnell ›befreite Gebiete‹ im Bewußtsein der Massen zu schaffen. Das freie Potential des überschüssigen Bewußtseins, dessen möglichst rasche und möglichst umfassende Freisetzung: das war seine Suche. Deshalb hat er diese unterschiedlichen spirituellen Seminare gemacht und hat verschiedene spirituelle Meister eingeladen – unter denen auch kleine Lichter waren.«

Ein Blick in das Programm des Jahres 1989 zeigt die Spannweite der präsentierten Ansätze: Da ging es – zusammen mit Jochen Kirchhoff, von dem später noch die Rede sein wird – um *Musik als Sprache der großen Gesetze*. Stefan Makowski (Hussein Abdul Fattah) führte in das Wesen der Sufis ein. Bahro formulierte im Einladungsschreiben: »Der realexistierende Islam und der Imam in Ghom [gemeint ist Ayatollah Chomeini] sollen uns nicht davon abschrecken, die Begegnung mit der islamischen *Mystik* zu suchen, an der ganz besonders fasziniert, wie politiknah sie von Grund auf ist. Sie ist einer der radikalsten Versuche, zu der einen Wirklichkeit durchzustoßen und die Ursache der Menschheitskrise im Abirren der menschlichen Existenz von ihrer eigentlichen Bestimmung zu sehen.« Ein anderes Mal sollte unter der Leitung von Bernhard Schaer die »Kraft des Regenbogens« erprobt werden. Maria Mies wurde eingeladen, ihr Buch *Patriarchat und Kapital. Frauen in der internationalen Arbeitsteilung* vorzustellen. Ein weiteres Wochenende wurde der chinesischen Bewegungsmeditation und dem »Geist des Laotse« gewidmet. Franz Alt referierte über *Prinzipien einer Heilung der Kultur*.

Spittler glaubte bei seiner Ankunft in Niederstadtfeld, die Mitglieder der Gemeinschaft seien am Prozeß geistiger Befreiung interessiert. Doch das war – zumindest in seinen Augen – weit gefehlt. »Die meisten hatten von Theorie die Schnauze voll und erklärten, sie würden das Buch von Rudi nicht lesen, es sei ihnen zu dick.« Was Angelika Koch als »Wildwuchs« bezeichnet, war für Reinhard Spittler bloß die Suche nach einem »Abenteuer«. Koch bestätigt diese Sicht: »Das Kommune-Leben hatte etwas von einer Kinder-Gang an sich, da brauchte man nicht so ernsthaft sein wie im normalen Alltag. Das war sehr schön, und wenn ich es wieder haben könnte, würde ich sofort wieder mitmachen. Rudolf hatte sich da nicht eingepaßt, sondern erhob einen Anspruch auf absolute Ernsthaftigkeit. Er sah das Leben in der Lernwerkstatt als Gottesdienst, während wir anderen eher auf Vergnügungssuche waren.«

Bahros Erwartungen gingen über diesen Typus relativ unverbindlichen Zusammenlebens hinaus. Dies wird aus seinen Gedichten deutlich, die er Ende 1988 schrieb. Eines heißt *Gemeinschaft* (*Lernwerkstatt Rundbrief*, Nr. 12):

Mit Einem Menschen intim sein.
Aber Alltag mit Zehn?
Will ich verlernen,
unerreichbar zu sein?
Will ich lieben, wo
mein Zweck nicht Statut ist?

Jene Partei im Osten,
Kampfbund von Gleichgesinnten –
dachte ich und vergaß niemals ganz
– was teilten wir außer den Zielen?
Und je mehr wir die teilten,
um so mehr Inquisition
hielten wir ab unter uns.
Und aßen selten zusammen.
Kochen und Abwaschen
Zeitverschwendung am Aufbau.

Nun jener wieder andere Orden hier,
ganz unentborgen noch
aus der energischen Achse
der Körper und Geister.
Bisher Jeder – und

inzwischen auch Jede –
wenigstens sich verläßlich?
Selten lehrt uns
der eigene Engel ein Wir.

Und jenes entregelte Kloster,
wo sich den Suchern
auf den wie Waren
verschiedenen Wegen
das Eine Große Geheimnis
meistens nur tiefer vernebelt.

Werden wir aufhören,
einander beim Abwasch
die Stunden zu zählen,
beim Geben und Nehmen
die kleine Münze?
Ist vor den kleinsten
Kommunismus des Teilens
die große Erleuchtung gesetzt?

Die Zeichen sagen,
auf genau diese Weise
brachten wir uns
in die allerhöchste Gefahr.

Aber was wiegt sie
gegen die täglichen Ängste
um die innern Bestände?
Und gegen die größte Angst:
des Nächsten vorm Nächsten?

Am um sich Angstvollsten
lerne ich mühsam
das mich Betreffende:

Wo Du besessen
das Deine willst,
das Deine hütest,
Dein Projekt, wo Du
die Mitte besetzt hältst,
da ist das Göttliche fern.

Die Eine Wahrheit laß endlich
los an sich selber. Nur so
ist sie Wahrheit.

Neue Regeln für ein »neues Kloster«: In einem Brief zur Kommune-Begegnung im Juni 1984 hatte Rolf Schwendter geschrieben, das einzig Sichere, was man aus der Geschichte der Kommunen wisse, sei dies: »Jede Kommune(nbewegung), die jahrzehntelang überlebte, verfügte über eine verbindliche Gruppennorm (die sehr oft religiös-spirituell war, dies aber nicht sein muß [...]).« Beispielsweise in Fragen der Beziehung zwischen Männern und Frauen: »Hinsichtlich der Sexualität haben sich Kommunen jahrzehntelang am Leben erhalten, die asketisch (Shaker, Taizé, Laurentiuskonvent), strikt monogam (Bruderhof, The Farm, die meisten Kibbuzim), lässig monogam (Twin Oaks) oder in Mehrfachbeziehungen (Oneida Creek, Friedrichshof) gelebt haben – zweifelsfrei läßt sich nur sagen, daß alles auf einmal in einer einzelnen Kommune schwer gehen wird.«

Die Frage nach dem Verhältnis zwischen Mann und Frau absorbierte, so Angelika Koch, »ungeheuer viel Energie der ganzen Gemeinschaft« – insbesondere die Beziehung zwischen Rudolf und Beatrice Bahro (mehr dazu im dritten Teil unseres Buches). Die beiden hatten im Juni 1988 geheiratet, und am 1. September des gleichen Jahres kam ihre Tochter Hannah zur Welt. Rudolf Bahro schrieb Ende 1989: »Das liebe Wesen hat uns viel abverlangt; ihr Weg im Mutterleib scheint nicht ganz ungestört verlaufen zu sein.« (*Lernwerkstatt Rundbrief,* Nr. 12) Während drei Wochen waren Hannah, Beatrice und Rudolf auf der Kinderstation des Wittlicher Krankenhauses. Später wurde Hannah im Universitätsspital Bonn behandelt. Anfang 1989 erhielt sie auf einem Auge eine neue Hornhaut.

Spannungen und Schwierigkeiten in der Lernwerkstatt blieben nicht aus. Im Frühjahr 1989 verließen vier Mitglieder die Gruppe. Bahro schrieb dazu Ende 1989: »Da war Gruppendynamisches stärker als die Herausforderung durch das Thema, das uns zusammengeführt hat. Dennoch war unsere Anziehungskraft stark genug für die Regeneration. Und es ist vieles daran klar geworden, ohne daß wir uns – wie es oft nach Konflikt und Abspaltung geschieht – auf etwas Engeres fixiert hätten. Im Gegenteil, unsere Perspektive mutet offener an als zuvor. Als [Ende Oktober 1989] der lichte Raum in unserer Scheune eingeweiht war, der für die meisten Besucher schon aus sich selber etwas abstrahlt, sagte auch jemand kritisch, er empfinde ihn als leer. Das mag aber zugleich ein Hinweis auf jene Atmosphäre sein, über die gesagt ist: ›Leere Weite, nichts von heilig.‹ Mögen wir ein Platz für das ›Treffen der Wege‹ sein.« (Ebd.) Die Lernwerkstatt war, wie andere Gemeinschaften ihrer Art, von starken Fluktuationen geprägt. Nach dem Weggang der vier kamen neue Leute – sogar mehr, als die Gemeinschaft zuvor verloren hatte. Angelika Koch glaubt, die vier seien wegen Bahros »Dominanzstreben« gegangen. Reinhard Spittler hingegen erinnert sich an ganz unterschiedliche Motive, die hinter dem Auszug standen – und die hätten nicht nur mit Rudolf Bahro zu tun gehabt.

Trotz aller internen Schwierigkeiten durfte sich die bewußtseinsbildende Arbeit der Lernwerkstatt sehen lassen. Hier gelang in Ansätzen, was Heinrich Pestalozzi zu Beginn des 19. Jahrhunderts als »Verbindung von Kopf, Herz und Hand« bezeichnet hatte: Die Seminarteilnehmerinnen und -teilnehmer hörten nicht nur Vorträge oder führten Diskussionen, sie tanzten auch zu Beethoven-Musik, meditierten mit Bhagwan-Kassetten und wuschen das Geschirr ab. Bei manchen Gästen stieß ein solches Konzept auf Widerstand, wie ein Bericht über das Seminar »Öko-Notstand & Demokratie« zeigt, das im Juni 1989 stattfand: »Überwiegend Männer waren gekommen, um über die gesellschaftlichen Möglichkeiten, mit der Naturzerstörung umzugehen, zu reden, die meisten in Erwartung eines harten Diskussionsseminars, bis die Köpfe rauchen. Da war die fast spielerische Einführung in das Thema, das Rollenspiel mit Szenario, die Tanzmeditationen und die Atemmeditation, eine Überraschung, an der sich die Geister schieden. Die Verbindung von meditativer Ruhe und durchaus weltlicher Thematik schien fast provozierender als die Fakten, an die man sich durch die Medien mittlerweile sattsam gewöhnt hat. Bei größerer Teilnahme von Frauen wäre es wahrscheinlich anders gewesen.« (Ebd.)

Durch Veranstaltungen wie die »Andere Universität« versuchte sich die Gemeinschaft auch im Bewußtsein der Menschen in der Eifel zu verankern. Seit der Gründung der Lernwerkstatt war es Beatrice Ingermann gelungen, einen guten Draht zu den Menschen in Niederstadtfeld zu entwickeln. Manchmal kamen auch Frauen und Männer aus dem Dorf, um in der Küche oder bei handwerklichen Aufgaben auszuhelfen. Was in der Lernwerkstatt inhaltlich geschah, interessierte sie weniger. Die Leute von der Lernwerkstatt und die aus dem Dorf seien »ganz normal« miteinander umgegangen, bestätigen

Angelika Koch und Reinhard Spittler übereinstimmend. Wohl predigte mal der katholische Pfarrer von der Kanzel, man solle nicht mehr in die Lernwerkstatt gehen – doch diese Episode hatte keine weiterreichenden Konsequenzen. Es sei höchstens so gewesen, daß die Niederstadtfelder seltener in die Lernwerkstatt kamen als Leute aus den umliegenden Orten, meint Spittler. Er führt das auf die funktionierende soziale Kontrolle im Dorf zurück: »Man will halt seinem Nachbarn nicht erklären müssen, weshalb man dort hingeht.«

Die beiden Bahros waren nach Auffassung von Spittler sehr darauf bedacht, in einem einvernehmlichen Verhältnis mit den Honoratioren des Landeskreises Daun zu leben, zu dem Niederstadtfeld gehört. Davon zeuge die wohlwollende Berichterstattung der Regionalzeitung, des *Trierischen Volksfreundes*. »Angelika [Koch] konnte dort regelmäßig schreiben und die Redaktion war uns recht freundlich gesinnt.« Die Zeitung berichtete am 30. Dezember 1988 vom Projekt eines »anderen Studium generale über Grundfragen und Perspektiven einer neuen, lebensfördernden Kultur«. Zweck der Anderen Universität sei es, »gemeinsam nach persönlichen und gesellschaftlichen Auswegen aus der Krise zu suchen, in die expansive Geldwirtschaft, Wissenschaft und Technik hineinführten«. Seit Anfang 1989 fanden jeweils am Donnerstagabend Treffen statt, für die in den Geschäften der umliegenden Ortschaften Werbung gemacht wurde. Zu den Veranstaltungen kamen zwischen 20 und 70 Personen, »um sich über Themen von Spiritualität über Emanzipation der Frau bis zu Herrschaftsfreiheit und Ökologie zu informieren und auszutauschen« (*Lernwerkstatt Rundbrief*, Nr. 12). Weil der Arbeitsaufwand für die wöchentlichen Begegnungen recht groß war, stellte man später auf monatliche Veranstaltungen um.

Ein anderes Beispiel dafür, wie die Lernwerkstatt versuchte, in der Eifel Wurzeln zu fassen, ist die Verbindung zur nahegelegenen Benediktiner-Abtei Maria Laach. Anfang 1988 hatte Rudolf Bahro das Gedicht *Zwiegespräch bei der Vesper* geschrieben. Es wendet sich an Jesus, den er als »unser Meister« anredet. Er spricht davon, daß es Zeit wäre aufzuwachen zu einer »neuen Zeit der Mönche und Nonnen«, zu einer »Zeit der neuen Mönche und Nonnen/mit oder ohne Euch alte Mönche und Nonnen?!« Auf dieses Gedicht hin ergab sich ein Kontakt mit den Ordensmännern – »sie nahmen mich sehr freundlich auf nach dem Motto ›wer nicht gegen uns ist, ist mit uns‹«, schrieb er mir in einem Brief (29.9.1988). Pater Emmanuel von Severus kam dann auch einmal nach Niederstadtfeld, um über Spiritualität und Lebenspraxis der Benediktiner zu berichten.

Im Juni 1989 – in Deutschland herrschte gerade »Gorbimania« – referierte Rudolf Bahro über *Gorbatschow – wie paßt der ins Sowjetsystem?* Er schlug vor, die sowjetische Perestroika – russisch: »Umbau« oder »Umgestaltung« – mit einer »Ökostrojka« zu beantworten, und warf so »die noch kaum gestellte Frage nach einer Perestroika im Westen« auf, wie Wolfgang Fritz Haug in seinem *Perestroika-Journal* formulierte (Haug 1990, 5).

Im Sommer 1989, als DDR-Bürger und -Bürgerinnen die bundesdeutschen Botschaften in Prag und anderswo besetzten, dachte Rudolf Bahro noch nicht an eine grundlegende Wende im zweiten deutschen Staat. Der Soziologe Christian Sigrist, der als Referent am Seminar »Öko-Notstand & Demokratie« teilgenommen hatte und die Lernwerkstatt im gleichen Jahr noch zweimal besuchte, berichtet: »Im September 1989 fragte ich Bahro, ob es jetzt wohl zum Fall der Mauer käme. Das war gerade die Zeit, als das Neue Forum einen Antrag auf offizielle Genehmigung stellte. Er meinte: Nur wenn das Neue Forum anerkannt wird, besteht die große Chance eines evolutionären Prozesses. Die Anerkennung wurde abgelehnt – und insofern war seine Prognose zutreffend. Bahro hatte zu jener Zeit die Vorstellung, er könne in der DDR noch etwas gestalten.«

Bahro war über die Entwicklungen im Osten Deutschlands stets auf dem laufenden. Im Sommer 1989 besuchte ihn Volker Braun inkognito in Niederstadtfeld. Im Oktober nahm sein »innere[r] Andrang zu, ich wurde in den Nächten öfter wach. Galt nicht auch mir Gorbatschows ›Wer zu spät kommt, den bestraft das Leben‹?« (*Lernwerkstatt Rundbrief*, Nr. 12) Als auf einmal Gregor Gysi, sein ehemaliger Anwalt, auf der politischen Bühne erschien, sei Rudolf Bahro der Gedanke gekommen, er sollte da mal hinfahren und sich die Sache etwas genauer anschauen, erzählt Reinhard Spittler. »Rudi hatte aber nicht im Entferntesten damit gerechnet, daß die DDR zusammenbricht.« Christine Schröter berichtet: »Als die Mauer gefallen war, rief Rudi mich eines Abends zutiefst aufgewühlt an: ›Mein Vaterland ist in Gefahr. Ich muß mein Vaterland retten. Soll ich rübergehen?‹« Sie antwortete ihm: »Ja, Rudi, du mußt.«

Anfang Dezember 1989 kam Franz Alt nach Niederstadtfeld, um seine Vorstellungen von einer friedlichen und ökologischen Gesellschaft zu präsentieren. Der *Trierische Volksfreund* berichtete: Nach Alts Auffassung seien es vor allem die Männer, »die sich emanzipieren müßten, um die Grundlagen zu schaffen für eine Menschheit, die sich nicht kontinuierlich dem Abgrund entgegenbewegt. Emanzipation in diesem Sinne heiße dann, daß Männer die Verantwortung für die Reproduktion und Aufrechterhaltung des Lebens nicht den Frauen zuschieben und sich selbst um vermeintlich höhere Zwecke der Geschichte oder der Geschäfte kümmern. [...] Die Familie ist nach Ansicht Alts der Keim der Gesellschaft, und die Teilnahme daran sollte auch für die Männer Priorität haben. Wer imstande sei, die Nöte des eigenen Kindes zu vergessen, könne auch in der Politik keine heilende Wirkung erzielen.« (Zitiert nach *Lernwerkstatt Rundbrief*, Nr. 12) Das zielte auf Rudolf Bahro. Franz Alt habe ihm vorgeworfen, sein behindertes Kind zurückzulassen – und dieser soll geantwortet haben: »Was ist schon ein Kind gegen den Rest der Welt?«, teilt Angelika Koch mit.

Die Krise der »großen Kommune, als die die DDR verborgen in meinem Herzen fortlebt, ließ mir keine Ruhe, und es sollte so kommen, daß ich [...] aufbrach, um drüben einzugreifen« (ebd.). Angelika Koch schildert die Szene aus ihrer Sicht: »Es war mitten in einem Enlightenment Intensive [einer Meditationsübung] mit Karin Reese, wo es doch um die wesentlichen Dinge der Existenz gehen sollte.« Bahro habe »seelenruhig« erklärt, er müsse nun gehen, nach Berlin zum SED-Sonderparteitag. »Ich hätte kotzen können vor Wut, vor Enttäuschung, denn das war für mich so offensichtlich nur ein Macho-Machtspiel, eine Lebenslüge, ein Verrat.« Spittler meint dagegen: Für Bahro sei es in diesem Exerzitium tatsächlich um eine ganz wesentliche Frage seiner Existenz gegangen: die Rückkehr in den Osten. »Einen passenderen Augenblick für die Entscheidung als das Enlightenment hätte es wohl kaum geben können.« Der Mitteilung vor der Gruppe seien sehr ernste Gespräche zwischen Rudolf und Beatrice Bahro sowie Karin Reese vorausgegangen.

Er hoffte Ende 1989, seine *Alternative* und die *Logik der Rettung* würden »in dem jetzigen Augenblick, wo der Boden wie nie zuvor für die Aufnahme neuer Gedanken geöffnet ist, zur Reorientierung beitragen« (ebd.). 1995 wird Bahro schreiben: Als in den Medien der Termin des außerordentlichen SED-Parteitags bekannt wurde, sei er mitten aus einer spirituellen Übung aufgebrochen, »um mich – in einen *Machtkampf* um die Bestimmung der Partei zu stürzen. Ich war so aufgeladen, daß ich nachher in Berlin acht Tage keinen Schlaf gebraucht habe – oder finden konnte.« (*Befreiung*, 84)

Teil III
(1989–1997)

Rückkehr in die revolutionäre DDR (1989/1990)

(G.H.)

Was Bahro sich nie hätte vorstellen können, veränderte in einem unglaublichen Tempo im Herbst 1989 das Land: eine Revolution gegen das Politbüro, gegen die Staatssicherheit. Eingeleitet nicht durch einen *Bund der Kommunisten*, sondern durch das Neue Forum, nicht durch die besten Kommunisten, sondern eher durch deren Gegenspieler. Zwölf Jahre nach dem Erscheinen der *Alternative* – aber ohne sie und ganz anders. Am 11. September gründete sich in Havemanns Wohnung das Neue Forum, zehn Tage später wird es von der Regierung für »staatsfeindlich« erklärt, weitere drei Wochen später ziehen bereits 100000 Menschen durch Leipzig, fordern Reformen und eine demokratische Erneuerung der DDR – und am 18. Oktober tritt Partei- und Staatschef Erich Honecker auf Druck des Politbüros zurück, dann bricht die oberste Parteiführung stückchenweise auseinander. Am 4. November demonstrieren beinahe eine Million Menschen in Berlin auf dem Alexanderplatz für eine veränderte DDR, drei Tage später tritt die Regierung und am nächsten Tag das Politbüro zurück (doch wird noch ein neues gewählt! – ergänzt durch Bürokraten der zweiten Reihe), und noch einen Tag später müssen die Sicherheitskräfte auf Druck, aus Angst und Agonie die Grenze nach Westberlin öffnen – damit beginnt der Zerfall des Staates DDR.

Für Bahro gab es in dieser Situation nur eines: Rückkehr in die DDR, um dabeizusein – und das so schnell wie möglich. In der »Report«-Sendung vom 14. November teilte er seinen Entschluß zur Rückkehr der Öffentlichkeit mit, drei Tage später veröffentlichte die Berliner *tageszeitung* ein Interview mit dem revolutionär-reißerischen Titel *Das Vaterland ist in Gefahr*. Weil er »die Gefahr des Ausverkaufs der DDR« vor sich sah und »weil die Menschen in diesem Punkt den Lernprozeß noch vor sich haben«, sehe er seine Aufgabe darin, »die entscheidende Errungenschaft des politischen Systems in der DDR unbedingt verteidigen« zu wollen – nämlich den Primat der Politik über die Ökonomie. Zwar kann er dazu nichts Substantielles sagen, doch auf die Frage, wie man das bloße Kopieren des *american way of life* verhindern könnte, reagiert er mit dem etwas überraschenden Vorschlag, daß erst mal zwei Millionen Menschen auf »Expedition« in ihr eigenes Land gehen und versuchen sollten, »sich selbst versorgende Gemeinschaften zu bilden« – dies als »*die* strategische Entscheidung für ein Stück neue Gesellschaft«. Zur politischen Perspektive sagt er, das wichtigste sei, daß die DDR, die »eine demokratisch-politische Revolution zustande gebracht hat, nicht gleich aufgesogen wird von dem ökonomisch fürchterlich überlegenen und zugleich selbstmörderischen westlichen System. Die Autonomie des politischen Prozesses DDR *jetzt* zu halten, ist das Entscheidende.« Und er hält es für möglich, daß die Reformkräfte in der DDR in der Lage sein müßten, mit der sich verändernden Gesellschaft »von vornherein eine ökologische Perestroika ins Auge zu fassen«. Soweit das Prinzipielle aus Bahros strategischer Sicht. Persönlich wolle er sich dem Neuen Forum und der SED (ohne Mitglied zu sein) zuordnen – auf die Frage: »Sind Sie immer noch Kommunist?« kommt die Antwort: »Sicherlich!« –, und auf jeden Fall will er Mitte Dezember dabeisein, wenn der Sonderparteitag der SED stattfindet, schließlich sei er qualifiziert, zur Einschätzung der Lage dort etwas zu sagen.

Es folgte schnell die Tat: Wie sich Volker Braun erinnert, wurde er schon am nächsten Tag, genauer: nachts um 1.30 Uhr, von Bahro angerufen (Tage zuvor bereits ich), um seinen Entschluß mitzuteilen, und am 25. November war er schon das erste Mal zu einem kurzen Orientierungsbesuch wieder in Ostberlin. Dann kam er am 10. Dezember mit Frau und Kind an die Grenze, wo sie von Bahros altem Freund Rudi Wetzel abgeholt wurden, der auch Thomas Thiele, den Lebensgefährten von Wetzels Tochter Marianne, mitbrachte (der in den nächsten Wochen und Monaten zum außerordentlichen Helfer wurde). Ganz kurz wurde eine Behelfswohnung in der Ackerstraße (zweiter Hinterhof) angesehen und von Beatrice energisch abgelehnt, dann wohnte die Familie provisorisch drei bis vier Wochen bei Marianne und Thomas in der Seelower Straße, bis Beatrice wieder zurückfuhr in die Eifel.

Später im *Spiegel*-Interview von 1995 wurde er gefragt, was ihn denn 1989 in die untergehende SED-Republik getrieben habe, die ihn zehn Jahre zuvor verstoßen hatte. Seine Antwort: »Na, irgendwie die DDR noch retten, obwohl ich es eigentlich besser wußte.«

Bahro hatte nicht viel Zeit, um sich umzusehen. Er wollte dabeisein, seine Erfahrungen und seine Theorien einbringen. Die Auftrittsorte der Folgezeit waren: die Medien, der Parteitag der SED, die Universität. In den zahlreichen Interviews, deren Fragen und Antworten sich so ähnelten, daß ich hier nur auf einige Punkte eingehen will, exponierte er sich dadurch, daß er die Erwartungen der DDR-Bürger nach westlichem Lebensstandard und die Erwartungen vieler SED-Mitglieder nach einem ökonomischen Aufschwung der DDR brachial abwehrte und statt dessen unverständliche Alternativen vorschlug.

In einem Gespräch mit der *Berliner Zeitung* (vom 30.11.1989) betonte er eingangs, daß die jetzige Entwicklung in der DDR »eine andere deutsche Möglichkeit ist, vielleicht mehr als das, überhaupt eine andere Möglichkeit, mit der Krise der Menschheit umzugehen«. Und er ging unbeirrt noch einen Schritt weiter, indem er gegen alle bisherigen Erfahrungen postulierte, daß das sozialistische System in seiner Grundanlage geeigneter als das westliche sei, mit der ökologischen Krise umzugehen. Als er dann gebeten wird, seine Vorstellungen von einem »linken, ökologisch orientierten Gesellschaftsmodell« zu erläutern, da mußte er seine Leser notgedrungen schokkieren: »Primat der Ökologie heißt, alles von der Wiedereinordnung ins Naturgleichgewicht her zu denken. Es ist die erste Bedingung unserer Fortexistenz überhaupt, mit der materiellen Expansion aufzuhören. Erweiterte Reproduktion in dem bisherigen Sinne ist nicht mehr möglich. Vielmehr müssen wir mit Kilogramm und Kilowatt pro Kopf zurückgehen. Wenn die Menschheit so leben will, wie heute die Bevölkerung der Bundesrepublik, ist spätestens in zwei Generationen der Ofen aus. Es ist ebenso bequem wie bewußtlos, diesen Lebensstil zu vertreten bzw. erreichen zu wollen. Noch ist es freilich unpopulär, so was zu sagen. Doch man sollte es schon ins Auge fassen.« Aber genau dieser Lebensstil sollte ja erreicht werden – das wollten Ost und West. Bahros Mahnung stand quer zu den allgemeinen Erwartungen – das war er gewohnt.

Der politische (Wieder-)Einstieg: Rede auf dem Außerordentlichen Parteitag der SED-PDS

Das wichtigste für Bahro war zunächst der Kontakt zu Gregor Gysi – jetzt nicht mehr sein Anwalt, sondern seit dem 9. Dezember der Vorsitzende der SED –, auch um über ihn Einfluß auf die in ihre Auflösung eingetretene SED zu bekommen.

Auf dem Höhepunkt ihrer Krise – sichtbar in der großen Zahl von Parteiaustritten, von Protestschreiben der Dringebliebenen, von entrüsteten Angriffen der von der SED jahrzehntelang gegängelten und drangsalierten Bevölkerung – fand in Berlin am 8. und 9. Dezember ein Außerordentlicher Parteitag der SED statt. Über dessen Beginn schreibt eine SED-Dokumentation: »Sachzwänge diktierten die Tagesordnung des Parteitages. Statt umfangreicher Berichte und wohlvorbereiteter Diskussionsbeiträge nach vorgeplantem Szenarium, gab es eine emotionsgeladene und spontane Debatte um die Frage Selbstauflösung oder Fortbestand der Partei. In der Diskussion entluden sich Enttäuschung und Zorn über das Versagen und die partei- und gesellschaftsschädigenden Machenschaften der alten Führung. Sie mündeten in Vorschläge, die SED sofort aufzulösen und eine gänzlich neue Partei zu formieren, wobei über deren Charakter und Bezeichnung die Meinungen auseinandergingen. Motiv solcher Vorschläge war das Bedürfnis, sich von der Last der Vergangenheit freizumachen und die Radikalität des Bruches mit Theorie und Praxis der SED zu unterstreichen.« (*Der schwere Weg der Erneuerung*, 259) Doch zur Auflösung kam es nicht. Dafür sorgten viele alte Kader und deren Wortführer Hans Modrow sowie der neugewählte Parteivorsitzende Gregor Gysi. Dieser erklärte in seinem Referat: »Die Auflösung der Partei und ihre Neugründung wäre meines Erachtens eine Katastrophe für die Partei. [...] Mit welchem Recht sollten wir uns alle einer politischen Heimat berauben. Außerdem entstünde in unserem Lande ein politisches Vakuum, das niemand ausfüllen kann und das die Krise mit unabsehbaren Folgen verschärfen würde.« Nach dieser politischen Warnung die finanzielle: »Mit einer Auflösungsentscheidung sind sämtliche Mitarbeiter des Apparats arbeitslos und die soziale Existenz der Mitarbeiter der parteieigenen Betriebe und Einrichtungen wäre erheblich gefährdet. Das Eigentum der Partei wäre zunächst herrenlos, anschließend würden sich sicherlich mehrere Parteien gründen«, von denen Gysi annahm, daß dorthin die SED-Gelder verlorengehen würden. (Ebd., 263)

Der Parteitag vertagte sich um eine Woche und wurde am 16. und 17. Dezember fortgesetzt. Dabei fiel dann auch die Entscheidung für den Kompromißnamen SED-PDS.

Das war also die Situation in der SED, als Bahro dort auftreten und eingreifen wollte.

Bei der Vorbereitung seiner Rede schrieb er am 16. Dezember gereizt an Gregor Gysi: »Ich war davon ausgegangen, in den Tagen nach unserem Treffen, daß es schon möglich sein würde, mich hier vor der Partei zu rehabilitieren. Die Art, wie schließlich auch meine Anwesenheit erwähnt wurde, entspricht wohl noch nicht der Einladung als ›Ehrengast‹. Jemand vom Präsidium bzw. in dessen Auftrag richtete mir aus, ich würde nicht sprechen können, sicherlich schon gar nicht in der beabsichtigten Ausführlichkeit. Die Partei verpaßt eine Gelegenheit.« Dann nennt er die Passagen, die er unbedingt vortragen müßte – als »Minimum, um einen Effekt im gemeinsamen Interesse zu erzielen«, und als Voraussetzung dafür, »daß mein voller Text innerhalb der nächsten Woche im *ND* dokumentiert wird«.

Was ich dem Außerordentlichen Parteitag der SED sagen möchte ist der vorbereitete Text von 15 (und zwei später eingeschobenen halben) Seiten Länge (vom 16. Dezember), auf dessen Deckblatt er folgende Punkte notiert hat:

- über meine Haltung zur Partei;
- über die aktuelle politische Situation (Wahlprozeß, Rätedemokratie);
- über die Menschen, die mir bei der *Alternative* geholfen haben;
- über das Konzept, das ich in die DDR mitbringe;
- hauptsächlich über die Notwendigkeit einer Umkehr in der seit Jahrzehnten geltenden Wirtschaftspolitik, die uns der auf dem Weltmarkt herrschenden Logik der Weltzerstörung aussetzt;
- über den Einstieg in eine ökologische Wende;
- über das Neue Forum als soziale Innovation.

Der Text der Rede war klug aufgebaut. Er positionierte sich sofort: Zwischen ihm und der SED sei jetzt »alles ohne bitteren Rest geklärt, was es für mich zu klären gab«. Aber er zieht einen harten Trennungsstrich: Die teilweise erneuerte, umbenannte SED sei nicht jene »Partei der sozialistischen Erneuerung«, mit der er noch einmal eine Strecke hätte gehen können. Dann wollte er sagen: »Ich kann nicht Mitglied einer Partei sein, die den institutionellen Bruch mit sich selbst, den wirklichen Neuanfang, den Schritt der Auflösung und eine sei es noch so kurze Nachtfahrt nicht wagt. Jetzt sehe ich hier sehr viele Menschen, die ihrem ganzen Habitus nach in eine konservative Partei gehören.« Was er ihnen vorwirft, ist deren fehlendes Verantwortungs- und Schuldbewußtsein für das, was jahrzehntelang in der DDR fehlgelaufen ist, und die überaus einfache

Methode, alles auf »Herrn Honecker« abzuwälzen. In diesem Zusammenhang geht er exemplarisch auf seine eigene schuldhafte Mitverantwortung ein: Er habe sich in seiner Studentenzeit nicht klar zu Robert Havemann bekannt, später in einer Dorfzeitung einen Hetzartikel gegen einen Bauern (SED-Mitglied) losgelassen, der nicht in die LPG wollte, im *Forum* unfairerweise Günter Kunert angegriffen – und: »Ich bin auch mitverantwortlich für den Weg der SED in den letzten zehn Jahren. Ohne eine Verbundenheit mit der sozusagen überwirklichen Idee der Partei wäre ich jetzt nicht hier.«

Dann will er dankbarerweise auf jene eingehen, die ihm während der Arbeit an der *Alternative* geholfen haben – er beginnt mit Ursula Beneke, nennt 15 weitere Namen von Werner Busold bis Wolfgang Heise und endet mit einem Dank an Gundula, die »mich alles an ihrer Seite vollenden« ließ. Und folgender bemerkenswerter Satz steht auch da: »Bei einigen dieser Menschen stehe ich in einer Schuld, weil ich in einer bestimmten Situation der Untersuchungshaft den Hergang aufgedeckt habe, ohne daß es wirklich gerechtfertigt und notwendig war.«

Nach Fertigstellung des Manuskripts schiebt er in diese Blätter ein zusätzliches Blatt ein, auf dem er seine Gedanken zu den ersten freien Wahlen (die zu diesem Zeitpunkt für den Mai 1990 vorgesehen sind) formuliert. Er ist gegen eine Parteiendemokratie nach bundesdeutschem Muster und hofft, daß auch Parteifreie, Unabhängige kandidieren können. Er schlägt – im Geiste seines alten Vorbildes Antonio Gramsci – Räte in den Grundeinheiten der Arbeit (also in Betrieben und Institutionen) *und* territoriale Volksorgane vor, um eine »wirklich repräsentative Volksvertretung anzusteuern«, mit dem Ziel eines Rätekongresses der DDR. Wäre der halbwegs arbeitsfähig, dann könnte das Machtvakuum (das es ja im Dezember 1989 tatsächlich gab!) überwunden werden.

Anschließend will er über Grundsätzliches sprechen, an seine *Alternative* erinnern als »das Buch für Michail Gorbatschow« mit der Theorie einer Perestroika von oben, an die *Logik der Rettung* mit ihrer Botschaft von der »Rückkehr des Menschen ins Naturgleichgewicht mit Geist und Seele«.

Danach ist das Thema wirtschaftliche Erneuerung der DDR vorgesehen – übrigens mit dem bereits damals illusionären Gedanken, dabei auch positiv das andere Deutschland mitzuverwandeln. Ähnlich wie viele Mitglieder der SED-PDS sucht er einen »dritten Weg« mit Marktwirtschaft und nichtkapitalistischen Sektoren, doch gleichzeitig hält er es für notwendig, die alt-neuen wirtschaftspolitischen Vorstellungen dieser Partei zu kritisieren und »die reale Möglichkeit, ja Notwendigkeit einer Umkehr gerade jetzt« zu skizzieren. Dazu knüpft er an eine Rede von Hans Modrow an, die der neue Ministerpräsident vor den Generaldirektoren der DDR-Kombinate gehalten hat, wobei er seine Industriekapitäne zu animieren versuchte, die auf den internationalen Märkten bislang erkämpften Positionen nicht aufzugeben, sondern im Gegenteil noch auszubauen (was sich ja dann sehr schnell als Illusion erwies). Eine solche vorrangig an Devisenbeschaffung orientierte Wirtschaftspolitik hält Bahro für einen Irrweg. Die »Renommierobjekte des ökonomischen Wettbewerbs mit dem ›Klassenfeind‹« lehnt er ebenso ab, da diese letztlich dazu geführt haben, daß *wir* (Bahros Angleichung!) deshalb »keine Arbeitskraft, keine Zeit, kein Material, kein Geld, keine Eigeninitiative, keine Lust zur Pflege unseres Wohnhauses DDR« mehr gehabt hätten. Also der Konkurrenzkampf auf dem Weltmarkt sei aussichtslos, denn »mit dem Kapitalismus ist zu dessen ökonomischen und kulturellen Bedingungen, die die Welt regieren, [...] nur der Kapitalismus konkurrenzfähig«, und den Generaldirektoren sagt er voraus, daß sie »bald nur noch bessere Filialleiter sein werden, später dann auf Abruf«. Das richtet sich aber primär gegen Modrow, der (vielleicht) noch hoffte, das Rennen »Trabant gegen Mercedes« fortsetzen zu können, während Bahro ihm ankündigt, daß der »Kampf der Systeme« in dieser Lesart ein für allemal verloren sei und deshalb »unsere Wirtschaft auf der Strecke bleiben muß«.

Was Bahro damit beabsichtigt, ist klar: nicht die krampfhafte Fortsetzung der alten Wirtschaftspolitik – jetzt eben nur ohne den Dilettanten Günter Mittag als SED-Wirtschaftsboß –, statt dessen eine tiefgreifende Umkehr, die sich nicht mehr an kapitalistischen Standards der Industriegesellschaft, sondern an den Bedürfnissen einer aufgeklärten DDR-Bevölkerung orientiert. (Ähnlich argumentierte ich auf der etwa zeitgleich stattfindenden I. Wirtschaftskonferenz des Neuen Forum in Berlin-Buch.) Deshalb sein erster Kernsatz, daß »der Industrialismus weltweit zum Himmel stinkt« (und er meinte dies durchaus auch wörtlich, indem er vom »qualifizierten Stinken von Hoechst und BASF« spricht, das langfristig noch gefährlicher sei als das »unqualifizierte Stinken« in Leuna, Buna, Zeitz und Espenhain). Deshalb auch sein zweiter Kernsatz: Die Alternative heiße *Weltmarkt oder ökologische Wende*. Nur so könne tatsächlich ein Abschied von der Wirtschaftspolitik seit Honecker vollzogen werden. Und Bahro führt das im restlichen Teil seines Textes, den er als Rede halten wollte, aus: Es gehe um die Befriedigung der Grundbedürfnisse auf dem Binnenmarkt, »um die sofortige spürbare Verschönerung des Alltags auf den verschiedensten Feldern«. Was er dazu vorschlägt, ist die Überprüfung der Produktion für den Außenhandel, der Abbruch vieler Investitionsvorhaben, die Schließung »alter Buden« mit katastrophalen Arbeitsbedingungen und Umweltbelastungen. Statt dessen sollte der Reparatur- und Dienstleistungssektor schnell ausgedehnt werden (Bahro denkt bereits an das Auffangen der aus der Industrie ausscheidenden Arbeitskräfte), die Wende von Großprojekten zu einer »Technik vom Stamme small is beautyful, die Ivan Illich ›konvivial‹ genannt hat«.

Parallel dazu stellte er sich den Umbau der Landwirtschaft vor. Hier nun die Sätze, die auf dem Parteitag beinahe zu einem Eklat geführt haben, so weltfern wirkten sie: »Ich denke, diese wird sich weiterhin entindustrialisieren, entchemisieren, entbetonieren, entspezialisieren. Das Dorf wird das Zusammengehörige wiedervereinen. Die Riesenflächen werden verschwinden, die schweren Maschinen auch. Es wird wieder Platz für Raine, Hecken, Büsche, Bäume, Teiche usw. [Die] Verarbeitung der Erzeugnisse auf handwerklicher und kleinindustrieller Stufenleiter (Mühle, Bäckerei, Fleischerei, Käserei usw.) muß keiner zentralen Industrie obliegen.« Und seine letzte Botschaft lautete: Wir müssen – ökonomiegeschichtlich gesehen – wieder Physiokraten werden, darunter versteht er, die Primärproduktion auch primär zu behandeln und zu bewerten, »unser Verhältnis zur Erde, zum Boden, zu Gewässern und Lüften, zu Pflanzen und Tieren zum Ausgangspunkt der ganzen gesellschaftlichen Perspektiv- und Rahmenplanung machen«.

Das wollte er den Genossen ans Herz legen, die bislang auf eine Wirtschaftspolitik eingeschworen worden waren, in der Großproduktion, Renommierprojekte, Devisenbeschaffung, Chemisierung und Industrialisierung der Landwirtschaft sowie die Aufhebung des Unterschiedes zwischen Stadt und Dorf als Grundpfeiler sozialistischer Ökonomie galten.

Was wäre geschehen, wenn er diese Rede wirklich so gehalten hätte? Sie wäre in jedem Fall auf Widerspruch gestoßen, doch erstens war sie zu lang (ca. 45 Minuten), und zweitens hielt er sich deshalb nicht an das Manuskript und verschlechterte den Text noch während des Vortragens.

Damit er überhaupt vor den mehr als 2500 Delegierten sprechen durfte, war – nach vorheriger interner Beratung – ein Antrag von 35 Unterschriften und dessen Abstimmung durch alle Anwesenden nötig. Als dies geschehen war, verlas Versammlungsleiter Wolfgang Berghofer das Ergebnis: »Es haben 1427 Delegierte, sprich 53,95 %, dafür gestimmt, daß Rudolf Bahro 30 Minuten spricht.«

Das bedeutete allerdings auch, daß 46,05 % ihn *nicht* hören wollten … Und Bahro fühlt die darin sich ausdrückende Spannung und beginnt nicht gerade werbend: »Ich verstehe gut die Gespaltenheit des Parteitages zu dieser Frage. Schließlich habt ihr heute früh erst gehört, daß es um mich ganz anders bestellt sein soll. Mehr könnt ihr im Augenblick auch gar nicht denken, als das die letzten Jahre hier gedacht worden ist.«

Dann las er ausdrucksvoll die Namen derjenigen vor, »die bei der *Alternative* mit mir waren«. Als er die Reihe beendet hatte, kamen bereits Zurufe: »Zur Sache!« Darauf reagierte er eher ungeschickt: »Was jetzt die Sache betrifft, da bitte ich euch, euch doch so zu meiner Meinung zu stellen, daß es vielleicht ohne Beifall und ohne Pfeifen geht. Es ist einfach ein Denkstück, das ich euch vortrage, hinter dem aber eine ganze Menge theoretischer Arbeit steht« – da fehlte es ihm bereits an Souveränität. Die »Sache«, die er nun vortrug, bestand aus der Kritik der Modrow-Rede – ausgerechnet an dem *Hoffnungsträger* Modrow! –, dann folgte er dem Manuskript und übte Kritik am ökonomischen Materialismus (»die tiefste Schicht dieser welthistorischen Korruption, der wir verfallen sind«) und an Marx – also an weiteren Glaubensartikeln der SED –, und als er wieder Modrow kritisierte, der ja nur das Hase-und-Igel-Spiel fortsetzen wolle, dieses Autorennen Trabant-Wirtschaft gegen Mercedes-Wirtschaft, das verlorengehen mußte – ertönte erneut ein Zwischenruf: »Konkret.« Da schulmeistert er in den Saal: »Erst muß die Analyse sein. Wenn ihr das nicht fassen wollt, erst einmal, was wir hier machen, da ihr keine Geduld habt zuzuhören, dann wird auch die Alternative nix.« Das bringt sogar Beifall ein. Also bleibt er bei der Kritik an Modrow, doch als er von den »vielen kleinen Mittags« spricht, kommt der ungeduldige Zuruf: »Vorschläge!«, auf den er nicht reagiert, so daß (lt. Protokoll) »Unmutsäußerungen« laut werden und Berghofer um Ruhe bitten muß. Bahro bleibt unbeirrt: Es folgen die (im Manuskript stehende) Kritik an Gorbatschow, ein Hieb auf Jelzin (der »vor Amerika auf dem Bauche liegt«) – dann endlich setzt er seine Ankündigung um und entwickelt ein Programm der ungefähren wirtschaftlichen Sanierung der DDR-Wirtschaft. Man hört ohne Zwischenrufe längere Zeit zu – bis er zur Landwirtschaft kommt und den Reizworten vom entindustrialisierten und entchemisierten Dorf und dem Verschwinden der Riesenflächen. Da ertönen Pfiffe, das Protokoll notiert »Bewegung im Saal«, Berghofer sieht auf die Uhr und bittet Bahro (mit der genauen, aber distanzierenden Anrede »Kollege«) um den Schlußsatz, der dann sofort kommt: »Ja, also ich denke, ich habe das Wesentliche meiner Orientierung, meiner Botschaft euch sagen können.« Und Berghofer schlägt – was sicher taktisch das Beste für Bahro war – vor, daß es zu diesem Vortrag keine Diskussion geben wird. Man tritt in eine Pause ein.

Es war eine beinahe tragische Begegnung. Die anwesenden SED-Mitglieder – basisdemokratisch als Delegierte der zerbrechenden Partei gewählt – hatten den monatelangen Widerstand von Hunderttausenden gegen das Honecker-Regime, den Zusammenbruch der SED-Herrschaft, den Rücktritt des Politbüros und der Regierung, die blamable Rede Erich Mielkes und den Zerfall der einst allmächtigen Staatssicherheit erlebt, sie sorgten sich um den Erhalt der maroden DDR, waren noch in Unkenntnis über den Zustand der DDR-Wirtschaft – »Joint ventures« galten seit einigen Wochen als das Heilmittel (das nie zum Einsatz kam) – und hofften auf eine schnelle Erholung des Landes. Da kommt ein Rudolf Bahro aus dem Westen, kritisiert alles und jedes, macht seltsame Vorschläge und redet an den Bedürfnissen der Zuhörer völlig vorbei. Da die meisten Delegierten Bahros Originalpositionen aus der *Alternative* und der *Logik der Rettung* nicht kannten, nahmen sie nur die Kritik an Modrow wahr und fanden Bahros holzschnittartige Vorschläge eher absurd.

Das *Neue Deutschland* veröffentlichte am 19. Dezember im Rahmen mehrerer Diskussionsbeiträge den leicht redigierten Text, dem kursiv angefügt wurde, was Berghofer – anders als im Protokoll – gesagt hat: »Es mögen viele für, viele gegen das sein, was wir jetzt gehört haben. Es ist, so meine ich, auf alle Fälle kein Grund, einen Menschen dafür acht Jahre seiner Freiheit zu berauben. Insofern haben wir heute alle ein kleines Stück Schuld abgetragen, indem wir zugehört haben.« (Eine äußerst konfuse Erklärung – bitte ein zweites Mal lesen!)

Wenige Tage später öffnete ihm das *Neue Deutschland* erneut die Seiten: *Ökologische Alternative – aber keine Rückkehr zum Haken-*

pflug, (*ND*, 23./24.12.1989). Bahro warnte wieder vor dem westlichen System: »Dieses verflucht effektive System drüben, das ist in seinem Erfolg der Untergang der Menschheit. Die ›sichersten‹ Atomkraftwerke sind schlimmer als Tschernobyl, weil sie der Menschheit das tödliche Modell weiterempfehlen.« (Ob Bahro das anstrebt oder nicht: damit wird er für viele SED-Mitglieder interessant.) Von den Redakteuren nach seinem Gegenentwurf befragt, wiederholt Bahro in etwa seine Vorschläge aus der Parteitagsrede, also Orientierung auf gesundes Gemüse und schönes Alltagsleben, auf kleine ländliche oder mittlere städtische Strukturen, auf das Schrumpfen des großindustriellen Sektors. Das ist für seine Gesprächspartner eher Spielerei (so schnell haben sie die Marktwirtschaft begriffen): »Das ist zweifellos interessant, aber – mit Verlaub gesagt – doch blanke Utopie angesichts der gegenwärtigen Lage. [...] Was Sie vorschlagen, kostet doch Geld, anstatt Geld einzubringen. Aus welchen Mitteln soll denn das Projekt finanziert werden?« Da ist Bahro überfragt. Er rettet sich mit zwei Wunschvorstellungen: »Ich meine *einfach eine Revolution* in den Prioritäten unserer Investpolitik. *Wenn wir nur wollen*, können wir ganz anders mit unseren Mitteln umgehen.« (Hervorhebungen von mir, *G. H.*) Und: »Wenn es uns erst gelungen ist, ein neues, schöneres Leben anzufangen, einen ökologischen Sektor wirklich werden zu lassen – wer würde es dann wagen, uns das kaputtzumachen?« Darauf die Redakteure: »Nun, das ist Ihre Auffassung. Es fragt sich nur, ob die Bürger der DDR diesen Weg gehen wollen.« Darauf kann Bahro nichts Schlechteres erwidern als: »Ich räume ein, es könnte sein, daß die Devisen für Bananen knapp werden.«

Das war im wesentlichen seine erste Botschaft, mit der er die revolutionäre und sich gleichzeitig reformierende DDR von ihrem wirtschaftlichen Schlingerkurs Richtung Westen abbringen wollte. Bahro selbst hat Jahre später dies so zusammengefaßt: »Als sich herausstellte, daß mir der Parteitag mit sehr knapper Mehrheit eine halbe Stunde zugestand – sehr viel im Vergleich, eine Viertelstunde zu wenig für meinen Text –, strich ich sofort fast alles vergangenheitsorientierte Politische und ließ nur stehen, was ich an inzwischen soviel tiefer durchdachter ökologischer Grundposition herüberbringen wollte. Es war immer noch zuviel Text, so daß ich – der ich inzwischen öffentlich zu reden gelernt hatte – ihn ziemlich asozial herunterrattern mußte. Mußte, insofern mein entscheidendes Vortragskriterium war, daß jedes wirklich gesprochene Wort nachher anderthalbmillionenmal gedruckt durch das Parteiorgan *Neues Deutschland* verbreitet werden würde.«

Aber dann heißt es noch genauer: »Die Spontaneität meines Auftritts war nur möglich, weil ich hierüber von aller Theorie verlassen war, emotional verleugnen konnte, was ich laut *Alternative* theoretisch wissen mußte: daß es nichts mehr zu reformieren gab, weil das Spiel auf dieser Grundlage in Wirklichkeit schon gänzlich aus war, und schon seit 1968 spätestens.«

Dies schrieb er etwa 1994/95 während der Krankheit – nachdem er Sahra Wagenknecht im Fernsehen ein einziges Mal gesehen hatte und (auch) in ihr sofort den »Typ Rosa Luxemburg« wahrnahm – in einem großen Essay für sie, »ihre Freunde und ihre Partner – diesseits und jenseits von ›Plattform‹ und Partei« mit dem barocken Titel *Das Buch von der Befreiung aus dem Untergang der DDR. Dabei über das scheinbar abseitige Thema Ökologie und Kommunismus, ja über das scheinbar noch viel abseitigere, wie die PDS doch einen Sinn machen könnte.* (Der Essay wird uns noch interessieren.) Da heißt es zusammenfassend zu seinem Auftritt: »So hat mich nicht meine eigene Reife, sondern nur die Wirklichkeit des letzten SED-, des ersten PDS-Parteitags davor bewahren können, noch einmal auf die letztmögliche Illusion zu setzen, die mich denn auch den Monat von Anfang November bis Anfang Dezember '89 über besetzt gehalten hatte: die Illusion von einer möglichen ›Partei der Sozialistischen Erneuerung‹.«

Im *Spiegel*-Interview beendete er diesen Punkt mit der Feststellung: »Der Parteitag war für mich die endgültige Zäsur. Da habe ich begriffen, da ist keine Reformfähigkeit mehr drin. In die PDS wäre ich nie gegangen.« Doch damit war diese Frage für ihn keinesfalls abgetan.

Praktisches: Wohnen und Leben und Arbeiten

Irgendwie mußte sich Bahro in Berlin, genauer in Ostberlin, einrichten. Als ich ihn am 15. Januar – von der »Erstürmung« des Ministeriums für Staatssicherheit kommend – in der Seelower Straße besuchte, herrschte dort Hektik. Bahro saß von Papieren eingedeckt, sprach in verschiedenen Räumen mit verschiedenen Personen, dazwischen wurde telefoniert – es gab weder Ruhe zu einem

Gespräch, noch konnte diese hektische Atmosphäre für Thomas und seine Frau Marianne auf die Dauer erträglich gewesen sein. So zog Bahro bald darauf mit seinem Adlatus Thomas Thiele in eine Wohnung in der nahegelegenen Gleimstraße.

An diese Zeit kann sich Wetzels Tochter Marianne, eine Psychologin, gut erinnern. Sie hatte ihn schon zu DDR-Zeiten öfter gesehen, als er sich mit ihrem Vater über die *Alternative* besprach und das Manuskript bearbeitet wurde. Dann hatte sie das Buch in der hektografierten DDR-Auflage gelesen. Mit Bahros Rückkehr wurde der Kontakt schon wegen der Wohnung enger. Nachdem ihr Lebenspartner, besagter Thomas Thiele, ein Enlightenment in Niederstadtfeld mitgemacht hatte und wie verwandelt wiederkam, versuchte sich auch Marianne Wetzel an dieser Art der Selbsterkenntnis. Und sie hatte ein gutes Verhältnis auch zu Beatrice.

Die durch Bahros West-Übersiedlung abgebrochene (aber nie ganz unterbrochene) Freundschaft mit Volker Braun konnte jetzt mit gegenseitigen Besuchen aufgefrischt und gefestigt werden.

Auch beruflich sollte es eine Neuorientierung geben. Ohne auf Niederstadtfeld ganz zu verzichten, wollte er in Berlin arbeiten – und zwar an der Humboldt-Universität. Schließlich war er habilitiert, hatte mit seiner *Alternative* Weltruhm erlangt, steckte in einem großen internationalen Netzwerk ökologisch orientierter Wissenschaftler und brachte Ideen in die DDR, die zwar – wie die Reaktionen zeigten – in der SED-PDS nicht verstanden wurden, doch an einer Universität auf Resonanz hoffen lassen durften. So entstand die Idee eines eigenen Institutes mit ihm als Professor an der Spitze. Der Weg dahin führte über den Prorektor Dieter Klein, der einst die *Alternative* negativ begutachtet hatte, und den neuen Rektor, den Theologen Heinrich Fink, der bis zu seinem erzwungenen Abgang (IM »Heiner«) als Reformer einen sehr guten Ruf besaß.

Wie mir Fink erzählte, kam Bahro direkt vom Sonderparteitag der SED in die Theologische Fakultät in der Burgstraße und verlangte geradezu, daß die Universität erneuert werden muß und daß die Theologen dabei eine Vorreiterrolle zu spielen hätten. Dann traf sich Bahro mit dem Prorektor, der sich aufgeschlossen zeigte und eine Professur in Aussicht stellte, was nach Rücksprache mit dem Rektor schnell und unbürokratisch als Vorschlag an das Ministerium ging. Das war der hoffnungsvolle Start – was dann an Rückschlägen folgte, wird im entsprechenden Universitäts-Kapitel berichtet.

Ein weiterer erfolgreicher Schritt war die schnelle Herausgabe seiner beiden wichtigen Bücher: Die *Alternative* erschien – mit einem für die DDR geschriebenen Nachwort, ansonsten unverändert – 1990 im gewerkschaftseigenen Tribüne-Verlag, die *Logik der Rettung* kurz darauf im Union-Verlag.

Parallel dazu gab es weiterhin Artikel über ihn, und er gab Interviews: Man ist neugierig, was dieser ehemalige Dissident und einstige West-Grüne den Menschen im Osten zu sagen hat. Und er schont sie (und die fragenden Journalisten) nicht. Er warnt unablässig vor dem westlichen Vorbild, der kapitalistischen Wirtschaft und dem Run auf schickere Autos; er empfiehlt – wie auf dem Sonderparteitag der SED-PDS – den Verzicht auf große Investitionen, die Schließung unrentabler Betriebe, die Umgestaltung der Landwirtschaft, ein neues einfaches Leben. Doch er wird weder von den Befragern noch von der Masse der Leser verstanden. Schnell hat er auch im Osten den Ruf des »Spinners« oder freundlicher den des Utopisten weg.

Noch einmal versuchte er den Gedankenaustausch mit der SED-PDS – diesmal auf einem von ihr arrangierten »Öko-Treff« im Hause des ehemaligen Zentralkomitees. Erneut drückte er seine Hoffnung auf eine ökologische Wende in der DDR aus, warnte vor der Übernahme kapitalistisch praktizierter Marktwirtschaft und verwies auf den – im Weltvergleich gesehen durchaus vorhandenen – Reichtum der DDR, der im einseitigen Bezug auf die Bundesrepublik von der Bevölkerung leicht übersehen werde. Gerade die in der Bevölkerung entstandenen Wünsche nach Westprodukten in jeder Form wurden von Bahro als »deformierte Bedürfnisstruktur« abqualifiziert und den westwarenhungrigen Bürgern ein »unumgänglicher Konsumverzicht« zur Rettung des Gleichgewichts zwischen Mensch und Natur empfohlen. Sein Vorschlag, daß »Klosterwirtschaft-Gesellschaften« Impulse für ein neuartiges Zusammenleben der Menschen aussenden könnten, fand jedoch wenig Aufmerksamkeit (vgl. Martin Woldt: *Vorschläge eines Querdenkers, Junge Welt*, 2.2.1990).

In einem *Tribüne*-Interview vom 2. März benennt er erstmals seinen großen Irrtum: Er sei zurück in die DDR gekommen, weil er hoffte, sie könnte ihre Autonomie bewahren; doch was er statt dessen erfuhr, war die Einsicht in das Illusionäre seiner *Alternative* – er mußte erst das »immer noch Ichhafte und Machtorientierte, das selbstische Projekt an meinem ›Kommunismus‹, an jedem ›Ismus‹« begreifen lernen. (Ob ihn die Interviewer verstanden haben?)

Den inneren Abstand von seinen auf die erneuerte SED gesetzten Hoffnungen gewinnt er in einem kleinen Aufsatz, der die Feststellung vom »gesamtgesellschaftlichen Zusammenbruch« und von der »perfekten Konterrevolution« mit der (maßvoll vorgetragenen) ökologischen Perspektive eines wirtschaftlichen Umbaus zu verbinden sucht. Darin wirft er der SED vor, daß *sie* die Ursache des Untergangs der DDR sei. Und niemand habe sich zu einer »wirklichen Tat, zu einem Bruch der schlechten Kontinuität aufgerafft«, und zum Schluß »sorgte die Partei mit Gregor Gysi durch ihren Fortbestand für jenes Schwarze Loch, in dem alle gesellschaftliche Energie verschwindet, die für eine Alternative gut gewesen wäre«. Seine Rückkehrbilanz: »Hoffte ich, daß sich aus der Substanz der DDR, die sich doch nicht auf ›Stalinismus‹ reduziert, in den nächsten Jahren noch etwas entwickelt, was ganz Deutschland mitverwandelt, so scheint [...] inzwischen schon jede Chance politischer Souveränität verloren.« Und an anderer Stelle: »Was also will ich noch hier? Das eine Deutschland wird sich nach dem nationalen Taumel schnell zur Tagesordnung der ökologischen Krise zurückgezwungen sehen. Ich will Grundlagen ökologischer Politik lehren und über den ökologischen Umbau der zivilisatorischen Fundamente forschen. Dazu wäre ich in Westdeutschland nie an eine Universität gegangen. Macht es noch Sinn, ein Zentrum für Sozialökologie – wie ich das nennen will – an der Humboldt-Universität in Ostberlin, nicht mehr Hauptstadt der DDR, aufzubauen?« (*Alles kommt auf eine ökologische Alternative an*, 100, 102)

Der »Stalinismus« sollte auch das Thema seines akademischen Einstiegs in der Humboldt-Universität sein. Zwischen dem 1. und dem 12. März hielt er vier Vorlesungen mit der Gesamtüberschrift *»Stalinismus« als Gesellschaftsformation?* – sie sind aus gutem Grund nicht veröffentlicht worden. Vom Thema und vom Inhalt verharren sie auf der Stufe der *Alternative* von 1977 (genauer, da es um den Teil I seines Buches geht, auf der Stufe von 1972/73). Jetzt als Vorlesungen sind sie geschwätzig, sprunghaft, wenig durchdacht – vielleicht wirken sie beim gläubigen Zuhören etwas besser, doch beim Nachlesen merkt man, daß sie einfach schlecht sind. Er will den Stalinismus als »Tragödie des menschlichen Geistes« verstanden wissen, doch worin diese bestehen soll, wird nicht gesagt. Den realen Terror erwähnt er nirgends. Stalin erscheint lediglich als der »Ober-Industrialisierer«, und Bahros Gesamturteil soll wohl sein, daß es unmöglich sei, »den Stalinismus unter dem Gesichtspunkt des Moralismus und des politischen Totalitarismus einfach zu verwerfen«. Es muß den Zuhörern schwergefallen sein, aus den wenigen Bemerkungen – bei immerhin vier Vorlesungen – herauszuhören, daß Bahro den Stalinismus *nicht* rechtfertigt. Mehr als alles andere geht es ihm dabei – gut marxistisch – um die »Produktivkraftentwicklung«, und am häufigsten spricht er über die asiatische Produktionsweise – auch dabei vereinfacht er unglaublich.

Geradezu weltfremd erscheint seine Vorlesung vom 12. März – sechs Tage vor den ersten freien Wahlen in der Geschichte der DDR. Er will wie angekündigt zum Thema Demokratie, Verfassung und Regierung sprechen, real befaßt er sich statt dessen hauptsächlich mit geschichtlichen Exkursen, dem Schamanismus, der Pharaonenherrschaft, dem Inka-Staat, und kommt zu dem Zwischenergebnis, daß der glücklichste Zustand für die Regierungskunst bei den Irokesen erreicht worden sei. Wer sich dagegen mit der Frage einer Verfassung für das wiedervereinigte Deutschland befasse, müsse wissen, daß er sich mit einer »toten Ebene« abgebe. Über Demokratie könne man nur sinnvoll reden, wenn es keine Imperative der Technik und Ökonomie mehr für die Gesellschaft gebe – daran schließt sich der Vorschlag an, die Gesellschaft müsse wieder so konstituiert werden wie auf der Stammesebene. Auf eine eigenartige Weise verteidigt er die alte DDR: *Im Prinzip* habe es im Sozialismus die gesamtgesellschaftliche Verfügung über die Wirtschaft gegeben, *im Prinzip* war das Herangehen richtig. Während er solche marxistischen Phrasen in seiner *Alternative* noch analytisch betrachtet und widerlegt hatte, ist er sich jetzt nicht zu schade zu behaupten, daß »die DDR-Verhältnisse nicht weiter von der Wahrheit entfernt lagen als die in der BRD« – und er sei zu diesem Ergebnis durch eine »intuitive Gesamtrechnung« gekommen. Für viele Zuhörer war dies einfach nebulös und regressiv und kein Beitrag für die neuen, demokratischen Verhältnisse.

»Stalinismus« und SED sind auch Themen seines Nachwortes zur DDR-Ausgabe der *Alternative*. Den einen verteidigt er wieder mit einem falschen Bild: Der Stalinismus sei eine Larve gewesen, in der ein Schmetterling verborgen gewesen sei (548), und Bahro wendet sich – aus welchen Motiven und aus welchen Erkenntnissen eigentlich? – gegen die »herrschende Meinung«, daß diese Periode nichts gebracht habe, um die Menschheitsprobleme zu lösen (557). Gegen die SED ist er jetzt hart: Sie ist zu nichts mehr gut, sie muß als Partei verschwinden. »Sie *ohne* Kontinuitätsbruch – samt Apparat und samt halb feudal, halb asiatisch erworbenem Eigentum – reformieren zu wollen, gehört zum Krankheitsbild. Jede ›Plattform‹, die sich im Augenblick der äußersten ideologischen Beliebigkeit noch auf die Partei bezieht, zeugt den Krebs mit fort. Was wir heute als SED-PDS sehen, ist nur die um ein weiteres Stadium fortgeschrittene Agonie.« (555f.) Und in einem unfreundlichen Bild heißt es abschließend dazu: »Man kann nicht auf einer Müllkippe biologisches Gemüse anbauen.« (556) Dabei verabschiedet er sich auch von einem tragenden Gedanken der *Alternative*, wenn er feststellt, daß die Idee eines »Bundes der Kommunisten« jetzt obsolet geworden sei (554). Aber er hat seinen Glauben an den Kommunismus nicht aufgegeben. Er erinnert daran, daß er in einer »Report«-Sendung Mitte November 1989 seine Rückkehr in die DDR ankündigte und auf die Frage von Franz Alt nach seinen Themen im Osten geantwortet habe: Kommunismus und Ökologie. Und das sei eben »das Thema der Epoche: Kommunismus und Ökologie, oder besser umgekehrt: Ökologie und Kommunismus« (558). Und damit positioniert er sich als alt-neuer Bahro für die Leser in der DDR: Wer immer dieses Buch durchgelesen habe, werde spüren, »daß es unmöglich wäre, ihm durch eine aktuelle Redaktion den Kommunismus auszutreiben. [...] Es ist aus einem Glauben geschrieben, und der Berg ist nicht erloschen.« (557) Aber: Sein Denken ist inzwischen komplexer geworden. Der Kommunismus bleibe die »einfache Lösung« für die *ökonomische* Dimension (das war ja der Grundgedanke seines Buches), doch *politisch* gehe das nicht – wie einst angenommen – kollektivistisch, »sondern nur als Republik der Könige und Königinnen, wie sie unsere größten Aufklärer verlangt haben. *Geistig-geistlich* setzt das aber die innere Befreiung voraus, zu der uns jene Meister den Weg gewiesen haben: den Weg des Ich-Entwerdens, der Selbst-Vergessenheit.« (559) Und so endet das Nachwort folgerichtig mit einer dem Alten Testament nachempfundenen Prophetie: »Wenn sich der Sturm aus der Tiefe der menschlichen Wesenskräfte erhebt, vergeht die Anziehungskraft der Konsumtempel in einer Nacht.« Dann spendet er abschließend Trost: »Wir mögen jetzt in der DDR an einem Ende sein – vor allem sind wir an einem Anfang.«

Dieses Glitzerspiel verschiedener Facetten aus alter und neuer Zeit setzt er bei vielen Gelegenheiten fort.

In der *Jungen Welt* vom 3./4. November 1990 entzieht er sich im

Interview einer (für die Leser und überhaupt für die ihm skeptisch Begegnenden sicher hilfreich gewesenen) Positionierung: »Ich verstehe mich nicht als Linker, bin aber auch nicht das Gegenteil von links.« Und auf die spätere Frage »Ich denke, Sie sind Materialist?« antwortet er unbefangen: »Nein. Ich bin auch nicht das Gegenteil.« Das sorgt nicht gerade für Klarheit. Aber zwischen diesen beiden Antworten präludiert er bereits ein Thema, das der Interviewer zwar nicht aufgreift, das aber bald darauf zu einem Topos wird, Bahro zu den Rechten zu zählen. Als er zur »nationalen Frage« etwas sagen sollte, wendet Bahro dies zu einer Kritik an den GRÜNEN, die nach seiner Meinung genau deswegen für die westdeutsche Bevölkerung eine Enttäuschung seien, weil diese Partei das »nationale«, und damit auch das »›völkische Moment‹ nicht bedient« habe. In diesem Zusammenhang kommt er dann auch auf den schon zitierten »grünen Adolf« zu sprechen. (Was Bahro damit meinte und was daraus wurde, ist im Kapitel *Politische Auseinandersetzungen* nachzulesen.)

Ich bin der Chronologie vorausgeeilt, um seine ersten öffentlichen Statements einigermaßen zusammenhängend wiederzugeben.

Jetzt folgt ein für ihn wichtiges Ereignis, zu dem er auch eine bemerkenswerte Erklärung abgibt.

Die Kassationsverhandlung vor dem Obersten Gericht der DDR (Juni 1990)

(G. H.)

Ziemlich genau zwölf Jahre nach dessen Verurteilung mußte sich das Oberste Gericht der DDR erneut mit Bahro beschäftigen – diesmal um das Schandurteil von 1978 zu kassieren und ihn freizusprechen. Man trat in Maximalbesetzung an: der amtierende Präsident des OG als Vorsitzender, dazu vier Oberrichter als beisitzende Richter, weiterhin ein Oberrichter als Vertreter des Präsidenten des OG und der Stellvertreter des Generalstaatsanwalts der DDR. Verhandelt wurde der Kassationsantrag des Präsidenten des OG vom 4. April 1990. In diesem wurde – als Beitrag zur neuen Rechtsstaatlichkeit der Noch-DDR – de jure festgestellt, daß die damalige Entscheidung des Stadtgerichtes »durch fehlerhafte Anwendung« das Gesetz verletzt habe und deshalb auch die Verwerfung der Berufung durch das Oberste Gericht nicht gerechtfertigt gewesen sei. Die Kritik geht sogar soweit, daß die rechtliche Beurteilung der Bahro vorgeworfenen Handlungen »als Verbrechen gem. § 98 Abs. 1 StGB [...] aus mehreren Gründen unrichtig« sei. Kritisiert wird ferner, daß sich das Gericht in der Beweisführung auf ein Gutachten (des IPW) stützte, obwohl zwischen den dort dargelegten Beziehungen westlicher Medien und Nachrichtendienste und der Veröffentlichung der *Alternative* kein »für die rechtliche Beurteilung [...] erkennbarer Zusammenhang bestand«. Die Interpretationen von Bahros Texten durch das Stadtgericht und das Oberste Gericht hätten sanktioniert, »daß öffentlich geäußerte Kritiken strafrechtlich geahndet werden« konnten – was »jedoch Artikel 27 Abs. 1 der Verfassung der DDR« widersprochen habe. Schließlich wird der wohl anrüchigste Punkt der einstigen Anklage, der »Geheimnisverrat« wegen der Nichtnennung von neun Besitzern des Anhanges der Dissertation zurückgewiesen: »Angesichts der zweifelhaften Feststellungen über alle Umstände [...] durfte nicht vom Vorliegen einer Straftat gemäß § 245 StGB ausgegangen werden.« Nach all diesen Einsichten – die Bahro und sein Verteidiger schon 1978 vorgetragen hatten – stellte nun der amtierende Präsident des Obersten Gerichtes fest: »Der Angeklagte hätte gemäß § 244 StPO freigesprochen werden müssen.«

Prinzipieller als in dieser erstaunlichen Selbstkorrektur eines DDR-Gerichts durch ihren höchsten Richter wurde in der Verhandlung der professionelle Ankläger – der stellvertretende Generalstaatsanwalt der DDR. Man glaubte seinen Ohren nicht zu trauen, als aus dessen Mund (denn er war ja zu SED-Zeiten bereits einer der höchsten DDR-Juristen) zu hören war, »daß aus heutiger Sicht selbst schon die Rechtsgrundlage der Verurteilung [...] in Zweifel zu ziehen ist«. Und er erläutert: »Das Sammeln bzw. Übermitteln von Nachrichten, die nicht geheimzuhalten, jedoch geeignet sind, eine gegen die DDR oder andere friedliebende Völker gerichtete Tätigkeit zu unterstützen, als Staatsverbrechen auszugestalten, sprengt schon aus normativer Sicht die Maßstäbe der Rechtsstaatlichkeit.« Weiter heißt es: »Die Verurteilung von Rudolf Bahro wegen Sammlung von Nachrichten ist nach meinem Dafürhalten nicht allein Ausdruck mangelhafter Anwendung des § 98 StGB, sondern auch Ausdruck des Mangels an Rechtsstaatlichkeit dieser Norm, ihrer unzulässigen Dehnbarkeit, ihrer Untauglichkeit für die Rechtspflege.« Zum damaligen Anklagepunkt des Geheimnisverrats (gemäß § 245 StGB) heißt es nun, »daß der Wortlaut des Tatbestandes zwar formal erfüllt war, die Handlungen des damaligen Angeklagten jedoch weder subjektiv noch objektiv den Charakter einer Straftat hatten« (also genau das, was Bahro 1978 gegen das Gericht vertreten hatte). Schließlich stellte der stellvertretende Generalstaatsanwalt fest, daß es keines Scharfsinnes mehr bedürfe, um zu der Erkenntnis zu gelangen, daß »die Verurteilung von Herrn Bahro gröbliches Unrecht war. Die Fehlleistung von Staatsanwaltschaft und Gericht ist peinlich und beklagenswert.«

Was sollten angesichts von soviel verspäteter Einsicht und Selbstkritik der Anwalt Gysi und sein Mandant Bahro noch sagen?

Gysi, inzwischen ein prominenter Politiker (und Medienstar) benutzte die Gelegenheit zu einer prinzipiellen Betrachtung der damaligen Politik und Justiz. Er würdigte zuerst den Mut und die Konsequenz Bahros, seine politischen Ideen trotz der ihm bekannten strafrechtlichen Maßnahmen öffentlich eingebracht zu haben. Wenn – so heißt es weiter – das Buch *Die Alternative* damals in der DDR erschienen wäre, hätte dies die Chance einer demokratischen Erneuerung des Sozialismus bedeuten können. Deshalb war die Verurteilung Bahros letztlich auch eine Tat gegen den Sozialismus. Das Ganze war von Anfang an ein politischer Prozeß – trotzdem habe man ihn nicht wegen Hetze (§ 106 StGB) verurteilt, weil nämlich mit

Blick auf die Öffentlichkeit die Absicht bestand, aus einem Dissidenten einen Kriminellen zu machen. »Damit sollte nicht nur eine politische Auseinandersetzung verhindert werden, sondern jemand, der sich politisch auseinandersetzt, auch noch politisch diskreditiert und kriminalisiert werden.«

Des weiteren ging er auf die damaligen Anklagepunkte ein und stellte fest (was schon 1978 klar war), daß »beide Tatbestände nicht erfüllt« waren – wodurch natürlich auch die Verantwortung der Justiz neu gesehen werden müßte. (Und er deutete an, daß die Staatssicherheit das ganze Vorhaben Bahros vorher gekannt haben müsse und daß offensichtlich ein Interesse bestand, es nicht zu verhindern.)

Nach seinen Anträgen auf Freispruch und Haftentschädigung heißt es abschließend: »Vor allem aber ist nicht wiedergutzumachen, daß eine im Interesse von Millionen Menschen in der DDR gelegene Chance zur demokratischen Umgestaltung, wenigstens zur demokratischen Diskussion der Verhältnisse in der DDR im Jahre 1978, ungenutzt blieb. Kriminell war nicht der Angeklagte, kriminell war die Art und Weise, wie gegen ihn vorgegangen wurde.«

Bahro verzichtete in seiner Rede auf jeden Triumph, statt dessen bemerkte er, daß die ganze Angelegenheit für ihn eher traurig und tragisch sei: Es sei damals eine Farce gewesen – aber mit Substanz, und es sei heute eine Farce – ohne Substanz. Und er erläutert jene Farce, die darin bestand, daß damals der Richter ihm stundenlang Zitate aus der *Alternative* und der Dissertation vorlas und jedesmal fragte, ob er das geschrieben habe. (Bahro bissig: »Wahrscheinlich ging es darum, daß es mir ja der Lektor hätte reingeschrieben haben können in das Buch.«) Und die Substanz der Farce sollte darin bestanden haben, daß – »Honecker (ich meine da nicht nur die Person) recht hatte. Nämlich der real existierende Sozialismus, die Ordnung, für die ich mich so eingesetzt habe, war tatsächlich so beschaffen, daß Kritik meiner Art den Abgang des Ganzen zur Folge haben würde. Ich habe die Konterrevolution mit organisiert, mit der *Alternative*.« (Bahro hat, mit Ausnahme des Terminus, recht. Was er beim Schreiben des Buches noch nicht wußte, sagt er hier: daß »jeder Bruch mit diesen despotischen Strukturen, die aus der russischen Revolution hervorgegangen sind, die Preisgabe des [sozialistischen oder kommunistischen] Ganzen bedeutet«.) Und zur aktuellen Farce: Das »Zweifelhafte an der jetzigen Veranstaltung ist: [...] Das Subjekt (im geschichtlichen Sinne) ist weg, das mich damals verurteilt hat. Es ist ein Machtwechsel und nicht ein Wechsel im Recht, der das hier jetzt erklärt.« (Damit hat er die politische Kehre des Obersten Gerichtes zur Rechtsstaatlichkeit als »Farce ohne Substanz« sowohl anerkannt als auch abgewertet!)

Und er verriet erstmals in der Öffentlichkeit auch ein sehr subjektives Motiv seines Handelns und seine tiefste Angst: »Ich habe die ganzen Jahre bis zur Verhaftung wirklich nicht vor der Verhaftung gebangt und nicht vor den Jahren [der Haft] Angst gehabt, sondern davor, daß die mich erwischen, ehe ich berühmt genug geworden bin. Das war das Innerste. [...] Wir sind mit *uns* identifiziert, statt mit der großen Sache. Und auf die große Sache bin selbst ich damals nur gekommen über das Bedürfnis, auch im Lexikon zu stehen.« Und er reißt sich – statt eine Heldenpose einzunehmen – die ganze Seite auf und wirft sich aus egoistischen Motiven ein Versagen angesichts des Einmarsches der Warschauer-Pakt-Staaten am 21. August 1968 vor: »Also, weil ich ja noch nicht fertig war mit meinem Denkmal, habe ich mich nicht erhoben in den Monaten, in denen es wirklich darauf ankam, wo wir den Tschechen hier hätten an die Seite treten müssen.« Hier stolpert Bahro über seine eigenen Maßstäbe und hat in einem Anfall von Sündenbewußtsein weggeschoben, daß er offen und mutig den »Prager Frühling« verteidigt, die Invasion verurteilt hatte und daß seine Motive zur Analyse des Sozialismus (und damit zur Entstehung der *Alternative*) auch und nicht zuletzt sachlich-politischer Art waren (und dabei die Chance, ins Lexikon zu kommen, nicht gerade groß gewesen ist).

Direkt an das Richterkollegium gewandt, beendete er sein Nachdenken mit der sicherlich zutreffenden Vermutung: »Wenn es Sie getroffen hätte, da [im Prozeß 1978] Richter und Staatsanwalt sein zu sollen – ich glaube nicht, daß Sie ein anderes Urteil getroffen hätten.«

Damit wurde die Hauptverhandlung unterbrochen, sie hatte ganze 75 Minuten gedauert. Drei Tage später, am 16. Juni, erging das Urteil: Aufhebung der Entscheidung des Stadtgerichtes vom 30. Juni 1978 und des Beschlusses des Obersten Gerichtes vom 1. August 1978, Freispruch des Angeklagten.

Die achtseitige Begründung stützte sich dann weitgehend auf den Kassationsantrag des Präsidenten und war nicht frei von offensichtlichen Fehlern.

Wenigstens ging aus dem Urteil klar hervor, daß der § 98 mißbraucht worden war, um politisch Andersdenkende zu verfolgen (besser hätte es heißen müssen: *gebraucht*) und daß entgegen der praktizierten Rechtsprechung es keinen rückwirkenden Geheimnisverrat geben kann (was übrigens jeder Jurist auch vorher wußte).

So erhielt Bahro letztlich Recht in allen Punkten. Warum es aber zu diesem Fehlurteil gekommen war, erwähnten weder der Staatsanwalt noch der Verteidiger noch die Richter. Ungenannt von allen Beteiligten blieben die SED und ihr langer Arm, das Ministerium für Staatssicherheit. Nur Bahro traf beinahe den Grund seiner Verurteilung, als er die Vermutung äußerte, daß seine Kritik an den despotischen Zuständen auch das Ende jener Zustände selbst hervorrufen mußte. Aber nur beinahe: Denn in der Herbstrevolution hatte die *Alternative* keine unmittelbare Rolle gespielt. Doch in den Jahren zuvor hatte sie dazu beigetragen, eine große Reihe kritischer Köpfe aufzuklären, das Bewußtsein ihrer eigenen Subalternität zu verdeutlichen und aufzubrechen. Sie hat die Überzeugungen vieler Akteure von 1989/90 herausgebildet oder vertieft und damit auch den Untergang der DDR und ihres autoritären Sozialismus vorbereitet. (Für jemanden wie Bahro, der die DDR nicht abschaffen wollte, sondern verbessern, war dies ein durchaus »konterrevolutionäres« Resultat.)

Das *Neue Deutschland* brachte am 14. Juni einen Bericht von der Verhandlung – übrigens mit der Legende, daß Gysi 1978 Freispruch gefordert hätte – und ein Foto von Bahro mit seinem Anwalt, zwei Tage später dann nur noch eine Neun-Zeilen-Notiz vom erfolgten Freispruch durch das Oberste Gericht. Andere Zeitungen fanden diesen Freispruch bestenfalls einer kurzen Meldung wert.

Das Ganze hatte sechs Jahre später ein weiteres rechtsstaatliches Nachspiel – da ging es um den Prozeß gegen den Staatsanwalt und die Richter im Bahro-Prozeß von 1978. Auch hier spielte Bahro eine ungewöhnliche Rolle (vergleiche das Kapitel *Politische Auseinandersetzungen*).

Was mit dieser Rehabilitierung eng zusammengehören würde und doch nicht geschah: Die PDS hat sich – anders als in den Fällen von Bloch und Havemann oder vielen anderen – nicht bei Bahro für die Handlungen der SED entschuldigt, vermutlich allein aus dem Grunde – wie ich von der Schiedskommission und aus dem Archiv der PDS erfahren habe –, weil kein entsprechender Antrag vorgelegen hat. (Zwei Jahre später wird sich zeigen, was Bahro gewollt hat: die *menschliche Versöhnung* mit Erich Honecker – dazu ebenfalls mehr im Kapitel *Politische Auseinandersetzungen*.)

Der »Mittwochskreis« (1990–1993)

(G. H.)

Die Idee zu einer erst lockeren, dann später auch festeren Gemeinschaft auf Ostberliner Boden entstand zweistufig: zuerst Ostern 1990 während eines Seminars in Niederstadtfeld, dann (nach einigen Probeläufen) während eines Aufenthaltes in Italien im Oktober desselben Jahres. Was Bahro wollte, war in der aufgebrochenen DDR und den teils begeisterten, teils verschreckten, nach neuer Orientierung suchenden Menschen einen Kern von Gleichgesinnten zu finden, sie aufzuklären durch seine Vorstellungen von der Weltkrise und von einer erneuerten Gesellschaft. Dabei war er sehr darauf bedacht, in diesen Kreis keine gleichgesinnten Westdeutschen aufzunehmen – zu der Idee gehörte also eine Art Vergeltung für seine bundesdeutschen Erfahrungen und eine neue Missionierung. Begonnen hat es so:

Am 2./3. März gab es mit großer Beteiligung ein Wochenendseminar mit einer Podiumsdiskussion unter dem Titel *Deutsch-deutsche Visionssuche* im Westberliner Stadt-Haus Böcklerpark – u.a. mit Rainer Langhans, Petra Kelly, Eva Quistorp, Bärbel Bohley, Jochen Kirchhoff und Rudolf Bahro.

In einer Seminarpause holte letzterer alle Leute aus dem Osten zusammen – hier sah er das erste Mal Marina Lehnert, die später seine (dritte) Frau werden sollte – und lud sie zu einem einwöchigen Seminar *Grundlagen ökologischer Politik* nach Niederstadtfeld (13.–19. April) ein.

Über dieses Seminar gibt es einen Bericht von Marina Lehnert: »Im großen Kreis saßen wir beisammen, auf weißen Wollteppichen, auf Sitzkissen und Meditationshockern, ungefähr 30 Menschen aus der DDR, mit nur Reinhard Spittler, Beatrice und Rudolf Bahro aus der Lernwerkstatt. Gäste: der Soziologieprofessor Christian Sigrist aus Münster, die Tanz- und Bewegungstherapeutinnen Johanna Deurer und Ingrid Borate aus München. Reinhard begrüßte uns mit einem Gedicht von Hölderlin. In den Saal, dessen besondere Atmosphäre uns beim Eintreten sofort berührte, zog Heiligkeit, nicht die der Kirchen – es war die Heiligkeit des Menschen, des menschlichen

Geistes, der bereit ist, liebevoll zu wirken. Wir erlebten eine festliche Woche. Die Tage waren erfüllt durch Begegnungen vieler Art. Als ganzen Menschen habe ich mich dort erfahren, und die anderen mit mir.« (*Rückkehr*, 313f.)

Was da im einzelnen geschah: »Die Körperübungen mit Johanna und Ingrid ließen uns erleben, daß Körper und Geist eine Einheit sind, wir nicht gespalten sein müssen, daß unsere Gefühle Wirklichkeit sind, wir unsere Lebensenergie aktivieren können. Verkrampfungen in Körper und Geist lernten wir durch Übungen zu überwinden [...] Das Zusammenwirken von Körperübungen, Yoga, Meditation, Tanz und geistiger Anspannung beim Zuhören und im Gespräch erhöhte unsere gesamte Aufnahmefähigkeit auf ungeahnte Weise [...] Alles bildete eine wunderbare Einheit.«

Das tägliche Programm begann mit einem »Sonnengebet«, dann gab es Vorträge von Bahro oder Sigrist, nach dem Essen folgten die genannten Übungen, erneute Vorträge – oft ging die Diskussion bis Mitternacht. Und das Resümee von Marina: »Wir lernten dort eine neue Lebensform kennen. [...] In vielen wuchs der Wunsch, die eigene Lebensweise zu ändern. Wir sind dichter aneinander gerückt, verbringen den Tag anders als früher.« (Ebd.)

Das was Bahro sich vorgenommen hatte, war die Gründung einer »Wissenschaftskommune«, in der Erkenntnisarbeit, Selbsterkenntnis, spirituelle Übungen eine untrennbare Einheit bilden sollten. Er war Realist genug, um zu wissen, daß dies nicht im Rahmen einer Institutsgründung an einer Universität geschehen konnte. So suchte er den Standort dieser Kommune an vielen Orten, nur nicht in Berlin in Universitätsnähe. Trotzdem verband er seine antiuniversitäre Grundhaltung mit der Erwartung, daß dieses ungewöhnliche Unternehmen von der Universität finanziert wird. Nur deshalb beschäftigte er sich – beraten von der aus Saarbrücken nach Berlin übersiedelnden Soziologieprofessorin Marina Lewkowicz – mit Konzeptionen für eine Institutsbildung, die den Gedanken seiner »Wissenschaftskommune« etwas kaschierten. Doch wie mir Reinhard Spittler versicherte, war ihm die Kommune – und diese entstand allmählich als »Mittwochskreis« – anfangs wichtiger gewesen als ein Institut. Was er erreichen wollte, steckte in seiner Fragestellung: Wie kann man Menschen so beeinflussen, daß sie bereit sind, für eine Erneuerung zu arbeiten? Dazu brauchte er große öffentliche Vorlesungen und ein festes Zentrum.

Was also in den nächsten Wochen und Monaten folgte, läßt sich nicht scharf einordnen, ob es mehr zur Gründung eines Instituts oder zur Herausbildung einer festeren Gemeinschaft gehört. Ich behelfe mich so, daß ich das mehr Gemeinschaftliche in diesem, das mehr Akademische im nächsten Kapitel darstelle. Bei den jetzt folgenden beiden Vorbereitungstreffen läßt sich jedoch nichts trennen.

Im Anschluß an das Ökologie-Seminar zu Ostern in Niederstadtfeld kam es in Ostberlin, und zwar in einem Raum der Akademie der Künste, für ein Wochenende (18.–20. Mai) zu einem Vorbereitungstreffen, bei dem mit ca. 40 Teilnehmern die Institutsgründung weiter bedacht wurde – bereits stilvoll eingebunden in Atemübungen, Meditationen und Eurhythmie. Ob dieser ungewöhnliche und natürlich auch ehrgeizige Plan ein Stück umgesetzt werden konnte, läßt sich schwer abschätzen, es gab Interessenten, die auf eine Stelle in diesem Institut hofften – und hält man sich an den kurzen Bericht von Karin Wolf (*Rückkehr*, 316), dann lichteten sich am zweiten Tag die Reihen recht stark. Doch ein zweites Vorbereitungstreffen am 20./21. Juni, diesmal in der großen Wohnung von Ekkehard Maaß, einem Liedersänger und Nachdichter (etwa Bulat Okudshawas), in der Schönfließer Straße, brachte ein wenig mehr Klarheit. Später traf man sich in der Bahro-Thiele-Wohnung in der Gleimstraße, die anfangs auch das »Institut« beherbergen mußte. Nach Marina Lehnerts Erinnerungen stabilisierte sich der Kreis bei etwa 20 TeilnehmerInnen. Ich nehme an, daß die therapeutische Funktion eine große Rolle spielte.

Einer der nächsten gemeinsamen Höhepunkte war im Juli eine »Enlightenment Intensive« genannte Begegnung in Niederstadtfeld unter Anleitung der Psychotherapeutin Karin Reese. In einer Vorlesung empfahl Bahro dies direkt als Methode »zur Durcharbeitung unserer Tiefenschichten« und beschreibt das so: »Es handelt sich darum, daß man sich inständig fragt: ›Wer bin ich?‹ Das sind 4 Tage strenges Exerzitium, an dem beispielsweise etwa 20 Personen beteiligt sind. Unter einer Anleitung sitzen sich jeweils 2 Menschen gegenüber, die sich für 40 Minuten gewählt haben und nun gegenseitig fragen: Wer bist du? Alle 5 Minuten wechselt die Szene, und die bisher befragte Person übernimmt ihrerseits das Fragen. Wir können laut antworten, können aber auch schweigen in den Spiegel hinein, der das Gegenüber ist.« Das wurde in einer öffentlichen Studium-generale-Vorlesung besprochen und noch erläutert, bis hin zu seinen persönlichen Enlightenment-Erfahrungen – daran zeigt sich, wie zwanglos sein Geist zwischen einer spirituell gedachten Gemeinschaft und seiner akademischen Veranstaltung (die mit der Zeit immer mehr in die Nähe eines »event« geriet) hin und her ging.

In den schriftlichen Hinweisen von Karin Reese heißt es dazu: »Es ist eine Übung für Menschen, die bereit sind, ihre eigene Mündigkeit anzuerkennen und aus eigener Kraft an der vorgegebenen Leitfrage ›Wer bin ich?‹ zu reifen. Vorausgesetzt ist die Entschlossenheit, sich selbst auf den Grund zu gehen, ein wacher Wille, Außenlenkung und Selbstbestimmung immer sicherer zu unterscheiden. Es geht um Loslösung aus Projektion und symbiotischer Vermischung, um treues Aushalten geschauter Wahrheit über Licht und Schatten der eigenen Existenz.« Zu den Exerzitien gehörte neben dem Fragen, dem »Koan« (zwölfmal 40 Minuten am Tag), das makrobiotische Essen, das Verbot von Alkohol und Zigaretten, der tägliche Spaziergang im völligen Schweigen. Viele aus dem »Mittwochskreis« haben in Niederstadtfeld oder bei den Wiederholungen im November, diesmal im östlichen Birkenwerder (bei Oranienburg), oder im Dezember in Hirschluch (bei Storkow) oder zu späteren Zeiten, diese Selbstfindung erlebt – meist positiv.

Wie gesagt: Mittwochskreis und Institutsgründung liefen eine Zeitlang parallel. Wie beides ineinandergriff, zeigt auch ein internes Papier Bahros, betitelt *Arbeitsform des Instituts für Sozialökologie*:

1. Eröffnungskolloquium (verbal) *Wissenschaft und ökologische Krise*
2. Kolloquium
   a) (in Niederstadtfeld – kleiner Kreis) *Selbstorganisierte Kommunitäten* – Johan Galtung
   b) (in Berlin – großer Kreis) *Weltregiment – große UNO* – Richard Falk (Enzyklopädist)
3. Enlightenment Intensive – Karin Reese
4. *Tai Chi ... und der Geist des Laudse* – Klaus Moegling
5. Studium generale (mit ca. 15 Vortragenden) und Seminaren.

(Wäre dieser Plan zufällig in die Hände der Universitätsleitung gelangt – es wäre wohl nie zu einer Institutsgründung gekommen.)

Im Oktober fuhr ein Teil der Gruppe auf Einladung über den Südtiroler GRÜNEN Alexander Langer nach Città di Castello (Umbrien), um an der »Messe konkreter Utopien« teilzunehmen. Dort – so schreibt Maik Hosang – »während der Italienfahrt, in einer vormittäglichen Runde auf dem Weinberg vor der Villa Sacro cuore, verabredeten wir wöchentliche Begegnungen außerhalb des Universitätsbetriebes. Und so begannen sie dann, zweckmäßigerweise mittwochs am Abend, da zuvor sich ohnehin mehrere meist zum Seminar trafen.« Die ersten dieser Treffen fanden wieder in Bahros Wohnung statt, dann zog man zu verschiedenen anderen Teilnehmern, bis sich ein ziemlich fester Ort in der Wohnung von Thomas Thiele unmittelbar neben der Gethsemanekirche und später in Bahros neuer Wohnung in der Paul-Robeson-Straße im Prenzlauer Berg fand (doch man traf sich auch in der Canopus-Buchhandlung in der Husemannstraße). Wie es dort zuging, berichtet wieder Maik Hosang: Kaum ein Abend ähnelte einem anderen, doch an Ritualen entstanden allmählich das »Hören einer Musik, Befindlichkeitsrunden, einfaches Essen, Gespräch und Austausch über Ach und Wehe des Universitätsinstituts«. (*Rückkehr*, 325). Anders erlebte die Sekretärin Barbara Hohenberg diese Abende: Die »Befindlichkeitsrunden« hätten die Probleme, die die Teilnehmer miteinander hatten, meist unter den Teppich gekehrt, es sollte ja Harmonie entstehen, es wurde wenig Konkretes besprochen, man wartete darauf, daß etwas Kluges gesagt wird – doch meist kam nichts.

Von der Reise zur »Messe konkreter Utopien« am 8. Oktober 1990 nach Berlin zurückkehrend, ging die Gruppe direkt vom Zug zur ersten Vorlesung des neu ernannten Professors ins Audimax der Humboldt-Universität.

Ein weiterer Treffpunkt der Gruppe – »nicht für alle Tage, doch für nicht-alltägliches Tun« – wurde in einem Haus im Westberliner Grunewald durch die Soziologin Marina Lewkowicz geschaffen. Hier wurde gemeinsam der Jahreswechsel 1990/91 gefeiert, gab es eine »Liturgische Nacht« zum Ausklang des Wintersemesters (übrigens ausgedehnt auf 26 Stunden), hier traf man sich zum Nachdenken über den Golfkrieg. Ein Höhepunkt war ein einwöchiges Seminar »Drama der Geschlechter am Beispiel von Mozarts Opern« im Frühling 1991 mit Vorträgen von Bahro, Jochen Kirchhoff und Marina Lewkowicz, dem Anhören der kompletten Opern und anschließenden Analysen.[14] Der theoretische Hintergrund dieses »Sinnesfestes« war natürlich, die Spiritualität Mozarts sichtbar zu machen, der praktische: die Liebes- und Beziehungsprobleme in der Gruppe zu thematisieren. Wie Spittler sich erinnert, war es eine sehr geglückte Woche, man ging auch später – schließlich war es das Mozart-Jahr – gemeinsam in die Harry-Kupfer-Inszenierung des *Don Giovanni* in der Komischen Oper.

Kurz darauf wurde – ebenfalls im Grunewalder Haus – am 21. April die »Gemeinschaft für Sozialökologie« (Vereinsregister-

Eintrag 15.10.1992) gegründet, die den »Mittwochskreis« nicht ersetzen sollte, sondern die Funktion hatte, als eingetragener Verein die juristische Person für Antragstellungen abzugeben – etwa für ABM-Stellen oder für die spätere Gründung des LebensGutes Pommritz (siehe dazu das entsprechende Kapitel).

Die Präambel verrät noch nicht die praktische Absicht: »Die Gemeinschaft für Sozialökologie ist ein Zusammenschluß von Menschen, die einen Weg aus der ökologischen Krise suchen. Da sie diese als eine Krise der menschlichen Existenz begreifen, wollen sie durch die Verbindung von Wissenschaft, Spiritualität und Körpererfahrung nach alternativen individuellen und gemeinschaftlichen Lebensformen suchen. Die Gemeinschaft ist ein Versuch, sich vom konfrontativen, egozentrischen und moralisierenden Geist der Gegenwart zu befreien. Einzelnes und Gemeinschaftsleben sollen Antwort finden auf die in unserer Zivilisation wirkenden selbstzerstörerischen Kräfte. Es ist der die Gemeinschaft vereinende Gedanke, daß die ökologische Krise nur im Menschen selbst überwunden und durch Veränderungen unserer gewohnten Lebensweise gelöst werden kann.«

Neben diesem etwas gestelzten Text ist der § 2 der Satzung (Ziel und Zweck des Vereins) deutlicher: »Sie [die Gemeinschaft] dient der Kommunikation zwischen Frauen, Männern und Kindern, die ihr Wirken auf ein friedliches soziales Miteinander von Menschen unterschiedlicher Religion, Wissenschaft, Bildung, Kunst und Politik für ein neues Denken und einen friedlichen Umgang der Menschen untereinander und mit der Natur einsetzen; die sich um neue wie auch traditionelle Formen des Zusammenlebens bemühen; und die nach achtungs- und liebevollem Zusammensein der Generationen und Geschlechter suchen.«

Etwas besser versteht man den »Mittwochskreis« noch dank einer krisenhaften Situation, die Ende 1991 zu einer Selbstreflexion führte. Dieser Zeitpunkt war bestimmt durch langsam sich anhäufende Probleme bei den einzelnen Teilnehmern wie der Gruppe insgesamt. Ein reichliches Jahr war vergangen seit der internen Institutsbildung, seit dem Beginn der Vorlesungen und – überwiegend schmerzhaft erlebt – seit der Wiedervereinigung und damit einem Leben in einer westlich-kapitalistischen Gesellschaft. Zur Klärung der Befindlichkeit und der Perspektive des Kreises wurde für den 11. Januar 1992 ein Treffen (in Zeesen bei Königs Wusterhausen) anberaumt, für das sich die Teilnehmer etwa folgende Fragen beantworten sollten: Welche Vorstellungen und Erwartungen hatte ich für das Institut? Sind sie bis jetzt erfüllt worden, bin ich enttäuscht worden? Wie stelle ich mir unsere Institutsarbeit in Zukunft vor? 22 Antworten kamen zusammen – von 13 Frauen und von neun Männern, unter ihnen auch Rudolf Bahro. Mit ihm einsetzend, soll die Atmosphäre des Kreises beschrieben werden.

Er schildert, wie er sich 1987 nach der Begegnung mit Beatrice für die kommunitäre und familiäre Perspektive in Niederstadtfeld entschieden hatte, daß dann Hannah geboren wurde, die durch ihre langsame und etwas behinderte Entwicklung ihn besonders brauchte, so daß er sich ihr im ersten Jahr (1988/89) ganz intensiv hingab. Doch dann sei der »Anruf« gekommen, »der von dem Untergang der DDR und dem unerwarteten Verlauf des sowjetischen Reformprozesses für mich ausging«, und habe sein Leben auseinandergerissen. Fast zwanghaft sei er in die DDR zurückgekehrt, doch ebenso stark hätten die Lernwerkstatt und seine Tochter Hannah seine Anwesenheit in Niederstadtfeld verlangt. Was er in Berlin wollte, »war von vornherein, unter den besonderen Bedingungen in Ostdeutschland die allgemeine Idee und Praxis einer ›Umkehr in den Metropolen‹ einzubringen, zu vermitteln und so weit wie möglich auszubreiten«. Das sollte über die Universität geschehen, aber eingeschlossen in diese Idee war auch, »neben den Vorlesungen andere Formen anzubieten, die dem therapeutischen und meditativen Bereich entlehnt sind«, um dadurch einen in nuce kommunitär sich empfindenden Kreis von engagierten Menschen zu sammeln. Das sei ihm mit dem Aufbau eines Instituts für Sozialökologie auch gelungen, dessen Profilierung auf das Thema »Sozialökologische Gemeinschaften« für ihn der Schlüssel zu einer ökologischen Wende sei. Fast gleichzeitig mit der Institutsidee – die als solche ja keine neue Lebensform bezeichne – kam dann der Gedanke dieser speziellen Gemeinschaft auf, mit der Schritte auf ein gemeinschaftliches Leben hin getan werden sollten. Sehr deutlich bezeichnet Bahro das Institut als ein Hilfsmittel zur Umsetzung dieser Vorstellung, während die Gemeinschaft kein Mittel, sondern der Weg sein könnte. Und er schließt: »Warum wir darin erst mal steckengeblieben sind, wäre die erste Frage.«

Aus den Antworten sollen nur wenige (und anonym) wiedergegeben werden:

Was es für sie an Erwartungen gab und immer noch gibt, nennt Frau A.: »›Jugendträume‹ von einer anderen Lebensweise zu verwirklichen [...], ›aussteigen‹ zu können aus bürokratisierter, technisierter Gesellschaft – nicht ›einsteigen‹ zu müssen in den hier eingezogenen Kapitalismus. [...] Gemeinsam Raum und Zeit zu finden, unsere Ängste, Zwistigkeiten und Verletzungen, die wir zufügen und erfahren, zu klären, unsere Wünsche nach liebevollem Miteinander-Umgehen leben zu können.«

Frau B.: »Geistig theoretische Beschäftigung mit der Krise der Zivilisation. Konzentriertes Wahrnehmen der Welt, wie sie ist, wie sie geworden ist und wie sie anders sein könnte. Finden von Orientierung für mich und meine Energien.«

Mann C.: »In der bestehenden Welt leben müssen und wollen und zugleich darüber hinauszugehen versuchen. Die ja zum Teil sinnvollen Entwicklungen der Moderne (die Unabhängigkeit des einzelnen von Gruppen- und Naturzwängen; durch Telefon, Auto, Computer und Kopierer, mögliche Beziehungsvielfalt usw.) nicht aufgeben und zugleich die damit verbundenen Schädigungen (Verlust der Unmittelbarkeit und Intensität, Einsamkeiten, Ersatzbefriedigungen, Zerstörungen unseres natürlichen Selbst und der Natur um uns) vermeiden. [...] Aber wir wollen keine Gruppe, deren Geist sich im wechselseitigen Erleichtern der Einsamkeiten und Notlagen beschränkt, auch keine Sekte, deren feste Regeln und Rituale verpflichten und abschrecken, auch keinen Therapiekreis, dessen Horizont sich in der wechselseitigen Befreiung erschöpft. Es geht uns mehr um die Gemeinschaft des Geistes als um den Geist der Gemeinschaft.«

Frau D.: »Gemeinschaft, die nach außen hin vorleben und andere Menschen anregen möchte und die Möglichkeiten für menschliche Harmonie, Ruhe, Einkehr und Kommunikation schafft, braucht einen Ort – ein festes HEIM.« Für sie selbst heißt das: »Einkehr in mich selbst, Ruhe, Spiritualität, Kommunikation mit anderen, Erlebbarmachen eigener Widersprüche, Offenheit, Engagement im politischen und sozialen System der Welt-Wirklichkeit.«

Frau E.: »Meine Hauptsuchrichtung: ›neue‹ Spiritualität – innerhalb und außerhalb der Kirche – weder Steckenbleiben in individuellen Gefühlen (bei stillschweigender Akzeptanz ungerechter gesellschaftlicher Strukturen) – noch Wegdrängen von emotionalen und religiösen Bedürfnissen, um ›den Realitäten Rechnung zu tragen‹; sowie von emotionaler Offenheit und Ehrlichkeit getragene Gemeinschaft (verbindliche Gruppe), um Gefühlsoffenheit leben zu können.«

Aus den Antworten der Teilnehmer läßt sich als zentrale Sehnsucht herauslesen, daß man Ruhe, Meditation und Musik suchte, liebevoll mit sich und anderen umgehen wollte, um schließlich bewußter mit sich selbst zu werden.

Gleichzeitig gab es auch Kritik an der Praxis des Kreises.

Frau F.: »Ich sehe, daß wir uns unseren Individualismus vorleben. [...] Ich sehe selten ›neues Denken‹ und ich sehe kaum ›neues Leben‹.« Oder Frau G.: »Welche Art der Begegnung kann überhaupt stattfinden? [...] Wieviel der ›alten, normalen‹ Welt klebt uns an? Sind wir nicht genauso belanglos, langweilig wie die ›Welt draußen‹? Was unterscheidet uns davon?« Oder Frau H.: »Es befremdet mich, daß in dieser Gemeinschaft, die sich Extra-Veranstaltungen zur Sensibilisierung leistet, partiell merkwürdig unsensible Verhaltensweisen dominieren. [...] Wesentliche Vorhaben sind nicht das Ergebnis gemeinsamer Nachdenklichkeit, gemeinsamen Erwägens und Beschließens, sondern werden als Quasi-Beschlüsse dem einen oder anderen bestenfalls mitgeteilt.«

Ein Fazit von Frau I.: »Gab es zunächst eine sehr starke Ausstiegseuphorie, so wandelte sich das in eine Art Ankunft in unserer Gegenwart, bei dem, was wirklich und wesentlich ist, wer wir sind; ebenso geschieht Annäherung an unsere Vergangenheit – als jüngere eben das Ereignis DDR, der Zusammenbruch des Ostens –, an Geschichte überhaupt.«

Soviel also in – wie ich meine – sehr eindringlichen und deutlichen Selbstaussagen und Erwartungen an eine Gemeinschaft, die neben dem oder beinahe schon als Institut existiert und sich aus ihrer Krise (der Beziehungen zu sich und anderen, der Ziele, des Umgangs mit der »Welt«) herausarbeiten will. Und es dürfte kein Zufall sein, daß in dieser Auswahl die Männer so unterrepräsentiert sind.

Als Schlußpunkt möchte ich den schönen Satz der zuletztgenannten Frau I. anfügen: »Es gibt, glaube ich, wenige Orte, an denen Geist anwest. Ein solcher ist durch Rudolf möglich geworden.«

Der »Mittwochskreis« existierte seit diesem Zeitpunkt stets parallel zum Institut und löste sich allmählich auf nach dem Tod von Beatrice 1993 (dazu das Kapitel *Glück und Unglück: Rudolf und die Frauen*) und dem dadurch bei Bahro ausgelösten tiefen Schock, der – auch mit Blick auf seine kleine Tochter Hannah – zu einer persönlichen Neuorientierung führte.

Das Bindeglied zwischen diesem sich gut kennenden Kreis und den großen öffentlichen Vorlesungen waren die Workshops, deren Programme im Audimax ausgelegt wurden und deren Teilnehmerzahl auf etwa 40 Personen festgelegt wurde. Zu diesen Workshops – die ganz selten in Berlin stattfanden – wurden prominente Wissenschaftler und Außenseiter eingeladen, um neue Erfahrungen auszuprobieren, sich in Themen einführen zu lassen, die weit von akademischen Veranstaltungen entfernt lagen und wohl der New-Age-Bewegung zugerechnet werden können. Bereits im ersten Semester seiner Vorlesungstätigkeit fanden die im oben wiedergegebenen internen Papier *(Arbeitsform des Instituts für Sozialökologie)* genannten Treffen mit Johan Galtung, Richard Falk, die Körperübungen mit Klaus Moegling oder der Enlightenment-Kurs mit Karin Reese statt.

Die späteren Workshops alle aufzuzählen, würde mehrere Seiten füllen. Es ist beeindruckend, mit welcher Konsequenz und in welcher Kontinuität besonders interessierte Teilnehmer der Studium-generale-Vorlesungen die Möglichkeit bekamen, auf direktem Wege über diesen originellen Professor sich mit Dingen und Problemen zu beschäftigen – und zwar aktiv, nicht nur hörend –, mit denen ein normaler »Ossi«, aber auch ein Durchschnitts-»Wessi« sonst schwerlich oder nie Kontakt bekommt. Für die Universität wäre das keine Wissenschaft – also mußte es draußenbleiben. Aber der Reiz mußte für die Teilnehmer auch darin bestehen, daß die Workshops durch Bahro auch nicht ganz draußen waren. Und der gemeinschaftsstiftende Effekt muß groß gewesen sein.

Das Themenspektrum von 1991/92 beispielsweise reichte von der Golfkrise (mit Alfred Mechtersheimer und Abdul Mottaleb Husseini) über den »Krieg der Geschlechter« (mit Monika Evers, Rainer Langhans und Helenka Marha) und dem Musik-Erleben (mit Joachim-Ernst Behrendt) bis zu Tantra-Übungen (mit Advaida Maria Bach) und zur Atemtechnik (mit Ulrich und Christa Lange).

Das Institut für Sozialökologie

(G.H.)

Das Institut war von Anfang an eine »Orchidee« – das heißt, es war in der deutschen Wissenschaftslandschaft ein Unikum (mit der zweifachen Bedeutung: etwas Einzigartiges und etwas Sonderbares). Daß es überhaupt entstand, hatte mit Bahros exponierter Stellung zu tun, und daß ihm eine Professur zustand, war ihm und anderen völlig klar: Er war habilitiert, sehr berühmt, und die DDR hatte etwas an ihm gutzumachen – ihn zu rehabilitieren. Daher wurde er mit dem neuen Rektor der Humboldt-Universität, dem Theologen Heinrich Fink, auch inhaltlich schnell einig. Den »Rest« sollte die Verwaltung besorgen (die zu dieser Zeit notorisch überfordert war). So gründete Bahro sein Institut vorläufig schon mal selbst – in seiner provisorischen Berliner Wohnung in der Gleimstraße 10, wo auch die ersten Besprechungen stattfanden. Bald darauf begann die Suche nach Räumen. Da die Universität ihm nichts zur Verfügung stellen konnte, wurde das Büro in Thieles neuer Wohnung in der Gethsemanestraße errichtet, hier stand – eine Hilfeleistung von Bahros Sohn Andrej aus Bremen – der Kopierer, in einer weiteren Wohnung befand sich – ein Geschenk der Schweisfurth-Stiftung[15] – der Computer.

Die erste Vorlesung hielt Bahro bereits am 10. Januar 1990 zum Thema *Bewußtseinspolitik*, dann trat eine kurze Pause ein, Anfang März folgten vier Vorlesungen zum Stalinismus – diesmal schon im Audimax der Humboldt-Universität. Wie gesagt: Es gab keinen Beschluß der Universität, er war nicht zum Professor berufen – das Institut war nichts als ein work in progress. Doch das kümmerte ihn wenig. Wichtig war für ihn das Konzeptionelle. Ende Februar schilderte er in der Zeitung *Humboldt-Universität* (Nr. 24–26) sein Konzept *Grundlagen ökologischer Politik* und geht mit den Universitäten kritisch ins Gericht: Daß »das ganze Kulturprojekt, dem die Universität seit Anfang dient, auf Krieg mit der Natur hinausläuft, auf gattungsegoistische Ausbeutung der Erde, des Lebens, der ›unterentwickelten‹ Menschenmehrheit, des weiblichen Elements«. Von der Universität erwarte er deshalb, daß sie »in sich gehen« müsse, und dazu biete sich als ein Weg die Schaffung eines »Zentrums für Sozialökologie« an, das aus Enthusiasten und Idealisten bestehen solle, um die herum sich »eine interdisziplinäre scientific community neuen Typs einwohnen« werde. Und er fragt: Sollte es nicht bereits in jeder Fachrichtung »ahnungsvolle Engel geben, die es im Grunde schon wissen und dieses Wissen reflektieren, ja danach arbeiten und leben wollen? Sollte es irgendeinen Wissenschaftler, gar irgendeine Wissenschaftlerin an dieser Universität geben, der oder die nichts ahnt?« Dann wird er noch deutlicher: »Ich setze auf junge Leute, die Idealismus haben, z. B. einmal an den Sozialismus geglaubt und dann etwas gegen die Konterrevolution an der Macht, die das ja in Wirklichkeit war, riskiert haben. Und in der Mitte des Lebens geschieht, falls man nicht eigentlich schon gestorben ist, eine Befreiung, eine Art zweiter Geburt, die Carl Gustav Jung ›Individuation‹ genannt hat.« Schließlich wirbt er mit seiner Vorstellung, statt einer bürokratischen Universitätsinstitution eine Akademie im »alten« (also platonischen) Sinne zu schaffen, »d. h. auch einen Lebenszusammenhang, Augenblicke von Gemeinschaft«.

Einer von denen, die das Interview lasen und sich sofort angesprochen fühlten, sich bei ihm meldeten und an diesem Projekt unter seiner Leitung mitarbeiten wollten, ist Maik Hosang, sein späterer Assistent und der Gründer des (provisorischen) Bahro-Archivs. Kurz zu seiner Biographie: Geboren 1961 in Bautzen, dort zur Schule gegangen, also in unmittelbarer Nähe der Haftanstalt, in der Bahro saß, dann studierte er von 1983 bis 1989 in Berlin Philosophie, die letzte Zeit als Forschungsstudent mit dem Ziel der Promotion, die er Mitte 1990 mit der Verteidigung seiner Dissertation auch erwarb, sein Erstgutachter war Prof. Michael Brie. Ab 1990 wurde er Bahros erster Assistent, indem er sich – als das Institut noch gar nicht existierte – diese Stelle selbst als Arbeitsbeschaffungsmaßnahme organisierte. Von 1992 bis 1998 hatte er sie dann auch regulär inne.

Hosang, der vor dem Lesen des Interviews noch nichts von Bahro gekannt hatte, war bei ihrem ersten Treffen sofort menschlich beeindruckt von dessen Ausstrahlung und Wissen. Sie sprachen unter anderem darüber, ob es Sinn hat, eine neue Disziplin zu initiieren, welche Chancen das an der Humboldt-Universität habe, wo man neue Räume herbekommen könne. So kamen sie sich näher.

Ende März bat Prorektor Klein den gerade noch amtierenden Minister für Bildung, Prof. Hans-Heinz Emons, Bahro als außerordentlichen Professor zu berufen. Wenige Tage später kam bereits die erfreuliche Antwort: Der Minister sei »grundsätzlich bereit, eine Berufung schnell und vorfristig zu prüfen«, hierzu bedürfe es eines Antrags des Rektors usw. Inzwischen konnte die Universität Bahro wenigstens als Oberassistenten einstellen – es war seine erste feste Stelle seit März 1983.

Im April entwarf Bahro die erste, noch interne *Konzeption eines Instituts für Sozialökologie.*

Nach einem Blick auf die ökologische Krise heißt es zur Aufgabenstellung: »Das Institut für Sozialökologie soll sich in diesem Sinne auf die Grundlagen ökologischer Politik konzentrieren, um sich von da aus an ein Projekt der ökologischen Umkehr (von der Umstimmung der Subjektivität über die Umgestaltung der Lebensweise und der Institutionen bis zum Umbau der materiellen Fundamente) heranzuwagen und das Gefundene möglichst in der ganzen Universität und darüber hinaus einzubringen.« An Themen schlägt er mehr als zehn vor, die in Forschung, Lehre und sozialem Experiment bearbeitet werden können – es sind Fragen wie »Wo liegt anthropologisch der Antrieb für die Expansion gegen die Grenzen der Erde, wo liegt die Ursache ihrer Schrankenlosigkeit?« oder »Was sind die psychischen, sozialen und politischen Voraussetzungen, was die Prinzipien einer Rettungspolitik?«.

Gedacht war von Anfang an an ein interdisziplinäres Zusammenwirken mit Naturwissenschaftlern, Psychologen und anderen. In der Lehre, heißt es weiter, »soll sich das Institut auf das Studium generale konzentrieren, daraufhin auch mit sympathisierenden Vertretern der verschiedensten Fachrichtungen zusammenarbeiten sowie Vor- und Querdenker von außerhalb einbeziehen« – in diesem wichtigen Punkt hat Bahro bis zum Ende seiner Tätigkeit eine unglaubliche Weitsicht gezeigt (wie im Kapitel über die Vorlesungen aufgezeigt wird).

Weiter heißt es: »Demgemäß muß auch der Arbeits- und Lebensstil des Instituts experimentell sein, kommunitäre Momente einbeziehen. Was nicht gelebt wird, kann nicht wirklich gelehrt werden. [...] Wenn nicht etwas erneut Technokratisches, diesmal mit dem Präfix ›Öko-‹ herauskommen soll, müssen die ProjektantInnen mit ihrem eigenen Umdenken und -fühlen den Anfang machen. Und es muß das weibliche Element und Prinzip von Grund auf gleichgewichtig die ganze Lebensform von der Räumlichkeit bis in die Theorie mitprägen.« Skizziert wird ein bescheidener Stellenplan (eine Professur, eine Dozentur, ein Oberassistent, drei Assistenten sowie drei technische Mitarbeiter), schließlich heißt es zur räumlichen Ausstattung: »Wünschenswert wäre die Unterbringung in einem selbständigen Gebäude, auf dessen räumliche Aufteilung und Gestaltung das Institut Einfluß nehmen kann.« Was das Institut beisteuern könnte, wäre die von der Schweisfurth-Stiftung zu finanzierende technische Ausstattung und der Grundstock für eine Bibliothek.

Zu diesem Papier lud er Interessierte zu einem – wie er betonen muß (denn es gibt noch kein Institut) – informellen Treffen in die Akademie der Künste, um sich in die Konzeption hineinzudenken und -zufühlen, und um damit »auch den Prozeß ihrer Präzisierung, Konkretisierung, Ergänzung und Kritik« einzuleiten. Hier und bei späteren Treffen sollte es auch schon um Stellenbewerbungen gehen: Rektor Fink wollte Mitarbeiter aus den aufgelösten Abteilungen für das marxistisch-leninistische Grundstudium bei Bahro unterbringen, dieser sah sich die Leute an und stellte sie dem »Mittwochskreis« vor, diese Runde sollte entscheiden – letztlich ist niemand in den Kreis des Instituts gekommen.

Aus vielem Nachdenken und Diskutieren entstand dann eine elaborierte Konzeption für das Institut mit deutlich gewachsenen Vorstellungen zum Aufgabenbereich, auch zur Personalgröße und zum Raumbedarf. Der Ton wird ebenfalls kritischer, drängender und radikaler. So heißt es gleich im ersten Absatz: »Konventionelle ›Verantwortungsethik‹, wie auch immer modernisiert oder postmodernisiert, verfehlt stets die Tiefe unserer Verhaftung an den Fortschritt auf der Todesspirale. Die erforderliche Neubegründung von Gesellschaft und Politik, Wissenschaft und Technik setzt eine Umstimmung unserer ganzen psychischen Existenz voraus. Auf diesen ›heißen‹ Stoff soll sich das Institut konzentrieren.« Seine Vorstellung besteht in der Vernetzung der Sozialökologie mit vielen Fächern der gesamten Universität: Zivilisations-, Friedens- und Konfliktforschung, Soziologie und Politikwissenschaft, Philosophie, Theologie, Psychologie und Kulturwissenschaften, Jurisprudenz und Ökonomie, Biologie und Medizin sollten zusammenkommen, um das Wesen und die Ursachen der ökologischen Krise zu erforschen. Der günstigste Kontext für das Institut wäre inmitten des Fachbereichs Sozialwissenschaften.

Der Aufgabenkatalog wurde beträchtlich erweitert: In vier Themenkreisen wurden insgesamt 17 Fragestellungen entwickelt, von denen man annehmen muß, daß sie der ökologischen Krise bis auf den Grund gehen.

Darüber hinaus heißt es: »In seinen Projekten soll das Institut auch durch eigenes Beispiel gangbare Wege der ökologischen Umkehr [...] untersuchen, verfolgen, erproben. Praxisverbindungen werden sich diesbezüglich auf Natur- und Landschaftsschutz, ökologischen Landbau, genossenschaftliches Arbeiten und kommunitäre Lebensformen orientieren. Schwerpunkt, vor allem auch Ausgangspunkt, wird dabei stets die letzte und mächtigste Ursache des kulturellen Geschehens auf dem Planeten, nämlich der Mensch selbst, und wird die Problematik seines ›Herzens‹, seiner Antriebe und Motive, wird seine Fähigkeit zum Sprung in eine andere Entwicklungslogik sein.« (Solche Sätze erweisen sich in dem wissenschafts- und technikgläubigen Milieu einer Universität eher als kontraproduktiv und führen zu Vorurteilen!)

Ein eigener Studiengang sei nicht geplant, dafür aber sollte eine Grundvorlesung für Hörer aller Semester, Grade und Fakultäten angeboten werden. Hinzu kämen Gastvorlesungen, die sich zu eigenen Reihen ausweiten könnten. Damit auch die außeruniversitäre Öffentlichkeit teilnehmen könne, seien die Vorlesungen grundsätzlich für 18 Uhr vorgesehen. Hingewiesen wird außerdem darauf, daß das Institut »einige Jahre inneren Aufbaus und konkreterer Profilierung bzw. Realisierung des angestrebten Profils« brauchen wird.

Fordernder wird Bahro beim Stellenplan und beim Raumbedarf für das Institut: eine Professur, eine Dozentur, zwei Oberassistenten, drei Assistenten und wieder drei technische Stellen – also zehn Stellen, dazu der selbstbewußte hypothetische Satz: »Außerdem kann das Institut jährlich zwei Forschungsstudienplätze und zwei Aspiranturen vergeben.« Als Minimum erwartet er elf Räume mit einer Fläche von 450–500 qm als geschlossene Einheit. Und er verrät auch den zugrundeliegenden Plan: »Das Institut soll als Wissenschaftskommune *wohnen* [...]. Die beste Lösung wäre Einbindung in ein Wohngebiet, so daß es für viele möglich wird, sich in der Nähe einzumieten.« (Wie Spittler berichtet, war dieses Wohngebiet schon recht genau bedacht: mitten im Prenzlauer Berg rund um den Arnimplatz.)

Doch die Realisierung ließ auf sich warten.

Inzwischen waren aber die zur Berufung notwendigen gutachterlichen Stellungnahmen geschrieben worden: die erste vom Ökologen Johannes-Günter Kohl; die anderen beiden Autoren hatten eine delikate Beziehung zu Bahro. Der Ökonom Klaus Ladensack (TH Merseburg) war seinerzeit der Betreuer von dessen Dissertation und mußte sich nach deren Ablehnung heftig von ihm distanzieren, Dieter Klein hatte im September 1977 eine parteiinterne negative Einschätzung der *Alternative* verfaßt (oder zumindest unterschrieben), die ihren Weg zum MfS fand. Jetzt gab es nur positive Voten, und der Bildungssoziologe Artur Meier schreibt im Berufungsantrag, daß Bahro »ein national wie international anerkannter Spitzenwissenschaftler auf dem Gebiet der Sozialökologie« sei.

Schließlich wurde mit Wirkung zum 15. September 1990 – also in den letzten Wochen der DDR – Bahro vom letzten DDR-Minister für Bildung und Wissenschaft, Prof. Hans-Joachim Meyer, zum außerordentlichen Professor für Sozialökologie berufen.

Am 25. September schreibt Bahro in einem Rundbrief: »Die Universität ist auch willens, das Institut zu gründen, aber da gibt es immer noch keinen Senatsbeschluß, weil die allgemeine Unklarheit der Lage verzögernd wirkt. [...] Informell existiert das Institut in einem gewissen Sinne schon – als ein wachsender Freundeskreis, der sich regelmäßig trifft [...] und dessen Kern auch die umfangreichen Vorbereitungen für das Lehrprogramm im Herbst und Winter mitträgt. Mir wird viel und mit viel Wärme geholfen.«

Der Beginn der regelmäßigen Vorlesungen im Rahmen des Studium generale war am Montag, dem 8. Oktober, von 18 bis 20 Uhr im Audimax (an dieser Zeit und an diesem Ort hielt Bahro bis zum Ende seiner Lehrtätigkeit 1997 fest) – sofort nach der Rückkehr aus der umbrischen Città di Castello, wo von der Vorbereitungsgruppe eine »Messe konkreter Utopien« rund um das Thema »Feuer« besucht wurde und Bahro zum Abschluß über Brechts *Gleichnis des Buddha vom brennenden Haus* sprach.

Der Start war gut vorbereitet: Es gab viele Plakate mit dem gesamten Vorlesungsplan, die Themen waren ungewöhnlich und hochinteressant, es gab von Anfang an Gastvorlesungen, eine parallele Vorlesungsreihe des von ihm eingeladenen Kieler Wissenschaftsphilosophen Wolfgang Deppert, Gastvorträge und -seminare, Wochenendseminare sowie zu Bahros Vorlesungen regelmäßige Seminare von seinen Mitarbeitern, der Philosophin Christine Eifler, Maik Hosang, Thomas Thiele, und ihm selbst. Verteilt wurde eine ausführliche und ebenfalls ungewöhnliche Literaturliste – 80 Titel, darunter *Zen-Meditation für Christen, Psychoanalyse der Atombombe, Allahs Sonne über dem Abendland, Brainsex – Der wahre Unterschied zwischen Mann und Frau*. Also etwas exotisch.

Die Vorlesungen selbst und die sie begleitenden anderen Lehrveranstaltungen werden im folgenden Kapitel behandelt, doch wenigstens eine private und zwei öffentliche kritische Betrachtungen sollen hier folgen: Ich bin in der ersten Vorlesung gewesen und hatte anschließend in mein Tagebuch notiert: »17.30 Uhr ins Audimax zur Bahro-Vorlesung: Saal schon voll, viele Papiere verteilt worden, statt angekündigter Vorlesung zum *Wesen der Ökologischen Krise* nur über sich (und die gegen ihn irgendwann mal erhobenen Vorwürfe: Stasi, Fascho, Bhagwan) und sein Institut gesprochen, 3mal Pause angekündigt und keine gemacht, um 20 Uhr erstmals das Wort ›ökologische Krise‹ gefallen, dabei aber schon Schluß gewesen. Völlig konzeptionslos und von sich überzeugt – kann überhaupt nur gewinnen durch die Exotik eines völligen Gegenteils von Vorlesung.« Das mag ungerecht klingen und nicht dem inzwischen redigierten und transkribierten Vorlesungstext entsprechen – doch die Atmosphäre jener ersten und mit Spannung erwarteten Veranstaltung ist mir noch deutlich in Erinnerung, und damit auch das Selbstdarstellerische, Spontane und mehr Journalistische dieses Auftritts.

Dagegen der Bericht des Diplom-Gesellschaftswissenschaftlers Uwe Haake: »Was ich mir vorstellte, war: Du gehst dort hin, um die *Logik der Rettung* rationaler zu erfassen. Über dem Text schwebt ein Schleier.« Zu seiner Vergangenheit schreibt er: »Den Idealen treu ergeben. Gläubig, wenn auch nicht unkritisch. Bis zum Schluß besessen von der Idee. Zur Sache gehalten bis fünf nach zwölf. Verstrickt im Alten. Mitverantwortlich. Mitschuldig. Schon mit dem Gedanken gespielt, sich in das neue Alte zu integrieren.« Zum Seminar: »Kurze Vorstellung der Anwesenden. Eine bunte Gesellschaft. Studenten, Kulturwissenschaftler, Künstler, Sozialwissenschaftler, Philosophen, Arbeitslose und Arbeitende, auch Arbeiter. Die Geschlechter sind beinahe paritätisch vertreten. Die Ossis dominieren insgesamt. Eine Gleichaltrige referiert über die Logik der Selbstausrottung. So wie sie es versteht, sagt sie, und meint damit, daß sie Rudolfs Patriarchats-Auffassung einer Kritik unterziehen will. [...] Mein Nachbar verweist in der Diskussion auf das Selbstausrottungsschema im Buch. Für mich Grund, einzuhaken und die Schichten grob zu skizzieren. [...] Wir sind auf einer der untersten Ursachenebenen der Selbstausrottung angelangt. Schweigen. Minuten vergehen mit Zurufen, die alle nicht treffen. [...] Rudolf bleibt vorwiegend Alleinunterhalter. Zwangsläufig. [...] Wenn Rudolf agiert, ahne ich etwas von dem, was es heißen könnte, aus den Dingen heraus zu sprechen. Spontan stellen sich Erkenntnisschauer ein.« (*Rückkehr*, 307f.)

Als Kontrapunkt aus einem Artikel von Andreas Kuhlmann *Nebel für Seelen* (*Tagesspiegel*, 5.5.1991 – also aus Bahros zweitem Semester): »Mit leiser, aber unbeirrter Stimme und geschmeidigen Gesten betreibt Rudolf Bahro vor dem vollbesetzten Marx-Engels-Auditorium der Humboldt-Universität Seelenmassage. Eine Schar dienstbarer Geister geht ihm dabei zur Hand: richtet Mikrophone, verkauft Broschüren, installiert eine Tafel. Auf diese Tafel schreibt Rudolf Bahro Vokabeln die – wie Menetekel – die Stufen des menschheitsgeschichtlichen Irrwegs anzeigen sollen: ›Patriarchat‹, ›Kolonialismus‹, ›Kapitaldynamik‹, ›Industrialismus‹, ›Exterminismus‹ [...] Er verkündet nur letzte Wahrheiten, spricht Verdammungen aus und weist Wege der Rettung.«

Nicht schlecht getroffen ist Kuhlmanns Vermutung über die Motive der »aufmerksamen und respektvollen Zuhörer«: »Gewiß sind es nicht nur schlichte Gemüter, die sich dort zusammenfinden. Es mögen zahlreiche sensible, kritische Leute darunter sein, die sich schon in den letzten Jahren der DDR mit erheblicher Courage für Frieden und Umwelt engagierten und jetzt neue Möglichkeiten kritischer Artikulation suchen. Andere freilich suchen bei dem alten Glaubenskämpfer Bahro wohl eher Ersatz für diskreditierte ideologische Dogmen.«

Diese drei Berichte zeigen wohl das Wesentliche dieser Veranstaltungen. Bahro wirkte wie ein Entertainer, er sprach spontan (was teilweise der Notlage geschuldet war, daß er sich kaum Zeit für die Vorbereitung nahm), elegant, tänzelte auf der Bühne herum – es ging, wie sein Freund Jochen Kirchhoff bemerkte, um seine Person und um highlights, er kalkulierte sein Auftreten wie ein Schauspieler, inszenierte sich selbst bis in die helle Kleidung hinein. Und das Publikum war fasziniert. In den ersten Jahren war das Audimax bis auf den letzten Platz gefüllt, viele empfanden die Vorlesungen wie eine Offenbarung, andere – und dazu gehöre auch ich – fanden sie effektvoll, aber viel zu weitschweifig, er fegte manchmal innerhalb eines Mammutsatzes durch die halbe Weltgeschichte, die Kunst, die Politik und wußte selbst nicht, wo er landen wird. Allmählich wiederholten sich – was kein Vorwurf sein soll – im Laufe der Jahre seine Äußerungen, und das Auditorium bekam es langsam mit, wurde rarer, in den letzten Semestern (in die seine tödliche Krankheit fällt) sank die Zahl der Zuhörer auf etwa 100 bis 150. Zuzustimmen ist der Psychiaterin Gerda Jun, die einen Großteil dieser Vorlesungen miterlebt hat, wenn sie sagt: »Die stärkste Ausstrahlung Bahros bestand darin, daß er überall gegen die Gleichgültigkeit kämpfte und in allen Haupt- und Nebensätzen ausdrückte, es gehe darum, das Konstruktive in der Welt zu stärken.« Ich könnte das ergänzen: Bahro wich keinem Problem aus, hatte weder Angst vor Tabus noch suchte er den Konsens, er agierte nicht als Theoretiker, sondern als kämpferische und liebende Persönlichkeit – so etwas hatte es an dieser Universität bisher wohl nicht gegeben.

Im Widerspruch zum öffentlichen Interesse an den Vorlesungen stand das Verhalten der Universität (nach dem Ausscheiden des Rektors und Prorektors), des DDR-Ministeriums und – nach der Wiedervereinigung – des Berliner Wissenschaftssenators. Alle drei hatten kein Interesse an der Gründung eines derart exotischen Instituts. Ohne die finanzielle Unterstützung durch die Schweisfurth-Stiftung wäre dessen Arbeit kaum aufrechtzuerhalten gewesen. Im Juni 1991 wendet sich Bahro an den Rektor, den neuen Prorektor und den Universitätskanzler, um »zu klären, wie und mit welchem Status die Sozialökologie, für deren Ausarbeitung und Verbreitung ich an die Humboldt-Universität berufen worden bin, nun eigentlich regulär arbeiten soll«. Dazu brauche er eine Arbeitsgruppe und die Möglichkeit, ein breites theoretisches Profil zu konstituieren – das heißt auch, »es müssen Männer und Frauen berufen werden, die ihren Weg zu dem neuen Paradigma ganz unabhängig von mir eingeschlagen haben und andere Zugänge zu derselben Sache verfolgen«. Es geht um Geld, um Räume, um die Zuordnung zu einem Bereich, der jetzt möglichst nicht mehr die ihm wenig kooperativ gegenübertretende Sozialwissenschaftliche Fakultät sein sollte.

Daß dieses heimatlose Institut schließlich im September 1991 ein paar Räume bekam – in der Clara-Zetkin-Straße 112 (es war das Gebäude des ehemaligen Instituts für Internationale Politik und Wirtschaft, aus dem das entsetzliche Gutachten für das MfS zur Verurteilung Bahros kam) –, war das Verdienst von Barbara Hohenberg, die die Sekretärin des Instituts wurde, und von Thomas Thiele, dem faktischen zweiten Assistenten (auf einer ABM-Stelle). Weitere Kräfte des Instituts wurden der ehemalige NVA-Politoffizier Uwe Haake (er nannte sich in aller Bescheidenheit »freier« Assistent) und Marina Lehnert. Schließlich wurde auch – es gab immer noch keinen Beschluß der Universität – ein Schild angefertigt, »Institut für Sozialökologie«, und angebracht: fertig war das Institut.

1992 bestand das Institut gerade mal aus vier Stellen (mit Sekretärin) – und war immer noch nicht gegründet.

Genervt – und weil er erfuhr, daß seine Veranstaltungen nicht mehr ins Vorlesungsverzeichnis aufgenommen werden sollen – ergänzte er die letzte Vorlesung des Sommersemesters (13. Juli) um eine Pressekonferenz, um auf die mögliche drohende Abwicklung seines Instituts öffentlich aufmerksam zu machen. In einer Pressemitteilung vom 1. Juli heißt es bitter: Gegenwärtig sei es »höchst ungewiß, ob das Institut für Sozialökologie auch nur in der gegenwärtigen unzulänglich-provisorischen Gestalt weiter existieren kann. Es scheint bei dem Versuch, die Humboldt-Universität konventionell, d. h. entlang der traditionellen Hauptfachabteilungen zu restrukturieren, einfach ›vergessen‹, ganz ›wertfrei‹ [...] außen vor gelassen zu werden. Es ist in diesem Raster keine Professur für mich vorgesehen, und wenn ich mich aus mit meiner Person verbundenen Gründen dennoch als ›unumgänglich‹ erweisen sollte, kann man mich ja ohne Institut als bunten Vogel in der Luft hängen lassen. Irgendwann ›erledigt sich dann alles von selbst‹.« Doch dann kommt der kämpferische Bahro-Ton durch: »In der Tat werde ich mir schwer überlegen, ob ich bei einem derartigen Spiel gute Miene mache. Ich habe nie in meinem Leben auf den Spatzen in der Hand gesetzt. Ich bin nicht nach Ostdeutschland zurückgekommen, um hier eine Professur zu kassieren und mich mit einem Institut zu schmücken, sondern weil ich eine Aufgabe sah. [...] Also werde ich nicht nur akademisch, sondern auch politisch um die Möglichkeit kämpfen, ihr auch gerecht werden zu können. Die öffentliche Diskussion, ob mein Profil und meine Praxis an eine Universität der deutschen Hauptstadt passen, erwarte ich mit gespannter Gelassenheit.«

Die anwesenden Journalisten fanden sich im überfüllten Audimax in die Vorlesung eingefangen und waren von der Größe des Auditoriums beeindruckt. Den Anwesenden berichtet Bahro, daß der Wissenschaftssenator Manfred Erhardt (CDU) sein sozialökologisches Konzept für »politisch nicht wertfrei« halte und dieses deshalb nicht an die Universität gehöre, daß der Vorsitzende der Struktur- und Berufungskommission, Prof. Friedhelm Neidhardt, erklärt habe, Bahro sei ein »unüberschaubarer Fall« und dessen Zukunft an der Humboldt-Universität noch völlig unklar.

Bahro wurde – was er sich im Interesse seines Instituts sogar wünschen mußte – zum »Fall« für die Landeshochschulstrukturkommission und einer weiteren Kommission, die ihn zu evaluieren hätte. Aber auch hier schien seitens der Wissenschaftsadministration keine Eile angebracht zu sein. Inzwischen war auch Rektor Fink wegen seiner politischen Vergangenheit abberufen worden, die Position der neuen Präsidentin Marlis Dürkop noch nicht bekannt. Unterstützung erhielt Bahro durch den neuen Prorektor – der ihm auch (zu) hoffnungsvoll mitteilte, daß die zuständigen Kommissionen sich demnächst mit ihm befassen würden –, aber auch vom Direktor des Karlsruher Instituts für Hydromechanik, Prof. Eduard Naschauer, der in einem Schreiben an den Akademischen Senat der Humboldt-Universität diesen beglückwünschte, »daß Sie einen so eigenwilligen, weitsichtigen und herausragenden Denker wie Bahro dafür gewinnen konnten, das wohl wichtigste Thema unserer Zeit – die ökologische Krise und ihre Überwindung – in Lehre und Forschung aufzugreifen und die Ergebnisse auf so unvergleichlich stimulierende und innovative Weise umzusetzen«. Er hoffe, daß aus Anlaß der Evaluierung die Sozialökologie derart ausgebaut werde, daß davon über Berlin hinaus eine Signalwirkung ausgehen kann. Wörtlich: »Ich hielte dies für eine ganz einmalige Chance für Ihre Universität.«

Der neugewählte Vizepräsident, der Mathematiker Bernd Bank, erklärte zwar – auch im Namen der Präsidentin –, es gäbe keine Absicht, das Institut abzuwickeln. Doch dabei blieb es dann wieder eine Zeitlang (und es war geschickt formuliert: denn ein ungegründetes Institut kann rechtlich gar nicht abgewickelt werden).

Die Evaluierung ließ weiterhin auf sich warten, die Anbindung des Instituts wurde hin und her erwogen. Eine Variante war die Zuordnung zu einem Fachbereich Humanwissenschaften mit möglichem Sitz in Berlin-Adlershof. Bahro machte dagegen geltend, daß seine Vorlesungen stark von der Öffentlichkeit besucht werden und er deshalb das Stadtzentrum nicht verlassen möchte. Eine andere Variante war die Überlegung der Präsidentin, einen eigenen Schwerpunkt »Umwelt« zu schaffen, dem zugeordnet zu sein sich Bahro gut vorstellen konnte. Nur kam es zu keinem solchen Schwerpunkt.

Gegen Ende des Jahres 1992 drängte Bahro den Prorektor, den Psychologen Hans-Dieter Schmidt, endlich das Provisorium zu beenden: Was er bis jetzt – trotz des großen öffentlichen Interesses – erreicht habe, sei nichts anderes, als »mich der Universität durch persönlichen Einsatz aufzudrängen«, und er erwarte nun, »daß die Universität als Corpus ihrerseits einen Willen, eine Absicht mit der Einrichtung eines Instituts« verfolge. Vergebens.

Natürlich gab es die Landeshochschulstrukturkommission unter Vorsitz des Konstanzer Philosophen Jürgen Mittelstraß und mit hochrangigen Mitgliedern besetzt – doch die ließ sich Zeit.

Wie eine Vorwarnung oder – auf anderer Ebene – eine Vorentscheidung mußte die erste deutliche Niederlage für sein Institut und dessen Forschungsziele wirken:

Sicher auch, um für sein Institut Drittmittel einzuwerben und für arbeitslose Wissenschaftler eine finanzielle Absicherung zu schaffen, entwickelte Bahro im Februar/März 1992 ein Projekt, das er bei der Deutschen Forschungsgemeinschaft (DFG) einreichte. DFG-Projekte – zumal abgelehnte – müssen nicht unbedingt in eine Biographie eingebaut werden, aber hier geht es – ähnlich wie seinerzeit mit seiner Dissertation an der TH Merseburg – um den Zusammenstoß zweier Wissenschaftsauffassungen und die besondere Art, wie Bahro mit solchen Konflikten umgeht.

Bahro beantragte für vier WissenschaftlerInnen und eine technische Kraft (für vorerst zwei Jahre und mit knapp 90 000 DM Sachmitteln) die Finanzierung eines Projekts zur Erforschung und Unterstützung alternativer Gemeinschaftsformen in Ostdeutschland – im gängigen Forschungsjargon benannt »Geistige, psychosoziale und wirtschaftliche Grundlagen und Strukturen selbsttragender sozialökologischer Gemeinschaftsformen im Hinblick auf ihre Entfaltungsbedingungen und ihre Förderung in den neuen Bundesländern«. Was er damit erreichen will, wird an drei Stellen gesagt: »Das Vorhaben dient der theoretischen und praktischen Suche nach Wegen einer möglicherweise rettenden Transformation, d. h. nach Prinzipien und Gestalten einer mit dem Naturgleichgewicht verträglichen sozialen Existenzform.« Bezweckt werde damit, »mögliche Alternativen zur gegenwärtigen, in ökologischer und sozialer Hinsicht welt- und selbstzerstörerischen Lebens- und Wirtschaftsweise der reichen Länder zu erkunden und in ihrer Entfaltung zu unterstützen«. Oder noch deutlicher: festzustellen, »wie lebensfähige, d. h. auch selbsttragend reproduktionsfähige Keimzellen einer neuen Kultur auf den Weg kommen können«. Gedacht war als erster Schritt an die Erforschung der Interessen, Motive und Sehnsüchte, aber auch der Befürchtungen und Widerstände jener Menschen, die in sozialökologischen Gemeinschaften leben möchten oder könnten. Das wird nun nach allen Regeln erfolgreicher Antragstellung behandelt: Beispiele aus der Geschichte, welche kulturschöpferischen Leistungen Kommunen und kommunitäre Einrichtungen erbracht haben, welche bedeutenden Autoren sich mit diesen Problemen beschäftigt haben sollen – Hannah Arendt, Norbert Elias, Martin Heidegger, Hans Jonas oder Claude Lévi-Strauss sind nur die Spitze einer ganzen Heerschar –, welche Notwendigkeit hinter diesem Projekt steht, nämlich statt der unproduktiv jährlich verausgabten Milliardenbeträge für Ostdeutschland neue Wege zur Überwindung der massenhaften Arbeitslosigkeit zu versuchen – auf der Basis von kommunitären Subsistenzwirtschaften.

So weit, so gut. In der Tat wurde viel Geld in abenteuerliche Projekte investiert – nicht nur in den geradezu lächerlich bescheidenen Dimensionen dieses Antrags. Doch dieser ging an die DFG und wurde von sozialwissenschaftlich ausgewiesenen Gutachtern geprüft. Und von Bahro bewußt eingestreute Worte wie *Sehnsüchte, spirituell, Eros* maximierten eigentlich schon das Risiko der Abwehr.

Im September erfolgte die formelle Ablehnung, im Oktober wurden ihm die Gründe mitgeteilt. Man beanstandete das »vermittelte, aber wissenschaftlich nicht auflösbare Nebeneinander von globalen Konzepten oder Visionen und konkreten sozialökologischen Gemeinschaften«; es werde nicht geklärt, welche dieser Gemeinschaften angesprochen werden könnten, ja was unter diesem Begriff alles gefaßt werden soll; schließlich wurde von einem »stark missionarischen Gehalt« einer Hypothese gesprochen und die genaue Angabe des gewählten empirischen Verfahrens vermißt. Trotzdem schlugen ihm die Gutachter entgegenkommenderweise vor, einen neuen, »nunmehr sehr viel konkreteren Antrag« zu stellen.

Bahro reagierte in seiner Antwort vom 15. November 1992 beleidigt und herausfordernd: Man werde doch nicht bezweifeln, daß er fähig wäre, einen Antrag so zu formulieren, daß er der gutachterlichen Sichtweise viel mehr entgegenkomme! Er stoße sich an deren Formulierung vom »stark missionarischen Gehalt«, wäre im Einzelfall durchaus bereit, einzelnen Hinweisen nachzugehen, will ihnen aber im Ganzen nicht folgen, sondern vielmehr feststellen, »daß die Deutsche Forschungsgemeinschaft da aus einem eingeschränkten Horizonte einseitig beraten« sei und es doch nicht wahr sein könne, »daß eine eigentümliche Kraft wie meine für eine solche Institution wie die Ihre nicht so, wie sie einmal ist, annehmbar sein soll«. Ihm werde durch diese Art der Kritik – in der auch Voreingenommenheiten »wenigstens nicht kaschiert werden« – zugemutet, seine »ein Leben lang gewohnte und mit Erfolg praktizierte Art und Weise des

Weltbezugs fallen zu lassen«. Und um diesen seinen Weltbezug den Gutachtern deutlich zu machen, wird der Antwort ein »Bericht über den Praxis- und Forschungsansatz ›Sozialökologische Gemeinschaften‹« angehängt. Da knallt er ihnen im ersten Absatz gleich Gestalten wie Laotse, Buddha oder Jesus entgegen, zitiert er Hölderlin und bezieht sich auf den Islam. Dann umreißt er sein großes Forschungsziel – die möglichst allseitige Erforschung einer kommenden anderen Gesellschaftsformation – und fügt provozierend hinzu: »Ich zitiere es nicht als Sachaussage, sondern als methodischen Hinweis: ›Das Reich Gottes liegt mitten *in* Euch.‹« Angesichts der maßlosen Zerstörungen in Ostdeutschland (Massenarbeitslosigkeit, leerstehende Fabriken, unbewirtschaftete Felder usw.) sei sein Forschungsprogramm auf Starthilfe und Wegbegleitung für neue Wirtschafts- und Lebensformen angelegt – diese soziale Funktion seines Projekts »ist mir wichtiger als alle Verstandeskrümelei«. Soweit also seine Reaktion auf das Angebot eines »konkreteren Antrags«.

Zweieinhalb Jahre nach Beginn seiner Vorlesungen im stets vollbesetzten Audimax war das Institut immer noch »in Gründung«, blieb es bei dem einen Professor, der die Vielfalt von Themen und Positionen allerdings durch Einladung wichtiger und eigenwilliger Wissenschaftler vergrößern konnte. Das verlief nicht immer reibungslos, man nahm aus linken Studentenkreisen Anstoß an den politischen Standorten mancher Eingeladenen oder an bestimmten Äußerungen von Bahro. Mehr dazu im Kapitel *Politische Auseinandersetzungen*.

In der Studentenzeitschrift *UnAufgefordert* vom 13. Mai 1993 ging Bahro auf die Schwierigkeiten ein, das Institut innerhalb der Uni zu positionieren, und erklärte, daß ihm dieses Thema relativ egal sei, weil die Sozialökologie »ihrer Natur nach zu keiner Fakultät gehört«. Falls das für die Verwaltung wirklich ein Problem darstelle, sei er auch bereit, sich irgendwo zuordnen zu lassen. Doch dann fügt er hinzu: »Wenn es aber darauf hinausläuft, daß ich mich im Sinne des üblichen Universitätsbetriebs ›normalisieren‹ soll, bei dem geistig nichts übrigbleibt, der keinen kulturellen Überschuß mehr produziert, werde ich mich selbst rechtzeitig davonmachen. Es gehört nicht so sehr zu meiner Identität, Professor zu sein.«

Doch in einem Kasten innerhalb des Interviews mit der Überschrift *Was wird aus dem Institut für Sozialökologie* stellt der studentische Autor auch fest: »Manches erinnert mehr an Kirche als an Universität, doch innerhalb seiner [Bahros] Argumentation erscheint das schlüssig.« Und dann heißt es noch einmal, daß der Sozialökologie von Bahro eine Rolle zugewiesen wird, »die die Theologische Fakultät an der alten Universität innehatte«. Das war gut beobachtet.

Wenige Tage später (am 24. Mai) kam es zu einem Eklat. Bahro hatte zu einer Gastvorlesung zwei in der interessierten Öffentlichkeit umstrittene Personen eingeladen, Dieter Duhm und Sabine Lichtenfels, um über das Thema *Auf dem Weg in eine neue Kultur: Gestaltungsformen für Sexus, Eros, Liebe* zu sprechen. Beide Referenten gehörten dem »Zentrum für experimentelle Gesellschaftsgestaltung« (ZEGG) an, das in Belzig, südlich von Berlin, seinen Sitz hat und in dem begründeten Ruf stand, »freie Sexualität« zu leben, eine Sekte zu sein und mit ökologisch-esoterischen Themen gutgläubige Menschen einzufangen. Mit einem Schreiben der Präsidentin Marlis Dürkop, daß ZEGG eine Sekte sei, »deren Anliegen im Widerspruch zu den humanistischen Auffassungen der Humboldt-Universität steht«, wurde diese Gastvorlesung untersagt. Es war das erstemal in der erneuerten Humboldt-Universität, daß administrativ in die »Freiheit der Lehre« eingegriffen und ein förmliches Vorlesungsverbot verhängt wurde. Bahro mußte darauf reagieren – und die Art, wie er das tat (bzw. inszenierte), war typisch für ihn. Innerlich geradezu aufgewühlt und mit zitternden Händen las er im Audimax zuerst das an ihn gerichtete Schreiben der Präsidentin vor, dann teilte er mit, daß er sich entschlossen habe, die Entscheidung, »die sich ebenso sehr gegen mich wie gegen meine beiden Gäste richtet, formell zu respektieren, obwohl ich inhaltlich nicht den geringsten Respekt dafür habe«, er nennt dieses Verbot einen Skandal, den er jedoch nicht eskalieren möchte. Dann verteidigt er Dieter Duhm und in abgeschwächter Weise auch das ZEGG, um zu erklären: »Ich weiß jedenfalls sehr genau, wen ich mir da eingeladen habe, würde es wieder tun.« Als nächstes las er einen Brief von Duhm vor – der wurde vom Auditorium mit einigem Beifall aufgenommen –, dann stieg er wirkungsvoll von der Bühne (»Ich verlasse allerdings den Platz hier oben, den ich für andere vorgesehen hatte«) und begann, vor der ersten Stuhlreihe stehend, eine diesmal sorgfältig vorbereitete Vorlesung über »Sekten« und über »Ökofaschismus«. In diesem Kontext las er den Brief von Erich Honecker aus dem Gefängnis Moabit an ihn vor (mehr dazu auch im Kapitel *Politische Auseinandersetzungen*). Beim Thema »Ökofaschismus« ging er ausführlich auf den gegen ihn erhobenen Vorwurf ein, er habe einen »grünen

Adolf« gefordert, und setzte sich lange mit Jutta Ditfurth auseinander. Papiere der Angreifer und auch zu seiner Verteidigung waren für die Zuhörer reichlich ausgelegt. Zusätzlich eine fünfseitige *Erklärung zu dem Auftrittsverbot der Universitätspräsidentin.* Dazu schrieb er ihr am nächsten Tag ein wenig zu treuherzig: »Unsere Konfrontation gestern abend in Ihrer Abwesenheit bitte ich Sie herzlich, nicht als persönlichen Affront zu nehmen. Ich habe mich einfach als der verhalten, der ich seit spätestens 1977 bin.«

Bahro sah in diesem Verbot nur eine nicht hinzunehmende administrative Bevormundung, doch scheint er sein eigenes Wissen über das ZEGG überschätzt zu haben: Er wollte das Kreative an dieser Gruppierung vorstellen, die in ihrem sublimierten Erscheinungsbild durchaus auch seinen Erfahrungen und Vorstellungen entsprach, doch bemerkte er zu wenig deren patriarchalisch-autoritäre Organisation. Jochen Kirchhoff interpretierte Bahros Haltung folgendermaßen: Er habe ein ambivalentes Verhältnis zum ZEGG gehabt, aber grundsätzlich war er der Meinung: Lehnt nicht etwa Ungewöhnliches zu schnell ab, es könnte doch etwas Wahres darinstekken.

Trotz manchen Ärgers, fehlender bezahlter Stellen und fehlender Räume stand das Institut in den Jahren bis zum Sommer 1993 wohl in seiner Blüte. Die Vorlesungen waren übermäßig gut besucht, etwa 35 eingeladene Wissenschaftler brachten neben Bahro neue Ideen in das Studium generale, Parallelvorlesungen in anderen Räumen, Seminare und die außeruniversitären Workshops ergänzten das Angebot. Es gab regelmäßig einen Bücherstand, die *Logik der Rettung* wurde sehr gut verkauft, viel besser als in den Jahren zuvor in Westdeutschland.

Für das Wintersemester 1993/94 setzte Bahro einen neuen Schwerpunkt: Jetzt sollte endlich die politische Grundlegung der erneuerten Gesellschaft erfolgen. Da trat ein folgenreiches Unglück ein: Seine Frau Beatrice stürzte sich am 4. September, nach einer heftigen Auseinandersetzung mit ihm, von der Berliner Siegessäule in den Tod (zu diesem tragischen Ereignis genauer im Kapitel *Glück und Unglück: Rudolf und die Frauen*).

Für Bahro war das ein Schock, von dem er sich nie wieder richtig erholte. Und manche seiner Freunde und Mitarbeiter überprüften ihr Verhältnis zu ihm und distanzierten sich. Nach dem Tod seiner Frau zog sich Bahro aus der Öffentlichkeit zurück, in einem Brief an Vizepräsident Prof. Hasso Hofmann bat er um ein Freisemester – das er auch bekam – und begründete dies mit dem Satz, daß er das sichere Gefühl habe, »eine Weile die Worte zurückzuhalten und sie neu abwägen zu sollen«.

In seine Trauer platzte das langerwartete Evaluierungs-Gutachten – angekündigt durch einen Brief des Vizepräsidenten, als Leiter der Kommission, vom 2. November und als ausführlicher *Bericht und Empfehlung* vom 4. November. Beide Texte sind diplomatische Meisterstücke eines sich selbstgewissen Wissenschaftsverständnisses, wonach keinerlei Außenseiter geduldet werden. Neben dem Leiter haben vier hochrangige Professoren der alten Bundesrepublik – ein Philosoph, ein Verkehrswissenschaftler, ein Soziologe und ein Ökologe – sich sehr genau mit den zur Evaluierung von Bahro eingereichten Texten beschäftigt, haben zwei weitere externe Gutachter gehört und Bahro selbst sich vorstellen lassen. An der Kompetenz der Kommission und der Fairneß des Procedere gibt es nicht die geringsten Zweifel. Aber es standen sich erneut zwei verschiedene Wissenschaftskulturen gegenüber.

Was darunter zu verstehen ist, zeigt ein schon im März eingegangenes Papier eines der Kommissionsmitglieder. Um das Institut zu bewerten, heißt es dort, müssen die üblichen Evaluationskriterien angelegt werden – an erster Stelle stehe dabei das Urteil der scientific community. »Maßstäbe für die Anerkennung durch die scientific community wären z.B. Veröffentlichungen in führenden Publikationsorganen, Vortragseinladungen bei wesentlichen Treffen der scientific community, Drittmittel der DFG und anderer Forschungsförderungseinrichtungen mit einem regulären Gutachterverfahren. Schriftstellerischer Erfolg allein kann auf die Dauer als Legitimation der von Bahro in Anspruch genommenen Forschungsmittel nicht genügen.« Das war in der Tat der Standard. Da mußte Bahro passen.

Nun der Kommissionsbericht: Die Evaluierer betonten die Dringlichkeit einer »Umwelt-Sozialwissenschaft«, da die bisherigen Ansätze in verschiedenen Fächern nicht ausreichten. Solche Disziplin müsse sich *auch* mit außerwissenschaftlichen Zwecken und Zielen befassen und nach einem Ausdruck von Jürgen Mittelstraß »transdisziplinäre« Fragestellungen aufgreifen und bearbeiten. Es werden sogar solche dringlich zu bearbeitenden Fragen genannt – womit die Kommission zu erkennen gibt, daß sie sich in dieses Feld hineindenken kann und dessen Relevanz zu würdigen weiß. Dann heißt es das erste Mal: »Aus den von Herrn Bahro zur Verfügung gestellten Unterlagen ist nicht erkennbar, daß von ihm bislang nennenswerte Impulse in Richtung einer fächerübergreifenden sozialwissenschaftlichen Umweltforschung ausgegangen sind.« Das wird sofort verständnisvoll eingeschränkt wegen der gerade durchlaufenen Rekonsolidierungsphase der gesamten Universität. Dann zeigt die Kommission, wie genau sie Bahros Texte gelesen hat – sie zitiert ihn geradezu wertfrei mit seinen radikalen Zielstellungen, seinem Umbauprogramm (und vergißt auch nicht sein DFG-Projekt). Doch dann kommt das definitive fachwissenschaftliche Urteil: »Das Programm Bahros ist auch nach Urteil der externen Gutachter weniger ein Wissenschafts- als ein Bekehrungsprogramm, Bahro selber weniger Forscher als Missionar. Was er behauptet, hat den Charakter von Botschaften, die weniger zur Prüfung als zur Nachfolge einladen. Verpflichtet man Universitäten auf Rationalitätsmaßstäbe, die die theoretische Anschlußfähigkeit der Fragestellungen, die Methodik der Beweisführung, die Systematik des Argumentierens und die Revidierbarkeit der eigenen Aussagen vorsehen, dann erfüllen Forschung und Lehre von Herrn Bahro diese Bedingungen nicht.« Der Kommission ist nichts vorzuwerfen, sie hat die Rationalitätsmaßstäbe neuzeitlicher Wissenschaft noch einmal genannt. Deshalb muß sie zu dem Ergebnis kommen, »daß die gegenwärtig erkennbaren Kompetenzen, Ansätze und Projekte von Herrn Bahro für sich genommen seine Berufung auf eine Hochschullehrerstelle an sich nicht rechtfertigen«. *An sich nicht* – aber man ist einem solchen originellen Außenseiter gegenüber auch verständnisvoll: Die Kommission empfiehlt deshalb »trotz aller dieser schwerwiegenden Bedenken« ihn auf eine C 3-Stelle[16] für Sozialökologie zu berufen (eine Position, die er nie bekommen hat).

Die Begründung sollte aber eine bittere Pille sein: »Herr Bahro ist nach der Wende als einer der bekanntesten Dissidenten, der für seine Überzeugung jahrelang in DDR-Gefängnissen saß, in einem Akt der Wiedergutmachung an die Humboldt-Universität geholt worden. [...] Dabei spielte auch die Überlegung eine Rolle, der prinzipiellen Kritik am bisherigen Wissenschaftsbetrieb einen Platz einzuräumen. [...] Wir setzen uns ja auch mit der Historie dieser Universität vor der Wende nicht einseitig negativ, sondern differenzierend und produktiv auseinander. Folglich können für die Humboldt-Universität nicht durchgängig und ausnahmslos diejenigen Maßstäbe gelten, von denen abzuweichen in München oder Bonn selbstverständlich nicht der geringste Anlaß bestünde.« Also eine Ohrfeige für die Ostberliner Universität. Deshalb darf man auch mal eine Ausnahme machen: »Herr Bahro ist eine Persönlichkeit der Zeitgeschichte, und auf solche Personen passen die üblichen Maßstäbe nicht.« Und der Schluß ist ganz einfach: Die bisherige erfolgreiche Berufungspolitik der Universität erlaube es ihrem Selbstbewußtsein, »auch einen ausgesprochenen Außenseiter zu berufen«. Soweit die Kommission. Das Institut wird mit keinem Wort erwähnt. Es existiert für sie nicht.

Der vorauseilende Brief des Vizepräsidenten vom 2. November faßt diesen Bericht zusammen, nur verschlimmert er die Schlußpassage, wenn es jetzt heißt, daß die erfolgreiche Berufungspolitik der Universität es erlaube, »mit den Lasten der Vergangenheit auch einen ausgesprochenen Außenseiter [nicht zu *berufen*, sondern] zu ertragen«.

Damit schob man Bahro in eine fast bemitleidenswerte erbärmliche Position hinein. Er selbst war physisch und psychisch angeschlagen und mußte pausieren.

Aber auch ohne ihn liefen die Lehrveranstaltungen weiter: Kirchhoff las dienstags über *Natur – Geist – Seele. Die neue Dialektik von Naturwissenschaft, Philosophie und Mystik*, es gab Seminare von Hosang, Christine Eifler und Haake. Das war eine wichtige Bewährung für das Institut, daß es auch ohne seinen charismatischen und exotischen Professor arbeitsfähig blieb.

Der so als Wissenschaftler gedemütigte Bahro wandte sich in einem Schreiben vom 6. Juni 1994 an den Leiter der Personalabteilung, Baeckmann, um weiterhin Gastvorlesungen honorieren zu können, und stellt darüber hinausgehend zu seinem eigenen Stand an der Universität fest: »Diese Unentschiedenheit zwischen ›Ihn-nicht-haben-‹ und ›Ihn-nicht-entlassen-wollen‹ haben Sie mir ja als auch vorhandene Stimmung, natürlich nicht als Standpunkt der Universitätsleitung, dargestellt. Blickt jemand aus einiger Distanz auf meine Lage, so ist sie aber in formeller Hinsicht tatsächlich absolut entmutigend, und das ist kein Ruhmesblatt der Universität.« Worauf Baeckmann auf ein Zettelchen notierte: »Wenn er doch nur wüßte, wie die Bemühungen gehen und wie schwer es ist.« Es sollte bald noch schwerer werden.

Durch seine Erkrankung (dazu mehr im Kapitel *Krankheit und Tod*) kam er in eine kritische Dauerlage, da die Universität ab April

1995 die Gehaltszahlung einstellte und Bahro im Juli beinah einen Bittbrief an den Vizepräsidenten Prof. Müller-Preußker schrieb: Er habe nicht die ihm zugesagte C 3-Stelle bekommen, er sei nicht verbeamtet worden, und »zwischenzeitlich sei eine echte Notlage eingetreten« – er müsse rund 8300 DM zurückzahlen, vor allem aber sei die Gehaltszahlung völlig eingestellt. Er bittet also wenigstens um die Verbeamtung und würde dafür auch nicht mehr auf der C 3-Professur bestehen.

Erst im September kann er einen neuen Arbeitsvertrag unterschreiben mit reduzierter Arbeitszeit und entsprechend reduzierter Bezahlung, nun aber als Beamter. Gleichzeitig wurde sein Institut – nach entsprechenden Kontakten mit dem Agrarökonom Prof. Konrad Hagedorn – an die Landwirtschaftlich-Gärtnerische Fakultät angegliedert, allerdings um den Preis, daß es wegen seiner geringen Größe zu einer Arbeitsgruppe »Agrar-Kultur und Sozialökologie« herabgestuft wurde. Man bezog Räume in der Ziegelstraße, doch Bahro mied diese Räume, wenn es nur irgend ging. Sein Arbeitsplatz war die Wohnung im Prenzlauer Berg. Christine Eiflers Stelle lief aus, Haake trennte sich von Bahro, ebenso schied die Sekretärin aus dieser Gruppe aus, so blieben nur noch Hosang und ein fast 70jähriger Rentner, Helmut Jansen, der unbedingt noch eine Dissertation schreiben wollte und faktisch als Sekretär arbeitete.

Die kleine Arbeitsgruppe trat in der Folgezeit kaum in Erscheinung. Nur Bahro war über all die Jahre ein gefragter Gesprächspartner – Einladungen zu vielen Kongressen oder Podiumsdiskussionen, Anfragen zu seiner Unterstützung für die verschiedenartigsten Projekte trafen ständig bei ihm ein. Offensichtlich waren seine Ideen – die natürlich (im Sinne des Evaluierungsbefundes) zur »Nachfolge« einluden – weiterhin gefragt. Die öffentliche Kritik wurde seltener. Allerdings lehnte der christlich-konservative Philosoph Günter Rohrmoser eine Einladung zur Vorlesung in der Humboldt-Universität mit höflichen Worten ab, aber nicht ohne hinzuzusetzen: »Sie haben […] die Neigung, eine religionsstiftende Attitüde zu entwikkeln. Lieber Rudolf Bahro, solche Ambitionen sind eitel. Es gibt keine neue Religion und es kann auch keiner eine neue stiften.« (Brief vom 15. Oktober 1996)

Als Bahro die Vorlesungsreihe im Sommersemester 1997 an Stelle des Eingeladenen mit einem Beitrag *Religion und Politik in der Krise der Moderne* und zu Rohrmosers »Ringen um eine Alternative zwecks Bewahrung der Gesellschaft aus christlicher Tradition«

eröffnete, war das Audimax nur noch halbgefüllt. Die *tageszeitung* vom 16. April sieht darin einen Akt der Distanzierung von »Bahros Tendenzen, rechten Ideologen ein universitäres Podium zu geben«.

Doch es ist auch aus gesundheitlichen Gründen für ihn ein schweres, sein letztes Semester: Die letzten Vorlesungen des Krebskranken finden nur noch alle zwei Wochen statt, er kann sie kräftemäßig nur mehr im Sitzen und aus mangelnder Konzentrationsfähigkeit häufig ablesend halten. »Mehr schaffe ich gesundheitlich nicht. Es ist nicht ganz voll, aber ein Stamm von etwa hundert Leuten ist mir treu geblieben. Ich spreche zwei Stunden frei über ökologische und philosophische Themen, ganz konventionell wie eine Predigt. Anschließend diskutiere ich mit den zwanzig, dreißig oft älteren Leuten, die dageblieben sind.« (Interview, posthum in der *taz* vom 13./14. Dezember 1997)

Dazu kam wegen der häufigen Krankschreibungen seit 1994 der Zeitpunkt, daß die Personalstelle ab 8. Juli 1997 wegen »krankheitsbedingter Arbeitsunfähigkeit« die Gehaltszahlung zum zweiten Mal einstellte und seine Ansprüche auf Krankengeld (seitens der AOK) und -zuschuß (seitens der Universität) am 31. Juli abgelaufen waren.

Nach dem Tod von Rudolf Bahro erlebte das einstige Institut einen baldigen Niedergang. Er hatte keine Vorsorge getroffen, weder für die Arbeitsgruppe »Agrar-Kultur und Sozialökologie« noch für einen möglichen Nachfolger. Einige Monate lang glaubte ein Freund von Maik Hosang, der Philosoph Michael Wende, das »Institut« weiterführen zu können, doch faktisch und verwaltungsmäßig existierte es nicht mehr.

Während einer großen Veranstaltung im Audimax der Humboldt-Universität am 25. April 1998, bei der Bahros Lebenswerk unter dem Titel *Auf Herz und Geist gebaut* gewürdigt wurde, kam es am Rande zu einem Gespräch zwischen Bahros Förderer an der Landwirtschaftsfakultät, Prof. Konrad Hagedorn, und dem als Gast nach Berlin gereisten Philosophen Johannes Heinrichs. Hagedorn hatte während seines Vortrags *Die Zukunft der Sozialökologie an der Fakultät* angedeutet, daß man an einer Fortsetzung der Arbeitsgruppe interessiert sei, doch leider gäbe es kein Geld dafür. In dem Gespräch bot Heinrichs an, daß er versuchen könnte, das Geld zu beschaffen. In einem Rekordtempo engagierte sich wieder einmal die Schweisfurth-Stiftung und schuf eine Stelle, die als Stiftungsgastprofessur für insgesamt dreieinhalb Jahre finanziert wurde. Johannes Heinrichs, Philosoph und früher auch katholischer Theologe (Jesuit bis zu seinem Ordensaustritt 1981), ein äußerst produktiver und systematischer Denker, war schon einmal auf Einladung Bahros Gast an der Humboldt-Universität gewesen. Im Oktober 1991 hatte er im Rahmen des Studium generale zwei Vorlesungen über spirituelle Themen gehalten, und zum Semesterende zusammen mit Bahro ein Abschlußgespräch bestritten – das Verb ist hier wörtlich zu nehmen, denn es verlief nicht sehr harmonisch. Dann war für das Sommersemester 1992 neben Bahros Montags-Veranstaltungen eine eigene Vorlesungsreihe »Ökologische Sozialphilosophie« (dienstags im Institut für Psychologie) verabredet und angeschlagen – doch schon nach der ersten Vorlesung hatte es eine Differenz zwischen Bahro und Heinrichs gegeben, die dazu führte, daß letzterer seine Veranstaltungen abbrach und Berlin verließ. Bahro entschuldigte sich brieflich, doch der Kontakt blieb unterbrochen bis 1997, dann schickte Heinrichs ihm sein neuestes Buch *Ökologik*, das Bahro mit großem Interesse las und auch rezensierte. Heinrichs besuchte den Todkranken im Krankenhaus, und Bahro schrieb noch ein Nachwort für dessen nächstes Buch *Sprung aus dem Teufelskreis* – es ist sein vermutlich allerletzter Text (datiert August 1997).

Heinrichs trat zum Wintersemester 1998/99 die neu geschaffene Gastprofessur an und führte die Studium-generale-Vorlesungen fort. Doch nicht mehr im Audimax des Hauptgebäudes, sondern beinahe versteckt in der abgelegenen Invalidenstraße, später im denkmalgeschützten Langhans-Bau auf dem Gelände der Landwirtschaftlich-Gärtnerischen und der Veterinärmedizinischen Fakultäten – im ersten Semester mit dem Hauptthema *»Logik der Rettung« – Ökologische Sozialphilosophie*, im zweiten Semester *Die Natur der Kultur (Ökologische Kulturtheorie)* – wieder mit Gastdozenten. Stärker als Bahro beschäftigt sich Heinrichs auch mit wirtschafts- und sozialpolitischen Fragen, beispielsweise wurde im Sommersemester 2000 die Thematik *Vom Weltmarkt zum Weltethos – Logik und Ethik der Globalisierung* behandelt. Der etwas abgelegene Ort und der geringere Bekanntheitsgrad Heinrichs' führten allerdings auch zu einem verkleinerten Auditorium.

Im Frühjahr 2002 endete die Stiftungsprofessur. Inzwischen ist das »Institut« aus dem Erscheinungsbild der Universität verschwunden. Auf dem Gelände der beiden Fakultäten sind die Überreste kaum aufzufinden. Kein Pförtner kann Auskunft geben, kein Hinweisschild existiert. In einem heruntergekommenen Gebäudeteil der Veterinärmedizin befinden sich wenige Zimmer, vollgestopft mit alten Möbeln wie von einer Haushaltsauflösung, ein anderes für zwei Frauen mit ABM-Status, die die Vorlesungen von Bändern abgeschrieben haben und das Archiv ordneten. Doch auch diese Stellen laufen aus. Dann ist die Sozialökologie aus der Humboldt-Universität verschwunden – vermutlich endgültig.

Wider die Logik der Selbstausrottung

Berliner Vorlesungen zur Sozialökologie (1990–1997)

(K. S.)

»Herr Bahro, was glauben Sie, wird von Ihren Anstrengungen, diese Gesellschaft zu verändern, bleiben?« Seine Antwort: »Also eine Menge geistiger Innovation, mehr, als ein normales Professorenleben hergibt.« (*Macht*, 51) Das war im Juni 1995, als er wegen einer Krebserkrankung im Berliner St. Hedwigs-Krankenhaus lag. Eine »normale« Professur hatte Bahro tatsächlich nicht inne. Das wurde bereits im letzten Kapitel deutlich. Bahro war ein »Publikumsmagnet« – und zugleich ein »Exot«, der immer wieder für »Reibungen« sorgte, wie die *Berliner Zeitung* in einem Beitrag zum Auftakt des Sommersemesters 1994 bemerkte (16. 4. 1994).

Seine Professur bot ihm die Möglichkeit, die in der *Logik der Rettung* entwickelten Thesen und Konzepte vor einem interessierten Publikum auszubreiten und weiterzudenken, das über den Kreis der Hochschule hinausreichte: »Es kommen viele aus der Stadt, aber auch alles, was bunt ist, also aus den verschiedenen Fakultäten der Universität – alles Leute, die irgendwie ahnen, daß Wissenschaft auch ihr eigenes Verhängnis ist, und die etwas ändern wollen. Das Engagement hat zwar nachgelassen, seit der ›Wende‹ ein generelles Problem. Aber meine frei gehaltenen Vorlesungen füllen immer noch das Audimax. Ich gehe der Frage nach: Warum zerstört der Mensch sich selbst und die Erde? Welche politische Wende ist nötig?« (Ebd.)

Zwischen Januar 1990 und Juli 1997 hielt Bahro mehr als 80 Vorlesungen an der Humboldt-Universität. Nach dem offiziellen Teil am Montagabend zwischen 18 und 20 Uhr war meistens noch Gelegenheit zum Gespräch. Darin ging es immer wieder um ein Thema, das er im Vorwort zu seinem Buch *Rückkehr. Die In-Weltkrise als Ursprung der Weltzerstörung* mit den Vorlesungen aus seinem ersten Berliner Semester noch einmal benennt: »Das, was ich theoretisch versuche, ist zwar nicht beispiellos – ich denke etwa an den Weg Roger Garaudys in den letzten 20 Jahren –, aber doch verhältnismäßig selten: nämlich eine Neubegründung des Politischen aus dem Punkte, in dem sich die Wesenskräfte der menschlichen Existenz mit ›Gott‹, mit dem *Dau*, mit *Brahman*, mit der *kosmischen Intelligenz* berühren. Platons *Politeia* ist mit der abendländischen Zivilisation erschöpft. Eine *neue Politeia* muß nicht nur Griechenland, sie muß den ganzen abendländischen Weg transzendieren, der ins Aus geführt hat. Die Welt braucht eine andersartige Vernunft, eine anders in ihre Kompetenz aufgestiegene, anders mit ihrem tragenden körperlichen und seelischen Grund vermittelte, vor allem eine davon unabgetrennte. Asien, etwa das *Dau De Dsching*, bietet da Beispiele, und ich fühle, daß es eine Schicht in unserem eigenen Kulturboden gibt, in dem sich eine fruchtbare Verbindung damit ergeben kann. Der ›Dialog der Zivilisationen‹, den Garaudy propagiert, meint keine Verstandesdialektik, keine Dogmenvergleiche und womöglich -versöhnungen (an die ich nicht glaube), sondern eine Konvergenz der Gotteserinnerung und -erfahrung bzw. der Strebungen in unserem höheren Selbst.« (*Rückkehr*, 10)

Diese Überlegungen bestimmten dann auch den Fortgang seiner Vorlesungen und Seminare. Bereits in der *Logik der Rettung* hatte er das Wesen der ökologischen Krise als »Krankheit des menschlichen Geistes, besser gesagt unserer gesamten Psychodynamik« (*Logik*, 104), diagnostiziert. Bahro, der sich hier vor allem auf Jean Gebser bezieht, stellt sich der Prozeß der Menschheitsentwicklung als ein Vorgang der fortlaufenden Abstoßung älterer Bewußtseinsschichten und -verfassungen dar. So hält die moderne Zivilisation die einmal durchlaufenen Stufen des Archaischen, Magischen und Mythischen für überwunden. Sollten doch »Rückfälle« eintreten, so können diese der gängigen Meinung gemäß nur von »außen« kommen – dort, wo die Herrschaft der Ratio noch nicht vollständig durchgesetzt worden ist. Bahro ist da anderer Auffassung: Unser Problem besteht darin, daß wir es nicht vermocht haben – »und ganz besonders in unserer eiligen Konkurrenz wir Weißen nicht« (ebd., 272) –, frühere Bewußtseinsverfassungen zu integrieren. Nicht-westliche Gesellschaften, beispielsweise die chinesische, hätten es weniger nötig gehabt, diese so stark abzuspalten und zu verdrängen. Das heiße nun nicht, »daß wir jetzt bloß Taoisten werden und Tai Chi machen müßten, um unser Problem zu lösen« (*Rückkehr*, 111). Es sei allerdings schon von Belang, mit welchem Bewußtsein beispielsweise eine Bewegung ausgeführt werde. Um so etwas zu üben, bot Bahro in Verbindung mit seinen Vorlesungen eben auch Wochenenden an, die der Körperwahrnehmung gewidmet waren.

»Bei der Forderung nach Ganzheitlichkeit der Wahrnehmung geht es nicht um Komplettierung des Weltbildes, sondern um die Resonanzfähigkeit unseres Erkenntnisvermögens. Wenn wir mitfühlend spüren, wie die Natur, wie Pflanze, Tier (und das Tier in uns selber) sind und was sie bedürfen, dann wird es uns unmöglich, andauernd dagegen zu verstoßen, und dann brauchten wir nicht nach einer Ethik zu rufen, um erst über diesen Umweg wenigstens zu erfahren, daß vielleicht mit dem Übergang zur Gentechnik Probleme verbunden sind.« (Ebd.) Die Forderung nach Ethik werde deshalb laut, weil immer deutlicher zu erkennen sei, daß »der Kontakt zum Ganzen nicht mehr stimmt«.

Die taoistische Grundidee dieses »Ganzen« ist »das Große Gleichgewicht des großen Zusammenhangs [...] Tag-und-Nacht, Oben-und-Unten, Rechts-und-Links, alle diese Verhältnisse sollen in einem guten Gleichgewicht sein. Man soll sich nicht so schnell bewegen, damit dieses nicht andauernd gestört wird. Das ist die Richtung, in die die Große Ordnung geht.« (Transkript der Vorlesung *Laotse: Das Tao und die Macht*, 3.2.1992, 7f.) Es müsse gelehrt und gelernt werden, »wie die Grundverhältnisse des Menschen in der Welt und zur Welt wieder so in Ordnung kommen, [...] daß es friedlich hergeht«. Wir können dabei auf den Gedanken von Laotse bauen, »daß sich großmannssüchtige Projekte von selbst widerlegen werden, weil Monstrositäten in der Evolution an sich selber scheitern« (*Rückkehr*, 103). Da die moderne Methode der Welterkenntnis weniger denn je geeignet sei, das irdische Gleichgewicht zu reproduzieren, plädierte Bahro für eine »weibliche« Wahrheitssuche, wie er sie im *Dau De Dsching* vorgezeichnet sah.

Das Patriarchat stelle sich als eine Struktur dar, »in der die Führung des historischen Prozesses einseitig auf das *expansive* männliche Prinzip übergegangen ist. Das – was die soziale Dynamik betrifft – *kontraktive* weibliche Prinzip aber wurde entweder überhaupt abgedrängt oder untergeordnet oder mitgerissen.« (ebd., 236) Um der ökologischen Krise begegnen zu können, müsse nun »tatsächlich das weibliche Prinzip die Führung übernehmen [...] und es wird für den Übergang nicht nur innerpsychisch, sondern auch real einer Dominanz der Frau bedürfen. Damit ist nicht an eine Umkehrung des Patriarchats gedacht, sondern gemeint ist eine Neuintegration der Geschlechter im gesellschaftlichen Bewußtsein *und* in den Institutionen.« (ebd., 238) Den »anderen Modus, der darauf abstellt, die Rohstoffe rund um die Erde und die Raketen rund um das Universum zu schicken«, halte die Welt nicht mehr aus. »Die männliche Selbstverwirklichung muß an den kleinen Lebenskreis rückgebunden werden. Sonst bleibt es normal, wie jetzt in der Öffentlichkeit darüber palavert wird, daß am Persischen Golf Saddam Hussein bestraft werden soll« (ebd., 239), erklärte Bahro in seiner Vorlesung vom 14. Januar 1991 – kurz vor dem Beginn des zweiten Golfkriegs.

Im Angesicht der uns drohenden Apokalypse müsse noch einmal nach der Bestimmung des Menschen als Mann und Frau gefragt werden: Auf welches Ziel ist »unser reales Potential kosmisch, das heißt aus der Evolution des Universums heraus, angelegt«? Bahro dachte bei seiner Frage an das, »was in den alten Philosophien causa finalis heißt, eine Endursache, eine Zweckursache, die ›von vorn‹, ›von oben‹ für einen bestimmten Prozeß maßgeblich ist. Nun ist der nächstliegende Gedanke dann immer, daß irgendein außerweltliches Wesen so einen Zweck gesetzt haben müßte. Jedoch kann man genauso gut und sehr viel vernünftiger daran denken, daß dieser anscheinend von unten arbeitende Genotyp doch offenbar ein Programm abarbeitet, das längst mit ihm gegeben ist und das Realisierung mehr im Sinne von Entfaltung als von Entwicklung nach sich zieht.« (Ebd., 231)

Der »Punkt Omega« (Teilhard de Chardin) der menschlichen Bestimmung ist seine Göttlichkeit – im Hölderlinschen Sinne verstanden: »›Der Mensch ist aber ein Gott, sobald er Mensch ist.‹ Und damit ist eine Definition des *Menschen* gemeint, weil der Gott bei Hölderlin nicht Gott im Allgemeinen ist, sondern *der Gott*, also ein bestimmter. Menschsein heißt dann: Mit unserer inneren Energie mobil sein. Nach Hölderlin sind das drei Momente der Begeisterung: In puncto Liebe, in puncto Erkenntnis, in puncto Schaffen. Darin können wir göttlich sein (›eigentlich‹ sein, sagt er – nur in diesen Momenten sind wir Mensch, man kann wiederum sagen, ›eigentlich menschlich‹).« (Ebd., 232 f.)

Auf Hölderlin kam Bahro immer wieder zurück, beispielsweise in seiner Vorlesung *»Tod des Empedokles« und »Tod fürs Vaterland« – mein Hölderlin zwischen 1789 und 1933* vom 16. Dezember 1991: »Ich denke, daß er sich immer mehr erweist als Deutschlands weitest reichender Dichter«, und zwar deshalb, »weil er am zeitlosesten in seiner Zeit steht. Weil er auf das ewig Dauernde hört in seiner Zeit. Um so nötiger, wenn sich der Zeitgeist, der Kleingeist der Zeit immer mehr vom ewig Dauernden entfernt und sich den Maschinen anvertraut.« (Transkript der Vorlesung, Teil I, 7) Auf

Grund einer erneuten Lektüre des *Empedokles* sei er darauf gekommen, daß der Schlußteil seiner *Logik der Rettung* neu gefaßt werden müsse. Auf die Frage eines Zuhörers, ob er das ein bißchen präzisieren könne, erklärte Bahro: Er sehe nur, daß der Gestus, in dem dieser Schlußteil geschrieben ist, »zuviel Präzeptorisches hat«, also zuviel »Bescheid sagen, wie es zu gehen hat«. Man könne nicht stellvertretend für andere sprechen »und mit einer Resonanz, die eigentlich eigensinnig im schlechten Geiste ist«. Und dann folgte eine wichtige Selbsteinsicht: »Immer erst hinterher habe ich gemerkt, wieviel Machtwille in meinen Sachen steckt – persönlicher Machtwille, und das ist, was da was verderben kann dran.« (ebd., 19)

Parallel zu seinem Engagement für bessere Startbedingungen kommunitärer Lebensformen im Osten Deutschlands (siehe dazu das Kapitel *Start in die Subsistenz*) setzte sich Bahro auch theoretisch mit der Frage auseinander, wie man vom »schlechten Massencharakter moderner Gesellschaft wegkommen kann – von einem Typus Gesellschaft, der es schon von der Größenordnung her, in der die Grundstruktur arbeitet, unmöglich macht, daß es anders als mechanistisch dabei zugeht« (Transkript der Vorlesung *Neue Polis? Diotima aus dem Jenseits – oder wie wir uns auf den Weg in eine Lebensfrohe Gesellschaft machen könnten*, 13.7.1992, 4). Wegweisend war für ihn in diesem Zusammenhang das Lebenswerk der deutsch-jüdischen Philosophin Hannah Arendt. Bereits in den frühen 80er Jahren hatte sich Bahro intensiv damit auseinandergesetzt, davon zeugt beispielsweise eine Besprechung ihres Buches *Elemente und Ursprünge totaler Herrschaft* in der *Zeit* (Nr. 12, 16.3.1984; wieder abgedruckt in *Pfeiler*, 227–230). Er lehnte den von ihr mit geschaffenen Totalitarismusbegriff als »Grundbaustein zu der Ideologie des Kalten Krieges« ab und versuchte nachzuweisen, daß der Totalitarismus als politisches Phänomen nur aus der »Massenvernichtungs- und Selbstmordlogik, die in der von Europa ausgegangenen Arbeits- und Lebensweise treibt«, verstanden werden könne. Die russisch-sowjetische Entwicklung, die im gängigen Sprachgebrauch des Westens als Lehrstück des »Totalitären« galt, habe dagegen einen »*reaktiven* und *abhängigen* Charakter« (ebd., 227) getragen – weil sie auf die metropolitane Herausforderung antwortete, den Prozeß der Industrialisierung nachzuholen.

In der Besprechung stand für Bahro die Frage im Mittelpunkt, ob Hannah Arendts Kritik an den modernen Massenbewegungen als »totalitär« auch auf die sogenannte Ökopax-, die ökologisch-pazifistische Bewegung, zutreffe oder ob sich hier Kräfte zeigen, die die totalitären Tendenzen der Moderne zu überwinden helfen. Diese Tendenzen wurzeln nach Bahro nämlich genau im »Entfremdungs- und Marginalisierungsprozeß, dem die Dynamik des ›Fortschritts‹ tendenziell alle Menschen unterwirft und der bei krisenhaften Beschleunigungen und Kontinuitätsbrüchen zu Eruptionen führen muß« (ebd., 228). Angesichts solcher Eruptionen plädiere Hannah Arendt »für die Aufrechterhaltung eben jenes Rechtsstaats, der in der ›vielleicht tiefstgehenden Krise, die das Abendland seit dem Zusammenbruch des römischen Reiches erfahren hat‹ [Arendt], so schmählich versagt«. Sie verkenne, »daß das *Prinzip* des Rechtsstaats – und der schützenden und entlastenden Institutionen überhaupt – nicht durch Naturschutzappelle zu retten ist, wenn die Akkumulationslawine weiterrollt, sondern nur durch einen Neubau der institutionellen Verfassung, fähig, die Lawine aufzuhalten« (ebd., 229).

Bahro grenzte sich nicht nur von Hannah Arendt ab, er griff auch positiv einen ihrer Grundgedanken auf: Bedingungen zu schaffen, »unter denen das Herausfallen aus den bisherigen Sicherungen nicht primär Verlassenheit, sondern Freiheit bedeutet, die Freiheit bei sich selbst beginnend, das Leben neu zu bestimmen«. Nur dürfe man sich dann nicht auf den »ängstlichen Individualismus« beschränken, dürfe sich »das Problem nicht so definieren, daß vor Assoziation jenseits der versagenden alten Strukturen von vornherein gewarnt werden muß«. Bahro sah 1984 in der Ökopax-Bewegung die Chance, mit der Abwehr der Gefahren zugleich einen »Prozeß der Selbstreinigung« (ebd., 230) einzuleiten, damit die haßerfüllten Ressentiments und Aggressionen überwunden werden und damit auch der bisherige Charakter von Massenbewegungen in der Moderne verwandelt wird.

In verschiedenen Vorlesungen kam Rudolf Bahro auf seine Auseinandersetzung mit der Totalitarismus-Frage zurück – beispielsweise in jener mit dem Titel *Wie demokratisch ist ökologischer Geist? Totalitarismus als verdrängter Schatten des Abendlandes*. Wenn man sich bewußt sei, »daß die Gesamtanlage des historischen Prozesses in der Moderne, sagen wir mal: mit der Gefahr zumindest solcher totalitären Ausbrüche schwanger geht, dann läßt sich viel sinnvoller mit dem Thema ›Demokratie‹ umgehen« (Transkript der Vorlesung, 27.1.1992, 10). Man begreife die heutige internationale Konstellation überhaupt nicht, wenn man diese als Gegensatz Totalitarismus bzw. Fundamentalismus versus Demokratie fasse. Fundamentalistische Tendenzen, wie sie sich etwa in Saddam Hussein – einer ursprünglich vom Westen hochgezogenen »Kreatur« – manifestieren, seien Reaktionen auf den »Selbstlauf dieser riesigen zivilisatorischen Maschine, die wir uns hier geschaffen haben, mit den Konsequenzen, die das auch für unsere eigenen Interessen bis ins Militärsystem hinein hat, die wir uns manchmal gar nicht klarmachen. Denn dieser komfortable Lebensstandard hier ist natürlich unhaltbar, wenn nicht die Waffensysteme mindestens bereitstehen – wir würden erstürmt werden, wir wissen das. Unterschwellig wissen wir das.« (Ebd., 11) Hier bei uns, in den Metropolen, müsse die Hauptverantwortung gesucht werden für die »despotischen Verhältnisse, für den Terror, der sich über die übrige Menschheit legt« (ebd., 3).

Wenn die »moderne Massengesellschaft, die die Individuen atomisiert«, als Keimzelle des Totalitarismus erscheint, dann stellt sich die Frage, »ob es nicht möglich ist, von kleineren Strukturen her Gesellschaft neu zu begründen« (Transkript der Vorlesung *Neue Polis?*, 4). Bahro erklärte, er sei »ganz sicher«, daß Bert Brecht mit seinen Zeilen »Von diesen Städten wird bleiben: der durch sie/hindurchging, der Wind« (Brecht 1968, 57), »empirisch Recht bekommen wird« (Transkript, 4): Die Strukturen der Megamaschine seien auf Dauer nicht zu halten. Gegen das, was sich »sozusagen ohne unseren Willen vollzieht«, könne man vielleicht gar nichts mehr machen; »es sei denn, man entscheidet sich wirklich dazu, die lebendigen Kräfte aus diesem Zusammenhang erst mal herauszudenken und herauszufühlen – also, das Imperium, die Megamaschine, in diesem Sinne erst einmal subjektiv zu verlassen«.

In den ersten Semestern habe er sich der Frage nach der Subjektivität der Rettung gewidmet und darauf orientiert, »bei uns selber nachzusehen«: Wie könnten wir freikommen vom »Diktat der toten Arbeit, dessen, was als Struktur, Materie, materielle Kultur festgeschrieben ist?« (ebd., 5) Jetzt wolle er danach fragen, wie sich eine solche Befreiung im sozialen und politischen Bereich umsetzen lasse. Er warnte allerdings davor, »daß wir unsere Kraft verlieren, wenn wir unmittelbar von der Analyse der Katastrophe, die mit der Megamaschine zusammenhängt, zu der Frage, was man denn noch machen könnte, übergehen« (ebd., 6). Eine »Begrünung« dieser Megamaschine bringe nämlich nichts, das sei »Pseudo-Ökologie« (ebd., 7). Es gehe um einen grundsätzlichen Wandel.

In der einführenden Vorlesung zum Wintersemester 1992/93 ging Bahro daher noch einmal auf die Frage der Theorie-Praxis-Verbindung ein: »Eine starke, eine wirklich wohlbegründete und verortete Praxis setzt nach wie vor Theorie voraus.« (Transkript der Einführungsvorlesung, 12.10.1992, 4) Es brauche Theorie, aber zugleich müsse der Versuch unternommen werden, »dabei dichter an den Boden heranzukommen«. Der Zugang über den Gedanken der Subsistenzwirtschaft sei besser »als weit gespannte Überlegungen, was wir mit der Industrie anfangen, während gar nicht klar ist, welche Entwicklungsperspektiven die in Ostdeutschland haben wird« (ebd., 5). Erst einmal geistig – »und möglichst auch im Kleinformat praktisch« – müsse ein »Entwurf« her. Eine »Vision« sollte da sein, wie eine Gesellschaft jenseits des Zerstörungsprozesses der Megamaschine funktionieren könnte.

Die Neubegründung des Gemeinwesens müsse »vor-gedacht – und natürlich auch vor-gefühlt – werden, und in diesem Sinne sehe ich das als eine überaus praktische Angelegenheit an, wenn wir uns mit ›Neuer Politeia‹ befassen« (ebd., 7). Eine Neubegründung der Gesellschaft könne nur heißen, »daß wir den materiellen Reproduktionszusammenhang völlig neu gestalten« (ebd., 8). Aus dem »Desaster der Industriezivilisation« folge für ihn nicht als Wunschvorstellung, sondern als unvermeidliche Konsequenz das, was er »kommunitäre Subsistenzwirtschaft« nenne und Johan Galtung als »Self-reliance« bezeichne. Im Kern geht es Bahro um den Gedanken, Selbstbestimmung durch Selbstversorgung zu erlangen. Erst mittels Rücknahme megamaschineller Strukturen werde es wieder möglich, das menschliche Potential zu entfalten. Denn eines war Bahro klar: »daß die menschliche Naturausstattung für diese technologische Großgesellschaft wirklich nicht gemacht ist« (ebd., 13). Die Frage, wie eine gesellschaftliche Neugestaltung aussehen sollte, beantwortete Bahro nicht mit einer »konkreten Utopie« (Ernst Bloch), sondern lediglich mit Hinweisen, welche nächsten Schritte aus seiner Sicht notwendig wären. Entscheidend war für ihn – und darauf wies er in Vorlesungen und Diskussionen immer wieder hin –, sich die eigene »innere Umgestaltung« zur Aufgabe zu machen.

Die Arbeit an der Universität sollte Bahro vor allem dazu dienen, seinen Hörern und Hörerinnen ins Bewußtsein zu rufen, wie sehr der Verstand mit der Megamaschine verhaftet ist. Zunächst gehe es darum, intellektuell diese Erfahrung zu machen, um sich dann auf den Weg des Durcharbeitens solcher Verhaftungen, der Identifikation mit bestimmten sozialen Rollen, zu begeben. Für ein solches Durcharbeiten, insbesondere in den Tiefenschichten des Bewußtseins, biete sich beispielsweise die Methode des »Enlightenment Intensive« an (die bereits an anderer Stelle beschrieben worden ist). In ihrer späteren Phase gehe diese Übung an das heran, was unsere kulturellen Tiefstrukturen ausmacht. Galtung habe darauf hingewiesen, »daß in diesen Tiefstrukturen jenes verhängnisvolle Karma sitzt, das wir loswerden müßten, damit sich nicht einfach auf neue Weise doch nur das Alte wiederholt«. Es sei klar, daß man die Kräfte aus der Tiefe nicht rufen dürfe, »ohne sie zugleich zu reinigen, aus ihren alten Fixierungen zu lösen« (*Apokalypse*, 105).

Im Prozeß des Suchens nach einer schlüssigen Antwort stellte Bahro auch sein bisheriges Herangehen in Frage. In der Einführungsvorlesung zum Sommersemester 1994 erklärte er, die Art und Weise, wie er in seiner *Logik der Rettung* an den Stoff herangegangen sei, zeuge von einer gewissen »Hilflosigkeit«, einem »kalten Blick« und schließe ein, »Leute zu dem Sprung, der dann notwendig ist, erpressen zu wollen – mit dem Gedanken: Also, wenn ihr das nicht seht, dann geht überhaupt nichts mehr, hier muß gesprungen werden.« (Es ist bemerkenswert, welchen Stellenwert die Metapher des »Sprungs« in Bahros Denken hatte. Daß diese Metapher durch den realen Todessprung seiner Frau Beatrice in Frage gestellt wurde, kommt bei ihm allerdings nicht explizit zum Ausdruck.)

Möglicherweise sei der Schwerpunkt seiner bisherigen Überlegungen zu sehr bei der Analyse dessen gewesen, was ist, als bei der Frage: Was könnte geschehen? »Ich bin ja auch im Schlußteil [der *Logik der Rettung*] dann wahrscheinlich wieder zu schnell, zu kurz, auf institutionelle Lösungen gekommen. Das sind ja Lösungen, die am Herzen vorbei die Machtfrage stellen.« (Ebd., 3) Er sei »vorsichtiger geworden, und zwar nicht aus Zurückweichung vor den Problemen, sondern in dem Umgang mit dem heißen Stoff, daß man es auch wirklich verantwortungsbewußt macht« (Ebd., 4). In seiner »Konzeption des Sommerplans« führte er u.a. aus: »Der Impetus des subjektiven Rettens muß fallengelassen werden, und zwar nicht primär deshalb, weil es aus ihm heraus sowieso nicht klappt, weil er sich übernimmt (alles wahr), sondern weil er nur auf die nächste kompensatorische (Schein-)Lösung hinauslaufen kann. Institutionelle Vorgriffe bringen es nicht: aus der Not begründete Institutionen können nur Notstandsinstanzen sein.« Insofern müsse man wirklich »auf das Volk warten«.

Bahro erinnerte in diesem Zusammenhang an die Reformen des Solon zu Beginn des 6. vorchristlichen Jahrhunderts in Athen. Viele freie Kleinbauern waren damals in Verschuldung geraten und wurden so zum Auswandern gezwungen. Das führte zu sozialen Spannungen, die den Bestand der athenischen Demokratie gefährdeten. Solon, ein Mann aus der alten Aristokratie, schlug eine Bodenreform vor, die den sozialen Frieden wieder herstellen würde. Er erhielt die entsprechenden Vollmachten und setzte die Reform durch. »Es war also möglich, mächtige soziale Interessen – Klasseninteressen – dem Gemeinwohl der Athener unterzuordnen. Wir stehen vor einer viel extremeren Herausforderung mit der ökologischen Krise, als die damals in Athen gestanden haben – obwohl die auch das Gefühl hatten, daß es um alles geht.« (Transkript der Vorlesung *Was ist ökologisch notwendig? Was müßten dann die Rechtsverhältnisse leisten? Was für eine Art Staat brauchte es demgemäß?*, 2.5.1994, Band 1, 18 f.)

Es lohne sich, darüber nachzudenken, »wie so ein Öko-Solon zustande kommen könnte. Das muß diesmal nicht eine Person sein – wahrscheinlich ist das damals übrigens auch eine Bewegung gewesen, er muß ja getragen gewesen sein und jedenfalls hatte er den Konsens fast aller Leute dafür.« Heute gehe es darum, daß diejenigen Menschen sich zu einer »ökologischen Erneuerungsbewegung« zusammenfinden, die ihre Interessen auf das Gemeinwohl und nicht auf einen Anteil am »alten Machtkuchen« konzentrieren wollen. Ein solche »Ansammlung und Vernetzung von Elementen, die diesen Durchgang in bezug auf ein neues Naturverhältnis machen können«, habe er in der *Logik der Rettung* noch »irgendwie hilflos« als »Unsichtbare Kirche« bezeichnet. »Der Kirchenbegriff muß da raus, weil er nur irritiert.« Es geht darum, daß »eine politische Kraft auf den Plan tritt, die sich einfach sagt, daß die langfristigen, die fundamentalen Interessen erst mal Vorrang kriegen müssen gegenüber den vorhandenen und zu ihrem Recht kommen sollenden Interessen« (ebd., 19).

In Bahros Augen ging es darum, ein zweites Mal einen Anlauf zu wagen, wie ihn die GRÜNEN versucht – und »jetzt verspielt haben« (Transkript der Vorlesung, Band 2, 1). Voraussetzung dafür sei »natürlich, daß es im Volk einen Umschwung gibt – weg von den Ängsten, die etwa ans Wohlergehen der Banken gekoppelt sind«. Das Ausformulieren eines Verfassungsentwurfs sei nicht das Problem, »sondern die Schwierigkeit ist natürlich die Herbeischaffung der politischen Ressourcen dafür – also des Bewußtseins, daß wir zur Bewältigung der ökologischen Krise [...] so eine institutionelle Veränderung brauchen. Diese Verfassung kann ja auch nur von der Volksmehrheit akzeptiert werden. Das heißt, die muß zur Volksabstimmung stehen und erst danach kann man dieses Oberhaus konstituieren.« (Ebd., 2)

Trotz dieser »demokratischen Ergänzung« seiner früheren Konzeption vom erzieherischen Oberhaus oder gar einem »grünen Adolf« hielt die Kritik gegen ihn an. Während eines Vortrags zum Thema *Naturgerechte Ordnung und menschliche Emanzipation heute* flogen sogar zwei Pflastersteine durch ein Fenster in der Nähe des Rednerpults. »Bahro läßt sich von den Splittern vor seinen Füßen kein bißchen aus dem Konzept bringen«, stellte der Berichterstatter der *tageszeitung* fest. Erst in der darauffolgenden Stunde, als er auf Totalitarismus-Vorwürfe gegen ihn zu sprechen kam, sei er mit einem Satz darauf eingegangen: »Es kann ja durchaus sein, daß die Klamotte damit zu tun hat.« (*taz*, 24.2.1995).

Durch seine Krankheit mußte er danach 14 Monate aussetzen. Deutlich geschwächt kehrte er im April 1997 in den Vorlesungssaal zurück. Doch seine frei gehaltenen Reden wirkten jetzt nicht mehr so faszinierend wie in den ersten Berliner Jahren. Anziehend war ja ohnehin eher seine Ausstrahlung und weniger die Systematik seines Denkens. Seine Stärke war die Fähigkeit, aus vielen Quellen zu schöpfen, sich aus den Theoriebeständen das zu nehmen, was ihm gerade paßte, um daraus etwas Neues, vielfach Überraschendes und Ungewohntes, zu schaffen. Bahro habe sich selbst einmal als »synkretistischen Denker« bezeichnet, berichtet ein ihm Nahestehender.

In seinem letzten Lebensjahr hat er in verschiedenen Texten noch einmal versucht, so etwas wie eine Synthese seiner verschiedenen Denkansätze zu schaffen. (Davon soll im Kapitel *Spiritueller Kommunismus und integraler Mensch* die Rede sein.)

Politische Auseinandersetzungen

(G. H.)

Ein Mann wie Bahro, dessen Lebensinhalt das Verändern gewesen ist, mußte ein politischer Mensch sein. Die *Alternative* war ein philosophisches, soziologisches, polit-ökonomisches Buch, aber auch ein politisches – und wirkte auch so in der Öffentlichkeit. Die *Logik der Rettung* war – bei anderer Zielstellung – ein ähnliches Buch, nur wirkte es vergleichsweise wenig. Die Jahre mit den GRÜNEN waren eine intensive politische Zeit, und nach seinem Austritt schien es so, als habe er weniger Interesse an der Politik. Zumindest war er weitgehend aus den Medien verschwunden, und das bestärkte diesen Eindruck. Seine ihn neben der Ökologie umtreibende Frage war die nach den Kräften – den Subjekten – der gesellschaftlichen Umkehr und Erneuerung. Es war nicht mehr die »historische Mission der Arbeiterklasse« aus seiner Studentenzeit, waren nicht mehr die Wissenschaftler und Techniker oder der »Bund der Kommunisten« aus dem Konzept der *Alternative*, nicht mehr die Eurokommunisten – wie in der Haftzeit entwickelt –, nicht mehr die GRÜNEN, auch nicht der »Ökologische Rat«. Was er dann andachte, war der *Principe*, den er bei Machiavelli kennenlernte und den er nach 1985 glaubte in Gorbatschow gefunden zu haben. Also statt Veränderung von unten durch eine aufgeklärte und inspirierte Basis ein aufgeklärter (und mit den nötigen Machtmitteln versehener) »Fürst der ökologischen Wende«. Weil Bahro Demokratien mit ihrem kurzfristigen Denken und ihrem Buhlen um die Wählergunst – das keine schmerzhaften und radikalen Veränderungen favorisiert – für unfähig hielt, einen tiefangelegten Rettungsweg zu beschreiten, mußte er sein ursprüngliches Konzept revidieren und die Möglichkeiten einer »guten und starken Regierung«, einer »Rettungsregierung« als einer »dosierten Revolution von oben« (*Logik der Rettung*; 466, 480) durchdenken. Dies war bereits in jenem Buch von 1987 angelegt, doch ging er darin noch einen riskanten Schritt in eine andere Richtung, wenn er schreibt: »Ich halte die Frage nach dem Positiven, das vielleicht in der Nazibewegung verlarvt war und dann immer gründlicher pervertiert wurde, für eine aufklärerische Notwendigkeit, weil wir sonst von Wurzeln abgeschnitten bleiben, aus denen jetzt Rettendes erwachsen könnte.« (Ebd., 461)

Oberflächlich gelesen, könnte man annehmen, daß Bahro damit auf den im National*sozialismus* vielleicht enthaltenen Sozialismus (als Antikapitalismus, Volksgemeinschaft usw.) hinweisen würde, doch mit dem Satz zielt er auf etwas anderes. Denn an einer anderen Stelle heißt es deutlich: »In dem feigen Antifaschismus [...] haben wir es verweigert, nach der *Kraft* zu fragen, die *hinter* der braunen Bewegung stand, und die selbst nicht braun, [...] sondern einfach die Vitalität selbst war. [...] Es kann aus derselben Energie, die damals auf die Katastrophe hin disponiert war, sogar aus der Neigung zum *Furor teutonicus*, wenn sie bewußt gehalten und dadurch kontrolliert wird, heute etwas Besseres werden. Kein Gedanke verwerflicher als der an ein neues anderes 1933?! Gerade der aber kann uns retten.« (Ebd., 346)

Es wäre mehr als verwunderlich, wenn solche Sätze widerspruchslos überlesen oder hingenommen worden wären. Ich beschränke mich hier aber auf die Zeit nach 1990.

Der schlimmste Angriff kam von dem »Verein zur Förderung der Psychologischen Menschenkenntnis« (VPM) aus der Schweiz.[17] Drei Autoren (M. Dietrich, K. Schlink, S. Steinfels) verfaßten ein umfangreiches Pamphlet *(Der Faschismus der Neuen Linken – Rudolf Bahros »Logik der Rettung«)*, das an Bösartigkeit nicht zu übertreffen ist. Sie zählen ihn eingangs zusammen mit Rainer Langhans und Jochen Kirchhoff zu jenen Ideologen, »die sogar den Faschismus als Vorbild für ihre Phantasien von einer zukünftigen Gesellschaft nach ihrer Machtübernahme ansehen«. Nun plante Bahro nicht die Machtübernahme und hätte den Artikel in Ruhe weiterlesen können. Auch hätte er sogar sehnsüchtig lächeln können, als er erfuhr, daß er an der Humboldt-Universität einen »Lehrstuhl mit zehn Mitarbeitern« habe. Doch dann wurde es ganz giftig: »Bahro haßt die Menschheit ebenso wie die gegenwärtige Gesellschaft«, er »will mit allen diesen gesellschaftserhaltenden Werten aufräumen«, will »die Menschen manipulieren, daß sie sich, in Panik versetzt, blind einer unheilvollen Macht unterwerfen«, alle »bestehenden zwischenmenschlichen Beziehungen, wie Familie, Ehe, Freundschaft, Kollegialität, sollen aufgelöst werden, und all das, was dem Menschen wert und vertraut ist, soll vernichtet werden«. In diesem Stil geht es eine ganze Weile weiter, und nachdem Bahro – so phantasieren die Autoren – die Bevölkerung willfährig gemacht habe, der einzelne

Mensch entwurzelt wurde und in diesem »destruktive Gefühle wie Unzufriedenheit, Groll, Wut und Aggressionen geschürt, gebündelt und gezielt einsetzbar gemacht werden«, beginne das eigentliche Werk: die »Errichtung einer ökofaschistischen Diktatur«. Wer sich dieser autoritären Machtergreifung kritisch gegenüberstelle, dem drohe Bahro mit Gewalt: »Wie diese Gewalt aussehen wird, läßt Bahro offen. Er bringt aber unverhohlen zum Ausdruck, daß diese dem nationalsozialistischen Terror in nichts nachstehen wird.« Noch ein letzter Satz: »Eine kleine Elite soll diktatorisch dem Rest der versklavten Menschheit als ›Stimme Gottes‹ vorschreiben, wie sie zu leben hat, was sie zu denken und zu fühlen hat.«

Der Leser wird sich fragen, was das alles mit dem »real existierenden Bahro« zu tun haben kann. Für mich ist das das MfS-Gutachten über die *Alternative* mit anderen Vorzeichen. Die Ähnlichkeit geht bis in die Methode: 47 Fußnoten sollen suggerieren, daß dieser Rufmord-Artikel sich direkt aus der *Logik der Rettung* und zwei Interviews ergebe. Und nun das Überraschende: Die herangezogenen Zitate sind korrekt wiedergegeben, und bis auf wenige, aber entscheidende Entgleisungen kann man nicht einmal sagen, daß sie – nach Stasi-Manier – willkürlich aus dem Zusammenhang gerissen seien und den dortigen Sinn zerstören! Wie ist das zu erklären – der echte Text und die unglaublichen Verleumdungen?

Nun will ich nicht Bahro mit dessen Zitaten verteidigen. Aber das ganze Gerede von der »ökofaschistischen Diktatur« paßt nicht auf einen seiner Grundgedanken zur Rettungspolitik: »Auf dem Wege der Rettung wird sich allmählich eine neue spirituelle Autorität herausbilden. Ich nenne sie eine Unsichtbare Kirche, die allen offensteht, der alle angehören mit den für die neue Welt freien Anteilen ihres Bewußtseins. Sie existiert als horizontales, multilaterales Netz. Sie verbietet sich jede direkte oder indirekte Konstituierung als kommandierende soziale oder politische Macht. [...] Keine noch so wohlmeinende Tyrannis würde eine gute, heile Gesellschaft schaffen.« (*Logik der Rettung*, 314)

Wenn die Termini »Faschismus« oder »Diktatur« einen analytischen Sinn haben, dann widerlegt dieses eine Zitat jeglichen Bezug auf diese. Und trotzdem. So sehr die Autoren Bahro verteufeln – und damit den Verfassungsschutz auf den Plan rufen müßten –, völlig richtig haben sie herausgelesen, daß Bahro mit diesem Buch die gesamte bürgerlich-kapitalistische Ordnung – und damit auch die herkömmliche Demokratie – verändern will: evolutionär über die Umbildung der Gefühle und des Bewußtseins, ab einem bestimmten günstigen Punkt sicher auch revolutionär. Und da Bahro kein voll funktionsfähiges Subjekt sieht – die GRÜNEN sind nur noch ein inkonsequenter Vorläufer – will er mögliche Subjekte dort suchen, wo die Rechten für ihre Vorstellungen von »Deutschland« auch suchen. Das muß Mißverständnisse erzeugen – und die drei Autoren erzeugen sie bewußt und hemmungslos.

Bahro setzt sich natürlich zur Wehr: Er schreibt empört an den Herausgeber der *Freiheit der Wissenschaft* – dort erschien das Pamphlet – und kann sogar erreichen, daß seine Erwiderung im nächsten Heft abgedruckt wird. Doch solche Entgegnungen werden wenig gelesen, das minutiöse Zurechtrücken des Sinns der in falsche Zusammenhänge gestellten Zitate kontrolliert sowieso kaum jemand. Doch kaum war dieser Text erschienen, da veröffentlichte ein Bielefelder Provinzblatt einen Artikel *Die Abschußliste Rudolf Bahros: Humanismus, Freiheit, Demokratie*, mit der Unterzeile *Professor an der Humboldt-Universität fordert eine »Ökodiktatur«*. Dieser Beitrag wiederholt explizit – mit Dank an die *Freiheit der Wissenschaft* – in gekürzter Form den genannten Artikel, womit auch das Bahro-Zitat vom »grünen Adolf« ein weiteres Mal kolportiert wird. Auch hier wendet sich Bahro voller Empörung an den Chefredakteur (der zugleich Autor des Artikels ist), auch hier wird die Erwiderung vollinhaltlich publiziert.

Dafür erscheint ein weiterer Aufsatz, mit dem Titel *New Age. Die spirituelle Rehabilitierung des Nationalsozialismus durch Rudolf Bahro, Rainer Langhans und Jochen Kirchhoff*, in dem wieder der »grüne Adolf« auftaucht. Bahro wird zwar nicht als Faschist bezeichnet, aber mit den beiden anderen Genannten der Rechtfertigung oder zumindest »Relativierung des historischen Faschismus« geziehen. Außerdem soll er einen »strikten Antikommunismus« vertreten und »als Dank für seine antikommunistische Missionsarbeit [...] eine Professur an der Humboldt-Universität in Berlin geschenkt« bekommen haben.

Ein kleines Blättchen mit dem Titel *Der rechte Rand* veröffentlichte in seiner Nummer vom September/Oktober 1992 einen Artikel von Peter Kratz (der sich auf die Bahro-Verfolgung spezialisiert hatte) *Bahros »grüne Adolfs«* – der bald darauf als Flugblatt gedruckt und in den Berliner Universitäten verteilt wurde. Auch dieses Pamphlet schlägt in die Kerbe der Schweizer VPM-Sekte, traktiert dieselben Zitate, bezeichnet Bahro als denjenigen »Theoretiker des

›Neuen Denkens‹, der sich am weitesten, offen und ohne jede Scham zum spirituellen Gehalt des Faschismus als der angeblich einzigen Möglichkeit für eine ›Rettung‹ von Natur und Menschheit bekennt« – und damit als »Verfassungsfeind im öffentlichen Dienst« (womit sich vielleicht schwer die Zwischenüberschrift *Eine Professur im Interesse der Herrschenden* verträgt).

In einem zu den Vorlesungen ausgelegten Papier von 1993 geht Bahro auf das Interview ein, das in der *Jungen Welt* (siehe dazu das Kapitel *Rückkehr in die revolutionäre DDR*) und in der *Streitschrift* drei Jahre zuvor erschienen ist – seines Wissens, ohne daß er es zum Autorisieren vorgelegt bekommen hat –, und erklärt endlich seine damalige Absicht: Nicht *er* habe nach einem »grünen Adolf« gerufen, sondern festgestellt, daß es in den »Volkstiefen« danach rufe – und er habe daraus den Ratschlag formulieren wollen, den Unterschied zwischen grün und braun »zum Anlaß für einen anderen Umgang mit dieser Herausforderung« von rechts zu nehmen. Was er meinte, war, daß man im linken Lager aus lauter Furcht vor dem braunen Gespenst die Chance verpassen würde, angesichts der ökologischen Krise ganz anders als 1933 mit dem braunen Potential fertigzuwerden. Sein Ratschlag (und der war zu verklausuliert) sollte heißen: die Braunen – also die Rechtsradikalen, Neonazis – nicht auszugrenzen, da sie sich dann ungestört und unbeeinflußt sammeln können, sondern sie »über ihre immer stärker auch vorhandenen grünen Bewußtseinsanteile« zu integrieren. Das also die Idee, die nicht verstanden wurde. Sicher wäre diese Reintegration ein politisch kluger Schachzug, *wenn* solche grünen Bewußtseinsanteile vorhanden wären – doch die zu finden dürfte dort schwierig sein.

Wie er selbst angesichts aller politischen Anwürfe gegen ihn den unbefangenen Umgang mit den vom linken Lager diffamierten Positionen ansieht, macht er dabei deutlich: Er möchte Heidegger, Carl Schmitt oder Jünger erst mal lesen, sich ihrer Wirklichkeitssicht stellen und dann mit ihnen auseinandersetzen, anstatt sie leichtfertig zu ignorieren oder zu verteufeln – wie er selbst auch nicht für seinen langjährigen »und bei aller Selbstkritik vom Grunde des Engagements her unbereuten Kommunismus« verteufelt werden möchte.

Und er schließt sehr wirkungsvoll: »Sicher wird ein Mensch wie ich – ohne neurotische Schwierigkeiten mit meinem Deutschtum, mit dem Thema Heimat, mit dem Thema Spiritualität – da leichter Zugang finden. Aber es ist und bleibt eine Frage der politischen Einstellung. Wenn man bestimmte Kontakte als solche fürchtet wie der Teufel das Weihwasser, ist ja meist willkürliche Ausgrenzung des anderen ins Böse schon vorausgesetzt.« *(Einige Hinweise zu der aus einem bestimmten Teil des linken Spektrums gegen mich lancierten »Ökofaschismus«-Anmache)*

Diese Standortbestimmung wiederholt er auch in seiner (statt der von Duhm und Lichtenfels nicht gehaltenen) Vorlesung *Über »Sekten« und über »Ökofaschismus«* (am 24. Mai 1993) und setzt sich dabei besonders mit seiner früheren Mitstreiterin bei den GRÜNEN Jutta Ditfurth auseinander. Er wirft ihr vor, daß sie seine aus dem Geist des Dau De Dsching begründete Position verfehlen müsse, weil sie sich »bloß auf Hintergrundloses aus Zeitungen und auf zitierte Zitate verläßt. [...] Wie ich sehe, kennt sie gar nicht das Anliegen, die Anregung meiner Auseinandersetzung mit der Grün-Braun-Problematik, so daß sie auf die systematischen Verfälschungen hereinfallen *muß*, deren sich bestimmte Leute extrem rechts wie extrem links (wie sich die Bilder gleichen!) befleißigen, weil sie der Mut meiner Analyse erschreckt. Wie üblich wird der Seismograph für das Erdbeben verantwortlich gemacht.« So sehr er sich mit Recht gegen deren Anwürfe vom Ökofaschismus verteidigt – er benutzte dabei eine Studium-generale-Vorlesung zu einer persönlichen Rechtfertigung, die man bei einer Podiumsdiskussion akzeptieren könnte, bei einer universitären Vorlesung aber eher nicht. Einen Monat später schreibt er ihr einen sehr ausführlichen Brief, in dem er auf ihre Angriffe eingeht und versucht, seine politische Position zu erklären. Zu den von mehreren seiner Kritiker aufgegriffenen Stellen über Grün und Braun aus der *Logik der Rettung* erläutert er, daß sie aus der ältesten Schicht des Buches stammen – geschrieben etwa »um meinen etwas hysterischen Auftritt auf dem Hamburger Dezemberparteitag der GRÜNEN«. Er sei dort noch mit seiner alten DDR-Identität beschäftigt gewesen und entsetzt darüber, daß er an der Gründung einer Partei beteiligt gewesen sei, die mithelfe, das »Imperium« statt mit Braun diesmal mit Grün zu restaurieren. Soweit also sein nicht sehr klarer Rechtfertigungsversuch. Fair war sein Angebot an Jutta Ditfurth, im Wintersemester im Audimax eine zweistündige Vorlesung mit anschließender Diskussion zu halten – ein Angebot, auf das seine Kritikerin nicht reagierte, die statt dessen in einer erweiterten Neuausgabe ihres Buches *Feuer in die Herzen* erneut gegen ihn polemisierte und im November 1994 einen Auszug daraus als ganzseitigen Artikel in der *Jungen Welt* veröffentlichte.

Ihr Text *Ein grüner Adolf? Rudolf Bahro zwischen Esoterik und Ökofaschismus* gipfelt in dem bösen Schlußsatz: »Bahrosche Weltanschauung ist Herrschaftsideologie pur.«

(Für dieses Buch war Jutta Ditfurth zu einem Interview mit Kurt Seifert nicht bereit. Sie habe kein Interesse am Projekt einer Bahro-Biographie und wolle es durch ihre Mitarbeit nicht auch noch aufwerten. Am Telefon erklärte sie, Bahros Haltung sei Ende der 80er, Anfang der 90er Jahre ins Reaktionäre gekippt. Er habe eine spirituell befrachtete Lehre vertreten, die eine moderne Form der völkischen Ideologie darstelle. Ihr Hauptvorwurf sei übrigens gar nicht der Ökofaschismus. Sie habe das Gespräch mit Bahro aufgegeben, als dieser ihr empfahl, das Werk des Inders Aurobindo Gosh (1872–1950), bekannt als Sri Aurobindo, zu lesen. Dieser sei offenbar in Bahros letzten Lebensjahren zu dessen Guru geworden. Es handle sich dabei um »rechtsextremen Dreck«. Wer so etwas empfehle, sei entweder durchgeknallt oder habe ein echtes Problem.)

Soweit die Auseinandersetzungen mit dem ihn über Jahre verfolgenden Verdikt des »Ökofaschismus«. Doch es gibt für ihn noch andere politisch brisante Themen.

Im Sommer 1992 geht Bahro noch einmal daran, die DDR in wesentlichen Punkten zu verteidigen. Um seine geradezu SED-fixierte Einstellung zu verstehen, sei daran erinnert, daß diese Apologie in einem mit der Öffnung der Stasi-Akten einsetzenden »Verdammungsklima« der SED/MfS-Diktatur stattfand, an der sich die Medien in West und Ost mit ganzer Kraft beteiligten und dem sich nur wenige entziehen konnten. Dagegen Bahro: »Wir müssen das anerkennen, was in uns selber DDR ist. Im Guten wie im Bösen. Der Druck der Medien, wie die Bewältigung vermarktet wird, das darf nicht davon abhalten, bei sich selbst reinezumachen, anzusehen, was gewesen ist. Es geht nicht um theoretische Selbstkritik, die – wie bei der PDS – parteiprogrammatisch formuliert ist. Es geht um die Frage, warum habe ich so lange mitgespielt? Was war es, was uns so lange warten, so gehorchen ließ? Warum haben wir erwartet, daß es Gorbatschow für uns richten werde?« (*In Wirklichkeit wollten wir alle Sonnenkönige werden, Berliner Zeitung* vom 13./14.7.1992)

Seinen nächsten Beitrag schrieb er für den *Spiegel*, der ihn (aus gleich verständlichen Gründen) nicht annahm, so daß er am 24. Juli im *Freitag* und kurz darauf noch einmal am 7. August in der Schweizer *WochenZeitung* erschien – beidesmal unter verunglückten Überschriften *(Wenn Erich heimkommt* bzw. *Freispruch für Hitler)*. Was war das für eine schwache Stunde, als er von sich glaubte, den im Moabiter Untersuchungsgefängnis einsitzenden Erich Honecker verteidigen zu müssen? Er schildert seine Versuche, über Rechtsanwalt Vogel dem Ehepaar Honecker seine Hilfe anbieten zu lassen, und als diese nicht angenommen wurde, muß er geglaubt haben, in der Öffentlichkeit gegen den Prozeß auftreten zu müssen. Doch mit welchen Argumenten! Schlimm bereits seine verbale Einstellung zur bundesdeutschen Justiz: Er spricht von den »juristischen Zwergen der Siegerseite«, von den »Siegern in ihrer Rechtsheuchelei«, von der »revanchistischen Anmaßung, sich überhaupt mit Prozeßvorbereitung zu befassen« – besser hätten es die Altkader der SED auch nicht sagen können. Was Bahro nachweisen möchte, ist die Legitimität der DDR – das war verständlich. Doch wie er es macht, liegt wieder auf dem niederen Niveau der SED: Natürlich sei es legitim gewesen, die Mauer zu bauen, und um dieser den nötigen Respekt zu verschaffen, sei der Schießbefehl – als die Ultima ratio – ebenfalls legitim gewesen. (»Schießbefehl« und »Vernunft« – welch abwegige Verbindung.) Dann ein inzwischen typischer Bahro-Schritt: »Sofern Honecker und ein paar andere für die Schüsse an der Mauer vor Gericht sollen, gehöre ich zu den Mitangeklagten.« Weil er nämlich am 13. August in Greifswald »innerlich ausgerufen«(!) hatte: »Endlich!« Woraus er sofort den Schluß zieht: »Also trage ich wesentlich dieselbe Verantwortung.« (Ein Jurist hätte ihn mal belehren müssen, daß es da kleine Abstufungen gibt.) Diese Passage über die Mauer war es dem *Neuen Deutschland* übrigens wert, daraus einen Artikel *Logisch nächster Zug* (23. Juli 1992) zu machen. Aber mit dem Mauerbau nicht genug. Der 17. Juni 1953 wird angeführt, aber nur um der Bundesrepublik vorzuwerfen, daß sie »für ›die Zone‹ Selbstbestimmung der Landsergeneration von gestern eingefordert« habe. Und dann entwickelt Bahro seinen Nachweis von der historischen Legitimität der DDR genau auf der Linie, die einst von der SED entworfen wurde, so ausgewählt und unwahr, daß er schließlich selbst einräumen muß, daß die »DDR nicht wirklich auf dieser Basis – einer massenhaft gar nicht vorhandenen deutschen revolutionären Kontinuität – existiert« habe. Wozu dann erst diese historische Kausalkette? Und sein letzter Beweis ist reine Rhetorik: »Wenn die rote Fahne auf dem Reichstag 1945 legitim und mehr als legitim war, dann hat die DDR nicht nur sein dürfen, sondern sein müssen.«

Das Ganze hat übrigens seine Vorgeschichte: Schon am 29. Januar 1990 verkündete er in einem Vortrag im Rathaus Schöneberg *(Hat die DDR eine Chance?)*, daß er jetzt der politische Anwalt Honeckers werden will. Damals noch mit dem zusätzlichen Gedanken: Mache man ihm einen Prozeß, so müßte man auch Lenin vor Gericht stellen.

Nach seinem *Freitag*-Artikel wandte er sich am 17. August 1992 direkt an Honecker, um sich für dessen Verteidigung anzubieten. Er suche die »menschliche Verständigung zwischen uns« über unsere »sicherlich immer noch vorhandene Meinungsverschiedenheit über den Weg der DDR«, entschuldigte fast sein Verhalten, das »zum Untergang der DDR beigetragen haben« mag, und äußerte Verständnis, daß Honecker ihn als »konterrevolutionär« angesehen habe und ihn selbst heute noch so bewerten könnte.

Honecker antwortete am 23. Oktober aus dem Gefängnis Moabit in einem ziemlich nichtssagenden Brief – »Wertschätzung«, »humanistischer Gehalt Ihres Denkens und Handelns«, »die Erde lebenswert gestalten« u. ä. –, und Bahro beeilt sich, sofort darauf zu erwidern.

Am 2. November verfaßt er einen langen und beinah unterwürfigen Brief, nennt dessen kurzes Schreiben einen »herzlichen Brief« und freut sich, daß es »endlich doch zu einer persönlichen Begegnung zwischen uns gekommen« ist – der Brief Honeckers war völlig unpersönlich! –, »die eine Versöhnung auf der menschlichen Ebene bedeutet«. Honecker wird das ganz anders gesehen haben, doch Bahro fällt ihm fast um den Hals: »Da löst sich etwas, und ich bin sehr dankbar dafür.« Dann entschuldigt er sich beinahe für die *Alternative*, von der er jetzt wisse, »in welchem Grade mein ganzer Ritt auch ein persönlicher Machttrip war, daß ich tatsächlich – zwar bestimmt nicht nur und doch immer wieder – auch in der Positur eines Möchtegern-Generalsekretärs in spe und also gar nicht besonders alternativ am Schreiben gesessen bin«. Schließlich bedauert er, daß er von Honecker »in der Terminologie für Bündnispartner« angesprochen wurde (wo dieser vom »humanistischen Gehalt Ihres Denkens und Handelns« schreibt), und möchte ihm versichern, daß es doch »ein und dieselbe Sache gewesen ist, um die wir damals mit den – ich sage mal – je vorgezeichneten Mitteln gestritten haben«. Und zwischen Anfang und Ende des Briefes wieder die Attacke gegen die bundesdeutsche Justiz ähnlich wie in seinem Artikel.

Daß er Honeckers Brief aus Moabit in der Vorlesung vom 2. No-

Berlin,den 23.10.1992

Lieber Rudolf Barao,

seit langem besteht bei mir der Wusch mich bei Ihnen für die Geste zu bedanken mich in meinem Prozess ,der nunmehr für den 12. Nevember angesetzt ist mit-zu verteitigen.Die verschiedensten Motive die sie zu diesem Schritt veranlsten haben meine Wertschätzung,da sie von dem humanistischen Gehalt Ihres Denkens und Handelns srprechen. Im Grunde geht es bei allen Bestrebuhgen darum die Erde le-benswert zu gestalten.Dies ist bis jetzt nicht gelungen,die DDR war aus objehtiven Gründen nur ein Entwurf dazu.Wie es mir auch im Rückblik scheit ,kein schlechter.Die Umstände in denen sich gegenwärtig die Welt befindet bezeugen dies.

Für ihren guten Willen und ihren mutigen Gedanken,daß es jetzt darauf an-kommtsich zu den Idealen der Menschheit zu bekenn,danke ich Ihnen herzlich.

Mit den besten Grüßen

Erich Honecker

E r i c h H o n e c k e r

vember und dann ein zweites Mal am 24. Mai 1993 seinem Auditorium vorgetragen hat, mag etwas aufgesetzt wirken. Doch erstaunlich ist sein Kommentar dazu. Beim ersten Verlesen schilderte er seine Erwartung an Honecker, »daß man überhaupt miteinander reden könne, daß das damalige Urteil gegen mich aufgehoben wäre [...] seelisch, meine ich, denn das ist das Wichtige«. War es sein Ernst, daß Honecker innerlich bereuen sollte, daß er ihn zu acht Jahren Haft verurteilen ließ? Wie Bahro sich das zurechtlegte, hat er auch dem Auditorium mitgeteilt: Er fragte den einstigen Staats- und Parteichef, ob es ihm nicht möglich wäre einzugestehen, »daß unsere damalige Konfrontation eine interne war, selbst in ihm innen, also ein Streit um eine trotz allem gemeinsame Sache«. Vermutlich hatte Bahro in seiner kommunistischen Sentimentalität vergessen, daß die *Alternative* vom Politbüro der SED nichts mehr übrigließ. Beim zweiten Vorlesen kommentierte er: »Jetzt hätte er mir auch schreiben können: ›Ich stehe noch dazu, das mußte damals sein.‹ So hätte es zu seiner sonstigen Position auch nach dem Untergang der DDR gepaßt. Aber was ich vor allem aus dem Brief entnehme und worüber ich froh bin, daß er zuletzt mit mir versöhnt war. Das war mir wichtig.« (Als »verlorener Sohn« mit Honecker versöhnt zu sein – muß das schön sein!)

Schon vorher hatte Bahro auf einer stark linksgerichteten Veranstaltung (28. November 1991) in der Humboldt-Universität zur Abwehr der Vorwürfe einer IM-Tätigkeit von Rektor Fink – kurz vor dessen Entlassung durch den Wissenschaftssenator – auch diesen in Schutz genommen: Er sei völlig von der menschlichen Integrität Heinrich Finks überzeugt und kritisiert alle an der Universität, die das nicht seien. Dann in puncto Staatssicherheit wieder die bekannte Wendung: »Jeder Mensch, der in der DDR jemals Kommunist war oder auch nur Parteimitglied gewesen ist, [...] ist ursächlich mitverantwortlich für die Existenz dieses Unterdrückungsorgans.« Und um sich nicht auszunehmen, schließt er an: »Nach den Kriterien, die hinter der offiziellen Intrige gegen Heinrich Fink stehen, werde ich wohl auch mit der Staatssicherheit zusammengearbeitet haben, besonders während der neunmonatigen Untersuchungshaft« – weil er da eine Darstellung seiner *Alternative* für jemanden »ganz oben« geschrieben habe.

Daß er zur selben Zeit auch Gregor Gysi in Schutz nimmt, versteht sich fast von selbst, und in einer Parforce-Attacke – da öffnet sich ihm das *Neue Deutschland* – wehrt er sich gegen die Bezeichnung

»Unrechtsstaat DDR«, relativiert er den angerichteten Schaden der Staatssicherheit und findet – genau wie dessen pensionierte Generäle –, »er könne sich keine größere Selbstbeschädigung vorstellen als das Amt von Herrn Gauck«, das die Menschen »niederdrücke«. (*ND*, 7.5.1992)

Um ein weiteres Beispiel seiner Verteidigungsattitüde zu nennen: Daß die politisch belastete, ideologieabhängige und geistig sterile marxistisch-leninistische Philosophie an der Humboldt-Universität nicht weiterbetrieben werden sollte, schien allen Reformern nur allzu klar. Nicht aber Bahro. In einer Vorlesung vom 17. Dezember 1990 fragte er: »Was bedeutet es, an dieser Universität die Philosophie ›abzuwickeln‹? Ich habe dieses Fach hier einmal studiert und dabei wohl den Grundstock für die theoretische Auseinandersetzung mit dem System gelernt, die ich dann später entfalten konnte.« Er findet es absurd, »eine zeitweilige Verdunkelung durch den Mißbrauch, den die Macht mit Philosophie getrieben hat und den die Philosophen allgemeinmenschlich mit sich treiben ließen, zum Anlaß zu nehmen, um diesen Fachbereich, der hier einmal durch Fichte und Hegel vertreten war, womöglich zuzumachen oder erst einmal derart zu beenden, daß es später eigentlich nicht mehr derselbe Körper ist«. Das ging an den Tatsachen vorbei. Schon daß er während seines Studiums den Grundstock für seine spätere Auseinandersetzung mit dem real existierenden Sozialismus gelernt habe, ist nicht zutreffend, wäre letztlich aber auch kein Argument, diese Philosophie nicht abzuwickeln (zum Zustand der Philosophie in der DDR siehe auch meine beiden Bücher im Literaturverzeichnis). Doch noch verdrehter ist die Berufung auf Fichte und Hegel, denn genau diese philosophische Tradition ist in der DDR zerstört worden, und Bahros Sorge, daß jener Fachbereich »später nicht mehr derselbe Körper ist«, bedeutet im Klartext, daß er die marxistisch-leninistische Philosophie an der Universität erhalten haben möchte.

Bahro hatte auch sonst keinerlei politische Berührungsängste und suchte das Gespräch mit allen ihm wichtigen Gruppen und Personen. Am bekanntesten ist wohl die Diskussion mit Kurt Biedenkopf, dem Ministerpräsidenten des Freistaates Sachsen (22. Juli 1991), bei der die Idee zum LebensGut Pommritz mit staatlicher Anschubfinanzierung entstand; oder er diskutierte zur Frage *Hat die DDR sein müssen?* mit dem letzten Innenminister der DDR, Peter-Michael Diestel (9. Juni 1992), und noch während seiner tödlichen Krankheit polemisierte er vor vielen Zuhörern gegen den Parteivorsitzenden Lothar Bisky in der Frage *Scheitern die Parteien an der ökologischen Krise?* (12. April 1996). Und diese Aufzählung ließe sich fortsetzen.

Eine dringend nötig gewesene politische Auseinandersetzung fand leider nicht statt, vermutlich aus zwei Gründen: wegen Bahros fortgeschrittenem Krankheitszustand und seiner an der Bergpredigt geschulten übergroßen Milde gegenüber den Tätern des SED-Staates. Seit Februar 1996 wurde vor dem Berliner Landgericht gegen die Juristen verhandelt, die 1978 den Prozeß gegen Bahro geführt hatten. Der damalige Vorsitzende Richter Hugot wurde wegen Herzerkrankung nach Hause geschickt, so daß allein der frühere Staatsanwalt Gläßner und der Beisitzende Richter Hubert Lehmann sich zu verantworten hatten. Wie im Prozeß-Kapitel eindeutig belegt ist, wurde auf Druck und mit Hilfe der Staatssicherheit die Anklage aus willkürlichen Interpretationen und Unterstellungen fabriziert, auch die Richter beugten sich der Parteiführung und der Staatssicherheit und sprachen Unrecht. Dieser Rechtsbeugung mußten sich alle beteiligten DDR-Juristen bewußt sein. Doch Rudolf Bahro nahm die Angeklagten in Schutz, indem er – sicher zu Recht – das Politbüro für seine Verurteilung verantwortlich machte. Daß Rechtsbeugung einen Straftatbestand darstellt (selbst nach DDR-Recht), mußte Bahro wissen. Trotzdem stellte er sich vor diese Juristen, betonte, daß er gegen sie keinen Groll hege, und reduzierte deren Verantwortung auf die Bemerkung, »sie haben nur eine Rolle« gespielt und hätten kein Unrechtsbewußtsein. Wie in seiner eigenen Kassationsverhandlung erklärte er auch hier, daß der Prozeß gegen die Juristen eine »Farce« sei, und wie in seiner seltsamen Verteidigung Honekkers sprach er erneut von »Siegerjustiz«. Dagegen wandte sich mit Nachdruck der Vorsitzende Richter des Berliner Landesgerichtes Peter Faust und stellte klar, daß laut Einigungsvertrag das DDR-Recht zugrunde gelegt werde. Weil sich Bahro schützend vor seinen früheren Ankläger und einen damaligen Richter gestellt hatte, kamen beide mit Bewährungsstrafen davon.

Soviel Milde, Rücksicht, Verteidigungsbereitschaft gegenüber Personen und Ereignissen aus der DDR werfen Fragen auf. Er fühlte sich stets als Kommunist – vielleicht als parteiloser spiritueller Kommunist –, und wenn er inzwischen die SED und die PDS auch aus vollem Herzen ablehnte, es blieb für ihn etwas, das vor dem Westen geschützt werden mußte. Seine Rückkehr in die revolutionäre DDR sei »fast zwanghaft« gewesen, schrieb er Ende 1991, und: »Ich kann nur von hier aus [Ostberlin] ganz in Deutschland ankommen, nachdem mir die bundesrepublikanische Verfaßtheit letztlich doch fremd geblieben war.« Zur Erklärung seiner merkwürdigen Haltung: Ihm war die DDR zwar nicht der bessere Staat, die bessere Wirtschaft, aber doch das bessere Land mit den besseren Menschen. Nur er durfte als Kommunist den realen Sozialismus kritisieren. Wenn es von einer nichtkommunistischen Position aus geschah, warf er sich fast reflexhaft zum Verteidiger auf. Manchmal wie ein kommunistischer Jesus, der die Sünden der SED auf sich nimmt. Um die DDR-Bürger damit zu versöhnen? Zu erlösen?

Start in die Subsistenz

Neue Lebensformen im Experiment

(K. S.)

Seit den politischen Umwälzungen in der DDR hatte sich Rudolf Bahros Lebens-Mittelpunkt immer stärker von Niederstadtfeld nach Berlin verschoben. Er pendelte zwischen beiden Orten – oft mehrmals in einer Woche. Bahro habe irgendwann vorgeschlagen, die Lernwerkstatt in den Osten zu verlegen, erinnert sich Angelika Koch. »Wir sind alle mal nach Berlin gefahren, aber das war eine sehr deprimierende Erfahrung.« Reinhard Spittler hat dies ganz anders in Erinnerung und bemerkt dazu: »Rudi wehrte sich mit Händen und Füßen dagegen, daß irgendwelche Leute aus dem Westen in den Osten kommen. Er versuchte, ›seine‹ DDR gegenüber den Westlern abzuschotten.«

Bei einigen Mitgliedern der Niederstadtfeld-Gemeinschaft habe es »riesige Aversionen gegenüber den Ossis« gegeben. Gleich nach der sogenannten Wende nahmen viele Frauen und Männer aus der Noch-DDR an Seminaren und Tagungen der Lernwerkstatt teil. »Die Leute aus dem Osten saßen mit offenen Ohren da – die hatten so etwas noch nie gehört«, schildert Spittler. Er erinnert sich an ein Seminar zu Ostern 1990, das einen Querschnitt durch das Lernwerkstatt-Angebot bieten sollte. Dort sei für ihn klar geworden, »daß die aus dem Westen nichts mit denen aus dem Osten zu tun haben wollen. Nachdem die Ossis ihren ersten Schock überwunden hatten, gingen sie ebenfalls auf Distanz.«

Das Lernwerkstatt-Programm war wieder sehr weit gespannt. So kam beispielsweise Rainer Langhans im April 1990 nach Niederstadtfeld, um über seine Kommuneerfahrungen in den 60ern zu sprechen. Auf einem Treffen im November des gleichen Jahres, an dem u.a. Langhans und Jochen Kirchhoff teilnahmen, ging es um die »Frage nach den Licht- und Schattenseiten einer Verbindung von Spiritualität und Politik«. Der *Trierische Volksfreund* berichtete am 14. November 1990 über ein Seminar zu dem »höchst brisanten Thema: Wie können und müssen wir mit der nationalsozialistischen Vergangenheit umgehen? Gibt es in der heutigen Suche nach einem ›neuen Zeitalter‹ nicht auch gefährliche Parallelen zum ›Dritten Reich‹?« Dieses Seminar habe von »tiefen Irritationen und oft hilfloser Sprachverwirrung« gezeugt – »angesichts eines Themas, das in seiner Ungeheuerlichkeit im Alltag kaum Beachtung findet«. Im gleichen Jahr hatte die Lernwerkstatt noch weitere prominente Gäste: So leitete Robert Jungk eine »Zukunftswerkstatt« und Johan Galtung sprach zum Thema »Self-reliance und die Weltgesellschaft«.

Während des zweiten Golfkrieges lud die Lernwerkstatt zu einem Seminar mit Alfred Mechtersheimer und dem libanesischen Publizisten Abdul Mottaleb Husseini ein. »Bahro kam zu einer unüblichen Sicht des Fundamentalismus, indem er eine Trennung vollzog zwischen der staatstragenden Dogmatik etwa des iranischen Regimes mit seinen grausamen Verfolgungen von Gegnern und dem radikalen Wunsch nach einem gottgemäßeren Leben, was er durchaus positiv sah.« Er setze »auf die Möglichkeit, die auch im Islam enthalten sei, zu einem Verhältnis zum Göttlichen und zur Natur zu finden, das befreit sei von der Herrschaft der Ökonomie«. Die Regionalzeitung resümiert: »So ergaben sich im Seminar – abseits der Großdemonstrationen – leise Töne der Nachdenklichkeit und Verständigung, vorsichtige Wagnisse des Denkens, die alle Systeme gelten lassen: Moslems, Juden, Christen und Materialisten in einem friedlichen Kreis, der jedem die Daseinsberechtigung zuspricht.« (*Trierischer Volksfreund*, 2./3.2.1991)

In der Folge drehten sich die Veranstaltungen der Lernwerkstatt immer stärker um das Verhältnis der Geschlechter. Das Thema eines Seminars Ende Mai 1991 hieß: *Paare – Himmel und Hölle. Krieg der Geschlechter oder große Versöhnung*. Gleich am Wochenende darauf ging es um *Die Sinnlichkeit des Göttlichen – Theologie als Befreiung?* mit Christa Mulack und Elga Sorge, zwei feministischen Theologinnen, sowie Rudolf Bahro. Eine der Fragen dieses Treffens lautete: »Wie kann eine lebendige, befreiende und mit dem Weiblichen versöhnte Religion heute entstehen und aussehen?« Es bedürfe einer Verschiebung der gesellschaftlichen Kräfteverhältnisse zur Frau hin, erklärte Bahro. Das Seminar spiegelte etwas davon wider: Dieses Mal waren wesentlich mehr Frauen als Männer gekommen. Spannende Diskussionen führte ich dort mit Frauen aus der ehemaligen DDR, die mir bewußtmachten, wie sehr wir Männer uns daran gewöhnt haben, Seilschaften zu bilden, um Einfluß und Macht zu sichern – selbst wenn wir nichts mit der Welt der »Machos« zu tun haben wollen. Im Oktober des gleichen Jahres kam Christina Thürmer-Rohr nach Niederstadtfeld. Der Titel der Tagung lautete: *Die Frau, die Natur und der Tod. »Ohne Kritik am Patriarchat keine Ökologie!«*

Aus Angelika Kochs Sicht ergaben sich für die Lernwerkstatt-Gemeinschaft durch Rudolf Bahros schrittweisen Weggang »größere Chancen, eigene Themen durchzubringen. Andererseits hatte uns Rudolf nicht losgelassen. Er fühlte sich weiterhin für das Programm zuständig, kriegte die Gruppendynamik in Niederstadtfeld aber nicht mehr mit.« Bahro spürte die wachsende Entfremdung und bat die Mitglieder der Gemeinschaft »um euer offenes Herz für meinen Weg, und daß ihr nicht aufhört, mit mir zu rechnen« (*Rundbrief*, Nr. 13 – Anfang 1991). Hatte seine Lebenskerze zuvor »an zwei Enden« gebrannt, so wollte er im Sommer 1991 nicht mehr so weitermachen und teilte den Niederstadtfeldern mit: »Es muß hier im wesentlichen ohne mich weitergehen.« (*Rundbrief*, Nr. 14 – Anfang 1993) Seinen faktischen Abschied von der Lernwerkstatt verband er mit einer heftigen Kritik an den Umgangsformen innerhalb der Gemeinschaft: »Ich finde, es herrscht ein ruppiger, andermal zynisch ›realistischer‹ Ton vor. Endgültig fertige Bilder von anderen werden weitgehend vorausgesetzt, das Sosein wird höchstens noch toleriert, nicht mehr angenommen.«

Der Niedergang der Lernwerkstatt wurde durch heftige interne Auseinandersetzungen beschleunigt. Der Streit drehte sich letztlich um die Eigentumsfrage. Nach der Scheidung von ihrem Ehemann Franz Josef Ingermann Anfang 1988 wurde Beatrice zur alleinigen Besitzerin des Hauses. Mit dem Trägerverein bestand seit 1983 ein Mietvertrag. Einige Mitglieder des Vereins stellten sich nach Rudolf Bahros Weggang auf den Standpunkt, der durch den Um- und Ausbau der Lernwerkstatt geschaffene Wertzuwachs gehöre der Gemeinschaft. Dabei war es Beatrice Bahro, die für die notwendigen Kredite gesorgt und gebürgt hatte. Ende Mai 1992 war Beatrice von den Auseinandersetzungen so entnervt, daß sie plante, aus Niederstadtfeld wegzugehen (Brief Rudolf Bahros vom 24.5.1992). Ende 1992 kam es in der Lernwerkstatt dann zum offenen Zerwürfnis. Im März 1993 verkündete Beatrice Bahro, sie wolle wegen der gegen ihre Person gerichteten Anwürfe die Gemeinschaft verlassen und das Haus verkaufen. Spittler berichtet, damals seien sowohl Vermittlungsversuche als auch Verkaufsverhandlungen gescheitert. Beatrice Bahro verlor den Boden unter den Füßen: Ihre Ehe war zerbrochen (mehr dazu im übernächsten Kapitel), und durch den Konflikt um die Besitzrechte ging auch ihr vertrautes Umfeld in die Brüche.

Nach ihrem Suizid entbrannte der juristische Streit um die Lernwerkstatt. Rudolf Bahro (als Erbe seiner verstorbenen Ehefrau) kündigte den Mietvertrag zum Ende des Jahres 1993. Weil der Verein das Anwesen nicht herausgeben wollte, kam es zur Räumungsklage. Der Verein konterte mit einer Forderung auf Zahlung von 650 000 DM. Die Summe ergebe sich »aus durch den Verein erbrachte Sach-, Geld- und Arbeitsleistungen«, heißt es in einem vom 23. Februar 1994 datierten Schreiben der Vorstandsmitglieder an Rudolf Bahro. Er habe den Wunsch, sich von der Last dieses Konflikts zu befreien, der ihm über die Entfernung schon gar keinen Sinn mehr macht, nur Kraft verbraucht und verdunkelt, ist in dem Entwurf eines Antwortschreibens von Bahro an den Verein vom März 1994 zu lesen.

Im Juni 1995 unterbreitete das Landgericht Trier einen Vergleich: Der Kaufpreis sollte auf 540 000 DM festgelegt werden, »abzüglich eines bestrittenen Verwendungsersatzanspruches für den Beklagten [Freie Lernwerkstatt e.V.] in Höhe von 240 000 DM«. Mit anderen Worten: Die von Rudolf Bahro nicht anerkannten Forderungen des Vereins wurden lediglich zu etwas mehr als einem Drittel in Rechnung gestellt. Bahro war zu jener Zeit schon sehr krank und wollte den Streit noch zu Lebzeiten beenden. Deshalb stimmte er dem Vergleich zu. Der Verein ließ ihn aber im August 1995 zunächst einmal platzen, bis es im Dezember 1995 dann doch noch zur Einigung und zum Verkauf kam.

In einem Gespräch, das ich im Herbst 1995 mit Rudolf Bahro führen konnte, fragte ich ihn auch nach seiner Sicht der Gründe für das Scheitern der Lernwerkstatt. Bahros Antwort: »Ich denke nicht, daß eine Kommunität, die sich heute gründet, dann gescheitert ist, wenn sie in zehn Jahren nicht mehr zusammen ist. So habe ich das mit Niederstadtfeld nie gesehen – auch Beatrice gegenüber nicht. Wir haben dort unsere Arbeit gemacht, und was wir veranstaltet haben, war eigentlich immer fruchtbar. Das zählt für mich. Mit dem Ende der Lernwerkstatt-Gemeinschaft ist auch etwas verlorengegangen, das würde ich nicht bestreiten. Doch wenn das versammelte Bewußtsein erst einmal eine solche Krise produziert, dann heißt das doch, daß die daran Beteiligten einen solchen Durchgang für ihren weiteren Weg brauchten.«

Im Osten ergaben sich inzwischen neue Handlungsmöglichkeiten für Rudolf Bahro. Er wollte nicht nur Professor sein, sondern auch über die Universität hinaus wirken. Dazu schien die Zeit des Umbruchs besonders günstige Voraussetzungen zu schaffen. Im Juni 1990 fand in Kleinmachnow bei Berlin das erste Ost-West-Treffen über Landkommunen, Ökodörfer und spirituelle Lebensgemeinschaften statt. Von den rund 400 Teilnehmerinnen und Teilnehmern kamen gut zwei Drittel aus der DDR. Plutonia Plarre schrieb in der *tageszeitung*: »Den größten Zulauf hatte Rudolf Bahro. Ein 27jähriger Buchbinder aus Ostberlin erklärte Bahros große Beliebtheit damit, daß Bahro ›am realistischsten‹ auf die Verhältnisse in der DDR eingegangen sei, weil er es trotz der vielen Jahre in der BRD geschafft habe, ›innerlich‹ DDR-Bürger zu bleiben. Eine 33jährige Kindergärtnerin aus Magdeburg zollte Bahro großen Respekt für ›die Tiefe und Weite seines Blickfeldes‹: ›Mir ist es wie Schuppen von den Augen gefallen, als er sagte, die kommende Arbeitslosigkeit in der DDR ist auch eine Gunst der Stunde, um sich frei zu machen für den subsistenzwirtschaftlichen Weg. Die großen Brachflächen sind doch da, die will keiner mehr machen. Wir müssen sie uns nur nehmen.‹« (*taz*, 20.6.1990)

Die »schwierige psychologische, soziale und ökonomische Situation« in Ostdeutschland fordere »zu großen sozialen Experimenten heraus«, die über die Form bisheriger Alternativprojekte hinausweisen, formulierte Bahro 1992 in einer Denkschrift über kommunitäre Subsistenzwirtschaft. Und weiter: »Wir haben die Wahl, die Krise der gesamten Lebenswelt in den neuen Bundesländern als Belastung oder als Chance zu nehmen. ›Unterentwicklung‹ *kann* ein Vorteil sein, kann den Aufbruch in eine andere Kultur begünstigen, wenn man sie nicht einseitig in der Perspektive konventioneller (industrieller) oder auch postindustrieller ›Entwicklung‹ sieht.« (*Apokalypse*, 176f.)

Vorausgegangen war dieser Schrift eine Vorlesung des sächsischen Ministerpräsidenten Kurt Biedenkopf und ein öffentliches Gespräch zwischen ihm und Rudolf Bahro im Juli 1991. In seiner *Logik der Rettung* hatte sich Bahro intensiv mit dessen Buch *Die neue Sicht der Dinge* befaßt: Der Wachstumskritiker Biedenkopf habe verstanden, daß wir uns in einer »Begrenzungskrise« (*Logik*, 59) befinden. Was er in seinem Buch zu umreißen versuche, sei »nichts anderes als eine *ökologische Wende-Regierung*« (ebd., 68). Es werde spannend, »ob sich bei der außerordentlichen Gelegenheit, die die ökologische Krise bietet, doch konservative Kräfte finden, die den (materiellen) Fortschritt nicht vorantreiben, sondern abbremsen und darauf setzen wollen, die menschliche Substanz zu bewahren«. Biedenkopf stelle sich in seinem Buch allerdings nicht der Aufgabe, »den Motor abzustellen«. Er wolle »nur vom höchsten Gang herunter und jedenfalls mit dem Fuß vom Gaspedal weg, will auch den Mitfahrern die Antreiberei abgewöhnen. Die Erfahrung, daß uns auch dieser Fahrstil noch nicht retten kann, wird die Gesellschaft wohl erst noch machen müssen.« (Ebd., 70).

Nach Erscheinen der *Logik der Rettung* entwickelte sich so etwas wie eine freundschaftliche Beziehung zwischen beiden Männern. Bahro lud Biedenkopf ein, im Rahmen der Veranstaltungsreihe *Grundlagen ökologischer Politik* einen Vortrag an der Humboldt-Universität zu halten. Dessen Quintessenz lautete: »Ob die Begrenzungskrise überwunden wird, ist in erster Linie eine Frage an die Gesellschaft und an jeden von uns. Eine Verlagerung der Verantwortung alleine auf den Staat, möglicherweise auch noch mit dem geheimen Vorbehalt, daß die Politiker, wenn sie denn Begrenzungen einsetzen, im Grunde gegen das demokratische Votum der Mehrheit der Bevölkerung handeln, ist nicht wirkungsvoll.« (*Apokalypse*, 36)

Im nachfolgenden Gespräch fragte Bahro seinen Gast, ob er bereit sei, als sächsischer Ministerpräsident Starthilfe für neue Lebensgemeinschaften zu leisten, die sich auf Subsistenzwirtschaft orientieren. Darauf Biedenkopf: »Worum es Ihnen geht, wenn ich Sie richtig verstehe, ist die Verwirklichung des Nachhaltigkeitsprinzips, daß also nicht mehr verbraucht werden darf als wieder hinzukommt. [...] Ich habe noch keine ausreichend klare Vorstellung von dem, was Sie mit ›staatlicher Unterstützung‹ meinen. Denn wenn eine Subsidienwirtschaft der dauernden staatlichen Unterstützung bedarf, dann muß es ja irgendwo Wirtschaften geben, die mehr haben, als sie brauchen, denn sonst kann ich ja die anderen nicht unterstützen.«

Gerade über diese »Subsidienwirtschaft« wolle er hinaus, entgegnete Bahro. Es gehe ihm um »Starthilfe für Leute, die in dem offiziellen Beschäftigungssystem keine Arbeit finden« (ebd., 170). Oder wie er in einem Aufsatz über Subsistenz ausdrückt: Es sei damit »mehr als eine Wirtschaftsweise gemeint, nämlich eine wieder in die Naturgleichgewichte eingeordnete Lebensform. ›Wir brauchen nicht mehr Geld, wir brauchen mehr Leben‹, hat denn auch die Subsistenzforscherin Claudia von Werlhof geschrieben. Mehr Geld nämlich, das zeigt sich inzwischen alltäglich fühlbar, heißt nicht mehr Leben, sondern mehr Tod. Die geldgetriebene Lebensweise ist *expansiv* auf einem endlichen Planeten. Subsistenz ist wirtschaftlich *kontraktiv*, d.h. zieht die Funktionen der materiellen und kulturellen Reproduktion auf den kleinen Lebenskreis zusammen.« (*Subsistenz*, 16)

Claudia von Werlhof weist darauf hin, daß es sich bei Subsistenz nicht nur um ein »Ernstnehmen« der Versorgung handle. »Es ist vielmehr auch das Annehmen der grundlegenden Dinge im Leben, der Kindererziehung, der Liebesverhältnisse, der Bande zwischen den Menschen, ihrer souveränen Begegnung, des respektvollen Umgangs mit der Natur in und um uns, des sich gegenseitig Anerkennens und des Sein-Lassens, immer Macht über andere haben zu wollen. Es geht darum, auf diesen Trick, Macht, Geld und Moral für sich beanspruchen zu müssen, nicht mehr hereinzufallen.« (*Apokalypse*, 118)

Biedenkopf unterbreitete Bahro ein Angebot: »Entwickeln Sie doch mal, wie das aussehen soll und was Sie vom Staat und der Administration erwarten, damit so etwas umgesetzt werden kann. Dann werden wir mal sehen, ob wir das machen können.« (*Apokalypse*, 171 f.) Als Antwort darauf verfaßte Bahro die bereits erwähnte Denkschrift. Biedenkopfs Sorge war, ob sich genügend Menschen finden würden, die den Versuch neuer Lebensformen wagen. Um das herauszufinden, wurde zu einem Treffen im Juni 1992 in Schönnewitz (Gemeinde Krögis) bei Meißen eingeladen.

Im Vorfeld dieser Veranstaltung befragte das *Neue Deutschland* Rudolf Bahro zu seiner Sicht der Lage in den neuen Bundesländern und der Chance kommunitärer Subsistenzwirtschaft. Bahro konstatierte, zu vieles werde noch »mit Verbitterung verarbeitet statt mit Verstehen«. Die Krise der ehemaligen DDR sei eine »Minivorwegnahme« von Verhältnissen, »auf die die reichen Länder beschleunigt zusteuern«. Diese Situation könne auch als Chance wahrgenommen werden: Sie eröffne sich gerade jenen Menschen, die einen »Kontinuitätsbruch« erlebt haben. Damit die Energie dafür frei werde, müsse man allerdings »das Verlorengegangene innerlich verloren geben« (*Neues Deutschland*, 30./31.5.1992).

An der Begegnung auf dem Hof Frohberg in Schönnewitz nahmen weit über 300 Menschen teil – vor allem aus dem Osten Deutschlands. »Versammelt ist das ganze Spektrum, das sich auf solchen Treffen eher beiläufig über die eigene Bewußtseinslage verständigt: Öko-Aktivisten und Szene-Beobachter, Aussteiger und solche, die ihrer Meinung nach in das, was sie verächtlich ›die Gesellschaft‹ nennen, nie eingestiegen sind. [...] Daß die großen Wirtschaftsprobleme hier gelöst werden, glaubt wohl kaum einer, doch ein bißchen dichter dran als der Rest der Menschheit fühlen sich die meisten schon«, stellte Dietmar Pieper im *Spiegel* fest (Nr. 26, 22.6.1992). Und Nana Brink berichtete in der *tageszeitung*: »Beglückt zeigte sich Rudolf Bahro [...], daß vor allem Anhänger der Ökodorf-Szene aus den neuen Bundesländern nach Sachsen gefunden hatten. Dies bestätige ihn, der den Ausstieg aus der ›Megamaschine der industriellen Zivilisation‹ nimmermüde predigt, in der Überzeugung, daß ›gerade in der Ex-DDR überaus günstige Bedingungen für die Suche nach neuen Lebensplätzen da sind – nämlich freigesetzte Kräfte und Materialien im Überfluß‹. [...] Viel beklatscht wurde Bahros leidenschaftliche Philippika auf die Apokalypse der Moderne, mehr Aufmerksamkeit jedoch erregte ein Gast, den man nicht ohne weiteres hier vermutet hätte.« (*taz*, 16.6.1992) Ministerpräsident Kurt Biedenkopf hatte nämlich seinen Staatssekretär im Landwirtschaftsministerium, Hermann Kroll-Schlüter, entsandt. Maik Hosang faßt dessen Stellungnahme so zusammen: »Der Staat ist seinen Bürgern auch für die Zukunft verantwortlich, welche angesichts der heutigen sozialen und ökologischen Probleme mit bestehenden Strukturen nicht sicher ist. Daher ergibt sich der Sinn öffentlicher Unterstützung eines in diesen Punkten orientierten Experiments, die umfassende Hilfe für menschliche Initiativen, die nicht staatlich gestützte Privatidylle, sondern wirkliche Lösungen für sich und die Welt suchen.« (*Apokalypse*, 189).

Der Staatssekretär sprach von einem ehemaligen Staatsbetrieb in der Oberlausitz, der für einen Versuch kommunitärer Gemeinschaft zu günstigsten Konditionen zur Verfügung stehe. Im Monat darauf fand die Besichtigung statt: Es handelte sich um ein einstiges Ritter- und späteres Lehrgut in Pommritz (Gemeinde Hochkirch), einem Dorf mit rund 100 Menschen (und eigenem Bahnhof!), an einem nördlichen Ausläufer des Lausitzer Berglandes, zwischen Bautzen und Löbau gelegen. Das Gut umfaßte mehrere, teilweise noch gut erhaltene Gebäude sowie 80 Hektar Acker- und Weideland. Im Sommer und Herbst 1992 wurden Verhandlungen geführt. So mußte beispielsweise der Bürgermeister der Gemeinde, der zunächst einmal an mögliche Arbeitsplätze für die Bevölkerung des Dorfes dachte, vom Vorhaben überzeugt werden. Viel entscheidender war allerdings die Frage, wie die Gemeinschaft aussehen soll, die ein solches Projekt verwirklichen kann.

Der Verein »Neue Lebensformen« wurde gegründet und lud zu

einem Wochenendtreffen im Dezember 1992 ein. Dort kamen rund 40 Frauen und Männer zusammen, die sich entscheiden mußten, ob sie mitmachen wollen. Dieter Federlein, der bereits in der Niederstadtfelder Lernwerkstatt dabei war, erinnert sich: »Wir saßen im Clubraum und es hieß: ›Wollen wir das Gut oder wollen wir es nicht?‹ Wer hier bleiben wollte, der sollte aufstehen. Das war der Anfang.« Mit 13 Menschen startete das »LebensGut«, wie die Gemeinschaft sich dann nannte. Die Vorhut des Projekts traf im Mai 1993 ein, nachdem die Gemeindevertreterversammlung Ende April »ihre nicht juristisch, aber politisch-psychologisch ausschlaggebende Zustimmung« gegeben hatte (so Bahro in einem Brief vom 25.4.1993 an Karl Ludwig Schweisfurth).

Bald darauf ergaben sich neue Probleme: Es stellte sich heraus, daß das Pommritz-Gut nicht dem Land Sachsen, sondern der Treuhand gehörte. Die Projektmitglieder wurden von der Verwaltung angefragt, ob sie nicht bereit wären, in ein anderes Objekt umzuziehen. Ihre Antwort lautete: Nein, wir gehen da nicht wieder weg! Bahro wandte sich deshalb an die Treuhand-Chefin Birgit Breuel: »Wie ich annehme, sehen Sie auf Anhieb, daß es hier um mehr als eins der zahllosen ostdeutschen Sozialprobleme geht. Wir brauchten dringend Modelle auch noch für einen zweiten, sozusagen anderen Entwicklungstyp, und wann/wo, wenn nicht jetzt in Ostdeutschland, sollen wir sie schaffen?« (Schreiben vom 23.6.1993). Wenige Monate später konnte ein vorläufiger Pachtvertrag mit dem Land Sachsen und der Treuhand abgeschlossen werden.

Im April 1994 gaben sich die Mitglieder der Gemeinschaft eine Verfassung, die den Rahmen des Gesamtprojekts beschreibt. Dort ist u.a. zu lesen: »Wer hier lebt, engagiert sich bewußt und aktiv am Aufbau einer Permakultur, das heißt einer infolge ihrer Kenntnis und wissenden Anwendung der Naturgesetze dauerhaft lebensfähigen Kultur des Menschen auf unserem Planeten. [...] Wir sind uns bewußt, Bestandteil und verantwortliche Mitgestalter der Schöpfung zu sein. Wir leben mit der Natur dieses uns anvertrauten Fleckchens Erde, doch wir fühlen und wissen uns verbunden mit allen Menschen und allen Wesen der Erde und des Kosmos. [...] Durch die Befreiung aus den traditionellen Käfigen von Selbstzweifeln, Angst, Neid und Eifersucht kann jeder all seine Lebensenergien entfalten, im Spiel der Gemeinschaft seine Einzigartigkeit erkennen und seine freie Entwicklung als Bedingung für die freie Entwicklung aller begreifen.« (*Apokalypse*, 191)

Rudolf Bahro zog selbst einmal in Erwägung, in Pommritz zu wohnen. Sein erster Gedanke sei gewesen: »an diesem Ort möchte ich dabei sein«, schrieb er im bereits erwähnten Brief an Karl Ludwig Schweisfurth. Doch in der Folge war er dort nur selten anzutreffen. Manchmal kam er an Wochenenden und hielt Vorträge. Mit den praktischen Seiten des Projekts wollte er nichts zu tun haben, berichtet Maik Hosang. Nach seinem Weggang von Niederstadtfeld sei Bahro erst einmal gründlich »gemeinschaftssatt« gewesen. Er habe seine Aufgabe weniger darin gesehen, durch ein Projekt absorbiert zu werden, sondern er wollte »mehr[ere] anschieben, initiieren«. Reinhard Spittler ergänzt: »Rudi hatte nicht die Absicht, in einer Gemeinschaft um der Gemeinschaft willen zu leben. Seine wichtigste Aufgabe sah er im Umfeld der Humboldt-Universität. Rudis Kerngedanke eines ›neuen Klosters‹ bestand darin, daß jeder einzelne seinen ›eigenen Vertrag mit Gott‹ schließt. Jeder sollte auf die eigene Suche nach seiner Aufgabe gehen. Ein ›gutes Klima‹ in der Gemeinschaft fand er zwar wichtig, aber es war ihm doch sekundär. Das galt schon in Niederstadtfeld und dann auch für die Projekte im Osten.«

Bahro setzte sich nach Kräften für den Fortgang des Vorhabens in Pommritz ein. So schrieb er im Juli 1994 einen ausführlichen Brief an Kurt Biedenkopf, weil die Unterstützung des LebensGuts durch die sächsische Agrarverwaltung nicht im zugesagten Maß erfolgte. Es zeige sich, so Bahro, daß Projekte wie jenes der Pommritzer nicht an die für die Entwicklung des ländlichen Raums vorgesehenen Mittel herankommen, »weil die Kriterien ›naturgemäß‹ nicht auf den Start in die Subsistenz zugeschnitten sind; die ganze Orientierung ist dem Landwirtschaftsministerium fremd« (*Apokalypse*, 201). Um dem Pommritzer Experiment mehr Akzeptanz zu verschaffen, bat Bahro den damaligen Direktor des Wuppertaler Instituts für Klima, Umwelt und Energie, Ernst Ulrich von Weizsäcker, eine Studie über das LebensGut in die Wege zu leiten.

Die Politikwissenschaftlerin Uta von Winterfeld besuchte Pommritz und legte Anfang 1995 ihren Bericht vor, der in *Apokalypse oder Geist einer neuen Zeit* veröffentlicht wurde. Ihre Untersuchung vermittelt einen guten Einblick in die Geschichte und die zu jener Zeit absehbaren Entwicklungstendenzen des LebensGuts. Bei den Gruppenmitgliedern unterschied sie zwischen »Pionieren« und später Gekommenen. Zu den Wegbereitern zählten Menschen aus verschiedenen Milieus, aber meist Studierte – so um die 30, einige auch schon um die 50, »engagierte und mutige Leute« (ebd., 209). Die erst nach der Startphase Eingetroffenen suchten eine Gemeinschaft, eine neue Heimat. »Diese Gruppe wird eher von Angst nach Pommritz getrieben.« (Ebd., 210) Auf dem Weg zur Subsistenz entwickle die Gemeinschaft zwei verschiedene Visionen: »Die einen wollen keinen Wachstumszwang und wollen eine höchstmögliche Autarkie über die Landwirtschaft bzw. die Eigenproduktion erreichen. Dieser Pol beruht auf der Abgrenzung nach außen und der Selbstversorgung nach innen.« Der andere Pol sehe die Gefahr der Autarkie. Das übergeordnete Ziel, »der Welt eine neue Form zu geben«, dürfe nicht aus den Augen verloren werden. »Hierzu bedarf es der Öffnung nach außen sowie der Vernetzung mit anderen Gemeinschaften und ökologisch orientierten Akteuren.« (Ebd., 218) Uta von Winterfelds Fazit: Ein Experiment wie jenes in Pommritz könne nur dann in die Gesellschaft hineinwirken, wenn es »Resonanz erhält« (ebd., 228).

Am 4. Dezember 1997 – einen Tag, bevor Rudolf Bahro starb – ging ein Teil des Gutshofes in vertragliches Eigentum des Trägervereins »Neue Lebensformen« über. Für die EXPO 2000 wurde das LebensGut als eines von drei ostdeutschen Projekten ausgewählt. Einen Versuch gesellschaftlichen Wirkens stellen die regelmäßig in Pommritz stattfindenden »Rudolf-Bahro-Zukunftswerkstätten« dar. Im Spätherbst 1998 besuchte ich eine dieser Veranstaltungen und schrieb in der Zeitschrift *Spuren* über meine Eindrücke vom LebensGut. Hier einige Auszüge daraus:

»Gegenwärtig gehören rund 60 Personen zu diesem Projekt, etwa 35 Erwachsene und 25 Kinder. Kathrin Schanze, 34, Journalistin, wohnt mit ihren beiden Töchtern sowie ihrem Partner in der ›Villa‹, die zum Gut gehört. Sie zog im Sommer 1993 nach Pommritz. Vielleicht würde es gelingen, nach dem Ende des ›realexistierenden Sozialismus‹ in der DDR an diesem Ort den ›Kommunismus im Kleinen‹ vorwegzunehmen, hatte sie gedacht. Kathrin lacht über ihre eigene Naivität, und sie wirkt dabei keineswegs verbittert: ›Das ist auch etwas, was ich gesucht habe – wieder arglos sein zu dürfen, nicht lügen zu müssen, um bestehen zu können. Doch so unbefangen darf ich leider auch nicht sein.‹

Neue Lebensformen fallen nicht vom Himmel. Das zeigt sich beispielsweise in der Kindererziehung. ›Bei uns ist es noch weitgehend so: Die Männer machen die Sachen nach außen, die Frauen kümmern sich ums Innere‹, wozu eben auch die Kinder gehören. ›Mein

Bedürfnis wäre es, ganz viel nach außen zu gehen, aber ich habe eben die Kinder‹, erklärt Kathrin Schanze, und dabei lacht sie ein wenig verlegen.

›Irgendwie‹ stehe die Emanzipation in Pommritz noch bevor. ›Ich habe das Gefühl, wir lassen uns da ganz schön viel vorsetzen.‹ Die ›weibliche Energie‹, die Kathrin im LebensGut spürt, ist eine Kraft, die nicht die Differenzen betont, sondern das Verbindende sucht. Anlaß zu Differenzen gibt es auch im LebensGut. Für einige vor allem in der Landwirtschaft tätige Männer steht die Frage im Vordergrund, ob es gelingt, selbsttragende Arbeitsplätze zu finden.

Bislang leben viele Bewohnerinnen und Bewohner des LebensGuts von staatlichen Leistungen. Das weckt bei Außenstehenden den Eindruck, die LebensGut-Leute seien ›Schmarotzer‹. Dieter Federlein weist diesen Vorwurf zurück. Die entscheidende Frage ist für ihn: ›Wie können wir den Freiraum, den das LebensGut uns bietet, in einer Weise nutzen, die auch der Gesellschaft etwas bringt?‹ Dieser Beitrag ist für ihn nicht in erster Linie materieller, sondern ideeller Art: ›Die sozialen und wirtschaftlichen Fragen, die sich heute stellen, können wir mit unserem alten Bewußtsein nicht mehr lösen. Wenn genügend Menschen die neue – um mit den Worten des amerikanischen Denkers Ken Wilber zu sprechen – transpersonale Bewußtseinsstruktur gewissermaßen mit Fleisch gefüllt haben, werden uns auch die passenden Lösungen einfallen.‹« (*Spuren, Magazin für neues Bewußtsein*, Nr. 50, Winter 1999, 60f.)

Die Aussage Federleins, die meisten Bewohnerinnen und Bewohner würden von staatlichen Transferleistungen leben, ist inzwischen überholt: Von den rund 25 Vereinsmitgliedern, die im LebensGut ansässig sind, beziehen gegenwärtig noch fünf Arbeitslosengeld. Die anderen haben finanzierte Arbeitsverhältnisse im eigenen Betrieb (fünf Personen in der Landwirtschaft, drei in einem Solarunternehmen, zwei in der Verwaltung) bzw. in Sozial- und Bildungsprojekten (vier Personen) oder beziehen Erziehungsgeld (in den letzten zwei Jahren wurden in der Gemeinschaft fünf Babys geboren).

In einer Selbstdarstellung schreibt das LebensGut: »Der Prozeß der Gemeinschaftsbildung braucht den Willen zur Gemeinschaft und viel Zeit. Es gibt Phasen der Euphorie und des Enthusiasmus, aber auch solche des Verzweifelns. Wir können nicht voneinander erwarten, daß wir unsere in vielen Jahren erlernten und geübten Verhaltensmuster, Ängste und Kommunikationsbarrieren von heute auf morgen verändern bzw. abbauen. Gemerkt haben wir aber, daß am wichtigsten Liebe und Geduld sind – zu sich selbst und zu anderen.«

Doch nach den Informationen von Maik Hosang ist das Projekt im Frühjahr 2002 durch administrative Enge real bedroht: »Die Treuhand-Nachfolgegesellschaft BVVG will die zum Gut gehörigen 80 Hektar, welche die Grundlage des Pommritzer Ökolandbaus mit seiner artgerechten Tierhaltung, Käserei und Bäckerei sind, in den kommenden Monaten zum Verkauf ausschreiben. Der projekttragende Verein ›Neue Lebensformen‹ und dessen Ökolandbaubetrieb haben zwar ein Vorkaufsrecht, jedoch nicht die dafür erforderlichen 400 000 Euro. Wenn die Flächen an irgendeinen der dann begünstigten Alteigentümer gehen und dieser die jetzigen Pachtverträge nach acht Jahren auslaufen läßt, bedeutet dies den Verlust einer entscheidenden Lebensader und damit das frühzeitige Ende der gerade erst wachsenden Pommritzer Utopie.

Da es nichts hilft, den Kopf in den Sand zu stecken, wurde nach möglichen Lösungen gesucht. Die Bitte an den Freistaat Sachsen, das einst gegebene Versprechen gesicherter Rahmenbedingungen für solch ein Lebensforschungsprojekt doch noch einzulösen, ist die eine Variante. Vorbilder für eine andere Möglichkeit wurden in den alten Bundesländern gefunden. Um das für ihre biologische Landwirtschaft erforderliche Land zu kaufen, haben einige Demeter-Betriebe in Zusammenarbeit mit der Bochumer Bank für Leihen und Schenken (GLS) sogenannte Landwirtschaftsfonds aufgelegt. Menschen, die selbst nicht in diesen Demeter-Betrieben arbeiten, dennoch deren Arbeit gut finden und diese befördern möchten, können Anteile am Bodenfonds erwerben und sind dadurch ideell und materiell an den Ergebnissen beteiligt.« Dieses Modell will das LebensGut in nächster Zeit weiterverfolgen.

Resümiert man die bisherigen Erfahrungen der Pommritzer Gemeinschaft und vergleicht sie mit jenen der Lernwerkstatt, so springen vor allem die Unterschiede ins Auge: Das LebensGut versucht auch auf der materiellen Ebene etwas vom »Self-reliance«-Gedanken zu verwirklichen, während sich die Lernwerkstatt vor allem auf die bewußtseinsverändernde Arbeit konzentrierte und »Selbstversorgung« eher postulierte als praktizierte. Anders als in Niederstadtfeld ist es den am LebensGut-Projekt Beteiligten bislang gelungen, die auftretenden Konflikte so zu lösen, daß das Überleben der Gemeinschaft nicht gefährdet wurde. Die Ansprüche an das gemeinschaftliche Leben scheinen in Pommritz weniger weit gefaßt als in der Lernwerkstatt zu sein. Dies betrifft vor allem Fragen der Sexualität und der Spiritualität, die in Pommritz »konventioneller« gehandhabt werden: Weder »freie Liebe« noch eine verbindliche spirituelle Gemeinschaftspraxis stehen hier auf dem Programm.

Was beide Projekte verbindet: Es handelt (bzw. handelte) sich um Laboratorien – Orte des sozialen Experiments. Die Zeit für solche Versuche war in den 80er Jahren im Westen und zu Beginn der 90er Jahre in den neuen Bundesländern vielleicht günstiger als heute. Trotzdem sind sie notwendig im wahrsten Sinne des Wortes. Das Bewußtsein dafür zu wecken, daß es Alternativen zu den (selbst)zerstörerischen Kräften der Megamaschine geben muß, wenn es nicht zum *Global Exit* (so der Titel eines Buches von Carl Amery) kommen soll – dafür steht mir das Unternehmen des LebensGuts.

Glück und Unglück: Rudolf und die Frauen

(G.H./K.S.)

Hier folgt das vielleicht schwierigste Kapitel. Manche Frauen und manche Leser werden damit nicht einverstanden sein, Bahros privateste Seite aufgedeckt zu sehen. Doch das Kapitel muß geschrieben werden – ohne dieses wäre die Biographie nicht vollständig.

Im (letzten) *Spiegel*-Interview (vom 26. Juni 1995) nimmt der Redakteur dieses Thema auf und stellt gar nicht mal fragend fest, daß die Suche nach Liebe ein Zentralthema in Bahros Denken und Handeln sei – das bestätigt er und ergänzt: »Die Suche nach Liebe ist sozusagen meine psychologische Schwachstelle, sicher.«

Er wußte es also.

Im ersten Satz unseres ersten Kapitels hieß es: »Dieses Leben ist von einem traumatischen Kindheitserlebnis, von sichtbaren und unsichtbaren Brüchen gezeichnet.« Zur Erinnerung: Mit zehn Jahren verlor er für immer seine Mutter, seinen Bruder und seine Schwester. Dieser Verlust der Familie und der Heimat, die Trennung vom Vater, der als Soldat irgendwo kämpfte, die Odyssee durch die Tschechoslowakei, Österreich und Deutschland (hier war seine Tante Else bei ihm und vertrat die Stelle der Mutter) – das sind ziemlich sicher die (auf-)spürbaren Wurzeln der »Suche nach Liebe«. Es kommt noch etwas hinzu: Bei dem Nachdenken über die tiefsten Wurzeln seiner tödlichen Krebserkrankung fand er eine lange verschüttete Spur: »Sie führt mich ins frühe zweite Lebensjahr. Als ich genau anderthalb war, wurde mein Bruder Dieter geboren. Meine Mutter, die wohl bis dahin voll um mich gekreist war, zog sich schon einige Zeit vor dem Ereignis in abgedunkelte Räume zurück, in eine Atmosphäre von Krankheit. Um mich kümmerte sich eine damals um die 15 Jahre alte Cousine. Die war warmherzig, konnte aber wohl nicht ausgleichen, was mich da getroffen hatte.« Wie sich das auf seine spätere Entwicklung auswirkte, erklärt er so: »Irgendwie schon mit anderthalb habe ich auf ›Köpfchen‹ gesetzt, habe meine Seele, meinen Eros ins Geistige, in die geistige Selbstverwirklichung, illusorische Selbsterschaffung hinübergerissen.« (Brief an Christine Schröter vom 8.12.1994)

Am Ende der Nachkriegs-Irrfahrt über viele Stationen fand er seinen Vater in Treppeln wieder, wuchs er weiter mutterlos auf, bis er mit ihm zusammen nach Rießen zog, Frieda Reiter und deren Sohn Gerhard kennenlernte und so wieder in eine Familie kam. Bald darauf zog er ins Internat und kam nur an den Wochenenden in die wenige hundert Meter entfernte familiäre Gemeinschaft.

Mit 19 Jahren ging er nach Berlin. Es gibt Fotos aus dieser Zeit: ein rundes Gesicht, untersetzte Gestalt, er wirkte schüchtern, Rulo Melchert hat ihn beschrieben (wir erinnern uns). Eine Freundin hatte er – so die befragten Kommilitonen – nicht. Auf einem Foto ist er mit einer Kommilitonin als Tänzerin am Arm zu sehen, doch sie tanzen nicht, auch wenn es so wirken soll, das »Paar« (falls es eines ist) wirkt verhalten, steif.

Über die ganze Studienzeit gibt es (bisher) nur zu berichten, daß er die Slawistikstudentin Gundula anhimmelte, sich mit ihr traf, sie für ihn eine Belegarbeit abtippte (hier ist der Anfang einer Kette von Hilfsarbeiten, die sich bis zu Marina Lehnert fortsetzt) – doch Gundula hatte einen anderen Mann vorgezogen, bekam ein Kind (Sylvia, geboren 1957) und verschwand für Rudi ein Jahr später Richtung Leningrad zu einem Zusatzstudium. Als sie zurückkam (vorzeitig zurückgeschickt wurde), mußte sie sich als Lehrerin im Oderbruch »bewähren«. Und wie wir wissen, war Rudolf auch dort. Hier kamen sie nun zusammen, wenn auch die räumliche Trennung überwog. Nur deshalb gibt es auch Briefe, richtige Liebesbriefe. Wir blikken mal kurz hinein:

»Vor Dir hat mich meines Wissens – und ich weiß es nicht erst, seit ich Dich liebe – noch nie eine Frau geliebt. Manche haben es über eine gewisse Bewunderung zu einer Art Verliebtheit, verständnisloser Verliebtheit gebracht. Am Ende hatten alle (mit einer Ausnahme) beinahe Angst vor mir, fühlten sich unsicher, von mir an die Wand gedrückt ...« (25. Oktober 1959)

»Ich hatte irgendwie das mystische, rationell gar nicht begründbare Vorurteil, daß Lieben und Geliebtwerden bei mir immer auseinanderfallen wird. [...] Jetzt sind bei mir alle Voraussetzungen zusammen, alles, was sein kann, um ein gutes Leben zu führen. [...] Du gibst mir etwas Unersetzliches, meine erste, einzige erfüllte Liebe, mein erstes unbeschwertes Glücklichsein mit einer Frau.« (November 1959)

Also Liebesglück. Sie heiraten, Rudi adoptiert Gundulas Tochter Sylvia.

Dann der Umzug in die Universitätsstadt Greifswald. Der Tod ihres ersten gemeinsamen Kindes Maria noch am Tage der Geburt (27. August 1960) stürzte Gundula in eine tiefe Krise, und sie findet bei ihrem Mann kaum Unterstützung. Es ist ein Rätsel, wie dieser sensible Mann den Tod seines ersten Kindes wegsteckt: Für ihn war es halt eine Fehlgeburt.

Im April 1962 wird Andrej geboren. Er hat wenig von seinem Vater gehabt, sagt er. Bis zur Ausreise 1979 kennt er ihn entweder an der Schreibmaschine oder vor dem Plattenspieler. Im Spätsommer 1962 zieht die Familie nach Berlin, zuerst in Untermiete – zu viert in einem Zimmer. Diese beengende Situation brachte Rudolf in eine Krise, er reagierte mit einer ihm damals unerklärlichen Krankheit, mit wochenlangem Fieber und einem beängstigenden Ansteigen der Lymphozyten – was ihn in Todesangst versetzte, bis genauso unerklärlich die Erkrankung zurückging. Im Herbst des folgenden Jahres beziehen sie in der Pappelallee (Bezirk Prenzlauer Berg) eine Ausbauwohnung. Im Februar 1964 wird Bettina geboren, zu der Rudi ein liebevolles Verhältnis aufbaut. Da sie sehr musikalisch ist, gibt es eine tiefe Bindung zwischen beiden.

Gundula bekam an der Humboldt-Universität eine Oberassistentenstelle, hielt Lehrveranstaltungen ab, übersetzte kulturwissenschaftliche Texte, schrieb Gutachten für den Kinderbuchverlag und führte ihren Mann in die neueste sowjetische Literatur ein (davon profitierte unter anderem das 8. Kapitel der *Alternative*).

Aus dem siebenten Ehejahr gibt es ein Foto der beiden (es ist im Bildteil nicht zu übersehen). Und in einem Brief vom Januar 1993 gibt Bahro wieder, was Heinrich Böll – als sie nach ihrer Ausreise etwa eine Woche bei ihm wohnten – bei Betrachtung eines Porträtfotos aus dessen siebenten Ehejahr zu Gundula gesagt habe: »Das konnte ja nicht aufgehen; er ist ein Knabe und du bist eine reife Frau.« Knabenhaft brav wirkt der weiße Kragen auf dem Jackett, er schmiegt sich an die in eine fiktive Weite sehende Frau, sein Blick geht eher nach unten, das Gesicht ist weich, er lächelt nach innen. Ganz zart klingt etwas an, was er Jahrzehnte später tatsächlich von sich sagt: daß er eine autistische Tendenz habe.

Während seiner Zeit in der Industrie (ab 1967) ist er dienstlich viel unterwegs, oft wochenlang zu irgendwelchen Untersuchungen in entlegenen Betrieben der VVB. Die Last der Erziehung liegt ganz bei Gundula. »Aus seinem Versprechen, mit mir gemeinsam unsere Kinder aufzuziehen« – schrieb sie mir –, »hat er sich praktisch schon

1966 verabschiedet und ab 1970 eigentlich nur dem Auftrag seiner ›Mission‹ gelebt.« Da hatte er mit dem Schreiben begonnen: offiziell an der Dissertation, hinter dieser Deckung auch an seiner späteren *Alternative*. Die Wochenenden sitzt er also zu Hause und liest und denkt und schreibt.

1973 wird die Ehe geschieden (nach Auskunft von Gundula im gemeinsamen Interesse: um die Familie vor Repressionen nach einer als möglich gedachten Verhaftung Rudis zu schützen). Er bleibt aber in der Wohnung und zieht erst im März 1977 nach Weißensee in die Streustraße, unweit seiner Arbeitsstelle.

Nach der Scheidung – Rudi ist 38 Jahre alt – sucht er Kontakt zu anderen Frauen. Er setzt Annoncen in die Zeitung und antwortet auf solche. So lernt er mehrere einsame Frauen kennen. Eine davon schildert ihren Eindruck – und ich vermute, daß dies exemplarisch ist – so: Sie hatte eine Annonce aufgegeben, um einen Partner zu finden. Rudi antwortete mit einem Briefchen, daß er sich auf ihren »Typ Rosa Luxemburg« sehr freue. Gedacht war durchaus an eine erotische Beziehung. Doch als er in ihrer Wohnungstür stand, war ihr gleich klar: der hat keine Chance – weiches Gesicht und Löckchen, kein erotischer Typ. Doch Bahro machte es anders: Durch Gespräche entstand bald eine vertraute Atmosphäre, sie hörten gemeinsam Musik (natürlich Beethoven), er sprach über Hölderlin – so entstand halt eine geistige Erotik. Und er machte ihr nach einem Besuch im Deutschen Theater einen Heiratsantrag. Sie lehnte ab.

Rudi war also kein attraktiver Mann, doch konnte er mit der Zeit gewinnen. Mit mehreren Frauen versuchte er es, sie erkannten seinen Geist an, das war's dann. Als er an der *Alternative* schrieb und ihre Bedeutung ahnte, vergaß er mitunter seine Konspiration und wertete sich mit dieser Arbeit bei einigen Frauen auf – so auch bei der Lektorin Sonja Schnitzler (womit er sich in den Fingern des MfS befand). Sie schildert ihn als »belesen und streitbar«, er sei ein »äußerst interessanter und intellektuell außergewöhnlicher Mensch« – aber als Mann kam er nicht für sie in Frage, wobei er »mehrfach erfolglos versuchte, zu mir in nähere Beziehung zu treten«.

Schließlich lernte er über eine der Annoncen auch Ursula Beneke kennen. Sie war vier Jahre älter als er, hatte verschiedene Tätigkeiten nach einem kurzen Pädagogikstudium (1950–51 an der Fachschule in Köthen, wegen Krankheit abgebrochen) bereits hinter sich, war seit 1955 in Berlin und bereits längere Zeit Leiterin der Sektionsbibliothek des Instituts für Biologie der Humboldt-Universität.

Nach ihrer Scheidung 1969 lernte sie 1974 Rudi kennen, der sie bald in seine Pläne und Arbeiten einweihte. Mit ihr hatte er Glück: Sie identifizierte sich mit seinen politischen Auffassungen, verriet ihn nicht und half ihm bis in den Sommer 1977 hinein in allen praktischen Dingen (so daß man sie mühelos auch als Mittäterin bezeichnen könnte). Ich vermute, daß folgendes sehr selbstoffenbarende Gedicht sich auf den Übergang von seiner Gundula (mit der er noch zusammenlebte) auf die neue Liebe Ursula bezieht:

Wie sie da saßen, standen, alle wußten:
Der – ein Verrückter, der sein Teil vertut
für seinen eitlen Wahn, während wir – wirken.

Ihnen verzeih ich. Aber Du,
Du hast sie nicht erkannt in ihrem Neid.
Du hast mich nicht erkannt.
Du warst nicht mit mir, als ich im Zenit stand,
unsichtbar, doch gewiß.

Jetzt hol ich eine andre auf die Bahn,
die sich hinabneigt. Oh, ich lasse sie
kometisch aufglühn bei dem raschen Aufflug.
Ich halte sie noch ihren Herbst lang oben,
wer sie auch sei, ich mache sie mir gleich.
Ich kann erheben, und ich kann erhöhen.

Furchtlos bekenn ich mich: Ich habe immer
den Ruhm gewollt, immer das große Leben.
Aber um wen, ich unzeitiger Schwärmer,
um wen? Um Euch, um Diotima, Leonore.

Und als ich endlich ins Ziel flog,
in die Sonne, endlich mir
beinah genug war,
war ich doch allein.

Mein Kopf hat längst verziehn.
Mein Sinn fällt immer noch in Deinen Schoß.
Mein Herz verzeiht Dir nicht.
(Mitleid ist nicht verzeihn) – viel zu spät.

(3.9.1974)

So groß konnte Bahro von sich denken.

Die letzte Nacht vor der Verhaftung verbrachte er gemeinsam mit Ursula.

Sofort in der Zelle (schon am 25. August) schrieb er ihr, und der Kontakt zu ihr war eines der Hauptthemen seiner Gespräche mit Gysi – doch die Staatssicherheit machte keine Ausnahme (sie hatte das Recht in Form des Strafvollzugsgesetzes auf ihrer Seite): kein Brief an sie oder von ihr wurde weitergeleitet, keine Besuchserlaubnis gegeben. Bahro erwog – vielleicht auch deswegen – eine Heirat mit ihr, doch dazu kam es nicht. Die Sache wurde komplizierter, als Gundula erwog, ihren geschiedenen Mann erneut zu heiraten. Gysi erzählte mir, wie ungemütlich es für ihn war, als in seiner Kanzlei zwei Frauen mit ähnlichen Eheabsichten saßen und sich mit ihm darüber berieten. (Ursula Beneke bestreitet dies: Sie habe nie die Absicht gehabt, Bahro zu heiraten.) Als Bahro in Bautzen über seine Ausreise nachdachte, mußte er dies alles berücksichtigen: Mit wem wollte er ausreisen, welche Verantwortung übernehmen? Wollten die Kinder überhaupt im Westen leben? So schrieb er mehrere Briefe (einige davon wurden von der Zensur zurückgehalten), um dies mit Gundula und den Kindern zu erörtern. Mit Gysi dagegen besprach er seine jetzige und möglicherweise weitere Beziehung zu Ursula Beneke. Das Ergebnis ist bekannt und originell: Bahro reiste am 17. Oktober 1979 mit seiner geschiedenen Frau, den Kindern Andrej und Bettina (also ohne Sylvia) und seiner Freundin Ursula in den Westen. Dort trennte man sich nach kürzester Zeit: Rudi zog mit Ursula und Sohn Andrej in die Universitätsstadt Bremen – wo er eine Stelle bekam –, Gundula kam bald darauf mit Bettina in dieselbe Stadt – ebenfalls aus Arbeitsgründen.

(Die Übersiedlung brachte noch eine andere Veränderung: In der DDR hieß er ausschließlich *Rudi*, in der Bundesrepublik wurde daraus häufig *Rudolf* – so erklärt sich auch mancher Wechsel in unserem Buch.)

Ursula Beneke blieb zwei Jahre ohne Stelle und hielt ihm in dieser Zeit »den Rücken frei«, wie sie im Gespräch formuliert. Sie hatten beide die gleiche Gewohnheit, bis tief in die Nacht hinein zu arbeiten. Das ging einige Zeit gut, doch dann kam sie in eine »Arbeitsbeschaffungsmaßnahme« und konnte ihn nicht mehr im gewohnten Rhythmus unterstützen. Schließlich suchte sie sich eine eigene Wohnung und griff auch gleich zu, als sie ein Stellenangebot als Bibliothekarin in Stuttgart erhielt. Heute erklärt Ursula Beneke lakonisch:

»Ich bin gegangen, weil's nicht mehr zusammen ging.« Im Sachlichen seien sie sich immer einig gewesen. »Das Persönliche haben wir unter uns geklärt.« Mehr wolle sie dazu nicht sagen.

Später haben sie sich noch gesehen, wenn Rudolf Bahro in der Stuttgarter Gegend war. Manchmal telefonierten sie auch miteinander. Nach 1989 besuchte sie ihn mehrmals in Berlin. Das letzte Mal trafen sie sich im Juli 1997 bei einer Veranstaltung, die der Stuttgarter Buchhändler Wendelin Niedlich organisiert hatte. »Rudi war ja ein unglaublicher Diskutierer und konnte kaum ein Ende finden. Bei dieser Veranstaltung habe ich aber gemerkt, daß es ihm gar nicht gutgeht. Er war schon ganz fiebrig, und da sagte ich, es wäre wohl besser, wenn das Gespräch jetzt beendet würde.« Die Nachricht von Rudolfs Tod habe Marina Lehnert ihr telefonisch mitgeteilt. »Ich hab's gespürt – schon vor diesem Anruf. Ich war froh, daß Marina in der letzten Zeit seines Leben bei ihm war. Sie genießt meine volle Hochachtung für das, was sie für ihn getan hat – und was sie für seine Tochter Hannah tut.«

In Bremen lernte Bahro Michaela von Freyhold kennen, mit der ihn eine freundschaftliche Beziehung verband. Im Gespräch erwähnt sie seinen »Charme« und bemerkt: »Wenn Rudi nicht gerade mit seinen großen Anliegen beschäftigt war, hatte er etwas sehr Kindliches an sich.« Die Breite seiner geistigen Interessen habe ihr sehr gefallen: Das Zusammensein mit ihm regte sie dazu an, sich eine Zeitlang wieder mehr mit klassischer Musik zu beschäftigen. Er hat sie auch dazu animiert, sich erst mit Yoga und dann mit indischer Religionsgeschichte auseinanderzusetzen. Irritiert und etwas amüsiert haben sie allerdings seine zeitweiligen Guru-Ambitionen und »daß Rudi ein Macho war. Einmal sagte er zu mir: ›Du denkst ja fast wie ein Mann‹ – und wollte damit seine Anerkennung für mich zum Ausdruck bringen!«

Eine weitere Beziehung entstand zu Dorothea Mezger. Sie hatten sich erstmals im Mai 1981 in Caracas gesehen. Als die Frau ein Jahr später nach Deutschland zurückkehrte, lud sie Bahro ein, zusammen mit ihr ein »Enlightenment Intensive« in einem Meditationszentrum im Schwarzwald zu besuchen. Das war Bahros »erste intensive Meditationserfahrung«, wie er in der *Logik der Rettung* schreibt (ebd., 296). Während dieser Woche unter der Leitung von Karin Reese habe er »einigermaßen bestürzt« erkannt, »wieviel Wille zur Macht mich zu dem Auftritt gegen die DDR-Zustände getrieben hatte und wie sehr der mit meiner in der Kindheit und Jugend lange unbefriedigten Sehnsucht nach der Frau zusammenhängt« (ebd., 298). Dort wurde ihm seine Rolle als »politischer Wanderprediger« höchst fragwürdig. Sollte er nicht besser einen Ort schaffen, an dem ein anderes Leben praktisch werden könnte? »Die Frau allerdings, die mir in jener Woche an den offenen Platz der Gefährtin für so eine Vision zu rücken schien, war, was ich nicht erkannte, eine Iphigenie, jener Typus der Priesterin, die den Mann fürchtet.« (ebd., 299)

Eine Szene ist Dorothea Mezger in lebhafter Erinnerung geblieben: »Die Zen-Meisterin trug uns auf, ein von uns selbst ausgesuchtes Terrain zu umrunden und uns pünktlich wieder einzufinden. Rudi hatte sich offensichtlich ein zu großes Stück vorgenommen. Als er schließlich zum Ziel und Ausgangspunkt zurückkam, war er völlig fertig – so sehr, daß wir minutenlang seinen völligen körperlichen Zusammenbruch befürchteten. Erbarmungslos verlangte er den letzten Einsatz von sich selbst – so, als habe er keinerlei Gefühl für sein eigenes Leiden. Er hatte es auch nicht in bezug auf die Frauen.«

Dorothea Mezger fand die Beziehung zu ihm immer sehr anregend, so weit es um Gespräche ging: »Es war überraschend und neuartig, wie er die Dinge aus seiner philosophischen Perspektive sah. Er war unbekümmert um herrschende Normen und eingefahrene Denkschablonen.« Sie wollte aber keine länger dauernde Beziehung zu ihm, »weil ich seine körperliche Nähe und Infantilität nicht ertrug«. Deshalb beendete sie von sich aus dieses Verhältnis. »Mich hat er nur deshalb nicht ›hängenlassen‹, weil ich ihm keine Gelegenheit dazu gab. Ich denke, Bahro war unfähig zu einer längerfristigen Verbindung mit einer Frau.«

Die große Liebe sollte Christine Schröter werden. In seiner Rede an die grünen Parteitagsdelegierten im Dezember 1984 erklärte Rudolf Bahro voller Stolz und Pathos: Wenn er sich nicht irre, komme sein jetziger politischer Entwurf an Substanz der *Alternative* gleich. Und er fuhr fort: »Das hat *auch* mit einem Bündnis zu tun, einem persönlichen Bündnis, das ich geschlossen habe und das für mich etwas mit Basis im Volke zu tun hat. Nämlich, es hat auf Geist und Entschiedenheit meiner Position Christine Schröter großen Einfluß, seit wir uns über die letzten anderthalb Jahre immer mehr verbunden haben.« (*Hinein oder hinaus?*, 40)

Kennengelernt hatten sich beide im Juni 1983 – auf einem grünen

Parteitag. Christine Schröter schildert die Szene so: »Ich trug wie immer mein durchscheinendes Hippiekleid und eine Blume im Haar, als ich vor Beginn des Parteitages die Empfangshalle unseres Hotels betrat, in der der gesamte Bundesvorstand bereits anwesend war. Später erfuhr ich von unserem damaligen Geschäftsführer Eberhard Walde, daß Rudi mich angestarrt und ihn gefragt habe: ›Wer ist sie?‹ ›Christine aus Rheinland-Pfalz.‹ Er ist mir im Fahrstuhl nachgestürzt, ist fortan immer um mich gewesen. Mich erreichte er jedoch erst, als er in seiner mich unterstützenden Rede blitzschnell die chemisch-pharmazeutische Industrie als Eckpfeiler des uns beiden verhaßten Wirtschaftssystems erkannte, den einzureißen durch das Verbot von Tierversuchen möglich schien. Er sprach mit meiner Zunge, ich starrte auf seinen angespannten Körper, danach nahm er meine Hand. Fortan glaubten wir an die Bestimmung unserer Paarbeziehung, politisch Umwälzendes zu erreichen und in der Liebe die wagnerische Erlösungssehnsucht zu erfüllen.«

Christine Schröter hatte sich von einer Herkunft gelöst, die sie als einengend und verstümmelnd empfand. Ihr Vater sei ein Nazi gewesen, der ihren Gehorsam nur mit physischer und psychischer Gewalt erzwingen konnte. Nach einer frühen Ehe und der Erfahrung sexueller Unterdrückung brach sie aus und erlebte die »Flower Power«-Zeit Ende der 60er Jahre als persönliche Befreiung: »Ich ließ mich treiben in dem Sog ›make love, not war‹ – Lieben – Frieden – keine Tabus – frei sein – in der Natur sitzen – sanfte Männer – Gesunden und Aufblühen einer zutiefst verletzten Seele!«

Ihr Verhältnis zu Rudolf war zunächst durch Ablehnung geprägt: Als er sich im November 1982 in den Bundesvorstand wählen lassen wollte, war sie dagegen: Die GRÜNEN hätten es nicht nötig, sich mit dem Namen eines Prominenten zu schmücken, der nicht in den Basisbewegungen verankert sei. »Ich traf ihn dann auf Bundesvorstandssitzungen, er war farblos, nichtssagend, manchmal schlief er einfach ein.« Und schließlich ereignete sich die schicksalhafte Wende im Juni 1983. Im »Taumel« ihrer Verliebtheit bereiteten sie eine gemeinsame USA-Reise vor, die aber »für uns lediglich ein Intermezzo mit fadem Nachgeschmack blieb«.

Im Jahr darauf, genauer: am 18. August 1984, schlossen Rudi und Christine in einer kleinen Bergkirche in Südtirol ihren »göttlichen Bund«, unter dem Beisein eines katholischen Geistlichen und des Südtiroler Grünen Alexander Langer, mit dem Bahro freundschaftlich verbunden war. Einen offiziellen Charakter hatte diese

Feier allerdings nicht – trotz priesterlicher Präsenz. In jenem Jahr übersiedelte Bahro von Bremen nach Worms. »Voneinander besessen« erlebten die beiden dort »den Höhepunkt unserer beiden Leben«, wie Christine Schröter diese Zeit beschreibt. »Nach unser beider Ideen entstand in seinem Wormser Haus noch ein wunderschöner Saal. Hier sollten Treffen stattfinden, von hier sollten Impulse ausgehen für die großen Veränderungen zu einer ökologischen, sozialen, gewaltfreien Gesellschaft.«

Für Rudolf war Christine die »Königin«: Sie inspirierte ihn, während er an einem neuen Buch arbeitete. »Alles, was er in Worms geschrieben hat, unterstützte ich in tiefer Verbundenheit – bis auf seine Visionen! Seine kommunitären Gemeinschaften, seine Unsichtbare Kirche, seinen Gottesstaat habe ich aufs schärfste abgelehnt. Deshalb die Widmung in seiner *Logik der Rettung*, deshalb meine Trennung von ihm.« Diese Widmung galt zuerst einmal Ulrike Marie Meinhof, »die ich bewundert habe und an deren Selbstmord ich nicht glaube« – dann aber auch Christine Schröter: »Ihre [Meinhofs] zwischen Liebe und Haß hin- und hergerissene Seele ist in anderer Gestalt an meiner Seite gewesen, während ich schrieb.« (*Logik*, 497)

Nach einer langen Zeit des »schrecklichen Kampfes«, so Christine Schröter, ging ihre Beziehung zu Ende. In einem Brief an den Priester, der die beiden begleitete, schrieb Bahro später: »Ich habe niemals eine Frau so sehr geliebt wie sie (ich war ihr geradezu verfallen, liebe sie trotz unserer Trennung vor einem Jahr immer noch, es wird sich auch nicht ändern) – und doch gelang es uns nicht, übereinzukommen, was diese kommunitäre Perspektive betrifft, die ich immer hatte, die eines Klosters, in dem gleichwohl geliebt wird und in dem Männer und Frauen auch über die Zweierbeziehung und Kleinfamilie hinaus vielfältig miteinander kommunizieren. Sie fühlte sich damit meiner nicht sicher genug, und darüber ist alles gekommen.«

Während Rudolf mit Christine Schröter befreundet war, pflegte er noch andere Frauenbeziehungen. Hinterher gab er ihr dann Kopien seiner Briefe an diese Frauen zu lesen, in denen er erklärte, es könne für sie keine gemeinsame Zukunft geben, denn sein Herz gehöre Christine. »Ich war nicht eifersüchtig, höchstens manchmal wütend, wie Rudi mit diesen anderen Frauen umging.«

Rainer Langhans führte mit Bahro einige Auseinandersetzungen, die sich an dessen Frauengeschichten entzündeten. »Ich empfand Rudis Verhalten als total DDR-typisch. Drüben gab es eigentlich nur im Beziehungsbereich die Möglichkeit, soziale Nischen zu bilden – und die wurden auch reichlich genutzt. Es entstanden Formen lokkerer Bindungen, die den Frauen zwar eine gewisse Unabhängigkeit gewährten, aber nicht die Entwicklung ihrer Weiblichkeit. Die DDR-Männer mußten sich nicht wirklich auf ihre Frauen einlassen. Rudi unterschied sich da kaum: Er hat sich nur oberflächlich mit den Frauen beschäftigt und war nicht in der Lage, sie tatsächlich zu verstehen.«

Wohl habe er Frauen mit seiner geistigen Potenz faszinieren können, doch für jene, die mit ihm näher zu tun hatten, habe die Beziehung immer in persönlichen Enttäuschungen geendet, meint Langhans. Er glaubt, im Grunde genommen sei Bahro Frauen gegenüber »empfindungsunfähig« gewesen. Dessen Konzept der Beziehung zwischen Mann und Frau unterzieht Rainer Langhans einer Kritik: »Ich halte die Vorstellung, der Mann müsse zurück in den Schoß der Frau, für einen Ausdruck von infantilem Glauben und für eine gefährliche Regression.« Mit einer solchen Vision habe er vor allem Frauen angezogen, die in der Beziehung zu ihm ihre Mütterlichkeit, aber auch ihre Unselbständigkeit ins Spiel bringen konnten. »Sie machten sich abhängig, um schließlich ihn in Abhängigkeit zu bringen. Solche Opferspiele zwischen Frauen und Männern sind ja bestens bekannt.«

Bahros nächste Beziehung endete nicht nur in einem Opfer*spiel*, sondern mit einem wirklichen Todesopfer. Im Februar 1987 hatte er in der Lernwerkstatt in Niederstadtfeld Beatrice Ingermann kennengelernt. Die beiden verliebten sich Hals über Kopf ineinander, und Rudolf beschloß, von Worms in die Eifel zu ziehen. Sein Freund Reinhard Spittler zeichnet ein ziemlich schonungsloses Bild der Beziehung: »Beatrice war auf der Suche nach einem Referenten, der ihr das Bildungshaus mit Seminaren füllt. Sie hatte bereits einen anderen an der Hand, doch als Rudi kam, entschied sie sich für ihn. Beide waren zwei Monate völlig ineinander verknallt, das hörte dann aber schnell wieder auf. Übrig blieb die Sprachregelung, Beatrice sei die Erde und Rudolf der Himmel: Sie kümmere sich um die materiellen Dinge und Rudi eben ums Geistige. Seine geistige Welt hat Beatrice allerdings überhaupt nicht interessiert. Sie führte einen ständigen Kampf gegen alles, was von ihm kam.« Gundula Bahro, zu der Rudolf über alle Jahre hinweg den Kontakt nie abbrechen ließ, berichtet: »Vor der Heirat mit Beatrice im Juni 1988 erzählte mir Rudi, er habe die Wahl zwischen einer Eurhythmistin im

Schwarzwald und Beatrice, für die spreche, daß sie ein Tagungszentrum besitze, in dem er dann wirken könne. Rudi fragte mich allen Ernstes, zu welcher von beiden ich ihm raten würde.«

Christine Schröter blieb auch über die Trennung hinweg in Verbindung mit dem Mann, von dem sie heute sagt, er lebe in ihr weiter. Vor der Hochzeit habe ihr Rudi erklärt, er wolle Beatrice heiraten, »um einmal im Leben verläßlich zu sein«. Von dieser Verläßlichkeit war dann aber wenig zu spüren. In der Lernwerkstatt sei Treue »eigentlich verpönt« gewesen, teilt Angelika Koch mit. Vor allem Rudolf habe erotische Freizügigkeit propagiert – und praktiziert. »Es war sonnenklar, daß Bea Untreue nicht ertragen konnte. Von ihrer ganzen Geschichte her mußte sie die einzige sein.« Angelika Koch störte sich auch daran, daß Bahro »mich – wie alle anderen Frauen – eben zuerst als ›Weib‹ sah, als sexuelles Wesen. Ich hatte in der Beziehung null Interesse an ihm, aber ich bekam den Eindruck, daß er bei mir und allen anderen Frauen zwanghaft versuchte, als Mann zu landen.«

Nach dem politischen Aufbruch in der DDR entschied sich Rudolf Bahro, zwischen der Lernwerkstatt und seiner neuen Wirkungsstätte in Ostberlin zu pendeln. Für seine Frau kam das nicht in Frage. Im *Rundbrief* der Lernwerkstatt schrieb sie Ende 1989: »So gut ich Rudolf und seine Motivation, sich in der DDR einzusetzen, verstehen kann – ich sehe *meinen* Platz nach wie vor hier. Hier, das heißt BRD, das heißt Niederstadtfeld und Lernwerkstatt.« Beatrice mußte sich entscheiden: »Ein bißchen hier, ein bißchen dort – das ist nichts für mich. Ich hätte dann das Gefühl, alles nur halb zu machen, nirgendwo richtig zu sein.« Ihr Mann Rudolf warb im gleichen *Rundbrief* um Verständnis für den »Pendelverkehr zwischen Berlin und hier«: »Es muß uns nicht zerreißen, es muß nicht nur anstrengend, es kann auch fruchtbar und lebenserweiternd sein.« (*Rundbrief*, Nr. 12 – Anfang 1990) Ihre gemeinsame Tochter Hannah, die am 1. September 1988 geboren wurde, wuchs so an zwei Orten auf.

Im nächsten Lernwerkstatt-*Rundbrief* schrieb Bahro: Es falle ihm schwer, in der Eifel-Heimat zu erklären, weshalb der Spagat zwischen beiden Orten sein müsse. »Für mich sind es zwei Enden einer Kerze, die da brennt, und ich will mir noch mehr Mühe geben, ganz da zu sein, wenn ich da bin.« (*Rundbrief*, Nr. 13 – Anfang 1991) Inzwischen bahnte sich eine Beziehung zu Marina Lehnert an (siehe dazu das folgende Kapitel). Alle in der Lernwerkstatt wußten davon oder ahnten es zumindest – nur Beatrice nicht. »Sie hat ihn wohl wirklich geliebt und allen Ernstes versucht, mit seinen Frauengeschichten klarzukommen. Solange das in Rudolfs Augen bloß ›belanglose Begegnungen‹ waren, konnte sie sich auch damit abfinden. Im Grunde genommen war sie eine sehr traditionelle Frau, die Treue verlangte, aber nicht bekommen hat«, meint Angelika Koch.

War Christine die »Königin«, so wollte Beatrice wenigstens »Prinzessin« sein. Nochmals Angelika Koch: »In der Lernwerkstatt haben wir uns gegenseitig unsere Lebensgeschichte erzählt, und dabei kam heraus, daß Bea in ihrer Kindheit die Rolle des absoluten Lieblings ihres Vaters spielte – und plötzlich wurde sie richtiggehend fallengelassen. Sich diese Anerkennung wieder zu holen: das schuf bei ihr ein sehr starkes Motiv, glaube ich. Als ›Frau Bahro‹ hatte sie einen Namen und stellte etwas dar!« Spittler meint: »Viele Frauen fühlten sich erotisch von Rudolf angezogen – nicht zuletzt, weil er berühmt war. Auch Beatrice ging es so.« Ihre Vermählung sei ihm wie eine Fürstenhochzeit vorgekommen: »Es ging nicht um konkrete Menschen, sondern um die Verbindung von Einflußsphären.«

Rudolf habe Beatrice den Floh ins Ohr gesetzt, sie solle sich einen Mann suchen, der ihr gefalle. Ihm zuliebe habe sie das dann gemacht, weiß Spittler zu berichten. Allerdings war der bereits anderweitig liiert. Spittler begreift heute noch nicht, warum die beiden überhaupt geheiratet haben. »Christine, die er immer als Liebe seines Lebens bezeichnete, wollte er nicht offiziell heiraten – aus Angst, sich zu sehr zu binden, und aus Widerstand gegen eine ›kleinbürgerliche Ehe‹. Doch genau die praktizierte er dann mit Beatrice! Von seinen damaligen Freunden konnte keiner diesen Schritt verstehen.«

Im Sommer 1991 verkündete Bahro in Niederstadtfeld: »Es muß hier im wesentlichen ohne mich weitergehen.« Diese Mitteilung habe »besonders Beatrice so gekränkt, daß unser ohnehin schwebender Konflikt in offene Flamme, zunehmende Trennung überging. Ich war eine lange Zeit ziemlich zerrissen, weil ich meinen Platz noch mehr als zuvor im Osten sah, hier aber keine der Trennungen wollte. Ich hatte an beiden Orten das Gefühl, eigentlich ganz da sein zu sollen. Auch gab es in Berlin noch andere Liebe. Unterschwellig war das Schwerste, indem sich zeigte, daß so in jeder Verbindung die letzten Türen verschlossen blieben. Ich begann zu ahnen, daß ich über zuviel und auch über mich selbst hinwegging, indem ich hier die Adern ausfließen ließ. Dann hat sich Beatrice gegen ihre eigenen Vorstellungen wieder geöffnet. So haben wir uns wiedergefunden.« (*Rundbrief*, Nr. 14 – Anfang 1993)

Doch die Versöhnung hielt nur kurze Zeit. In der Lernwerkstatt herrschten tiefgreifende Konflikte, von denen an anderer Stelle bereits die Rede war. Sie hatten bei Beatrice »nachhaltig Spuren von Verletzung, Trauer und Resignation hinterlassen«. Diese Situation »sowie die zugespitzte Krise zwischen Rudolf und mir haben mir mehr als deutlich vor Augen geführt, daß ich wieder verstärkt meinen eigenen Weg finden und gehen muß«, schrieb Beatrice in jenem *Rundbrief*. Sie hatte eine Gestalttherapieausbildung begonnen, und auf einmal sah sie erneut »Perspektiven, wo sich zuvor Resignation, Ratlosigkeit und Frust breitgemacht hatten«.

Für Rudolf, der für einige Zeit abwechselnd in Berlin und in Niederstadtfeld lebte, lockerte sich die Beziehung zu Beatrice zusehends. In Berlin genoß er seine Attraktivität. Frauen schwärmten ihn an, ließen sich von ihm verführen, in den Workshops gab es und gab er dazu Gelegenheiten. Eine Enttäuschte äußerte über ihn: Er sei emotional wie ein kleiner Junge, lebte in einer zweiten pubertären Phase – theoretisch habe er die Frauen aufgewertet (Erlösungsthema) und glorifiziert, dabei aber nicht gut behandelt. Er war sanftmütig, konnte gut zuhören, war tolerant, liebte »mütterliche« Frauen, die ihm das Alltägliche abnahmen – denn er wirkte so hilflos, und da halfen ihm alle zu gerne. Eine andere Frau über ihn: Er suchte fast manisch Bestätigung bei Frauen: »Wer Gott in sich hat, kann viele Frauen um sich haben.« Und ein Freund: »Tief in Rudolfs Seele lag etwas, an das er niemals jemanden heranließ. Suche nach Liebe – sein tiefster Stachel.«

Im »Mittwochskreis« gab es viele kleine und mittlere Affären um und mit Rudolf. Das erzeugte Spannungen, Gereiztheiten, Traurigkeiten. Inzwischen entstand eine festere Beziehung zu Marina Lehnert. Beatrice wußte davon, es gab deshalb zwischen den Eheleuten Auseinandersetzungen, und Rudolf versprach, jene Beziehung zu beenden. Wie Marianne Wetzel berichtet, gab es vor dem Selbstmord Beatrices rund fünf (versuchte) Trennungen und fünf Versöhnungen – etwa, wenn Rudolf mit 50 Rosen und reumütigem Gesicht wieder in der Tür stand. Beatrice mußte spüren, daß Niederstadtfeld samt Lernwerkstatt für Rudolf ein Auslaufmodell war. Längst suchte er etwas Neues im Brandenburgischen. Andererseits konnte sie sich schwer ein Leben in Berlin vorstellen und ahnte auch, daß sie dort nur eine sehr untergeordnete Rolle erwartete. Trotzdem wollte sie es versuchen.

Ende August 1993 war sie wieder in Berlin, um mit Rudolf eine neue Bleibe zu suchen (im Gespräch war Fürstenberg an der Havel), da erfuhr sie – eher zufällig durch einen Anruf an Hannahs Geburtstag –, daß ihr Mann wieder eng mit Marina liiert sei, und er erklärte ihr daraufhin auch, daß er Marina liebe. Empört fuhr sie mit dem Nachtzug zurück nach Niederstadtfeld, kam aber zwei Tage später, am 3. September (der Abend vor ihrem Tode), mit Tochter Hannah erneut nach Berlin in die Wohnung, wo gerade eine Besprechung der Institutsmitarbeiter stattfand. Beatrice traf hier auch Marina, denn sie gehörte zum Institut. Für Rudolf entstand eine unangenehme Situation, der er sich erst mal entzog, indem er alle anderen nach unten brachte und sich noch längere Zeit mit Uwe Haake über das unterhielt, was ihn jetzt oben erwartete. Die beiden Frauen beschäftigten sich inzwischen jede auf ihre Weise: Beatrice kümmerte sich um die Küche, Marina – die sich dort furchtbar fühlte – las vor Verlegenheit in einem Buch. Dann kam Rudolf zurück, und in der Küche kam es zu einer Aussprache. Es ging darum, daß er am nächsten Morgen zu einem Vortrag nach Dessau fahren mußte, und Rudolf meinte in seiner Unentschlossenheit, daß beide Frauen ihn begleiten sollten. Die Frauen lehnten ab. Marina schlug dann vermittelnd vor, er solle alleine fahren und sie würde am Sonnabend (das war der 4. September) mit Beatrice über die ganze schwierige Situation sprechen. Daraufhin entschied Rudolf eigensinnig, daß er mit Marina und Tochter Hannah nach Dessau fahren werde, was Beatrice zu der Frage trieb, was sie ihm dann noch bedeute. Die Antwort ist nicht zweifelsfrei überliefert, doch Beatrice verstand sie so, daß Marina ihm wichtiger und sie selbst hier zuviel sei.

Mit diesem Gefühl ging sie ins Bett, höchstwahrscheinlich drohte sie in der Nacht ihrem Mann mit ihrem Tod, während Rudolf noch durchgesetzt hatte, daß Marina – sie wohnte damals im weit entfernten Stadtteil Köpenick – wegen des frühen Aufbrechens mit in der Wohnung übernachtete. Am nächsten Morgen muß Beatrice ihrem Mann noch eine deutliche Warnung gegeben haben, denn Rudolf wurde plötzlich ängstlich und rief früh um fünf Uhr Uwe Haake an und meinte, Beatrice sei suizidgefährdet und er möchte ein waches Auge auf sie haben. Tatsächlich ging Haake in die Paul-Robeson-Straße, doch traf er Beatrice nicht an. Zweimal meldete sich Rudolf noch von unterwegs, um zu hören, was mit ihr sei. Doch da war sie schon in den Tod gesprungen.

Am Nachmittag kamen die drei aus Dessau zurück, sie sahen in der Wohnung den Koffer von Beatrice stehen, und Rudolf bekam einen ahnungsvollen Schreck. Die fünfjährige Hannah sagte nur: Das hab ich ja gewußt. Dann kam der Anruf aus Niederstadtfeld: Beatrice ist tot.

Es war Verzweiflung, aber auch Aggression und Rache – wie ihre Abschiedsbriefe an ihn und an Hannah zeigten. Ein Freund kommentiert es sehr sachlich: »Es war eine klare Demonstration. Der Sprung von der Siegessäule ist irgendwelchen Generälen vorbehalten, die eine Schlacht verloren haben. Man springt nicht als Frau Bahro von der Siegessäule. [...] Sie hat sich vielleicht gefühlt wie nach einer verlorenen Schlacht.«

Dieser Tod war für Bahro ein unvorstellbarer Schock, dessen Tiefe – so Jochen Kirchhoff – man kaum ermessen kann. Er habe sich eine ganze Nacht in einer Kirche eingeschlossen und mit der Toten gesprochen. Zur Beerdigung kam die Subsistenzforscherin Maria Mies, eine enge Freundin von Beatrice, angereist und hielt die Trauerrede. Aber auch Rudolf hielt eine Rede voller Selbstgerechtigkeit, las ihre beiden Abschiedsbriefe vor – was nicht jedem als taktvoll erschien. Und am Grab stand – Marina.

Auf der anschließenden Trauerfeier wurde auch Musik gehört. Da stand Hannah unversehens auf und begann zu tanzen. Der Vater, geschockt von der ganzen Situation und nicht fähig, sie zu verstehen, stand ebenfalls auf, nahm seine Tochter und setzte ihren Tanz fort. So entstand die Kolportage, daß Rudolf auf der Trauerfeier für seine Frau getanzt habe.

Wie Reinhard Spittler uns schrieb, sei das Grab in Birkenwerder ein Doppelgrab. Rudolf hatte also vor, sich ebenfalls dort beerdigen zu lassen. In die Gestaltung des Grabes habe er sehr viel Zeit (mehrere Jahre), Geld und Überlegungen investiert.

Wie alle ihm Nahestehenden berichten, hat Bahro sich Beatrices Tod nie verziehen, es hat etwas in ihm zerbrochen – bis hinein in seine wissenschaftliche Kreativität. Und es zerbrachen auch einige Freundschaften, der »Mittwochskreis« löste sich auf.

Bahro mußte diese Wunde wieder öffentlich ausstellen: Der »unfreiwillige Freitod« seiner Frau habe ihn »innerlich und äußerlich unterbrochen wie noch niemals was zuvor«, erklärte er in seiner Vorlesung vom 18. April 1994, die den Titel trug: *Selbstreflexion: Wer bin ich, und was will ich einrichten?* In der halbjährigen Pause, die ihm die Universitätsleitung ermöglichte, habe ihn die Frage umgetrieben, »wodurch ich dieses persönliche Geschick angezogen und mit verursacht habe und worüber ich also belehrt sein sollte. Ich habe meine alte, uralte Selbstsucht, also die Sucht, jemand zu sein, nach Selbstdurchsetzung, gesehen. [...] Ich sah ebenso, daß sie [Beatrice] mit diesem äußersten Schritt noch einmal zeigte, wie sehr sie über mich bestimmen wollte. Aber wäre ich bei mir, wäre ich ganz in meiner Kraft gewesen, hätte das gar nicht gezählt und die Antwort wäre aus der Liebe gekommen. Ich hätte zuerst den Hilferuf gehört, was sich in diesen Absprung kleiden wollte. So wie ich aber wirklich war damals, habe ich mich aus dem bedrohten Bauch gewehrt und mit dem Kopf dagegen abgesichert. An diesen beiden Polen war die Kraft, und sie war nicht mit dem für solche Augenblicke einzig hinlänglichen Ort – das ist das Herz.« (Transkript der Vorlesung, Teil I, 2)

Irritierend an dieser Erklärung ist zweierlei: Zum einen, daß Bahro eine öffentliche Vorlesung als Ort benutzt, um über Intimstes Auskunft zu geben. Noch wesentlicher aber ist wohl, daß er sein eigenes Handeln in diesem Konflikt auszublenden versucht: Beatrice wollte »über mich bestimmen« und schickte zugleich einen »Hilferuf«. Er reagierte bloß, wehrte sich »aus dem bedrohten Bauch« und suchte eine entsprechende verstandesmäßige Begründung dafür. Das Herz war an einem ganz anderen Ort – vermutlich bei Marina. So wird aus dem Mann, der sich innerlich bereits entschieden hatte, einer, dem leider nicht die nötige Kraft gegeben ist, um sich auch dazu bekennen zu können – und eine Regelung für die daraus erwachsenden Konsequenzen zu finden.

Lassen wir noch einmal Reinhard Spittler zu Wort kommen: »Beatrices Todessprung war die Wende in Rudolfs Leben. Ich glaube, als sie noch lebte, war Beatrice für ihn nicht besonders wichtig. Da gab es wichtigere Frauen vor ihr. Wenn ein Mann eine 20 Jahre jüngere Frau nimmt, dann ist schon klar: das ist eine, die er glaubt modellieren zu können. Erst durch den Sprung wurde sie wirklich wichtig für ihn. Anschließend konnte er nichts Neues mehr beginnen. Der Tod von Beatrice hatte seiner geistigen Kreativität einen vernichtenden Stoß versetzt.«

Johan Galtung nennt dies »die dunkle Seite Rudolf Bahros«: Der habe geglaubt, »zu seinem lockeren Verhalten Frauen gegenüber berechtigt zu sein. Als eine Art Genie besitze er diese Freiheit. Das halte ich für höchst zweifelhaft. Rudi hat sich in dieser Beziehung ganz einfach verantwortungslos verhalten. Das darf nicht verschwiegen werden!«

Im schon erwähnten *Spiegel*-Interview wird er gefragt: »Sie haben mal gesagt, die Liebe zu den Frauen sei für Sie ein wesentliches Element Ihrer Biographie. Haben Sie Glück gehabt mit den Frauen?« Und er antwortete: »Ja, sehr viel Glück – und großes Unglück. Ich habe mit wunderbaren Frauen gelebt. Bloß das war nicht im Plan, daß sich eine von ihnen, meine zweite Frau Beatrice, von der Siegessäule stürzt. [...] Dieser Selbstmord ist, glaube ich, auch eine Ursache meiner Krankheit jetzt.«

Rudolf und Marina

(G. H.)

Wie sie sich kennenlernten: Natürlich hatte Marina Lehnert 1977 von der *Alternative* gehört, in ihrem Freundeskreis existierte auch ein Exemplar dieses Buches, doch sie interessierte sich nicht dafür: einen Mann, der die DDR und den Sozialismus reformieren wollte, fand sie irregeleitet. In späteren Jahren sah sie ihn als GRÜNEN auch öfter im Fernsehen. Aber erst mit den großen Erschütterungen und Veränderungen in der DDR im Herbst 1989 begann sie auf den zurückgekehrten Bahro aufmerksam zu werden, las im *Neuen Deutschland* dessen Rede auf dem SED-Parteitag und ging zwei Tage später mit ihrem Freund Peter zu einem Streitgespräch, das Bahro unter dem Fernsehturm mit dem Ökonomieprofessor Harry Nick führte. Sie war beeindruckt, wie er sprach, welche große Ausstrahlung er besaß, wie er das Gefühl des Aufbruchs vermitteln konnte. Anfang März ging sie deshalb auch in die überfüllte Veranstaltung im Stadt-Haus Böcklerpark zu den *Deutsch-deutschen Visionen*, sah Bahro erneut auf dem Podium, suchte sich aber im Wochenend-Workshop nicht seine, sondern die Arbeitsgruppe von Rainer Langhans aus, doch mußte sie feststellen, daß die dortige Diskussion sie nicht interessierte. Da kam Rudolf auf sie und andere Frauen aus Ostberlin zu und lud sie zum Ökologie-Seminar nach Niederstadtfeld ein. Vorher besuchte sie noch zusammen mit ihrem Freund die vier sogenannten *Stalinismus-Vorlesungen* Bahros in der Humboldt-Universität.

Dann fuhr sie nach Niederstadtfeld. Wie sie sich dort fühlte, berichtete sie in dem Band *Rückkehr* (und das ist im Kapitel *Mittwochskreis* nachzulesen), und sie ergänzte mir gegenüber, daß sie dort an einem Abend mit Tanz auch mit Rudolf flirtete. Ihr näherer Eindruck von ihm war, daß er etwas hilflos wirkte, und er tat ihr leid, weil sie spürte, wie Beatrice ihn vor den anderen abwertete. Als sie aber sah, wie liebevoll er mit der behinderten Hannah umging, entstanden in ihr sehr freundliche Gefühle. Seit dieser Begegnung ging sie zu den Treffen der Gruppe, hörte sich Vorträge von Rudolf an. Ihre Interessenlage sei dabei gewesen: erstens die Thematik *Poli-*

tik und Spiritualität (jedoch in umgekehrter Reihenfolge), zweitens die sich dort herausbildende Gemeinschaft, erst an dritter Stelle der Mann Rudolf.

Auf einem späteren Workshop Mitte Juni in Kleinmachnow kamen die beiden sich näher. Noch hatte sie einen festen Freund, und Rudolf stand – für sie jedoch nicht deutlich – unter dem Einfluß von Dieter Duhm und dessen Ideologie von Sex und freier Liebe. Rudolf sprach davon, daß er keine Besitzansprüche und keine Eifersucht kenne und daher keine Probleme sehe. Marina wollte aber ihren Freund nicht verlassen. Sie machte zuerst einen anderen Schritt: Die studierte Ingenieurökonomin kündigte im selben Monat ihre Stelle im Funkwerk Köpenick und interessierte sich fortan stärker für den Mittwochskreis und das langsam entstehende Institut.

Rudolf kam in dieser Zeit oft mit Hannah aus Niederstadtfeld, wußte aber nicht, wo er sie bei seinen vielen Terminen unterbringen sollte, da sprang schon seit September 1990 immer häufiger Marina ein. Sie kannte also ihre jetzige Tochter seit deren zweitem Lebensjahr – und Hannah war sehr anhänglich, doch Marina sagte dieses unklare Familienspielen nicht sehr zu.

Ein Tai Chi-Workshop (10./11. November) brachte dann die beiden ein Stück näher, für Marina folgte daraus die Trennung von ihrem Freund, und Rudolf gestand im Frühjahr 1991 diese neue Liebe seiner Frau Beatrice, worauf sie einen entsprechenden Brief an ihre Konkurrentin schickte, den diese nicht beantworten wollte.

Marina bekam im Mai eine ABM-Stelle und übernahm für Rudolf – zusammen mit Barbara Hohenberg – die organisatorischen Arbeiten des Instituts. In den Sommern 1991 und 1992 organisierte sie auch für die Gruppe ein kleines Zeltlager im mecklenburgischen Feldberg, nahm an den verschiedenen Workshops in und außerhalb von Berlin teil.

Ich fragte sie: »Was gefiel dir an Rudolf besonders?« Aus ihren Antworten ergibt sich folgendes Bild:

- Er verfügte über ein Wissen, was sie als notwendig ansah, um in jener komplizierten Umbruchzeit zu sehen, wie es weitergehen kann
- Verstand und Gefühl stimmten bei ihm überein, und dadurch fielen ihre persönlichen Vorstellungen und ihr Traum von einer besseren Gesellschaft in einer Person zusammen
- seine Natürlichkeit, seine Freundlichkeit und die innere Unabhängigkeit

– die Ahnung, daß es neue Wege in der Liebe gibt
– seine Selbstsicherheit hatte etwas Ansteckendes, sie versprach auch Geborgenheit
– sie war unbewußt auf Vatersuche, und sie hätte sich Rudolf auch als Vater vorstellen können
– er war ein Held in der DDR (und sie suchte einen)
– bei der Stalinismus-Vorlesung sei ihr einfach so in den Sinn gekommen: ist der aber süß (wie ein kleines Mädchen süß sein kann)
– er war unscheinbar und bescheiden, doch sein Blick war männlich, voll Kraft und Macht
– schließlich war er sehr gebildet, konnte interessant erzählen und gut zuhören.

Was gefiel ihm an dir?
– Sie war attraktiv (dies nannte Marina aber fast zuletzt)
– für ihn anziehend wie gefährlich: das Fremde, das Heidnische (was so nicht stimmte: sie war gläubig, zweifelte aber an ihrem praktischen Christsein)
– sie war eine gute Mutter
– der Beruf war ihr weniger wichtig als ein Mann
– sie war intelligent
– schließlich war sie eine Ostfrau mit Ostbonus.

Während er in seiner DDR-Zeit den »Typ Rosa Luxemburg« gesucht hatte, zogen ihn später gesellschaftlich unangepaßte Frauen an – darin wurde er von Christine Schröter verändert. An dieser wurde ihm erstmals bewußt, daß seine tiefe Sehnsucht nach einer Frau mit einer bislang unerkannten Erlösungsproblematik zusammenhing. Marina sagte, daß sie an Christine viel über Rudolf erfahren habe. So verstand sie auch, daß er sie mit dieser Frau verglich, obwohl äußerlich davon nichts zutraf – aber beide verkörperten für ihn die mögliche Versöhnung von Mann und Frau: Ein Thema, das ihn zutiefst beschäftigte, weil er die Zerstörung der Umwelt und die Selbstzerstörung des Menschen auf die Konflikte zwischen dem Männlichen (dem Patriarchalischen) und dem Weiblichen zurückführte.

Immer häufiger war er nun in Berlin. Von Niederstadtfeld hatte er sich innerlich bereits zurückgezogen. Im Januar 1992 hat er Marina das erste Mal gefragt, ob sie mit ihm und Hannah zusammenleben möchte. Das war eine schwierige Frage. Marina hatte ihre beiden Söhne gerade großgezogen, nun kam er mit einem dreijährigen Mädchen zu ihr und behauptete, daß Beatrice kaum Hannah alleine großziehen würde und er sich nie von Hannah trennen könnte.

Doch es stellte sich bald anders dar und übte einen starken Druck auf ihn aus. Auch Beatrice wollte sich nicht von Hannah trennen und erklärte ihm: Wenn du gehst, wirst du Hannah nicht mehr sehen. Das führte dazu, daß er sich trotz anderer Wünsche nicht von seiner Frau trennen konnte, und er stand unentschlossen und entsprechend taktierend zwischen beiden Frauen. So blieb es nicht aus, daß mit Beatrices überraschender Anreise zum Kommunetreffen im Hof Frohberg bei Meißen (12.–14. Juni 1992) eine kritische Situation zu dritt entstehen mußte.

Bald darauf fuhr Rudolf mit Marina für zwei Wochen nach Spanien – auf den Spuren des Islam in Cordoba (der größten Moschee in Europa) und in Granada, zur bewunderten Alhambra. Rudolf interessierte sich für alle großen Religionen, besonders aber für den Islam, nicht zuletzt seit auf einem Seminar Anfang 1991 in Niederstadtfeld zum Thema *Logik der Seele* Hussein Abdul Fatah (Stefan Makowski) sehr erfolgreich – und wie Marina fand: zwielichtig – für diese Religion geworben hatte, so daß es bald darauf in Berlin zu einem Treffen mit dem Leiter eines Sufi-Ordens auf Zypern, Sheik Nasim, kam, auf dem Rudolf für den Islam gewonnen worden sein könnte, ohne daß er jedoch nun Muslim wurde.

Nach dieser Reise gab es zwischen beiden begründete Meinungsverschiedenheiten: Zur Beerdigung von Rudolfs Freund Rudi Wetzel (gestorben am 31. August 1992) kam auch Beatrice nach Berlin, und Rudolf erreichte wieder eine der vielen Versöhnungen mit seiner Frau, so daß für Marina und ihn nur eine Trennung in Frage kam. Sie dauerte bis hinein ins Frühjahr 1993. Beatrice schöpfte daraus neue Hoffnung für ihre Ehe.

Doch im Sommer waren die Getrennten wieder zusammen. Gemeinsam verbrachten sie im August zehn Tage auf einem Psycho-Workshop im »Haus am See« am Berliner Dianasee im Grunewald. Dort kam es zu einer erneuten Begegnung mit dem Italoamerikaner Frank Natale, der sich für Schamanismus und Tranceerfahrungen interessierte, den Rudolf schon von einem Wochenend-Seminar in der Ostberliner »Kulturbrauerei« kannte und der auch im Rahmen des Studium generale im Mai 1993 einen Vortrag gehalten hatte.[18] Diese Treffen waren für beide so vielversprechend, daß er Rudolf zusammen mit Marina zu einem weiteren Workshop Ende August in Amsterdam einlud. Rudolf in seiner unendlichen Neugier machte dort neue Erfahrungen: Eine Gruppe aus Brasilien brachte einen Saft aus vergorenen Pflanzen mit – Ayahuasca –, der schrecklich schmeckte, doch Rudolf trank davon, weil er einen neuen Durchbruch in seiner Vorstellungswelt erhoffte, und auch Marina nahm mit Neugier von diesem Getränk.

Von Amsterdam fuhr er nach Niederstadtfeld zu Beatrice zurück. Mit Marina traf er sich erneut, als er in Potsdam Gespräche im Umweltministerium zu führen hatte. Er wußte, daß am nächsten Tag Beatrice nach Berlin kommen würde und es an der Zeit wäre, ihr von seiner erneuerten Beziehung zu Marina zu berichten. Dies wollte er nach Hannahs Geburtstag – der ist am 1. September – tun.

Was dann geschah, war im voranstehenden Kapitel nachzulesen.

Der Tod von Beatrice war nicht nur für Rudolf eine ungeahnte Katastrophe, sondern auch Marina litt seit dieser Zeit an Schuldgefühlen: Sie hätte am 4. September nicht nach Dessau mitfahren dürfen, war ihr quälender Selbstvorwurf. Doch das eigentliche Problem lag wohl eher bei Rudolf, der trotz der Selbstmordsignale seiner Frau mit Marina nach Dessau fuhr, anstatt in irgendeiner Weise zu dritt die weitere Konstellation zu klären.

Der Tod warf noch ein anderes Problem auf: Hannah hatte nun keine Mutter mehr – und Rudolf war mit ihr eindeutig überfordert. Damit kam auf Marina eine neue Aufgabe zu, die sich zudem als ungeheuer schwierig erwies. Hannah war nicht nur anstrengend, sondern auch schlecht erzogen, und zudem auch voller Aggressionen gegen Marina, die nun ihre neue Mutter sein sollte. Das ging soweit, daß Hannah bei einem Besuch in Pommritz abends am Lagerfeuer gegen Marina wütete: »Die muß weg, ich hasse sie!« Dabei blieb es nicht. In Vogelsang, wo sie zusammen Urlaub machten, schrie und tobte sie: »Ich mache die ganze Welt kaputt! Ich springe vom Turm!«

Trotzdem zog Marina zusammen mit ihrem 15jährigen Sohn Konrad ein halbes Jahr nach Beatrices Tod, also im Februar 1994, zu Rudolf in die Wohnung. Diese hatte er inzwischen mit Dingen aus Niederstadtfeld angefüllt, was Marina begreiflicherweise empfindlich störte. Aber damit nicht genug. Es ging um den Platz von Marina und von Hannah in der Familie. Es gab deutliche Ablehnungen der neuen Frau und deutliche Zuwendungen – Hannah wollte zwar, daß Marina als Mutter bleibt, aber diese sollte nicht zu dicht an ihrem Vater sein. So drängte sie sich möglichst überall – auch nachts – zwischen Rudolf und Marina.

Eine spürbare Veränderung trat im Laufe der nächsten Zeit ein, auch deswegen, weil Rudolf sich für Hannahs Erziehung nicht richtig verantwortlich fühlte und dadurch die Tochter näher an Marina heranrückte. Kurz vor dem Ausbruch seiner Krankheit tanzte Hannah plötzlich – es war wieder in Vogelsang – auf dem Hof und rief: »Marina soll meine Mama sein!« Und ihr Verhältnis zu Marina verbesserte sich später immer genau dann, wenn Rudolf im Krankenhaus lag, und wurde schwieriger, wenn er wieder zu Hause war. Marinas Kommentar: Hannah konnte nicht zu dritt sein.

In der Folgezeit sah der Tageslauf etwa so aus: Nachdem einer von beiden, im Wechsel, Hannah zum Kindergarten gebracht hatte, wurde ausgiebig gefrühstückt. Rudolf aß nur zweimal am Tag, weil es ihm um die Zeit leid tat – er konnte nicht kochen, hatte sich früher immer sehr einseitig ernährt und mit seinem Körper Raubbau getrieben. Dabei wurde viel über seine Arbeit gesprochen, anschließend verzog er sich (Marina: »verkroch er sich«) an den Schreibtisch und zum Computer. Hier arbeitete er so konzentriert und hingegeben, da hätte nach ihren Worten die Wohnung zusammenkrachen können – er hätte es kaum bemerkt. Er konnte aber auch sehr fürsorglich sein – etwa als Marina einmal krank war. Es gab praktisch von seiner Arbeit her keinen Unterschied zwischen Wochentagen und Wochenenden. Sie hatten keinen Fernseher, dafür las er ihr gern vor – auch ganze Romane.

Der Normalabend bestand darin, daß er lange arbeitete, danach wurde spätabends sehr intensiv Musik gehört: immer wieder Beethoven, Mozart, Schubert (der ihn zunehmend stärker ansprach), aber auch Tschaikowski, Bach oder Händel. Weniger Interesse hatte er an Opern, das ging mehr von ihr aus: Sie liebte Mozart und Wagner, und er hörte sich mit ihr den *Tristan* an, wodurch er einen verschütteten Zugang wieder freilegte, der zurückging auf sein Jugenderlebnis mit der *Walküre*.

Zum Thema »Rudolf und die Frauen« bemerkte Marina, daß für ihn die Selbsterlösung des Menschen eine bohrende Frage war und darin auch die Aufgabe der Geschlechter läge: Der Mann könne nur von der Frau erlöst werden – und umgekehrt. Er liebte und verehrte das Mütterliche, was soweit ging, daß er selbst für Hannah in Niederstadtfeld das Mütterliche war (er »stillte« sie z. B. aus der Flasche mit Beatrices Milch) – wodurch ihr eigentlich der Vater fehlte. Weiter sagte Marina, daß er – dieser umschwärmte Mann – vor bestimmten Frauen Angst hatte, die ihn zugleich stark anzogen (z. B. Christine und sie). War es die Angst vor zu großer Abhängigkeit, die das Kreative womöglich abtöten könnte? Wollte er deshalb die Frauen lieber selbst formen und damit erhöhen? (Wir erinnern uns an das Gedicht, in dem er Ursula Beneke »erhöhte«.) Eifersucht hat er sich und anderen verboten – war aber gegenüber kurzzeitigen erotischen (oder sexuellen) Beziehungen auch verantwortungslos. Marinas Fazit nach diesem sehr offenen Gespräch: Er sei mit den Frauen nie wirklich ins reine gekommen.

Die Beziehung zwischen Rudolf und Marina veränderte sich in unvorhersehbarer Weise, als im Laufe des Jahres 1994 seine zunächst noch unklare Krankheit ausbrach. Damit soll auch notgedrungen ein neues (das übernächste) Kapitel einsetzen.

Spiritueller Kommunismus und integraler Mensch: Politische Texte (1995–1997)

(K.S./G.H.)

Im letzten großen *Spiegel*-Gespräch bekannte Rudolf Bahro: »Im Herzensgrunde bin ich noch immer Kommunist, was meiner grünen Option weniger denn je widerspricht.« Er sehe sich allerdings »nicht mehr links«. Seine »Auffassung von Kommunismus schließt materielle Expansion, auf der Karl Marx alles aufbaut, aus. Deswegen habe ich immer Zoff mit Leuten, die sich für links halten. Ich denke, daß der Ausgangspunkt für Kommunismus von jeher eine Weggemeinschaft von Menschen gewesen ist, die auf der Suche nach Befreiung, nach Selbstbefreiung sind.« (*Macht*, 46) Der von ihm erwartete Kommunismus werde »ein Zeitalter sein, in dem die Menschen, die einander verbunden sind durch gemeinsames Interesse am Gemeinwohl und in hingebungsvoller Arbeit für die Schaffung des Schönen, gemeinsam ihre Zukunft gestalten. Dies ist eine Utopie, die nicht untergehen kann. Sie kann bloß degenerieren oder zeitweiligem Vergessen anheimfallen.« (ebd., 47)

Im Herbst des gleichen Jahres formulierte Bahro in einem Gespräch mit Kurt Seifert: »Für mich ist Kommunismus keine Systemfrage im Sinne Ost oder West, schon gar keine Nostalgiefrage und auch nicht die Frage, Marx endlich zu verwirklichen. Marxens Kommunismus war nämlich im westlichen Fortschrittsmodell befangen. Kommunismus verstehe ich als Begleiterscheinung jeglicher spirituell fundierter Gemeinschaft. Bei Buddha hieß die: Sangha. Die Buddhas bettelten, und die übrige Gesellschaft arbeitete. Aber wenn das nun demokratisiert wird: Wenn alle Leute zur Sangha gehören und auch alle arbeiten, dann geht es doch um die Frage der Gleichverteilung, nicht qualitativ, sondern quantitativ.« (*Freitag*, Nr. 50, 8.12.1995)

Mit seiner Auffassung saß Bahro politisch so ziemlich zwischen allen Stühlen: Von den GRÜNEN erwartete er nichts mehr. Das sei bloß »eine Systempartei mehr. Ich bin gerade rechtzeitig verschwunden. Die GRÜNEN sind einfach kein Identifikationsgegenstand mehr für mich.« (*Macht*, 51) Und die PDS betreibe »kleinkarierte Klientelpolitik, die sich nur um Sonderinteressen von Underdogs kümmert«, obwohl sie doch einmal als »Partei der allgemeinen Emanzipation des Menschen« (ebd., 48) angetreten sei. Aber auch ohne parteipolitisches Engagement führe er ein alles andere als unpolitisches Leben. In Niederstadtfeld beispielsweise habe die durch sein Engagement geprägte ökologische Akademie »geistige Grundlagen für die politische Erneuerung bearbeitet«. (Ebd., 51)

Bei aller Kritik an der PDS setzte er doch weiter Hoffnungen in diese Partei. Im Oktober 1995 (kurz vor der Wahl zum Berliner Abgeordnetenhaus) erklärte Bahro im Gespräch mit Seifert, er werde wohl für die PDS stimmen. Seine Hoffnung richtete sich darauf, daß es »in ihren Reihen trotz unserer verdorbenen Geschichte einen Anteil von im guten Sinne unverbesserlich kommunistischen Menschen« gebe. Um die von Bahro intendierte Rolle wahrnehmen zu können, müsse die Partei allerdings erst einmal die Bedeutung der Ökologie *»als Schlüssel zur gesamtdeutschen, ja zur europäischen, ja zur Weltsituation«* begreifen (*Befreiung*, 6). Um den Demokratischen Sozialisten in dieser Hinsicht theoretisch ein wenig unter die Arme zu greifen, schrieb er im Frühjahr 1995 einen ausführlichen Essay unter dem weitschweifigen Titel *Das Buch von der Befreiung aus dem Untergang der DDR. Dabei über das scheinbar abseitige Thema Ökologie und Kommunismus, ja über das scheinbar noch viel abseitigere, wie die PDS doch einen Sinn machen könnte.* Gerichtet war dieser »Versuch« an die Exponentin der Kommunistischen Plattform der PDS, Sahra Wagenknecht.

Warum gerade sie? Bahro glaubte in ihr – obwohl er sie nur ein einziges Mal im Fernsehen gesehen hatte – einen Menschen gefunden zu haben, der »jeden Augenblick einer gerade erst heraufkommenden neuen Essenz den unerwarteten Ausdruck verleihen« könnte. Er wollte sie mit seiner Schrift gern »ein wenig belehren« und hoffte zugleich, »über diese Ansprache noch mit ganz andern Leuten ins Gespräch zu kommen« (ebd., 18). Deshalb heißt sein Text im Untertitel *Ein Essay für Sahra Wagenknecht, ihre Freunde und ihre Partner – diesseits und jenseits von »Plattform« und Partei.*

Diesen Essay schrieb er im Krankenhaus auf einem geborgten Computer, dann passierte etwas Unangenehmes: Marina verlor ihn samt Text in der S-Bahn. Es mußte ein neuer Computer gekauft und der ganze Text von ihm ein zweites Mal geschrieben werden. (Er ist bis heute noch nicht veröffentlicht, obwohl er eine Reihe grundsätzlicher politischer und philosophischer Positionen enthält. Wir sind der Meinung, daß dieser Text – trotz formaler Schwächen – als sein drittes Hauptwerk bezeichnet werden kann.)

Der Aufbau ist »locker« zu nennen, das kann die Lust an literarischer Komposition sein, genauso gut auch ein Nachlassen strikt konzipierender Kraft (auch darin würde er seinem großen Vorbild Hölderlin folgen). Wichtiger ist, daß er – nachdem er die Wagenknecht ausreichend apostrophiert (oder umworben) hat – zu den ihn zutiefst beschäftigenden Fragen seine Gedanken in beinah ultimativer Weise darlegt. Daneben gibt es Rückblicke auf sein politisches Leben (sein – nunmehr auch kritisches – Verhältnis zum »Prager Frühling«, der Brief an Walter Ulbricht, seine Hoffnung auf Gorbatschow, der Auftritt auf dem Sonderparteitag der SED-PDS, seine Verklärung von Honeckers Antwortbrief), wobei er seine *Alternative* neu einschätzt und auch manch frühere Illusionen benennt.

Doch die wichtigeren Aussagen befassen sich mit einer Neubestimmung des Kommunismus, die direkt von Marx und dem Marxismus abgetrennt wird. Nicht ganz von Marx, denn in jungen Jahren habe der mit einer Vision von Kommunismus angefangen, in der sich *»vollendeter Naturalismus des Menschen und vollendeter Humanismus der Natur«*[19] (ebd., 27) auf einem Punkt treffen. Diese intendierte »Wiedereingliederung des Menschen in die Welt« sei der größte, integralste Gedanke gewesen, »den Marx jemals hatte« – sein »erster und eigentlich kommunistischer Gedanke, noch nicht der mit den zwei vom materiellen Produktionsumfang abhängigen Phasen« (ebd., 23). Bahro spielt dabei mit dem Gedanken, was aus Marx weiter hätte werden können, wenn er den Hölderlin gelesen und verstanden hätte. So aber sei sein »ungeheurer Gedanke, der, als grundlegend genommen, zu einem völlig anderen Aufbau seines ganzen Systems hätte führen können, verlorengegangen« (ebd., 28). Statt dessen ist Marx den Tendenzen der Zeit gefolgt, befaßte sich mit der Ökonomie – in ihrer Trennung von der Natur! – und engagierte sich für das Proletariat, in dem er die welthistorische Kraft für die allgemeine Emanzipation sah. Diese theoretische Positionierung ist – so Bahro – ein Irrweg gewesen: »Marx ließ seine Theorie der allgemeinen Emanzipation absolut kapitalkonform auf die prinzipielle Forderung nach unendlich erweiterter Reproduktion und schrankenlosem technischem Fortschritt hinauslaufen. Ökonomisch-krisenanalytisch weist sie darauf hin, daß das Kapital immer noch nicht genug, immer noch nicht effizient genug produziert. *Polit-ökologisch* erklärt sie die ständige Überproduktion zur maßgeblichen Realisierungsbedingung des Sozialismus und Kommunismus. Von da zu der heutigen Wegwerfproduktion ist nur ein kleiner Schritt. So mündet sie ganz unentrinnbar und ganz unmittelbar in die Logik der Selbstausrottung.« (Ebd., 29)

Selbst die von Marx so notwendig angesehenen Klassenkämpfe führen nicht zum vorgestellten Ziel, im Gegenteil: »Antagonistisches Klassenkämpfen« bleibt dem Teufelskreis der Kapitaldynamik verhaftet. Die Idee der allgemeinen Emanzipation an bestimmten Klasseninteressen festzumachen, sei gänzlich gescheitert (ebd., 57).

So kommt Bahro zu dem ultimativen Urteil, daß am Marxismus als Theoriepaket »emanzipatorisch und ökologisch, d.h. von den ausschlaggebenden Urteilsmaßstäben her«, nichts zu retten sei – er sei gar keine kommunistische Theorie, auf dieser theoretischen Grundlage sei der Kommunismus »explizit unmöglich« (ebd., 29 f.).

Die PDS – die er dabei immer im Blick hat – tue sich mit ihrer Kritik am Stalinismus auch deshalb so schwer, »weil sie das ökologische Problem, das am Grunde der ganzen Frage liegt, gar nicht erfaßt hat. ›Sozialismus‹ als nachholende ›Entwicklung‹, als Modernisierung, wie er vom Bolschewismus, vom *Leninismus* verstanden war, mußte – wie in aller Welt – auf ›Naturzerstörung‹, d.h. Zerstörung ›der Erde[20] *und* des Arbeiters‹, d.h. auf eine rigorose sozial-ökologische Destabilisierung hinauslaufen.« Nur befreit vom »praktischen Vulgärmaterialismus« wie vom »theoretischen historischen Materialismus«, sei Kommunismus »wieder möglich und denkbar«, und zwar – unter dem tut es Bahro nicht – »wieder als die einzige formative Alternative für das Überleben der Menschheit, für die Annäherung an den Weltfrieden« (ebd., 30). In diesem Kommunismus werde es darum gehen, »der ökonomischen Sphäre das Gros der menschlichen Antriebsenergie nicht etwa – wie im Kapitalismus und im daran anknüpfenden ›rohen Kommunismus‹ – zuzuführen, sondern zu *entziehen*« (ebd., 31).

Kommunismus sei zunächst das Prinzip einer vergleichsweise unwichtigen Ökonomie. Statt Überflußgesellschaft also das positive Gegenteil: einfache Reproduktion als Lebensbedingung (ebd., 34), »loslassen, damit wir der Erde leicht sind« (ebd., 32), »Bewußtseinsentfaltung als die eigentliche menschliche Aufgabe« (ebd., 31). Damit hat er den Brückenschlag zwischen »spirituell« und »Kommunismus« hergestellt, und so will er auch »endgültig« den Kommunismus verstehen als »Praxis der Gnade« – womit Bahro vermutlich auch das letzte kommunistische PDS-Mitglied verschrecken wird.

Warum er sich weiterhin an den Gedanken vom Kommunismus klammert, liegt an seiner Überzeugung, daß Ökologie nicht ohne Kommunismus gehe, daß »ökologische und kommunistische Perspektive *identisch* sind«, daß »die beiden Topoi ›Ökologie‹ und ›Kommunismus‹ *kosmologisch* untrennbar« seien (ebd., 8). Von dorther will Bahro nicht verstehen, wie sein Sorgenkind und einziger »politischer Ansprechpartner« – die PDS – sich den Luxus erlauben kann, eine »Kommunistische Plattform« (Sahra Wagenknecht) und eine davon getrennte »Ökologische Plattform« (Marko Ferst) zu besitzen.

Auch um diesen Genossen deutlich zu machen, wie sehr sie sich zu Unrecht auf Marx berufen, verortet Bahro diesen auf eine Marxisten eher schockierende Weise: daß »Marxens Faustisch-Unsterbliches nur dann dauerhaft gerettet werden kann, wenn man vom Grunde her erfaßt, *daß der große Ahn seinen tatsächlichen geschichtlichen Ort ziemlich genau in der Mitte* zwischen den zwei größten ›Verrückten‹ der deutschen Geistesgeschichte, *zwischen Friedrich Hölderlin und Friedrich Nietzsche,* hat« (ebd., 28).

Bei aller früheren Bewunderung für Marx zieht Bahro hier einen Grenzstrich: »Marxens Perspektive war zu kurz (die des bürgerlichen Zeitalters und seiner *immanenten* Überwindung), ihr Horizont zu eng (im Anthropologischen verkürzt, der eines ökonomisch beschränkten historischen Materialismus eben). Sie war zwar historisch, aber nicht ›seinsgeschichtlich‹ begründet. Sie brach, ohne ihm noch explizit verfallen zu sein, dennoch nicht aus dem zweieinhalbtausendjährigen *Platonismus* aus – worum nachher Nietzsche sich mühte und was schließlich Heidegger wenigstens im Prinzip gelang.« (Ebd., 35)

Darin macht Bahro seinen philosophischen Standort deutlich. Mit Hinweis auf die Brüder Heinrich und Thomas Mann will er zeigen, daß Nietzsche nicht als Vordenker der Nazis mißverstanden werden dürfe: »Er selbst hat nie ein faschistisches oder auch nur faschistoides politisches Programm entworfen. Er hätte sich durch den als Übermenschen verkleideten ›letzten Menschen‹, der sich *nicht* selbst auswählte, sondern zur SA zusammengeschlossen wurde, unendlich beschmutzt gefühlt. ›Verwechselt mich vor allem nicht!‹ hätte er verzweifelt wiederholt.« (ebd., 108) Angesichts der Ereignisse im ersten Drittel des 20. Jahrhunderts sei es allerdings »kein Wunder, daß der neue Geist des Bruches mit den verheuchelten alten Werten erst mal mit unter die Räder kam wie so vieles andere auch«.

Jetzt wäre die Zeit gekommen, diese geistige Gestalt auf sich wirken zu lassen und ihre Bedeutung zu ergründen: »Er kann uns *jetzt* ein weit vorausgegangener Lehrer des Bruches mit dem ganzen Wertekanon sein, an dessen Dominanten und Widersprüchen die moderne Welt zu Bruch geht. Unser bisheriger Kommunismus gerade ist – wie ich in diesem Text unausgesetzt zu zeigen versuche – tief in die Komplizität mit diesem falschen Wertekanon verstrickt. Niemand, der besseres Scheidewasser bereithielte als dieser vor uns an den richtigen Stellen Verzweifelte!« (Ebd., 109)

Der Titel einer Tagung der Lernwerkstatt hieß einmal *Umkehrübungen für Rationalisten*. Das ist es wohl auch, was Bahro mit Hilfe seines Essays nahezulegen versucht: Sich auf Nietzsche einzulassen würde bedeuten, das »linke« Koordinatensystem zu überprüfen und neu auszurichten. Er erläutert seine Sicht am Beispiel des Kapitels *Von der schenkenden Tugend* aus dem ersten Teil des *Zarathustra* (Nietzsche 1988): Die »für meine Begriffe essentiell kommunistische ›Schenkende Tugend‹« stehe im Gegensatz zu jener »kranke[n] Selbstsucht« (ebd., 98), »die wir in unserer durchschnittlichen Sekretärs- und Sozialarbeitermentalität nur allzu schnell damit verwechseln – und alles ernten, nur nicht Kommunismus, immer nur die feldwebel- und gouvernantenhafte Reglementierung, die niemals ausbleibt, wo sich Sklavenseelen befreien« (*Befreiung*, 107).

Im weiteren Verlauf des Textes findet Bahro dann Nietzsches »Lesart von der Idee eines Kommunistischen Bundes« (ebd., 110): »›Bleibt mir der Erde treu, meine Brüder ...‹ Auf die Brüder – statt Schwestern und Brüder – hin will ich nur soviel kurz einwerfen, daß jedenfalls das ›Verlassen der Erde‹, diese große Treulosigkeit, verfluchte Männersache ist; nur werden wir's alleine nicht zurückholen. Es geht nichts männerbündisch mehr.« Und weiter mit Nietzsche: »Führt, gleich mir, die verflogene Tugend zur Erde zurück – ja, zurück zu Leib und Leben: daß sie der Erde ihren Sinn gebe, einen Menschen-Sinn. [...] Wahrlich, eine Stätte der Genesung soll noch die Erde werden! Und schon liegt ein neuer Geruch um sie, ein Heil bringender – und eine neue Hoffnung!« (Nietzsche 1988, 100f.)

Diese Hoffnung könne keimen, wenn sich die »Leute der Schenkenden Tugend« miteinander verbinden – mit einem »Minimum an institutioneller Stütze, fern aller neuesten Logensektiererei!« »Übermenschen«, wie Nietzsche sie bezeichnete, »müssen *wir* sie ja nicht weiterhin nennen«, wenn wir »auf das Wahre des Impulses nicht verzichten, indem wir das Wort ersetzen ...« (*Befreiung*, 111) Bahro erinnert an die in der DDR entstandene »wunderbare *Dau-De-Dsching*-Übersetzung und -Kommentierung von Ernst Schwarz, die uns in vielem einen Weg weist, nun u.a. auch darin, wie wir Nietzsche von seinem Kothurn herunterbitten können unter uns unzulängliche, aber das einfache Lebenswahre suchende, unüberhöhte Menschen. Gerade, was die Treue zur Erde und zu unserem Leibe angeht, ist da bei Lau-dse, dem alten Meister, ein Hafen, der immer schon auf Nietzsches Einkehr wartet:

> Es folgt der mensch der erde
> die erde folgt dem himmel
> der himmel folgt dem Dau
> das Dau folgt sich selbst.« (Ebd., 111f.)

Nietzsches Hoffnung hänge »an unserer Bereitschaft und Begabung, uns selbst auszuwählen zu ›einem neuen Volke‹, das die Erde zu leben weiß als eine Stätte der Genesung.« Bahro wendet sich dann noch einmal an Sahra Wagenknecht: »Weißt Du eine bessere Arbeit als diese für unsere nächsten und für unsere letzten Jahre? Ich nicht.« (Ebd., 112)

Doch Bahro wäre nicht Bahro, wenn er nicht noch eine Chance für sich sähe: »In der Begegnung mit den denkschärfsten Vertreterinnen [des] ›ökofeministischen‹ Paradigmas, ihrerseits so verschieden wie Heide Göttner-Abendroth, Elga Sorge, Christina Thürmer-Rohr, Claudia von Werlhof, mache ich immer wieder die Erfahrung, daß es noch einmal einen Umsturz aller eingefahrenen Denkgewohnheiten, insbesondere des Denkens in historischen (›Fortschritts‹-) Stufen verlangt, das auch mir in Fleisch und Blut übergegangen ist. Da bedarf es noch eines sehr umfassenden Austauschs, und ich komme noch nicht ganz damit zu Rande.« (Ebd., 36) Viel Zeit blieb ihm nicht mehr.

Er beendete diesen Essay mit seiner in der *Logik der Rettung* entwickelten Idee eines sich über dem Parlament, »diesem Tummelplatz der metropolitanen Besitzstände und Sonderinteressen«, erhebenden Oberhauses, in dem die grundlegenden Menschheitsinteressen verhandelt werden müßten – vor allem das Mensch-Natur-Verhältnis, das gegenüber allen Mensch-Mensch-Verhältnissen Verfassungsvorrang haben müsse. Und dazu brauche es, »gegenüber den ökonomischen Supermächten, die die Welt kaputtmachen«, die Wiederherstellung der politischen Souveränität des Staates. Zu dieser politischen Rekonstituierung gehöre aber wesentlich die »Wiedergewinnung einer geistlichen Instanz von wirklicher gesamtgesellschaftlicher Autorität« (ebd., 116). Was einst das Papsttum war – »eine Integrationsebene des gesellschaftlichen Prozesses« -, sucht jetzt eine zeitgemäße Fortsetzung, auch um einen institutionellen Rahmen für eine ökologische Wende zu schaffen.

Damit bricht Bahro diesen Gedankengang ab, wie er auch seine angekündigte Bestimmung des Kommunismus als eine »Praxis der Gnade« nicht mehr entwickelt.

Zu seinem 60. Geburtstag erschien in der Berliner edition ost das Buch *Apokalypse oder Geist einer neuen Zeit* mit Beiträgen von Rudolf Bahro und anderen Autorinnen und Autoren. Das Buch dokumentiert im ersten Teil – *Geistige Suche* – einige ältere Bahro-Texte sowie verschiedene Vorlesungen an der Humboldt-Universität. Der zweite Teil – *Die Praxis* – widmet sich der Entstehung und Entwicklung des Pommritz-Projekts. Der abschließende Teil enthält Buchhinweise sowie Erinnerungen an Menschen, die wie Bahro auf der Suche nach einer neuen humanen Vision waren: Meister Eckhart, Hölderlin, Gustav Landauer. Im Vorwort schreibt Maik Hosang: »Wer selbst ein freier Geist ist, kann andere dieser Qualität verstehen und als Freund in letztlich gemeinsamem Ringen anerkennen. Wie sein [Bahros] Liebling Hölderlin einst formulierte, besteht die Hoffnung des Menschengeschlechts darin, daß genug solcher weltumspannender Geister einander als wesentlich erkennen und so sich ergänzend dem Geist des Ganzen eine neue Chance geben.« (*Apokalypse*, 8)

Zu den Beiträgen dieses Buches gehört eine Rede, die Bahro 1993 auf einem Symposium hielt, das dem Werk des Philosophen Wolfgang Heise gewidmet war. Er sprach über sein Verhältnis zu Heise und – wie könnte es anders sein – zu Hölderlin. Dessen Bedeutung liege darin, daß es in einer Zeit, »wo uns das Panzerhemd der Zivilisation in den Abgrund zieht, viel wichtiger ist, nach dem lebendigen Geist zu fragen, und zwar ganz parallel zu Marxens lebendiger Arbeit, aber gerade infolge der Bewahrung vor dieser Konkretion energetisch weit über Marx hinausreichend. Marx hat ja eben nicht wirklich zeigen können, wie wir der toten Arbeit, als des ganzen menschlich objektivierten Geistes, doch noch Herr werden können vom Subjekt aus. Dies ist, glaube ich, unerfüllbar ohne einen Einbruch aus den Tiefenschichten der menschlichen Existenz.« (*Apokalypse*, 258) Jener Einbruch des Ursprünglichen ist als »Wiederkunft des Dionysos« zu verstehen. Dieser Gott hatte »ältere Momente der gesellschaftlichen Existenz des Menschen« repräsentiert, die durch ihn neu zu ihrem Recht kommen. Sie tragen jedoch schon einen »reaktiven Einschlag« gegen spätere Epochen – oder anders gesagt: Hier »wurzeln die Wut und der Haß, die mit dem Unbehagen an der Kultur zusammenhängen. Es ist nicht gefahrlos, aber wir müssen uns der Sache stellen. Das Dionysische muß riskiert werden, damit in ihm selbst die Zugänge zur Heilung berührt werden können.« (Ebd., 260) Diese Kräfte zuzulassen und aktiv, zugleich reinigend, mit ihnen umzugehen, »das scheint mir am Ende dieses Jahrhunderts wirklich die große Frage zu sein« (ebd., 261).

»Bahro war der erste und der letzte Romantiker bei den Grünen«, schrieb die bündnisgrüne Politikerin Antje Vollmer zu seinem 60. Geburtstag. »Er hat nie die politische Partei gesucht, sondern eine politisch-spirituelle Bewegung. Bahro fehlt den GRÜNEN. Ich wünsche ihm, daß er nicht ganz von der Politik abdriftet und daß er, was seine spirituelle Politik betrifft, endlich aus den Kinderschuhen wächst.« (*taz*, 17.11.1995) Was Vollmer vielleicht übersah: In solchen »Kinderschuhen« steckte auch etwas von der Kraft des Ursprungs – der Naivität im besten Sinne des Wortes –, auf die Bahro nicht verzichten wollte.

Manfred Kriener fragte ihn für die *tageszeitung*: »Warum sind Sie nicht mißtrauischer gegenüber den großen Antworten? Heute weiß doch keiner mehr, wo es langgeht – das Ende der großen Entwürfe.« Dazu Bahro: »Das ist das typische Zeitgeist-Vorurteil.« Er wolle sich »nicht hüten, nach der Wahrheit zu fragen und zu formulieren, was ich erkennen kann. Meine Krankheit hat mir geholfen, zu sehen, daß auch Leute aus ganz anderen Lagern Momente der Wahrheit vertreten. Niemand hat sie gepachtet. Aber Ihrem Umkehrschluß – niemand weiß etwas, und wehe, es wagt jemand eine Richtung vorzuschlagen – kann ich nicht folgen.« (Ebd.)

Welche Bedeutung für ihn die Frage nach der Wahrheit hatte, wurde auch aus einem Fernseh-Gespräch deutlich, das Günter Gaus mit Rudolf Bahro führte und das der ORB am 27. Januar 1996 ausstrahlte. (Auszüge daraus sind im *Freitag*, Nr. 51, 12.12.1997, abgedruckt worden.) Wenn es um eine Entscheidung zwischen Wahrheit und Macht ging, sei für ihn der Vorrang der Wahrheit immer klar gewesen. Er habe von früh an einen Blick für Objektives gehabt, bekannte Bahro. Das verstoße manchmal gegen Beziehungen: Vor allem Frauen hätten hin und wieder die Erfahrung seiner »Menschenferne« gemacht.

An Friedrich Nietzsche bewundere er dessen »ungeheure Aufrichtigkeit und Rücksichtslosigkeit in der Kulturkritik«. Noch lieber sei ihm aber Martin Heidegger geworden, der über Nietzsche hinausgehe, weil er bereit gewesen sei, mit dem Prinzip des »Willens zur Macht« zu brechen. Damit habe er einen Schritt über die westliche Zivilisation hinausgewagt. Mit Heidegger hatte sich Bahro bereits einmal intensiv befaßt: Am 3. Dezember 1990 sprach er im Rahmen seiner Berliner Vorlesungen zum Thema *Mit High Tech gegen die ökologische Krise? Unser Verfallensein an das Wesen der Technik* (abgedruckt in *Rückkehr*, 158–173). Heidegger habe in der Zeit nach seiner Erfahrung als »praktizierender Nazi [...] sukzessiv diesen machtwilligen, angreiferischen, welterobernden, auch welterlösenden Gestus in der Nazipsychologie abgelegt« und ihn »in einer genauen immanenten Kritik am Nationalsozialismus überwunden« (ebd., 163).

Heidegger sei mit seiner Technikkritik, die er während der Naziherrschaft entwickelt hatte, »mental wirklich ein anderer darüber geworden, hat sich auf dem Weg über die Rezeption Hölderlins gegen Hitler und dann Nietzsches gegen Hitler auf eine seelisch-geistige Umstimmung und Umstellung eingelassen, die völlig unvereinbar war mit der Art und Weise, wie der Nazi in der Welt zu sein pflegte« (ebd., 164). Heideggers ganzes späteres Werk nach *Sein und Zeit* sei »eine anhaltende Meditation zur Überwindung der Selbstverständlichkeiten abendländischen Denkens gewesen«. Mit dem Abbau überkommener griechisch-abendländischer Grundmuster habe er dazu beigetragen, den Weg zur Begegnung mit dem asiatischen Denken, zur »Korrespondenz mit Zen, mit dem Tao« (ebd., 164), frei zu machen.

(Klein-)Asien war übrigens auch das Ziel von Bahros letzter Auslandsreise: Anfang März 1997 fuhr er auf Einladung der dortigen Stadtregierung für eine Woche nach Istanbul, um über Ökologie und Spiritualität zu sprechen. Es gab viele Medienkontakte, da zwei seiner Bücher auf türkisch veröffentlicht worden waren: eine Sammlung von Aufsätzen sowie eine Übersetzung des Interviewbandes *From Red to Green*. »Die Türkei setzt gerade zum Tigersprung an, möchte das jedenfalls, und nicht zur Ökologie, so dringlich Umweltschutz ist in einer Stadt, die von 1990 bis 1996 von neun auf über

13 Millionen Einwohner gewachsen ist und weiter wächst«, schrieb er in einem Brief (21.3.1997).

Auch in einem anderen Bereich flossen bei ihm europäische und asiatische Tradition zusammen: In Anlehnung an den Schweizer Evolutionsforscher Jean Gebser und den indischen Philosophen Aurobindo Ghose prägte er in einem seiner letzten Texte, der im Frühsommer 1997 für einen Vortrag in Paris geschrieben wurde, den Begriff des »Homo integralis«, der an die Stelle des nietzscheanisch-überhebenden »Übermenschen« treten sollte. Damit ist – in Maik Hosangs Worten – ein Menschsein gemeint, »das die lähmenden Spaltungen, Entfremdungen und Verdrängungen der Moderne ebenso überwindet wie die Beschränkungen, Unbewußtheiten und Projektionen der magisch-mythischen Epochen. Ein Menschsein, welches Natur und Geist ebenso integriert wie Rationalität und Emotionalität, welches Wissen, Liebe und Arbeit ebenso wenig voneinander spaltet wie Körper, Seele und Geist.« (Hosang 2000, 15)

Der Mensch besitze – anthropologisch gesehen – die Anlage zu einer integralen Verfassung, hält Bahro mit Gebser fest. Das Problem sei, daß der verdinglichte Verstand »fast alle energetisch verfügbare Bewußtseinskapazität« beschäftige (*Die Idee des Homo integralis – oder ob wir eine neue Politeia stiften können*, in: ebd., 28). »Diese eine unserer Bewußtseinsfakultäten macht uns zum weithin unbewußten Top-Parasiten an allen Schichten des Lebens, weil wir unsere anthropologische Gesamtwirklichkeit nicht mehr zur Verfügung haben.« (Ebd., 29) Daraus folge, daß die Bewußtseinsinstanzen »für die Einordnung in die umgreifende Große Natur« völlig ausfallen. Das bedeutet: »Es gibt seit Jahrhunderten keine Ordnung mehr in Europa, aus der wir dem Ökonomischen und Technischen einen übergreifenden Rahmen setzen könnten.« (Ebd., 30) Die Herausforderung unserer Zeit »läßt sich auf den Nenner bringen, daß der Mensch sich institutionell wieder *über* die Unsichtbare Hand stellen muß, an die er am Eingang der Moderne alle Verantwortung für die gemäße Einrichtung seiner Welt abgegeben hat. [...] Wir werden nur überdauern, wenn wir ein wieder vollständiges, in den Gewichtigkeiten stimmiges institutionelles System zustande bringen, eines also, das überhaupt den Zusammenhalt der Gesellschaft und den Bezug zwischen Gesellschaft und Natur artikulieren *kann.*« (ebd., 31)

An dieser Stelle kommt noch einmal die bereits in der *Logik der Rettung* entwickelte Idee eines »Ökologischen Rates«[21] bzw. eines

»Oberhauses«, eines »House of The Lord«, ins Spiel (*Logik*, 491 ff.). Wenn es nicht gelinge, eine Struktur einzurichten, »in der unsere höchsten Bewußtseinskräfte Ausdruck finden«, werde es auch nicht zu der »kontraktiven Ordnung kommen, die wir brauchen, um der Endlichkeit der Erde von Grund auf gerecht zu werden«. Um »den Staat neu denken« zu können, »um ihn auch neu zu schaffen, und zwar jenseits der bisherigen repressiven Muster, jenseits der jahrtausendelangen Tradition der Kämpfe um Machtmonopolisierung« (ebd., 32), bedürfe es »einer geistig-kulturellen *Sezession* vom Status quo«. Der »Leerlauf der Megamaschine« lasse uns dort genügend freien Raum und freie Zeit, wo wir uns nicht von ihr beschäftigen lassen.

Die Idee des Homo integralis mache erst Sinn, »wenn sie politisch wird, im Hinblick auf die Gestalt einer menschenwürdigen, auf Geist und Herz, nicht auf Geld und Blech, auf Beton und Chips gebauten *Ordnung* unserer Angelegenheiten auf der einen Erde. Und im Hinblick auf die Männer und Frauen, die das bewußte Doppelleben, die Sezession für nochmals einen neuen Bund riskieren.« (Ebd., 33)

Als letzten größeren Text schrieb Rudolf Bahro im August 1997 ein Nachwort zum Buch *Sprung aus dem Teufelskreis* von Johannes Heinrichs. Er hält dort fest, die Struktur der Moderne sei »eine prinzipiell ahumane Veranstaltung, die im Überlebensinteresse der Menschheit verschwinden muß«. Es gebe »keine andere Hoffnung« als ihren »frühestmöglichen Kollaps« (ebd., 328). Heinrichs' »Versuch einer Ehrenrettung der Moderne« sei für ihn persönlich »das eigentlich geistesgeschichtlich Anstößige und aufregend Denkanstößige seiner Neuordnung des sozialen Ganzen aus dem Prinzip der Reflexion heraus«. Bahro faßt hier letztmals seine Gegenposition zusammen: »Nur eine Logik, die einer Praxis vorgängiger intuitiver Weltwahrnehmung, einer Mystik, einer meditativen Einübung von Selbstlosigkeit aufruht, kann überhaupt der Entgleisung in defiziente Mentalität« – die Bahro als Zeichen der Moderne wahrnimmt – »entgehen« (ebd., 329).

Der »durchgegangene instrumentelle Machtverstand« lasse sich nur durch eine »Revolution« einholen, »bei der der Blitz von oben – durch den Logos – induziert, von unten durch alle Ebenen schlägt. Die Kraft ›von oben‹ kann nur aus dem geistigen Erwachen der menschlichen Wesenskräfte ›von unten‹ oder durch den äußersten

Schrecken der Geschichte kommen oder beides zusammen. En masse ist der Schrecken wahrscheinlich unerläßlich. Wie Schiller wußte: Die Menschen finden sich in ein verhaßtes Müssen weit besser als in eine schwere Wahl.« (Ebd., 330) Da kommt noch einmal ein »diktatorischer« Zug zum Ausdruck – und die Ungewißheit, ob es rechtzeitig gelingen wird, die menschlichen Wesenskräfte in ausreichendem Maß zu wecken.

Es war ein weiter Weg vom gläubigen Leninisten zum spirituellen Kritiker der Moderne. Am Ende steht kein vollendetes, in sich abgeschlossenes Denkgebäude. Als Bild kommt einem das seit Jahrzehnten immer noch unvollendete Hauptwerk des spanischen Baumeisters Antoni Gaudí, die Kathedrale der Sagrada Familia, der Heiligen Familie, in Barcelona in den Sinn. Die Fülle unterschiedlichster denkerischer Elemente, die Bahro zusammenzutragen und miteinander in Verbindung zu bringen versuchte, ist erstaunlich, beeindruckend – und manchmal auch erschlagend. Das von ihm Geschaffene steht als Torso da. Nun gilt es, daran weiterzudenken.

Krankheit und Tod

(G.H.)

Die Krankheit, die zum Tode führte, begann unauffällig und ließ sich mehr als dreieinhalb Jahre Zeit. Angefangen hat sie im Februar 1994 mit einer Infektion, die ihm zwei Wochen lang schwer zu schaffen machte, dann fühlte er eine angebrochene Rippe, und im Mai brach bei einer geringen Belastung eine zweite Rippe. Da meinte er noch, das seien kleinere Fälle für den Hausarzt. Als er dies überstanden glaubte, traten später Bauchschmerzen auf, dann wurde der Bauch unangenehm dick. (Rudolf: »Das macht nichts.«) Zum Herbstbeginn 1994 fuhr er mit Marina und Töchterchen Hannah nach Vogelsang, einer kleinen Kommune in Schmölln (bei Prenzlau), zu einem Seminar und zum anschließenden Ausspannen. Einige Wanderungen hielt er noch durch, dann nahmen die Schmerzen so zu, daß er zum Arzt mußte, der eine alarmierende Vergrößerung der Milz feststellte. Die Ferien wurden trotzdem nicht abgebrochen, erst nach der Rückkehr suchte er in Berlin Prof. Rudolf Natusch auf (der 1989 auch Erich Honecker operiert hatte). Seine Diagnose: Die Milz muß entfernt werden.

Rudolf hatte andere Vorstellungen. Er neigte zu einer alternativen Therapie – und Angebote gab es in Westberlin reichlich. Er entschied sich für die chinesisch-russische Diagnostik der »Kirilian-Fotografie«, bei der zuerst die menschliche Aura aufgenommen wird und daraus psychologische Folgerungen gezogen werden. Für Rudolf lautetete die Botschaft, daß sein Tod bevorstünde, wenn nicht eine bestimmte störende Kraft zerstört werden kann. Das richtete sich offenbar gegen Marina (die gegen diese »Therapie« war), von ihr habe er sich zu trennen. Zwei Wochen hielt Rudolf diese Heiler mit ihren homöopathischen Mitteln aus, denn er glaubte fest an seine Selbstheilungskräfte, dann bekam er wahnsinnige Schmerzen, und die abgelehnte Schulmedizin in Gestalt von Prof. Natusch wies ihn per Rettungswagen ins Krankenhaus Friedrichshain ein. Kurz bevor er im Oktober operiert werden sollte, glaubte er immer noch an die Heilwirkung der homöopathischen Mittel und bat die an seinem Bett sitzende Marina, schnellstens nach Hause zu fahren und die Medikamente zu holen – was sie auch tat. Er nahm sie noch, dann ließ er sich operieren. Der Chirurg, der ihm die Milz herausnahm, hatte auch Heiner Müller operiert. Als Marina fragte, wie denn die Lebenschancen für Rudolf seien, tröstete er sie: Er wird länger leben als Heiner Müller (und das stimmte auch). Doch die Diagnose hieß: Non-Hodgkin – ein Blutkrebs, dessen Heilungschancen Bahro so beschrieb: »Man würde zwar nicht wieder gesund, aber die Krankheit ließe sich unter die Nachweisschwelle drücken.« Seine Aussichten: »Vermutlich noch fünf Jahre, darunter ein schlimmes letztes, wenn sie nichts machen, sonst noch um die 15, also im Rahmen meiner normalen Lebenserwartung« (Brief an Günter Baumgart, 5. 1. 1995).

Rudolf wollte nicht ans Ende denken. Er ließ sich ins (katholische) Hedwigs-Krankenhaus einweisen und begann dort mit der Chemotherapie. Doch nach der ersten Runde überlegte er es sich wieder anders und stieg aus. Ende November schrieb er seinen behandelnden Ärzten, daß er die Chemotherapie nicht fortsetzen möchte, weil sich sein Paradigma von der Krankheit gewandelt habe. Er führt nunmehr seine Erkrankung »auf einen schweren Einbruch im Selbstwertgefühl zurück, der sich nach wenigen Monaten als Krebs« geäußert habe. Dies bringt er mit dem Freitod seiner Frau Beatrice zusammen – als dem »schwersten Schlag, der mich je getroffen hat«. Etwas unbestimmt heißt es weiter: »Akut war die Erkrankung tatsächlich erst einmal 5–9 Monate nach dem Ereignis.« Er erwähnt die Infektion vom Februar und die beiden angebrochenen Rippen, dann nennt er die Diagnose – »nach Hamer muß es ursprünglich ein Knochenkrebs gewesen sein«. Mit diesem glaubt Bahro jetzt, daß Krebs nicht eine Krankheit, sondern die Überwindung eines zurückliegenden Traumas sei, so daß sowohl Leukämie als auch die übernatürlich angeschwollene Milz letztlich bereits Symptome des Heilungsvorganges seien. Er schildert dann weit zurückliegende Ereignisse, in denen psychisch ihn belastende oder bedrohende Umstände – 1962 der Übergang nach Berlin und 1976 der Kampf um die Fertigstellung der *Alternative* – schmerzvolle und als gefährlich diagnostizierte Anfälle hervorgerufen hätten. Und deshalb will er den Ärzten erklären: »Es ist eine Frage an die in so vieler Hinsicht kompensatorische Ich-Instanz, an die spezifische Form, in der unsere Grundängste je virulent werden können. [...] Es ist dann aber nicht wesenslogisch, bei den Zellen therapeutisch anzusetzen.«

So also begründet er freundlich den Ärzten seinen Rückzug. An seine Freundin Christine Schröter schreibt er dagegen am 8. Dezember 1994, daß unter dem durch den Tod von Beatrice verursachten Trauma noch eine tiefere Schicht seiner Krankheit liege, die bis in seine frühe Kindheit zurückreiche.

Ihm ging es furchtbar schlecht, durch die Chemotherapie fielen ihm auch die Haare aus, bei geringen Anlässen brachen seine Rippen. Wieder suchte er Hilfe bei verschiedenen Heilern. Die Angebote drangen bis in sein Krankenzimmer. Ständig klingelte das Telefon und kamen gutgemeinte Ratschläge. Schließlich hörte er auf Hussein Abdul Sheiknasim und fuhr mit Marina zu einem Arzt und Heilpraktiker namens Habel nach Westdeutschland, vier Wochen später erneut. Der Erfolg kann nicht groß gewesen sein, denn (durch Maik Hosang vermittelt) begab er sich bald darauf in die Hände des bekannten, jedoch nicht mehr praktizieren dürfenden Arztes Ryke Geerd Hamer. Dieser hatte selbst Krebs gehabt und sich geheilt. Seine Methode war denkbar einfach: Er tat nichts. Seine Botschaft: Ohne Behandlung überlebt man; sterben kann man entweder an der Operation oder an der Chemotherapie. Vermutlich dachte Rudolf bereits ebenso. Man traf sich – leicht konspirativ – in Bad Honnef, auf dem Weg dorthin machte er Station bei einem Hellseher – der sah (für entsprechendes Honorar) Rudolf fast schon geheilt. Marina, die den Schwerkranken ständig begleitete (und unter schlimmen Schuldzuweisungen der verschiedenen Heiler zu leiden hatte), berichtet über das Treffen mit Hamer: Es kamen mehrere Heilpraktiker, die nach Hamerscher Methode praktizierten, mit ihren Patienten zusammen, der Patient stellte sich und seine Krankheit vor, dann berichtete der Heilpraktiker. Auch Rudolf schilderte seinen Fall (trotz der stärksten Vorbehalte Marinas gegen Hamer) und bekam die Antwort: Das gibt sich von alleine.

Im Januar 1995 war Rudolf am Ende seiner Kraft. Er wollte sich wenigstens vorübergehend von der Welt zurückziehen, selbst von Marina, die ihn zu Hause pflegte. Für ihn lag es nahe, in ein Kloster zu gehen, und er wandte sich an seinen Freund Hermann Barbieri in Brixen (Südtirol). Die Wahl fiel auf das seit der Römerzeit existierende Kloster Seben, hoch auf einem Berg über dem Städtchen Klausen (zwischen Brixen und Bozen). Schwerkrank stieg er alleine in den Zug (Marina blieb bei Tochter Hannah). Er hatte Schmerzen am ganzen Körper, jedoch reiste er ohne Medikamente. In Brixen wurde er von Barbieri abgeholt und fuhr mit ihm nach Klausen. Es war Winter, der Weg bergauf zum Kloster war für Autos unbefahrbar, nur einmal am Tag quälte sich ein Traktor hoch. Als er mit diesem völlig entkräftet im Kloster ankam, waren die Nonnen entsetzt. Sicher waren sie medizinisch überfordert, doch sie pflegten ihn eine Zeitlang, dann ging es nicht mehr. Er mußte zurück. Wieder holte ihn Barbieri ab, er nahm Rudolf mit in seine Wohnung, seine Frau als ausgebildete Krankenschwester sorgte sich um ihn, doch es ging ihm schlechter und schlechter. Es konnte nur noch eines helfen: zurück auf die Onkologische Station des Hedwigs-Krankenhauses. Marina war selbst krank geworden und konnte ihn nicht abholen, dafür sprang Reinhard Spittler ein. Mit dem Krankenwagen wurde Rudolf nach München transportiert, mit dem Zug ging es nach Berlin, am Bahnhof wartete schon der nächste Krankenwagen, der ihn mit Blaulicht ins Krankenhaus fuhr. Dort kam Rudolf beinahe als Gerippe an. Mit Lungenriß und Wasser in der Lunge.

Von März bis Juni 1995 lag er dann wieder im Hedwigs-Krankenhaus. Sein Zustand war ernst, sein Geist stark geschwächt, zeitweilig wurde er in milder Form aggressiv – er war nicht mehr er selbst. In dieser kritischen Situation mußte er zwangsläufig an die Zukunft seiner Gefährtin Marina und seiner Tochter Hannah denken. Was ihm noch möglich war: Auf dem Krankenbett heiratete er am 17. Mai Marina. Es war nicht sehr feierlich. Die Standesbeamtin stand am Bett, zwei Trauzeugen waren rasch bestellt: Ärzte, die gerade greifbar waren. (»Hauptsache, sie haben ihren Ausweis bei sich.«)

Als es ihm ein Geringes besser ging, wollte er unbedingt nach Hause. Die Ärzte ließen ihn mit größter Skepsis gehen und nur unter der Bedingung: Wenn die Temperatur 38,5° übersteigt, müsse er sofort wieder zurück. Zu Hause hatte er natürlich gleich Fieber, meist bis 40°, aber er weigerte sich, erneut ins Krankenhaus zu gehen. Dafür kam zweimal am Tag Prof. Natusch mit Injektionen. Für Marina begann eine Qual: Rudolf konnte mit seiner gestiegenen Aggressivität nicht mehr umgehen, er wollte trotz seiner Schwäche die Beziehung zu Marina abbrechen. Auf der anderen Seite war Hannah eifersüchtig. Dazu die Hitzewelle des Sommers '95, in der man nachts kaum schlafen konnte. In dieser mehr als anstrengenden Zeit wurde ihr Sohn Erik ein wichtiger Helfer, der sich sehr um Rudolf kümmerte und von ihm dafür auch geschätzt wurde. So verlebte Rudolf einige ihn quälende Wochen, in denen er meist apathisch dalag, in seiner Wohnung, bis er im September zur Chemotherapie wieder in die Klinik mußte.

Überraschenderweise ging es anschließend mit ihm bergauf. Als er geistig wieder klarer wurde, konnte er sich an den kritischen Zustand zuvor nicht mehr erinnern. In Abhängigkeit von seinen Blutwerten und dem Allgemeinbefinden begannen dann die Zyklen der Chemotherapie: jeweils eine Woche im Krankenhaus, zwei Wochen zu Hause, dann erneut ins Krankenhaus. Doch insgesamt verbesserte sich sein Zustand, auch äußerlich: Die Haare wuchsen wieder.

Vermutlich in dieser ihn belebenden Phase entstand einer seiner letzten großen Texte. Marina berichtet auch, daß es im selben Jahr eine größere Krise zwischen ihnen gab, da sich beide geistig in verschiedene Richtungen zu entwickeln begannen und verschiedene Interessen hatten. Sie versuchte sich – indem sie sich mit Astrologie und Tarot befaßte – seinem intensiven Einfluß zu entziehen, worauf Rudolf empfindlich reagierte.

Es renkte sich bis zum Spätherbst wieder ein, und seinen 60. Geburtstag (am 18. November 1995) konnte er groß feiern – passend mit einer kleinen Konferenz in einem Hotel (früher ein FDGB-Heim) auf einem Hügel in der Nähe von Pommritz. Die Thematik entsprang der zufälligen Zeitungslektüre eines Freundes: Der hatte von einer Vereinigung englischer Adliger gelesen, die finanziell ihre Schlösser oder Landsitze nicht mehr halten konnten und sich deshalb zusammenschlossen, um die Kosten zu optimieren und gleichzeitig mehr Naturschutz zu treiben. Rudolf fand diese Idee durchaus nachahmenswert, und so ging es auf diesem Geburtstag fast schon um die Gründung eines solchen Trustes zur alternativen Bewirtschaftung niederliegender Güter.

So fröhlich und hoffnungsvoll begannen seine letzten beiden Lebensjahre. Plötzlich mußte – praktisch war es ja, aber er hatte sich bislang verweigert – ein Auto gekauft werden (ein viertüriger Polo), man machte Ausflüge, und im November sah er erstmals seit seiner Kindheit wieder seinen Geburtsort Bad Flinsberg und sein Elternhaus – alles im hohen Schnee. Das durch die Krankheit gestörte Verhältnis zu Marina verbesserte sich mit jedem Monat. Auf Anraten der Ärzte fuhr er nach dem Weihnachtsfest zur Kur nach Tabarz in Thüringen, einige Tage später folgte ihm Marina, und sie verbrachten dort erholsame Tage, angereichert mit Spaziergängen und kleineren Autotouren. Die Kur tat ihm gut, er konnte sich festigen, plötzlich war ihm die Natur wichtiger als alle Kultur. Und beide hatten Hoffnung, daß nun das Schlimmste überstanden sei.

Doch Ende Januar 1996 verschlechterte sich sein Zustand, er

mußte erneut für mehrere Wochen ins Krankenhaus. Wieder unterzog er sich einer Chemotherapie, sie schlug an, sein Zustand verbesserte sich ein weiteres Mal. Kaum wurde dies spürbar, wollte er wieder seine Vorlesungen halten. Er begann damit nach einjähriger Unterbrechung im Sommersemester, erst wie gewohnt wöchentlich. Von der Wohnung oder vom Krankenhaus wurde er in die Uni gefahren, doch hatte er seine Kräfte überschätzt. Er mußte sein Programm reduzieren, auf einen 14-Tage-Rhythmus übergehen, manchmal auch die Vorlesungen ausfallen lassen.

Im Sommer konnte er mit Marina und Hannah für drei Wochen an die Ostsee fahren, nach Kloster auf Hiddensee. Hier traute er sich kleinere Wanderungen zu, ging auch schwimmen, arbeitete nichts Theoretisches, hielt aber in einem kleinen Hotel einen Vortrag über Sozialökologie und widmete sich der Familie – was von Hannah in regelrechten Eifersuchtsattacken auch ausgenutzt wurde. Rudolf hatte ihr gegenüber permanent ein schlechtes Gewissen, und so konnte sie sich fast alles erlauben. Anschließend fuhren sie in die Kommune Vogelsang, wo sie recht spartanisch in einem ehemaligen Zirkuswagen wohnten. Dann war die nächste Chemotherapie fällig, also wieder eine Woche Hedwigs-Krankenhaus.

Ende September war er soweit gekräftigt, daß er mit Marina wieder eine Reise wagen konnte: zuerst nach Schloß Kappenberg bei Stuttgart, dann weiter nach Belgien, wo er sich in Löwen mit dem Philosophen, Ökologen und Herausgeber des Husserl-Nachlasses Ulrich Melle traf. Sie waren dort Gäste der Grünen Partei Belgiens, Bahro hielt Vorträge und beteiligte sich an Diskussionen, dann ging es weiter zur alternativen Buchmesse in Antwerpen, eine Stadt, die ihn sehr beeindruckte. Hier traf er sich mit dem norwegischen Philosophen und Ökologen Arne Naess, einem der bedeutendsten Vertreter der Deep Ecology Movement.

Im Herbst ging es ihm wieder schlechter, trotzdem begann er sich selbst überwindend mit den Vorlesungen an der Humboldt-Universität, doch gegen Ende des Jahres ging es weiter bergab – nur noch einige dieser Vorlesungen konnte er mit Mühe halten.

Zum Jahreswechsel hörte er zusammen mit Marina in der Gethsemane-Kirche seinen geliebten *Messias*, und im Januar 1997 ging es ihm vorübergehend so gut, daß er mit Marina nach Mecklenburg zur Beerdigung ihres Großvaters fahren konnte. Da die ganze Wohnsituation für Rudolf nicht günstig war – er lag in seinem mit Büchern und Papieren vollgestopften Arbeitszimmer und fühlte sich offensichtlich davon bedrängt –, wurde die gerade freiwerdende Nachbarwohnung noch angemietet, in der ein weiteres Arbeitszimmer für ihn, vor allem jedoch ein seinem Ruhebedürfnis und der Krankenpflege angemessenes Schlafzimmer eingerichtet werden konnte.

Zu Ostern (Ende März 1997) begab er sich wieder einmal in die Hände eines Wunderheilers. Dessen Spezialität war die Heilung per Computerstrahlen (für die Kleinigkeit von 25 000 DM). Bahro sollte dazu für drei Wochen in eine Westberliner Wohnung einquartiert werden, um sich dort vor den Computer zu setzen. Bedingung war jedoch, daß die Ehefrau einbezogen werden sollte. Marina weigerte sich, was sofort zu Spannungen führte, zumal bei der ersten Sitzung bereits diagnostiziert wurde, daß Marina an der Krankheit schuld sei. Empört fuhren beide gleich wieder nach Hause, doch dann zog es Rudolf erneut zu diesem Wundermann. Ein weiterer Termin wurde ausgemacht, nun mit der neuen Bedingung, daß Marina für die ganze Zeit keinen Kontakt zu ihm haben durfte, aber in seiner Nähe sein mußte. Sie wurde in einer benachbarten Wohnung untergebracht. Kontakt zu Bahro hatte nur der »Heiler« (ein unangenehmer Typ aus Sachsen, der dort im Knast gesessen hatte – wie Marina sich erinnert). Tatsächlich verbrachte er dann dort – tagsüber allein – drei Wochen in dieser Wohnung, zu der lediglich der geschäftstüchtige Sachse und dessen Frau Zutritt hatten. Er bekam dort hohes Fieber, ließ sich mit einer Taxe zu Prof. Natusch fahren, um dann zu dem wundertätigen Computer zurückzukehren. Drei Wochen lang, dann durfte er wieder nach Hause.

Obwohl es ihm weiterhin schlecht ging, mußte er im April unbedingt zu einem Seminar nach Pommritz fahren, wozu es ihn trieb, weil er das Gefühl hatte, das LebensGut entwickele sich von seinen ursprünglichen Vorstellungen immer weiter weg. Es war sein letzter Besuch dort.

Anfang März flog er trotz Marinas Protest allein für eine Woche nach Istanbul zu einem Vortrag. Obwohl am Start alles schiefging und es nach Abbruch aussah, kam er schließlich doch in der Türkei an, wurde dort auch gut betreut und konnte so seine letzte Auslandsreise besser als erwartet abschließen. Zurück in Berlin erwartete ihn die nächste Runde Chemotherapie – sie schlug überraschend gut an. Als ich ihn das letzte Mal im Mai besuchte, hatte er zugenommen, die Haare waren gewachsen, er sah gut aus, war sehr klar und wirkte ausgesprochen agil (so ahnte ich nicht im geringsten, daß dies unsere letzte Begegnung war). Drei Tage später zu Pfingsten konnte er mit Marina zu einem Treffen ihrer Verwandtschaft nach Mecklenburg fahren und bei dieser Gelegenheit auch einen Abstecher zur Journalistin Marlies Menge westlich der Elbe machen. Ihm ging es bei der Rückkehr nach Berlin so gut, daß er mit Marina wieder einen dreiwöchigen Ostseeurlaub auf Hiddensee plante.

Am 14. Juli flog er für einen Tag nach Stuttgart, um sich mit dem Philosophen Günter Rohrmoser – über den er in der Humboldt-Universität am 14. April eine Vorlesung gehalten hatte – zu treffen. Diese Begegnung kam dann aber doch nicht zustande, dafür hielt er einen Vortrag in der Buchhandlung Wendelin Niedlich und traf seine frühere Lebensgefährtin Ursula Beneke wieder. Mit Fieber kehrte er am nächsten Tag nach Berlin zurück, bekam bei seinem geschwächten Immunsystem sofort eine Lungenentzündung und mußte gleich wieder ins Krankenhaus. Dann rückte der Tag des geplanten Ostseeurlaubs heran. Obwohl Rudolf nicht reisefähig war, wollte er unbedingt vom Krankenbett direkt ins Auto steigen. Die von Marina herbeigerufenen Ärzte fanden das höchst riskant, konnten ihn aber nicht zum Dableiben zwingen. Im allerletzten Augenblick überfiel ihn dann aber eine derartige Schwäche, daß er im Krankenhaus bleiben mußte.

Von diesem Zeitpunkt an ging es mit seinem Zustand rapide abwärts. Noch Ende Juli wurde er auf die Intensivstation verlegt, hing er an einer Sauerstoff-Flasche und war teilweise nicht mehr ansprechbar. Er halluzinierte – und eine Vision, die immer wiederkehrte, ist politisch so interesssant, daß sie hier auch wiedergegeben werden darf: Er sah und führte Gespräche mit Dschinghis Khan und Karl dem Großen, und zwar sah er darin die welthistorische Versöhnung zwischen Ost und West, und das Besondere war, daß dieses Treffen genau am Brandenburger Tor stattfand. Auf der Intensivstation wurde er täglich von Marina besucht, für einen Tag kamen aus den verschiedenen Himmelsrichtungen seine drei Kinder Andrej, Bettina und Sylvia zu ihm, auch ihnen erzählte er seine Halluzinationen, nahm aber seine Kinder als Personen nicht mehr richtig wahr. Dann überfielen ihn Ängste, er wollte unbedingt von dieser Station weg, wieder redete Marina mit den Ärzten, er wurde in die Hämatologische Abteilung verlegt, und Marina durfte rund um die Uhr bei ihm bleiben. Bald darauf nahm ihn der Chefarzt der Pulmologie, Prof. Pawlowski, auf seine Station. Bei ihm bekam er – zusammen mit Marina – ein schönes Zimmer, und wie sie mir erzählte, gab es hier eine wunderbare katholische Schwester mit Namen Theresa, die für Rudolf so wichtig wurde, daß er auf seiner ständigen Gottessuche ernsthaft den Gedanken faßte, zum Katholizismus überzutreten. (Daß es nicht dazu kam, lag in der verständnislosen Art des Krankenhausgeistlichen, der sich auf Bahro nicht einstellen konnte oder wollte.) Auf Rudolfs Wunsch mußte Marina unter erheblicher Mühe eine Reproduktion von Rembrandts »Bildnis eines alten Mannes« (nicht sein berühmtes Selbstporträt) besorgen, daß er dann immer in seinem Blickfeld hatte und stundenlang betrachtete. Sie konnte dort auch die Röntgenaufnahme von Rudolfs Lunge sehen – es war nur noch ein Rest. Weil die Chemotherapie nicht mehr richtig anschlug, bekam er ab Ende August zusätzlich noch Bestrahlungen.

In dieser Situation gab er sein letztes Interview (*Es grummelt unter der Erde*, postum veröffentlicht am 13./14. Dezember 1997) und antwortete auf die Frage nach seinem Zustand: »Das schwankt mit dem Zyklus meiner Krankheit: Ich muß etwa alle vier Wochen an den Tropf. Fünf Tage Chemotherapie, danach drei bis vier Wochen Erholung. Wenn ich Pech habe und mir nach der Chemotherapie eine Infektion hole, muß ich gleich noch mal rein. [...] Therapie ist eigentlich nicht der richtige Begriff. Es heilt nicht, es treibt den Krebs nur ein wenig in die Defensive.« Auf die Frage »Was haben Sie sich vorgenommen, wenn die Krankheit Ihnen noch etwas Zeit läßt?« antwortet er: »Ich wollte Hegel noch einmal ganz lesen, das Lebenswerk. Das schaffe ich wohl nicht mehr. [...] Solange ich noch auf die Leiter steigen kann, um die Bücher rauszuholen, werde ich weiter schreiben und arbeiten.« Und er denkt in dieser Zeit auch gelassen an den Tod: »Wenn man 60 Jahre alt ist, hat man sowieso Glück gehabt im Leben. Die Ideale meiner Jugend – Beethoven, Schubert, Fichte, Hölderlin –, die sind alle nicht so alt geworden [biographisch korrekt fügt er natürlich hinzu: Bei Hölderlin muß man die Zeit des Wahnsinns im Tübinger Turm abziehen]. Meine Frau und ich haben kürzlich beim Musikhören die Sechste von Tschaikowski, die sogenannte Todessinfonie [Pathétique h-moll op. 74], aufgelegt. Ich empfand sie beim Hören eigentlich freundlich in ihrem Thema.« Wie Marina berichtete, hörte er auch in dieser Zeit viel Musik, und am stärksten beeindruckte ihn der *Messias*, den er wieder und wieder auflegte (und mitsummte und -sang) und Schuberts große Klaviersonate B-Dur (D 960 – die auch auf seiner Trauerfeier erklang).

Ins Krankenhaus kamen regelmäßig die Freunde. Bei einem solchen Besuch entstand auf Anregung Gysis ein Testament (daran hatte Bahro bislang nicht gedacht), und über dessen Vermittlung erschien auch Markus Wolf am Krankenbett, um die Fragen nach dem unentschlossenen Verhalten der Staatssicherheit vor der Verhaftung von 1977 wenn nicht zu beantworten, so doch mit Bahro zu bereden. An dieser Stelle kann vorausgreifend (aus rechtlichen Gründen allerdings nur verkürzt) erwähnt werden, daß es noch am Todestag Rudolf Bahros mittels eines Vertragsentwurfes Bemühungen von seiten der Gemeinschaft für Sozialökologie e. V. gab, dessen Vorstandsmitglieder zu diesem Zeitpunkt Michael Wende und Maik Hosang waren, die Rechte am Lebenswerk Rudolf Bahros übertragen zu bekommen. Doch der Tod war schneller.

Am 7. Oktober kam er wieder einmal für kurze Zeit nach Hause und wurde jeden zweiten Tag zu den Bestrahlungen ins Krankenhaus gefahren. Eine neue Hausärztin – eine warmherzige, russische Krebsspezialistin – besuchte ihn fast täglich. Von ihr stammte die Idee, die ihm für kurze Zeit noch einmal half: Für ein paar Wochen wurde er Ende Oktober/Anfang November in das anthroposophische Krankenhaus »Havelhöhe« verlegt, dort bewirkte die Pflege eine letzte erstaunliche Linderung. Er konnte wieder aufstehen, die Sauerstoff-Flasche verlassen und ein paar Schritte im Park spazierengehen.

Von dort kam er wieder zurück ins Hedwigs-Krankenhaus auf die Hämatologische Station, wo es weiterging mit der Chemotherapie und mit Bestrahlungen. Der Zustand wurde für ihn immer unerträglicher: Seine Speiseröhre war so stark angegriffen, daß er künstlich aus Tuben ernährt werden mußte, nicht ohne vor jeder Mahlzeit erst ein Gelee zu schlucken, das in der Speiseröhre kurzzeitig einen dünnen Film bildete. Die Lunge war weitgehend zerstört, er mußte dauernd an ein Sauerstoffgerät angeschlossen bleiben. Und sein Gehör wurde schnell schwächer, so daß die Kommunikation – wie bei seinem großen geliebten Vorbild Beethoven – nur noch über Zettel erfolgen konnte. Über seinen 62. Geburtstag blieb er im Krankenhaus, ein paar Tage danach kam er in einem sehr geschwächten Zustand erneut nach Hause, die Bestrahlungen wurden ambulant fortgesetzt.

Der ausweglose Rest ist schnell erzählt: Ihm ging es anhaltend schlecht, er war entkräftet und matt, doch während des Wachseins mitunter auch wieder klar. Die Schmerzen nahmen zu, er bekam ein Schmerzmittel, das ihm nicht viel half, doch das stärkere Morphium lehnte er angstvoll ab. Als die Schmerzen nicht mehr auszuhalten waren, wurde dann am 3. Dezember doch Morphium injiziert, danach verfärbte sich sein Gesicht blau. Marina eilte zu Prof. Natusch (er praktizierte in derselben Straße), dieser kam herüber, ein Krankenwagen brachte Bahro mit Sirene ins Krankenhaus – er kam nicht mehr zu Bewußtsein und starb am 5. Dezember 1997.

Marina hielt die Totenwache, und es war mehr als ein Zufall, daß ein enger Freund, der Friedens- und Konfliktforscher Juan Gotérez, genau zu diesem Zeitpunkt aus Spanien nach Berlin gekommen war und nun mit ihr gemeinsam am Totenbett trauerte.

Die Beisetzung auf dem Dorotheenstädtischen Friedhof – der Ruhestätte von Fichte, Hegel, Brecht (und des von Bahro so geliebten Johannes R. Becher) – war kein gesellschaftliches Ereignis, aber ein Treffen besonderer Menschen, die mit ihm in Liebe oder Freundschaft oder Achtung oder Bewunderung verbunden waren. Und ausgesucht war auch das Programm. Eingebunden in die große B-Dur-Klaviersonate von Franz Schubert und Hölderlins *Die Eichbäume*, hielt Jochen Kirchhoff die Trauerrede.

In dieser durch und durch musikalisch konzipierten Rede erinnerte er daran, daß Bahro ohne das, was wir klassische Musik nennen, nicht denkbar sei. Über lange Zeit war Beethoven für ihn »bewundertes Vorbild und Meister in einem, gleichsam der Mensch schlechthin. [...] Wie Beethoven war, so wollte Rudolf Bahro sein; mit Abstrichen gilt dies auch für Hölderlin, für Fichte, für Meister Eckhart oder Thomas Müntzer.« Er habe – so Kirchhoff – den Weg Beethovens vom heroischen Pathos der fünften Sinfonie zu der meditativen Heiterkeit und Gelassenheit der späten Streichquartette in gewisser Weise selbst nachvollzogen – als Weg vom kulturrevolutionären Pathos und der Leidenschaft des Überzeugen-, ja Herrschenwollens zu einer taoistisch anmutenden Ruhe und Gelöstheit.

Und er erinnert weiter an Bahros Liebe zu Bach und Haydn und Schubert – »und zunehmend war ihm Mozart der Angekommene, der des drängenden Pathos nicht mehr bedurfte: Mozart und Laotse: diese beiden rückten für ihn zusammen. Mozart als der musikalische Verkünder und Gestalter des Tao, der Großen Ordnung, der kosmischen Intelligenz, von deren Wirken Rudolf Bahro zutiefst überzeugt war.«

Zum Wesen Bahros gehörte die an Laotse gewonnene Spiritualität, und während er in den 80er Jahren für die Öffentlichkeit wie niemand anders das Bündnis von Ökologiebewegung und richtig verstandenem Sozialismus verkörpert hatte, versuchte er in den 90er Jahren die Zusammenführung von Ökologie und Spiritualität – und das wurde nicht mehr verstanden: Zunehmend galt Bahro als Fremdkörper in dieser Gesellschaft, und er selbst ist im Westen nie heimisch geworden.

Gegen Ende seiner Rede fragt Kirchhoff: Wer war Rudolf Bahro, was war Rudolf Bahro? Und er ergänzt die Frage: »Ich habe oft darüber nachgedacht, und ich habe keine restlos befriedigende Antwort gefunden. Vielleicht war er ein mystisch orientierter Politiker oder ein politisch orientierter Mystiker, ein Mönch, den es danach drängte, Kulturrevolutionär zu sein (halb Luther, halb Müntzer), ein Reformator, [...] der Reformator einer Kirche, die sich dann in Nichts auflöste. Vielleicht war er – und manchmal hatte ich den Verdacht – ein Musiker, dem es an Möglichkeiten fehlte, diese Befähigung auszuleben. Er war ein Denker, der im eigentlichen Sinne gar nicht denken, sondern wirken und handeln wollte. Wie viele (gerade deutsche) Denker verlangte es ihn nach der großen, befreienden Tat. Dann wieder war er ganz der spirituelle, der meditative Mensch. [...] Zugleich war er ein Mensch, der wie wenige andere über das Verhältnis von Liebe und Macht grübelte. Hier, meinte er, lägen die tiefsten Neurosen. Über seinen eigenen Machtwillen hat er oft, auch öffentlich, reflektiert. Der späte Bahro hatte die Strahlkraft eines Menschen, der nicht mehr siegen muß, der wirklich loslassen konnte.«

Die Abschiedsworte am offenen Grab sprach der Theologe Heinrich Fink, endend mit einem Segenswort, in dem er Rudolf Bahros Wünsche aufbewahrt fand:

Keinen Tag soll es geben,
an dem du sagen mußt,
niemand ist da,
der mir Hoffnung gibt.

Längere Zeit war das Grab in seiner Schlichtheit kaum auffindbar, heute ist es erkennbar an einem großen Feldstein, darauf allein sein handschriftlich nachgebildeter Namenszug.

Nachrufe: »Inspiration und Provokation zugleich«

(K.S./G.H.)

Es gab wohl kaum eine Zeitung im deutschsprachigen Raum, die die Nachricht vom Tod Rudolf Bahros nicht verbreitet hat. Die größeren Blätter sowie politische Magazine und Zeitschriften widmeten ihm mehr oder weniger ausführliche Nachrufe. *Ein hartnäckiger Weltverbesserer (Berliner Morgenpost), Ein urdeutscher Rebell* (*Tagesspiegel*) oder *Ein seltsamer Heiliger* (*Süddeutsche Zeitung*; jeweils 9.12.1997). Das sind einige der Charakterisierungen, die schon in den Überschriften die Richtung erkennen lassen. Für Mechthild Küpper *(Süddeutsche Zeitung)* gehört Bahro in die »Ahnengalerie« deutsch-deutscher »Renegaten«, zu denen u.a. auch Robert Havemann und Wolfgang Harich zählen. »Gemeinsam war ihnen, daß sie die Dinge ›bis zu Ende denken‹ wollten und damit nirgendwo hinpaßten, am wenigsten in die DDR. Von der trennten sie sich, so deutlich der politische Bruch war, geistig nur schwer.« So sei Bahro »ein in der Wolle gefärbter DDR-Bürger« geblieben. Im *Spiegel* hält Walter Mayr fest, die drei genannten »SED-Abtrünnigen von Rang« hätten sich »nicht vom Kommunismus losgesagt« (Nr. 51, 15.12.1997). Die von Rainer Langhans stammende Metapher vom Interzonenzug, in dem Bahro sitzen geblieben sei, taucht in verschiedenen Nachrufen wieder auf. So schreibt Peter Pragal in einer umfangreichen Würdigung von Rudolf Bahro, während seiner zehn Jahre in der alten Bundesrepublik sei er »ein Suchender« gewesen – einer, »der im Westen geistig und seelisch nie richtig angekommen ist« (*Berliner Zeitung*, 8.12.1997). *Ein Held, ein Fremder* betitelt der *Spiegel* seinen Beitrag.

In vielen Nachrufen wird die Bedeutung der *Alternative* hervorgehoben: Bahro »forderte reale Umkehr, das Ende der Parteidiktatur. Die Theorie hielt Gericht, die Klassiker kamen über die Dogmatiker«, formuliert Klaus Hartung für *Die Zeit* (Nr. 51, 12.12.1997). Und Marko Ferst im *Neuen Deutschland*: »In seinem Buch [...] warf er der Partei Verrat am Sozialismus vor, machte kenntlich, wie die Idee ausgehöhlt worden war, und schlug eine weitgehende Reform der Apparate-Herrschaft vor. All dies entfaltete er auf der

Grundlage marxistischer Optionen.« (*ND*, 9.12.1997) *Die Alternative* »war die schonungslose Abrechnung mit einem System, dem die marxistische Ideologie nur noch als ›eine Fassade‹ diente. Einer politbürokratischen Diktatur, die mit ihrem Machtmißbrauch ›alle alten sozialistischen Hoffnungen zum Gespött der Massen‹ gemacht hatte« – so der bereits zitierte Peter Pragal.

Der Autor der *Alternative* habe selbst keine Alternative »zur derzeitigen, für ihn auf die Apokalypse zusteuernden Zivilisation« gefunden, so Rüdiger Thunemann in der *Berliner Morgenpost*. Etwas anspruchsvoller Hermann Rudolph im *Tagesspiegel*: Bahros Botschaft sei bereits in der *Alternative* »ganz aus dem schwärmerisch-spirituellen Überschwang gemacht, zu dem das deutsche Denken seit jeher so viele Berührungspunkte hat«.

In der alten Bundesrepublik sei Bahro einseitig als DDR-Dissident wahrgenommen worden, hält Martin Woldt in der Zürcher *WochenZeitung* fest. Die »Rolle des Oppositionellen, des Stasi-Opfers, des Sozialismus-Kritikers – darauf allein seinen historischen Platz definiert zu sehen, muß ihn gekränkt haben«. Bahros »eigentliche Botschaft« sei im Westen »mißverstanden geblieben« – nämlich: »Daß die wirkliche Emanzipation des Menschen noch nicht stattgefunden hat.« (*WoZ*, Nr. 50, 11.12.1997) Diese Botschaft habe die bundesdeutschen GRÜNEN nicht mit nachhaltiger Wirkung erreicht. Klaus Hartung resümiert: »Als Reformator war er angetreten und zweifach gescheitert. Die SED-Staatskirche vermochte er nicht zu spalten und die grüne Doktrin nicht zu sprengen. Er war der Charismatiker des Ausstiegs aus dem ›Hamsterrädchen‹, aus der ›Akkumulationslogik‹.«

Kaum ein Nachruf, der Bahros Besuch in der Bhagwan-Kommune nicht erwähnt hätte. Sein Verhalten im Westen habe viele Anhänger befremdet, »so als er ›positive Erfahrungen‹ mit der Bewegung des Guru Bhagwan machte und sich stark dem Transzendentalen zuwandte«, teilt Karl-Heinz Baum in der *Frankfurter Rundschau* (9.12.1997) mit. Bahro habe »den Weg nach dem weisheitsverheißenden Osten« angetreten (der in diesem Fall allerdings im Westen lag), stellt Hermann Rudolph im *Tagesspiegel* fest. »Es folgten die Entrückungen, Bitterkeiten, sektiererische Abstrusitäten von neuen Lebensentwürfen, meditativen Zirkeln« – doch: »ein Sektierer war er nicht«, erklärt Klaus Hartung. Seine zivilisationskritischen Veröffentlichungen – beispielsweise die *Logik der Rettung* – »fanden nicht mehr die von ihm erwartete Resonanz«, so Peter Pragal. Im Herbst

1989 und danach hätten »seine ökologisch-apokalyptischen Phantasien […] weder das Ohr der Ex-Genossen noch das der DDR-Bürger« erreicht, befindet Hermann Rudolph.

Bahro – ein Gescheiterter? In den meisten Nachrufen bleibt die Häme aus. Im Gegenteil: Für Klaus Hartung war Bahro ein »Prophet, ungebrochen und zerbrechlich am Ende; ein utopischer Denker, unberührt von allem eitlen Jammer über den Verlust der Utopie«. Aber in einem von »depressiven und hadernden Intellektuellen« bevölkerten Deutschland »erfuhr er weder die Neugierde, die er verdiente, noch das Interesse, das dieser kleine große Mann beanspruchen konnte«. Bahro habe darauf beharrt, daß die moralische Kategorie des Marxschen Imperativ, *»alle Verhältnisse umzuwerfen*, in denen der Mensch ein erniedrigtes, ein geknechtetes, ein verlassenes, ein verächtliches Wesen ist«, die »radikale Kritik« bestimmen müsse, stellt Christian Rentsch im Zürcher *Tages-Anzeiger* fest (9.12.1997). Hartung sieht bei Bahro »die emanzipatorische Kraft des jungen Marx, die Mystik Ekkehards [gemeint ist Meister Eckhart] und die radikale Kulturkritik Nietzsches« miteinander eine Verbindung eingehen.

»In manchem ist er Ernst Bloch vergleichbar«, schreibt Guntolf Herzberg in seinem Nachruf für das *Neue Deutschland*: »Beide trafen sich in der Antizipation der gesellschaftlichen Entwicklung, dem von Marx benannten ›Reich der Freiheit‹. […] Was Bahro wollte, war nichts Geringeres als die Umgestaltung der ganzen gegenständlichen und inneren Welt des Menschen, aber auch die Versöhnung von Kultur und Natur. Da traf er sich wieder mit Ernst Bloch.« Und: »Sein Mut, sein kompromißloses Denken, seine Freundlichkeit, sein Glaube an eine machbar bessere Welt in Nachbarschaft der Katastrophe suchen dringend Nachfolger.« (*ND*, 10.12.1997; wieder abgedruckt in Herzberg 2000, 255 ff.)

Wie wird Bahro in stärker persönlich gefärbten Nachrufen wahrgenommen? Zunächst zwei Stimmen aus der ehemaligen DDR: Der Sozialwissenschaftler Dieter Klein lernte Bahro in der FDJ-Zeitung *Forum* kennen. »Ich war zu jener Zeit der Auffassung, daß angesichts der Bindung der DDR an die Sowjetunion und der Machtstrukturen in der DDR nur ein allmählicher Reformprozeß von innen – nicht zuletzt auch aus der SED heraus – Erfolg haben könne, ein frontaler Angriff jedoch keine Chance hätte. Bahro hatte Recht mit seiner Einschätzung der Nichtreformierbarkeit des Staatssozialismus. Ich hatte nicht recht. […] Als Rudolf Bahro zu

Beginn des Jahres 1990 mit mir über Bedingungen seiner Rückkehr an die Humboldt-Universität beriet, teilte ich abermals durchaus nicht alle seine Auffassungen. Doch inzwischen hatte ich aus dem Scheitern des Staatssozialismus und eigenen Irrtümern gelernt, daß die Gesellschaft nichts dringlicher braucht als große Mahner, die am Gewohnten rütteln, die kompromißlos Alternativen einfordern, wenn die eingefahrenen Wege in den Abgrund weisen. Und genau das hat Bahro getan.« Kleins Resümee: »Hellsichtiger Kritiker bedrohlicher gesellschaftlicher Verhältnisse, mutig in den persönlichen Konsequenzen, suchend nach Wegen zu einer menschenwürdigen Gesellschaft in seinem gesamten bewußten Leben und doch tolerant im persönlichen Umgang – das war Rudolf Bahro.« (*UnAufgefordert. Die Studentenzeitung der Humboldt-Uni zu Berlin*, Nr. 1, Januar 1998)

Auch Wolfgang Sabath begegnete Bahro erstmals in der *Forum*-Redaktion: »Der neue Kollege war [...] auf eine manchmal penetrante Art neugierig, ›dienstlich‹ wie privat. Und er sagte auffällig oft ›aber‹. Für den Geschmack unseres damaligen Chefredakteurs wahrscheinlich zu oft.« Nach dem von Bahro verantworteten Vorabdruck eines Stückes von Volker Braun wurde Bahro entlassen. »Wir Verbliebenen – vielleicht sollte ich besser von ›Hinterbliebenen‹ schreiben – hörten dann über Jahre hinweg nur noch gelegentlich von ihm.« Ende 1976, Anfang 1977 trafen sie sich in Leipzig am Bahnhof. »Nach anfänglicher Beklommenheit (ich durfte schließlich immer noch beim *Forum* arbeiten und er nicht) unterhielten wir uns ausführlich. [...] Die Wartezeit auf dem Bahnhof und die sich ihr anschließende Fahrzeit nutzte Rudi Bahro nicht nur für Dönchens, sondern er hielt mir ein Kolleg, Thema: *Die Alternative*. Das sollte ich allerdings erst ein Jahr später mitbekommen.« Da zirkulierte nämlich »in einem engeren Kreis von *Forum*-Redakteuren« das Manuskript eines ungenannten Autors: *Die Alternative*. Die Staatssicherheit bekam Wind davon, drohte mit einem Ermittlungsverfahren, und da »reihten wir uns diszipliniert fast alle wieder ein. [...] Jetzt waren wir ruhiggestellt. Für lange Zeit. Anders Rudi Bahro. Er hat uns beschämt. Dieses Bekenntnis ist heute billig zu haben.« (*Freitag*, Nr. 51, 12.12.1997)

Nun noch ein paar Stimmen aus dem Westen. Joscha Schmierer erinnert sich: Bahro »hatte in radikaler Weise umgedacht. Er setzte auf die unausweichliche Katastrophe, die die Bereitschaft zum Rückschritt wecken sollte, und hatte es dabei nicht eilig. [...] Es war schön, mit Rudolf Bahro in der Küche zu sitzen und über Gott und die Welt zu reden. Die *Kommune* hat entscheidende Texte seiner Neuorientierung veröffentlicht. Dann lockerte sich die Verbindung. Ein Periodikum ist für letzte Wahrheiten denkbar ungeeignet. Es erscheint zu regelmäßig.« (*Kommune*, Nr. 1/98, 3)

In der folgenden Nummer reagierte Kurt Seifert mit einer Replik: Bahros »Radikalität des Denkens konnte so erscheinen, als würden hier ›letzte Wahrheiten‹ verkündet. Die ironische Wendung Joscha Schmierers, ein Periodikum sei dafür ›denkbar ungeeignet‹, denn es erscheine ›zu regelmäßig‹, verwischt etwas Wichtiges: Rudolf Bahro beschränkte sich nicht darauf, seine Erkenntnisse und Thesen einem esoterischen Kreis zu vermitteln, sondern er suchte die öffentliche Auseinandersetzung. Die so Angesprochenen zogen es aber vielfach vor, über ihn statt mit ihm zu reden. [...] Bahro ›setzte auf die unausweichliche Katastrophe‹, schreibt Joscha Schmierer – als ob es darum ginge, beim Pferderennen auf den Sieg eines Gauls zu wetten. So spielerisch-distanziert dachte Bahro wohl nicht. Er war locker auf eine andere Art. Bahros Denkarbeit ging davon aus, daß die ökologische Katastrophe notwendigerweise kommen muß, wenn wir so weitermachen wie bisher. Die Frage nach den rettenden Auswegen beschäftigte ihn in den letzten Jahren intensiv. Diese Auseinandersetzung muß fortgesetzt werden.« (*Kommune*, Nr. 2/98, 74)

In seiner für die *Neuen Wege*, das Organ der Religiös-sozialistischen Vereinigung der Deutschschweiz, verfaßten Erinnerung schrieb Kurt Seifert u.a.: »Rudolf Bahro eckte an mit seiner Bereitschaft, Irrtümer zuzugeben, ohne sich selbst dabei untreu zu werden – und vor allem: ohne den Glauben zu verlieren. [...] Rudolf Bahro glaubte an die Möglichkeit einer ›Umkehr in den Metropolen‹. [...] Der Begriff der ›*Umkehr*‹ prägte seit der *Alternative* das Denken Rudolf Bahros. Hier sah er auch – obwohl selber nicht an einen persönlichen Gott glaubend – Möglichkeiten eines Brückenschlages *zwischen marxistischen und christlichen Traditionslinien.* [...] Alle Menschen, die *Spiritualität und solidarische Politik* als unverzichtbar und unzertrennbar betrachten, haben in dieser Welt mit dem Tod Rudolf Bahros einen wichtigen Freund verloren – und in einer anderen Welt vielleicht einen neuen Weggefährten gewonnen.« (*Neue Wege. Beiträge zu Christentum und Sozialismus*, Nr. 1, Januar 1998, 34f.)

Für den libertären Anarchisten Bruno Weil war Bahro »Inspiration und Provokation zugleich«, wie es im Untertitel seines Beitrags in der Zeitschrift *graswurzelrevolution* (Nr. 225, Januar 1998) heißt. »Für mich war die Radikalität, mit der Bahro die Frage der notwendigen gesellschaftlichen Veränderung stellte, immer beeindruckend. Und seine zweifellos vorhandenen inhaltlichen Sprünge und Wendungen waren mir eine permanente Herausforderung, der argumentativ gerecht zu werden oft zu dem Gefühl führte: diese Auseinandersetzung bringt voran und bahnt auch mir als Anarchisten den Weg zu neuen Erkenntnissen.« Bei Bahro habe es – ähnlich wie bei Ernst Bloch, Herbert Marcuse und Wilhelm Reich – eine Verquickung zwischen »libertäre[n] Erkenntnisse[n] und autoritär-kommunistische[r] Tradition« gegeben. Obwohl er sich in seinem Leben stark gewandelt habe, »blieben doch zeitlebens auch Mechanismen seiner SED-Sozialisation und seiner autoritär-kommunistischen Herkunft vorhanden, auf die er plötzlich wieder zurückgriff, ganz unerwartet für Leute, die glaubten, davon hätte er sich längst emanzipiert. [...] In der ihm eigenen Sprache war Bahro auch immer fähig zu radikaler Selbstkritik, die ihn allerdings kaum vor neuen Fehlern schützte.«

Mit Blick auf Bahros kommunitäre Versuche hebt Weil hervor: »Er war einer der wenigen bekannten Philosophen, der tatsächlich versuchte, das ideell Propagierte auch praktisch in seinem Alltag umzusetzen.« Bahro habe im geforderten Ausstieg aus der Industriegesellschaft eine »historische Zeitenwende« gesehen, »die einen ganz neuen kulturellen Code erforderte, um das emotional bewältigen zu können. Historisch sah er jede neue Kultur auf Religion gegründet.« Weil begegnet der Kritik an Bahros »Spielen mit Spiritualität und Religion« mit dem Hinweis, daß dieser »Konsequenzen aus der historischen Erfahrung ziehen wollte, wonach rein rationalistische Kommuneexperimente meist nur sehr kurzlebig waren und schnell in sich zusammengefallen sind, während Kommunen mit einer religiösen Grundlage sich in der Regel als viel substanzieller und dauerhafter erwiesen haben« (ebd., 10).

Weil weist darauf hin, daß Bahros Position zum »Antifaschismus« der Linken ausreichend Stoff für spektakuläre Kontroversen und Mißverständnisse gegeben habe. Genau hier setzt der Nachruf von Jutta Ditfurth in der Zeitschrift *Jungle World* (Nr. 51, 1997) an. Sie bläst bereits im ersten Satz zum Angriff: »Deutsche Tradition ist lügen, wenn jemand stirbt. ›Rudolf Bahro hat (...) seinen physischen Körper verlassen‹, sprach ein esoterischer Bahro-Freund an dessen Grab.« Ein Blick in den Pressespiegel beweist ihr: »Die bislang Nachrufenden hat offensichtlich allesamt ihr ›Geist‹ und jede Wahrheitsliebe verlassen.« Die Bahro-Würdigungen zeichne vor allem eines aus: »Feigheit vor dem Konflikt«. Jutta Ditfurth scheut ihn nicht.

Zu dieser kämpferischen Haltung will allerdings Ditfurths Weigerung nicht so recht passen, sich der direkten Auseinandersetzung mit Bahro zu stellen. Im Nachruf beschreibt sie den Vorgang folgendermaßen: »Bahro versuchte, mit Briefen Druck auf mich auszuüben und mich zugleich zu gewinnen.« Sie läßt offen, welcher Art dieser Druck gewesen sein soll. Im übrigen argumentiert sie auf der Linie, Bahro sei in seinen letzten Lebensjahren gegen die Linke angetreten, insbesondere gegen »antinational Denkende«, die er als »psychisch gestört« dargestellt habe. Diesen Anwurf gibt Jochen Baumann in der gleichen Ausgabe von *Jungle World* postum und sprachlich wenig differenziert an Bahro zurück: »Bahros Vorstellungen oszillierten spätestens seit Mitte der 80er Jahre zwischen apokalyptischen Vorstellungen und Heils- und Erlösungsvorstellungen, die im politischen Wahn endeten.« (Ebd.)

Als letztes sei aus dem ausführlichen Artikel des Soziologen Prof. Artur Meier zitiert, der die *Alternative* als eine der bedeutendsten wissenschaftlichen Leistungen aus der DDR wertete, um dann fortzusetzen: »Der Bahro der 90er Jahre war ein anderer geworden. Er hatte mit dem herkömmlichen Wissenschaftsverständnis gebrochen. In seinen gut besuchten Vorlesungen im Studium generale ersetzten Visionen die Analyse. Die akademische Lehre trat hinter die selbstgewählte Mission zurück. [...] Wieder schwamm er gegen den Strom, erst recht, als er seine Befreiungsthesen mit einer reichlich metaphysischen kommunistischen Zukunftsvision zu verbinden suchte. Aus dem Professor wurde der Konfessor. Aus dem Dissidenten von einst der Abweichler von heute.« Und dann heißt es, daß die Universitätsleitung und die Sparkommissare der Landesregierung nichts unversucht ließen, um Bahros Wirkungskreis einzuschränken. Folgte das bittere Ergebnis: Diese Universität, »die im Zuge einer neoliberalistischen Rationalisierungswelle selbst immer mehr Marktgesetzen und bürokratischer Herrschaft unterworfen wird, hat einfach keinen Platz mehr für unbequeme Querdenker wie Rudolf Bahro einer war.« (*Berliner Zeitung*, 10.12.1997)

Dem entspricht auch die schon peinliche Tatsache, daß kein offizieller Vertreter der Universitätsleitung an der Trauerfeier auf dem Dorotheenstädtischen Friedhof teilnahm und erst Ende Januar 1998 auf eine entsprechende Anfrage der Personalabteilung sich der Präsident Prof. Hans Meyer zu einem Kondolenzschreiben an die Witwe entschließen konnte.

Auch wir fragen uns, wer Rudolf Bahro gewesen ist. In den Interviews haben wir viele ihn charakterisierende Sätze gehört, nicht als Gesamtantwort gedacht (denn wir haben eine solche Frage nicht gestellt), doch in ihrer Zusammenstellung ergeben sie ein genaueres Bild als viele der gedruckten Nachrufe. Wo es sozusagen privateste Äußerungen uns gegenüber waren, werden wir die Namen nicht bekanntgeben.

Johan Galtung im Gespräch mit uns: »Ich hatte großen Respekt vor Rudi, aber er war mir ein wenig zu fundamentalistisch, auch etwas zu teutonisch. Auf jeden Fall gehörte er zu meinen Lieblingsteutonen.« Jede Begegnung mit Bahro sei für ihn eine Freude gewesen. Galtung erwähnt als Beispiel eine Veranstaltung in der Humboldt-Universität: »Die Ausstrahlungskraft von Rudi war phantastisch. Ein so gutes Publikum habe ich in Deutschland sehr selten erlebt. Es war wirklich ein Genuß, bei ihm zu sein!« Bahro sei ein »Seher« gewesen: »Er hat Dinge gesehen, die andere nicht wahrgenommen haben. So rechnete er mit einem kaum mehr zu vermeidenden Krieg der Ökonomie gegen die Ökologie. Ich denke, daß die Entwicklung auch einen anderen Ausgang nehmen kann – doch dies ist eine Frage des glücklichen Zufalls, wie er beispielsweise beim Ende des Apartheid-Regimes in Südafrika zum Zug kam.« Galtung abschließend: »Ein guter Freund, der leider zu früh verstorben ist. In einem gewissen Sinn war er auch ausgebrannt.«

Rainer Langhans hat sich recht gut mit Bahro verstanden und manche Ähnlichkeiten entdeckt. »In einem wesentlichen Punkt unterschieden wir uns allerdings: der Frage des Autoritären. Rudi sprach zwar gerne über 1968, doch eigentlich hatte er keinen blassen Schimmer davon, weil er die Veränderungen, die wir damals an uns erlebten, für sich persönlich nicht nachvollzogen hat. Er war halt ein Vorachtundsechziger-DDR'ler – und blieb es auch.« Und im Rückblick auf Bahros Konzeption und Haltung: »So wenig er Stalin und Johannes R. Becher überwunden hatte, so sehr propagierte er eine autoritäre ›Unsichtbare Kirche‹ – nicht die erfahrende Spiritualität. So wenig er über ein autoritäres Verhalten im Privaten, Frauen gegenüber, hinausgekommen war, so wenig konnte ihm das daher im Politischen, also Männern gegenüber, gelingen. Er hatte etwas

›Falsches‹ an sich und ist daran wohl auch gescheitert – lehrreich, wie ich finde.«

Einer der von uns Interviewten erklärte im Gespräch, Bahro sei von einem »ungeheuren Sendungsbewußtsein« angetrieben gewesen. Es habe bei ihm »Anflüge von Megalomanie, auch von angemaßter Autorität« gegeben. »Er war abgründig und darin zutiefst deutsch.« Seine dämonische Seite habe er nicht verleugnen können. »Sein tiefster Antrieb war es, das Paradies schaffen zu wollen, damit alles Kleinliche verschwindet.« Er habe auf das Ende des Kapitalismus gehofft und für dessen Beschleunigung eine »Katastrophen-Didaktik« entwickelt. »Bahro glaubte an die menschlichen Wesenskräfte, an das Gute im Menschen. Da kam er vom jungen Marx her.« Man dürfe nicht verschweigen, daß Bahro ein manischer Selbstdarsteller gewesen sei. Er habe die Grenzen zwischen dem Privaten und dem Öffentlichen nicht gesehen oder nicht respektiert, und dadurch exhibitionistisch gewirkt.

Maik Hosang schreibt in einer unveröffentlichten Würdigung Rudolf Bahros: Er »war einer der mutigsten, unkonventionellsten und weitestblickenden Vordenker der letzten Jahrzehnte. Zu seinen Lebzeiten wurde er von verschiedenen Seiten wegen seiner theoretischen Grenzüberschreitungen angegriffen, andererseits war er weltweit Gesprächspartner vieler engagierter Theoretiker und Praktiker. Inzwischen, da die Grenzen einer einseitigen Erforschung der ökologischen und sozialen Krisenprozesse immer deutlicher werden, gilt er als Pionier einer transdisziplinären Theorie zukunftsfähiger Entwicklung. Als einer der ersten thematisierte er das integrale Zusammenwirken ökologisch-ökonomischer, sozial-instutioneller und subjektiv-geistiger Entwicklungsprozesse; darüber hinaus war ihm Theorie nie Selbstzweck, sondern immer orientiert an den größten Problemen gegenwärtiger menschlicher Praxis.«

Wie durch ein Kaleidoskop weitere Blicke auf Rudolf Bahro:

»Ein labyrinthischer Mensch – war öffentlich und für Freunde offen – aber ein verschlossener Mensch.«

»Er glaubte, daß jeder Mensch fähig zum Guten und Wahren sei, hatte Illusionen in bezug auf das menschliche Potential.«

»Der einzige authentische Kommunist.«

»Fundamentalistisch im Denken und Handeln.«

»Er hatte ein starkes Bedürfnis nach Bindungen: Partei – Religion – Frauen; in Beziehungen zu Frauen hat er viel Mystisches-Romantisches-Göttliches zusammengedacht und sich aus Religionen und Kulten sein Frauenbild ausgedacht.«

Er habe »versucht, Menschen aus ihren Verbindungen mit dem Weltganzen zu lösen und sie unter seinen Einfluß führender Weisheit zu bringen. Dabei hat er die anderen stets seine Überlegenheit spüren lassen. So wichtig er die eigene Mission empfand, so wenig hatte er Verständnis für die Wichtigkeit der Aufgaben anderer.« »So ist man immer gewillt, *sein* Märtyrertum, *seine* Probleme zu betonen, welche Schläge er empfangen hat, nie aber die, die er ausgiebig sein ganzes Leben ausgeteilt hat.«

»Er dachte strategisch, weniger systematisch, nahm aus den Theorien, was er brauchte: bezeichnete sich selbst einmal als synkretistischen Denker.«

»Er dachte kompositorisch.«

»Er ging quasi *poetisch* an die Dinge heran.«

Und zum Abschluß Bahros Blick auf Bahro: In einem Brief an seine Ex-Frau Gundula vom 5. November 1994 heißt es bescheiden und nüchtern: »Wir haben versucht, ins Rad der Geschichte einzugreifen, es ist uns entglitten.«

Im bekannten *Spiegel*-Interview vom 26. Juni 1995 wurde er gefragt: »Herr Bahro, was glauben Sie, wird von Ihren Anstrengungen, diese Gesellschaft zu verändern, bleiben?« Und er antwortet: »Also eine Menge geistiger Innovationen, mehr als ein Professorenleben hergibt. Das würde ich immer sagen.«

Das wollen wir im letzten Kapitel prüfen.

Wirkung: Bahros Erbe oder die Aktualität sozialökologischen Denkens

(G. H./K. S.)

Bekannt, ja weltberühmt wurde Rudolf Bahro mit seiner *Alternative*, deren Wirkung wir im Teil I wenigstens annähernd beschrieben haben. In der internationalen marxistischen Diskussion, die in den 60er und 70er Jahren durch französische und italienische Theoretiker, durch jugoslawische und tschechoslowakische Praxis-Philosophen, durch Bloch und Lukács sowie die von ihm inspirierte »Budapester Schule« bestimmt wurde, hat die offizielle DDR-Philosophie – ebenso wie die sowjetische – keine Rolle gespielt, und auch die wenigen abweichenden Theoretiker wie Havemann oder Harich blieben lokale Ereignisse. Das einzige sozialphilosophische Werk aus der DDR, das weltweit rezipiert wurde, war die *Alternative*. Aus der geistigen Enge der DDR heraus hatte Bahro die ihm zugänglichen wichtigen Werke von Gramsci bis Mandel studiert und produktiv genutzt, vor allem aber den jungen Marx mit seinen Vorstellungen von den *menschlichen Wesenskräften und der allgemeinen Emanzipation* als unaufgebbare philosophische Position sein Leben lang ernstgenommen, das im Marxismus vergessene Programm der *Versöhnung von Mensch und Natur* aufgegriffen und zu einer seiner Leitvorstellungen gemacht.

Doch nach einigen Jahren war die aktuelle, nämlich die politische Wirkung im wesentlichen vorüber. Wenn es in einer Rezension der 1990 erschienenen DDR-Ausgabe hieß: »Die *Alternative* ist der Prolog, das Urbuch des Aufbruchs im Herbst«, so ist das leider genauso wenig zutreffend wie die Fortsetzung des Satzes, »daß das Buch zugleich zum Abgesang, wenn nicht Nachruf einer gescheiterten Revolution wurde«. (Steffen Schmidt: *Ein Philosoph, der zwischen allen Stühlen sitzt, ND*, 24./25.3.1990). Mit dem Ende des Sozialismus in Osteuropa und dem damit verbundenen Niedergang des Marxismus ist es auch um die *Alternative* still geworden.

Unvergleichlich geringer war die aktuelle Wirkung der *Logik der Rettung* – das ging bereits bei der Auflagengröße los. Von den späteren Büchern ganz zu schweigen.

Bahro hatte in einem Interview (*Junge Welt*, 3./4.11.1990) schon mal für sich Bilanz gezogen: »Allerdings sehe ich, daß ich mit diesem Idealismus, mit dem auch die *Alternative* geschrieben ist, nicht weitergekommen bin. Wir sind gescheitert an unseren empirischen Schranken, an denen das Prinzip, um das es gegangen ist, sich verfangen hat. [...] Aber alles, was an Begriff und Konzept da war, von denen wir annahmen, wir brauchten nur zu versuchen, die Prinzipien zu leben und zu verwirklichen, dann würde es schon werden, was wir gewollt haben – das war natürlich Illusion.«

Das Jahr 1997 war mit dem Rückblick auf den 20. Geburtstag der *Alternative* ein Anlaß, über das Buch, seine Entstehung und die Folgen in der damaligen DDR nachzudenken – eine Tagung in Schwerin, weitere Vorträge und Artikel von Guntolf Herzberg haben kurzzeitig das Interesse an diesem Werk wieder wachgerufen.

Nach Bahros Tod gab es im April 1998 im Audimax der Humboldt-Universität die erste großangelegte Veranstaltung zur Würdigung seines Lebenswerkes unter dem Titel »Auf Geist und Herz gebaut«. Einen ganzen Tag lang wurde in 17 Vorträgen das philosophische, sozialökologische und politische Denken Bahros vorgestellt. Genannt seien hier nur Michael Succows Vortrag *Rudolf Bahro und die Zukunft von Mensch und Erde*, Gregor Gysi mit *Rudolf Bahro und die Politik*, Christian Sigrists *Das Politische neu denken*, Gisela Kraft mit *Vorarbeiten für ein Goldenes Zeitalter* oder Ulrich Melle mit *Rudolf Bahro und das Menschenbild in der ökophilosophischen Diskussion.*

Daß es dabei nicht nur um Laudationes ging, zeigte pars pro toto der Argrarökonom Konrad Hagedorn, wenn er in seinem Vortrag *Die Zukunft der Sozialökologie an der Fakultät* vorsichtig formuliert: »Die Gruppe Sozialökologie wird nach meinem Eindruck nicht versuchen, Rudolf Bahro zu imitieren. Sie müßte zweifellos daran scheitern. Es wird dagegen eine der vornehmsten Aufgaben der Sozialökologie sein, Versuche der Anwendung der Thesen von Rudolf Bahro und natürlich insbesondere seines *Konzepts der Rettung* zu versuchen, Anwendung gerade im Bereich der Wirtschafts- und Sozialwissenschaften des Landbaus. Daß dies nicht unkritisch erfolgen kann, brauche ich gar nicht zu erwähnen; Rudolf Bahro hätte dies nicht gewollt, und gerade ein so konkreter und von Problemen geschüttelter Bereich wie die Landwirtschaft gibt nicht nur Gelegenheit zur harmonischen Realisierung von vorgedachten Ideen ökologisch-institutionellen Wandels, sondern auch zu deren *Falsifizierung.*«

Zweieinhalb Jahre nach dieser ersten Bestandsaufnahme wurde – als besondere Ehrung – im Foyer der Humboldt-Universität zum 65. Geburtstag Bahros eine Ausstellung eröffnet, dazu ein Symposium durchgeführt, auf dem Volker Braun, Dieter Klein und Maik Hosang ihre Erinnerungen an diesen ungewöhnlichen Menschen vortrugen. Der Senatssaal war bis auf den letzten Platz gefüllt, viele standen noch an den Wänden entlang.

Eine größere Dimension als das Erinnern umfaßte eine Veranstaltung im März 2001, ebenfalls in der Humboldt-Universität, bei der es in einer differenzierten Weise um das Verhältnis von Ökologie und Politik und Moral und Spiritualität, um Bahros Fundamentalismus und um seine Anregungen für Politik und Ökologie ging. Oder in den Worten des Moderators Ralf Fücks: »Was bleibt von der heißen Spur, die er in diesen 20 bewegten Jahren zwischen der Veröffentlichung der *Alternative* und seinem frühen Tod gezogen hat?« Fast alle Teilnehmer hatten eine ambivalente Beziehung zu Bahro oder sahen zumindest in ihm einen widersprüchlichen Denker. Wenn Carl Amery noch freundlich formulierte, daß Bahro einen der seltensten Fehler hatte, die es gibt: »Er dachte immer noch viel schneller, als er selber nachkam«, dann sahen andere prinzipiellere Fehler. Etwa Günther Nenning: Bahros Grundirrtum war – »ein wunderbarer, ehrenwerter Irrtum: daß der Sozialismus weitergeht [...], daß er meinte, aus dem Sozialismus heraus könne etwas entwickelt werden. Er unterschätzte gewaltig die Übermacht des Kapitalismus.« Der umweltpolitische Sprecher der Grünen, Reinhard Loske, zählt Bahro zu den großen ökologischen Denkern der zweiten Hälfte des 20. Jahrhunderts und kritisiert zugleich, daß alles, was den Anstrich von Reformpolitik hatte, vor dessen Augen keine Gnade fand. Und er nennt ein Beispiel für Bahros intuitive Kraft: Am Institut für Klima, Energie und Umwelt in Wuppertal haben »Heerscharen von Wissenschaftlern« in den 90er Jahren gerechnet und kalkuliert, »um wieviel denn der Nutzungsdruck auf die Natur durch die moderne Industriegesellschaft zu hoch sein könnte. Und nach zwei Jahren Rechenmaschine kam ungefähr heraus: Wir müssen um den Faktor zehn herunter [...] Und in der *Alternative* kommt genau diese Zahl vor.« (Im Prinzip ja, nur war es die *Logik der Rettung*.)

Daß man mit Spiritualität keine praktische Politik machen kann, doch eine stärker wertorientierte Politik gebraucht wird, daß Spiritualität sowohl in die private Nische führen als auch eine Haltung zur allseits geforderten Nachhaltigkeit sein kann, daß sich schließlich so gut wie keines der von Bahro bedachten Probleme erledigt hat – all das spricht für seine herausfordernden und in mancher Hinsicht produktiven Ideen.

Wir haben für dieses Buch einige Freunde Bahros gebeten, sich Gedanken über dessen tatsächliche Wirkung zu machen. Auch sie sahen darin ein Problem.

Thomas Schubert, der sich als Schüler Bahros bezeichnen kann, kommt zu folgendem Urteil: »Schon zu seinen Lebzeiten war es um das Wirken von Rudolf Bahros Ideen schlecht bestellt. Gemeint sind nicht die Wirkungen, welche seine Schriften und Auftritte tatsächlich hatten und die sich bisweilen zu intellektuellen Schockwellen auswuchsen. Wirken in seinem Sinne, d. h. durch seine gesellschaftlichen Reformkonzepte – sei es in Gestalt einer groß angelegten Kulturrevolution oder einer kleineren Landkommune –, konnte Bahro nur bedingt und in einer für ihn nicht zufriedenstellenden Weise.« Weiter heißt es: »Bahros Zusammendenken von marxistischer Gesellschaftskritik und Lebensreformkonzepten mit einer der Romantik verwandten Idee von Natur und der Suche nach einem spirituellen Zugang zur Problematik der ökologischen Krise entsprang eine Weltanschauung, welche sich der Rezeption bislang versagte.« Als Ursache sieht Schubert, daß einer wissenschaftlichen Rezeption vor allem Bahros relativ unkritischer Synkretismus entgegenstehe und das letztendliche Fehlen einer begrifflichen, die verschiedenen Versatzstücke seines Denkens integrierenden Form. Hinzu komme, daß es Bahro als Universitätslehrer nicht gelungen sei, sich eine kritische Schülerschaft heranzubilden. Auch dafür gibt er eine Erklärung: »Bahros Gedankengänge zielten in erster Linie auf das intellektuelle und moralische Gewissen seiner Hörer oder Leser ab. In einer bestimmten politisch-gesellschaftlichen Situation sprach er die Menschen persönlich an und konfrontierte sie mit ihren eigenen, ungelebten und oft unklaren Vorstellungen von einem wahreren und freieren Leben. Sein moralischer Rigorismus ist auch heute noch in seinen Schriften sichtbar, und wer sich von bisweilen merkwürdig erscheinenden Beispielen und zwielichtigen Verweisen nicht abschrecken läßt, kann auch heute noch davon getroffen werden.« Zwei bemerkenswerte Feststellungen von Schubert zu seinem Lehrer: »Welche Wirkungen könnten von Bahros letztendlichem Scheitern noch ausgehen als die Einsicht, daß die typisch Bahrosche Spielart des Widerstandes gegen die kapitalistische, globalisierte Welt keinen Erfolg zeitigt?« Und obwohl Schubert »das in Ansätzen durchaus erkennbare Gesamtkonzept« Bahros in methodischer Hinsicht als eine »wissenschaftliche Fehlleistung ersten Grades« ansieht, kommt er zu dem Ergebnis: »so zählt das Werk Bahros in seiner einzigartigen Gestalt und in seinem überaus reichen Gehalt nicht nur zum Merkwürdigsten, sondern auch zum Bedenkenswertesten in der deutschsprachigen Geistesgeschichte« – in der Tat ein genauer Befund!

Reinhard Spittler blickte durchaus kritisch auf seinen langjährigen Freund: »Rudolf war ein Unikum, eine Spätwirkung des Prager Frühlings und ein vorweggenommener Gorbatschow. Seine besondere Tragik bestand darin, übersehen zu haben, daß sein Projekt auf der Existenz der sozialistischen Welt fußte. Er ging nicht davon aus, daß die Sowjetunion untergehen würde. Damit brachen für ihn aber die Fundamente der Fundamente weg. Für sein Unternehmen, überschüssiges Bewußtsein zu sammeln, hatten ihm die richtigen Worte und Begriffe gefehlt. Der ›Fürst‹ sollte gemäß Machiavelli die Einheit in der Gesellschaft herstellen. Rudolf gelang es aber nicht, daß seine Idee ›wie ein Blitz in den naiven Volksboden einschlägt‹ (so Marx). Er hat alles diesem Zweck, den ›Fürsten‹ zu schaffen, untergeordnet. Auf seiner verzweifelten Suche nach diesem Fürsten hat er aber viel zu sehr vom Ende her gedacht. Das Apokalyptische organisiert nicht. Es ist eine Drohung, keine Erlösung.«

Johannes Heinrichs zählt Bahro zu jenen Geistern, die nicht so sehr durch große theoretische Konzeptionen gewirkt haben und weiterwirken werden, sondern die als prophetische Denker »uns Aufgaben stellen, uns durch ihre existentielle, oft aporetische Radikalität inspirieren und ermutigen«. In die Geschichte eingehen wird er als »der vielleicht sachkundigste und zugleich wehmütigste Kritiker des ›real existierenden Sozialismus‹ [und] nicht weniger als Kritiker des real existierenden Kapitalismus«. Die Schwierigkeiten seiner Rezeption lägen in den Antinomien und den nicht gelungenen Synthesen in dessen zweitem Hauptwerk *Logik der Rettung* – also »zwischen fundamentaler Bewußtseinsveränderung und konkreter ›Ablaß‹-Ökologie, zwischen Ganzheitsdenken und positivistischer, methodisch strenger Wissenschaft, zwischen Spiritualität und Rationalität, zwischen westlicher, insbesonderer deutscher Verwurzelung und Abkehr vom westlichen ›Exterminismus‹, zwischen Ansatz beim Individuum und bei den sozialen Strukturen, zwischen Verständigungsorientierung und Machtorientierung«. Diese noch nicht gelungenen Synthesen – so der Versuch, Bahros Wirkung vorauszusagen – »dürften stärker als Stachel im Fleisch der Nachgeborenen wirken als verlogene Harmonisierungen«. Bahro sieht er als Ermutigung und als Widerspruch für ein sich herausbildendes Reformpotential, und er glaubt, daß dies seine noch lang anhaltende Wirkung sein werde.

Nüchterner urteilt Jochen Kirchhoff: »Soweit ich sehen kann, war die Wirkung des *Philosophen* Bahro, was den zentralen Punkt seiner ›Bewußtseinspolitik‹ anlangt, eher gering. [...] Die heutige Diskussion um die ökologische Krise und ihre Bewältigung oder Überwindung, die es ohnehin nur (noch) rudimentär gibt, greift die *Logik der Rettung* kaum auf. Zu den wenigen Ausnahmen gehöre ich selbst, wie mein Buch *Was die Erde will. Mensch – Kosmos – Tiefenökologie* von 1998 zeigt, das ich ursprünglich Bahro widmen wollte. Das Buch verdankt der *Logik der Rettung* wichtige Impulse zum Verständnis der Grundlagenkrise der Industriezivilisation. [...] In der Breite der Öffentlichkeit sind Bahros Gedanken kaum präsent. Sie sind ›unzeitgemäßer‹ denn je.«

Das Wort »unzeitgemäß« bezieht sich wohl auf Nietzsches berühmte Texte von 1873–76, die erst nach Jahrzehnten in ihrer Tiefenschicht verstanden wurden. Auch Bahros ökologische Texte, seine Grundsatzkritik am Raubbau an der Natur und der damit implizierten Selbstausrottung bleiben – so meinen wir – vermutlich so lange weggeschoben, wie es der Mehrheit der reichen Länder noch gut oder erträglich gut geht. So blieb auch Nietzsche viel zu lange nur Außenseiter, verkürzte man sein Denken auf einige anstößige oder flotte Stellen. Daß die Menschheit – sofern große Teile nicht schon »mitten drin« sind – in eine Überlebenskrise hineinmarschiert (-fährt, -fliegt), in der die heutige Lebensweise, die Werte und anderes sich nicht mehr aufrechterhalten lassen, ist keine sehr gewagte Aussage. Spätestens an diesem Punkt wird man sich an die großen Mahner und Warner zurückliegender Zeiten erinnern. Und man wird betrübt feststellen: Wir hätten es wissen müssen – Bahro hat das seit 1987 mit immer stärkerer Eindringlichkeit gesagt. Damals fanden wir es nach einem kurzen Schauer jedoch langweilig oder störend, jetzt hilft es uns auch nicht mehr – weil es zu spät ist.

Rudolf Bahro hat kein in sich abgeschlossenes Werk hinterlassen, dessen Wirkungen wir hier minutiös nachzeichnen könnten. Es ist weder eine Schule noch eine Gemeinschaft um ihn herum entstanden, die sein Erbe weitertragen würde. Gewiß: Bahro wollte gehört werden, doch er sorgte sich offenbar nicht groß darum, was nach dem Tod aus seiner denkerischen Arbeit werden würde. In früheren Jahren war er noch vom Wunsch erfüllt, dank seinem Werk so etwas wie »Unsterblichkeit« zu erlangen – und mit der *Alternative* war er nahe daran. Gegen Ende seines Lebens kam er immer mehr zur Einsicht, daß gerade diese Flucht vor der Endlichkeit die eigene Verstrickung ins Projekt der Moderne zum Ausdruck bringt.

Ein Schlüssel zum Verständnis von Bahros Wirken und möglichen Nachwirkungen seines Denkens ist die Bedeutung, die er in seinen letzten Interviews dem »Warten« beigemessen hat. Auf die Frage des *taz*-Journalisten Manfred Kriener, ob er denn zumindest »Signale für eine Zeitenwende« sehe – es gehe »doch eher in die andere Richtung« –, antwortete Bahro: Er kenne sehr viele Leute, »die sich vom Status quo nicht verbrauchen lassen«. Es gebe »ein Potential unbesetzter Territorien des Geistes und der Seele. Und es mag der Augenblick kommen, in dem größere Teile der Menschen, die noch denken und fühlen, etwas zusammenschießen lassen. Es grummelt gewissermaßen unter der Erde.« Darauf der fragende Journalist: Dann bleibe »nur das Warten auf diesen ›Zusammenfluß der Energien‹«. Dazu Bahro: »Das ›Warten‹ ist für mich das eigentlich Spannende. Die Funktion des Wartens ist ja selbst schon ein Entwurf, wie die Menschheit leben könnte. Ohne Kampf, versöhnt.« Vor dem Hintergrund der ökologischen Krise könne das Zuwarten »womöglich katastrophale Folgen haben«, insistierte Kriener. Bahro entgegnete in kühler Schonungslosigkeit, er sehe keine »strukturimmanente Möglichkeit mehr« zum Gegensteuern. Die Strategie der Ökomodernisierung bringe »bestenfalls ein wenig Zeitgewinn«. Doch: »Mehr als Bremsen ist das nicht.« Eine trostlose Perspektive? Ja – und nein. Wenn die Zeit des Wartens genutzt wird, um sich auf eine mögliche »Zeitenwende« vorzubereiten, dann ist sie nicht vertan. Er gab noch einen Rat mit auf den Weg: »Wichtig ist, daß unser Bewußtsein nicht verbraucht wird, während wir funktionieren müssen.« (*taz*, 13./14.12.1997)

An dieser angeratenen Sammlung von überschüssigem Bewußtsein arbeiten manche – mit und ohne expliziten Bezug auf Bahros Gedanken und Konzepte. Mehr als impressionistische Beschreibungen solcher Ansätze sind allerdings kaum möglich, weil solche Arbeit nur in seltenen Fällen bereits eine organisatorisch faßbare Gestalt angenommen hat. Die drei Veranstaltungen in der Humboldt-Universität haben beispielsweise deutlich gemacht, daß es inner- und außerhalb der Universität Menschen gibt, für die Bahros Leben und Werk immer noch von Bedeutung ist.

Ein anderes Beispiel ist »dynamik 5«, das Anfang des Jahres 2000 in Basel gegründete europäische Projekt einer »spirituell-politischen Bewegung«. Das Ziel dieser Bewegung, die gegenwärtig rund 500 Mitglieder in der Schweiz, Deutschland, Österreich und Italien zählt, besteht darin, zu »einem tiefen Wertewandel in der westlichen Gesellschaft, einer kulturellen Transformation hin zur menschlichen Solidarität, zur Achtung der Natur und zur undogmatischen Spiritualität« beizutragen. Ihr Programm heißt: »Abkehr vom Materialismus, vom Konkurrenz- und Kampfdenken, von der kapitalistischen Wachstumsgesellschaft« (zitiert nach *Neue Wege. Zeitschrift des religiösen Sozialismus,* Nr. 4, April 2002, 111). Bahros Ansatz spielt hier insofern eine Rolle, als sich einige seiner einstigen Mitarbeiter und Mitarbeiterinnen dieser Bewegung angeschlossen haben. Maik Hosang berichtet auch, in den USA gebe es innerhalb der um das *Journal of Integral Studies* entstehenden Bewegung für integrale Entwicklung ein spürbares Interesse am Denken Rudolf Bahros.

Auf Hosangs Initiative fand vom 21. bis 23. Juni 2002 in Berlin ein Symposium anläßlich des 25jährigen Erscheinens der *Alternative* statt – unter Beteiligung von Franz Alt, Johan Galtung, Christian Sigrist, Thomas Schubert, Claudia von Werlhof und anderen. Dort ging es – leider nicht sehr streitbar – von der Entstehung der *Alternative* (Herzberg) über die sozial-ökologische Selbst-Steuerung der Gesellschaft (Wilpert) und Galtungs eindrucksvollen Modellen der globalen Ökonomie bis zu Kirchhoffs Thesen zu einer spirituellen Ökologie. Auf dieser Veranstaltung stellte Franz Alt den Band *Wege zur ökologischen Zeitenwende* vor, der mehrere Interviews, Vorlesungen und einen Aufsatz von Bahro, ein Interview von 50 Seiten (!) mit Franz Alt und von Marko Ferst ein *Plädoyer für ein zukunftsfähiges Kultursystem* enthält.

Eine Wirkung, die sich an Jubiläen festmachen muß, ist keine überzeugende Wirkung. Wer dagegen Wirkung mit Auflagenhöhen und Medienpräsenz gleichsetzt, verkennt die Logik, wie sich neue Gedanken oder gar ein Bewußtseinswandel entfalten. Andererseits verkennen wir nicht, daß das international übliche wissenschaftliche »Erfolgsmaß« – die Häufigkeit zitiert zu werden (Zitationsindex) – eher gegen Bahro spricht. Trotzdem: Wir hätten seine Biographie nicht geschrieben, wenn wir in ihm nur eine politisch interessante Person gesehen hätten. Die »Alternative« zum real existierenden Sozialismus und die »Logik der Rettung« einer sich selbstzerstörenden Menschheit waren und sind unverlierbare Denkmodelle unserer sozialphilosophischen Tradition.

Damit ist unsere Biographie Rudolf Bahros – so wie wir sie in der Kürze von zwei Jahren geben können – am Ende. Wir hoffen (nein: wir glauben), daß sie in der Erforschung und Erfassung der Tatsachen der wissenschaftlichen Kritik standhält. Doch Bahro ist ein zu umfassender Denker, als daß wir seine geistigen Fragestellungen und Perspektiven mit diesem Text ausloten könnten. Wir empfinden es daher nicht als Konkurrenz, sondern als notwendige Weiterarbeit, wenn in den nächsten Büchern der Philosoph, Sozialökologe und Mystiker Rudolf Bahro weiter, genauer und tiefer erfaßt wird. Wir werden dann zu den ersten dankbaren Lesern gehören.

Anhang

Abkürzungsverzeichnis

ABM	Arbeitsbeschaffungsmaßnahme
ADN	Allgemeiner Deutscher Nachrichtendienst
Agitprop	*SED-Deutsch*: Agitation und Propaganda
APO	Abteilungsparteiorganisation
Apo	außerparlamentarische Opposition
BV	Bezirksverwaltung *(der Staatssicherheit)*
BVVG	Bodenverwertungs- und -verwaltungs-GmbH
GI	Geheimer Informator *(der Staatssicherheit)*
GST	Gesellschaft für Sport und Technik *(paramilitärische Organisation)*
GStA	Generalstaatsanwalt
HA	Hauptabteilung *(der Staatssicherheit)*
Hptm.	Hauptmann
HSFK	Hessische Stiftung Friedens- und Konfliktforschung
IM	Inoffizieller Mitarbeiter *(der Staatssicherheit)*
KPD/ML	Kommunistische Partei Deutschlands/Marxisten-Leninisten
Ltn.	Leutnant
LPG	Landwirtschaftliche Produktionsgenossenschaft
MTS	Maschinen-Traktoren-Station
MfS	Ministerium für Staatssicherheit
NÖSPL	Neues Ökonomisches System der Planung und Leitung
NVA	Nationale Volksarmee
OSL	Oberstleutnant
SG	Strafgefangener
SV	Strafvollzug
StPO	Strafprozeßordnung
StVE	Strafvollzugseinrichtung
TH	Technische Hochschule
Ultn.	Unterleutnant
VEB	Volkseigener Betrieb
VVB	Vereinigung Volkseigener Betriebe
WAO	Wissenschaftliche Arbeitsorganisation
WZ	Wissenschaftliche Zeitschrift

Nachwort zur Taschenbuchausgabe

Für beide Autoren war mit der Textrevision unmittelbar vor dem Druck der Erstausgabe August 2002 die Arbeit an der Biographie beendet, wir hatten uns anderen Dingen zuzuwenden. Trotzdem erbrachten die Monate danach überraschende Ergebnisse, die die Biographie ergänzen und im folgenden mitgeteilt werden. Es handelt sich (1) um den wichtigsten Autor und »Vorläufer« für Teil II der *Alternative* – den Ökonomen Friedrich Behrens –, (2) um das »missing link« der Beziehung Dutschkes zum ihm unbekannten Autor des Manuskripts, (3) um die ungewöhnliche Veränderung in Leben und Beruf von Bahros MfS-Vernehmern, (4) um die Verbreitung der *Alternative* in den höheren Funktionärskreisen dank des zwielichtigen Hermann von Berg, schließlich (5) um die Klärung eines Gerüchtes um die Röntgenbestrahlung des Häftlings Bahro durch das MfS.

(1) Der Ökonom Friedrich Behrens kommt in der Biographie (S. 142ff.) als einmaliger Diskussionspartner des ihm unbekannten Bahro und als Vermittler des Manuskripts der *Alternative* an die Europäische Verlagsanstalt (EVA) vor. Die wenigen ihn würdigenden Zeilen hatten aber meine damalige Unkenntnis über seine theoretische Analyse des real existierenden Sozialismus verborgen, in deren Folge der zweite Teil von Bahros Buch steht. Tatsächlich hatte Behrens – als einer der bedeutendsten Wirtschaftswissenschaftler der DDR – schon 1956, unmittelbar nach dem XX. Parteitag der KPdSU, in verschiedenen Anläufen eine Vorstellung der Selbstorganisation von Wirtschaft und Gesellschaft entworfen (wenn auch nicht mit diesem Terminus), in der die Widersprüche der »Zentralverwaltungswirtschaft« analysiert, die beflügelnde Rolle des (richtig angewandten) Wertgesetzes und der spontanen Eigenverantwortlichkeit der Produzenten hervorgehoben, die ökonomische Selbständigkeit der Betriebe, die damit verbundene Dezentralisierung der Wirtschaft und umfassende »sozialistische« Demokratie gefordert wurde – an deren logischem Ende das Absterben des Staates stehen müßte. Diese Konzeption fand viel Zustimmung bei den Wirtschaftswissenschaftlern und erbitterte Ablehnung durch die SED-Führung, sie wurde auf dem 30. Plenum des ZK als »revisionistisch« verdammt, und Behrens mußte nach vielen Attacken kapitulieren und öffentlich seine Konzeption widerrufen.

Was Bahro von diesen Auseinandersetzungen kannte, ist nicht nachweisbar, doch während seiner Arbeit an der Dissertation hätte er darauf stoßen müssen. Für mich ist sicher, daß Behrens für ihn *die* Referenzperson für ökonomische Fragen gewesen ist.

(2) Undurchsichtig blieb noch bei der Veröffentlichung der Biographie das Verhältnis von Bahro zu Rudi Dutschke. Bahro erzählte in den siebziger Jahren, ihn verbinde eine jahrelange herzliche Freundschaft mit Dutschke

(S. 32), doch dieser kannte zu jener Zeit Bahro überhaupt nicht, bekam aber bei einem seiner Besuche in Ostberlin ein Manuskript der späteren *Alternative* in die Hand mit der Bitte, es mit einem Vorwort im Westen zu veröffentlichen. Er fand den Text interessant, fürchtete aber eine Falle der Staatssicherheit und hielt dieses Angebot unter Verschluß. Da ich den Verbleib der einzelnen Exemplare der frühen Fassung kenne, war mir die ganze Geschichte nicht erklärbar. Nach langen Recherchen ergab sich erst aus den 2003 veröffentlichten Tagebüchern von Dutschke (*Jeder hat sein Leben ganz zu leben*, S. 295), daß er Bahro nicht kannte und das Manuskript von Thomas Brasch bekommen hat. Woher Brasch, der Bahro ebenfalls nicht kannte, das Manuskript hatte, läßt sich nur vermuten. Auf Seite 139 der vorliegenden Biographie ist zu lesen, daß ein Exemplar der späteren *Alternative* (vermutlich jenes von Heiner Müller) unabhängig von Bahro und ohne dessen Wissen unter Schriftstellern von Hand zu Hand ging, nachweislich hätten es Stefan Heym, Klaus Schlesinger und Ulrich Plenzdorf gelesen – hier glaube ich Thomas Brasch als weiteren Leser anfügen zu können, der es dann an Dutschke weitergab.

(3) Der Vernehmer Bahros war von August 1977 bis zum Prozeß der Oberfeldwebel, dann Unterleutnant Joachim Groth. Über die höchst ungewöhnlichen Gespräche während der Vernehmungen – die teilweise wie Seminare über Bahros Dissertation und die *Alternative* durchgeführt wurden – heißt es an einer Stelle (S. 207): »Groth erwarb sich eine ausgezeichnete Kenntnis dieses Buches. (Bahro betonte auch dessen Intelligenz und sagte zu ihm einmal: ›Sie müssen Ihren Job aufgeben, wenn Sie Ihre Seele retten wollen.‹)« Was daraus für die weitere Karriere des Vernehmers folgte, ist überraschend. Zunächst gelang ihm – auch auf Grund seiner hohen Intelligenz – ein weiterer Aufstieg: 1978 nahm er ein Fernstudium der Rechtswissenschaft an der Humboldt-Universität auf, wurde im Oktober 1979 zum Leutnant, zwei Jahre später zum Oberleutnant befördert, im Mai 1984 zum Referatsleiter ernannt. Dann traten nach einer zerrütteten Ehe Probleme auf (»übermäßiger Alkoholgenuß, Selbstüberschätzung, Überheblichkeit und Arroganz« formulierte die Kaderabteilung des MfS). Nach langen Bemühungen – er war schließlich bestens informierter Ermittler in zahlreichen Verfahren gegen die Opposition und damit „Geheimnisträger“ – wurde er im März 1985 entlassen, mußte aber in der Industrie und im Handel vom MfS besorgte Arbeitsstellen antreten, denen er sich mehrfach entzog. (Und das allwissende Ministerium mußte im Februar 1988 feststellen: »Seine jetzige Tätigkeit und Arbeitsstelle sind nicht bekannt.«) Aufgrund des Verdachts, Groth habe sich dem politischen Untergrund angeschlossen, Geheimnisverrat gemäß § 245 StGB verübt – pikanterweise derselbe Paragraph, nach dem Bahro verurteilt wurde – und möglicherweise Landesverrat (entsprechend den §§ 97–100 StGB) begangen, wurde gegen den ehemaligen Vernehmer eine Operative Personenkontrolle (OPK »Hannes«) angelegt. Tatsächlich erfüllte Groth bald darauf die Befürchtungen, indem

er am 1. März 1989 (dem »Tag der Nationalen Volksarmee«) die Ständige Vertretung der Bundesrepublik aufsuchte – worauf er zwei Tage später dem MfS »zugeführt« wurde (und zwar genau der Vernehmerabteilung, der er früher als Referatsleiter angehört hatte). Man versuchte ihn durch einen Arbeitsplatz und finanzielle Unterstützung erneut an das MfS zu binden, doch Groth – der (nach Aussagen der Kaderabteilung) inzwischen »Kontakte zum politischen Untergrund und zu kirchlichen Kreisen« aufgenommen haben soll – lehnte ab und verschwand. Daraufhin verhängte seine ehemalige Dienststelle gegen ihn eine »Ausreisesperre und Fahndung mit Festnahme«. Am 7. September 1989 wurde er tatsächlich von der Volkspolizei festgenommen und dem MfS überstellt, tags darauf aber nach entsprechenden Festlegungen wieder freigelassen. Damit enden auch die ihn betreffenden Akten. Meine späteren aufwendigen Recherchen, ihn aufzufinden und für die Biographie zu interviewen, blieben leider erfolglos.

(4) Das Kapitel »Die Wirkung der *Alternative* in West und Ost« war für den Ostteil besonders schwer zu recherchieren. Trotzdem ist auf den Seiten 235–238 einiges über die illegale Verbreitung und Lektüre zu erfahren. Bahro hatte immer gehofft, sein Buch werde auch innerhalb der SED, gar im Apparat des Zentralkomitees oder noch weiter oben, zur Kenntnis genommen – nur fehlten bisher sämtliche verläßlichen Hinweise.

Der Zufall kam mir zu Hilfe: Am 15. Januar 2003 fand in der Berliner Bildungseinrichtung »Helle Panke« eine Veranstaltung anläßlich des Erscheinens des »*Spiegel*-Manifestes« vor 20 Jahren mit dem Autor Hermann von Berg und dem Mitbeteiligten Heinz Niemann statt.

In der Diskussion fragte ich von Berg, ob er oder die unterzeichnende »Zentrale Koordinierungsgruppe des Bundes Deutscher Kommunisten« die kurz zuvor im September 1977 erschienene *Alternative* von Rudolf Bahro gekannt habe: »Wenn nicht, warum nicht? Wenn ja, was haben Sie damit anfangen können, und wo hatten Sie die Exemplare her?« Darauf von Berg: Seine Meinung zu Bahro habe man im *Spiegel* nachlesen können: Der Artikel »eines hohen SED-Funktionärs ***« [Nr. 39 vom 19.9.1977] sei von ihm gewesen. Das war für mich eine echte Überraschung.[22]

Dann sagte von Berg, er habe insgesamt 36 Exemplare der *Alternative* bekommen – mitgebracht von Dietrich Spangenberg [damals Staatssekretär im Bundesministerium für Innerdeutsche Beziehungen] und von *Spiegel*-Redakteur Ulrich Schwarz. Diese Exemplare habe er im ZK und überall verteilt.

Nach der Veranstaltung sprach ich längere Zeit mit ihm darüber und erklärte, ich würde seine Aussage zur Ergänzung der Wirkung der *Alternative* in der DDR unbedingt benötigen. Bahro habe stark gehofft, daß sein Buch in den »Führungsetagen« gelesen werde – aber es fehlten bislang sämtliche Beweise. Von Berg bestätigte: An die Zahl drei Dutzend erinnere er sich noch ganz genau, bei seiner Verhaftung habe er noch fünf Exemplare davon in der Wohnung gehabt. Die anderen habe er in der ZK-Akademie

[Akademie für Gesellschaftswissenschaften beim ZK der SED], der Staatlichen Plankommission, beim Ministerrat, in der Humboldt-Universität verteilt (und er zählte noch ein oder zwei weitere Stellen auf).

Auf meine letzte diesbezügliche Frage, ob es nicht ein ungeheures Risiko gewesen sei, dieses Buch direkt weiterzugeben, lachte er nur und sagte: Man habe sich doch untereinander gekannt und offen über solche Sachen reden können (und er nannte das Beispiel, wie sein Vorgesetzter, Minister Beil, und er zueinander standen).

Durch den Journalisten Karl-Heinz Baum ließ ich kurz darauf noch einmal nachfragen, wo die einzelnen Exemplare hingegangen seien. Hier die Antwort: Von Berg war eine Zeitlang als Ökonomieprofessor auch Leiter der obligatorischen Weiterbildung von Führungskadern. Nach dem Erscheinen der *Alternative* seien interessierte Leute aus diesen Kreisen zu ihm gekommen und hätten gefragt, ob er ihnen Informationen zu diesem Buch geben könne. Deshalb habe er sich an Ulrich Schwarz gewandt, der dann die gewünschten Exemplare aus Westberlin mitbrachte. Aus dem Gedächtnis nannte er als Adressaten: IML (Institut für Marxismus-Leninismus), Akademie der Wissenschaften der DDR, Staatliche Plankommission, Ministerium für Außenwirtschaft, Ministerium für Auswärtige Angelegenheiten, Medizinische Akademie Berlin [vermutlich Akademie für Ärztliche Fortbildung].

In dieser spontanen Aufzählung taucht nun das ZK der SED nicht mehr auf. Trotzdem ist der Kreis der Leser (von denen man sich vorstellen kann, daß sie das Buch auf ihren Ebenen zirkulieren ließen) ein interessanter Nachweis für das Interesse oder Bedürfnis nach Selbstaufklärung leitender SED-Kader.

(5) Röntgenbestrahlung: Seit dem Tod von Jürgen Fuchs und anderen wurde wiederholt der Verdacht geäußert, das MfS habe Dissidenten und Oppositionelle radioaktiv markiert oder gar vorsätzlich während der Vernehmungen mit Röntgenstrahlen geschädigt. Als die Vermutungen auch in die Medien gelangten, wurde zur Aufklärung bei der BStU eine »Projektgruppe Strahlen« gegründet, die 2002 einen sorgfältigen Untersuchungsbericht vorlegte.[23] Das mit Spannung erwartete Ergebnis der Studie lautete, alle Recherchen zu Röntgenanlagen in Untersuchungshaftanstalten des MfS hätten »keine Anhaltspunkte für einen zielgerichteten Mißbrauch durch das MfS« ergeben.[24]

Schon in der ersten Zeile wird der Tod von Rudolf Bahro genannt, im Text auf S. 38 f. »Der Fall Rudolf Bahro« dargelegt. Darin geht es aber nicht um dessen Tod, sondern es wird aus einer an der sogenannten Juristischen Hochschule des MfS (JHS) angefertigten Arbeit ein Fallbeispiel wiedergegeben, das ohne Namensnennung eine gewisse Ähnlichkeit mit der illegalen Versendung der DDR-Exemplare der *Alternative* (anonym mit dem ursprünglichen Titel *Zur Kritik des real existierenden Sozialismus*) aufwies, aber nicht so, wie die Autoren der BStU-Studie schreiben: daß der Bezug zu Bahro unverkennbar sei. Das »Fallbeispiel« der JHS hatte falsche Prämissen, war zurechtgebogen und wollte einen Erfolg beim Aufdecken des konspirativen Verschickens von »antisozialistischen Schriftstücken« suggerieren, der bei weitem nicht den Tatsachen entsprach. In einem Leserbrief an die *FAZ* wurde eine darauf sich stützende Fernsehdokumentation samt dem darauf bezogenen Feuilleton-Beitrag in bezug auf Bahro zurückgewiesen.[25]

Dann gibt es noch kleinere Ergänzungen und Korrekturen: Für die materialmäßig wenig erschlossene Greifswalder Zeit (S. 68–71) bleibt als Ausweis seiner Funktionärstätigkeit nachzutragen, daß unmittelbar nach dem Mauerbau 1961 von allen Universitäten täglich Stimmungsberichte über Äußerungen der Wissenschaftler zur politischen Lage eingeholt und an die Parteileitungen gegeben werden mußten – und daß die Greifswalder Berichte eine Zeitlang von Bahro verfaßt wurden, der damit seine politische Zuverlässigkeit erwies.

Volker Braun legte Wert darauf, daß er zur Zeit des Abdruckes seines »Kippers« im *Forum* noch nicht mit Bahro befreundet gewesen sei (so S. 83), sondern deutliche Distanz des Dichters zu dem linksradikalen Journalisten vorgeherrscht habe.[26]

Auf S. 108 schrieb ich zu seinem Buch mit dem Beethoven-Essay, es trage einen reißerischen Titel – »*... die nicht mit den Wölfen heulen*« –, der von Bahro bestimmt nicht gebilligt worden wäre. Reinhard Spittler schrieb uns dazu: »Dieser Titel hat m. E. die volle Billigung von Rudolf. Es ist ein Zitat aus Hölderlins *Hyperion*.« (Das muß ich einstecken!)

Hannes Schwenger machte mich darauf aufmerksam, der Besucher am Vorabend von Bahros Ausreise habe unmöglich Jürgen Fuchs sein können (so zu lesen in der Hardcover-Ausgabe auf S. 321), da dieser zu diesem Zeitpunkt bereits in Westberlin lebte. Tatsächlich gekommen war aber Gudrun Bredel.

Schließlich: Heinrich Fink war noch nicht zum Beginn des Jahres 1990, sondern erst ab März 1990 Rektor der Humboldt-Universität (so S. 462).

Darüber hinaus mußte aufgrund einer durch Michael Wende gegen die Erstausgabe angestrengten einstweiligen Verfügung leider (und entgegen meiner Überzeugung) eine Passage des ursprünglichen Textes für die vorliegende Ausgabe geändert werden. Darin ging es im weitesten Sinne unter anderem um die an sich unstrittige Tatsache, daß noch am Todestag Bahros im Institut für Sozialökologie ein Vertragsentwurf erstellt worden war, der die Übertragung der Urheberrechte an Bahros Lebenswerk zu Ungunsten der Erbin Bahros zum Gegenstand hatte.

Einige kleinere Irrtümer und Fehler wurden stillschweigend während der Drucklegung dieser Ausgabe korrigiert. Auf eine Ergänzung des Literaturverzeichnisses (S. 634–643) haben wir verzichtet. Der interessierte Leser, die interessierte Leserin kann sich über weitere Texte auf der Homepage des Bahro-Archivs der Humboldt-Universität: www.agrar.hu-berlin.de/wisola/bahro-archiv informieren.

Guntolf Herzberg, Berlin im August 2004

Anmerkungen

1 Ein eigenes – und in der interessierten Öffentlichkeit schon vor Jahren kontrovers diskutiertes – Thema ist die Weiterleitung von Bahros Wünschen durch Gregor Gysi und die damit verbundenen Kontakte, die sein Anwalt hatte. Das Problem besteht darin, daß nach Aktenlage Gysi dazu Gespräche mit Major Lohr von der HA XX geführt haben soll – nach meiner Meinung scheint dies auch schlüssig –, während Gysi diese Gespräche mit einem Mitarbeiter der Abteilung Staat und Recht beim ZK der SED oder mit Mitarbeitern der Staatsanwaltschaft geführt haben will und dazu eine umfangreiche Rechtfertigung vorgelegt hat: *Gregor Gysi antwortet dem »telegraph«. Versuch einer Aufklärung Teil 2*, Bonn 1992. Er gibt darin detaillierte Erklärungen ab, in denen er den Weg zweifelsfrei von ihm stammender Informationen in die Akten des MfS plausibel machen will. Richtig ist, daß es in den Akten keine von ihm geschriebenen oder unterschriebenen Dokumente gibt. Auch sind zahlreiche Gespräche in den Akten dokumentiert, die nach Gysis Angaben nicht in seiner Wohnung und nicht zum angegebenen Datum stattgefunden haben sollen. Bevor ich mich auf umfangreiche textkritische Auseinandersetzungen einlasse, werde ich für diese Biographie annehmen, daß sie so stattgefunden haben können. Hier geht es um den Strafgefangenen Bahro und seinen Anwalt Dr. Gregor Gysi und um nichts anderes.

2 Schon am 6. Dezember soll es nach der Aktenlage dazu ein Treffen zwischen Gysi und Major Lohr von der HA XX gegeben haben, bei dem der Anwalt seinen »Sprecher« mit Bahro genau wiedergibt und auch den Inhalt der beiden von Bahro geschriebenen Notizen. Dieser Tonbandbericht und ein diesen kurz zusammenfassender Bericht von Lohr – beides vom 7.12. – ist bereits 1992 von der »Umwelt-Bibliothek Berlin« vollständig veröffentlicht worden und veranlaßte Gysi zu einer ausführlichen Erwiderung, in der er diese Begegnung mit Lohr bestreitet und die »Tonbandabschrift« als Kompilation aus verschiedenen Quellen bezeichnet. Selbst für die Wiedergabe der eindeutig aus seinem Besitz stammenden beiden handschriftlichen Notizen Bahros vom »Sprecher« am 2. Dezember 1978 in den MfS-Unterlagen erklärt er, es spreche vieles dafür, »daß hier eine persönliche Quelle genutzt wurde, die aber nicht mit mir identisch ist« (*Gregor Gysi antwortet dem »telegraph«*, 32).

3 In den frühen 20er Jahren des vorigen Jahrhunderts entdeckte der russische Ökonom Nikolai D. Kondratjew ein seit dem späten 18. Jahrhundert sichtbar gewordenes ökonomisches Entwicklungsmuster aus einer Serie von »langen Wellen«, die zwischen 50 bis 60 Jahren andauerten. Diese Bewegungen tauchen seither unter seinem Namen als allgemein gebräuchlicher Begriff in der Fachliteratur auf. Die vierte Kon-

dratjew-Welle erreichte ihren Höhepunkt Mitte der 60er Jahre und befand sich seither im Abschwung. Der fünfte Zyklus setzte Ende der 80er Jahre ein.

4 In der gedruckten Version ist der Brief mit »26. 1. 83« datiert. Dies trifft nach Auskunft von Gerd Koenen nicht zu.

5 Die Originalversion des Buches von Erich Fromm erschien 1973 unter dem Titel *The Anatomy of Human Destructiveness*. Die deutsche Übersetzung wurde 1974 veröffentlicht. Bahros Erwähnung des »ökonomisch-philosophischen Manuskripts« spielt auf einen vom jungen Marx 1844 geschriebenen Text über »Nationalökonomie und Philosophie« an, (Vgl. MEW Ergänzungsband, Berlin 1968, 465–588).

6 Anspielung auf ein Buch des ehemaligen Stern-Reporters Jörg Andrees Elten, das dem Bhagwan-Boom Ende der 70er Jahre starken Auftrieb gab.

7 Schreiben des Persönlichen Referenten des Bundesaußenministers, Clemens von Goetze, vom 11. Juli 2000 an Kurt Seifert. Joschka Fischers persönlicher und politischer Weggefährte Daniel Cohn-Bendit ließ am 27. November 2000 über eine Mitarbeiterin per E-mail mitteilen, daß er sich »nicht zu Herrn Bahro äußern möchte«.

8 »›Bahro schwebt über allem‹, hat sich vorigen Herbst Joschka Fischer gewünscht, bei seiner Realpolitik braucht die Partei natürlich jemanden für die Sonntagsreden. Den Gefallen wollte ich ihm nicht länger tun«, schreibt Bahro in seinem Papier »Fundamentalistisches zur Krise der GRÜNEN« vom 1. März 1984 (Archiv Grünes Gedächtnis, Bestand A –V. Krieger, Akte Nr. 14).

9 Laut mündlicher Auskunft von Reinhard Spittler. Kommerziell war der *Logik der Rettung* kein großer Erfolg beschieden. Die Auflage der 1987 veröffentlichten Hardcover-Ausgabe betrug 4600 Exemplare (Ladenpreis DM 48,–). 1989 folgte eine Studienausgabe (Softcover) mit einer Auflage von 2400 Exemplaren (Ladenpreis DM 29,80). Die Studienausgabe erhielt keine Nachauflage und ist seit Frühjahr 1995 nicht mehr lieferbar (gemäß Auskunft des Weitbrecht Verlages).

10 An dieser Stelle nimmt Bahro auch Bezug auf die Kritik des US-Amerikaners Ken Wilber, eines führenden Theoretikers der Bewußtseinsevolution, an der »New Age«-Bewegung: Sie sei »eine seltsame Mischung einer Handvoll wahrhaft transpersonaler Seelen mit Massen von präpersonalen Süchtigen« (Wilber 1988, 370).

11 Einige Jahre später wird Rudolf Bahro an Lothar Späth schreiben: »Meine Einstellung – wenn auch nicht zu jenem Thema, aber zu Ihnen – hat sich schon dadurch geändert, daß Sie nach Ossiland gefahren sind, und nicht auf Besuch. Außerdem kann ich mir gar nicht denken, daß Sie im Innersten noch so an eine primär auf Technologie gestützte Kehre vor dem Abgrund glauben.« (Schreiben vom 4. 11. 1992)

12 Der Magie des Geldes am Beispiel des *Faust* von Johann Wolfgang von Goethe ist der Schweizer Ökonom Hans Christoph Binswanger nachge-

gangen. Er plädiert nicht für eine Abschaffung des Geldes, sondern für die Unterordnung der Geld-Schöpfung unter jene der Natur-Schöpfung. Auch Bahro meint, Geld gehöre nicht zu den Dingen, »die völlig abgeschafft werden könnten oder sollten. Aber wenn wir es bewältigen wollen, dürfen wir uns *nicht mit ihm als einem Symbol der Freiheit identifizieren*« (*Logik*, 140).

13 Erstmals tauchte die Metapher in der *Logik der Rettung* auf. Die entsprechende Passage lautet: »Die bereits hier und dort vernehmbaren Rufe nach einem ›grünen Adolf‹ werden keineswegs zu einem wiedererkennbaren Faschismus jenes unverwechselbaren Typs mit einem Psychopathen an der Spitze führen. Da wird nach einem Gespenst gerufen, und von der Gegenseite vor einem Gespenst gewarnt, das keinen Auf tritt plant. [...] Die Psychopathie des Ganzen ist perfekt genug, als daß es auch nur eines einzigen Psychopathen in dem präparierten Notstandsbunker bedürfte.« (*Logik*, 358)

14 Über dieses Ereignis berichtet Marina Lewkowicz: »Wir suchten den Bogen zu schlagen von *Idomeneo* – dem Sieg der Liebe über mythisch-patriarchale Stammesloyalität –, von der *Entführung* – Janitscharen-Musik riß uns immer wieder hin zu ausgelassenem Tanz – zur ersten Intensiv-Begegnung mit den Charakteren des *Figaro* (wer kennt sie nicht, die Gräfin und Susanna, den Grafen und den Figaro, und Cherubino?) und dem *Don Giovanni* (Donna Anna, Donna Elvira, die kühne Zerlina) – Urbildern von Gestalten, die unser Leben, unsere Beziehungen *jetzt* berühren, die wir in uns selbst wiedererkennen. Nicht weniger die aus *Così fan tutte* – Despina, Fiordiligi, Dorabella, Guglielmo und Ferrando, der überhaupt die schönste Arie singt: *›Un' aura amorosa ...‹*, der *Odem der Liebe*. Dann der tiefste Gang in die Unterwelt mit Don Giovanni, zur Königin der Nacht, der initiatische Weg mit der *Zauberflöte* zum Licht, zur Sonne und schließlich ins Überpersönliche, ins Paradies der Milde und Gelassenheit des *Titus*, mit der Musik einer himmlischen Hochzeit (des Annio und der Servilia).« (*Rückkehr*, 335 f.)

15 Die Schweisfurth-Stiftung ist eine Gründung des sehr erfolgreichen Wurstfabrikanten Karl Ludwig Schweisfurth, der einen Bewußtseinswandel vollzog und nur noch »wirkliche Lebensmittel« fördern will – mit ökologischer Landwirtschaft und durch Unterstützung alternativer Projekte. Für Bahro (und später dessen Nachfolger Johannes Heinrichs) hat er sich finanziell stark engagiert.

16 Die Professorenstellen gehen von der niedrigen C 2 bis zum Lehrstuhlinhaber C 4. Die sichtbaren Unterschiede liegen in der Bezahlung, den zugestandenen Assistentenstellen und der Beschäftigung einer Sekretärin.

17 *Verein zur Förderung der Psychologischen Menschenkenntnis (VPM):* Ein 1986 aus der sogenannten *Zürcher Schule* des autodidaktischen Psychotherapeuten Friedrich Liebling (1893–1982) hervorgegangener »psychologischer Fachverband« (so die Selbstdarstellung) – Hauptsitz in Zürich – mit ca. 3000 Anhängern in der Schweiz und der Bundes-

republik. Von Nordhausen und Billerbeck (*Psycho-Sekten*, 1997) als »Heilslehre vom besseren Leben durch Sauberkeit und Ordnung« der rechten Psychoszene zugerechnet, wobei sich der Verein in hunderten von Prozessen gegen seinen Ruf als Sekte zur Wehr setzte und seine Bedeutung im Kampf gegen Drogen und AIDS hervorhob. Eine Zeitlang auch Anlaufpunkt von »heimatlosen Linken« der 68er Bewegung, machte VPM ab 1988/89 eine Wende durch und stieg in die Gesellschaftspolitik ein, wobei der Verein besonders gegen die subversive »Zerstörung von Staat und Gesellschaft« zu Felde zieht und dabei starke Sympathien und Unterstützung aus dem rechten und antikommunistischen Lager erfuhr. Der Artikel gegen Bahro erschien in der Zeitschrift des Bundes Freiheit der Wissenschaft, der direkt mit der VPM verbunden war, und ist insofern ein interessanter Fall, da er linke antifaschistische Klischees gegen die *Logik der Rettung* mit einer rechtsradikalen Grundhaltung gegen den »linken Ideologen« Bahro, gegen das »menschenverachtende Gedankengebäude des französischen ›Philosophen‹ Michel Foucault« und gegen die Neue Linke insgesamt vereint. Der Verein hat sich am 4. März 2002 offiziell aufgelöst.

18 Zu Frank Natale, einer Kultfigur in der Sannyasin-Szene, schreiben Nordhausen und von Billerbeck, er sei einer »der bekanntesten Anbieter von Psycho-Kursen auf dem Esoterik-Markt«, er verkaufe »nicht nur Seminare wie ›erfolgreiche Kommunikation‹, ›würdevolle Sexualität‹ oder ›Feuermänner des Herzens‹, sondern auch Trance-Dance-CDs, Bücher und Videos« und veranstalte Rituale mit dem rauschhaften »heiligen Ayahuasca-Drink« (Psychosekten, 161f, 155).

19 Gemeint ist folgende Passage in den *Ökonomisch-Philosophischen Manuskripten* von Marx: »Dieser Kommunismus ist als vollendeter Naturalismus = Humanismus als vollendeter Humanismus = Naturalismus; er ist die *wahrhafte* Auflösung des Widerstreites zwischen dem Menschen mit der Natur, und mit dem Menschen, die wahre Auflösung des Streits zwischen Existenz und Wesen, zwischen Vergegenständlichung und Selbstbestätigung, zwischen Freiheit und Notwendigkeit, zwischen Individuum und Gattung. Er ist das aufgelöste Rätsel der Geschichte und weiß sich als diese Lösung.« (MEW, Ergänzungsband. 1. Teil, 536)

20 Bahro spielt hier auf den Schlußsatz im letzten Abschnitt des 13. Kapitels des ersten Bandes des *Kapital* an, der überschrieben ist: *Große Industrie und Agrikultur*. Er lautet: »Die kapitalistische Produktion entwickelt daher nur die Technik und Kombination des gesellschaftlichen Produktionsprozesses, indem sie zugleich die Springquellen alles Reichtums untergräbt: die Erde und den Arbeiter.« (MEW, Bd. 23, 529f.)

21 *Idee eines »Ökologischen Rates«:* Die Studie *Zukunftsfähiges Deutschland* (BUND/Misereor 1996) erwähnt zumindest in einer Fußnote, Rudolf Bahro sei der erste gewesen, der den Vorschlag, einen »Ökologischen Rat« zu schaffen, in die Diskussion gebracht habe (ebd., 422).

22 Ich hatte diesen Artikel bei der Ausarbeitung der Biographie gelesen und wegen des überscharfen, gegen die SED gerichteten Tons für keinen aus der DDR stammenden Text, sondern für eine *Spiegel*-Erfindung gehalten und sofort aussortiert.

23 Projektgruppe Strahlen: Bericht zum Projekt: Einsatz von Röntgenstrahlen und radioaktiven Stoffen durch das MfS gegen Oppositionelle – Fiktion oder Realität?, BStU Berlin 2002, 226 Seiten.

24 Ebenda, S. 14, vgl. auch die Ergebnisse von M. Beleites, S. 12f., und das weiterführende Ergebnis zu anderen Strahlenquellen, S. 42.

25 G. Herzberg: Kein Opfer der Stasi-Bestrahlung, in: *FAZ,* 11.4.2003.

26 Zu den sachlichen Beziehungen zwischen einigen Stücken Volker Brauns und der *Alternative* vgl. V. Kirchner: Im Banne der Utopie, Heidelberg 2002, S. 103, 115–119, 148, 158.

Bildnachweis

Archiv Grünes Gedächtnis der Heinrich-Böll-Stiftung/Ralph Rieth: XIII
Bundesbeauftragte für die Stasi-Unterlagen: VI u., VII u., VIII o., IX o.,
Fotoagentur Zentralbild (dpa): IX u., X, XVI
Gedenkstätte Bautzen/Ronny Heidenreich: VIII u.
Jupp Darchinger: XI u.
Joachim Fisahn: XV u.
Hans-Peter Heinrichs: XI o.
Privatarchiv Gundula Bahro: I, III, IV u., V, VI o.
Privatarchiv Fritz Boeck: II o.
Privatarchiv Günter Ehmke: IV o.
Privatarchiv Gerda Jun: XV o.
Privatarchiv Marina Lehnert: VII o., XIV
Privatarchiv Horst Spaar: II u.
Friedrich Stark/plata: XIII o.

Die Methoden der Staatssicherheit

Brief einer Inoffiziellen Mitarbeiterin des MfS an den Verlag

10. Juni 2002

Lieber Christoph Links!

Danken möchte ich Dir für die Fairneß, mir den mich betreffenden Teil des Manuskripts von Herzberg/Seifert vor Erscheinen zur Einsicht zu übersenden und mir Gelegenheit zu geben, mich dazu zu äußern, so weit ich darin belastet bin. Meine Zeilen können und sollen keine Rechtfertigung sein, es gibt da nichts zu rechtfertigen und nichts zu beschönigen, die Fakten sprechen für sich, und die überwiegend sachliche Art, wie die Autoren damit umgehen, auch. Früher wurden dermaßen als schuldig Bezeichnete – wie ich – an den Pranger gestellt und dem Volk als Spectaculum vorgeführt, heute geschieht das eleganter, zwischen zwei Buchdeckeln, vielleicht effizienter, weil ein größeres Publikum damit erreicht wird als nur ein paar Gaffer auf dem Marktplatz.

Meine Bahro-Affäre liegt 25 Jahre zurück, ich habe viel Zeit gehabt, über Schuld, Schande und Scham nachzudenken und mir meiner Schwäche bewußt zu werden. Meine Bilanz ist nicht gut, und wenn ich manches ungeschehen machen könnte, so würde ich es tun, ich bereue es.

Die Dinge sind geschehen, ich habe sie geschehen lassen, sie getan, davon wäscht mich nichts rein, und so habe ich diesen »Pranger« wohl verdient. Die vor mir liegende letzte Lebenszeit wird nach dem Erscheinen Eures Buches vermutlich sehr einsam sein. Weniger mein Schuldbekenntnis (versteh es bitte nicht als Larmoyanz) wird Dich jedoch interessieren als die Ausgangspunkte, meine sogenannten Motive. Ich will versuchen, sie so gut oder so schlecht ich das kann, deutlich zu machen.

Durch Joachim Walthers Buch weißt Du, daß ich seit 1963 in die Stasi involviert war.

Mein erster noch *unbewußter* Kontakt ergab sich daraus, daß ich in einer Parteiversammlung meines Verlages verschiedene Mißstände wie Vetternwirtschaft, undurchschaubare Honorarmanipulationen, Schiebereien, schlechte Leitungstätigkeit u.a. öffentlich kritisierte. Mein damaliger Parteisekretär erbat anschließend meine Ausführungen schriftlich für das Protokoll und sagte mir kurz danach, zwei Genossen von der SED-Kreisleitung wollten sich mit mir über die Angelegenheit unterhalten, mich aber zu Hause besuchen, da wir uns dort ungestörter unterhalten könnten. Ich stimmte zu, freute mich sogar, daß meine Kritik offenbar von der Partei ernst genommen wurde, und empfing ahnungslos in meiner damaligen Ladenwohnung in der Choriner Straße zwei Mitarbeiter des Ministeriums für Staatssicherheit. Erst am Ende des Gesprächs gaben sie sich als solche zu erkennen und fragten, ob ich zur Mitarbeit mit ihnen bereit sei. Ich erschrak, das wollte ich nicht, und wußte nicht, wie ich mich aus der Affäre ziehen sollte. Ich sagte, ich müsse darüber erst einmal nachdenken und mit meinem Freund oder meinen Eltern reden,was sie mir strikt untersagten. Schon kurze Zeit später waren sie wieder da und setzten mich, als ich wieder ausweichende Antworten auf ihre Frage gab, unter Druck. Wie das wohl oft geschah, unter verschiedenen Androhungen, von denen ich mich einschüchtern ließ. Man bezichtigte mich wegen der Republikflucht eines Freundes, dem ich beim Auslagern seiner Bücher geholfen hatte und mit dem ich bis zum Mauerbau über ein Postamt in Westberlin korrespondiert hatte, der Zusammenarbeit mit dem CIA. In nervenden und bedrohlichen Kreuzverhören stellte sich dann heraus, daß mein Name und meine Personalien in einer Kartei des CIA für potentiell anzuwerbende Mitarbeiter aufgetaucht waren. Wie sie da hineingekommen waren, bleibt Spekulation. Um meine Loyalität zu beweisen und aus Angst davor, daß man mir meine damals dreijährige Tochter Franziska fortnehmen könnte, habe ich die Verpflichtung unterschrieben und wurde so zum IM »Büchner« – ein Band »Leonce und Lena« lag zufällig auf dem Tisch. Sic.

Anfangs voller Angst, habe ich allmählich in der Zusammenarbeit mit den Genossen einen Sinn, ja eine Möglichkeit gesehen, in geringem Umfang auf verschiedene Miß- und Zustände Einfluß nehmen zu können. Die Art, wie man mit meinen Vorschlägen, Kritiken, Anregungen und Beanstandungen umging, hatte durchaus etwas Konstruktives und ermutigte mich. Einige meiner Führungsoffiziere habe ich im Laufe der Zeit dabei als intelligente und verständnisvolle Gesprächspartner kennengelernt, mit denen man sich auf politischer wie auf privater Ebene über manches austauschen konnte, was andernorts, im Betrieb oder in der Mitgliederversammlung tabu war. Dennoch wurde mir die Schizophrenie meines Lebens als Mensch in meinem offenen Arbeits- und Familienleben und als »Kundschafterin« immer wieder erdrückend bewußt, und ich hatte gegenüber vielen Menschen, die mir Zuneigung, Freundschaft und Sympathie entgegenbrachten, Schuldgefühle und Gewissensbisse. Doch ich hielt die Verbindung zu den Genossen bald für wichtig und notwendig, zumal von anderer Seite einige Male versucht wurde, mich zur Republikflucht zu bewegen.Trotz einiger erheblicher Schwankungen und Zweifel kam ein anderer Weg als der, mich unter der Führung der Partei für den Sozialismus zu engagieren, für mich nicht in Frage. Und ich hatte das Feindbild des kalten Krieges übernommen, das die »Welt«, d.h. alles Geschehen, Tun und Lassen in ein Für oder Wider zerteilte und mein Urteilsvermögen vielfach undifferenziert einengte. So war ich bemüht, ein zuverlässiger Parteisoldat zu sein. *Soldat* – das schloß das Befehlsempfangen ein, sprich: den »Parteiauftrag«, und die Parteidisziplin.

Ich entstamme einem antifaschistisch-kommunistischen Elternhaus, war schon mit 16 in der Partei und bin zum Teil noch stalinistisch geprägt worden, und der kürzeste Weg zum Glück der Menschheit hieß Diktatur des Proletariats. Das wurde mir von allen Seiten eingehämmert, und ich übernahm es in mein bewußtes und unterbewußtes Denken. Alles, was diesen

Weg verbaute oder in Frage stellte, war schädlich, feindlich, mußte bekämpft und verhindert werden. Das hatte ich verinnerlicht. Dazu gehörten auch Tito, Djilas, Ungarn, Walesa, der Prager Frühling u. a. Wobei der starke vielfach dogmatische Einfluß meines Vaters auf mich eine wesentliche Rolle spielte, ein merkwürdiges Konglomerat übrigens aus Marx, Lenin, Stalin, Goethe, Rousseau und – denke Dir: – Kants kategorischem Imperativ.

Zu Rudolf Bahro. Ich lernte ihn im Frühjahr 1976 kennen. Wütend rief ich ihn eines Tages an und bat ihn um ein Treffen. Ich wollte dem mir unbekannten Bahro die Meinung sagen und ihn gleichzeitig auffordern, meine damalige Kollegin und Freundin Loni (Eleonore)Weist im Krankenhaus zu besuchen. Loni Weist hatte seinetwegen einen Suizidversuch unternommen und lag auf der Psychiatrie in der Charité. Sie hatte Bahro über eine Heiratsannonce kennengelernt, die, glaube ich, Bahro aufgegeben hatte. Nach kurzer Bekanntschaft gab ihr Bahro wohl recht grob und verletzend zu verstehen, daß sie seinen erotischen Vorstellungen nicht entsprach. Sie hingegen vergötterte diesen Mann. Seine Brüskierung mußte daher auf sie vernichtend wirken und trieb sie in die Verzweiflung. Ich mischte mich also Loni Weist zuliebe in eine Sache ein, die mich eigentlich nichts anging, und hätte dies lieber nicht tun sollen.

Zuvor hatte Loni mir enthusiastisch erzählt, dieser Rudolf Bahro habe ein Mskr. geschrieben, das, wenn es bekannt werden würde, ihn entweder zum Hochverräter machen oder den Umsturz der DDR einleiten würde. Hier sei »ein neuer Marx« erstanden, ein Weltverbesserer, der Lenin in den Schatten stellte, der genialste Mensch, den sie je getroffen habe. Da sie zu Übertreibungen neigte, nahm ich die Sache zunächst nicht so ernst. Als sie aber immer wieder davon anfing, wurde ich neugierig, und da sie sagte, das Mskr. läge bei ihr, bat ich sie, noch ohne jeden Gedanken an die Stasi, es mir auszuleihen. Einige Tage später übergab sie es mir.

Noch hatte ich nur wenige Seiten in Bahros Mskr. gelesen, als eines der turnusgemäßen monatlichen Treffen mit meinem Führungsoffizier »Fred« stattfand, dessen wirklichen Namen ich nie erfahren habe und eigentlich auch nicht wissen wollte. Die Konspiration hatte gewisse Regeln, und die kannte ich. »Fred« und ich waren uns sympathisch, und unsere Gespräche verliefen sachlich in einer fast freundschaftlichen Atmosphäre. Bei diesem Treff nun war die Rede von einem »hochbrisanten, umstürzlerischen und konterrevolutionärem Pamphlet«, das gefährliche Auswirkungen haben könnte. Es sei in Umlauf bei verschiedenen Künstlern, Schauspielern und Schriftstellern, ob ich etwas darüber wisse und wer der Autor sei. Ich stutzte und nahm an, er wisse bereits, daß das Mskr. bei mir sei, und er wolle mir, wie das manchmal geschah, eine Fangfrage stellen oder eine Brücke bauen. Leugnete ich, hätte die Sache unangenehm werden können, wenn er mir das Gegenteil präsentierte. Also sagte ich, was ich wußte und wie die Dinge standen, auch daß ich Bahro in den nächsten Tagen kennenlernen würde. Das schien ihm zu gefallen. Ich bat nur darum, daß Loni Weist keine Schwierigkeiten erwachsen mögen. Was »Fred« mir zusicherte. An Bahro selbst, den ich ja zu diesem Zeitpunkt noch gar nicht persönlich kannte, dachte ich nur flüchtig und unbeteiligt.*

»Fred« ließ das Mskr. von mir abholen, wohl um es zu kopieren, und ich erhielt es kurz darauf zurück. Loni sagte ich nichts von der Transaktion, war mir jedoch des Vertrauensbruchs ihr gegenüber bewußt. Ich war aber als IM zum absoluten Schweigen über alle Stasi-Aktivitäten, in die ich einbezogen war, verpflichtet und hielt diese Verpflichtung außer in der Zeit meiner Ehe mit Stephan Schnitzler stets ein.

Als ich Bahro nun nach meinem Anruf bei ihm zum ersten Mal traf, gingen wir auf der Straße vor meinem Haus etwa eine halbe Stunde auf und ab, ich wollte ihn nicht mit in meine Wohnung nehmen. Eindringlich sprach ich mit ihm nur über Loni, d.h. ich redete auf ihn ein, und er schwieg und hörte ziemlich desinteressiert zu. Einen Besuch im Krankenhaus, um den ich ihn bat, lehnte er kategorisch ab. Ich merkte, wie lästig und gleichgültig ihm das Thema war, und es empörte mich gegen ihn. Seine Erscheinung war mir nicht angenehm, und ich wunderte mich darüber, wie die gutaussehende Loni sich an einen äußerlich so unscheinbaren Allerweltstyp verlieren und um ihn leiden konnte. Den »Umstürzler« oder »Hochverräter« konnte man diesem ewig wie ein Buddha lächelnden Menschen, der den Kopf ein wenig schief hielt, viel zu weite Präsent-20-Hosen und einen unmodernen Haarschnitt trug, wirklich nicht ansehen.

Als ich mich resigniert verabschieden wollte, ich hatte ja leider nichts für Loni erreicht, bat Bahro unerwartet darum, mich wiedersehen zu dürfen. Er möchte mich gern näher kennenlernen, um mit mir über andere Dinge zu reden, zum Beispiel über ein Mskr., das er geschrieben habe. Da ich Verlagslektorin sei, würde ihn meine Meinung interessieren. Zögernd ging ich darauf ein, obwohl ich eigentlich nach meiner gescheiterten Mission nichts mehr mit ihm zu tun haben wollte und auch Bedenken hatte, wie Loni wohl reagieren würde, wenn ich ihr von einer Verabredung mit Bahro erzählte. Zudem fühlte ich mich fachlich nicht kompetent, um ihm Wesentliches über seine Theorien zu sagen. Allein, ein Gespräch über das Mskr. interessierte mich schon, und ich sagte Bahro, daß Loni mir dasselbe bereits ausgeliehen und ich zu lesen begonnen hätte. Er wunderte sich nicht darüber, setzte nahezu voraus, daß es so sein müßte, und bestand darauf, mich wiederzutreffen, damit er mir manches erklären könne. Es würden sich sicherlich Fragen für mich ergeben.

Wir verabredeten uns und unternahmen eine Woche später mit meinem Trabant einen Ausflug, bei dem mir Bahro, während wir mehrere Stunden

* Ein faktischer Widerspruch zu unserer Darstellung, denn nach der Aktenlage haben sich beide schon gekannt und hat Frau Schnitzler das Manuskript direkt von Bahro erhalten. Dies ließ sich auch durch mehrere Telefongespräche mit der Schreiberin dieses Briefes nicht klären. *[G.H.]*

spazierengingen, ausführlich sein Gesellschaftskonzept auseinandersetzte. In China, wo noch die sogenannte »Viererbande« um die Witwe Maos an der Macht war, würde nach seiner Meinung das »schwächste Kettenglied« zerbrechen und der Weltumsturz des Sozialismus beginnen. Dann sei es nur eine Frage der Zeit, bis die Sowjetunion und die Volksdemokratien, darunter die DDR, zu existieren aufhörten. Diese Entwicklung zu analysieren und zu prognostizieren, sei er angetreten. Ich war ebenso beeindruckt von der obsessiven Ernsthaftigkeit seiner Ausführungen wie skeptisch, was die Möglichkeit einer praktischen Umsetzung seiner Ideen anging, merkte aber, wie er mich zunehmend in seine Gedankenwelt zog. Ging es jedoch nicht viel mehr darum, die sozialistische Welt auszubauen und zu erhalten, statt ihren Verfall vorauszusagen und zu definieren? Ich war beunruhigt und sagte ihm, er sei ein Phantast. An seine Antwort erinnere ich mich nicht mehr, nur daran, daß er vollkommen sicher war, alles würde so kommen.

Auch von seiner Dissertation erzählte mir Bahro, daß es Schwierigkeiten mit den Gutachtern gäbe und die Sache unnötig lange hingeschleppt werde. Er nutze aber die Zeit, um an seiner *Alternative* weiterzuarbeiten, da er auch in seinem Betrieb (Gummiwerke Weißensee) viel Freiraum für persönliche Arbeiten habe. Einen Grundgedanken seiner *Alternative* – ich weiß nicht mehr welchen – habe er auch in seiner Dissertation behandelt.

Bei meinem nächsten Treff mit »Fred« mußte ich über das Gespräch mit Bahro berichten. [...] »Fred« verlangte jedoch nicht nur das Mskr. von mir, sondern er forderte mich auf, den persönlichen Kontakt zu Bahro auszubauen und ihn über alles, was Bahro betraf, auf dem laufenden zu halten. Mir war die Sache unangenehm, ich war noch nie auf einen Menschen, wie das heißt, »angesetzt« worden. Ich hatte jedoch nicht den Mut abzulehnen, nahm mir aber vor, die Sache zu minimieren, auf Sparflamme zu halten und nicht von mir aus aktiv zu werden, sondern mit Bahro nur zusammenzutreffen, wenn es unbedingt sein mußte.

Nun nahmen die Dinge ihren Lauf. Zunehmend wurde ich als Instrument der Stasi benutzt, manipuliert, ja mißbraucht, in dem Maße, wie ich über alle Besuche Bahros und Verabredungen mit ihm von »Fred« – häufig in Gegenwart seines Genossen H. [Leutnant Holm] – berichten mußte. Alle Manuskripte, die Bahro mir brachte, übergab ich aufforderungsgemäß an »Fred«, der sie kopieren und archivieren ließ. Bahro besuchte mich häufig, blieb länger, als mir lieb war, nahm keine Rücksicht darauf, wenn ich anderen Besuch oder häusliche Verpflichtungen meinen Kindern gegenüber hatte oder einfach nur müde war und allein sein wollte. Meist dozierte er stundenlang, immer Bewunderung oder Fragen heischend, niemals Kritik, die er kasuistisch und überlegen lächelnd abschmetterte, wohl wissend, daß ihm sein Gegenüber in der Argumentation nicht gewachsen war. An Einzelheiten unserer Diskussionen erinnere ich mich jedoch nicht mehr. Zuerst bemühte ich mich noch, seine Gedanken nachzuvollziehen, sah dann aber bald ein, daß ich eigentlich kein adäquater Gesprächspartner für ihn sein konnte. Manchmal erzählte er mir auch von seiner Freundin Ursula, die für ihn einen großen Teil der Abschreibearbeiten erledigte und die u.a. deswegen für ihn unentbehrlich war. Auch von seiner Familie, von der er sich getrennt hatte, um sie im Falle seiner Verhaftung nicht zu belasten, sprach er. Seine Frau Gundula nannte er immer mit großer Sympathie und Achtung.

Überhaupt war die Verhaftung ein häufiges Thema in unseren Gesprächen. Er kalkulierte sie fest ein und ging sogar so weit, sie als notwendig für eine erfolgreiche Verbreitung seines Buches einzubeziehen. Er war bereit dazu. Ohne daß er dieses Opfer brächte, würde die Öffentlichkeit in Ost und West das Buch, wie er sagte, nicht richtig würdigen und zur Kenntnis nehmen können. Sein messianisches Gebaren entsetzte mich und war mir unheimlich, und ich versuchte seine Entscheidung in Frage zu stellen, allein er gab sich furchtlos, mit fast entrückter Entschlossenheit. Nur so würde seine Theorie ernstgenommen werden und die Menschen, vor allem unseres Landes, wachrütteln.

Einmal erzählte mir Bahro, er sei in Verhandlungen mit einem Schweizer Verlag, der die *Alternative* drucken würde. Wie nun zu lesen ist, war diese Auskunft mir gegenüber nur ein Test auf meine Vertrauenswürdigkeit, der ihm leider zu spät die Augen über meine Person geöffnet habe. Allein erscheint nun fraglich, ob ich es wirklich gewesen bin, »welche am stärksten sein Vertrauen besaß«.

Wiederholt fragte mich Bahro nach Möglichkeiten, ihm bei der Vervielfältigung seines Manuskripts zu helfen, ob ich nicht in meinem Verlag unauffällig ein paar Exemplare kopieren könne oder eine andere Möglichkeit wüßte, es würde »seiner Sache dienen«. Natürlich lehnte ich ab. Auch hatten wir im Verlag nur einen störanfälligen alten Kopierer, für dessen Benutzung jedesmal eine ausdrückliche Erlaubnis der Kaderleiterin erforderlich war. Dann brachte er mir ein Exemplar der derzeit letzten Fassung seiner *Alternative* und bat mich, das Mskr. für ihn während der Zeit seiner voraussichtlichen Inhaftierung sicher aufzubewahren. Ich sagte es zu und nahm das Mskr. (eine Kopie) an mich. In meiner Wohnung hatte ich ein Versteck in der Zwischenwand meines Kamins, von dem ich wußte, daß es absolut sicher sei, man konnte es nur, auf dem Bauch liegend mit einer geschickten Armdrehung erreichen. Dort deponierte ich Bahros Manuskript und sagte »Fred« nichts davon. Nach Bahros Verhaftung fragte er mich, ob ich noch irgendwelche Manuskripte von B. in meiner Wohnung aufbewahren würde. Nein, sagte ich, ich habe alles in den Ofen gesteckt. Was ja stimmte. Als ich Jahre später bei einem Umzug das Manuskript aus seinem komplizierten Versteck holen wollte, war es nicht mehr da.

Zuerst hatte mir Bahro bei seinen Besuchen jedesmal ein paar Manuskriptseiten von sich mitgebracht, über die er mit mir reden wollte, später waren es Blumen, Schallplatten, Pralinen, einmal sogar drei kleine Halbedelsteine mit einem Silberkettchen. Dabei bat er mich, sollte ich einmal nach seiner Verhaftung zu seiner Person befragt werden, über diese Geschenke nichts verlauten zu lassen, was ich auch in dem zweitägigen Zeugenverhör in der Magdalenenstraße nach seiner Verhaftung nicht getan habe. Er rechnete also fest mit seiner Festnahme und auch damit, daß alle seine Kontaktpersonen verhört werden würden.

Als er dazu überging, mir Gedichte und Liebesbriefe zu schreiben, die er mir stets persönlich übergab, nie mit der Post schickte, wurde mir erdrükkend und dumpf die ganze Unmoral meines Tuns bewußt. Das heißt, ich tat ja eigentlich nichts, was ihn ermutigte, mir seine Gefühle entgegenzubringen, ich hatte kein Interesse an ihm als Mann, steckte zudem auch noch in einer anderen Beziehung – aber ich war dennoch in eine äußerst unangenehme Lage geraten. Ich faßte Mut und sagte »Fred«, ich müsse aussteigen, ich könne mich nicht weiter mit Bahro treffen, es überfordere mich. Dieser Mann sei mir menschlich zugetan und ich würde ihn ständig verraten, ich käme mir hundsgemein vor. Und Verrat war es ja in jedem Fall, auch unabhängig von der Gefühlslage. »Fred«, der mich jetzt alle paar Tage zum Rapport bestellte oder sich mit mir traf, wollte alles von mir wissen, was Bahro betraf, möglichst jede Einzelheit unserer Gespräche. Er ließ mein Aussteigen nicht zu, äußerte Verständnis und sagte, er wisse, wie schwer das alles für mich sei, aber es ginge nicht. Ich bekam einen Weinkrampf, und er wartete, bis ich aufhörte zu heulen. Dann beschwor er meine »tschekistische« Disziplin und konspirative Verpflichtung. Zuviel stünde auf dem Spiel – letztlich der Sozialismus. Ich solle ihn und die Genossen nur jetzt nicht im Stich lassen, jetzt kurz vor dem Ziel. Vor welchem Ziel? fragte ich. Aber »Fred« sagte nur, die Sache wäre kurz vor dem Abschluß. Am liebsten hätte ich mich Bahro gegenüber offenbart, wagte es aber nicht. Ich schrieb ihm nur einen sehr persönlichen Brief, daß wir unsere Verbindung, die für mich nie eine erotische war, nicht fortsetzen könnten. Ich sei ein gebranntes Kind nach zwei gescheiterten Ehen und mehreren kaputten Beziehungen und wolle überhaupt keinerlei Bindung mehr, nur ein Leben mit meinen Kindern, und ich könne nun einmal nicht das für ihn empfinden, was er erwartete, es solle Schluß sein, ein für allemal, er solle mich bitte nicht mehr besuchen. Er schrieb zurück, meine Kinder würden mich sowieso eines Tages verlassen, er aber wolle mich haben, »seine Uhr sei auf mich eingestellt«, was immer das heißen mochte, und wenn ich ihm nicht erklären könne, warum »es« nicht sein könne, müsse wahrhaft etwas Böses dahinterstecken, müsse ich böse Gründe für meine Verweigerung haben.

Wie recht er hatte. Er steckte mir noch einige seiner (wirklich schönen) Gedichte in den Briefkasten, dann fuhr ich mit meinen Kindern in den Urlaub nach Polen, und als ich zurückkam, war Bahro zwei Tage zuvor verhaftet worden.

Auch wenn er es einkalkuliert hatte in seinen Plan, auch wenn ich mir sagte, er habe es ja so gewollt, er *wollte* der »Märtyrer« sein, der Verkünder eines neuen Weltmodells, er wollte es so und nicht anders – die Nachricht traf mich wie ein Keulenschlag, und das ganze Ausmaß meiner schuldhaften Beteiligung an diesem makabren Szenarium drückte mich zu Boden.

Monate nach Bahros Verhaftung fand in der berüchtigten Magdalenenstraße meine Zeugenvernehmung statt, die mehr oder weniger fiktiven Charakter hatte, um bei Bahro und anderen Zeugen keinen Verdacht gegen mich aufkommen zu lassen. Umständlich und ausführlich wurde ich zwei Tage lang hintereinander von einem äußerst intelligenten und schlagfertigen Vernehmungsrichter nach allem befragt, was sie ohnehin schon wußten. Die Fragen waren vorformuliert, und ich beantwortete sie schematisch. Ich nahm an, der Befrager wußte, wer ich wirklich war, aber das groteske Theaterstück wurde zu Ende gespielt. Zum Schluß mußte ich das Protokoll unterschreiben. Bei dem letzten Satz wollte ich mich weigern und zögerte lange, denn dieser Satz, den ich nicht gesagt hatte, lautete: »Ich beurteile Bahros Manuskript *Zur Alternative* ... als ein konterrevolutionäres Machwerk.« Der Vernehmungsrichter* gab mir zu verstehen, daß, wenn ich das nicht unterschriebe, wir morgen noch hier sitzen würden, und so resignierte ich, da ohnehin schon alles egal war, und unterschrieb. Für diese Unterschrift aber schämte ich mich mehr als für manche Manuskript-Weitergabe und manche Mitteilung unserer Gespräche.

Einige Zeit später kamen »Fred« und [Leutnant] H. mit Blumen und einer Flasche Sekt zu mir nach Hause. Es gäbe etwas zu feiern. Sie taten sehr geheimnisvoll. Mir war nicht nach Feiern zumute, aber ich stellte die Blumen in eine Vase und holte drei Gläser. Als »Fred« eingegossen hatte, erhob er sich und bat auch mich und den Genossen H. aufzustehen. Dann geschah etwas Ungeheuerliches: er verlieh mir den »Kampforden für Verdienste um Volk und Vaterland« (3. Klasse). Ich wußte nicht, ob ich weinen oder lachen sollte, habe ich doch seit je zu Ordensverleihungen und allen militärischen Zeremonien ein ausgesprochen gestörtes Verhältnis und finde sie lächerlich. Allein, die hochkarätige Würdigung meiner Beteiligung an Bahros Schicksal erfüllte mich mit Grauen und machte mir das Ausmaß meiner Schuld bewußt. Die Ordensverleihung bestand darin, daß »Fred« mir eine Urkunde mit der Unterschrift des Ministers vorlas und ein kleines Kästchen öffnete, in welchem der Orden lag, dessen Aussehen ich nicht mehr genau beschreiben kann. Ich glaube, eine Hand mit einem Gewehr war darauf geprägt. Es folgte ein kräftiges Händeschütteln mit beiden Genossen sowie eine mündliche Gratulation. Aus »Sicherheitsgründen« nahm »Fred« jedoch Urkunde und Orden gleich wieder an sich und meinte, beides bliebe besser bei ihnen verwahrt. Nur einen dazugehörigen Briefumschlag mit Geld, dessen Annahme ich unbedingt verweigern wollte, drängte er mir noch auf. Ich wollte den Judaslohn nicht, aber er ließ nicht locker, bis ich die Quittung unterschrieben hatte. Nachdem der Umschlag tagelang unberührt auf meinem Schreibtisch lag, er enthielt einen größeren Betrag, entschloß ich mich, seinen Inhalt, gesplittet in kleinen Beiträgen, dem Solidaritätsfonds zukom-

* Es handelte sich um einen Vernehmer der Untersuchungsabteilung HA IX/2 des MfS.

men zu lassen. Den größten Teil davon warf ich nach und nach in den Glaskasten von Unicef, der in einem Geschäft in der Hans-Beimler-Straße neben der Kasse stand, das übrige Geld in kleinen Scheinen in Sammelbüchsen des DRK in Apotheken, bei Solidaritätsbasaren und der Volkssolidarität. Auch erhöhte ich meine Solidaritätsspenden bei der monatlichen FDGB-Beitragszahlung. Nur einen Restbetrag von etwa 40,– Mark ließ ich zuletzt beim Tanken an einer Tankstelle.

Ich bin Bahro nie wiederbegegnet, auch wenn ich dazu Gelegenheit gehabt hätte. Ich hätte ihm nicht in die Augen blicken können …

Dies ist der Bericht über die perfide Geschichte meiner Bekanntschaft mit Rudolf Bahro, zu dem Du mir Gelegenheit geboten hast. Und er ist zugleich mein vielleicht längst überfälliges Outing über meine Stasi-Verstrickung. Wenn Du mich vor einer Eskalation in den Medien und vor weiteren Befragungen bewahren könntest, wäre ich Dir dankbar. Ich habe alles gesagt, was ich sagen konnte, und es ist mir nicht leichtgefallen.

Und – Du hast recht, Christoph: »Das Leben ist vielschichtiger als die Akten.«

Ich grüße Dich in guter Verbundenheit –

Sonja Schnitzler

Danksagung

Beide Autoren haben viel Unterstützung bei ihren Recherchen erhalten und danken für wertvolle Informationen, ohne die diese Biographie hätte kaum geschrieben werden können, zuerst Gundula Bahro und Marina Lehnert.

Im besonderen dankt Guntolf Herzberg für die Bereitstellung von Material dem/der Bundesbeauftragten für die Unterlagen des Staatssicherheitsdienstes der ehemaligen Deutschen Demokratischen Republik (BStU), hier speziell der Sachbearbeiterin Andrea Voigt, die ihn stets hilfsbereit und freundlich unterstützte, sowie Volker Braun, Marko Ferst, Uta Franke, Alexander Fromm, Evamaria Nahke, Hans-Christoph Rauh, Sonja Schnitzler, Hannes Scholder und Reinhard Spittler.

Für kritische Hinweise dankt er Gregor Gysi.

Durch kürzere oder längere Auskünfte haben ihn unterstützt: Gerd Bäkker, Wolf Biermann, Regina Dehne-Scheer, Manfred Eschberger, Claudia Kleinschmidt, Rulo Melchert, Gerd Poppe, Wolfgang Sabath, Manfred Wilke.

Und er dankt Ilko-Sascha Kowalczuk, der ihm mehr als ein Jahr den Rükken freigehalten hat.

Vor allem aber seiner Frau Margarete Meador, die in vielen Gesprächen die Entstehung des Textes miterlebt und in tiefem Verständnis jedes seiner Kapitel genau gelesen und kritisch analysiert hat.

Für die Bereitstellung von Material dankt Kurt Seifert besonders Michael Ackermann, Robert Camp (Petra-Kelly-Archiv), Michaela von Freyhold, Michael Grabowski (*Spiegel*-Verlag), Christoph Grubitz (*taz*-Recherche), Maik Hosang, Angelika Koch, Gerd Koenen, Ruth Ruß (Rudolf-Bahro-Archiv), Christine Schröter, Sylvia Sieber (Rudolf-Bahro-Archiv) und nicht zuletzt Reinhard Spittler.

Durch kürzere oder längere Auskünfte haben ihn unterstützt: Franz Alt, Jutta Ditfurth, Ursula Koch, Fritz Leuthy, Marianne Schmid, Bärbel Strasser, Antje Vollmer, Elisabeth Weber, G. Wirtz.

Für Ermutigung und freundschaftliche Begleitung dankt er Karl Heuberger, Heinz Kotte (†) und Martin Mezger.

Besonders dankt er seiner Frau Sonja Ott Seifert: Ohne sie wäre aus dem Traum, ein solches Buch schreiben zu können, nicht Wirklichkeit geworden!

Für das uns zur Verfügung gestellte Bildmaterial danken wir folgenden Personen: Gundula Bahro, Fritz Boeck, Günter Ehmke, Christel Lampe, Marina Lehnert, Gerhard Reiter, Horst Spaar, dem/der Bundesbeauftragten für die Stasi-Unterlagen (in Gestalt von Andrea Voigt) sowie dem unbekannten MfS-Mitarbeiter mit der verdeckten Kamera am 13. Oktober 1979.

Liste der Interviewpartnerinnen und -partner

Guntolf Herzberg:

Ursula Fratzke	2. Juni 2000
Marianne Wetzel	19. Juni
Renate Drescher	22. Juni
Dr. Maik Hosang	26. Juni
Marina Lehnert	29. Juni, 10. Juli, 3. August
Andrej Bahro	24. Juli
Gerhard Reiter	27. Juli
Evamaria Nahke	31. Juli
Dr. Günter Baumgart	17. November
Volker Braun	20. November
Dr. Gregor Gysi	23. November
Dr. Gundula Bahro	4. Januar 2001
Prof. Dr. Günter Miehlke	16. Februar
Prof. Dr. Günter Ehmke	5. März
Prof. Dr. Günter Mayer	26. Juni
Fritz Boeck	28. Juni
Anneliese Simonides	6. Juli
Waltraud Reitersleben	10. Juli
Prof. Dr. Horst Spaar	19. Juli
Reinhard Spittler	6. Februar 2002
Dr. Gerda Jun	7. Februar
Dr. Jochen Kirchhoff	8. Februar
Dr. Thomas Thiele	13. Februar
Uwe Haake	13. Februar
Prof. Dr. Johannes Heinrichs	15. Februar
Barbara Hohenberg	15. Februar
Prof. Dr. Marina Lewkowicz	20. Februar
Marina Lehnert	8., 12., 13., 16., 20. März
Rainer Schubert	15. März

Kurt Seifert:

Dr. Maik Hosang	6. November 1998, 20./21. November 1999, 28. März 2000, 7. März 2001
Marina Lehnert	23./24. November 1999, 30. März 2000, 7. März 2001
Prof. Dr. Johannes Heinrichs	24. November 1999
Martin Frischknecht	21. Juni 2000

Angelika Koch	8. Juli, 2. Oktober 2000
Dr. Gundula Bahro	6. Oktober 2000, 6. Oktober 2001
Prof. Dr. Johan Galtung	13. Januar 2001
Carl Amery	2. März 2001
Prof. Dr. Christian Sigrist	2. März 2001
Joscha Schmierer	6. März 2001
Reinhard Spittler	6. März 2001
Lukas Beckmann	7. März 2001
Prof. Dr. Michaela von Freyhold	12. Oktober 2001
Dorothea Mezger	20. Oktober 2001
Christine Schröter	23. Oktober 2001
Rainer Langhans	23. Oktober 2001, 21./25. Februar 2002
Ursula Beneke	11. März 2002

Literaturverzeichnis

I. Benutzte Archive

Archiv Grünes Gedächtnis (Berlin)
Archiv der Humboldt-Universität zu Berlin
Studenten- und Professorenakte Rudolf Bahro
Bundesbeauftragter für die Unterlagen des Staatssicherheitsdienstes der ehemaligen Deutschen Demokratischen Republik (BStU), Zentralarchiv:
MfS XV 17596/81 (OV »Konzeption«), Bd. 1–10
AU 6890/82 Bd. 1–30, Beiakten Bd. 1–15, Beifügung
ZAIG 13906-13909
HA XX AP 56286/92, 56292/92, 56296/92
HA XXII 5592/5
Stiftung Archiv der Parteien und Massenorganisationen der DDR im Bundesarchiv (SAPMO):
DY/30/J IV 2/2/1689-1691; J IV 2/2 A 2096-2099
Bahro-Archiv in der Landwirtschaftlich-Gärtnerischen Fakultät der Humboldt-Universität zu Berlin
Privat-Archiv Rudolf Bahro
Privat-Archiv Guntolf Herzberg
Privat-Archiv Kurt Seifert
Privat-Archiv Reinhard Spittler

II. Texte von Rudolf Bahro

Unveröffentlichte Texte (chronologisch)

Wladimir Iljitsch Lenin. Rede auf einer Schulfeier Januar 1954
»Protest!« (Wandzeitungs-Aufruf am 24.10.1956 im Philosophischen Institut der Humboldt-Universität)
Monika Schulze und die Windflüchter (Über ein Beispiel revisionistischer Prinzipienlosigkeit in der Literaturkritik), 1958
Johannes R. Becher und das Verhältnis der deutschen Arbeiterklasse und ihrer Partei zur nationalen Frage unseres Volkes, Diplomarbeit Humboldt-Universität Berlin 1959
Was haben die »kleinen Leute« mit der »großen Politik« zu tun?, Redemanuskript 21.3.1960
Der Gang der Geschichte. Ein Dialog mit Alfred Kurella. Interview für das *Forum* (ungedruckt 1965)
Voraussetzungen und Maßstäbe der Arbeitsgestaltung für wissenschaftlich ausgebildete Kader im industriellen Reproduktionsprozeß der entwickelten sozialistischen Gesellschaft. Eine theoretische Studie über die Freiset-

zung der subjektiven Antriebe zu schöpferischer wissenschaftlicher Arbeit im sozialistischen Industriebetrieb, Phil. Diss. 1975 [von der TH Leuna-Merseburg abgelehnt]
Lebenslauf (verfaßt in der Untersuchungshaft am 31.1.1978, in: BStU AU 6890/82, Bd. 26a)
Das Buch von der Befreiung aus dem Untergang der DDR. Dabei über das scheinbar abseitige Thema Ökologie und Kommunismus, ja über das scheinbar noch viel abseitigere, wie die PDS doch einen Sinn machen könnte. Ein Essay für Sahra Wagenknecht, ihre Freunde und ihre Partner – diesseits und jenseits von »Plattform« und Partei (geschrieben im Frühjahr 1995, zitiert als *Befreiung*).

Veröffentlichungen (chronologisch)

Marquis Posa heute noch?, in: *Theater der Zeit* Nr. 7, 1958
Johannes R. Bechers Gedicht »Tränen des Vaterlandes« anno 1937, in: *Junge Kunst*, H. 11, 1959
In dieser Richtung. Gedichte, Berlin 1960
Ex oriente lux. Über Nutzen und Notwendigkeit einer engen, brüderlichen Zusammenarbeit mit den Wissenschaftlern der Sowjetunion und des ganzen sozialistischen Lagers, in: *Unsere Universität* Nr. 5, 1962
Gedichte, in: *Forum* Nr. 20, 1963
Über die Möglichkeit, die Produktivität der wissenschaftlichen Arbeit zu bestimmen und zu beeinflussen, in: *Spektrum* Nr. 9–10, 1964
Nonkonformismus, Konformismus – das Proletariat und die Bourgeoisie, in: *Forum* Nr. 3, 1966
Abdankung des Grashüpfers?, in: *Forum* Nr. 10, 1966
Wozu wir diesen Dichter brauchen, in: *Forum* Nr. 12, 1966
Die Alternative. Zur Kritik des real existierenden Sozialismus, Köln/Frankfurt a.M. 1977; Berlin 1990
Rudolf Bahro. Eine Dokumentation. Köln/Frankfurt a.M. 1977
»Ich werde meinen Weg fortsetzen.« Der Systemkritiker Rudolf Bahro meldet sich aus der Strafanstalt Bautzen, in: *Spiegel* Nr. 44, 30.10.1978
»Ich will die DDR verlassen.« Der SED-Kritiker Rudolf Bahro über seinen Prozeß und seine Pläne, in: *Spiegel* Nr. 8, 19.2.1979
... die nicht mit den Wölfen heulen. Das Beispiel Beethoven, Und sieben Gedichte, Köln/Frankfurt a.M. 1979
»Ich werde meinen Weg fortsetzen.« Eine Dokumentation. 2., erweiterte Auflage, Köln/Frankfurt a.M. 1979 (zitiert als *Weg*)
»Ich weiß, ich kann völlig abrutschen.« Der SED-Dissident Rudolf Bahro über seinen Prozeß, seine Haft und seine Zukunft in der Bundesrepublik. *Spiegel*-Gespräch, in: *Spiegel*, Nr. 43, 22.10.1979, S. 20–33; teilweise wieder abgedruckt in *Elemente*, S. 22–27
Plädoyer für schöpferische Initiative. Zur Kritik der Arbeitsbedingungen im real existierenden Sozialismus, Köln 1980

Elemente einer neuen Politik. Zum Verhältnis von Ökologie und Sozialismus, Berlin 1980 (zitiert als *Elemente*)

»Ich war wohl etwas zu naiv.« Links-Theoretiker Rudolf Bahro über sein erstes Jahr in der Bundesrepublik und seine neue *Utopie*. *Spiegel*-Gespräch, in: *Spiegel*, Nr. 50, 8.12.1980, S. 82–97 (zitiert als *Utopie*)

Marburger Alternativen, in: *Sozialistische Konferenz. Rundbrief*, Nr. 5, April 1981, S. 19–21 (zitiert als *Marburg*)

Überlegungen zu einem Neuansatz der Friedensbewegung in Deutschland. Im Anschluß an Edward P. Thompsons Aufsatz über »Exterminismus« als letztes Stadium der Zivilisation, in: *Befreiung. Zeitschrift für Politik und Wissenschaft*, Nr. 21, April 1981, S. 9–37 (zitiert als *Exterminismus*)

Wer interveniert für Polen?, in: *tageszeitung*, 23./24.12.1981; wieder abgedruckt in *taz* 1982, S. 111–113

»Rapallo – warum eigentlicht nicht?« Rudolf Bahro antwortet dem französischen Soziologen André Gorz, in: *Spiegel*, Nr. 6, 8.2.1982; wieder abgedruckt in *Pfeiler*, S. 117–120

Entwurf einer Charta für ein blockfreies Europa. Zusammen mit Michaela von Freyhold in: *Atomwaffenfreies Europa. Diskussions- und Informationsbulletin der Russell-Friedens-Initative atomwaffenfreies Europa*, Nr. 2, Mai 1982, S. 7–11; wieder abgedruckt in *Pfeiler*, S. 100–112 (zitiert als *Charta*)

Wahnsinn mit Methode. Über die Logik der Blockkonfrontation, die Friedensbewegung, die Sowjetunion und die DKP, Berlin 1982 (zitiert als *Wahnsinn*)

Ein Netz von erheblicher Spannkraft. Rudolf Bahro über die Friedensbewegung in der DDR, in: *Spiegel*, Nr. 50, 13.12.1982; wieder abgedruckt in *Pfeiler*, S. 129–134

Kommune wagen. 10 Thesen über die Richtung der sozialen Alternative, in: *Befreiung. Zeitschrift für Politik und Wissenschaft*, Nr. 27, 8/1983, S. 34–39; wieder abgedruckt in *Pfeiler*, S. 200–205; *Kommune. Forum für Politik und Ökonomie*, Nr. 9, 7. September 1984, S. 40–42; Opielka, Michael (Hg.): Die ökosoziale Frage. Entwürfe zum Sozialstaat, Frankfurt/M. 1985, S. 100–106; Schwendter, Rolf (Hg.): Die Mühen der Berge. Grundlegungen zur alternativen Ökonomie – Teil 1, München 1986, S. 187–192.

In Amerika gibt es keine Kathedralen. Interview mit Rudolf Bahro, in: *tageszeitung*, 29. (1. Teil) und 30.8.1983 (2. Teil); wieder abgedruckt in *Pfeiler*, S. 211–214

»Wir brauchen jetzt verdammt viel freien Raum im Kopf und in den Gefühlen«. Gespräch mit Rudolf Bahro, in: *Kommune. Forum für Politik und Ökonomie*, Nr. 10, 7.10.1983, S. 41–46; wieder abgedruckt in: *Pfeiler* S. 221–226

Weltlosigkeit ist keine Lösung. Interview mit Rudolf Bahro, in: *Grüne Informationen*, Nr. 20, 18.11.1983; wieder abgedruckt und leicht geändert in: *Pfeiler*, S. 215–220

Jugendszenen in Ostberlin – Leben im Widerstand, in: *Die Zeit*, Nr. 50, 9.12.1983; wieder abgedruckt in *Pfeiler*, S. 135–138

From Red to Green. Interviews with New Left Review, London 1984

Pfeiler am anderen Ufer. Beiträge zur Politik der GRÜNEN von Hagen bis Karlsruhe (Sonderdruck der *Befreiung. Zeitschrift für Politik und Wissenschaft*), Berlin 1984 (zitiert als *Pfeiler*)

Fundamentalistisches zur Krise der GRÜNEN, in: *Kommune. Forum für Politik und Ökonomie*, Nr. 4, 6.4.1984, S. 47–50 (zitiert als *Krise*)

Spirituelle Gemeinschaft als soziale Intervention. Rede auf der Kommune-Begegnung Burg Stettenfels am 22.6.1984, in: *Kommune. Forum für Politik und Ökonomie*, Nr. 9, 7.9.1984, S. 35–40; wieder abgedruckt in Bahro, Rudolf u.a.: Radikalität im Heiligenschein. Zur Wiederentdeckung der Spiritualität in der modernen Gesellschaft, Berlin 1984, S. 63–83. (zitiert als *Gemeinschaft*)

Wozu Kommune?, in: *Kommune. Forum für Politik und Ökonomie*, Nr. 9, 7.9.1984, S. 43–45 (zitiert als *Kommune*)

Hinein oder hinaus? Wozu steigen wir auf? Rede auf der Bundesdelegiertenkonferenz der GRÜNEN, in: *Kommune. Forum für Politik und Ökonomie*, Nr. 1, 18.1.1985, S. 40–48; in überarbeiteter Form unter dem Titel »Hinein oder hinaus? Die Position der Fundamentalisten« veröffentlicht in: Bickerich, Wolfgang (Hg.): SPD und Grüne: Das neue Bündnis?, Hamburg 1985, S. 45–74. (zitiert als *Hinein oder hinaus?*)

Ein Randgebiet grüner Politik? Und: Dürfen wir etwas verbieten? [aus: Lehrstück über Kompromisse], in: *Kommune. Forum für Politik und Ökonomie*, Nr. 2, 15.2.1985, S. 39–40 (zitiert als *Lehrstück*)

Über hochqualifizierten Verrat, in: *Kommune. Forum für Politik und Ökonomie*, Nr. 2, 15.2.1985, S. 41–42 (zitiert als *Verrat*)

Il Principe. Der Ex-DDRler sieht den Fürsten, den Macchiavelli nicht hat erscheinen sehen, in: *tageszeitung*, 14.2.1987 (zitiert als *Il Principe*)

Logik der Rettung. Wer kann die Apokalypse aufhalten? Ein Versuch über die Grundlagen ökologischer Politik, Stuttgart/Wien 1987 (zitiert als *Logik*)

»Das Vaterland ist in Gefahr.« Interview, in: *tageszeitung*, 17.11.1989

»Chance im Kampf gegen die Krise der Menschheit.« Interview, in: *Berliner Zeitung*, 30.11.1989

Für eine Wirtschaftspolitik, in der Ökologie die Priorität besitzt, in: *Neues Deutschland*, 19.12.1989

Ökologische Alternative – aber keine Rückkehr zum Hakenpflug, in *Neues Deutschland*, 23./24.12.1989

»Ich hoffe, daß in jedem Menschen auch ein Stück Grüne Liga steckt.« Interview, in: *Tribüne*, 2.3.1990

»Die Universität muß in sich gehen.« Interview, in: *Humboldt-Universität* Nr. 24/25 und Nr. 26, 1989/90

Das Stammesbewußtsein liegt nun mal tiefer als das Klassenbewußtsein. Interview, in: *Junge Welt*, 3./4.11.1990

Alles kommt auf eine ökologische Alternative an, in: F. Blohm/W. Herzberg (Hg.): Nichts wird mehr so sein, wie es war, Leipzig 1990
... dunkle Spiegel der Zustände ..., in: G. Herzberg: Überwindungen. Schubladen-Texte 1975–1980, Berlin 1990
Rückkehr. Die *In*-Weltkrise als Ursprung der Weltzerstörung. Mit Gastbeiträgen von Hans Christoph Binswanger, Johan Galtung, Hans-Peter Hempel, Kurt Hübner, Jochen Kirchhoff, Christian Sigrist u.a., Berlin und Frankfurt a.M. 1991 (zitiert als *Rückkehr*) (darin die Texte von Haake, Hosang, Lehnert, Lewkowicz)
Manchmal genügt eine Umschaltung in der Psyche. Gespräch mit Rudolf Bahro über den deutschen Osten und die Initiative kommunitärer Gemeinschaften, in: *Neues Deutschland*, 30./31.5.1992 (zitiert als *Psyche*)
In Wirklichkeit wollten wir alle Sonnenkönige werden, in: *Berliner Zeitung*, 13./14.6.1992
Wenn Erich heimkommt – oder von der Legitimität der DDR, in: *Freitag*, Nr. 31, 24.7.1992
Freispruch für Hitler, in: *WochenZeitung*, Nr. 32, 7.8.1992
Über kommunitäre Subsistenzwirtschaft – und ihre Startbedingungen in den neuen Bundesländern, in: *Bauwelt*, Heft 43, 1992, S. 2472–2475; wieder abgedruckt in: *Apokalypse*, S. 173–187
Konsens für Subsistenz?, in: *Rundbrief Subsistenz Perspektive*, Nr. 4, Dezember 1992, S. 16–18 (zitiert als *Subsistenz*)
Die Wahl zwischen Notstandsregierung und spirituellem Gottesstaat. Interview, in: *Junge Welt*, 24.7.1993
»Die wollten nur Macht.« Der Philosoph Rudolf Bahro über Kommunismus, Bhagwan und seine Krankheit, in: *Spiegel*, Nr. 26, 26.6.1995 (zitiert als *Macht*)
Apokalypse oder Geist einer neuen Zeit. Essays – Vorlesungen – Skizzen. Mit Beiträgen von Johan Galtung, Kurt Biedenkopf, Ulrich von Weizsäcker u.a., Berlin 1995 (zitiert als *Apokalypse*)
»Echt sind die Affen nur im Urwald.« Bewegtes Leben: Kommunist, DDR-Oppositioneller, Grüner, Bhagwan. Rudolf Bahro zum 60. Ein Interview, in: *tageszeitung*, 17.11.1995 (zitiert als *Urwald*)
Der Marxismus war die letzte lebendige Religion Europas. Gespräch mit Rudolf Bahro über kommunistisches Erbe, die ökologische Krise und über politische Spiritualität, in: *Freitag*, Nr. 50, 8.12.1995 (zitiert als *Religion*)
»Es grummelt unter der Erde.« Interview von M. Kriener, in: *tageszeitung*, 13./14.12.1997, Magazin, (zitiert als *Erde*)
Die Idee des Homo integralis – oder ob wir eine neue Politeia stiften können, in: *Neues Deutschland*, 13./14.12.1997 (gekürzt), vollständig in: Hosang 2000
Wege zur ökologischen Zeitenwende. Reformalternativen und Visionen für ein zukunftsfähiges Kultursystem (mit Franz Alt und Marko Ferst), Berlin 2002

III. Benutzte Literatur

Abendroth, Wolfgang: Weder Strategie noch – insgesamt – richtige Analyse, aber eine wichtige Quelle zum Problem des gegenwärtigen Entwicklungsstadiums des realen Sozialismus, in: *Argument*, Bd. 107/1978, S. 60–66

Abendroth, Wolfgang: Dissidentenprozesse in den sozialistischen Staaten, Protestpropaganda der »westlichen« Staaten und westdeutsche Linke, in: *Argument*, Bd. 111/1978, S. 716–718

Amery, Carl: Die ökologische Chance. Das Ende der Vorsehung – Natur als Politik [Taschenbuchausgabe], München 1991

Amery, Carl: Global Exit. Die Kirchen und der Totale Markt, München 2002

Arendt, Hannah: Elemente und Ursprünge totaler Herrschaft. Antisemitismus, Imperialismus, Totalitarismus, München 2001 (8. Auflage)

Bayerische Rück (Hg.): Risiko ist ein Konstrukt. Wahrnehmungen zur Risikowahrnehmung [darin der Beitrag von H. Lübbe: »Sicherheit. Risikowahrnehmung im Zivilisationsprozeß«, S. 23–41], München 1993

Benjamin, Walter: Fragmente. Autobiographische Schriften. Gesammelte Schriften, Band VI [darin »Kapitalismus als Religion«, S. 100–103], Frankfurt a.M. 1991

Bhagwan Shree Rajneesh: From Sex to Superconsciousness, Poona 1979

Bhagwan Shree Rajneesh: Vorsicht Sozialismus. Fünf Vorträge, gehalten im Cross Maidan, Bombay, Indien, vom 13. bis 17. April 1970, Zürich 1985

Bickhardt, Stefan: Die Entwicklung der DDR-Opposition in den achtziger Jahren, in: Materialien der Enquetekommission »Aufarbeitung von Geschichte und Folgen der SED-Diktatur in Deutschland«, Bd. VII, 1, S. 450–503, Baden-Baden 1995

Bloch, Ernst: Erbschaft dieser Zeit. Erweiterte Ausgabe. Gesamtausgabe, Bd. 4, Frankfurt a.M. 1977

Böll, Heinrich; Duve, Freimut; Staeck, Klaus (Hg.): Verantwortlich für Polen?, Reinbek b. Hamburg 1982

Brandt, Helmut: Die Alternative, die aus dem Kerker kam, in: Wolter, Ulf (Hg.): Antworten auf Bahros Herausforderung des »realen Sozialismus«, S. 165–179

Braumann, M.: Bautzen-Häftling Bahro: CIA ist gefährlicher als Stasi, in: *Neues Deutschland*, 7.5.1992

Brecht, Bert: Hundert Gedichte 1918–1950, Berlin/Weimar 1968

Brus, Wlodzimierz: »Ein symptomatisches Werk«, in: Schwenger, Hannes: Solidarität mit Rudolf Bahro, S. 24–30

BUND; Misereor (Hg.): Zukunftsfähiges Deutschland. Ein Beitrag zu einer global nachhaltigen Entwicklung, Basel/Boston/Berlin 1996

Bundesarbeitsgemeinschaft Kommune-Bewegung (Hg.): Vorbereitungs-Reader zur Kommune-Bewegung, Burg Stettenfels bei Heilbronn, 21.–24. Juni 1984, Kamp-Lintfort 1984

Der schwere Weg der Erneuerung. Von der SED zur PDS. Eine Dokumentation, Berlin 1991

Dietrich, M.; Schlink, K.; Steinfels, S.: Der Faschismus der Neuen Linken – Rudolf Bahros »Logik der Rettung«, in: *Freiheit der Wissenschaft*, Nr. 3, September 1991

Ditfurth, Jutta: Entspannt in die Barbarei. Esoterik, (Öko-)Faschismus und Biozentrismus, Hamburg 1996

Ditfurth, Jutta: Feuer in die Herzen. Plädoyer für eine ökologische linke Opposition. Stark erweiterte und aktualisierte Neuauflage, Düsseldorf 1994

Dressler, Rolf: Die Abschußliste Rudolf Bahros: Humanismus, Freiheit, Demokratie, in: *Westfalenblatt*, 23.12.1991

Dutschke, Rudi: Versuch, Lenin auf die Füße zu stellen, Berlin 1974

Dutschke, Rudi: Wider die Päpste. Über die Schwierigkeiten, das Buch von Bahro zu diskutieren, in: Wolter, Ulf (Hg.): Antworten auf Bahros Herausforderung des »realen Sozialismus«, S. 197–230

Ferguson, Marilyn: Die sanfte Verschwörung. Persönliche und gesellschaftliche Transformation im Zeitalter des Wassermanns, Basel 1981

Fischer, Joschka: Von grüner Kraft und Herrlichkeit, Reinbek b. Hamburg 1984

Frank, Manfred: Der kommende Gott. Vorlesungen über die Neue Mythologie. I. Teil, Frankfurt a.M. 1982

Fricke, Karl Wilhelm; Klewin, Silke: Bautzen II. Sonderhaftanstalt unter MfS-Kontrolle 1956 bis 1989, Leipzig 2001

Gollwitzer, Helmut: »Die menschliche Herausforderung, der Bahro sich gestellt hat«. An Wolfgang Abendroth, in: Schwenger, Hannes: Solidarität mit Rudolf Bahro, S. 31–37

Gorbatschow, Michail: Perestroika. Die zweite russische Revolution. Eine neue Politik für Europa und die Welt, München 1989

Haug, Wolfgang Fritz: Gorbatschow. Versuch über den Zusammenhang seiner Gedanken, Hamburg 1989

Haug, Wolfgang Fritz: Versuch beim täglichen Verlieren des Bodens unter den Füßen neuen Grund zu gewinnen. Das Perestroika-Journal, Hamburg 1990

Heinrichs, Johannes: Sprung aus dem Teufelskreis. Logik des Sozialen und Natürliche Wirtschaftslehre. Nachwort von Rudolf Bahro, Wien o.J.

Herzberg, Guntolf: Einen eigenen Weg gehen. Oder weggehen, in: Kroh, Ferdinand (Hg.): »Freiheit ist immer Freiheit …« Die Andersdenkenden in der DDR, Berlin 1988

Herzberg, Guntolf: Abhängigkeit und Verstrickung. Studien zur DDR-Philosophie, Berlin 1996

Herzberg, Guntolf: Aufbruch und Abwicklung. Neue Studien zur Philosophie in der DDR, Berlin 2000

Hessische Stiftung Friedens- und Konfliktforschung, HSFK (Hg.): Die neue Friedensbewegung. Analysen aus der Friedensforschung [darin der Beitrag von Berthold Meyer: »Neutralistische Träumereien? Öffentliche Mei-

nung, Frieden und Friedensbewegung«, S. 113–145], Frankfurt a.M. 1982
Hollstein, Walter: Der Untergrund. Zur Soziologie jugendlicher Protestbewegungen, Neuwied/Berlin 1969
Horchen, wo der Resonanzboden ist ... Zivilisationskritik und Perspektiven einer sozial-ökologischen Gesellschaft, in: *hbs [Heinrich-Böll-Stiftung]* spezial. Beilage in: *Zukünfte*, Nr. 37, Herbst 2001, S. 18–31
Hosang, Maik (Hg.): Rudolf Bahro. Ein Leben und eine Philosophie für die Zukunft von Mensch und Erde. Texte von und zu ihm zur Ausstellung in der Humboldt-Universität zu Berlin aus Anlaß seines 65. Geburtstages, Berlin 2000
Jäger, Michael: Kapitalismus und Christentum. Religionskritik heute: Über die Notwendigkeit einer Auseinandersetzung mit der Kirche, in: *Widerspruch. Beiträge zur sozialistischen Politik*, Nr. 40, 1. Halbjahr 2001, S. 143–158 (zitiert als Jäger 2001a)
Jäger, Michael: Die Kirche im Diskurs des Parteiensystems, in: *Kommune. Forum für Politik, Ökonomie und Kultur*, Nr. 6, Juni 2001, S. 50–57 (zitiert als Jäger 2001b)
Jäger, Michael: Rudolf Bahros archimedischer Punkt, in: *Freitag*, Nr. 52/1, 19.12.1997, S. 19
Jäger, Michael: Wie man eine Sozialismus-Debatte erzwingt, in: *Freitag*, Nr. 13, 22.3.2002, S. 9
Jasper, Willi; Schlögel, Karl; Ziesemer, Bernd: Partei kaputt. Das Scheitern der KPD und die Krise der Linken, Berlin 1981
Koenen, Gerd: Das rote Jahrzehnt. Unsere kleine deutsche Kulturrevolution 1967 – 1977, Köln 2001
Kommune (Hg.): Grüne Perspektiven. Diskussionsveranstaltung der Zeitschriften *Kommune, links* und *Moderne Zeiten* in Frankfurt am 15.10.83, Haus Dornbusch, mit Rudolf Bahro, Thomas Ebermann und Joschka Fischer unter Beteiligung von Joscha Schmierer, Michael Stamm und Horst Dieter Zahn, Frankfurt a.M. 1983
Kratz, Peter: Bahros »grüne Adolfs«. Die »Neue Rechte« an der Berliner Humboldt-Universität, in: *Der rechte Rand*, September/Oktober 1992 und als Flugblatt
Krebs, Willi: Erinnerungen eines Unangepaßten (Mskr.), o.J.
Krone, Tina: Die geschichtlichen und biographischen Auswirkungen des Buches »Die Alternative«, in: *Horch und Guck*, 7. Nr. 22, 1998
Kuhlmann, Andreas: Nebel für Seelen, in: *Tagesspiegel*, 5.5.1991
Lagadec, Patrick: Das große Risiko. Technische Katastrophen und gesellschaftliche Verantwortung, Nördlingen 1987
Lenin, Wladimir I.: Notizen eines Publizisten. Über das Besteigen hoher Berge, über die Schädlichkeit der Verzagtheit [...], in: Werke Bd. 33, Berlin 1962, S. 188–196
Lombardo Radice, Lucio: Staatssozialismus, in: Wolter, Ulf (Hg.): Antworten auf Bahros Herausforderung des »realen Sozialismus«, S. 20–41

Mandel, Ernest: Bahro's Bombe, in: *Was Tun Extra*, Nr. 176, 22.9.1977
Marcuse, Herbert: Protosozialismus und Spätkapitalismus. Versuch einer revolutionstheoretischen Synthese von Bahros Ansatz, in: *Kritik*, Nr. 19/1978, Kurzfassung in: *Die Zeit*, 26.1.1979
Markovits, Andrei S.; Gorski, Philip S.: Grün schlägt Rot. Die deutsche Linke nach 1945, Hamburg 1997
Marx, Karl: Ökonomisch-philosophische Manuskripte, in: Marx, Karl; Engels, Friedrich: Werke. Ergänzungsband, Erster Teil, Berlin 1968
Marx, Karl; Engels, Friedrich: Manifest der Kommunistischen Partei, in: Dies.: Werke, Band 4, Berlin 1968
Marx, Karl: Das Kapital. Kritik der politischen Ökonomie. Erster Band, in: Dies.: Werke, Band 23, Berlin 1970
Materialien zur 1. Sozialistischen Konferenz, 2.–4. Mai 1980, Kassel [darin Beiträge von Rudolf Bahro, Jürgen Reents u.a.], Berlin 1980
Medek, Tilo: Vademecum zu Rudolf Bahros »Das Beispiel Beethoven«, in: *Deutschland-Archiv*, H. 8, 1979
Metz, Johann Baptist: Jenseits bürgerlicher Religion. Reden über die Zukunft des Christentums, München und Mainz 1980
Münster, Arno: Der »historische Kompromiß«. Einige Überlegungen zu Rudolf Bahros neuesten Thesen zum Verhältnis von Ökologie und Sozialismus, in: *tageszeitung*, 26.1.1981
Narr, Wolf-Dieter: »An einen hilfslosen Antikapitalisten in der Bundesrepublik – auch an mich selber«, in: Wolter, Ulf (Hg.): Antworten auf Bahros Herausforderung des »realen Sozialismus«, S. 47–56
Neubert, Ehrhart: Geschichte der Opposition in der DDR 1949–1989, 2. Auflage, Berlin 1998
Niedenführ, Roger: New Age. Die spirituelle Rehabilitierung des Nationalsozialismus durch Rudolf Bahro, Rainer Langhans und Jochen Kirchhoff, in: Hethey, Raimund; Kratz, Peter (Hg.): In bester Gesellschaft. Antifa-Recherche zwischen Konservatismus und Neo-Faschismus, Göttingen 1991
Nordhausen, Frank; Billerbeck, Liane von: Psycho-Sekten. Die Praktiken der Seelenfänger, Berlin 1997
Nietzsche, Friedrich: Also sprach Zarathustra, in: Ders.: Kritische Studienausgabe, Band 4, München und Berlin/New York 1988
Nietzsche, Friedrich: Briefe. Ausgewählt von Richard Oehler. Frankfurt a.M./Leipzig 1993
Pelikán, Jiři: Zu Bahros Auffassungen über die Veränderungen in Osteuropa, in: Wolter, Ulf (Hg.): Antworten auf Bahros Herausforderung des »realen Sozialismus«, S. 128–144
Plath, Dieter: Über Kriminalität und innere Sicherheit, in: Agde, Günter (Hg.): Kahlschlag. Das 11. Plenum des ZK der SED 1965. Studien und Dokumente, Berlin 1991
Redaktionsgruppe »Sozialistische Konferenz« (Hg.): Der herrschende Block – und die Alternativen der Linken. Zweite Sozialistische Konferenz, Mar-

burg, 13.–15. Februar 1981 (Materialien zur Sozialistischen Konferenz, Bd. 4), Hannover 1981
Rinser, Luise: Nordkoreanisches Reisetagebuch, Frankfurt a. M. 1981
Rühle, Jürgen: Leibhaftig aufgetaucht aus der Legende, in: *Deutschland-Archiv*, H. 12, 1979
Russell-Friedens-Kampagne (Hg.): Für ein atomwaffenfreies Europa. Mit Beiträgen von Edward P. Thompson, Ken Coates, Rudolf Bahro und Michael Vester, Berlin o. J. (1981)
Schibel, Karl-Ludwig: Das Alte Recht auf die neue Gesellschaft. Zur Sozialgeschichte der Kommune seit dem Mittelalter, Frankfurt a. M. 1985
Schmid, Thomas: Entstaatlichung. Neue Perspektiven auf das Gemeinwesen [darin der Beitrag von Ulrich Beck: »Wir Fatalisten. Im Labyrinth der Risikogesellschaft«, S. 51–66], Berlin 1988
Schmierer, Joscha: Bei den GRÜNEN kommt eine spannende Diskussion in Gang, in: *Kommune. Forum für Politik und Ökonomie*, Nr. 6, 10. 6. 1983, S. 16 (zitiert als Schmierer 1983a)
Schmierer, Joscha: Weichenstellungen, in: *Kommune. Forum für Politik und Ökonomie*, Nr. 12, 9. 12. 1983, S. 5–9 (zitiert als Schmierer 1983 b)
Schroeren, Michael (Hg.): Die GRÜNEN. 10 bewegte Jahre, Wien 1990
Schwendter, Rolf: Theorie der Subkultur. Neuausgabe mit einem Nachwort, sieben Jahre später, Frankfurt a. M. 1981
Schwenger, Hannes (Hg.): Solidarität mit Rudolf Bahro, Reinbek bei Hamburg 1978
taz-Verlags- und Vertriebs GmbH (Hg.): Polen. »Euch den Winter, uns den Frühling«, Berlin 1982
Thürmer-Rohr, Christina: Ohne Kritik am Patriarchat keine Ökologie!, in: *Kommune. Forum für Politik, Ökonomie und Kultur*, Nr. 10, Oktober 1990, S. 81–84
Vajda, Mihály: »Wir müssen das Ganze der Marxschen Klassentheorie überprüfen«, in: Schwenger, Hannes (Hg.): Solidarität mit Rudolf Bahro, S. 16–23
Vieth-Entus, Susanne: Rudolf Bahro – ein schwieriger Fall für Evaluierer, in: *Neue Zeit*, 15. 7. 1992
Wilber, Ken: Halbzeit der Evolution. Der Mensch auf dem Weg vom animalischen zum kosmischen Bewußtsein. Eine interdisziplinäre Darstellung der Entwicklung des menschlichen Geistes, München 1988
Woldt, Martin: Vorschläge eines Querdenkers, in: *Junge Welt*, 2. 2. 1990
Wolter, Ulf (Hg.): Antworten auf Bahros Herausforderung des »realen Sozialismus«, Berlin 1978

Personenregister

Kursive Seitenzahlen verweisen auf die Anmerkungen

STREIFZÜGE MIT BÜCHERN UND AUTOREN
aufbau
Neue Promenade
Robert SCHNEIDER
Zvi JAGENDORF
Susanne FENGLER
Hugo Egon BALDER
»HANNAH« IST DAS NEUE BUCH VON
ARMIN MUELLER-STAHL

Erschütternde Schicksale
Zeitgeschichte bei AtV

ERNEST G. HEPPNER
Fluchtort Shanghai
Erinnerungen 1938–1948
Als Ernest Heppner und seine Mutter sich 1939 zur Flucht aus Deutschland entschlossen, blieb ihnen als Ziel nur Shanghai, das als einziger Ort der Welt kein Einreisevisum verlangte.
»Fluchtort Shanghai ist eine sine ira et studio verfaßte und daher um so lesenswertere Chronik des bislang wenig beachteten und daher wenig bekannten jüdischen Exilorts an der chinesischen Pazifikküste.«
SÜDDEUTSCHE ZEITUNG
Aus dem Amerikanischen von Roberto de Hollanda. 274 Seiten. Mit 20 Abbildungen. AtV 1724

THOMAS TOIVI BLATT
Nur die Schatten bleiben
Der Aufstand im Vernichtungslager Sobibór
Der Aufstand in Sobibór ist ein Schlüsselereignis im Widerstand gegen den Terror- und Vernichtungsapparat der Nationalsozialisten. Thomas Blatt war an der Revolte beteiligt und gehört zu den wenigen Überlebenden des Holocaust. Er schildert seine unbegreiflichen Erlebnisse in einer nüchternen Sprache; seine Geschichte ist ein erschütterndes Dokument, das zeigt, wie der Kampf um die nackte Existenz sein Leben bis zum heutigen Tage prägt.
Aus dem Amerikanischen von Monika Schmalz. 335 Seiten. Mit 62 Abbildungen. AtV 8086

DETLEF BALD
Die »Weisse Rose«
Von der Front in den Widerstand
»Bald holt den studentischen Widerstand aus den Höhen einer idealisierten Widerstandsethik herunter und stellt ihn hinein in die Wirklichkeit des Vernichtungskrieges – und damit gleichsam vom Kopf auf die Füße.« SWR
»Ein wichtiger Beitrag, um der ›Weissen Rose‹ neben Stauffenberg und Elser den herausragenden Platz in der Geschichte des Widerstands zu geben, der ihr gebührt.« DIE ZEIT
256 Seiten. Mit 32 Fotos, 4 Faksimiles und 2 Karten. AtV 8116

MARION SCHREIBER
Stille Rebellen
Der Überfall auf den 20. Deportationszug nach Auschwitz
»In dieser packend erzählten Geschichte um eine Gruppe junger Leute, die sich der NS-Barbarei widersetzten, kann man viel über Mut, Zivilcourage und den aufrechten Gang erfahren. Deshalb gehört das Buch in viele junge Hände.« DIE ZEIT
Mit einem Vorwort von Paul Spiegel. 352 Seiten. Mit 25 Abbildungen. AtV 8067

Mehr Informationen erhalten Sie unter www.aufbau-verlag.de oder bei Ihrem Buchhändler

AtV

Fakten, Themen, Hintergründe: Sachbücher bei AtV

417 [illegible]